中国社会科学院研究生重点教材
MAJOR TEXTBOOKS FOR POSTGRADUATE STUDENTS
CHINESE ACADEMY OF SOCIAL SCIENCES

刑法总论

General Theories of Criminal Law

屈学武 著

中国社会科学出版社

图书在版编目(CIP)数据

刑法总论／屈学武著．—北京：中国社会科学出版社，2015.3
中国社会科学院研究生重点教材
ISBN 978-7-5161-5987-3

Ⅰ.①刑… Ⅱ.①屈… Ⅲ.①刑法-法学-中国-研究生-教材
Ⅳ.①D924.01

中国版本图书馆 CIP 数据核字（2015）第 081329 号

出 版 人	赵剑英
责任编辑	许 琳　王半牧
责任校对	郝阳洋
责任印制	何 艳

出　　版	中国社会科学出版社
社　　址	北京鼓楼西大街甲 158 号
邮　　编	100720
网　　址	http://www.csspw.cn
发 行 部	010-84083685
门 市 部	010-84029450
经　　销	新华书店及其他书店

印刷装订	北京市兴怀印刷厂
版　　次	2015 年 3 月第 1 版
印　　次	2015 年 3 月第 1 次印刷

开　　本	710×1000　1/16
印　　张	29
插　　页	2
字　　数	501 千字
定　　价	90.00 元

凡购买中国社会科学出版社图书，如有质量问题请与本社联系调换
电话：010-84083683
版权所有　侵权必究

中国社会科学院
研究生重点教材工程领导小组

组　长：陈佳贵
副组长：武　寅
成　员：陈佳贵　武　寅　黄浩涛　施鹤安　刘迎秋
秘书长：刘迎秋

中国社会科学院
研究生重点教材编审委员会

（按姓氏笔画排序）

主　任：刘迎秋

副主任：王　巍　　王逸舟　　李培林　　金　碚　　侯惠勤
　　　　党圣元

委　员：于　沛　　牛凤瑞　　王　巍　　王国刚　　王建朗
　　　　王逸舟　　任宗哲　　刘迎秋　　朱　玲　　江时学
　　　　邢广程　　张车伟　　张汉亚　　张星星　　张宇燕
　　　　李　扬　　李　周　　李　林　　李国强　　李培林
　　　　杨　光　　汪同三　　沈家煊　　陆建德　　陈祖武
　　　　陈　淮　　陈光金　　房　宁　　罗红波　　金　泽
　　　　金　碚　　侯惠勤　　姚喜双　　洪银兴　　胡国成
　　　　逄锦聚　　党圣元　　唐绪军　　袁　卫　　顾海良
　　　　高培勇　　曹宏举　　黄　行　　朝戈金　　舒　元
　　　　蒋立峰　　谢地坤　　靳　诺　　蔡　昉

总　序

中国社会科学院研究生院是经邓小平等国家领导人批准于1978年建立的我国第一所人文和社会科学研究生院，其主要任务是培养人文和社会科学的博士研究生和硕士研究生。1998年江泽民同志题词，强调要"把中国社会科学院研究生院办成一流的人文社会科学人才培养基地"。在党中央的关怀和各相关部门的支持下，在院党组的正确领导下，中国社会科学院研究生院持续健康发展。目前已拥有理论经济学、应用经济学、哲学、法学、社会学、中国语言文学、历史学等9个博士学位一级学科授权点、68个博士学位授权点和78个硕士学位授权点以及自主设置硕士学位授权点5个、硕士专业学位2个，是目前我国人文和社会科学学科设置最完整的研究生院。建院以来，她已为国家培养出了一大批优秀人才，其中绝大多数已成为各条战线的骨干，有的已成长为国家高级干部，有的已成长为学术带头人。实践证明，办好研究生院，培养大批高素质人文和社会科学人才，不仅要有一流的导师和教师队伍、丰富的图书报刊资料、完善高效的后勤服务系统，还要有高质量的教材。

20多年来，对于研究生教学是否要有教材的问题，曾经有过争论。随着研究生教育的迅速发展，研究生的课程体系迈上了规范化轨道，故而教材建设也随之提上议事日程。研究生院虽然一直重视教材建设，但由于主客观条件限制，研究生教材建设未能跟上研究生教育事业发展的需要。因此，组织和实施具有我院特色的"中国社会科学院研究生重点教材"工程,是摆在我们面前的一项重要任务。

"中国社会科学院研究生重点教材工程"的一项基本任务,就是经过几年的努力,先期研究、编写和出版100部左右研究生专业基础课和专业课教材,力争使全院教材达到"门类较为齐全、结构较为合理"、"国内同行认可、学生比较满意"、"国内最具权威性和系统性"的要求。这一套研究生重点教材的研究与编写将与国务院学位委员会的学科分类相衔接,以二级学科为主,适当扩展到三级学科。其中,二级学科的教材主要面向硕士研究生,三级学科的教材主要面向博士研究生。

中国社会科学院研究生重点教材的研究与编写要站在学科前沿,综合本学科共同的学术研究成果,注重知识的系统性和完整性,坚持学术性和应用性的统一,强调原创性和前沿性,既坚持理论体系的稳定性又反映学术研究的最新成果,既照顾研究生教材自身的规律与特点又不恪守过于僵化的教材范式,坚决避免出现将教材的研究与编写同科研论著相混淆、甚至用学术专著或论文代替教材的现象。教材的研究与编写要全面坚持胡锦涛总书记在2005年5月19日我院向中央常委汇报工作时对我院和我国哲学社会科学研究工作提出的要求,即"必须把握好两条:一是要毫不动摇地坚持马克思主义基本原理,坚持正确的政治方向。马克思主义是我国哲学社会科学的根本指导思想。老祖宗不能丢。必须把马克思主义的基本原理同中国具体实际相结合,把马克思主义的立场、观点、方法贯穿到哲学社会科学工作中,用发展着的马克思主义指导哲学社会科学。二是要坚持解放思想、实事求是、与时俱进,积极推进理论创新"。

为加强对"中国社会科学院研究生重点教材工程"的领导,院里专门成立了教材编审领导小组,负责统揽教材总体规划、立项与资助审批、教材编写成果验收等。教材编审领导小组下设教材编审委员会。教材编审委员会负责立项审核和组织与监管工作,并按规定特邀请国内 2—3 位同行专家，负责对每个立项申请进行严格审议和鉴定以及对已经批准立项的同一项目的最后成稿进行质量审查、提出修改意见和是否同意送交出版社正式出版等鉴定意见。各所（系）要根据教材编审委员会的要求和有关规定，负责选好教材及其编写主持人，做好教材的研究与编写工作。

为加强对教材编写与出版工作的管理与监督，领导小组专门制定了《中国社会科学院研究生重点教材工程实施和管理办法（暂行）》和《中国社会科学院研究生重点教材工程编写规范和体例》。《办法》和《编写规范和体例》既是各所（系）领导和教材研究与编写主持人的一个遵循，也是教材研究与编写质量的一个保证。整套教材，从内容、体例到语言文字，从案例选择和运用到逻辑结构和论证，从篇章划分到每章小结，从阅读参考书目到思考题的罗列，等等，均要符合这些办法和规范的要求。

最后，需要指出的一点是，大批量组织研究和编写这样一套研究生教材，在我院是第一次，可资借鉴的经验不多。这就决定了目前奉献给大家的这套研究生教材还难免存在这样或那样的缺点、不足、疏漏甚至错误。在此，我们既诚恳地希望得到广大研究生导师、学生和社会各界的理解与支持，更热切地欢迎大家对我们的组织工作以及教材本身提出批评、意见和改进建议，以便今后进一步修改提高。

陈佳贵

2005 年 9 月 1 日于北京

目 录

绪言 ……………………………………………………………… (1)
第一章 刑法与刑法学论要 ……………………………………… (6)
　第一节 刑法与刑法学 …………………………………………… (6)
　　一 刑法与刑法的体系 ………………………………………… (6)
　　二 刑法学及其体系 …………………………………………… (7)
　第二节 刑法基本理论的对立：刑法客观主义与刑法主观主义 …… (8)
　　一 刑法客观主义与刑法主观主义的理论对立 ………………… (8)
　　二 刑法客观主义与刑法主观主义简评 ………………………… (18)
　第三节 刑法的机能 ……………………………………………… (20)
　　一 行为规制及其裁判功能 …………………………………… (20)
　　二 法益保障机能 ……………………………………………… (22)
　　三 人权保障机能 ……………………………………………… (24)
　思考题 …………………………………………………………… (25)
第二章 刑法的解释 …………………………………………… (27)
　第一节 刑法解释论概述 ………………………………………… (27)
　　一 刑法解释论的起源及其性质 ……………………………… (27)
　　二 刑法解释的分类 …………………………………………… (30)
　　三 不同法系的不同解释价值 ………………………………… (39)
　第二节 刑法的形式解释论与实质解释论 ………………………… (41)
　　一 形式解释论基本观点概述 ………………………………… (42)
　　二 实质解释论基本观点论要 ………………………………… (46)
　　三 形式解释论与实质解释论争议点聚焦 ……………………… (52)
　　四 结语：本书所持立场 ……………………………………… (54)
　思考题 …………………………………………………………… (66)
第三章 刑法的效力立法检视 ………………………………… (68)
　第一节 我国刑法的空间效力规定 ……………………………… (68)

一　国外关于空间效力的刑事立法例……………………………(69)
　　二　中国刑法的空间效力………………………………………(71)
　第二节　我国刑法关于时间效力的规定……………………………(76)
　　一　生效时间……………………………………………………(76)
　　二　失效时间……………………………………………………(76)
　　三　刑法的溯及力………………………………………………(77)
　　四　司法解释与刑法的溯及力问题梳理与分析………………(78)
　思考题………………………………………………………………(86)
第四章　刑法法定原则与学理原则……………………………………(87)
　第一节　刑法法定基本原则…………………………………………(88)
　　一　罪刑法定原则………………………………………………(88)
　　二　刑法适用平等原则…………………………………………(93)
　　三　罪刑相当原则………………………………………………(104)
　第二节　刑法的学理原则……………………………………………(109)
　　一　刑罚个别化原则……………………………………………(109)
　　二　刑法的谦抑性原则…………………………………………(113)
　思考题………………………………………………………………(119)
第五章　犯罪论体系概述………………………………………………(121)
　第一节　中国传统的四要件犯罪论体系……………………………(123)
　　一　犯罪构成的基本概念及其特征……………………………(123)
　　二　犯罪构成与犯罪概念的关系………………………………(123)
　　三　中国刑法学界关于犯罪构成的学理争议…………………(124)
　　四　犯罪构成的学理分类………………………………………(125)
　第二节　以德国、日本为代表的大陆法系犯罪论体系概览………(126)
　　一　德国古典犯罪论体系：行为构成要件说…………………(127)
　　二　德国新古典犯罪论体系：违法行为类型说………………(129)
　　三　德国目的论犯罪论体系：开放的构成要件说……………(131)
　　四　日本犯罪论体系论要………………………………………(133)
　思考题………………………………………………………………(136)
第六章　构成要件符合性………………………………………………(138)
　第一节　构成要件的类型……………………………………………(139)
　　一　行为类型说、违法类型说和违法有责类型说……………(139)
　　二　违法构成要件与责任构成要件……………………………(147)

三　一般构成要件与特别构成要件……………………………（149）
　　四　基本的构成要件与修正的构成要件…………………………（150）
　第二节　构成要件要素………………………………………………（150）
　　一　行为主体………………………………………………………（151）
　　二　行为……………………………………………………………（155）
　　三　客体……………………………………………………………（163）
　　四　结果……………………………………………………………（165）
　　五　因果关系及客观归责理论……………………………………（169）
　　六　主观的构成要件要素…………………………………………（177）
　　七　行为状况与条件………………………………………………（180）
　思考题…………………………………………………………………（181）

第七章　违法性……………………………………………………（183）
　第一节　违法性的实质及主客观违法观……………………………（184）
　　一　违法的实质……………………………………………………（184）
　　二　主观违法论与客观违法论之争………………………………（188）
　第二节　实质上阻却违法的原则……………………………………（192）
　　一　结果无价值论之阻却违法原则………………………………（193）
　　二　行为无价值论之阻却违法原则………………………………（195）
　第三节　法定的违法性阻却事由……………………………………（195）
　　一　正当防卫………………………………………………………（196）
　　二　紧急避险………………………………………………………（209）
　第四节　超法规的违法性阻却事由…………………………………（219）
　　一　被害人承诺……………………………………………………（220）
　　二　自救行为………………………………………………………（223）
　思考题…………………………………………………………………（226）

第八章　有责性……………………………………………………（228）
　第一节　责任能力……………………………………………………（232）
　　一　责任能力概述…………………………………………………（232）
　　二　责任能力的认定………………………………………………（234）
　　三　责任能力的分类………………………………………………（235）
　　四　年龄与减轻刑事责任事由……………………………………（239）
　第二节　责任故意……………………………………………………（240）
　　一　责任故意概说…………………………………………………（240）

二　故意的根据 …………………………………………………… (241)
　　三　故意的构成 …………………………………………………… (245)
　　四　故意的种类 …………………………………………………… (245)
　　五　故意与刑法上的事实认识错误 …………………………… (249)
第三节　责任过失 ……………………………………………………… (254)
　　一　过失的概念及种类：疏忽大意过失与过于自信过失 ……… (255)
　　二　过失的本质 …………………………………………………… (255)
　　三　过失的构成：意识、意志特征及关注能力、关注义务与
　　　　结果回避义务 ………………………………………………… (256)
　　四　过失犯的构成原则：有危害结果及法律规定 ……………… (262)
　　五　非犯罪化：合理信赖原则与被允许的危险 ………………… (263)
第四节　阻却责任的事由 ……………………………………………… (264)
　　一　适法期待可能性 ……………………………………………… (264)
　　二　违法性认识的可能性 ………………………………………… (274)
思考题 …………………………………………………………………… (281)

第九章　未完成罪 ………………………………………………………… (284)
第一节　犯罪预备 ……………………………………………………… (285)
　　一　犯罪预备的概念与特征 ……………………………………… (285)
　　二　犯罪预备的种类及其与阴谋犯的区别 …………………… (287)
　　三　犯罪预备的处罚 ……………………………………………… (289)
第二节　犯罪未遂 ……………………………………………………… (289)
　　一　未遂犯的可罚性根据 ………………………………………… (290)
　　二　犯罪未遂的成立 ……………………………………………… (291)
　　三　未遂犯的类型 ………………………………………………… (299)
　　四　不能犯的类型及其与未遂犯的区别 ……………………… (299)
　　五　不能犯的立法例 ……………………………………………… (309)
　　六　我国刑法对未遂犯的处罚规定 …………………………… (311)
第三节　犯罪中止 ……………………………………………………… (312)
　　一　对中止犯减免刑罚的根据 ………………………………… (312)
　　二　犯罪中止的成立条件 ………………………………………… (316)
　　三　犯罪中止的分类 ……………………………………………… (322)
　　四　犯罪中止的刑事责任 ………………………………………… (324)
思考题 …………………………………………………………………… (325)

第十章 共同犯罪 (327)
第一节 共同犯罪的成立 (328)
一 关于共同犯罪成立的学理之争 (328)
二 本书的立场 (330)
第二节 共同犯罪人的分类及其处罚根据 (331)
一 共同犯罪人的学理分类及其处罚 (332)
二 共同犯罪人的法律分类及其处罚 (337)
第三节 共同犯罪的分类 (342)
一 共同犯罪的法学分类 (342)
二 共同犯罪的法律分类 (343)
思考题 (346)

第十一章 罪数形态 (348)
第一节 一罪与数罪概述 (348)
一 区分一罪与数罪的标准 (349)
二 非数罪并罚的几种情况 (351)
第二节 实质一罪 (351)
一 实质一罪的概念 (351)
二 实质一罪的类型 (352)
第三节 法定一罪 (359)
一 结合犯 (360)
二 集合犯 (360)
第四节 裁定一罪 (362)
一 裁定一罪的概念 (362)
二 裁定一罪的种类 (362)
思考题 (368)

第十二章 刑罚概述 (370)
第一节 刑罚的功能与目的 (371)
一 刑罚的基本属性及其概念 (371)
二 刑罚的功能 (372)
三 刑罚的目的 (374)
第二节 中国刑罚的体系 (377)
一 刑罚的体系概述 (377)
二 主刑及其相关刑罚之学理研讨 (378)

三　附加刑与非刑罚方法处罚 …………………………………… (388)
　思考题 ……………………………………………………………………… (394)
第十三章　刑罚裁量制度 ……………………………………………… (396)
　第一节　量刑原则暨量刑情节概述 …………………………………… (396)
　　一　量刑原则的内容 ……………………………………………… (397)
　　二　量刑情节 ……………………………………………………… (398)
　第二节　累犯制度及问题研讨 ………………………………………… (400)
　　一　累犯的概念及其分类 ………………………………………… (400)
　　二　累犯的构成要件 ……………………………………………… (400)
　　三　对我国累犯制度的学理之争 ………………………………… (403)
　第三节　自首、坦白与立功 …………………………………………… (406)
　　一　一般自首 ……………………………………………………… (406)
　　二　准自首与坦白 ………………………………………………… (408)
　　三　立功表现 ……………………………………………………… (410)
　第四节　数罪并罚的原则 ……………………………………………… (410)
　　一　中国刑法关于数罪并罚的原则 ……………………………… (411)
　　二　适用数罪并罚的条件及其不同情况下的适用 …………… (412)
　思考题 ……………………………………………………………………… (414)
第十四章　刑罚执行制度 ……………………………………………… (416)
　第一节　刑罚执行制度概述 …………………………………………… (416)
　　一　刑罚执行制度概念剖析及相关规定 ………………………… (416)
　　二　缓刑制度的基本属性 ………………………………………… (417)
　第二节　缓刑制度及问题研讨 ………………………………………… (418)
　　一　缓刑的适用条件 ……………………………………………… (419)
　　二　缓刑的宣告及其效力 ………………………………………… (420)
　　三　缓刑的考验期限及其法律效果 ……………………………… (421)
　　四　缓刑的撤销 …………………………………………………… (422)
　　五　关于对缓刑犯实行社区矫正的学理之争 ………………… (422)
　第三节　减刑制度 ……………………………………………………… (425)
　　一　减刑制度概述 ………………………………………………… (425)
　　二　减刑的适用条件 ……………………………………………… (426)
　　三　减刑的限度及其程序 ………………………………………… (427)
　第四节　假释制度研究 ………………………………………………… (429)

一　假释制度概述 …………………………………………… (429)
　　二　假释的条件 …………………………………………… (430)
　　三　假释考验期满的法律效果 …………………………… (432)
　思考题 ……………………………………………………… (433)
第十五章　刑罚权的消灭 ………………………………………… (435)
　第一节　刑罚权的消灭论要 …………………………………… (435)
　　一　刑罚权的消灭与刑罚的消灭 ………………………… (435)
　　二　刑罚权消灭的事由 …………………………………… (436)
　第二节　时效 …………………………………………………… (437)
　　一　追诉时效规定的理论依据之争 ……………………… (438)
　　二　时效等级及其期限计算 ……………………………… (439)
　　三　追诉时效的中断 ……………………………………… (440)
　　四　追诉时效的延长 ……………………………………… (441)
　第三节　赦免 …………………………………………………… (441)
　　一　大赦制度 ……………………………………………… (442)
　　二　特赦制度 ……………………………………………… (442)
　　三　大赦和特赦的主要区别 ……………………………… (443)
　　四　学界关于在宪法中增设大赦制度的立法建言 ……… (443)
　思考题 ……………………………………………………… (444)

绪　　言

目前，国内出版的刑法学教科书虽然为数不少，但是以刑法学硕士、博士研究生为读者群主体的教材仍然阙如。本书定位的主要读者群正是已然大学本科毕业的刑法学在读硕士、博士研究生。

在专攻刑法学的硕士或者博士研究生当中，多数人已经在大学或研究生阶段系统研习过有关刑法学基本知识，少数人即本科乃非法学专业的在读硕士研究生，抑或本科/硕士阶段均为非法学专业的刑法学博士研究生，他们在入学考试之前，也已做过长期的刑法学基本论理研习或恶补，否则难以入学。就此意义来看，对于在读的刑法学硕士或者博士研究生而言，再为其提供一本以注释刑法学、规范刑法学为主的刑法学教材，难免失诸其作为刑法学研究生教材必备的理论起点与知识高度。由是，与10年前笔者主编的"法律硕士通用教材——《刑法总论》"的教学宗旨有所不同的是，本书不再以培养单纯的"高级法律实务人才为主旨"。相反，鉴于本书面对的乃是已然系统研习过相关刑法学专业知识的读者群，由是，本书的教学主旨乃在：进一步强化学生有关刑法学基础知识的理论根基；在此基础上，不但培养具有较高理论素养的高级法律实务人才，还为培养刑事法高级研究人才、教育人才等，提供必要的理论基点、知识素养以及刑法学教学与研究的方法论等。

基于上述教学对象与宗旨的考量，本书在体例编排及其内容设计上，有下述特别之处：

第一，鉴于本书并不针对从未研习过刑法学的、从头学起的读者群，因而在有关体例安排和知识点设计上，本书也就：（1）不像本科教材那样面面俱到地关注到每一关涉"刑法总论"基本知识的学习点，而是剪裁了不少作为法律本科生已当然掌握的某些最基本的刑法范畴论内容，同时增添了不少理论刑法学议题。例如，本科教材中必有的"刑法的制定与修改"、"刑法的任务"、"犯罪的概念"、"无罪过事件"等，在本教材中均未专设议题加以研讨，只是在述论到其他问题时不免有所涉猎而已。另一方面，本科教材中未必专题研讨的某些刑法理论或理念，在本书中设置了专题研讨。例如，实质刑法与形式刑法观、认识根据说与存在根据说的违法类型说、违法性认识可能性，等等。(2) 本书也不像本科教材那样，对各章节述论内容的详略深度等大致相当、比例持平。恰恰相反，本教材在表述的深浅设计上，采取的不是"平分秋色"的手法，而是根据教材内容对于刑法基本理论掌握的艰深及其重要程度，同时根据教材内容理解与掌握上的难易程度，在着墨详略上有较大反差。例如，对涉及"犯罪论"内容的章节，如"构成要件符合性"、"违法性"、"有责性"，甚至"未完成罪"等几章，本书均做了数倍于其后"刑罚论"字数的、相当详尽的述论与评析。而既后，对涉及"刑罚论"章节的阐释，本书却大多采取了简述加简评的手法来略讲。有鉴于此，如果说本科教材可用"大而全"来形容的话；对本书，或可用相对的"偏而深"来勾描之。

第二，在刑法价值论、规范论、范畴论三大论域，本书更偏重于通过刑法价值论折射出的有关机理来表达与演绎有关刑法规范与范畴的知识点。质言之，与对刑法规条的实然诠释相比，本书更偏重于刑法的人道性、正义性、公正性的取舍机理研讨；进而，即便是对规范论、范畴论的研究，也加入了更多的价值论哲理和法理来分析和展开，这也是本书之所以在开篇之首的第一、第二章即开始研讨刑法客观主义与刑法主观主义、实质刑法与形式刑法解释论的主要缘由之一。唯其如此，在务虚与务实、应然性与实然性等议题设计与择取上，本书也加大了对有关"应然议题"的研究范围与力度。具体地说，对全书各章所研讨的有关犯罪论、刑罚论内容，本书大都做到了在实然解读之后同时分述各种基于应然立场发出的不同声音，进而评析并阐释本书之立场。这样做，也是为了便于引导学生在研习刑法学的方法论上，不但掌握"是什么"，还会展开"为什么"的深层次反思与研讨。

第三，在犯罪论体系的选择上，本书未尝采用国内传统教材通行的平面而封闭的、耦合式的"犯罪构成四要件 = 犯罪成立条件"的犯罪论体系，而是借鉴了大陆法系通采的递进而开放的、三阶层犯罪论体系。具体而言，本书主张构建以违法类型说为基点的三阶层犯罪论体系。

实际上，早在10年前出版的那本"法律硕士通用教材——《刑法总论》"绪言中，笔者已谈及自己一直倾向于"借鉴西方大陆法系的递进而开放的犯罪论体系，认为从'以人为本'的宪政原则出发，采用其由'推定'到'认定'某行为是否构成犯罪的、融入了某些主观因素的刑法客观主义立场，更为可取"。然而，鉴于当时出版的《刑法总论》的读者群为"法律硕士"而非法学硕士/博士；其教学主旨也在"培养更多能够应对国家司法考试及其有关刑事实务工作的未来的法官、检察官、律师乃至警官等"，因而，作为该书主编的我就不得不考虑令该书的体例与内容更兼容于当时国家司法考试指定的刑法学教学大纲及当时司法实践中通行的定罪法，等等。基于此，在该书绪言中，笔者曾不无遗憾地声称："尽管我们十分称许上述重构中国犯罪论体系的主张；尽管我们对挑战刑法学传统体例的做法倍感慰然，然而，本书在犯罪论体系问题上，仍旧采用了传统教科书所采取的立场。"

时至今日，10年前的缺憾，可以说已为今日《刑法总论》在犯罪论体系上的悉数重构而多少得以弥补。而今日之所以决然放弃旧日的犯罪构成论体系，除了读者群及教学宗旨上的重大变化外，这也与国内刑法学界在犯罪论体系上的观念重塑与更新有很大关系。虽然，无可讳言，不少国内刑事实务界人士仍看好传统的犯罪构成理论。主要理由是：大陆法系的犯罪论体系及其内容，不但理论艰深难懂，还难以操作。而沿用传统的犯罪构成四要件办案，既方便，还能提高办案效率，等等。上述观点，基于司法实务之立场，看来确有其合情合理的一面，然而，问题的关键乃在：刑法的根本价值取向何在？到底是效益性、功利性优位还是刑法的正义性、公正性乃为刑法之根本？回答显然是：未能很好地昭彰"正义性"的刑法，何言刑法？何言法治？固然，采用传统的犯罪构成四要件办案，于不少实务界人士而言，的确可能更方便、更效益……然而，扪心自问：自1979年刑法颁行以来，采用诸此犯罪构成论所办理的案件之中，其冤假错案为数还少吗？实际上，因其"方便而效益"而坚持此论者，本质上还是基于"职权主义"的立场在考量此一犯罪论重构问题。然而，这样一来，刑罚权的启动与制约，就不是以昭彰刑法之"正义"为其出发点与归宿点，而是以简单的"效益与功利"来考量刑罚权的限缩与扩张。进而，刑法于民众、社会和国家而言，也就不再是民众获享最大限度自由的保障性手段，相反，刑法可能蜕变成基于"高效益"的动机，便可恣意启动国家刑罚权来制约人民、稳定秩序的目的性工具了。显然，这完全颠倒了"刑事法治与国民自由"的手段与目的的本末关系；也有悖于我国宪政原则所秉持的"以人为本"的民权主义刑法观。有鉴于此，从根本上说，要最大限度地减少冤假错案，要全方位地昭彰刑法的正义性、公正性，务须摒弃简单的"效率优先"的现行犯罪成立理论。进而，宜在正义性优位的前提下，重构中国的犯罪论体系；抑或直接借鉴域外优秀的法律精髓与文化遗产，这也是本书之所以沿用大陆法系犯罪论体系的初衷之所在。

第四，对有关刑法规条的中外对比诠释与判读。鉴于刑法总论本是对刑法总则知识的理论展开，而我国现行刑法总则的犯罪论规定，还难于与三阶层的犯罪论体系实现"无缝对接"。有鉴于此，在阐释有关犯罪成立理论及其相关法律规定之际，为了更为清楚明白地释读有关刑法规定，本书不时采用了针对同一或相关法条的中外对比诠释与判读方法，以帮助读者在有比较、有鉴别的情况下，更加了然我国刑法相关规定的法律品性。

例如，在述论紧急避险在犯罪论体系中的法律地位问题，即其与违法性、有责性的关系时，鉴于学界对其存在"阻却违法"、"阻却责任"与"或阻却违法或阻却责任的二分说"等三种不同观点，而我国刑法典对此并无明文规定。因而，在阐释有关理论争议之际，本书特别指出，《德国刑法》（2002年修订版）第34条、第35条就分别做出了"阻却违法的紧急避险"与"阻却责任的紧急避险"的不同规定，而前为防卫性紧急避险，后为攻击性紧急避险。区分二者的关键乃在：行为所保护的法益是否"明显大于所造成危害的法益"。两相比较可见，鉴于我国刑法上的紧急避险，也与《德国刑法》第34条所规定的"阻却违法的紧急避险"的限度要求一样：均要求所保全的法益必须大于牺牲的法益。据此，从结果无价值论的角度讲，既然紧急避险保障了更高层次或更加优越的法益，其结果是有价值的，实质上就并不违法，因而我国现行《刑法》第21条所规定的紧急避险，在法律性质上应为"阻却违法"的行为。

第五，在编排体例上，除正文内容之外，为了方便研究生们研习，本书还在各章之首加诸了"内容提要"；在各章之尾做了"本章小结"。此外，各章还专门设置了相应的"思考题"和供学生们参考性选看的"阅读参考文献"等。

其中，"内容提要"是对全章述论的主要内容或重要观点的提示性简述或简评。这或许能令读者在各章开篇之首，便能通过"内容提要"的浏览，大致了解到该章行将讨论到的主要议题及有关学理争议或主张等。

"本章小结"是对各章研讨议题的概括性回顾。在此小结中，笔者力图做到的是：提纲挈领地点到全章所研讨的主要理论点，特别是有较大分歧点的理论问题。但囿于全书篇幅的限制，实则仍是力不逮心。

"思考题"是应中国社会科学院研究生院要求的体例设计的。其中既有名词解释，又有简答题与论述题。从教学初衷与目的看，本套研究生教材设计此类思考题的要旨并不希图学生们去逐一解答，而是寄望于借此题目的标示，去引发学生们独立地思考某些重大理论问题。

各章之尾开列的"阅读参考文献"则是为众读者在研习各章时，可一并参看的书目。为了照应有关时代性内容，本书在阅读书目的选择上，尽可能地择用了2005年以后发表或者出版的书目，特殊情况例外。

最后，为了便于读者理解和掌握有关刑法学知识，本书虽以"形而上"的阐释方法为主，但仍然采用了若干真实的或虚拟的案例来述论有关问题。此外，为了便于读者参看和查阅，对所举所有案例，无论是真实的还是虚拟的，本书都采用了有别于正文的不同字体，为的是便于读者一目了然地浏览到相关案例，以引发有关学习兴趣。

与上次主编一部主要针对非法学专业的法律硕士教材相比，无论如何，这一次毕竟是个人独自完成一部刑法学硕士、博士研究生教材。因而，这对笔者而言，仍属全新的尝试。不足之处在所难免，敬祈各位方家学者不吝赐教与指正。

中国社会科学院法学研究所　屈学武
2014年7月笔于北京和平里寓所

第一章 刑法与刑法学论要

内容提要

刑法是规定什么是犯罪、应负何种刑事责任及其怎样惩罚犯罪的法律规范的总称。刑法学却是研究犯罪、刑事责任及其刑罚的一般规律，并对刑事立法和司法进行理论抽象的科学。有鉴于此，刑法体系也有别于刑法学体系。刑法体系主要是指作为刑事法律规范的构成体系，有广义、中义、狭义之分。狭义的刑法体系就是指刑法典自身的构成体系；刑法学的体系则是一门学科的表达形式。在刑法学中，还存在着刑法客观主义与刑法主观主义这两大基本的理论对立，主要对立点表现在行为刑法还是行为人刑法、客观违法还是主观违法两大层面。总体来看，刑法客观主义更加契合"以人为本"的民权主义刑法观，值得首肯；但刑法主观主义在刑罚论域仍有其局部层面的进步意义。

第一节 刑法与刑法学

一 刑法与刑法的体系

众所周知，刑法是规定什么是犯罪、应负何种刑事责任（责任的有无和责任的大小）及其怎样惩罚犯罪的法律规范的总称。这当中，犯罪是刑事责任的前提；刑事责任是刑罚的先导。就是说没有犯罪，就没有刑事责任。但是犯罪与刑事责任之间，又不能一概而论地画上等号。因为犯罪是刑事责任的必要条件，但不是充分必要条件。一个人虽然实施了违反刑法规范的"犯罪"行为，但若其欠缺刑法上的有责性，无责任仍无刑罚。因而实施了犯罪的行为人，虽然通常情况下，都产生刑事责任问题，但犯罪绝不等同于刑事责任本身。鉴于刑事责任是刑罚的先导，因而不承担刑事责任者，也无刑罚可言。

至于刑法的体系，却非单纯的法律概念。该概念虽然具有很强的实践性与针对性，但就其本身所蕴含的内涵与外延看，所谓"刑法体系"仍属理论刑法学探究的内容。毕竟，没有任何一部刑事法律会在字表层面去规范或界定"刑法体系"的确定涵义。因而严格意义上看，所谓"刑法的体系"并非法律概念，而是刑事法学界潜心探究的法学概念或学理概念而已。

基于上述理由，针对"刑法体系"的概念解读，各类研究人员完全可以根据自己的研究视域、对象、目的的不同，做出不同的释读。至少就该"体系"的外延层面上看，学者们就可根据自己的研究角度和目的的不同，做出有关广义、狭义，甚至泛义、广义、狭义的不同解释。

例如，在有的刑法学者那里，泛义的中国刑法体系，不但包括刑法典、单行刑法、附属刑法，还可囊括诸如中国的《中华人民共和国治安管理处罚法》《中华人民共和国监狱法》，等等。而广义的中国刑法体系，除了刑法典、单行刑法、附属刑法外，还可包括应然意义的、类似于保安处分的违法行为矫治处分法、刑法典施行法、刑罚执行法，等等。狭义的刑法体系，则仅仅包括刑法典、单行刑法与附属刑法规范。当然，最狭义的刑法体系，仅指刑法典自身的构成体系而已。

二　刑法学及其体系

（一）刑法学概述

刑法学是研究犯罪、刑事责任及其刑罚的一般规律，并对刑事立法和刑事司法进行理论抽象的科学。就学科范围看，刑法学有广义与狭义之分。狭义的刑法学又称解释刑法学、注释刑法学或规范刑法学，主要研究现行刑法的指导思想、立法依据、条文释义和刑法适用问题。广义的刑法学，除含规范刑法学内容外，还包括理论刑法学、沿革刑法学、外国刑法学、比较刑法学、国际刑法学等。本书将采取理论刑法学为主、规范刑法学为辅的学术框架，来阐释有关中国刑法的理论与实践问题。

在法学体系中，刑法学属于基础法学、部门法学和应用法学。作为基础法学，刑法学是研究所有国家与公民之间的法律调控关系的、所有公法学的基础；作为专门研究刑法这一法律部门的部门法学，刑法学的研究，须以现行有效的"刑法"为其法律依托；作为应用法学，刑法学不仅是形而上学的刑法学理论知识体系，还须对该类原理性知识的立法完善、司法适用做进一步的诠释，以运用该类刑法学原理来具体解决立法、司法和执法中的实际问题。

（二）刑法学体系

著名哲学家康德曾经指出，体系是一个"根据各种原则组织起来的知识整体"。换言之，所谓体系，是经由一定载体并通过确定的间架结构、叙述顺序及其形式逻辑方式，来安排确定的精神内容的系统而有机的表达方式。刑法学的体系也这样。但作为一门学科体系，它是根据其研究对象之间的内在联系和一定的科学规律建立起来的刑法学科理论体系。由于刑法学体系是研究犯罪与刑事责任的理论学说体系，因而它既要照应刑法的体系，又不能局限于刑法的内容及体系。

刑法学的体系与刑法典的体系既有区别又有联系。其联系点在于：刑法学的体系与刑法典的体系密切相连。刑法学的体系与刑法典的体系有类似之处，如刑法典分为总则与分则，刑法学也分为总论与各论；刑法学对基本问题的研究也大体上与刑法规定相照应。其区别点在于：刑法学体系是一门学科的体系，刑法典体系则是一部典化了的法律规范体系。法典的体系所依据和注重的是规范的基本结构和组成等，刑法学体系的建立依据却自有其特征，因而，在体系的排列结构等方面，也各有不同。

例如，刑法学的表达体系既有四编结构，也有二编结构，还有无编结构。其中：（1）四编结构多分为绪论、犯罪总论、刑罚总论、罪刑各论；也有的四编结构分为刑法论、犯罪论、刑事责任论、罪刑各论。（2）二编结构多分为刑法总论、刑法分论。（3）无编结构，指没有分编而直接按章节排列的刑法学体系结构。

第二节 刑法基本理论的对立：刑法客观主义与刑法主观主义

一 刑法客观主义与刑法主观主义的理论对立

刑法客观主义乃刑法主观主义的对称。但要清楚明白地阐释何谓刑法客观主义，还应比照着刑法主观主义的基本理论，采取比较分析的方法来说明。概括而言，刑法客观主义和刑法主观主义，存在两大层次的理论分歧：其一，何为刑事责任的基础。即刑事责任的基础，究竟是行为对法益的实体或者危险性侵害结果；还是行为人对法规范的敌对意思？换言之，刑罚惩罚的对象究竟是行为，还是行为人？其二，主观违法性理论与客观违法理论之争。即在违法论上，决定行为是否违法的根据：到底是行为客观上呈现出的事实状态，还是根据行为人的行为所征表出来的主观上的人身危险性？①

对以上两大问题，或可简化如下：第一层次之分歧点乃在，刑法客观主义主张行为刑法；刑法主观主义主张行为人刑法。第二层次之分歧点则在于：刑法客观主义主张客观违法；刑法主观主义主张违法性中也含主观违法要素。进一步说，刑法客观主义主张，违法行为都是客观的，即"无责任"的违法论；刑法主观主义则认为，违法是由行为人的主观可归责性决定的，所以，违法性也含有主观要素，也即"责任人才能违法"。

（一）刑法客观主义与刑法主观主义理论对立的序说

1. 刑法主观主义与刑法客观主义，并非主观归罪或客观归罪的代称。在进一步阐释何谓刑法客观主义与刑法主观主义之先，有必要先行强调的是：无论是刑法客观主义还是刑法主观主义，都不等同于客观归罪或主观归罪。换言之，刑法客观主义并非客观归罪的代名词；刑法主观主义，也不是主观归罪。这是因为：刑法客观主义，同时要求行为务必具有可责性。即须具有故意、过失、守法期待可能、违法性认识可能等，才有责任可言；而刑法主观主义，也并非有犯意、有责任即可归罪，仍要求行为人务必实施了违反刑法规范的行为。

这是因为，刑法客观主义，也承认责任主义的刑罚原则，即没有责任就不能科处刑罚。所以，它也讲究行为除了需要该当构成要件，须具备刑事违法性之外，还需要主观上的刑事可非难性（有责任能力、故意或者过失；有守法期待可能性、有违法性认识可能性等）。例如，一个不满14周岁的男孩，对一个少女实施了强奸行为，刑法客观主义论者会认为他的行为：（1）该当强奸罪的构成要件；（2）行为侵害了他人的性的不可侵犯性的确定法益，因而具有刑事违法性；（3）但是，行为人还不满14周岁，不达责任年龄，也就没有责任能力——由是，鉴于该行为人欠缺主观责任，行为人因而无罪。可见，刑法客观主义者纵然讲究客观，也不会主观归罪。

同理，刑法主观主义，也讲究某一行为：（1）在客观上务须该当构成要件。例如，张三趁李四不备，抢夺了李四一支烟——这一行为显然并不该当构成要件——因为我国《刑法》第267条要求抢夺的标的须"数额较大"；（2）行为还须具备刑事违法性。例如，正当防卫行为，就不具备违

---

① 参见劳东燕《刑法中客观主义与主观主义之争的初步考察》，载《南京师范大学学报》（社会科学版）2013年第1期。

法性。对此,《德国刑法》第 32 条第 1 款就明文规定 "正当防卫不违法"; 而我国《刑法》第 20 条也明确规定, 正当防卫 "不负刑事责任"。可见,光有主观上的人身危险性或者其他 "可责性" 还不够, 刑法主观主义者, 也要求行为人需要通过实施了该当构成要件的、具备刑事违法性的 "行为", 才能 "征表" 出其人身危险性来。从而, 客观上有行为、主观上有责任, 才能科处其刑罚。

当然, 刑法主观主义的上述 "统一", 即其刑事责任的基础, 既不是构成要件行为, 也不是行为对法益的侵害或者危险后果, 而是以行为人的 "危险性格" 作为基础的。而在刑法客观主义者那里, 刑事责任的基础, 既非行为人的危险性格, 也不是单纯的侵害法益的 "行为", 而是行为及其对法益的 "侵害" 或者危险性 "威胁"。

综上可见, 无论是刑法主观主义, 还是刑法客观主义, 都不是主观归罪或者客观归罪。质言之, 刑法主观主义和刑法客观主义, 与中国改革开放初期沿用的、苏联刑法学体系下的或主观归罪或客观归罪的理论, 完全不在一个学术理论平台上。因而, 它们之间完全不具备类似概念方面的可交流性或可比对性。

由是, 刑法客观主义与主观主义的理论之争, 不是要在刑法学理论或者刑法规范上全盘采用刑法客观主义或者全盘采用刑法主观主义, 而是以何者为基础、为根本; 同时兼而采取或主观或客观的刑法观, 来构建刑法学基本理论和刑法规范的理论。

2. 刑法客观主义与刑法主观主义与两大学派的联系与区别及其相互关系。日本学者大塚仁教授曾经指出:刑法客观主义是 18 世纪末叶, "由贝卡利亚所开创、以康德哲学为指针并以费尔巴哈以来的德国刑法学为基础所具体地、逐渐地形成的刑法学流派"[1]。唯其如此, 刑法客观主义与主观主义, 确为刑事古典学派与刑事现代学派的学术之争。[2]由是, 本书认同刑法客观主义与主观主义之争, 主要体现在上述两大层次。与此同时, 本书也认同刑法客观主义与主观主义之争, 无须包括某些刑法要件或者要素在判断方法论上的争议。设如在关涉考量有关规范的标准的方法论上, 就应

---

[1] [日]大塚仁:《刑法中新旧两派的理论》, 第 4 页, 东京, 日本评论社, 1957 年。转引自周光权《法治视野中的刑法客观主义》, 清华大学出版社 2002 年版, 第 18 页。

[2] 刑事现代学派, 是后人对以龙勃罗梭为代表的刑事人类学派、菲利为代表的刑事实证学派和李斯特为代表的刑事社会学派的统称。又称新派, 以区别于以贝卡利亚、费尔巴哈为代表的刑事古典学派。

视情况酌情而定——究竟该采用客观说、主观说或者折中说标准，来判断有关条件的"成就"与否。

举例而言，未遂犯与中止犯的重大区别乃在于：其是否由于"意志以外的原因"而未能将犯罪实行终了。那么，何谓"意志以外的原因呢？"刑法学理上，一直存在主观说、客观说、折中说之分。对此，本书的基本主张是：既然是意志以外的原因，其反向含义即为：不是基于其"意志以内"的缘由使其没有得逞。而对"意志以内"的缘由，岂能采用所谓根据"一般人的、客观认识水平"来掌握的"客观"标准？

例如：一个非常害怕蛇的行为人，某天深夜，将一名少妇逼到了村外山丘上的丛林中，欲行强奸，正当他开始着手实施犯罪行为的时候，忽然发现离自己1米远开外有一条菜花蛇，正在地上爬行。此人因而大惊失色，仓皇起身，披上衣服逃之夭夭了。

显然，对本案，如果根据客观标准，即一般人标准看，来自农村的一般男人，大多对菜花蛇见惯不惊，没有理由被一条无毒的、小小菜花蛇吓得逃之夭夭。

可问题的症结在于：本案行为人是一个非常怕蛇的家伙——哪怕是一条不足1米长的、无毒的菜花蛇。

据此，根据一般人认可的客观标准说，对本案，就只能定性为强奸犯罪中止了。因为一般人都不怕菜花蛇，行为人也就不该怕。而犯罪中止的基本原理乃为：非不能也，实不为也。由是，由于本案并非基于意志以外的原因而让行为人的强奸犯罪未及得逞，而是他自己离开，即行为人因而应当构成自动中止犯罪。

但是，根据主观标准说来判断则恰恰相反。本案行为人显然吓坏了，以至于他自认为他根本不可能将犯罪进行下去，只得逃之夭夭。也就是说，行为人就是由于意志以外的原因而未得逞其犯罪的，行为因而应当成立强奸犯罪未遂。因为犯罪未遂的基本原理乃是：非不为也，实不能也。

对此，本书的立场是：对本案，即便是刑法客观主义者，也会认同上述"主观说"的判断标准，因而行为应当成立为"由于意志以外的原因未得逞，构成犯罪未遂"。

所以，即便是刑法客观主义论者，在方法论上，也有采取主观说的时候。故此，本书认同方法论上的主观说、客观说，并非刑法客观主义与刑法主观主义的理论核心点之所在，虽然在方法论上，二者却也时常各持不同的立场。

此外，刑法客观主义与刑法主观主义之争仅是刑事古典学派与刑事现代学派之争的一个方面，并非全部。两大学派之间，还包括刑法学与犯罪学的关系之争等。再者，第一层次与第二层次之间关于刑法客观主义与刑法主观主义的理论对立，也非两两对应的关系。①亦即在第一层次理论对立中，立足于刑法客观主义（行为刑法）的学者，未必认同第二层次的客观违法论。例如，我国刑法学者周光权教授曾专门撰写了《法治视野中的刑法客观主义》一书，主张行为刑法观。然而在第二层次的理论对立中，周教授却认同二元论的行为无价值论，其实质仍是认同违法须是有责任的违法，即违法中含有主观要素。反之，在第一层次中，认同刑法主观主义（行为人刑法）的学者，也未必认同第二层次的主观违法论。例如，德国刑法学家李斯特就曾经提出了石破天惊的口号："应受处罚的不是行为，而是行为人。"可见，在第一层次理论对立中，李斯特持典型的刑法主观主义（即行为人刑法）立场。但在第二层次理论之争，即客观违法与主观违法理论对立中，他又主张客观违法理论，认同结果无价值论，史称李斯特鸿沟（Lisztsche Trennung）。

（二）刑法客观主义与刑法主观主义之理论对立分解

1. 行为刑法与行为人刑法之争

行为刑法最初是由刑事古典学派提出来的。刑事古典学派形成于欧洲启蒙时代的后期——18世纪后半叶。当时正值启蒙运动风起云涌，而欧洲中世纪的封建刑罚残酷至极，统治者对国家刑罚权的滥用也到了肆无忌惮、登峰造极的地步。惩罚思想犯、单纯的表意犯、信仰犯等，已成家常便饭。欧洲封建统治者利用刑罚权对人民的种种迫害，最终导致了广大公众对这种被滥用的国家权力的恐惧远远超过了对所谓犯罪的担心和害怕。所以，当时以贝卡利亚、费尔巴哈为首的刑事古典学派代表，高擎起了政治上的自由主义和法治国思想大旗，主张以客观主义的行为刑法取代过去的封建擅断。具体地说，刑事古典学派主张：人的意志是自由的，刑法意义的人是抽象的人；刑法意义的行为是类型化的抽象行为。一方面，国家可以通过对此类抽象的人、抽象行为的规范性设置，来合理配置国家刑罚权，以防国家刑法之擅断。另一方面，由于个人在有其意志自由的情况下仍然选择实施犯罪行为，"行为"因而应当成为刑罚的对象。亦即每一个

---

① 参见劳东燕《刑法中客观主义与主观主义之争的初步考察》，载《南京师范大学学报》（社会科学版）2013年第1期。

抽象的人，在思想意识上都是自由的，他都有其选择遵从还是违背国家法律的自由。而在此自由之下，行为人仍然选择实施违背刑法规范的行为，并导致了特定法益侵害或威胁性后果——此类行为，才是承担刑事责任的基础。由是：国家可以通过各种类型化的抽象行为设置，既规定出该当构成要件的、一般性的行为特征（总则）；又制定出类型化的该当构成要件的分则行为。同时，对违法性、有责性，做出一般性规定。

此外，刑法还可通过制定罪刑法定原则、罪刑相适应原则、适用刑法面前人人平等原则等来合理地配置国家刑罚权，以防国家法律之擅断并随意出入人罪。可见，贝卡利亚与费尔巴哈等力倡刑法客观主义的主要目的，是想通过行为刑法来否决之前的单纯惩罚思想犯、表意犯的酷刑及其他任何封建擅断行为。因而，归总起来看，刑法客观主义的基本诉求就是：强调自由主义的个人权利观——用今天的话说，就是强调民权主义的刑法观，主张以行为刑法来制约国家刑罚权，以防止国家主义的、极度膨胀的刑罚权力观俱生而出的恣意拓展的刑罚权及司法擅断。

唯其如此，日本学者小野清一郎曾发表过下面的论述："刑法客观主义，反映了政治上的自由主义和法治国思想。费尔巴哈以来的古典刑法学，是以自由主义为根基的。与之相对立的主观主义，其背景是以政治上的强化专制为志向的国家绝对主义、警察国家、福利国家的思想，它试图把主观上的道德思想引入刑法。"[①]

而反过来看，刑法主观主义所主倡的、行为人刑法的内容，与上述行为刑法的思想理念是恰恰相反的。在刑法客观主义的基本思想理念占据西方刑法舞台近100年之后，人类社会进入到19世纪末叶。在19世纪末至20世纪初期，由于：（1）遽变的社会背景；（2）自然科学的长足发展，特别是随着19世纪后半期资本主义的高度化和工业革命的发展，社会的"负产品"同步增加：经济的、社会的混乱连连；混迹于社会的常习犯、少年犯激增。

而此间，客观主义刑法的蓬勃发展，使得国家刑罚权及其他公共权力已经得到相当程度的制约，民众的自由权利已经得到很大提升。于是，与一个世纪前相比，公众的情绪又来了一个大逆转：人们最大的担忧不再是国家刑罚权的膨胀和滥用，而是愈演愈烈的犯罪。不少人，包括一些刑法

[①] [日]小野清一郎：《犯罪构成要件理论》，王泰译，中国人民公安大学出版社2004年版，第136页。

学家、社会学家因而开出了新的治理方子，那就是：采取扩大国家刑罚权的方法，通过提前发动国家刑罚权的方式，把那些实施了有关行为、从而征表出他有危险性倾向的人投入监狱，从而积极预防犯罪。

所以，从19世纪后半期到20世纪初期，刑法主观主义的思想，从开始抬头到最终形成。当时的刑事人类学派代表龙勃罗梭、刑事实证学派代表菲利、刑事社会学派代表李斯特，被后人统称为刑事现代学派（或者新派）。他们的共同主张是：社会人不是抽象的而是具体的；社会人的意志不是自由的，而是被决定的，因而，犯罪也是被决定的。

当时科技的进步也令医学得到了深入发展。此时的犯罪学家，已开始通过解剖人类的生理构造或者通过遗传学因素等，来论证先天的生理、心理因素对犯罪的影响。例如，当时的龙勃罗梭就发表了《天生犯罪人论》一书，其间，他详细论证了染色体为XYY的超雄性人，肯定会实施强奸犯罪；天生癫痫患者，或者因为脑外伤而导致癫痫的人，会倾向于暴力犯罪；还有人直截了当地提出了染色体异常论、内分泌异常论，等等。意大利犯罪学家菲利也在其《实证犯罪学》一书中特别论证：每个人的意志都不是自由的，例如，你本来决定待在学校不回家的，但你突然接到来自老家的电话，称你父亲病危，于是你不得不"违心地"离开学校回到家乡，等等。刑事社会学家李斯特，也通过社会的突变，来分析了有关刑事政策，并喊出了"应受处罚的不是行为，而是行为人"的口号。

所有这一切都令主观主义刑法学论者得出一个结论：为了积极而有效地预防犯罪，应当采取国家主义的刑法观，基于国家本位、社会本位的立场来设计刑法。有鉴于此，尽管行为人并非出于个人的意志自由而选择了犯罪，尽管，他之所以犯罪，是天生的，或者是有关社会、自然环境因素使然，而国家、社会对此类生理、心理有疾患的人，原本是有其责任的。即这些人之所以犯罪，一定程度看，也是由于国家、社会没有尽到有关救治之责。从道义看，此类人等原本不该承担刑事责任。但是，鉴于其危险性的性格或人格，所以，尽管其选择犯罪往往是身不由己，甚至是无辜的，但是，国家出于积极的社会防卫之计，还是必须对此类行为人等科以刑罚。所以，这类预防，又被称为危险性预防、积极预防。

然而，依当时的科技条件，人们根本无从根据一个人的外部特征来查实某人是否有其可能危害社会的危险性人格。怎么办？刑法主观主义的回答是：可以根据行为人所实施的该当构成要件的"行为"来评价。他们认为行为可以"征表"（即透视出）这个行为人是否有危险性人格。行为人只要实施了有关违反规范的行为，无论其行为是否真的侵犯或威胁到有关法益，只要有其行为，就可以征表其人格异常并危险，从而，行为人就要被刑罚惩罚。基于上述立场，刑法主观主义者得出了如下结论：

既然在预备犯罪之时，行为人就已经征表出其"危险性人格"，那么，基于社会防卫之计，刑法不仅应当一律处罚所有的预备犯、未遂犯；而且量刑时，也无须对预备犯、未遂犯比照既遂犯从轻或减轻处罚。刑法学理上，又称此类处罚例为"同等处罚主义"——既然预备犯、未遂犯与既遂犯的主观恶性、人身危险性都一样，那就应当同等处罚。由此可见，起码就此角度而言，刑法主观主义所持的刑罚之剑，下手会更重。同理：强调人身危险性的、刑法主观主义者认为：在共同犯罪中，既然作为帮助犯、教唆犯的人与实行犯罪的"正犯"的人身危险性一样，那么也应当同等受到处罚。

此外，在"从属还是独立于正犯"的犯罪性和处罚性问题上，刑法主观主义者还主张"共犯独立说"。亦即，即便正犯不构成犯罪，其他作为帮助犯、教唆犯的共同犯罪人，鉴于其共同策定犯罪的行为所征表出来的"危险性人格"，共犯也应单独成罪。比方说，甲教唆乙去盗窃，但乙并没有听从其教唆而去行窃，则作为正犯的乙并不构成盗窃犯罪，但刑法主观主义者认为，对甲这个教唆犯，仍应定罪处罚（我国《刑法》第29条的规定也是独立成罪，但在量刑上可以从轻或者减轻处罚）。

相反，在共同犯罪问题上，刑法客观主义主张共犯从属说。即如果正犯都无罪，那就意味着现实中，并没发生任何受刑法保护的法益遭致实体侵害或者危险威胁的后果。则，从结果无价值论出发，这种情况，不存在实质意义的违法性，无罪。

综上，我们或可对主观归罪、主观主义与客观主义的区别简单小结如下：

（1）主观归罪：有犯意即可归罪；

（2）主观主义：仅有犯意不得归罪；还要求有能够征表其危险性格的"行为"（有犯意、有可责性、有行为）；

（3）（秉持结果无价值论的）客观主义：有犯意、有可责性、有行为还不够，还要求有其侵害到特定法益的实害或者危险后果（有犯意、有可责性、有行为、有实害或危险结果）。

2. 客观违法理论与主观违法理论之争

此乃客观主义与主观主义的第二层次理论对立点。其中，客观的违法理论与主观的违法理论最大的分歧点在于：客观的违法论主张：无责任的违法观；主观的违法论主张：有责任的违法观。亦即，客观违法论认为：违法性与可责性分别属于客观与主观的内容，且分属于犯罪论体系中的违法、责任之不同阶段，不能将二者混为一谈。而主观的违法论者主张将违法与责任挂起钩来。

　　实际上，按照早期的刑事古典学派的观点，违法都是客观的，责任是主观的。例如：某人犯了盗窃罪，则其实施了盗窃这一违法行为显然是表现于外部的、客观的现象。而其故意实施盗窃行为这一刑法上的可责性——则是出自于行为人内心的、主观的因素。但是，到了新古典的梅兹格时期，德国学者梅兹格提出了一个名为"主观的违法要素"的新观点；继后，德国另一学者韦尔策尔，更是提出了目的行为论。按照这种观点，行为人在实施任何故意犯罪行为时，因其意志行为，必须受制于一定的"目的"需要——而目的显然是主观要素，因而他们认为违法不仅是主观的，也含有主观不法要素。在此基础上，主观违法论者，还进一步地将含有主观违法要素的犯罪具体分类为目的犯、倾向犯和表现犯。

　　结合主观违法要素论者的观点，不妨对照我国刑法的规定举例如下：（1）目的犯举例。如我国《刑法》第175条所规定的高利转贷罪，在罪状上就明确规定：行为人必须"以转贷牟利为目的"——此便主观违法论者所主张的"目的犯"。但客观违法论者认为，此类目的仍然是服务于其完成有关法益侵害——这一客观结果的需要，从这个意义讲，"目的"应属可归责的主观要素，仍应划归主观责任范畴。就是说，客观违法论者，即便承认违法行为中含有一些可归责的主观要素，但归责的意思只是——此类目的应当归结为"责任"范畴，而非"违法行为"范畴。此外，主观违法论者还认为刑法规范有一定倾向性或者表意性，因而，他们又从违法性的主观归责角度，划分出了倾向犯、表现犯等。（2）倾向犯举例。按照主观违法论者的观点，倾向犯指外部行为足以传达出行为人的主观倾向的犯罪。换言之，行为人之所以实施某种行为，是为了满足其内心倾向的需要。根据此种主张，我国《刑法》第237条所规定的猥亵妇女罪、侮辱妇女罪，或可划属为主观违法论者视界中的"倾向犯"。对此，客观违法论者却认为倾向犯的内心倾向实际上是行为人的主观心理需要，刑法关于违法性的视点只能止于行为人所实施的猥亵行为、侮辱行为，行为因而仍属客观违法。（3）表现犯举例。按照主观违法论者的观点，表现犯必须以行为人的心理过程或者状态表现，作为其行为构成违法的必要要素。因而，对表现犯的认定，必须采取将外部的事实与行为人的主观心理过程进行比较的方法，否则不可能判断其构成要件该当性与违法性。[1]根据此一表现犯的定义，鉴于伪证罪的主要特征是：其对司法机关表述的情节与其自己的真实记忆相反。如此一来，按照主观违法要素论者的观点，伪证罪犯的这一心理过程，似乎正是其主观违法的表现。因为，按照主观违法论的观点，伪证罪的违法，并不在其言辞，而在"其表面行为与内心的不一致"。然而，客观违法论者却认为"只有违背客观事实的证言"才构成伪证罪，所以，伪证罪根本不是什么表现犯。

综上可见，根据主观违法论者的观点，不仅目的犯、倾向犯、表现犯之心理，就是一般犯罪必备的故意与过失，都成了评价行为是不是违法的重要根据。这样，违法性便与责任挂起钩来了。对此，从主观违法论者所举以下实例即可见一斑：鉴于我国刑法仅有故意毁坏财物罪规定，没有过失毁坏财物罪规定。据此，有主观违法论者指陈：按照客观违法论的观点，不需要考虑行为人的主观责任，即无须考虑其是故意还是过失，只要在客观上毁坏了财物，就构成违法——那不造成司法资源的浪费吗？因为：你先得判断它"违法"了，然后在"责任"阶段，再来评价行为人是不是出于故意？不是故意，只是过失毁坏了财物，只因我国刑法没有过失毁坏财物罪的规定，再出罪？[2]对此，客观违法论者认为，犯罪论体系中的三阶段：构成要件的该当性、违法性、可责性，各有其确定的内容和时空性，不能将违法性与有责性混为一谈。据此，一般而言，应当：（1）先判断该当构成要件行为的违法性；（2）再判断其有责性。因而，按照客观违法论者的无责任的违法论的主张，即便是狮子、大象伤了人，甚或自然灾害引起的法益毁损，也属于客观意义的违法——此即"物的违法观"。而这一扩及动物、自然的客观违法观——虽然其中"违法"的动物等，根本不可能成为刑法非难的对象，但是，它却从超"人"的角度，让我们更加深切地领悟到了什么是"无责任的、客观的违法"。

回过头来看刚才的实例，有客观违法论者对上述质疑提出了如下辩驳意见：主观违法论者在判断行为的违法性时，只是将违法性与可罚性联系起来，将国民当作被动的客体，而不考虑国民（尤其是被害人）在刑法上的权利主体地位。一个可能造成法益侵害结果的行为，即使行为人没有故

---

[1] 参见"表现犯"条，百度百科：http://baike.baidu.com/link?url=pnHRxa1_4tpaXM0gFUpoVOqD8rc2BdvlOKGXaaei1 WzuCTNz958UYfPN1b5ZnS-E。

[2] 参见周光权《行为无价值论的法益观》，载《中外法学》2011年第5期。

意、过失等责任要素，国民也是可以制止、阻止或者防卫的。例如：即使狩猎者甲根本不可能预见到前方是人，而事实上向人开枪时，其他国民都可以阻止甲的行为。同样，即使乙乃属过失地毁坏他人财物，国民也是可以阻止其行为的。显然，要肯定国民有权制止、阻止或者防卫某种行为，就必须肯定该行为是违法的。因为针对合法行为，国民显然无权制止更甭说防卫了。①

二 刑法客观主义与刑法主观主义简评

（一）总体认同刑法客观主义的立场

在上述两个层次的理论纷争问题上，本书原则上认同刑法客观主义的主张。即赞同行为刑法、不赞同行为人刑法；认同违法是客观的——即无责任的违法观；不赞同违法既是客观的，也是主观的。即有责任的违法观。主要理由是：

刑法客观主义是以康德的关于国家、法律都是人的手段，人才是目的基本哲学思想为其基本法理的。因而，刑法客观主义主张在相对稳定的社会秩序的前提下，依宪制约国家刑罚权和国家司法权，从而谦抑刑法，还国民以最大限度的权利与自由。从这个意义上讲，刑法客观主义所秉持的正是民权主义的刑法观。民权主义的刑法观与国权主义刑法观的主要不同点在于：前者是"以人为根本"、"以民为根本"；后者则是以"国家"为优位、为根本，"人"只不过是"国家"为要实现建设一个强大国家的"手段"而已。但人们为何要建设一个强大的国家？是为国家而建国家、为社会而建社会吗？——不是。社会人之所以要建设一个稳定强大的国家，要构建一个和谐美好的社会，只是为了让每一个人获享最大限度的自由、权利和人生价值的实现——这才是作为自然人与社会人的统一体的地球人之所以要设立国家、构筑社会并设置刑法的根本目的。有鉴于此，每人贡献一部分自由给国家和社会，令国家和社会组成一定公共权力，只能以"必要"为限度，而不是"公共权力"越大越好。因为，公共权力的取得，是以人人让渡部分"自由"、"权利"给国家、社会为代价的。

例如，当年，为了方便公安机关在现场处罚违反治安管理的行为，2005年在酝酿修改原来的《中华人民共和国治安管理处罚条例》的时候，

---

① 参见张明楷《结果无价值论的法益观——与周光权教授商榷》，载《中外法学》2012年第1期。

最初提交表决的"草案"中曾拟增设以下多项治安管理强制措施,包括:取缔、现场管制、责令解散、强行驱散、强行带离现场、禁止进入特定场所、禁止离开指定场所、收缴、扣押等。然而,实践中,对警察现场采取的治安"强制措施",如若强制出错,当事人在遭致"强制"之后,事后还不能像对真正的治安"处罚"那样提起行政复议或听证程序。唯其如此,到后来,在该草案提交全国人大通过时,由于全国民众,包括相当多的人大常委会委员的反响强烈,结果是现行的《中华人民共和国治安管理处罚法》只增加了3项治安管理强制措施,即强行带离现场、收缴违禁品与追缴赃款。可见,秩序与自由,是需要平衡的。公共权力过大,秩序可能得到了保障,却会让普通民众付出过大的自由代价;这样做,就会颠倒了秩序与自由的手段与目的关系,得不偿失。

(二)刑法主观主义在局部问题上的进步意义

论及至此,这里有必要再行强调的是:无论是刑法客观主义还是刑法主观主义,均非完全摒弃或主观或客观的问题考量。严格讲,二者其实均强调主客观的统一。不同点仅仅在于:在研究有关刑法的本质及其违法性之际,究竟是以一定客观的还是主观的视角作为考量上述问题的"基点"而已。因而,在坚持客观主义原则为犯罪论的基础的同时,不可否认的是,在"刑罚论"领域,即在行为成立犯罪之后,在量刑环节,刑法主观主义仍有其进步意义。这主要表现在刑法主观主义所主倡的刑罚个别化等原则方面。而刑法客观主义者,如黑格尔所主张的罪刑等价主义,不免有失于在量刑领域过于斤斤计较罪多大、刑多重,忽略了每一个体的刑罚耐受度不同、主观恶性不同、人身危险性也不同的现实。从而,对他们的矫治,不能仅仅采取罪多重而刑就多长地同等刑罚。

此外,刑法主观主义所认同的行为人刑法论所提倡的缓起诉制度、缓宣告制度、缓执行制度、少年犯或累犯的特殊处遇制度、保安处分制度及其他教育刑制度等,都是根据主观的行为人特质的不同、因人施治地矫治罪犯的,有其教育刑和预防犯罪方面的特殊进步意义。特别是,如后所述,本书更认同以报应刑为基点,综合考虑犯罪预防的并和主义的刑罚目的论,有鉴于此,在对行为人裁量刑罚时,就既要根据行为人罪行的轻重程度,又要综合行为人的人身危险性大小来适用刑罚。由此可见,在刑罚论域,刑法主观主义的视野也有相当的进步意义。

第三节 刑法的机能

刑法的机能，在此主要指通过刑法的规制与运行能够带来的现实效用及后续作用。也有学者指出，"刑法的机能是指刑法现实与可能发挥的作用，包括显在的机能与潜在的机能"[①]。可见，刑法的机能与刑法的任务之间既有联系也有区别。

相对而言，刑法的任务可谓刑法之规定与运行的相对具体而即期的目标。例如，《中华人民共和国刑法》第 2 条就明确规定："中华人民共和国刑法的任务，是用刑罚同一切犯罪行为作斗争，以保卫国家安全，保卫人民民主专政的政权和社会主义制度，保护国有财产和劳动群众集体所有的财产，保护公民私人所有的财产，保护公民的人身权利、民主权利和其他权利，维护社会秩序、经济秩序，保障社会主义建设事业的顺利进行。"而刑法的机能，却是通过刑法的规制和运作发挥的相对稳定而长远的功效和作用。有鉴于此，一定阶段、一定领域内的刑法任务的完成，将确保并促进刑法机能的正常发挥；反过来，刑法机能的充分发挥，也意味着确定阶段、确定领域内刑法任务的告成。

当然，对刑法的机能，也可从静态与动态两个视角看。静态，是相对于刑法之规制本身所发挥的效用看；动态，则是相对于刑法的运作角度看刑法的作用。静态角度看，刑法的机能表现为：刑法具有行为规制及其裁判功能；动态角度看，通过刑法的运转，刑法应当且能够发挥其法益保障、人权保障的机能。

一 行为规制及其裁判功能

众所周知，刑法规范指经由国家最高立法机关制定或认可的，体现国家和社会公共意志的，由国家最高强制力确保施行的刑事行为规则。

由于法律规范既是权利义务规范，又是国家在对不同社会共同体及个体的利益配置基础上定型的行为范式，因而每一法律规范实际上都由下述三要素构成：（1）假定，即指明规范适用的条件和情况；（2）处理，即指明该规范所要求（允许或禁止）的行为；（3）制裁，即指明违反规范者应当承担的法律后果。例如：

[①] 张明楷：《刑法学》（第三版），法律出版社 2007 年版，第 25 页。

我国《刑法》第 399 条第三款设定了两个罪名，即执行判决、裁定失职罪，执行判决、裁定滥用职权罪。而其罪状与法定刑表述为："在执行判决、裁定活动中，严重不负责任或者滥用职权，不依法采取诉讼保全措施、不履行法定执行职责，或者违法采取诉讼保全措施、强制执行措施，致使当事人或者其他人的利益遭受重大损失的，处 5 年以下有期徒刑或者拘役；致使当事人或者其他人的利益遭受特别重大损失的，处 5 年以上 10 年以下有期徒刑。"

针对上述刑法规范，可以想见：这里的"假定"因素为：假定"行为"正发生于"执行判决、裁定的活动中"；假定行为人具有"判决、裁定之执行人"身份。"处理"因素为：行为人实施了刑法本条明令禁止的行为，即实施了"不依法采取诉讼保全措施、不履行法定执行职责，或者违法采取诉讼保全措施、强制执行措施，致使当事人或者其他人的利益遭受重大损失"的行为。制裁方式为：构成本罪的，处 5 年以下有期徒刑或者拘役；致使当事人或者其他人的利益遭受特别重大损失的，处 5 年以上 10 年以下有期徒刑。

这当中，值得强调的是，每一规范有此三要素，不等于每一法律"条文"都齐备该三要素。这是因为法律规范与法律条文是既有区别又有联系的不同概念。一个法律规范可寓含于一个或多个条文之中；甚至可以被表述在多个相同的、不同的法律文件之中。例如，关于走私犯罪的法律规范，就既在我国刑法典相关法条中又在《中华人民共和国海关法》相关法条中有所表述与规定。反过来，一个条文也可包含多个法律规范。例如，我国刑法分则一个条文之中，往往既含有犯罪规范又含有刑罚规范。

从性质上讲，我国刑法规范一般以禁止性行为规范为主，此即德国、日本为代表的大陆法系学者主倡的"评价规范"、"决定规范"。例如我国《刑法》第 302 条规定："盗窃、侮辱尸体的，处 3 年以下有期徒刑、拘役或者管制。"这一法律规范，实质是从国家视此类行为为"犯罪"的角度，警示人们盗窃、侮辱尸体的行为是现行法律明令禁止的行为。

此外，刑法规范的受体除一般社会公众外，还包括司法工作人员。因而相对于一般社会公众而言，刑法规范确有指引民众不应从事何种行为的行为规制功能。但相对于司法工作人员而言，刑法规范不再是单纯的行为规范，而是用以评价各种类型化的行为是否该当遭受刑法非难的评价性规范；以及在该当刑法非难并应受刑罚惩罚的场合，应该遭受何种方式、何种程度的刑罚惩罚的裁判规范。因而，从刑法的规制角度看，针对司法工作人员，刑法还具有裁判功能。

二 法益保障机能

法益，顾名思义，乃指受到国家法律保护的利益。法益概念的率先提出，源于德国刑法学家。欧洲启蒙时代以来，保障人类共同生活的基本条件被视作"刑法的目的"，而这种基本条件，被德国19世纪刑法学家宾丁（Binding）称之为"法益"，从此刑法的目的在于保护法益，成为刑法学界的普遍共识。①

具体而言，"刑法上的法益，是刑法所保护的社会生活利益。所谓社会生活利益，就是人民营社会生活必须拥有及使用的资源。而宪法对于基本权的保护，无非就是赋予人民享有营社会生活所需资源的自由"②。还有学者将其概括为：刑法上的所谓法益即"法社会为维持社会共同生活与确保社会安宁秩序之必要，而以刑罚之刑法规范加以保护的特别重要的生活利益。换言之，法益即为刑法规范之保护客体"③。

从法理上讲，并非宪法确认的所有法益都需要启动国家刑罚权来加以保护，但是其逆定理却是成立的，即刑法所保护的所有法益均属国家宪法认可的法益，唯其如此，保护法益这一刑法的目的也才有其所以合宪的根据。

从刑法的任务、目的可见，刑法既要保护公民的人身权利、财产权利；又要维系和稳定各类社会秩序，例如，社会生活秩序、社会工作秩序、科研秩序、教学秩序等，同时要维系、稳定国家现行根本政治制度及其基本政治制度，还要确保国家安全，等等。要完成诸如此类的刑法任务，刑法免不了要通过报应犯罪并预防犯罪的方式，来确保刑法所要保护的各类法益的安全。而实践中，需要刑法保护的法益虽然名目繁多，但一般认为，需要启动国家刑罚权来保护的法益，不外乎三大类，即个人法益、社会法益和国家法益。这里，个人法益之所以宜置于三大法益之首，一方面，是因为个人乃家庭、社会、国家的基本组成细胞；另一方面，如前所述，每一人之为人的"个人"，又是人人贡献部分自由与权利给国家和

---

① 参见许玉秀主编《新学林分科六法·刑法》，（台北）新学林出版股份有限公司2008年版，第39页。

② 许玉秀主编：《新学林分科六法·刑法》，（台北）新学林出版股份有限公司2008年版，第39页。

③ 林山田：《刑法特论》（上），（台北）三民书局股份有限公司1978年版，第3页。

社会、令其组成国家、社会公共权力的权利"付出"者。从这一角度看，对个人权益的保护既是国家刑罚权之享有的出发点，又是国家刑罚权之行使的归宿点。据此，个人法益，包括个人生命法益、健康法益，其他人身法益，乃至个人财产法益等，理所当然地应当置于各类法益保护之首。其次是社会法益，包括"社会生活的静谧与和谐"的法益，[①]具体表现为各类社会工作、社会生活的顺利运作、安宁与平安的权益保护。最后是国家法益，包括国家主权、领土的完整、祖国的统一、制度的稳定等多方面的法益。

　　刑法主要是通过禁止性行为规范的运作，来保护各类法益的。虽然如此，刑法中也有极少量的授权性行为规范。例如我国刑法总则对正当防卫、紧急避险阻却违法的规定，本质上属于授权性规范。这种场合，当其一定状况，如不法侵害发生时，刑法授权被侵害人乃至第三人可以针对不法侵害者，行使一定限度的反击权，以便有效打击违法犯罪活动并确保守法公民的人身及其财产权益安全。当然，刑法也通过正当防卫、紧急避险的授权，一并保护国家、社会的财产法益等。

　　综合上文分析可见，刑法中的法益，首先可以根据"被保护主体"作为分类子项，从而将刑法法益分类为个人法益、社会法益和国家法益。此外，人们还可以根据被保护法益的"性质"作为划分子项而将刑法法益分类为生命法益、健康法益、自由法益、财产法益，等等。

　　总之，严格意义上看，"刑法分则所规定的各种构成要件，就是为达到此等'法益保护'目的的必要手段。因此，法益也就成为每个构成要件的实质核心。每种该当构成要件的行为，均有其所侵害的法益。换言之，每一个构成要件，均有其所要保护的法益。因此，法益可谓构架构成要件，从而成为从事犯罪类型的归类工作，以及解释构成要件与运用构成要件等所不可或缺的概念"[②]。

　　当然，迄今为止，针对上述法益保护机能，德国、日本学者也有另一种争论意见，认为"刑法的机能、目的是保护成为国家社会秩序之基础的社会伦理或刑法规范。按照这种见解，对犯罪人适用刑罚是为了确认'不得杀人'之类的社会伦理规范、刑法规范的存在，从而唤醒、强化国民的伦理意识、规

[①] 参见陈兴良主编《刑法学》，复旦大学出版社2008年版，第9页。
[②] 林山田：《刑法特论》（上），（台北）三民书局股份有限公司1978年版，第2页。

范意识"①。但是，鉴于此类主张更强调犯罪的本质是对社会伦理秩序及其规范的违反意思，因而，不少学者指陈"将这种观点贯彻到底，那就会得出'有犯罪的意思就有刑罚'的不妥当的结论"②。有鉴于此，法益保护说仍为当今德国、日本刑法理论中通说的刑法机能说。对此，本书也持赞同的立场。即本书认同从刑法视角看，社会伦理规范、刑法规范之所以具有其存在价值，并不在于该规范本身，而在其规范的倡行或者运作保护了刑法所要保护的核心价值，即刑法应当逐一保护的各类法益，如人的生命法益、健康法益，社会的安宁法益、国家的安全法益，等等。

三 人权保障机能

对人权保障机能，有日本学者谓之"自由保障机能"。称刑法的"第二位的机能是保障国民行动自由的机能"③。相比之下，本书认为人权保障机能的提法更加贴切并全面。毕竟，相对于自由权利，人权乃更加上位的概念，即其除了涵盖自由权利之外，还应当包括其他多项权益，例如人的生命权利、健康权利、财产权利等都应包摄于人权概念之内。

众所周知，刑罚乃双刃剑。用之得当，能及时有力地保护各类刑法法益；用之失当，则可能侵犯无辜民众乃至犯罪嫌疑人的合法权益。因而，首先，国家应当通过罪刑法定主义的刑法原则的贯彻，即通过法无明文规定不为罪、法无明文规定不处罚的刑法评价与裁判，来确保无辜的民众不至于遭致刑罚方法的惩罚。其次，国家还应通过责任主义刑法的贯彻，来确保无罪责则无刑事责任的刑法评价立场，据此，行为人即便实施了侵害确定法益的行为，并在客观上导致了对确定法益的危害，但是，只要行为人欠缺主观上的故意或者过失，抑或行为人欠缺针对特定事项的关注能力，又或者根据行为发生时的附随情状，确定行为人行为时的确欠缺守法期待可能性，诸此等等，均表明行为人不具有应当遭致刑法上的否定性评价的可责性，进而，无罪责仍无刑事责任可言，对此类行为人等理所当然地应当"出罪"。最后，刑法的人权保障机能，还通过刑法的平等原则、罪责刑相适应原则，来确保每一位已被坐实构成"犯罪"的人，不至于遭致与他人相比明显不公的、畸重的刑罚惩罚。唯其如此，刑法才能成为既

---

① [日]西田典之：《日本刑法总论》，刘明祥、王昭武译，中国人民大学出版社2007年版，第22页。
② 同上书，第23页。
③ 同上书，第28页。

第一章 刑法与刑法学论要

确保每一守法公民之善行的人民大宪章;又成为有效保护每一犯罪人能被公平合理地适用刑罚的、关于犯罪人权利保护的大宪章。

本章小结

本章首先阐释了刑法及刑法学的基本概念;刑法与刑法学的体系及二者之间的区别与联系。在有关刑法体系的概念解读中,本章特别强调了就此问题"各类研究人员完全可以根据自己的研究视域、对象、目的的不同,做出不同的释读",当然在此基础上,本书也就此做出了自己的概念诠释。

其次,本章还专门论述了刑法客观主义与主观主义在行为刑法与行为人刑法、客观违法与主观违法方面的重大分歧。在此问题上,本书总体认同刑法客观主义的立场,并认为刑法主观主义仅在刑罚论域,即在量刑环节仍有一定进步意义。唯其如此,本章特别强调了:刑法客观主义与主观主义之争,并非要在刑法学理论或规范上,全盘立足于客观主义或主观主义立场,而是强调应以何者为基点、为根本来构建违法与犯罪的本质论问题。本书更认同立足于刑法客观主义的立场来探究违法与犯罪的本质。

最后,本章重点研讨了有关刑法的机能问题,指出刑法的机能可分类为静态机能与动态机能。在此基础上,本章逐一研讨了刑法的三大机能,包括刑法的规制与裁判功能、法益保障机能与人权保障机能。其中,刑法的法益保障机能,乃通过刑法分则所规制的各种具体犯罪及其法定刑的运作来实现。此外,由刑法所保护的不同类型法益,还是刑法上对诸多犯罪进行分型归类的划分标准之一。

思 考 题

一 名词解释

刑法 刑法的体系 无责任违法论 国家刑罚权 法益

二 简答题

1. 简述中国刑法上的广义的刑法体系。
2. 简述狭义刑法学的构成及其基本内容。
3. 简述价值观上的一元论与二元论之争。
4. 试述不同类型的刑法法益之划分标准及其基本构成。

三　论述题

1. 为什么说责任主义刑法原则是刑法具有人权保障机能的理论基础？
2. 试论刑法客观主义与主观主义在行为刑法与行为人刑法方面的主要理论分歧。

阅读参考文献

刘明祥：《论中国特色的犯罪参与体系》，载《中国法学》2013年第6期。

张智辉：《论刑法理性》，载《中国法学》2005年第1期。

曲新久：《刑事政策与刑法适用》，载《国家检察官学院学报》2007年第3期。

黎宏：《关于"刑事责任"的另一种理解》，载《清华法学》2009年第2期。

陈泽宪：《犯罪定义的法治思考》，载《法学研究》2008年第3期。

屈学武主编：《刑法改革的进路》，中国政法大学出版社2012年版。

周光权：《法治视野中的刑法客观主义》，清华大学出版社2002年版。

周光权：《行为无价值论的法益观》，载《中外法学》2011年第5期。

劳东燕：《刑法中客观主义与主观主义之争的初步考察》，载《南京师范大学学报》（社会科学版）2013年第1期。

刘艳红、马改然：《刑法主观主义原则：文化成因、现实体现与具体危害》，载《政法论坛》2010年第3期。

梁根林：《刑事法典：扩张与限缩》，法律出版社2005年版。

张旭：《关于刑事责任的若干追问》，载《法学研究》2005年第1期。

夏勇：《试论"出罪"》，载《法商研究》2007年第6期。

田宏杰：《宽容与平衡：中国刑法现代化的伦理思考》，载《政法论坛》2006年第2期。

曲伶俐：《犯罪化基准论纲》，载《法学论坛》2009年第3期。

第二章 刑法的解释

内容提要

刑法解释论，是建立在法律解释论基础之上的对刑法规范的各类解释理论的总和。法律解释，严格地说，既包括对成文法规范的文义及其精神实质的阐释，也包括对习惯法规范所蕴涵的法律思想的解释。但我国乃成文法国家，所谓刑法解释也是针对我国现行刑事立法的解释。刑法解释可根据划分子项的不同，具体分类为有权解释与无权解释；立法解释、司法解释与学理解释等。不同法学的刑法解释还有其不同的价值，例如英美法系的解释就兼含"创制先例原则"的品性。另外，根据不同学者所秉持的不同刑法观，刑法的解释还存在形式解释论与实质解释论之争。二者主要在犯罪的概念及其犯罪本质、犯罪论体系及其判断顺序、罪刑法定原则下进行刑法解释的边界等问题，存在较大分歧。就一般意义看，基于实质解释论的立场，司法实务中其实既可采用形式判断，也可采实质判断。此外，采用实质解释论，对刑法规范中某些有规定却无明确规定的条文，司法上完全可以国民的一般预测水平为基准来考量该法条之"可能语义"的边界。如此一来，鉴于时代的演进、社会价值观的嬗变、民众认识水平的整体提升等，"国民的预知"能力也会相应地与时俱进。由是，公民的"预知"并不必然与刑法文本的相对"开放"相悖；进而，实质的解释法也不会有悖罪刑法定原则。

第一节 刑法解释论概述

一 刑法解释论的起源及其性质

（一）刑法解释论的起源

刑法解释论，是建立在法律解释论基础之上的对刑法规范的各类解释理论的总和。法律解释论起源于法律释义学。法律释义学是释义学的分支学科，因而法律释义学起源于一般释义学，又称解释学。在当今，它泛指任何解析、诠释和阐发有关人文、神文科学乃至其他社会、自然科学知识及其社会准则的内涵、外延及其思想精髓的学问。

对释义学，根据形式逻辑的划分标准，可细分为多类分支学科。例如，根据其释义方式的不同，可分类为语义释义学、实义释义学、形式与内容相统一的全义释义学；根据其释义对象的不同，又可划分为宗教释义学、艺术释义学、哲学释义学、法律释义学等。

对释义学的正式形成时期，学界尚有争议。然而，有关释义学亦即解释学的思想，早在古希腊时代已经产生。希腊文 Hermeneutike（解释学），是由词根 Hermens 演化而来的，而 Hermens 词根，最早代表的却是古希腊传说中的某位专司传递和解释"神谕"的神使的名字——这位神使不仅传递神与人之间的信息，而且承担着对"神谕"作注解、阐示、解说的工作。因而在前解释学阶段，亦即在人类解释学尚未形成的解释学雏形期，所谓"解释"，主要是指在阿波罗神庙中对神谕的解说。其解释的要旨在于：（1）使隐藏的东西显现出来；（2）使不清楚的东西变得清楚。[①]

随着人类社会的进化、生产力的提高，建构于社会经济基础之上的人类器物文化、制度文化、观念文化亦同步更新。在此条件下，人类与其主宰——统治着整个人类心灵世界的上苍诸神的沟通形式，也由原始图腾式的自然宗教逐渐嬗变为有其特定经文内容的不同民族宗教。由于各民族的或世界性的宗教信仰，集中反映了人们对超自然神灵的崇拜，因而神灵崇拜者们无不借虔诚地研习宗教经文的态度和方式，来表达其对神灵的景仰和崇拜；进而达致其根据经文的教示行善、以便来世攀升天堂的目的。基于此，解释学一经形成，便站在神文科学的立场上，专以宗教经文为其解释对象。因而，早期的解释学又称为解经学，例如从远古时代沿革研习至今的圣经解释学，即为解经学的经典形式。[②]但是，严格地说，解经学并非纯正的经文解析学。这是因为，在早期人类社会及其社会人的基本理念中，神世统治着人世，神旨即法旨、圣经即法意，从这一意义上看，早期的圣经解释学又可称为法律解释学的雏形。

与此同时，在宗教、法律的形成与发展过程中，还辩证地有赖于人类

[①] 参见张汝伦《意义的探究——当代西方释义学》，辽宁人民出版社1987年版，第3—4页。

[②] 参见《辞海》，上海辞书出版社1989年版，第2226页。

对自然、社会乃至人类自身存在及其相互本位关系的理性认识，而在此方面，古希腊的天才哲学家们为人类哲学世界观的奠基和发展做出了卓越贡献。然而，一方面，古希腊杰出思想家的代表们对正义与理性、自然法与人定法、法治与人治等诸种法哲学观多有争议；另一方面，古希腊哲学领袖们的哲学思想本身确也颇为幽邃玄奥，加之后世哲学家们对哲学本体论、方法论、认识论的主观认识态度、能力及其认识方法上的不同，导致了人们从不同视角、不同立场出发，对苏格拉底、柏拉图、亚里士多德、斯多葛派、西塞罗等基本哲学观见解各异。基于此，随着人类征服自然能力的不断提高，人对自然的"人化"过程也加速发展——哲学解释学、法律解释学在此基础上应运而生。

法律解释，严格地说，既包括对成文法规范的文义及其精神实质的阐释；也包括对习惯法规范的法律思想蕴含的解释。其解释机关，最初仅仅为代表神意或政教合一的教会或官方；尔后，随着法律的世俗化，对法律的解释权也逐渐扩大到既可以由官方解释也可以由民间学术界解释。在当代，前者主要表现为立法、司法、执法机关的有权解释；后者主要表现为学理解释。而无论是立法解释、司法解释还是学理解释，在解释形式上，都不外系统解释、循环解释、逻辑解释、文理解释、历史解释、扩大解释、缩小解释、类推解释等。这些对有关法律规范的认识和适用解释所形成的理论，即法律解释论。

（二）刑法解释论的性质

有的学者认为刑法解释论属"解释学"的分支学科，即刑法解释学；还有的认为属于认识和适用刑法的方法论。本书认为，将其归类为刑法解释学似欠稳妥，将其纳入法律解释学或确定为刑法方法论，却各有其道理。这是因为，一方面，从学科体系来讲，毋庸讳言，迄今为止的有关刑法解释论域，尚未形成统合有序的科目体系，因而现今尚难以独撑一门学科；然有关法律解释的理论体系正日臻完善，因而将有关刑法解释论放诸法律解释学体系，不仅符合其社会学科应具的系统性、规范性要求，也较法律解释学更符合全面性、统一性的学科要求，因而将刑法解释论纳入法律解释学有其合理性。另一方面，刑法解释的关联域虽然涉及哲学、伦理学、社会学、生物学、心理学等多门学科，但刑法规范自始至终占据其论域中心，这是毫无疑问的。换言之，刑法解释是用解释的"方法"来探究刑法规范的内涵与外延及其源自规范又超越和指导着规范本身的法律精义。因而，称刑法解释为研究刑法的方法论，不无道理。

二 刑法解释的分类

从形式逻辑学上看，对任何语词，均可根据分类子项的不同，划分出多种类型来。据此，对刑法的解释，也可根据多种分类标准，将其分为下述多种类型：

（一）以刑法解释的"主体"为分类的标准，可将刑法的解释分类为：刑事立法解释、刑事司法解释和刑法学理解释

刑事立法解释，顾名思义，其解释主体只能是刑事立法机关。在我国，享有刑事立法权限的机关为中华人民共和国全国人民代表大会或者全国人民代表大会常务委员会。由是，在我国享有立法解释权限的机能也只能是上述两机关。迄今为止，我国立法机关主要通过下述两种方式行使立法解释权：一是直接在刑法典或者单行刑法中解释刑法规范中的特定术语之语义。例如，我国《刑法》第93条专门解释了何谓国家工作人员。该条规定"本法所称国家工作人员，是指国家机关中从事公务的人员。国有公司、企业、事业单位、人民团体中从事公务的人员和国家机关、国有公司、企业、事业单位委派到非国有公司、企业、事业单位、社会团体从事公务的人员，以及其他依照法律从事公务的人员，以国家工作人员论。"又如我国《刑法》第196条第三款解释了何谓"恶意透支"，规定称："前款所称恶意透支，是指持卡人以非法占有为目的，超过规定限额或者规定期限透支，并且经发卡银行催收后仍不归还的行为。"我国立法机关行使立法解释权限的第二种方法是：通过出台专门的解释法案来解释有关重大问题。例如，2000年4月29日，我国第九届全国人民代表大会常务委员会第十五次会议通过了《全国人大常委会关于〈刑法〉第93条第二款的解释》。该解释专门就我国"村民委员会等村基层组织人员协助人民政府"从事特定行政管理工作，可属于我国《刑法》第93条第二款规定的"其他依照法律从事公务的人员"，做了立法解释。当然，从权限上看，我国立法机关还有权通过"刑法修正案"的方式，补正解释有关刑法规范中尚欠明确性的问题，抑或，对修正案中增设的刑法新规范进行立法解释。

刑事司法解释，指中华人民共和国最高司法机关对有关刑事法规范的具体应用所做的解释。根据《中华人民共和国宪法》的规定，我国人民检察院和人民法院均属享有司法权的法定司法机关，但并非各级司法机关均享有刑事司法解释权。根据全国人大常委会《关于加强法律解释工作的决

议》第 2 条的规定,"凡属于法院审判工作中具体应用法律、法令的问题,由最高人民法院进行解释。凡属于检察院检察工作中具体应用法律、法令的问题,由最高人民检察院进行解释。最高人民法院和最高人民检察院的解释如果有原则性的分歧,报请全国人大常务委员会解释或决定。"由此可见,第一,唯有最高司法机关方才享有刑事司法解释权;第二,司法机关只能就有关审判或者检察工作中具体应用刑事法律规范的具体问题进行司法解释。有鉴于此,实践中,我国最高司法机关通常采用发布各类名为关于××问题的解释、规定、批复、规则、意见等方式来行使刑事司法解释权。

当然,解释权限的不同也决定了刑事司法解释与立法解释在内容上的差异。如上所述,司法解释仅对刑事审判或者检察工作中如何具体应用法律、法令的问题进行解释。因而,一般而言,刑事司法解释不对规范的含义进行抽象的、一般性的解释,而属针对特定事项的、具体的、列举性的解释。

例如,我国《刑法》第 170 条所规定的伪造货币罪本属"行为犯",即从本罪的起刑点看,刑法对本罪并没有"数额较大"、"情节严重"、"造成严重损害后果"等特定的数额、结果要求,行为人但凡实施了刑法分则法定的"伪造货币罪"的行为,就构成犯罪既遂。但我国《刑法》第 13 条关于犯罪定义的但书规定,即"但是情节显著轻微危害不大的,不认为是犯罪"的规定,又决定了我国刑法上的犯罪原则上是既定性又定量的。有鉴于此,2000 年,最高人民法院发布了《关于审理伪造货币等案件具体应用法律若干问题的解释》。根据该解释的规定,"伪造货币的总面额在 2000 元以上不满 30000 元或者币量在 200 张(枚)以上不足 3000 张(枚)的,依照《刑法》第 170 条的规定,构成本罪"。可见,上述司法解释,与其说是在对《刑法》第 170 条的犯罪构成进行解释,毋宁说是在对如何具体应用《刑法》第 13 条的但书规定进行解释。但,显而易见的是:虽然此项解释相对于伪造货币罪而言可谓类型化解释,但相对于整个刑法分则、特别是相对于《刑法》第 13 条但书规定的一般性含义而言,此项解释仍属个别化的、针对特定事项的刑法应用性解释。

刑事立法解释则不然,虽然一般情况下,刑事立法解释仅对规范的含义进行抽象的、一般性的解释。例如我国《刑法》第 92 条关于何谓刑法意义上的"公民私人所有的财产"的解释,《刑法》第 99 条关于何谓"本法"所称"以上"、"以下"的解释即属此类针对规范本身之含义所做的文理、文意性解释。诸此解释均属对规范含义所做的抽象性解释。然而，如前所述，全国人大常委会《关于加强法律解释工作的决议》第 2 条已经明确规定，"最高人民法院和最高人民检察院的解释如果有原则性的分歧，报请全国人大常务委员会解释或决定"。而上述司法机关所做解释，基本上均属应用性解释。据此，双方有原则性分歧的解释事项，仍属如何应用特定法律规范的解释，可见，特殊情况下，立法机关也做法律应用性解释。例如，上文提及的《全国人大常委会关于〈刑法〉第 93 条第二款的解释》，该解释其实就是针对我国"村民委员会等村基层组织人员协助人民政府、从事特定行政管理工作"是否属于《刑法》第 93 条第二款法定的"其他依照法律从事公务的人员"的、关于刑法的具体应用性解释。

刑法学理解释，指最高立法机关、司法机关以外的机关、团体、个人针对刑法规范的涵义及其法律的应用所做的学术性、工作性解释。实践中，此类解释人多为专事刑事法研究的刑法学者、学术机关、团体，也包括各类刑事实务工作者。例如，正在承办各类刑事案件的法官、检察官。实际上，他们查看案卷、分析案情、归类案件的性质、审理案件的整个过程，正是他们在对司法所认定的"法律事实"与规范的符合性做出对应性"解释"的过程。唯其如此，德国的克劳斯·罗克辛教授早就指出，"法官必须总是在各种可能的含义之间加以选择，而这种根据特定规则进行的创造性活动，就被人们称之为解释"[1]。不同的是，一般司法工作人员乃至其一般司法机关（即非最高司法机关）所做的解释，在性质上，都只能是学理解释而已。这是因为，严格意义上看，"司法解释"在我国已经成为"有权解释"的代名词，因而，即便是基层法官、检察官甚或基层法院、检察院所做的解释，也不能谓之为与法律等效的"司法解释"，而只能谓之学理解释。由此可见，学理解释产生的基础，一是有着系统的中外刑法学知识和丰厚的刑事法理基础的刑法学者；二是有其丰富办案经验的刑事法官、检察官等。因而，刑法学理解释不仅解释具体的法律应用问题，也通过系统解释、比较解释、目的性解释、合宪性解释等多种解释方法，为刑事立法解释与司法解释提供强大的理论基础。进而，由于"优秀的学理解释对法律知识提供了系统完整的说明，形成了强大的说服力，因此可以为立法解释与司法解释所采纳，从而成为立法解释和司法解释的内容"[2]。

---

[1] ［德］克劳斯·罗克辛：《德国刑法学·总论》（第 1 卷），王世洲译，法律出版社 2005 年版，第 85 页。

[2] 王世洲：《现代刑法学（总论）》，北京大学出版社 2011 年版，第 47 页。

(二) 以刑法解释的"效力"作为分类标准,可将刑法的解释分类为:有权解释与无权解释

有权解释指立法机关或司法机关对法律、法规做出的,具有法律效力的阐释和说明。如上所述,我国的立法解释和司法解释,显属有权解释,而这里之"权"是相对于其解释"效力"而言。具体而言,我国的刑事立法解释本身即可谓刑事法律的组成部分,例如我国《刑法》第91条对何谓公共财产的解释固然是解释,但它同时也是刑事法律规范的组成部分之一。因而在效力上,对刑事立法解释,不存在"禁止类推"问题。因为刑法上的罪刑法定原则禁止的是类推"适用",而刑法解释不是"适用"法律,而是"规制"法律,所以对它而言,不存在不得类推的问题;然而,后发布的刑事立法解释,既属"新法",就应当遵循我国《刑法》总则第12条的从旧兼从轻原则规定,即"新"解释的规范,原则上不得适用"旧"行为,除非新的解释认为无罪或者处罚更轻。

我国的司法解释也是具有法律效力的有权解释。但是,从解释效力看,尽管立法解释与司法解释都是有权解释,两类解释仍存在法律性质上的根本不同。一方面,如前所述,刑事立法解释就是刑事法律的组成部分,换言之,刑事立法解释等于刑事法律本身。刑事司法解释则不然,它不是刑事法律的组成部分,因而,严格意义看,刑事司法解释并不是刑事法律的渊源。有鉴于此,最高司法机关在发布司法解释时,不得采用类推解释的方法,那是为罪刑法定主义原则所禁止的。

另一方面,在溯及力问题上,鉴于刑事司法解释并非我国《刑法》第12条明文规定的"本法",因而《刑法》第12条针对"本法"的溯及力规定,也理所当然地不能适用于刑事司法解释。[①]当然,就此问题,刑法学界并非没有争议,对此,本书拟在下述有关刑法的效力范围专章中专门讨论。

无权解释是指立法机关、司法机关以外的机关团体、个人针对刑法规范所做的解释。此类解释主要表现为学理解释的形式。

(三) 以刑法解释的"立场"作为分类标准,可将刑法的解释分类为:主观解释与客观解释

这里之主观,乃相对于立法者之"立法原意"而言;客观,则是相对于运作于一定客观物质经济条件下的、客观存在着的法律文本而言。其

[①] 参见屈学武《刑事司法解释效力范围探究》,载《中国司法》2004年第8期。

实，解释活动本身也是以一种精神产品去研判另一种精神产品，以一种思想外壳去诠释另一种"外壳"的思想活动。虽然这后一种精神产品——即"法律"本是人的主观意志对客观事物的内在规律的表达。但这只是理想化的、可望而不可即的至为完善的法律模本。实际上，不仅法律的内容物是通过"表达"这一主观外壳展现出来的，客观上，立法者在表达法律文本时也会渗透自己的主观意志、目的、价值取向等。唯其如此，在解释立场上，历来存在主观解释论与客观解释论之分。虽然刑法解释的对象都是刑法规范本身，但基于主观还是客观的立场来判读刑法规范的内涵与外延，很可能得出完全二致的解释结论来。

基于上述理由，站在主观解释的立场，解释者即应尽可能地通过自己的口头或者文字表述，最大限度地揭示出立法者在设定某项刑事法规范时的立法原义。对此，有学者指陈"主观解释的困难在于，立法当时往往有着不同的观点与主张，充满着争论与妥协，即使立法者是一个人，也不大可能用清晰的语言将自己的目的与动机准确地表达出来，况且，立法者当时可能见识有限，不能准确地预见当今社会的问题"[1]。可见，要通过解释者的主观表达来还原立法者当时的立法意图，确非易事。

客观解释，则主张解释者应当根据解释者所处的时代，力求站在公平而理性的立场上，去探寻法律文本的客观涵义。比如，日本刑法学者牧野英一就提出了他的著名的"时代精神论"，指出法的解释可分为三阶段：第一阶段神意即法旨，因而对传递神谕的宗教经文的文理解释即法的解释；第二阶段把法看作立法者的意志，以此相对应的是逻辑解释；第三阶段把法看作是时代精神的体现，对法进行的是社会学解释。所谓时代精神是指社会的真正要求和正义以及善良风俗等。因此，如果把社会思想看作是法律的背景的话，就有必要把法律解释从以前的固定公式中解放出来。[2] 这里，牧野英一反对"把法看做立法者的意志"，主张根据"社会的真正要求和正义以及善良风俗"等来解释法律，这从另一视角看，正是客观解释论者的诉求。但"由此产生的问题是，如何妥当的处理实际上会出现的'法官造法'现象"[3]。

就国内刑法看，国内有学者曾经从刑法解释"目的"的立场将刑法解释分为主观说、客观说与折中说。"主观说"论者认为，"刑法解释的目

---

[1] 曲新久：《刑法学原理》，高等教育出版社2009年版，第57页。
[2] 徐友军：《比较刑事程序结构》，现代出版社1992年版，第90页。
[3] 引自曲新久《刑法学原理》，高等教育出版社2009年版，第57页。

标应是阐明立法时立法者的意思,换言之,刑法解释的目标就是阐明刑法的立法原意。一切超出刑法立法原意的解释都是违法的"。"客观说"论者则主张"刑法解释应以解释适用时刑法之外在意思为目标",即刑法解释的主旨在于阐明刑法条文客观上所表达的文字涵义而不是立法者的立法意图。据此,客观说非常强调不同时代所赋予的法律条文的客观意义。"折中说"则是折中于其间的观点,但折中说之中也存在侧重点的不同:有的学者主张以主观说为基点的折中说,即在肯定解释的主旨在于阐明刑事立法原意的基础上,认为确有必要时,解释的目标也可包括对刑法条文客观上所表现出来的含义的阐释与说明。[①]另一些学者则赞同客观说为主的折中说。

(四)以刑法解释的"方法"作为分类标准,可将刑法的解释分类为:其一,文理解释与论理解释;其二,体系解释、历史解释、目的性解释、比较解释、社会学解释、合宪性解释

其一,文理解释与论理解释。文理解释主要指对刑法规范中的文字、标点、语法等进行语词概念的内涵与外延、语法与标点的用意称代等方面的解读与说明。实践中,文理解释是一种首选的解释方法。在欠缺立法解释、司法解释的场合,一般情况下,通过文理解释即可获得对刑法条文的正确理解并清楚说明的,就不宜再采用其他解释方法。[②]例如,有学者对《刑法修正案(三)》第1、2条设定的投放危险物质罪中的"等"字涵义进行了考证,即考证该罪状所规定的"放火、决水、爆炸以及投放毒害性、放射性、传染病病原体等物质"中的"等"字的文理含义。该学者认为名词之后的"等"字有两个意义:一是表示未予穷尽所列同等事项;二是用作所列多种事项的煞尾。据此,对该法条中的"等"字应当理解其为前义还是后义,该学者提出了自己的见解,认为该等字不是用作句子煞尾,而是表示未予穷尽的事项。因而我国《刑法》本条增设的"危险物质"除毒害性、放射性、传染病病原体物质外,还应当包括其他危险性物质。显然,此一解释法即为典型的文理解释法。当然,在使用文理解释方法时应注意,针对刑事法律文本,应尽可能地适用本专业的知识素养,即应最大限度地采用刑法的"法言法语"来阐释有关刑法规范问题。

论理解释,指根据立法精神,参酌刑法产生的缘由、理由、沿革,对

---

① 李希慧:《刑法解释论》,中国人民公安大学出版社1995年版,第75—80页。
② 参见屈学武主编《刑法总论》,社会科学文献出版社2004年版,第16页。

刑法条文从刑事法理上做出分析，从而阐明其真实涵义的解释方法。由于文理解释与论理解释原属互不包容或交叉的两相平行的概念，因而，显而易见的是：一般而言，伦理解释并不拘泥于对刑法规条的语词涵义、语法、标点及标题的解读，而是从刑法精义上去判读刑法条文之后蕴涵的刑法精神，因而，在解释方法上，论理解释更加多样化，例如论理解释者可交替采用扩大解释、缩小解释、比较解释、系统解释、合宪性解释等多种方式，来求证其解释结论的公正、公平与合理、合法性。

其二，体系解释、历史解释、目的性解释、比较解释、社会学解释、合宪性解释等。这里，在对此类解释进行分门别类地说明之前，有必要先行声明的是：按照形式逻辑学的分类规则，符合形式逻辑的分类方式原本应当是：经每一分类子项划分出来的下位概念，其一，它们在内涵与外延上应当相互平行，即相互之间不得存在包容或交叉关系。其二，被划分出的所有下位概念应当穷尽其上位概念能够包摄的全部类别。例如，以"成年与否"为分类子项，可将人类分型为"成年人与未成年人"。这里，成年人与未成年人之间互不交叉与包容；成年人与未成年人也穷尽了在世人类的全部类别。但如果以"职业"为分类子项，可以想见，人类之职业并非仅仅由工人、农民、教师、公务员等构成，划分者将难以穷尽所有的职业，因而此一分类"子项"不科学。

将此形式逻辑学上的分类规则联系到我们对刑法解释"方法"的分类看，显然，刑法解释的"方法"手段多种多样，世人未必能够穷尽。何况，何谓"方法"，本身也是仁者见仁、智者见智的，例如本书上文论及的主观解释与客观解释，某种意义看，未必不是解释方法上的不同，所以，需要先行声明的是：这里虽然采用了"以刑法解释的方法作为分类标准"的小标题，但形式逻辑学上的分类"子项"规则不能完全适用于此，原因就在于刚才谈到的"方法"无尽且观察"方法"的视角也不同。而这里之所以仍以"方法"作为分类标准来对刑法的解释进行分类，原因乃在于：此一分层解析法，能多少有利于人们进一步地解析有关刑法解释的诸多方法论问题。

正因为如此，回到以上的"其二"所包括的解释方法，诸如，体系解释、历史解释、目的性解释、比较解释、社会学解释、合宪性解释等，其实都是论理解释者所采用的方法之一，但是，诸此解释法未必穷尽了论理解释的全部方法，这里只是列举而已。

具体而言，体系解释，在此，"体系"并非解释的"对象"而为解释的"方法"。换言之，体系解释并不意味着解释者仅就何谓刑法的体系本身去进行解释，而要求解释者需兼顾整个刑法体系的出入罪设置、章节安排、刑罚裁量及其执行制度安排等，去相互照应并相对统一地去解释刑法之上下条文的基本涵义。当然，如前所述，刑法体系本有泛义、广义、狭义之分，而对"体系解释"中提及的体系，根据研究视角的不同，宜做狭义或广义理解，一般不包括泛义的"体系"。历史解释是从刑法制定的历史沿革角度去历史地考察刑法条文的立法原义及其条文含义。目的性解释，是指解释者应基于立法者设置刑法乃至刑罚等各阶层目的的视角，来审视相关刑法条文的含义。比较解释，是指将现行刑法与国外刑法、境外刑法之相应规范加以对比之后，在条文可能的语义之内有所扬弃地释定现行刑法条文的方法。社会学解释，指解释者应根据时代的发展和社会需要，来解释刑法条文的含义。合宪性解释，指对模棱两可的刑法条文、抑或可能有悖宪法精义的刑法条文，应根据国家宪法相关条文的规定，来对刑法规范做出符合国家宪法规定或契合宪法所蕴涵的宪律、宪德精神的条文释义。

（五）以刑法解释的"范围"作为分类标准可将刑法的解释分类为：其一，对法律条文的解释；其二，对司法认定的"法律事实"与规范的符合性的解释；其三，对整个刑法体系的价值取向的系统解释。

1．对法律条文的解释，是对抽象的法律概念的内涵、外延的解释。刑法规范只是对一般犯罪定义、刑法的适用范围、刑法基本原则、犯罪成立要件等规则的科学抽象，因而它只能就上述规范的最一般的属性做出共相性规定，而这种共相性规定，显然不能完全解决刑事司法中个罪乃至个案的特殊性。

例如，我国《刑法》第246条对公然侮辱罪的行为规定是："以暴力或者其他方法公然侮辱他人"的，这里"其他方法"指什么？什么是"公然"侮辱？设如甲检察院认为"其他方法"包括叫骂羞辱；乙法院认为包括谩骂侮辱；丙检院认为上述方法都够不上刑法的"其他方法"，而应以化学性的方法药醉他人、乘机裸露他人于街市者才称得上与"暴力"行为相当的其他方法……如此等等。各机关对此的认识和掌握的标准不一，将导致全国司法上的不平衡，进而难免发生有失公允的弊象。可见，无论是刑法实务界还是刑法学术界的学理解释，都大有裨益于对此类抽象规范的掌握，进而有助于全国各地司法界达成刑法学理上的基本共识。

2．对司法认定的"法律事实"与规范的符合性的解释。如司法上已经确认，某甲因宅基地权属之争，而故意在公众场合抽打了争执对方——乙女士一记耳光，并当众辱骂了她。这里，当众施用暴力问题、侮辱他人问题均是不争的事实，然而此事实是否符合现行《刑法》第246条所规定的"以暴力或者其他方法公然侮辱他人"的侮辱罪行为要件？显然，这存在一个司法上确认的事实与规范是否接近或一致的解释问题。司法上在此需要先对现行《刑法》第246条所规定的侮辱罪做出或扩大或缩小解释后，才能初步衡定此类行为的法律性质：究属刑法上的侮辱罪行为还是民事上的侮辱违法行为？抑或属于治安行政违法行为？

3. 对整个刑法体系的价值及其目的取向的系统解释。即如上述侮辱案例，还需要对整个刑法体系的价值乃至侮辱罪之个罪规范拟具保护的法益等，做出系统、刑法目的性解释后，才能正确确定对本案应作扩大还是缩小解释，从而做出既符合立法原义与立法意蕴的，又契合罪刑法定原则的对有关法律事实的正确判读。

值得强调的是：上述第一、二项解释目标的不同，决定了其在解释方向上的迥异。有学者将本书论及的"对司法认定的法律事实与规范的符合性的解释"名之为"刑事归类"，该论者同时强调，"法条含义解释是从法条出发，寻找适当的案件事实作为自己的适用对象或者可以包含的内容；刑事归类则是从具体案件事实出发，寻找适当的法条作为自己的归属对象"。①意即相对于找法还是法与案件的符合性而言，二者在解释方向上恰恰相反。

（六）以不同的"刑法观"作为分类标准，可将刑法的解释分类为：形式解释与实质解释

其中，形式解释是指"基于罪刑法定原则所倡导的形式理性，通过形式要件，将实质上值得科处刑罚但缺乏刑法规定的行为排斥在犯罪范围之外"。②实质解释的主要内容为"对构成要件的解释不能停留在法条的字面含义上，必须以保护法益为指导，使行为的违法性与有责性达到值得科处刑罚的程度；在遵循罪刑法定原则的前提下，可以做出扩大解释，以实现处罚的妥当性。在解释构成要件时，不能脱离案件事实；在遇到法律疑问时，不能将有利于被告人作为解释原则。实质解释论同时维护罪刑法定主义的形式侧面与实质侧面，既有利于实现处罚范围的合理性，也有利于实

---

① 王世洲：《现代刑法学（总论）》，北京大学出版社2011年版，第52—53页。
② 陈兴良：《形式解释论的再宣示》，载《中国法学》2010年第4期。

现构成要件的机能"。①由此可见，而今，国内以陈兴良、张明楷教授为代表的形式解释论与实质解释论的理论交锋，不仅仅是解释出发点和归宿点上的重大差异，更在于各自在犯罪论基点上的认识不同。按陈兴良教授的观点，两种解释论之争，实质是"形式刑法观与实质刑法观之争"。鉴于这一问题牵涉非常宏大的从构成要件理论、到犯罪论体系问题，因而，本章将在第二节专题研讨此一问题。

三　不同法系的不同解释价值

价值既不是由逻辑推理而及的事实判断；也不是对事实的中性无色的白描，而是对"判定的事实"效用的品定。由此可见，刑法的解释之所以在不同法系中会有不同的解释价值，正在于不同法系中的价值主体、客体的需要及其发展上的差异。这里所谓不同法系，主要是针对以成文法为主的大陆法系和以判例法为主的英美法系而言。众所周知，法律解释既包括对习惯法规范的法律思想蕴涵的阐释，也包括对成文法规范的文义及其意蕴解释。由此可见，正是由于作为社会存在物的人的对象性的不同，亦即由于不同法系人评价的客体——判例法和成文法的差异，导致了两大法系之间法律解释价值量与质上的差异。质言之，判例法与成文法的差别正是两大法系对刑法解释效用感应不同的主要缘由。

英美法系的判例法以遵循先例原则为其判例基础。遵循先例（stare decisis）即拉丁语 stare decisis et non guieta movere 的简称。先例原则之"先例"，一般指上级法院或某些同一法院先前的判决；所谓"原则"，在此指先前判决中所蕴含的法律规则或范式，包括实体的、程序的两方面的原则。在英国，遵循先例原则主要表现为：（1）上议院判决对英国所有下级法院具有约束力；其先前的判决对其自身亦具有约束力。（2）上诉法院的判决对自身和所属下级法院具有约束力。（3）高等法院一名法官所做的判决对下级法院具有约束力。但对高等法院内部不具有约束力，只有说服力。②对此先例原则，英美法上还有严格先例原则和不严格先例原则之分。严格的先例原则责成法官严格遵守某些其他法院的早先判决，即使他们认为那些判决从来就是错误的。此类严格的先例原则的确切形式因地而异：美国与英国不同；美国的州与州之间也不同。不严格的先例原则仅要求法

---

① 张明楷：《实质解释论的再提倡》，载《中国法学》2010 年第 4 期。
② 参见由嵘主编《外国法制史》，北京大学出版社 1992 年版，第 464 页。

官在同一问题上对法院过去的判决予以一定重视。除非他认为这些判决的错误程度已超过有利于这些判决的最初假设，否则他就必须遵守过去法院的判决。①

综上可见，英美法系的判例法与大陆法系的成文法的区别，诚如我国刑法学者陈兴良教授所说——绝不是"形式"上的成文与不成文。二者赖以区别的主要特征在于其存在的哲学基础不同：成文法以理性主义为其哲学基础；判例法存在的哲学基础却是经验主义的。由于判例法的基础是经验的历史延续，因而遵循先例原则的结果，往往使得变革在悄悄之中发生。②而"悄悄发生"变革的缘由，正在于一桩桩的案件经过多个判例"比较"而"发现"并运用某项法律原则判决后，其新判例往往不自觉地潜入了某些"新"思想，即"新"的法律原则。由于英美人不习惯将"先例中引申出来的法律公式用正式的文字表现出来，因此它们的性质的改变，除非是剧烈而明显的以外，就不很容易被发觉了"③。

由以上判例法新原则、新规范的产生过程可见，在判例法国家，除制定法以外，一项新的法律原则的创制，需经多个判例的比较、发现、引申过程。而这一比较、发现、引申的过程，某种意义上看，正是遵循先例或创制原则的法官们"阐释"法律规范的过程。亦即其进行"刑法解释"的过程。这正如当代著名法理学家罗纳德·德沃金教授所说，"法律推理是建设性阐释的一种运用，我们的法律存在于对我们的整个法律实践的最佳论证之中，存在于对这些法律实践做出尽可能最妥善的叙述之中"④。有鉴于此，一定程度上看，英美法系国家与大陆法系国家相比，二者在法律解释价值"质"上的主要差别在：前者所作阐释，在一定范围内，即其在法官适用先例原则，对先例进行司法阐释以探寻先例所蕴含的能够适用于待判案件的"原则"（即其比较、发现、引申先例原则）的过程，很可能成为其创制新法律的过程。因而这种解释与大陆法系法官所做的司法解释的主要区别在于：前者不仅是德沃金教授所说的"建设性的阐释"，更是该教授同时称许的"创造性的阐释"⑤。当然，这里并不是否定成文法国家所做的刑法解释，也有其弥补刑事立法之不足的创造性，但成文法国家

---

① [美]德沃金：《法律帝国》，李常青译，中国大百科全书出版社1996年版，第23页。
② 陈兴良：《刑法的人性基础》，中国方正出版社1996年版，第503页。
③ [英]梅因：《古代法》，沈景一译，商务印书馆1954年版，第18—19页。
④ [美]德沃金：《法律帝国》，李常青译，中国大百科全书出版社1996年版，前言。
⑤ 同上书，第48页。

的"创造性"比之于英美国家由判例"创制法律"而言,二者有着本质上的造法机能上的区别。正是在这一意义上,我们说二者在刑法解释的价值"质"上有别。此外,另一方面,从法律解释的价值量上看,以历史经验为其判例法基础的英美法,想当然地有着更大量的法律解释需求。更何况以判例法为主的英美国家,现今又通过立法机关制定了大量的、比成文法国家数量多的多的属于刑法规范的制定法。因而英美国家在抽引判例法原则的同时,往往需要兼而考虑制定法规范;而在适用制定法规范的同时,又必须以判例法原则来理解制定法规范的确切含义。就这一角度看,可以说,英美法的法律解释,对其法律适用者而言,显然具有更大的价值量度。①

第二节 刑法的形式解释论与实质解释论

按照德国社会经济学家马克斯·韦伯的观点,实质合理性是指由"伦理的、政治的、功利主义的、享乐主义的、等级的、平均主义的或者某些其他的要求,并以此用价值合理性或者在实质上目的合乎理性的观点来衡量"的合理性。形式合理性则是指"用技术上尽可能适当的手段,目的合乎理性地计算出来"的合理性。②由此可见,实质合理性、形式合理性都主张目的合理性。但其"推演"方式不一样:前者注重基于"价值"角度去考量目的的实现;后者则注重根据预定的"技术"操作去实现刑法的目的。而某种意义上看,刑法的形式解释与实质解释,其实也就是从偏重形式合理性还是偏重实质合理性的视角去阐释有关刑法问题的。

早在 2002 年,张明楷教授就在其《刑法的基本立场》一书中较为系统地阐明了他的实质刑法解释观。该书中,张教授特别声明,他之实质解释论的视点乃在针对构成要件的解释论上,包括大陆法系倡导的狭义的构成要件论即构成要件符合性的判断、行为构成要件与违法性、有责性的关系等问题。2004 年,北京大学的梁根林教授又在其刑法解释论的名目下,

---

① 这里论及的价值量与质,评价主旨在"差别"而不在"好"与"坏"。因为不同的价值主体从不同的利益需求出发,有不同的价值标准。对甲共同体有利者对乙共同体未必有利。唯其如此,我们在此仅仅强调,英美法的法律解释,"对其法律适用者而言",具有更大的价值量度。至于此类价值差别的功利好坏,显属另一命题论域。

② [德]马克斯·韦伯:《经济与社会》(上卷),林荣远译,商务印书馆 1997 年版,第107 页。

正式提出了形式解释与实质解释的概念。2007年，中南财经政法大学的苏彩霞教授在当年第2期的《法学研究》上发表了题为"实质的刑法解释论之确立与展开"一文。该文明确指出"形式的刑法解释论主张对刑罚法规进行字面的、形式的、逻辑的解释，实质的刑法解释论主张对刑罚法规进行实质的、价值的、合目的的解释"。针对此一实质刑法解释观，陈兴良教授2008年在《法学研究》上发表了题为"形式与实质的关系：刑法学的反思性检讨"一文，就此问题做了较为系统的回应。文中，陈教授指出："实质的犯罪论者主张的是实质的刑法解释。应当说，这样一种结论是似是而非的。形式犯罪论并非只主张形式判断，而是认为应当在实质判断之前先进行形式判断。"①继后，2009年武汉大学的刘艳红教授、中国社会科学院法学研究所的邓子滨研究员先后出版了《实质刑法观》《中国实质刑法观批判》等专著。2010年，陈兴良、张明楷两教授同时在《中国法学》第4期上分别发表了题为《形式解释论的再宣示》《实质刑法解释论的再提倡》的长篇论文，并进一步阐述了自己主倡的观点。与此同时，此间不少中青年学者也分别以各种方式发表了自己的或赞同或反对或折中其间的、关于自己的刑法解释观的述论性文章。由此可见，诚如陈兴良教授所说，有关形式解释与实质解释的理论交锋，如今已经成为我国刑法学派之争的一个方面。②有鉴于此，本章特设此专节来研讨此一较为重大的议题。

一 形式解释论基本观点概述

按照陈兴良教授的观点，形式解释论实则牵涉"形式与实质"关系的下述三方面问题：关于犯罪概念、犯罪构成、刑法的解释等问题。对此，陈教授特别指出"犯罪的形式概念具有合理性，犯罪构成的形式判断应当先于实质判断，对于刑法的实质解释应当保持足够的警惕"③。进而，形式解释论强调：形式解释论的实质就是根据罪刑法定原则所倡导的形式理性，通过形式要件，将实质上值得科处刑罚但缺乏刑法规定的行为排除在犯罪范围之外。④有鉴于此，刑事立法的使命只是将实质理性转化为法律规范，即转化为形式理性；司法的职责则是将分则规范适用于个案。有鉴于

---

① 陈兴良：《形式与实质的关系：刑法学的反思性检讨》，载《法学研究》2008年第5期。
② 参见陈兴良《走向学派之争的刑法学》，载《法学研究》2010年第1期。
③ 陈兴良：《形式与实质的关系：刑法学的反思性检讨》，载《法学研究》2008年第5期。
④ 参见陈兴良《形式解释论的再宣示》，载《中国法学》2010年第4期。

此，法官应当恪守形式合理性。①

而在犯罪概念上，中国教义学往往将犯罪的概念区分为形式概念与实质概念，一般认为现行《刑法》第 13 条的但书规定属于我国刑法法定的关于犯罪的形式概念与实质概念相统一的混合概念。对此，形式解释论认为，犯罪的实质概念实际牵涉犯罪的本质问题。而关于犯罪的本质，形式解释论主张，实然意义的犯罪的本质就是对刑法规范的违反，而非对法益的侵害或者威胁。换言之，对法益的侵害或者威胁，应当是应然意义的犯罪本质；或者说社会危害性，这应为犯罪的实质概念。但形式解释论认为，犯罪的实质应为立法视角的犯罪概念而非司法视角的犯罪概念，司法视角的犯罪概念应为犯罪的形式概念而非实质概念。申言之，按照形式解释论的观点，"犯罪的形式概念与犯罪的实质概念，是采用两种不同的标准对犯罪所下的定义。犯罪的形式概念是以刑法规定为根据定义犯罪，因此采用的是规范的标准。因为规范相对于社会生活来说具有形式的特征，因而被称为犯罪的形式概念。犯罪的实质概念是以一定的伦理道义或者政治教义为根据定义犯罪，因此采用的是价值的标准。这种价值内容是刑法规范的内容与实体，因而被称为犯罪的实质概念。由此可见，犯罪的形式概念与犯罪的实质概念各有自身的标准，亦各有自身的功能，两者只有对应性而无对立性"②。但在司法层面，形式解释论主张应当恪守犯罪的形式概念。由是，形式解释论也反对所谓形式与实质相统一的混合概念。认为基于"实质优于形式"的传统理念，混合概念很可能在"实质"的大旗下贬低"形式"，"而形式法治是法治的逻辑前提，只有在法律形式所提供的空间范围内，实质理性才有可能获得"，因而实质解释论"对法律形式主义的指摘，恰恰暴露了对法治的本质理解上的偏差"③。大约正是在此意义上，形式解释论者虽再三强调：形式的犯罪论并不否认实质的判断；另一方面，又担心在中国当前所处的秩序往往优于权利的时代，哪怕是强调形式与实质并重，其结果也往往是或者很可能导致形式为实质所淹没——形式理性的存在空间因而可能荡然无存。

其次，在罪刑法定原则层面，形式解释论主张：要坚守罪刑法定原则，只能是形式的合法。质言之，形式解释论认为："实质的合法性原则是与罪刑法定原则完全相悖的。尤其是所谓实质的合法性原则在犯罪

---

① 参见陈兴良《罪刑法定主义》，中国法制出版社 2010 年版，第 32—33 页。
② 陈兴良：《形式与实质的关系：刑法学的反思性检讨》，载《法学研究》2008 年第 6 期。
③ 同上。

本质上强调'无社会危害不为罪',认为在认定犯罪时可以撇开法律规定的形式,直接以行为对社会的危害作为认定犯罪的标准。这种理论与我国传统的社会危害性理论如出一辙,因为'无社会危害不为罪'这一命题是十分容易推导出'有社会危害即为罪'这一反面命题的。以上命题都是以犯罪的实质内容否定犯罪的形式要素,从而导致对法治的破坏。"①对此,形式解释论还援引日本刑法学者的立场,做了进一步的论述。指出,日本有学者指陈实质解释论者所主张的、在解释某行为是否构成犯罪的时候必须在条文语义可能具有的含义范围、国民可预测的范围、刑法所保护的法益及处罚必要性之间进行权衡。据此,按照实质解释论的观点,"解释的实质处罚范围和实质的正当性(处罚的必要性)成正比,和条文通常意义之间的距离成反比"。对此,该日本学者批判道:"但是,罪刑法定原则是即便具有处罚必要性,也不得予以处罚的原则。因此,在确定处罚范围的时候,不应当加入处罚必要性的考虑。罪刑法定原则是即使牺牲处罚的必要性,也要保障国民基于预测可能性进行行动的自由的原则"②。

由此可见,在与罪刑法定原则的关系问题上,形式解释论者旗帜鲜明地反对将罪刑法定原则分类为形式的罪刑法定原则与实质的罪刑法定原则,虽然他们并不进而否认日本刑法学界关于罪刑法定原则的形式的侧面与实质的侧面的"通行观点"。因为在日本,通说观点认为,罪刑法定原则所派生的六个原则中,前四个原则,即刑法不溯及既往、排除习惯法、禁止类推、禁止绝对不定期刑等四项派生原则体现的是罪刑法定的形式侧面;而其后两项派生原则,即刑法明确性原则、刑法内容适当原则反映的是罪刑法定的实质侧面。③虽然如此,形式解释论者也特别指出:"罪刑法定原则的实质侧面在精神上与罪刑法定原则的形式侧面是完全相同的,都具有人权保障的价值蕴涵。"④不同点仅仅在其人权保障机能之启动阶段与场合上的不同。因为罪刑法定原则形式侧面的机能乃在限制司法权,而罪刑法定原则实质侧面的机能在于限制立法权,⑤因而罪刑法定之保障人权的

---

① 陈兴良:《形式解释论的再宣示》,载《中国法学》2010年第4期。
② [日]曾根威彦:《刑法学基础》,黎宏译,法律出版社2005年版,第12页。
③ 参见[日]大塚仁《刑法概说(总论)》(第3版),冯军译,中国人民大学出版社2007年版,第70—71页。
④ 陈兴良:《形式解释论的再宣示》,载《中国法学》2010年第4期。
⑤ 参见陈兴良《形式解释论的再宣示》,载《中国法学》2010年第4期。

机能也分别启动并发挥于司法与立法这两个不同的法治阶段与场合。

基于上述立场,形式解释论在罪刑法定原则下的刑法解释的边界问题上主张:鉴于罪刑法定原则从不禁止法官在该项原则下对法有明文规定的行为通过"解释"出罪,所以,所谓的罪刑法定原则下的刑法解释的边界,就简约为通过对刑法条文的解释"入罪"于他人的边界。形式解释论关注的焦点是:"在对法无明文规定,按照实质解释论的表述,在法律没有形式规定的情况下,能否通过刑法解释'入罪'?"[①]对此,形式解释论的回答显然是否定的。认为在罪刑法定原则下,刑法文本不能是开放的。即便某项行为确属值得科处刑罚,但为了确保刑罚行为的可预测性,以最大限度地保障国民的行动自由,司法上也不能对此缺乏刑法明文规定的行为"入罪",真有什么问题,也是坚守罪刑法定原则应当付出的代价。

由此引申出来的下一个问题是:当其刑法评价某一行为该当其规范存疑时,根据罪刑法定原则,能否做出不利于被告人的实质解释。对此,形式解释论的立场是否定的。即其认为,根据罪刑法定原则,当其刑法评价某一行为性质存疑时,只能做出有利于被告人的解释。

再次,在犯罪论体系问题上,形式解释论认为,我国传统的犯罪构成四要件,将犯罪客体作为成立犯罪的首要条件,而犯罪客体就是行为所侵害或威胁到的法益,这就牵涉到实质判断问题,因而,形式解释论认为,传统的犯罪构成四要件其实是"以犯罪的实质概念为逻辑起点建构的犯罪构成体系,把实质判断放在形式判断之前,从而损害了犯罪构成体系的内在合理性,这也是我国目前的犯罪构成体系非改不可的重要理由"[②]。有鉴于此,形式解释论主张:如果沿用大陆法系的犯罪论体系,就应当在构成要件符合性阶段先做形式判断,在违法性、有责性阶段,才有实质判断问题可言。但进行实质判断时,根据实质判断仍然只能得出"出罪"的结论而不能根据实质判断来"入罪"。论者还结合大陆法系犯罪论体系的演变来论述了形式与实质的关系。指出"无论犯罪论体系的结构如何调整与变动,但一个基本原则从来没有动摇过,这就是形式判断先于实质判断。任何犯罪论体系都包含形式判断与实质判断,问题只是在于两者的位置如何摆放。例如,贝林的犯罪论体系,构成要件是形式化的,属于形式判断,而实质判断是在违法性与有责性中完成的。大谷实、大塚仁都坚持形式的

[①] 陈兴良:《形式解释论的再宣示》,载《中国法学》2010 年第 4 期。
[②] 陈兴良:《形式与实质的关系:刑法学的反思性检讨》,载《法学研究》2008 年第 6 期。

犯罪论，但并不能由此认为在其犯罪论中不包含实质判断，这一点大谷实讲得很清楚：以处罚的合理性、必要性为基准的实质的判断，只要在查清是符合构成要件之后，在违法性以及责任的阶段进行个别、具体判断就够了"①。

最后，在解释的方法论上，形式解释论的主倡者陈兴良教授认为，从法律解释学的视角看，在解释方法论上本不存在形式解释论与实质解释论之分，只有客观解释论与主观解释论之别。这里之主观，乃相对于立法者之"立法原义"而言；客观，则是相对于运作于一定客观物质经济条件下的、客观存在着的法律文本而言。故而，所谓主观解释，乃指解释者应力求通过自己之解释再现立法者在设定某项刑事法规范时之立法原意。客观解释则主张解释者应当根据其所处的时代，力求站在公平而理性的立场上，去探寻法律文本的客观涵义。有鉴于此，我国学者梁根林认为客观解释乃属"一种强调法律文本的独立性、试图挣脱立法者的立法原意，而根据变化了的情势与适用的目标，挖掘法律文本现在的合理意思的解释论。因而又称为实质的解释论。与此相适应，刑法解释论亦存在着关于解释目标的形式解释论与实质解释论"②。对此，陈兴良教授认为客观解释固然存在根据外部世界的变化而至刑法条文的价值含义发生"流变"的问题，但这只是法律解释学上的方法论问题。质言之，主观解释与客观解释争论的焦点乃在刑法条文中的含义是否应当与时俱进的、随着外部世界及人们的价值观念的变化而发生"流变"的问题；形式解释论与实质解释论之争解决的却是解释的"限度"问题。③因而，陈教授认为形式解释论与实质解释论之争，其实不是法律解释论上的方法论之争，而是牵涉如何看待刑法的基本价值取向的刑法观或者说刑法基本理念之争的问题。

二 实质解释论基本观点论要

与陈兴良教授不同的是，国内关于实质解释论的首倡者张明楷教授在阐释其力倡的实质解释论时，并没有明确宣示其解释论域除犯罪构造外，还涵摄犯罪的概念、刑法的解释等诸多方面的问题。虽然透过张教授及其他实质解释论者行文之字里行间，仍能看出论者在其实质解释的背后，其实也诠释了他们关于犯罪的概念、刑法的解释理论等等问题的基本立

---

① 陈兴良：《形式与实质的关系：刑法学的反思性检讨》，载《法学研究》2008年第6期。
② 梁根林：《罪刑法定视域中的刑法适用解释》，载《中国法学》2004年第3期
③ 参见陈兴良《形式解释论的再宣示》，载《中国法学》2010年第4期。

场,但张教授自己明示的、关于其实质解释论之针对性乃是"针对构成要件的解释而言(包括构成要件符合性的判断以及与构成要件相关的未遂犯等问题的解释)"①。由此可见,在阐释国内的实质解释理论之先,有必要简单述论一下大陆法系关于狭义构成要件理论的主要不同观点。

在大陆法系,关于狭义的构成要件理论,主要指构成要件与违法性、有责性的关系问题。对此,在德国、日本等大陆法系国家,大约有三种基本见解。第一说为行为构成要件说;第二说为违法类型行为说;第三说为违法有责行为类型说。其中,第一说乃以贝林为代表的古典学派的观点。认为构成要件就是纯客观的、中性无色的、关于规范所禁止行为的类型化记叙。因而符合构成要件的行为虽然可被一般性地推定为违法,但并不能个别地、具体地认定其行为违法,因为构成要件仅是表明刑法所定各罪的"观念形象"而已,与具体的违法及其犯罪的主观要素无关。第二说乃以梅兹格为代表的新古典犯罪论所主倡。新古典犯罪论主张,违法就是对法益的侵害或者威胁,构成要件则是从诸多行为中,将值得科处刑罚的、类型化的侵害或者威胁到法益的行为,用分则形式加以规范确认。换言之,"构成要件与违法性是一体的,构成要件只是在与违法阻却事由的关系上具有独立的意义,而在与违法性的关系上则几乎丧失其独立性"②。唯其如此,梅兹格主张,构成要件与正当化事由,即作为违法类型的构成要件与违法性阻却事由,只是原则与例外的关系。由此可见,违法类型行为说的一般主张是:构成要件并非中性无色的、关于规范所禁止行为的客观记叙,而是含有刑法评价要素及违法实质的、侵害或者威胁到刑法所保护法益的类型化行为。第三说即违法有责类型行为说。该说主张构成要件不仅是类型化的违法行为,更是类型化的有责行为。如日本的小野清一郎就指出,"犯罪的实体是违法的行为、行为者对此负有道义上的责任的行为,是违法且有责的行为类型。但是要成为可罚的行为的话,就必须依据特殊的刑法各本条的规定。刑法各本条所规定的特殊的、类型的违法、有责的行为,即是构成要件。在前面表现出来的是构成要件,其背后的实质的意义是违法性与道义的责任"③。

回顾了德国、日本大陆法系关于狭义的构成要件理论,再回过头来看国内实质解释论的主要观点,首先,论者指出"在大陆法系,随着新古典

---

① 张明楷:《实质解释论的再提倡》,载《中国法学》2010年第4期。
② 张明楷:《刑法的基本立场》,中国法制出版社2002年版,第101页。
③ [日]小野清一郎:《犯罪构成要件的理论》,(东京)有斐阁1953年版,第19页。

犯罪论体系、新古典暨目的论综合体系的流行，构成要件被相当程度地实质化，与此相应，实质的构成要件解释观点也大受欢迎；在我国，犯罪构成要件从来就是形式与实质的统一，犯罪构成要件既具刑法规定性，又反映应受处罚的社会危害性，这就更要求对犯罪构成要件作实质的理解"①。由此可见，这里，论者虽然仍立足于我国传统的犯罪构成四要件理论基础之上，但其显然更青睐违法类型或违法有责类型的构成要件论。张明楷教授就明确指出，他赞同构成要件应属违法有责的行为类型。此外，在结果无价值与行为无价值等问题上，他认同结果无价值的观点。正是基于此一违法有责的构成要件立场，张教授对构成要件符合性的解释以及与构成要件相关的未遂犯的判读等，其实都建立在他对构成要件本身与违法性、可责性关系的解释以及随之而来的关于犯罪成立的解释基点之上。有鉴于此，张教授强调，他对构成要件的解释可以归结为下述三点内容：其一，对构成要件的解释必须以刑法所保护的法益为指导，不能仅停留在法条的字面含义上。即解释一个犯罪的构成要件，首先必须明确该犯罪所保护的法益，然后在刑法用语可能具有的含义内确定构成要件的具体内容。其二，犯罪的实体是违法与责任。所以，对违法构成要件的解释，必须使行为的违法性达到值得科处刑罚的程度；对责任构成要件的解释，必须使行为的有责性达到值得科处刑罚的程度。即必须将字面上符合构成要件、实质上不具有可罚性的行为排除于构成要件之外。其三，当某种行为并不居于刑法用语之核心含义之内，但具有处罚的必要性与合理性时，应当在符合罪刑法定原则的前提下，对刑法用语做出扩大解释。即在遵循罪刑法定原则的前提下，或可做出不利于被告人的扩大解释，从而实现处罚的妥当性。②针对上述三点，张教授及其他实质解释论者通过自己的著述，分别做了进一步的阐释和说明。由此可见：

首先，上述构成要件的解释论，其实表明了实质解释论与形式解释论在犯罪本质问题上的、相对"对立"的立场。如上所述，形式解释论认为犯罪的本质在于行为对规范的违反。但实质解释论认为"对构成要件的解释必须以刑法所保护的法益为指导"，"不能仅停留在法条的字面含义上"，"在刑法用语可能具有的含义内确定构成要件的具体内容"。而诸此思想，从一定程度看，可谓实质解释论相对于形式解释论所强调的、犯罪

---

① 苏彩霞：《实质的刑法解释论之确立与展开》，载《法学研究》2007年第2期。
② 参见张明楷《实质解释论的再提倡》，载《中国法学》2010年第4期。

的本质就是"对规范的违反"的对立性见解。实质解释论认为,行为无论是侵害还是威胁到法益,亦即按照刑法的规定,无论其犯罪既遂形式表现为实害犯还是危险犯,其犯罪的本质均是对刑法所保护法益的侵害或威胁。这里,对后者,即对行为人所实施的"对刑法所保护法益的侵害或威胁行为",实质解释论者还进一步地将其限制解释为"值得科处刑罚"的违法且有责的行为。并指出我国《刑法》第13条在犯罪定义及其分则条文之外,还例外地做出"但是情节显著轻微危害不大的不认为是犯罪"的但书规定,其实质就是针对此类可罚必要性与合理性的刑法承认。由是,在实质解释论那里,无论是基于立法还是司法视角看,刑法均应根据其结果无价值(侵害或者威胁到刑法所保护的法益)之立场,来评价此类行为的犯罪本质。质言之,根据实质解释论,刑法的目的就是保护法益,而分则法条只不过是对值得科处刑罚的、侵害或威胁到刑法所保护法益的类型化行为的条文化而已。因而,"离开刑法的法益保护目的就不可能解释构成要件,不可能对构成要件符合性做出判断"①。基于此项理由,即便刑法条文没有发生任何变化,但其保护的中心法益发生了变化,例如将抢劫罪由"侵犯公民人身权利"类犯罪调整为"侵犯财产型"类犯罪,则对抢劫罪之"个罪"构成要件的解释,也应随之发生改变。②

其次,正是基于上述关于犯罪的实质理解,实质解释论主张,不能过分拘泥于法条表面上的构成要件符合性,过分的法律形式主义等于承认"恶法亦法"。倘若行为该当构成要件,但欠缺可罚的违法性或有责性,则可根据实质解释论将其"排除于构成要件之外",亦即应对其出罪或者宣告其刑事不可罚。

最后,对在遵循罪刑法定原则的前提下可否做出不利于被告人的解释的问题。实质解释论认为,当其行为确实损害了刑法所保护的法益,且具有处罚的必要性与合理性时,即便某种行为不处于刑法用语的核心含义之内,也可在符合罪刑法定原则的前提下,对刑法用语做出扩大解释,从而,该解释结果很可能是"入罪"或相对更重的刑罚适用性判读。在此,实质解释论者的确援用了日本学者前田雅英的观点加以佐论,即"解释的实质容许的范围,与实质的正当性(处罚的必要性)成正比,与法文通常语义的距离成反比"③。

---

① 张明楷:《实质解释论的再提倡》,载《中国法学》2010年第4期。
② 参见张明楷《实质解释论的再提倡》,载《中国法学》2010年第4期。
③ [日]前田雅英:《刑法总论讲义》,(东京)东京大学出版会2006年第4版,第78—79页。

由是，人们很可能质疑：实质解释论的上述主张，是否是超出了构成要件范围的实质考察？对此，实质解释论者做出了否定性回答。认为实质解释论的主张既维护了罪刑法定主义的形式侧面，也维护了罪刑法定原则的实质侧面。①与此同时，论者还特别强调，同时维护罪刑法定原则的这两个侧面，一不等于认为罪刑法定主义有新旧之分；二不等于将罪刑法定主义分类为形式的罪刑法定主义与实质的罪刑法定主义。罪刑法定原则只有一个，但其内容会因应时代的变化而发展。罪刑法定原则的初衷是要严格限制司法权，只是在议会权力日益扩张，需要通过法治加以约束的时代，罪刑法定原则才产生了有待同时限制立法权的实质侧面的内容。而承认恶法亦法，就是仅仅遵循罪刑法定的形式侧面的恶果。有鉴于此，罪刑法定原则需要同时维护其形式侧面与实质侧面，唯其如此，才能既限制司法权，也限制立法权。此外，在形式侧面之外增加实质侧面，会使罪刑法定主义更具有说服力和批判力，而恶法之所以没有了容身之处，也是因为罪刑法定主义不仅有其形式侧面，还有其实质侧面。②

接下来的问题是，如何看待罪刑法定原则所要求的"明文规定"的问题。众所周知，罪刑法定原则要求"法无明文规定不为罪，法无明文规定不处罚"。实质解释论认为，这涉及如何看待刑法上的漏洞的问题。何谓漏洞？实质解释论认为，真正的漏洞不可能通过解释方法来填补。而对那些通过类推解释以外的解释方法可以填补的"不真正漏洞"，法官完全可以在不违反罪刑法定原则的前提下，将其中侵犯或者威胁到刑法所保护的法益且具备科处刑罚之必要性与合理性的行为，解释为该当构成要件的违法且有责的行为，从而昭彰刑法的正义。当然，如此解释的前提是，行为虽然不居于刑法用语之核心含义之内，亦即行为虽然没有为刑法规条所"明文"规定，但仍属为刑法"可能含义"所禁止的行为。而可能的含义是因应时代的变化而变化的，因为再完备的刑法规范，也不可能令法官们仅仅"凭借平义解释去处理所有的案件"。特别是，刑法规范之核心用语可能比较清晰，但向边缘辐射时，其外延会愈来愈模糊，而如何来确定其外延，从用语本身不能找到答案，答案需要透过千变万化的案件事实来做实质判断。换言之，实质解释论认为，对构成要件的符合性，仅仅进行形式判断尚不充分，还须同时进行实质判断，才能判读其是否存在科处刑罚

---

① 张明楷：《实质解释论的再提倡》，载《中国法学》2010年第4期。
② 参见张明楷《实质解释论的再提倡》，载《中国法学》2010年第4期。

的必要性与合理性。由是，实质解释论认为，此一解释法虽然名为实质解释论，其实坚守的是形式解释与实质解释的统一。①而其中最重要的"形式"在于：实质解释论并非仅仅根据行为的社会危害性来确认针对某一行为科处刑罚之必要性与合理性，而是该行为已经有其刑法上的构成要件规则，如果欠缺构成要件设置，无论怎样实质解释，也不可能将其入罪。

由此可见，同样的案件事实，实质解释的场合，可能做出"入罪"或"重处"等不利于被告人的解释结论来。而如此解释法与形式解释论之立场显然相反。对此，实质解释论强调：存疑时须做出有利于被告人的解释，仅限于刑事诉讼法上的证据法则，在刑事实体法上并不存在此一解释原则。"因为任何法律条文都可能有疑问；即便原本没有疑问，在遇到具体案件时，也会有人为了某一方的利益而制造疑问；如果一有疑问就作出有利于被告人的解释，刑法就会成为一纸废文；如果一有疑问就必须作出有利于被告人的解释，刑法理论就不需要展开争论，只要善于提出疑问并知道何种解释有利于被告即可。"②

此外，针对"犯罪论"的解释论，我国实质解释论者赞同由日本学者提出的下述观点，即"应当从处罚的合理性和必要性出发，实质地解释刑罚法规尤其是构成要件，构成要件的判断不可能是形式的、价值无涉的，而是应从处罚的必要性和合理性的角度来判断某种行为是否符合构成要件"③。在此过程中，处罚的合理性与目的性，应为实质解释的目标。由是，倡行实质解释论的学者有的基本赞同韦尔策尔率先提出的开放的构成要件的观点，即认为有的构成要件只记述了部分违法要素，有关实体的违法要素尚需法官在具体案件中予以补充。对此，有实质解释论者持认同态度，例如有学者指出："在刑法规范中，仍然存在不少的规范性概念与开放的构成要件。如，盗窃罪中的'他人财物'、贩卖淫秽物品罪的'淫秽物品'、强制猥亵罪中的'猥亵'。"④也有的实质解释论者不那么认同开放的构成要件，指出："大体上可以说，只存在开放的刑罚法规，不存在开放的构成要件。"⑤进而，在实质解释论与犯罪论的关系问题上，虽然日本通说认为，构成要件符合性是形式判断、类型判断；违法性是实质判断、

---

① 参见张明楷《实质解释论的再提倡》，载《中国法学》2010年第4期。
② 张明楷：《实质解释论的再提倡》，载《中国法学》2010年第4期。
③ 黎宏：《日本刑法精义》，中国检察出版社2004年版，第54页。
④ 苏彩霞：《实质的刑法解释论之确立与展开》，载《法学研究》2007年第2期。
⑤ 张明楷：《实质解释论的再提倡》，载《中国法学》2010年第4期。

个别判断，但这显然仅适于大陆法系的古典的三阶层的犯罪论体系。在狭义的构成要件论上，日本通说更倾向于认可构成要件乃属违法的类型化行为。而如前所述，张明楷教授更认同违法有责类型的构成要件说。这样一来，既要对构成要件进行符合性判断，就不能如形式解释论所主张的，在构成要件阶段只做形式判断，而是在构成要件阶段，还须进行违法与有责的实质性判断。张教授特别强调，他提倡的体系"并不是简单地合并了客观构成要件与违法性两个阶层，也不是所谓将第一道门禁与第二道门禁合并，更没有简化判断程序，而主要是为了维护客观构成要件的违法推定机能，而且依然区分了客观（违法）构成要件符合性与违法阻却事由"①。为此，张教授将其犯罪论体系构造为客观（违法）构成要件与主观（责任）构成要件的有机统一体。②

三　形式解释论与实质解释论争议点聚焦

综上可见，时至今日，我国已大致形成形式解释论与实质解释论两学派。归结起来看，两派在下列学术问题上存在交锋点：

（一）在犯罪的概念及犯罪本质问题上，形式解释论认为，犯罪的实质定义只是应然性定义，是立法视角上的犯罪定义；实然意义的犯罪定义应为司法视角上的犯罪，它是只能根据刑法规范的确定规制反映出的形式定义。因而在犯罪本质问题上，形式解释论也从犯罪的实然性出发，认为犯罪的本质就是对刑法规范的违反。与此同时，形式解释论也反对形式与实质相统一的混合概念。认为在混合概念的场合，法官很可能基于"实质优于形式"的传统理念，只看到犯罪的实质概念一面。这样一来，混合概念就成了变相的实质概念，因而，实质背后隐藏的是法律虚无主义。实质解释论则认为，犯罪的定义应为形式与实质的结合。犯罪的本质乃是行为对刑法所保护的法益的侵害或者威胁。进而，实质解释论认为，限制立法权与限制司法权并重，任何时候都不可讳言恶法的存在。实质解释论因而在强调限制司法权的同时，也强调通过犯罪的实质定义限制立法权，并认为唯其如此，才能使反对"恶法亦法"的罪刑法定原则下的实质法治实现。由此视角可见，实质解释论更认同结果无价值主义，形式解释论则更认同行为无价值论。

---

① 张明楷：《实质解释论的再提倡》，载《中国法学》2010年第4期。
② 参见张明楷《刑法学》（第三版），法律出版社2007年版，第6—7章目录。

（二）在犯罪论体系及其判断顺序上，一般认为，形式解释论更认同"构成要件是为犯罪行为提供形式上的界限，构成要件符合性的判断是形式的、抽象的、类型的判断，违法性以及责任的判断是实质的、具体的、非类型性的判断"①。由是，在狭义的构成要件论上，国内的形式解释论者更认同行为构成要件论；实质解释论者则倾向于违法有责类型或违法类型的构成要件理论。唯其如此，在判断顺序上，二者也存在如下交锋：形式解释论主张建立起"形式判断先于实质判断的理念"，即先做形式判断，从而确定行为是否该当构成要件，而后再做违法及责任的实质判断。实质解释论则不然，由于持此立场的论者并不认同构成要件仅仅是中性无色的、纯客观的行为方式记叙，而是含有违法及有责的实质要素的类型化行为，则在实质解释论那里，判断的顺序也非当然的形式判断优先，而是根据具体案件事实酌定。即其"既不是绝对的形式优先，也不是绝对的实质优先，而是取决于冲突的内容"，"在行为不能被构成要件的表述所包含（不处于刑法用语可能具有的含义内）时，当然形式优于实质，即不得违反罪刑法定原则；在构成要件的表述包含了不值得科处刑罚的行为时，当然实质优于形式，即不得处罚不当罚的行为。"②

（三）针对罪刑法定原则下进行刑法实质解释的边界问题，形式解释论认为，鉴于罪刑法定原则从不禁止对法有明文规定的行为通过刑法的解释加以出罪，因而这里的边界问题其实仅仅表现在："对法无明文规定，按照实质解释论的表述，在法律没有形式规定的情况下，能否通过刑法解释予以入罪？"③ 对此，形式解释论的回答是否定的。形式解释论特别强调：没有明文规定的行为，实际已经脱逸公民对法的可预测范围，为了更加有效地保障国民的行动自由，通过实质解释得出的实质判断，应当只有出罪而无入罪的功能。也就是说，在形式解释论看来，对刑法进行实质解释的功能仅仅一项：出罪。对此，实质解释论持论相反。认为通过实质解释固然可以将某些法有明文规定，但不具备科处刑罚的必要性与合理性的行为"出罪"，但在不违背民主主义与国民对法的可预测性的前提下，即在刑法规条可能的语义内，通过实质解释也可以对某些严重侵害或者威胁到刑法所保护法益的行为"入罪"。为此，实质解释论强调：某行为虽未经法条"明文规定"，但若行为符合规范内摄的"可能的语义"且有科处

---

① 苏彩霞：《实质的刑法解释论之确立与展开》，载《法学研究》2007年第2期。
② 张明楷：《实质解释论的再提倡》，载《中国法学》2010年第4期。
③ 陈兴良：《形式解释论的再宣示》，载《中国法学》2010年第4期。

刑罚的必要性与合理性,就可以通过对刑法规条的实质解释"入罪"。因而,在实质解释论那里,此类情况下,在罪刑法定原则下进行刑法实质解释的边界,不是只能出罪不能入罪,而是行为是否符合规范内摄的"可能的语义",且对其确有科处刑罚的必要性与合理性。

就此罪刑法定原则下的刑法解释边界问题,实际还派生出以下两大争议问题,即:

其一,刑法评价存疑时,是否只能得出有利于被告人的刑法判读?形式解释论认为,根据罪刑法定原则,当其刑法规范本身不够明确,抑或,当其法条所规范的事实与案件事实存在一定契合度上的差异之时,出于坚守公民对法的可预测性的设法立场,此种场合,即便确需做出扩大解释也当有其限度。而其限度是:只能做出有利于被告人的解释。对此,实质解释论者断然反对,坚称文本存疑抑或法律适用存疑,并非刑事诉讼法上的案件事实或证据存疑。而有利于被告人的原则仅限于刑诉法上的入罪事实或证据存疑之际。任何法律文本都可能存疑。如果一有存疑就做出有利于被告人的解释,刑法规范及其适用将成为一纸空文。

其二,法律文本是否具有开放性?对此,形式解释论与实质解释论也是持论相反。前者显然反对法律文本的开放,指斥"'开放理论'的关键是它要'在犯罪构成之外寻找积极的违法性的基础',所以,它的普遍运用将意味着突破罪刑法定"[①]。后者则对刑法文本的开放性持首肯态度。主张"解释者应当正视法律文本的开放性,懂得生活事实会不断地填充法律的含义,从而使法律具有生命力。"[②]

四 结语:本书所持立场

陈兴良教授曾经一针见血地指出,形式解释论与实质解释论的根本区分仅仅在于:(1)在对刑法进行解释的时候,是否先进行形式判断,然后再进行实质判断?(2)能否通过实质解释将某些实质上值得科处刑罚但欠缺形式规定的行为"入罪"?[③]——可见,某种意义上看,上述两问题可谓形式解释论与实质解释论纷争之聚焦点。有鉴于此,本书拟就此问题切入,以进一步阐释本书所持立场。对此,本书认同的立场是:

第一,总体来看,形式判断与实质判断孰先孰后,应视案件具体情况

---

① 邓子滨:《中国实质刑法观批判》,法律出版社2009年版,第192页。
② 张明楷:《实质解释论的再提倡》,载《中国法学》2010年第4期。
③ 参见陈兴良《形式解释论的再宣示》,载《中国法学》2010年第4期。

酌定。虽然一般情况下，可考虑先进行形式判断，尔后再进行实质判断。但在下述场合可例外地交替进行形式或实质判断：（1）分则条文没有明确的罪量要素规定，需要适用我国《刑法》第 13 条"但书规定"之际。例如，对分则条文中某些数额犯、数量犯等，由于条文中已经含有数额、数量的明确规制，对此类犯罪，只需做出形式解释即可解决行为与构成要件的符合性问题。但是，设如分则条文中没有罪量要素的明确规定，又需要适用《刑法》第 13 条的"但书规定"来解决其是否该当构成要件的问题，此时即需对行为与构成要件的符合性做出实质解释。（2）分则条文中含有评价要素及其他需实质地考量该文本之开放因素之际。例如我国《刑法》第 246 条所规定的侮辱罪，条文除规定暴力方法外，还采用了"其他方法"、"公然侮辱"等并非纯客观的、中立记叙的表述方式。显而易见的是：这里"其他方法"之记叙等于没有记叙，而"公然"含有很强的贬义、否定色彩，纯形式的解释，恐难以判读行为与构成要件的该当性，因而需要形式与实质的解读方法交替进行。

第二，认同上述实质解释论主张的、在不违反民主主义与法的可预测性的前提下，对具有科处刑罚的必要性与合理性的行为，可以通过实质解释的方法入罪。

综上可见，总体来看，本书更倾向于实质解释论的立场。主要理由如下：

（一）在狭义的构成要件论上，即在构成要件与违法性、有责性的关系问题上，本书比较认同违法类型行为说

在此体系下，符合构成要件的行为，原则上违法，仅在违法性阶段发现阻却违法的事由之际，才例外地阻却违法并出罪。进而，在整个犯罪论体系上，赞同由该当构成要件的违法且有责行为构成的犯罪论体系。这样一来，在确认犯罪成立的问题上，要判读某一行为是否该当构成要件，原则上是应当先进行形式判断。对此，张明楷教授也承认："在三阶层体系的语境下，倘若仅仅从构成要件与违法性的关系，将构成要件符合性的判断称为形式判断、类型判断，将违法性的判断称为实质判断、个别判断，并在此意义上说形式判断优于实质判断，也无可非议。"[1]正是在此意义上，本书认为，一般情况下，可考虑先进行形式判断，尔后再进行实质判断。

---

[1] 张明楷：《实质解释论的再提倡》，载《中国法学》2010 年第 4 期。

而在对刑法进行解释的时候，是先进行形式判断，还是实质判断？本书认为，这与论者秉持何种狭义的构成要件论也有相当关系。张明楷教授主张违法有责类型说，在此犯罪论体系下，某种意义上看，构成要件与违法，构成要件与有责，业已两两衔接、各成一体了。自然不可能先做形式判断，再做实质判断了。因为违法判断、责任判断都是针对个案的、具体的实质判断，因而在此犯罪论体系下，不发生先进行形式判断、再进行实质判断的问题，而是两种判断方式交错进行。话虽如此，张教授自己却说，"在与构成要件理论相关联的意义上，形式犯罪论与实质犯罪论也可能具有另外的意义。例如，将行为构成要件论（形式的构成要件概念）称为形式犯罪论，将违法类型说、违法有责类型说（实质的构成要件概念）称为实质犯罪论。不过，这种意义上的形式犯罪论与实质犯罪论，与笔者所称的形式解释论与实质解释论并非对应关系。例如，大谷实教授是公认的形式解释论的代表人物，但他和前田雅英教授一样，都采取违法有责类型说。"①

上述阐释似乎推论出判断顺序与狭义的构成要件论完全无关？因为大谷实教授一方面主张违法有责类型说，另一方面又是典型的形式解释论的代表，主张在构成要件阶段只能进行形式判断。对此，本书的回答是：非常个别情况下也许如此，而大谷实教授正好属于这里之"非常个别"的情况。因为大谷实教授一方面主张构成要件不是中性无色的，也非纯客观的类型化记叙，而是含有价值评判的、违法有责的类型。另一方面又否认在此阶段可做实质判断，而只承认在消极的阻却违法、阻却责任阶段，方可进行实质判断。试想，既然构成要件本身含有价值要素，仅采形式解释的方法，如何判读行为是否该当违法有责的构成要件？可见此一立论难免有失前后之周延。难怪我国有学者特别声明："大谷实教授所说的形式与我国学者所称的形式未必相同。所以存在两种可能性：一是大谷实教授的形式解释论与其对构成要件作实质解释之间矛盾；二是我国的一些学者误解了大谷实教授的形式解释论。"②

有鉴于此，本书虽然认同一般情况下可考虑先进行形式判断，但这并不意味着在构成要件阶段完全无须或不能进行实质判断，恰恰相反，既然构成要件并非完全无色，就必须通过实质判断，确定其是否有其实质违法

---

① 张明楷：《实质解释论的再提倡》，载《中国法学》2010年第4期。
② 同上。

性——是否侵害或威胁到了受刑法（分则）特定规范所保护的确定的法益。这样一来，构成要件不仅仅是行为是否违法、有责的观念形象，也是确认行为是否违法的实在根据，进而，当其确认该行为不存在违法性阻却事由时，此一实在根据可进一步转化为确认行为违法的实体根据。

（二）通过学理或司法上的实质解释将某些看来欠缺刑法之明文规定，但侵害了法益且具有科处刑罚的必要性与合理性行为"入罪"，是否有违罪刑法定原则？对此，本书的回答是否定的。①申论此一观点，可见它其实牵涉下述诸多问题。

1. 刑法解释与罪刑法定原则的边界问题。从形式解释与实质解释的主倡者的立论看，以法条之"可能的语义"作为刑法解释与罪刑法定原则的边界，似乎是二者之共识。其实，按照德国罗克辛教授的阐释，"对德国宪法法院来说，法律可能的含义也被强调为法律解释中可以允许的最外沿的界限"②，为此，德国罗克辛教授特别指出："解释与原文界限的关系绝对不是任意的，而是产生于法治原则的国家法和刑法的基础上：因为立法者只能在文字中表达自己的规定，在立法者的文字中没有给出的，就是没有规定的和不能'适用'的。超越原文文本的刑法适用，就违背了在使用刑罚力进行干涉对应当具有的国家自我约束，从而也就丧失了民主的合理性基础。公民也只能根据原文文本才能得知法律的意思，从而在自己的思想中考虑：应当根据法律规定来安排自己的行为。因此，仅仅在可能的词义这个框架内的解释本身，就能够同样起到保障法律的预防性作用，并且使违反禁止性规定的行为成为应受谴责的。"③唯其如此，陈兴良教授也确认，"可能的语义并非实质解释论的专利，形式解释论同样主张以可能的语义作为解释的边界。关键问题在于：如何界定这里的可能的语义"④。

应当说，"可能的语义"之外延理所当然地大于"核心含义"。因而如有的形式解释论者所主张的那样"忠诚于罪状的核心意义"固然没错，

---

① 在此问题上，本书赞同陈兴良教授提出的、这里的"实质解释"绝不包括立法解释在内的主张。这是因为，立法解释本身就是刑法的组成部分之一，因而立法上所做的实质解释虽然名为"解释"，实质是立法机关通过出台此一名为"解释"的新规范，来明确、增补或者修改既往规范。因而，立法解释的边界应为是否"违宪"。由是，对此性质上当属"新法"的立法解释，只发生刑法的溯及力问题，不发生任何有悖罪刑法定原则的问题。

② ［德］克劳斯·罗克辛：《德国刑法学总论》（第1卷），王世洲译，法律出版社2005年版，第87页。

③ 同上书，第86页。

④ 陈兴良：《形式解释论的再宣示》，载《中国法学》2010年第4期。

但其外延毕竟过窄,将其作为衡定刑法之解释是否有悖罪刑法定原则的"边界",不免有失人为地限缩刑法规范的外延之嫌。因而在忠诚罪状的核心意义的同时,并不排除援用"可能的语义"去诠释"法无明文规定不为罪,法无明文规定不处罚"原则中的刑事法意。特别是,"法无明文规定不为罪"的对应面本为"法有明文规定才能入罪",但刑法规范却常常表现为法虽有规定,却没有具体规定其本应包摄的同质事项,例如,现行刑法中还存在不少(亟待改进的)"其他"规定、表示未予穷尽所有事项的"等"字规定,[①]等等。此外,即便刑法悉数删去了上述所有"其他"、"等"字规定,也难以用一两句罪状准确地抽象出千变万化的社会物质、经济、文化、政治生活中五花八门的、侵害或威胁到刑法所保护法益的形形色色的不法内涵及其他主客观特征。从这个意义上说,"法无明文规定不为罪"的原则一方面应当坚守,另一方面对此原则也很难得当把握,因为面对千奇百怪的侵害或威胁到法益的行为方式,法有规定者多,有明确规定者少。然而,法规定的具体度、清晰度不够,不等于刑法没有诸如此类的禁止性规定,如果刑法全无禁止性规定,也就不发生"可能的语义"问题。关键在于:既然现行刑事法条中,概括性立法的情况不少,抑或抽象度过高,难以把握的情况不少,这就存在一个如何来解读"可能的语义"的问题。本书认为,既然刑法之核心语义明确性不够,则需要采取多种解释方法来诠释"可能的语义"。这当中,仅用语义解释显然不能满足对文本解释的需要,否则,就不发生核心语义不明确的问题。因而,解释者除了采用文理解释、文法解释、文意解释来诠释法条之文义之外,还应当采用历史解释、比较解释、系统解释以及主观解释与客观解释相结合的方法来判读之。

然而,比较解释、系统解释、客观解释等方法,都不免受刑法的价值取向的制约,从而得出适当的解释结论。从这个意义上讲,这当中免不了刑法的目的性解释、实质解释。就此意义看,我们理解,对前田雅英关于实质解释的基准公式,即"解释的实质容许的范围,与实质的正当性(处罚的必要性)成正比,与法文通常语义的距离成反比"一句话,[②]按张明

[①] 例如,我国《刑法》第224条之一对组织、领导传销活动罪的规定即属之。该条之前半部分罪状表述为"组织、领导以推销商品、提供服务等经营活动为名,要求参加者以缴纳费用或者购买商品、服务等方式获得加入资格……",这里前后出现的两个"等"字,即属刑法本应明文规定、却未予"明文"规制的同等事项。

[②] [日]前田雅英:《刑法总论讲义》,(东京)东京大学出版会2006年第4版,第78—79页。

楷教授的方式释读更准确，即实质解释容许的范围是"处罚的必要性越高，对与刑法用语核心距离的要求就越缓和，做出扩大解释的可能性就越大"①。质言之，对前田雅英的上述公式，所表达的并非实质解释的场合，处罚的必要性越大，其与刑法的核心用语的距离必定越远，而是处罚的必要性越大，对刑法核心语义射程所包摄的"可能语义"的范围，可以相对宽缓。反之，这句话的另一隐含语义即为：如果处罚的必要性过小，则刑法的核心语义射程所包摄的"可能语义"范围亦可随之限缩。如此扩大或者限缩，其依据表面看来是处罚的必要性，但其背后隐含的还是刑法的价值取向之制约。例如，罗克辛教授曾经指陈，"如果一个法官将诸如剪辫子这样的事归入第224条第1款第2项中，②理由是，在他看来，在身体伤害这个关系上，所有使用道具的行为，都必须加以严厉惩罚，那么，这将会是一个很错误的解释，因为这样一来，他就把自己对法律政策的理解置于法律目的之前的优先地位了。他这样做是没有合理化根据的"③。显然，这里的解释之所以没有道理，是因为"法官在解释时并不是自由的，而是要受法律规定的价值约束的。法官在法律的委托下进行解释时，仅仅是完成将这个规范性的价值决定加以具体化的任务"④。由此可见，由于剪去他人辫子的行为与科处刑罚的必要性、合理性这一刑法的价值目标相距甚远，因而，法官完全可以通过刑法的目的性解释或称实质解释的方法，将其排除在《德国刑法》第224条第1款第2项之"其他危险工具"应予包摄的"可能的语义"之外。唯其如此，在原文界限的框架中，德国联邦最高法院也多次明确主张目的性解释，认为"在语言可能的界限中……各种概念都应当根据其所适用的条文将要建立的涵义和目的来解释（《联邦最高法院刑事判例集》第3卷，第303页）"。"没有一部法律能够忍受将自己的适用范围，严格限制在与立法者当时考虑的立法状态相适应的案件中，因为法律并不是一些没有生命的符号，而是活生生的仍然在发展的精神。这种精神与生活关系一起发展，并且合理地调整自己从而使自己得到进一步的适用，只要这种适用不会摧毁它所铸造的形式（《联邦最高法院

---

① 张明楷：《罪刑法定与刑法解释》，北京大学出版社2009年版，第68页。
② 《德国刑法典》第224条第1款第2项的规定为"危险伤害罪"中的"使用武器或其他危险工具"行为。
③ ［德］克劳斯·罗克辛：《德国刑法学总论》（第1卷），王世洲译，法律出版社2005年版，第86页。
④ 同上。

刑事判例集》第 10 卷，第 159 页以下）。"①

综上可见，前田雅英教授、张明楷教授分别提及的"反比"、"缓和"等，其实是针对欠缺科处刑罚的必要性、合理性，因而该当"出罪"或"轻处"的"可能的语义"范围而言。两相比较："有处罚必要性"比之于"无处罚必要性"的可能语义范围相对宽和，且"可能的语义"范围分别与二者之距离也成反比。即可能的语义/有处罚的必要性的比值更大，可能的语义/无处罚必要性的比值更小，因而成反比。有鉴于此，可能的语义与处罚的必要性、合理性本身相比，二者在解释的对应性上理所当然地应为正比。因而，上述缓和、反比，未必等同于超越文本本身之含义并恣意扩大解释。

当然，对有科处刑罚的必要性与合理性的行为，虽然在可能的语义范围上可相对缓和，但它毕竟需要确定的边界制约，否则"可能的语义"有可能成为肆意扩大解释并出入人罪的工具。因而，单纯以科处刑罚的必要性与合理性，抑或单纯以刑法的价值取向为界，还不能为"可能的语义"划定出一条相对客观且便于操作的界限来。有鉴于此，本书比较赞同根据一般意义上的、国民对法的可预测性来确立可能的语义范围之最大半径。所谓一般意义，是指以社会一般人（而非圣人、贤人或行为人自己）的认识水平，来考量国民对法的可预测性。例如对盗窃诈骗、强迫卖淫甚而杀人越货等自然犯罪行为违反刑法，社会一般人均有认识。有鉴于此，对以单位的名义实施了数额巨大的盗窃行为者，鉴于其行为的确侵犯了刑法所保护的法益，且有科处刑罚的必要性与合理性，则法官将此假单位名义去行窃的、具体的自然人，通过实质解释的方式评价为该当我国《刑法》第 264 条盗窃罪的犯罪构成行为，此举并不违背国民对法的可预测性。当然，有关这一点，在 2014 年 4 月 24 日第 12 届全国人大常委会通过的《关于〈中华人民共和国刑法〉第 30 条的解释》中已然得到解决。该立法解释明文规定："公司、企业、事业单位、机关、团体等单位实施刑法规定的危害社会的行为，刑法分则和其他法律未规定追究单位的刑事责任的，对组织、策划、实施该危害社会行为的人依法追究刑事责任。"又如，对我国《刑法》第 358 条第一、第二款分别规定的组织、强迫卖淫罪，社会一般人也能认识到其行为违反刑法，再者，社会一般人也能认识到所谓

---

① 转引自［德］克劳斯·罗克辛《德国刑法学总论》（第 1 卷），王世洲译，法律出版社 2005 年版，第 86—87 页。

卖淫，实乃异性之间的性交易。也就是说，国家法禁止强迫或者组织异性之间的性交易，这一立场应属一般公民可预知范围，有鉴于此，在解释论上，对我国《刑法》第358条卖淫的对象，就应当既包括女性，也包括禁止强迫或者组织男性去卖淫。

2. 刑法适用过程中，在法律文本存疑抑或法律适用存疑的情况下，若得出不利于被告人的解释，是否违背国民对法的可预测性，进而违背罪刑法定原则？就此问题，其实上文之述论已经部分地做出了否定性的回答。这里想再强调的是：法律文本存疑与法律适用存疑，绝不等同于个案之具体事实本身不清或证据不足，只有后者的场合，才发生必须做出有利于被告人的解释甚而疑罪从无的结论来。例如：

某天深夜，A、B二人在互不知情的情况下，各人怀揣一把左轮手枪，不约而同地藏身于D路口的同侧且相距颇近，当看到C行进到离D路口约10米远之时，两人同时对准C的头部开枪，其中一枪射出的子弹从C头旁越过未中；另一枪则击中了C的头部，C因而毙命身亡。本案中，侦查人员如果不能查清究竟是A还是B的一枪命中了被害人，则属事实不清、证据不足的案件。显然，对A、B两人都不能按故意杀人既遂定性，也就是说，法官只能做出有利于被告人的解释，对两人都只能定性为故意杀人未遂。

但以上案情，本质不同于这里所研讨的法律文本存疑抑或法律适用存疑的情况。这是因为，实体法上的法律文本存疑抑或法律适用存疑，是排除程序法上的事实本身不清抑或证据不足的特定情况的。换言之，程序法上的事实本身不清抑或证据不足等问题，显然不在刑事实体法的研究论域。而如我国《刑法》第151条第3款所谓的"走私珍稀植物及其制品等国家禁止进出口的其他货物、物品的"、《刑法》第246条所谓的"公然侮辱"等罪状表述，即属法律文本的开放性较大，在法律适用过程中难以判断行为是否该当构成要件的适用上的疑难问题。例如"走私珍稀植物及其制品等国家禁止进出口的其他货物、物品罪"中的"等"字所表示者，显属未予穷尽所有事项；而紧接其后的"其他"更表明了该文本的开放性。《刑法》第246条的"公然侮辱"规定也一样，何谓公然侮辱？不同的历史阶段及其时空，恐有不同的结论。40年前认为颇有侮辱性的举动，今天看来未必尽然。尽管如此，法律蕴涵的公序良俗、伦理道义依然根植于社会一般人之内心。虽然人们谁也没见过当今国家、社会出版过一本看得见、摸得着的《道德法典》，但惩恶扬善的伦理道德观已经赋予任何社会一般人有能力基于他／她所处的时代，判读出某行为是否违背社会基本伦理，甚至违背刑法。换言之，时代的演进、社会价值观的嬗变、民众认识水平的整体提升等，决定了"公民的预知"能力也在与时俱进地发展变化。具体而言，包括公然侮辱他人达到违反刑法程度的种种行为特征，今人也有了自己的是否违反伦理甚至刑法的一般预测标准。因而刑事实体法上的评价，无须必然做出有利于被告人的解释。否则在法有限、情无穷、事无尽的情况下，世上能够无缝对接于法律文本的案件事实未必常见，而一俟法律文本与案件的符合性存疑，就一定要做出有利于被告人的解释来的话，则辩护律师与检控官相较，律师将永远胜诉，检控官将永远败控，如此司法，有何公正性可言？更何况，如此一来，刑法的惩恶扬善功能也将遭致毫无道理的克减，继而，刑法的公平性、正义性均会遭致世人之质疑，刑法的规范裁判机能、法益保护机能甚至人权保障机能，均难以正常发挥。

话虽如此，这里仍有另一值得强调的问题，即以上之问题研讨，均建立在"法律文本存疑抑或法律适用存疑"的前提之下，倘若法律文本或法律适用上根本不发生存疑问题，纯粹出于所谓"刑法目的"的考量，而不顾刑法的特别规定，非要按"重法优于轻法"的原则去重处被告人，此类作法则不属于上文所谈情况。例如，某医疗人员严重不负责，导致就诊人员死亡，诸此情形本已由《刑法》第335条明文规定为"医疗事故罪"，其法定刑为"3年以下有期徒刑或者拘役"。但实践中，如果出于某一医疗人员的严重不负责，以其一次性的行为，给两位身患不同疾病的患者挂反了输液药瓶而致两名患者均不治身亡，诸此情况乃属典型的同种想象竞合犯，仍应定性为医疗事故罪并在"3年以下有期徒刑或者拘役"的法定刑范围内从重处罚。对本案，假如有人认为出于刑法目的的考虑，为了重处该行为人就摒弃"特别法优于普通法"的原则，而按"重法优于轻法"的原则对本案直接定性为"过失致人死亡罪"，从而就可以在"3年以上7年以下有期徒刑"的范围内从重罚之。如此判法，显然有悖罪刑法定原则。这是因为本案在法律文本或者法律适用上并不存疑，既如此，法官就只能根据法律的明文规定行事，而不得出于"刑罚目的"的需要而随意变更法条的适用，否则即有悖罪刑法定原则，并会导致法外加重处罚并侵蚀公民人权现象的发生。

第二章 刑法的解释 63

当然，对此解读，有人可能质疑：本案同时存在"特别法优于普通法"原则与"重法优于轻法"的原则，难道不是法律适用存疑的问题吗？对此，本书的回答是：本案的确存在刑法上有其竞合性规定的情况，因而本案确也存在特别法优于普通法的法律适用问题，但并不发生重法优于轻法的问题，除非刑法另行做出了法条竞合的场合"依照处罚较重的规定定罪处罚"的专门规定，例如，现行《刑法》第149条第2款就做了这样的专门规定。《刑法》第141—148条所规定的八种具体的、生产、销售伪劣产品的犯罪与《刑法》第140条所规定的"生产、销售伪劣产品罪"之间，即属典型的特别法条与普通法条的关系，因而，对生产销售假药、劣药、有毒有害食品等上述八种犯罪行为者，原本应当根据特别法优于普通法的原则直接适用上述相关法条的，但《刑法》第149条第2款却规定："生产、销售本节第141条至第148条所列产品，构成各该条规定的犯罪，同时又构成本节第140条规定之罪的，依照处罚较重的规定定罪处罚。"很清楚，这种场合方才发生刑法上的"特别法优于普通法"原则与"重法优于轻法"原则在适用上的竞合问题。

综上可见，但凡刑法做了特别规定者，原则上都必须适用特别规定，否则立法上对刑法之中已有规制的行为、还另设法条专门规定的立法初衷将毫无意义。例如，刑法已经规定了盗窃枪支弹药罪，自然有其特殊的保护法益——社会公共安全，此时再将诸此行为按一般盗窃罪定罪判刑，则其保护的法益重点变成了一般财产法益，这显然有悖立法本旨。上述例子也是这样，医疗事故罪保护的"类法益"是公共卫生，而过失致人死亡罪所保护的"类法益"为公民人身权利。设如已经有其特别法条规定时，法官还可以根据"刑罚目的"随意改而适用普通法条的话，此举显然违背了相应规范已有的"可能的语义"，进而其实属有违罪刑法定原则"边界"的、司法侵分立法权的不法裁判行为。

3. 法律文本的开放性问题。此一问题，也是形式解释论与实质解释论争议之交锋点。对此，本书认同法律文本的确应具一定的"开放性，任何一种解释如果试图用最终的、权威性的解释取代基本文本的开放性，都会过早地吞噬文本的生命"[①]。这一点，是由刑法所保护的法益的历史性质所决定的。因为法益虽然是"规范性的，但是，这个构想并不

---

① ［英］韦恩·莫里斯：《法理学》，李桂林等译，武汉大学出版社2003年版，第555页。

是静态的，而是在符合宪法设定的范围内，向历史的变化和经验性的知识开放的"[1]。换言之，法益概念本身乃属历史的范畴，它固然有其相对稳定的一面，但也会因循时代的变化而逐步调整既往的内涵和外延。而刑法既是保护确定的法益，对刑法条文的内涵和外延解读就不可能是铁板一块。

对此回答，有人可能质疑：既然刑法所保护的法益属于历史的范畴，则对该法益概念内涵或外延的调整性解读，理当通过立法包括立法解释活动而非司法解释来完成。显然，此一质疑有其正当性，因为针对诸如此类的调整性特别是扩展性法益概念解读，立法机关既有权力也有职责义务定期颁行刑法修正案、单行刑法或专门的立法解释来部分地完成。这里，之所以说立法机关只能"部分地"完成上述使命，是因为：其一，全国的刑事立法机关仅此一家，它难以面对 960 多万平方公里上的成千上万桩刑事疑难案件中的法有规定、但无相对具体规制的所有司法适用问题。因为"法益保护原则，不仅仅是刑事立法的指导原则，同时也是刑法释义学上的解释原则，法益是解释与适用刑法规范的操作概念"[2]。由此可见，法益保护不可能通过"一揽子"立法一锤定音，因为它不仅仅是立法问题，更是司法操作问题，因而立法上之"定期"立法，始终只能解决法益保护的部分司法适用问题，余下的部分，仍需通过司法解释或者承办法官自己的法官解释来完成。也正是在此意义上，相对的罪刑法定主义才将古典的、绝对的罪刑法定主义之绝对明确的、具体的刑法规范要求，实事求是地调整为相对明确且概括的规范要求。其二，刑法还有其相对稳定性的一面，立法机关不可能"见天一法"地颁行新法或修订刑法，司法上也不可能一俟法律文本与具体案情适用上存疑、就纯被动地静待新法出台之后再办案。果真如此，刑事司法活动将难以为继。其三，积极主动地创制法律固然是立法机关的职能，但当代司法机关的司法活动，也不可能再像贝卡利亚所主张的那样，如同查询数学上的"对数表"一般地、纯被动地去找法，恰恰相反，当今的司法需变"纯被动"地找法为"能动"地适法。特别是刑法的频繁修改不仅"难以确立刑法的权威以及人们对刑法的基本忠诚，更为直接的，过度的刑法修改还会使得司法实务界产生解释依赖综

---

[1] [德]克劳斯·罗克辛：《德国刑法学总论》（第1卷），王世洲译，法律出版社 2005 年版，第 16 页。

[2] 许玉秀主编：《新学林分科六法·刑法》，新学林出版股份有限公司 2008 年版，第 41 页。

合症,使得本来就相对落后的法官的刑法解释水平更加难以提升"[1]。这正如陈兴良教授早年撰文所言,刑法解释不能拘泥于立法原意,而应在立法意蕴所允许的范围内,使刑法解释起到阐明立法精神,补救立法之不足的功效。[2]应当说,这也是当代相对的罪刑法定主义与贝卡利亚所主倡的(法官无权解释刑法的)绝对的罪刑法定主义的最大区别之一。唯其如此,本书才认同"法律并不是一些没有生命的符号,而是活生生的仍然在发展的精神"的观点。[3]质言之,从立法原意视角看,法律文本虽然有其相对固定的含义,但法律毕竟是变化发展着的社会物质经济生活的写照。这是因为法律既是社会生活的写照,但又不是对社会物质经济生活的"静态复写",而是关于诸此社会生活的"能动"写照。唯其如此,法律乃是"有生命"的符号,进而它应当是因应时代发展的脉络而相对开放的、能动的法律模本。有鉴于此,在解释论上,我们才赞同形式解释与实质解释相结合、主观解释与客观解释相结合的,既忠实于立法原意,又贴近时代现实的,能动地去考量刑法模本的刑法解释立场。虽然,对这里之立法原意,我们以为,似应更多地从刑法目的的视角去探究立法者之立法原意,否则,毫无刑法价值目标的无头探寻,其做法本身即与"立法原意"南辕北辙。

本章小结

本章首先阐释了刑法解释的起源及其性质,并根据不同的分类子项,对刑法的解释进行了多层次的分类。在此基础上,本章还就不同法系的不同解释价值进行了法理分析。但本章讨论的重点,还在形式解释论与实质解释论的评析上。对此,本章首先分别介绍了形式解释论与实质解释论的基本立场。并就两种解释论的学术交锋点做了比较分析。在此基础上,本章襄明了在两种解释观上,本书所持立场。指出,总体来看,本书更倾向于实质解释论的立场,赞同针对刑法及其行为该当构成要件的符合性的解释,既可采用形式判断,也可采用实质判断,虽然在判断顺序上,一般情况下,可采先做形式判断再进行实质判断的方法。但在案情需要时,应当

---

[1] 蔡道通:《刑事法治的基本立场》,北京大学出版社2008年版,第245页。
[2] 陈兴良:《刑法的人性基础》,中国方正出版社1996年版,第540页。
[3] [德]克劳斯·罗克辛:《德国刑法学总论》(第1卷),王世洲译,法律出版社2005年版,第87页。

根据案情酌定其形式判断与实质判断孰先孰后。在关于刑法的解释与罪刑法定原则的边界问题上，本书赞同以国民的一般预测水平为基准来考量刑法法条中"可能语义"的边界。但时代的演进、社会价值观的嬗变、民众认识水平的整体提升等，都决定了"公民的预知"能力也在与时俱进，因而公民的"预知"并不必然与刑法的文本有一定"开放性"相悖。此外，法律文本存疑或者法律适用存疑并不等同于案件事实本身不清或证据不足，因而刑事程序法上的"疑罪从无"或有利于被告人的解释原则，并不适于刑事实体法上的法律文本存疑或法律适用存疑之际。据此，法律文本存疑或者适用存疑时，应当根据罪刑法定原则，在文本可能的语义且一般公民能够预知的前提下，根据刑法的目的做出或有利于被告或不利于被告的刑法判读来。

思 考 题

一 名词解释

立法解释 有权解释 论理解释 类推解释 体系解释

二 简答题

1. 简述刑法解释的起源及其性质。
2. 试述不同法系在刑法解释的价值上有何质与量上的不同。
3. 试述学理解释的性质及其作用。
4. 简述文理解释的基本含义。

三 论述题

1. 试论主观解释与客观解释的本质区别。
2. 试论形式解释论与实质解释论之主要争议点并述你自己所认同或主张的观点。

阅读参考文献

张明楷：《实质解释论的再提倡》，载《中国法学》2010年第4期。

张明楷：《自然犯与法定犯一体化立法体例下的实质解释》，载《法商研究》2013年第4期。

张明楷：《刑法学中的当然解释》，载《现代法学》2012年第4期。

陈兴良：《形式解释论的再宣示》，载《中国法学》2010年第4期。

陈兴良：《形式与实质的关系：刑法学的反思性检讨》，载《法学研究》2008 年第 6 期。

刘艳红：《走向实质解释的刑法学——刑法方法论的发端、发展与发达》，载《中国法学》2006 年第 5 期。

曲新久：《区分扩张解释与类推适用的路径新探》，载《法学家》2012 年第 1 期。

曲新久：《刑法解释的若干问题》，载《国家检察官学院学报》2014 年第 1 期。

刘明祥：《论刑法学中的类推解释》，载《法学家》2008 年第 2 期。

屈学武：《刑事司法解释效力范围探究》，载《中国司法》2004 年第 8 期。

冯军：《刑法的规范化诠释》，载《法商研究》2005 年第 6 期。

梁根林：《罪刑法定视域中的刑法适用解释》，载《中国法学》2004 年第 3 期。

劳东燕：《刑法中目的解释的方法论反思》，载《政法论坛》2014 年第 3 期。

苏彩霞：《实质的刑法解释论之确立与展开》，载《法学研究》2007 年第 2 期。

苏彩霞：《实质刑法解释合理实现的程序性论证规则》，载《现代法学》2009 年第 4 期。

舒洪水、贾宇：《刑法解释论纲》，载《法律科学》2009 年第 5 期。

王政勋：《刑法解释的立场是客观解释——基于会话含义理论的分析》，载《法律科学》2012 年第 3 期。

邓子滨：《中国实质刑法观批判》，法律出版社 2009 年版。

第三章 刑法的效力立法检视

内容提要

　　刑法的空间效力是指刑法在哪些地域内对哪些人适用的问题，所解决的是国家刑法的适用及其针对国际犯罪的刑事管辖权问题。在空间效力上，中国刑法采取了以属地原则为基础，属人原则、保护原则、世界原则为补充的立法原则。此外，对中国承担了国际义务的犯罪，我国也在一定范围内采用普遍管辖原则。刑法的时间效力，指刑法的有效期间，即刑法的生效时间、失效时间以及刑法是否具有溯及既往的效力。在溯及力问题上，我国现行刑法典第12条规定的是"从旧兼从轻"的溯及力原则。刑法的司法解释虽然与刑法具有"同等效力"，但并非刑事法律本身。此外，"从旧兼从轻"的本质仅在司法上原则上不得适用"事后法"，即不得"不教而诛"。而刑法解释仅为法律规范得以顺利施行的器具，并非刑事法律本身。因而司法解释不发生溯及力问题。倘若司法解释中的扩大解释扩大到了"创制"刑法规范甚或侵犯公民人权的地步，那就不是溯及力的问题，而是司法解释越位、司法擅自侵分立法权限的问题。此种场合，即便其没有溯及力——仅仅针对解释出台后的新行为有效，也是违背《中华人民共和国宪法》及《中华人民共和国立法法》法定的刑事立法原则的。因而，此类侵分了立法权的司法解释应予无效，但这显然与"司法解释有无溯及力"不是同一范畴问题。

第一节 我国刑法的空间效力规定

　　刑法的空间效力是指刑法在哪些地域内对哪些人适用的问题，所解决的是国家刑法的适用及其针对国际犯罪的刑事管辖权问题。任何国家在制定刑法以后，在效力问题上，总存在以下五个方面的问题，即：（1）本国公民在国内犯罪的适用问题；（2）本国公民在国外犯罪的适用问题；（3）外国人在本国对该国家或公民犯罪的刑法适用问题；（4）外国人在国外对该国国家或公民犯罪的刑法适用问题；（5）既非本国公民实施又非外国人实施于本国国内，也非外国公民针对本国国家或公民的某些国际犯罪的适用问题。

在论及我国刑法的空间效力之前，不妨先阅读以下假设案例：

案例1：中国公民彭某，在国内婚后不久赴C国留学，其间隐瞒了其已婚史，又与C国的B姑娘谈起恋爱，不久成婚。彭某学成归国后，未将此节告诉其国内的妻子，一家团圆；在C国的B姑娘也未追究此事。问：对本案，中国刑法对彭某的重婚行为适用吗？中国检察机关有权对彭某提起公诉吗？

案例2：菲律宾公民A、B、C、D、E等驾驶全副武装的海盗船一艘，在邻近中国领海的公海海域武装抢劫一艘印度尼西亚渔船，其海盗行为正在发生之际，遇上了途经此地的中国海警。问：中国海警有权将本案嫌犯拘捕归案吗？中国刑法对本案有无管辖权？

针对上述两个案例，凭直觉，人们一定感到案例1中的彭某既是中国人，又触犯了中国刑律，中国刑法为什么不能对他适用？中国检察机关因而有理由对他的重婚罪行为提起公诉。但也有人可能心生嘀咕：既然C国的B姑娘不过问此事，其本妻又不知道，中国刑法何必多管闲事，闹得人家庭不和？至于案例2，无论如何，即便从伦理、从伸张正义角度讲，中国海警看来也不能见死不救。因而，中国海警至少应当先行拘捕嫌犯，至于是该交由中国法院适用中国刑法，还是将其引渡到印度尼西亚或菲律宾受审，恐难以凭直觉判定。基于此，看来有必要先从理论与实践相结合的角度来诠释刑法的空间效力规定，尔后再回过头来讨论上述案例。

一 国外关于空间效力的刑事立法例

刑法的空间效力规定，既然涉及那么复杂的五个方面的问题，各国在制定刑法时，势必都有各自相同的、不同的限定空间效力范围的立法原则。归纳起来看，各国立法例如下：

1. 属地原则。又称领土原则、属地主义，即以犯罪的地域为标准来确定刑法的效力。按照这种原则规定，行为人只要在该国领域内犯罪，不管他/她是哪国人都适用该国刑法；反之，只要不在本国领域内犯罪，无论哪国人都不适用其刑法。即便是本国公民，只要其不在本国领域内犯罪，本国刑法对他/她也不予适用。

2. 属人原则。又称国籍原则、国民主义，即以公民的国籍为标准来确定法律的效力。凡本国公民犯罪的，无论其行为是否发生在本国领域内，本国刑法对其一概适用；凡非本国公民者，即便其行为发生在该国领域内，该国刑法也不能对其适用。

3. 保护原则。又称自卫主义，即以保护本国利益为标准来确定刑法的效力，不问犯罪人的国籍、犯罪地点怎样。按照此种原则，行为人只要实施了违背本国国家或者公民利益的行为，无论其行为地是在本国还是外国，也无论行为人是本国人还是外国人，该国刑法都对该行为人适用。其中，因行为人实施了危害本国国家利益而对其适用本国刑法的，称为国家保护主义；因行为人实施了危害本国国民权益而适用本国刑法的，称为国民保护主义。

4. 世界原则，又称普遍原则。该原则主张不问犯罪人的国籍与犯罪地点为哪个国家，只要行为人实施了有关国际公约或国际条约所规定的犯罪行为，所有缔约国或参加国都有权根据国际公法的共同原则行使刑事管辖权。就是说，各缔约国或参加国均有在其所承担的国际义务范围内，使其刑法适用于相应国际犯罪并惩治此类犯罪的国际义务。

5. 永久居所/营业地管辖原则。此项原是20世纪70年代初叶以来，某些国家为了卓有成效地惩治飞行过程中在航空器内的犯罪行为，通过《东京公约》《海牙公约》和《蒙特利尔公约》达成的国际共识并形成的特殊管辖原则。除了通常的属地管辖、属人管辖，甚至混合管辖等原则外，《东京公约》第4条第2项还规定，行为人或受害人在某国有永久住所者，该国对该项犯罪享有刑事管辖权。而按照《海牙公约》第4条之一中的（丙）项规定，若"飞机是未带机组的出租飞机"，则承租人的"营业地国或其永久居所"地享有刑事管辖权。

上述各种刑事管辖原则，在适用上各有长短。例如，属地管辖原则虽然维护了国家主权，稳定了本国的刑事法律秩序，并具有方便拘捕、起诉和审判罪犯的长处，却不能悉数惩治所有危害本国国家和国民利益的刑事犯罪。因为根据此种立法原则，凡是发生在本国领域外的刑事犯罪，中国刑法对其就不具有适用效力。例如，A国人在A国杀害了一个中国公民，按照属地原则，中国刑法无权适用该A国人，因为犯罪行为与结果都不发生在中国领域。

属人原则则恰恰相反，它的长处是能够基于国家主权原则管辖发生在本国领域内外的所有本国公民所实施的犯罪行为。不足之处一方面是对外国人在本国领域内外所实施的针对本国国家或公民的犯罪行为不能管辖。

例如，有中国留学生在国外被当地人抢劫杀害时，按照属人主义的立法例，由于行为人不是中国人，中国刑法因而不能对其适用。另一方面，在属人原则的情况下，当其具有中国国籍的行为人在国外作案或者国内作案后潜逃至国外的场合，犯罪嫌疑人所在地国有可能不同意将其引渡至国籍国受审，从而导致一国的刑事司法权与刑罚权迟迟不能实现。例如，中国"远华"走私集团的首要嫌犯之一赖昌星作案后就潜逃到了加拿大并提出避难申请，加拿大因而迟迟不同意将其引渡回中国受审，可见属人原则确有其司法操作上的困难。

保护原则对于维护国家主权、确保本国国家及其公民的平安及其他法益，确为有利。不足之处是更不方便司法操作。一方面，因为各国从其国家主权原则出发，差不多都对发生在本国领域的犯罪行为主张管辖权，无论行为人是否本国人；另一方面，一些国家并不认可他国设定的全部犯罪，除非本国也认为是犯罪。同时，即便双方都认为是犯罪，犯罪嫌疑人国籍国也可能不同意将其引渡至犯罪行为地国受审；抑或犯罪嫌疑人所在地国可能不同意将其引渡回国籍国或犯罪行为地国受审。因而，基于保护原则设定的关于一国刑法空间效力的规定，在司法实践中确实难以产生实效。

普遍刑事管辖原则主要适用于对国际犯罪的管辖与惩治。一般而言，国际犯罪由有关国际公约或国际条约设定，例如，现今有关国际公约中所设定的劫持人质罪、毒品犯罪、酷刑罪、海盗罪、灭种罪、洗钱罪、腐败犯罪等即是。承担惩治此类犯罪的义务主体应为缔结或者参加此类国际公约/条约的国家。因而，普遍刑事管辖权的设定，确有其确保有关国际公约所设定的国际犯罪获得各缔约国有效履行的积极意义。

实践证明，各国仅仅采取上述某一项原则，不大可能通过刑法的空间效力主张各国国家主权并有效保护本国国家或公民权益。所以当今世界上，多数国家都以属地主义为基础，兼采其他原则。中国刑法也不例外，在空间效力上，中国刑法也采取了综合多种原则的立法法，即以属地原则为基础，属人原则、保护原则、世界原则为补充的立法原则。此外，对中国承担了国际义务的犯罪，我国也在一定范围内采用普遍管辖原则。

二 中国刑法的空间效力

（一）对地域的效力

根据中国现行《刑法》第 6 条规定，凡在中华人民共和国领域内犯罪的，除法律有特别规定的以外，都适用中国刑法。凡在中华人民共和国船舶或者航空器内犯罪的，也适用中国刑法。这一条，实际是属地主义的规定。现就此问题分述如下：

首先，怎样理解中国的"领域"？依据中国刑法及其中国缔结或者参加的有关国际公约的规定，中国的领域包括：(1) 领陆。指中国国境线以内的陆地。(2) 领水。包括内河、内湖、内海、运河、界水和领海。(3) 领空。指地球大气层以下的我国领陆和领水上空。(4) 底土。指领陆和领水以下的、直至地心的底土。(5) 浮动领土，又称拟制领土。中国的浮动领土指悬挂中国国旗或国徽的中国船舶或者航空器。因而凡在该浮动领土内犯罪的，无论该船舶或者航空器是处于停泊状态还是航行过程中，也无论其正航行于中国领域还是外国领水、领空、国际公海或其上空，其间发生的行为都适用中国刑法。学理上将此类适用旗国刑法的做法称为"旗国主义"。许多国家采用此类做法，并将其规定在刑法典之中，中国刑法也不例外，也通过我国《刑法》第6条第2款对此作了明文规定。除上述领域外，根据国际惯例和中国承认的1961年4月18日《维也纳外交关系公约》的规定，各国驻外大使馆、领事馆及其外交人员均不受驻在国的司法管辖。因此，凡在中国驻外大使馆或领事馆内实施犯罪行为的，也适用中国刑法。

其次，怎样理解我国《刑法》第6条的"除法律有特别规定的以外"都适用中国刑法？这一规定实质上是刑法典对其属地原则的"例外规定"，法学上又称此类"例外规定"为"除外规定"。这里之"除外"，指不适用中国刑法或现行刑法典的情况。包括：(1) 对特定外国人的例外规定。根据我国现行《刑法》第11条的规定，享有外交特权和豁免权的外国人在中国犯罪的，其刑事责任通过外交途径解决；(2) 对发生在香港、澳门地区的刑事犯罪行为的例外规定。根据《香港特别行政区基本法》第2条的特别规定，香港特别行政区实行高度自治，享有行政管理权、立法权、独立的司法权和终审权。《澳门特别行政区基本法》第2条也有类似规定。据此，发生在香港、澳门地区的刑事案件不适用我国内地刑法；(3) 对民族自治地方的特别规定。根据现行《刑法》第90条的特别规定，各民族自治地方不能全部适用现行刑法规定的，可根据本地的政治、经济、文化特点及其刑法的基本原则，制定一些变通或者补充规定，报请全国人大常委会批准后施行；(4) 将来可能颁行的刑事法律规范的特别规定。指现行刑法施行以后，国家立法机关另行制定的单行刑事立法或附属刑事立法规定，如对现行刑法典的属地原则有特别规定时，适用该特别规定。

最后，如何理解"在中华人民共和国领域内犯罪"的问题。对此认定标准，国内外有"犯罪行为地说"、"犯罪结果地说"、"犯罪行为或结果地说"等多种刑法设定和主张。根据我国《刑法》第 6 条第 3 款的规定，犯罪行为或者结果有一项发生在中国领域内的，就认为是在中国领域内犯罪。可见我国刑法采用了后一种主张。据此，犯罪行为发生在中国，结果发生在中国，或行为与结果都发生在中国的，中国刑法均有管辖权。实践中，多数犯罪行为与犯罪结果同在一地，也有少数犯罪属于刑法学理上的"隔地犯"，即犯罪行为与犯罪结果各在一地。例如，有 T 国边民甲在 T 国边境小镇实施了杀害其本国边民乙的行为，乙努力挣扎逃跑至与之接壤的中国境内才倒地死亡。本案中，行为地与结果地即非同一国家，根据中国刑法的属地管辖原则及其在本国领域内犯罪的认定标准，中国刑法对本案拥有刑事管辖权。但这里，应如何理解结果发生地？学界有不同意见。有学者认为可以包括行为人预期发生结果的地域，①例如贩毒犯甲拟将其持有的海洛因从泰国境内经由中国长途运至美国贩卖。但在中国被查获，根据预期结果发生地说，犯罪结果实际发生国—中国、结果预期发生国—美国均享有刑事管辖权。对此，本书的立场是：行为人预期的结果如已经部分地或者以未遂的形式发生于某国，鉴于该国之法益已经遭受（哪怕是部分或未遂形式的）侵害或者实际威胁，该国因而理当享有刑事管辖权。但是，在行为人预期的结果完全未及侵害或者威胁到其预期国法益的场合，例如上述案例中的美国，就没有道理享有针对该一贩运毒品案件的刑事管辖权。

（二）对人的效力：包括对中国公民的效力与外国人的效力

中国刑法对中国公民的空间效力规定如下：（1）中国人（包括中国法人、非法人单位）在国内犯罪的，全都适用；（2）对在国外犯罪的中国人，中国刑法一般适用。但是按照中国刑法的规定，所犯罪行的最高刑为 3 年以下有期徒刑的，可以不予追究。这是我国《刑法》第 7 条第 1 款明文规定的；（3）具有中国国家工作人员或者中国军人身份者，在中国领域外所犯任何罪行，都适用中国刑法。就是说，即便其所犯罪行的最高刑为 3 年以下，中国刑法也适用。这是由我国《刑法》第 7 条第 2 款明文规定的，由此反映了中国立法机关对中国国家工作人员和中国军人从严要求的

---

① 参见曲新久《刑法学》，中国政法大学出版社 2009 年版。

法律意向。此条也是中国刑法部分地采用属人主义立法原则的集中表现。

关于中国刑法对人的效力规定，可进一步说明如下：

1. 怎样理解最高刑为"3年以下有期徒刑"？根据中国刑法第99条的立法解释，中国刑法所称的"以上"、"以下"、"以内"包括本数。因而所谓最高刑为3年以下有期徒刑，也包括最高刑为3年徒刑者。

2. 对在国外犯罪的中国人，假如其所犯罪行的最高刑为3年以下有期徒刑，中国刑法可以不予追究。但是，在此"可以不予追究"之中，想当然地含有"可以追究"的一面。

中国刑法对外国人的效力规定如下：（1）外国人（含无国籍人，下同）在中国国内犯罪的，原则上都适用中国刑法。例外仅仅在于上述该当被追究刑事责任的外国人属于"享有外交特权和豁免权"的场合；（2）外国人在中国领域外对中国国家或公民犯罪的，有条件地适用中国刑法。为此，我国《刑法》第8条分别从正反两方面设定了适用要件和不适用要件。适用要件为：行为人所犯罪行，按照中国刑法的规定，最低刑为3年以上有期徒刑（含3年）者。意即外国人在国外所犯罪行，如按中国刑法的规定，最低法定刑不满3年就不能适用中国刑法。不适用要件又可谓"除外要件"：指行为满足了上述适用要件时，原本"可以"对其适用中国刑法了，但中国刑法又规定"按照犯罪地的法律不受处罚的除外"。此条"除外规定"，体现了中国刑法对当地风俗习惯及其刑事法律的尊重。某种意义上看，它也是中国的罪行法定主义在国外的延伸表现，即中国反对"不教而诛"。（既然该类行为在当地不认为是犯罪，该外国人因而很可能不知道、不认为此类行为在中国成立犯罪，中国刑法也就尊重当地刑事习俗。）本条中，同样应当特别注意的是，本条仍然采用了"可以适用中国刑法"的两可性用语。它与"应当适用中国刑法"的不同之处在于：前者为弹性规范、两可性规范；后者却是刚性规范、唯一性规范。因而在前者的场合，司法机关追究不追究该案犯的刑事责任，都不违背有关法定义务，相反，都是其法定权力之所在；后者的场合则恰恰相反，在刚性规范的场合，司法机关必须根据"有法必依"的原则，追究有关当事人的刑事责任。

（三）对中国承认的国际犯罪的刑事管辖权

迄今为止，我国所参加或批准的国际条约，使得我国承担了制裁反和平罪、战争罪、反人道罪、非法使用武器罪、劫持航空器罪、酷刑罪、贩毒罪、海盗罪等国际犯罪的国际义务。因而，我国现行《刑法》第9条规定："对于中华人民共和国缔结或者参加的国际条约所规定的罪行，中华人民共和国在所承担条约的义务范围内，行使刑事管辖权，适用本法。"

现在回过头来探究上文提及的两个假定性案例。综上规定可见，对案例1的分析，需要先对案例1中彭某的重婚行为究竟属于国内犯罪还是国外犯罪进行分析。按照中国刑法的规定，犯罪行为或者结果有一项发生在中国领域内，就认为是在中国领域之内犯罪。那么，彭某究竟属于国内犯罪还是国外犯罪呢？就本案交代的事实可见，彭某的第二重婚姻登记行为发生在国外，就是说他的重婚行为发生在国外；而重婚犯罪结果地，从理论上讲，应为能够体现重婚夫妻关系的二人常年住所地。即其重婚夫妻居家所在地。就本案所提供的线索看，这一结果地仍然在国外。由此可见，彭某的行为属于在国外犯罪。根据中国刑法的规定，中国公民在国外犯罪的，原则上适用中国刑法。因而，中国检察机关有权对他的重婚行为提起犯罪指控。

但是，中国刑法对中国人在国外犯罪的，还有一条"除外规定"，即如其按照中国刑法的规定，所犯罪行的最高法定刑为3年以下有期徒刑的，可以不予追究。而中国的重婚罪的最高法定刑仅仅两年。唯其如此，中国检察机关一方面可以，即有权对本案彭某提起犯罪指控；另一方面，根据其家庭、本人情况，中国公诉机关完全"可以不予追究"。司法实践中，但凡刑法典明文规定"可以不予追究"者，大都没有追究。就刑法的效力范围及重婚罪的立法设计而言，可以说，立法上正是为了确保国家刑罚权的能动性及其家庭组合的相对稳定性，才设计出如此效力及其刑罚规定来。因而，就本案而言，更准确全面的回答是：鉴于其行为发生在中国领域之外，鉴于其所犯罪行的最高法定刑在3年以下，因而中国司法机关虽然有权追诉其罪行，但可以不予追究。而且，根据本案实际情况，最好不予追究。

而对案例2，中国既然已经参加了有关打击海盗罪的国际公约，中国海警因而不仅仅是出于伦理道德、伸张正义的角度出发可以管辖本案，而且是根据有关国际公约及其中国内国法，即中国现行刑法典第9条的明文规定，有权管辖本案。但中国现行刑法分则尚无专门的海盗罪规定，因而对此类罪犯，中国司法机关只能直接适用现行刑法典第9条、第263条的规定，按抢劫罪定罪处罚。当然，假如中国与印度尼西亚、菲律宾方面签订或参加过有关司法协助或引渡条约、公约，那么中国警方也可以直接将其引渡到有关当事国受审。

第二节　我国刑法关于时间效力的规定

刑法的时间效力，指刑法的有效期间，即刑法的生效时间、失效时间以及刑法是否具有溯及既往的效力。

一　生效时间

在刑法的生效时间规定性上，我国曾经先后采用过如下立法例：

其一，生效时间与公布时间相同。即公布之日起即行开始生效。例如，全国人民代表大会常务委员会先后于1995年、1998年颁发的《关于惩治破坏金融秩序犯罪的决定》《关于惩治骗购外汇、逃汇和非法买卖外汇犯罪的决定》均在"决定"的最后一条规定"本决定自公布之日起施行"。

其二，先公布宣传一段时间以后再施行。如1979年刑法典于1979年7月1日经中国第五届全国人民代表大会第二次会议通过，到1980年1月1日起方才施行；而1997年刑法典于1997年3月14日公布，到1997年10月1日才开始施行。

综上可见，对单行刑法，中国立法机关时常采取即行生效的立法法；对较为系统而全面的法律或法典，中国一般采取先颁布后施行的做法。以便于此类刑事法律规范的受体，包括理当积极践行该规范的自然人、法人非法人单位及其司法工作人员，对其新的行为规范有所了解、有所心理准备和必要的裁判业务素质准备。

二　失效时间

在刑法的失效时间规定性上，我国通常采用下述立法法：

1. 新法规、新法律颁布后，根据新法优于旧法的原则，确认与其相抵触的法律无效。

2. 适用某一法律、法规的主客观条件终止，其效力当然终止。例如，新中国成立之初颁行的《惩治反革命条例》的规范对象主要为"历史反革命"。随着"历史反革命"这一概念、阶层在中国社会的销声匿迹，该"条例"也就丧失了生存的价值及其效用必要。

3. 旧法律、法规被新法律、法规修改。

4. 同新法律、法规具有同一内容的原法律、法令自行失效。

三 刑法的溯及力

（一）刑法溯及力的概念

刑法的溯及力，是指刑法生效以后，对其生效前发生的未经审判或者判而未决的行为是否适用，能够适用即有溯及力；不能适用则无溯及力。用口头语言来概述刑法溯及力的话，那就是：新法能够适用于旧行为，刑法就有溯及力；新法不能适用于旧行为，刑法就没有溯及力。这里所谓旧行为，指新法颁布前发生的行为：包括行为已经发生尚未破案者；行为已发生并已破案，尚未起诉或审判者；行为已发生且已审判但生效判决尚未下达者。

（二）刑法溯及力的立法原则分类。包括：

1. 从旧原则。指行为后刑事法律发生变化时，不问新旧法律处刑的轻与重，一律适用行为时的旧法。这种溯及力原则多为英美国家所采用，因而又被称为英美主义。

2. 从新原则。指不问新旧法律处刑的轻与重，对过去实施的旧行为，一律按新法处置。

3. 从轻原则。指不问行为时刑法的生效、失效时间规定怎样，只问哪一种法对行为人的处理更轻。新法对行为人更轻则适用新法；旧法更轻则适用旧法。这里的"轻"包括定罪与处刑两方面。即当其新法认为是犯罪，旧法不认为是犯罪时，旧法更轻则适用旧法；新法与旧法都认为是犯罪时，适用法定刑更轻的法。

4. 从新兼从轻原则：对新法颁布前的旧行为，原则上适用新法，但是如果旧法处刑较轻或者旧法不认为是犯罪的话，则依照旧法。

5. 从旧兼从轻原则：对新法颁布前的旧行为，原则上适用旧法，但如果新法不认为是犯罪，或者新法处罚较轻的话，适用新法。目前。世界上多数国家采用此种刑事立法例，如德国、意大利、法国、日本、韩国等。

（三）中国刑法关于溯及力的规定

中国现行刑法典第12条采取了从旧兼从轻的溯及力原则，即：（1）行为时法律不认为是犯罪的，无论新法如何规定，均不认为是犯罪，无溯及既往的效力。（2）行为时的法律认为是犯罪，但新颁布的刑法不认为是犯罪的，只要该行为尚未审判或者判而未决的，都不认为是犯罪。（3）行为时的法律和现行刑法都认为是犯罪且未过追诉时效的，采取就轻原则适用，包括上文述及的犯罪与刑罚两个方面。在比较法定刑的轻重方面，根据中国有关司法解释，同样的行为，法定最高刑相对低者为轻；法定最高刑相同时，以法定最低刑相对低者为轻。在轻与重的问题上，除了有罪与非罪的比较与法定刑轻重的比较外，还存在新旧刑法关于正当防卫限度和适用范围的轻重不同规定，关于自首从轻、减轻限度和条件的轻重不同规定，现行刑法关于一定条件下的坦白以自首论的，与原刑法的轻重不同规定，等等。从理论上讲，司法上在裁决此类问题时，也当适用上述从旧兼从轻原则。

（四）我国曾经设定过的有条件从新原则与从新原则

本来，按照我国 1979 年刑法典第 9 条的规定，中国原刑法所采取的也是从旧兼从轻的刑法溯及力规定。但这一原则曾两次被继后颁行的单行刑法所突破。一次是 1982 年全国人大常委会通过的关于《关于严惩严重破坏经济秩序的罪犯的决定》，该决定在对刑法典上的一些经济犯罪提高了法定刑的基础上，又规定犯此类罪行的犯罪分子，如果在法定期限内未去自首的，则应当从新处理，意即将对其适用提高了法定刑的严惩经济犯罪分子的决定；反之，如果在法定期限内去自首了自己的经济犯罪罪行，则仍然按照旧法亦即刑法的规定对其裁量刑罚。可见该决定实际上采取了有条件的从新原则。另一次突破是 1983 年全国人大常委会通过的《关于严惩严重危害社会治安的犯罪分子的决定》，该决定相对于 1979 年刑法典而言也是新法，但决定最后一条规定"本决定公布后审判上述犯罪案件，适用本决定"。意即如其行为发生在该决定公布前、只要该行为尚未审判或者判而未决，都须依照新法，即"决定"所规定的法定刑裁量刑罚。而该决定没有附带任何适用先决条件，因而这后一"决定"可以说是无条件的从新。

由于上述两决定均属"严惩性"决定，都加重了原 1979 年刑法所规定的法定刑，因而，从本质上讲，两决定实质上都加重了对新法颁行前的旧行为的处罚。就此角度看，该两决定不仅采取了从新原则，而且在事实上采取了从重原则。显然，这种立法法多少有违罪行法定的刑法基本原则。唯其如此，在明文规定了罪刑法定原则的 1997 年刑法典颁行之际，我国立法机关立即同时废止了上述两决定。

四 司法解释与刑法的溯及力问题梳理与分析

一般而言，各国关于溯及力的规定，都是针对法律而言，例如，《德国刑法》第 2 条第 2、第 3 款明文规定："刑罚在行为时有变更的，适用行为终了时有效之法律";"行为终了时有效之法律在判决前变更的,适用处刑最轻之法律"。中国《刑法》第 12 条也明确规定:"中华人民共和国成立以后本法施行以前的行为,如果当时的法律不认为是犯罪的,适用当时的法律;如果当时的法律认为是犯罪的,依照本法总则第四章第八节的规定应当追诉的,按照当时的法律追究刑事责任,但是如果本法不认为是犯罪或者处刑较轻的,适用本法。"可见刑法的溯及力所针对的不是刑事司法解释而是刑事法律本身。换言之,司法解释就是为了运作刑法而规定的,因而,它理所当然地应当适用于其被解释的对象——解释出台前生效的刑法。

然而,学界却有学人就司法解释针对其出台前的行为是有溯及力还是无溯及力问题提出了质疑。就此质疑,刑法学界分别持有否定说和肯定说两种观点。例如,2001 年 12 月 7 日,最高人民法院、最高人民检察院颁发了《关于适用刑事司法解释时间效力问题的规定》,其中第 2 条规定:"对于司法解释实施前发生的行为,行为时没有相关司法解释,司法解释施行后尚未处理或者正在处理的案件,依照司法解释的规定办理"。据此,有学者认为,如此规定无异于明确规定了刑法司法解释有溯及力;主张对刑事法解释,不能一律可以溯及既往,对那些明显作了扩大解释的,原则上应当只对其施行后的行为有评价功能;认为若法律解释的溯及力问题得不到妥善解决,则废止类推的成果不会得到很好巩固。[1]有学者甚而提出,对刑法的解释,也当适用我国《刑法》第 12 条法定的从旧兼从轻的溯及力原则。[2]对此,多数学者持论相反,认为"刑事司法解释具有溯及既往的效力,符合刑事司法解释的性质与特点。因为司法解释是对如何正确理解和执行法律的具体规定,其内容是刑法已有或者应有之义。也就是说,刑事司法解释是刑法规定的本来含义。因此,适用刑法,同时也就应当适用与其相适应的刑事司法解释,而不论该刑事司法解释是在被告人行为前还是行为后公布实施"[3]。还有学者表示,司法解释不是刑事法律本身,因而对司法解释,根本不发生刑法溯及力的问题。[4]

本书赞同学界通说的观点,即现行《刑法》第 12 条的从旧兼从轻原

---

[1] 参见刘仁文《刑法解释的时间效力》,载《检察日报》2002 年 4 月 23 日。
[2] 参见刘宪权《刑法司法解释时间效力规定评析》,载赵秉志、张军主编《中国刑法学研究会 2003 年度年会论文集》(第一卷),中国人民公安大学出版社 2003 年版,第 681 页。
[3] 陈兴良、曲新久:《案例刑法教程》上卷,中国政法大学出版社 1994 年版,第 30 页。
[4] 参见屈学武《刑事司法解释的效力范围探究》,载《中国司法》2004 年第 8 期。

则不能适用到刑事司法解释,即刑事司法解释不发生所谓没有溯及力的问题。主要理由如下:

众所周知,作为有权解释的司法解释,一经最高司法机关颁布,即与法律具有同等效力。然而就司法解释的性质及其功效看,它又并不等同于刑法规范本身。如前所述,刑法的解释,通常具有下述三大功能:一是对抽象的法律概念的内涵、外延的诠释,简单地说,就是对抽象而概括的法律条文字义及其内容的具体解读。二是对司法认定的特定"法律事实"(即个案)与某一具体刑法规范是否两相符合做出的解释(或解答)。三是对整个刑法体系的价值及其刑罚目的取向所做的系统解释。①

但作为有权解释的刑法司法解释,只能限于对上述第一、二事项的解释。而上述第三项即整个刑法体系的价值及其刑罚目的取向等问题的有权解释机关,应为刑事立法机关,虽然其他机关团体、个人等可就此问题著书立说、各抒己见,但这都是没有刚性的解释效力的学理解释。而司法解释的功效,就在于基于有关立法意图、立法意蕴及至刑法目的等,结合有关字义所昭示的客观涵义,来解释特定的法律条文之语义所涵括的具体内容以及个案与确定规范的符合性。由此可见,刑法司法解释实际上并非单纯地仅仅依存于特定的刑事法律独立地"存在"着。就其实质意义看,应当说,它只能依存于生效刑事法律的运作而存在。换言之,没有刑法的实际操作,就没有实质意义的司法解释的"存在"价值与空间。在此基础上,要理顺刑法解释的效力,特别是它与刑法溯及力的关系,有必要先行清正下述刑法解释论的基本问题:

首先,对司法解释与法律具有"同等效力"的正确理解。有观点认为,刑法的效力包括空间效力与时间效力两大内容,而对刑法的司法解释既然与其具有"同等效力",就意味着司法解释与刑法具有等值的空间效力与时间效力。此一"效力"解读法,不免失诸重形式而轻实质。

我们知道,刑法的空间效力是指刑法在何地域、对何人适用的问题。而这里的"同等"效力,显然并非相对于可予适用的地域和人员而言,而是相对其司法解释与其被解释的法律具有同等的法律拘束力、强制力而言。即这里所谓"同等"的本旨在于:指令任何受范人员等,包括适法、执法、守法人员都有义务如同适用、遵从刑事法律规范本身一样地一丝不

---

① 参见屈学武《刑法解释论评析》,载《法律应用研究》2002年第2辑,中国法制出版社2002年版。

苟地去适用、遵从它，不得轻忽懈怠。就此，再从逆向推理即可发现，司法解释并不发生与其所依存的"法律"具有相同的空间效力问题。这是因为，司法解释不可能脱逸法律本身，法外地、自动地适用于一定地域范围内的一定人、一定事，司法解释因而难以生发自己独立的空间效力。换言之，司法解释只能因循"法律"的空间效力，被动地适用于一定范围内的一定人一定事，除非某一确定司法解释就其适用范围做出了（不违背刑法空间效力）的专项特别规定。例如，除有关国际犯罪外，中国刑法的空间效力对于外国人（包括无国籍人）在中国领域之外实施的、并非针对中国国家或国民的危害行为一概无效。由是，司法解释便不可能独自启动并生效于此类人、此类事等。可见，就空间效力看，司法解释不存在独立的、法外的"空间效力"生存基础。

其次，再看刑法司法解释的时间效力问题。如前所述，对刑法司法解释的时间效力之争，主要集中在此类司法解释是否受制于刑法的溯及力规定上。众所周知，刑法的溯及力是指某项刑法规范生效以后，对其生效前发生的未经审判或者判而未决的行为是否适用的问题，亦即新法能否适用于旧行为的规定：能适用则新法有溯及力；不能适用则无溯及力。

在刑法本身的溯及力问题上，当今世界大陆法系国家，往往在其刑法总则中对刑法溯及力问题做出明确规定。例如，《德国刑法》第2条第2、第3款明文规定："刑罚在行为时有变更的，适用行为终了时有效之法律"；"行为终了时有效之法律在判决前变更的，适用处刑最轻之法律"。中国《刑法》第12条也明确规定："中华人民共和国成立以后本法施行以前的行为，如果当时的法律不认为是犯罪的，适用当时的法律；如果当时的法律认为是犯罪的，依照本法总则第四章第八节的规定应当追诉的，按照当时的法律追究刑事责任，但是如果本法不认为是犯罪或者处刑较轻的，适用本法。本法施行以前，依照当时的法律已经做出的生效判决，继续有效。"对刑法上述规定，刑法学理界一般称其为"从旧兼从轻原则"。

综观上述各国，包括中国刑法关于溯及力的规定可见，刑法的溯及力规定，一是针对"法律"而言；二是针对"刑事法律"而言；三还是针对刑事实体法而言。否则，它就不可能称作"刑法"的溯及力。

而上述学者关于坚持罪刑法定、反对重刑主义的良苦用心固然可嘉，但关于刑法司法解释不该有溯及力，否则即有违罪刑法定原则的观点，实属对刑法溯及力规定或罪刑法定原则的重大误解。这是因为：

其一，从法律规定上看，如上所述，各国关于溯及力的规定，均是针对刑事法律本身而言，而非针对法律的解释。刑法司法解释虽然与法律具有同等效力，但其究竟不等于法律本身。这一点，也是刑法司法解释与刑法立法解释的重大区别之所在。刑事立法解释时常穿插于刑法条文之中，例如我国现行《刑法》第91—94条均属立法解释，但又是《中华人民共和国刑法》的组成部分之一。就此意义看，该类立法解释，实际上已经是刑法的组成部分。刑法的司法解释则不然，它不是刑法的组成部分，仅是辅助刑法得以顺利实施的、运行法规范的工具。虽然实践中，由于当前我国刑法司法解释确实存在失诸规范的情况，因而时被一些学者称为亚法律或准法律。但无论如何，就立法法和刑法的规定看，解释并不是刑法本身的组成部分。由此可见，我国《刑法》第12条所谓的"本法"限指刑法、并不包括刑法的"解释"在内。因而以《刑法》第12条的规定来佐证刑法司法解释应有其溯及力规定者，确属援引依据上的失当。

其二，就"从旧兼从轻"的溯及力原则本身看，该原则本质上是刑事司法不能适用"事后法"或"重法"。其要义仍在禁止适用事后法与重法，以有效贯彻罪刑法定原则。而法律的解释乃法律规范得以顺利施行的器具，因而它本身仅只存在该工具质量是否达标、是否应手的问题，并不存在事后法或重法的问题。事实上，实践中，司法机关大都是遇到刑事棘手或疑难问题之后，才要求最高人民法院或检察院针对专门问题做出司法解释的。唯其如此，刑法上才只规定司法上不得适用事后"法律"，而不可能制定出不得适用事后司法"解释"的溯及力规定来。也就是说，从刑法规定看，刑法司法解释不是《刑法》第12条的调控对象，司法解释因而不存在有溯及力还是无溯及力的问题。

当然，无可讳言，实践中，很可能发生由于新的司法解释对"数额较大"或"情节严重"等刑法白地规定的最新诠释，会扩大刑事法网圈，从而可能发生将过去未达起刑点的案件纳入犯罪圈之实例。但是，这种表面上的"扩大"并不必然产生"重法"的实质意义的后果。这是因为，如前所述，法益概念本身就有其历史性，会因随时代的变化而逐步调整其既往的内涵与外延，这很正常。例如，无论是"数额较大"还是"情节严重"，都是相对于一定比例的法益侵害性而言，因而币量面值的缩小或扩大并不简单地等同于货币实际价值含量及其所形成的法益侵害性的克减或升高。

例如：

假定国内某地区银根紧缩，①货币升值，司法解释上因而将构成"盗窃罪"的"数额较大"由过去的"1000元以上"缩减为"500元以上"，如此解释，形式上看确实会"扩大"犯罪圈，但是此一"扩大"，并不必然悖逆罪刑法定原则。因为，在通货升值的情况下，500元所含价值量很可能已经相当于过去的1000元，而且，这种"相当"还发生在司法解释出台以前而非以后。

因而，最高司法机关因应此等社会经济情势的变化所做出的关于"数额较大"的新的司法解释，乃属调适经济基础与法律政治上层建筑关系的决定与被决定关系之"失衡"的当然之举；也是通过新的司法解释，调适刑事法律在社会危害性问题上之"滞后"性的当然之举。反言之，法律本身取决于经济基础，并会因循经济基础的变化而变化、而发展，这是经由法律的性质和功能所决定的。而立法上所以就此"数额较大"、"情节严重"等规范框架做出空白性规定，本身就是为司法解释因应时势的不同做出不同的"数额"或"情节"释定的再解释空间。因而凡是在此框架之内的解释均是法内解释而非法外解释。具体到上述实例而言，就货币的实际价值量和调适社会冲突关系的法的轻重设置看，由于此类司法解释并未改变该法（盗窃罪设定）的轻重等级，而不过是因随货币含金量的变化所导致的社会危害量的相应嬗变，去调适"数额较大"的比例而已，因而它并未在实质意义上改"轻法"为"重法"，也不违背罪刑法定原则。

其三，就法理角度看，"法无明文禁止就视作允许"的行事原则，如果说在民商法规范中还存有一定争议的话，在刑法规范中却是肯定的。基于此，既然立法法、刑法中均未明确针对刑法的"解释"做出不得溯及既往的规定，我们就不得擅自设立此一刑法解释的限制性框架，否则，此一"限制"本身，也属侵分立法权之举。

其四，就解释的功能看，如上所述，无论是针对刑法条文文意的司法解释还是针对确定案件与规范的符合性所做出的司法解释，都是针对法律应用中的具体问题的解释。司法实践中，每一位法官在司法操作过程中，实际上都在对其承办案件的既往行为与法律的符合性进行解释。虽然承办

---

① 当然，这在经济日益发展的中国社会之今天，仅属假定。

法官所作刑法规范与特定事实是否相符的解释，一般而言，不可能成为本文所界定的严格意义的司法解释，但其仍然属于广义的刑法的解释。如其法官们不将有关案情与对应的法律规范两相比较并给出一定的解释，他（她）就难以将其司法裁决进行下去。例如，有人声称其行为属于正当防卫，法官立即需要对其行为究属正当防卫还是防卫过当、抑或无权防卫做出解释，并将其解释行文于系列司法文书之中。就此意义看，所有的司法解释，无论是严格意义的有权司法解释；还是法官办案过程中所做的一般性的法官解释，均是"事后"解释。否则，法官可能对每一桩个案处于无能为力的地步。

综上可见，司法解释往往是对既往行为的性质、即对既往行为与现有法律规范的符合性所做出的答复或批复。据此，它恰恰需要一定程度的溯及既往，①否则就不存在对法律应用问题的解释。

有学者根据司法解释往往是对既往行为的解释，得出司法解释除对法律的依附性外，还具有"滞后性"的特征，②对此，本书深表赞同。但是，这里尚须强调的是：唯其具有"滞后性"特征，该司法解释才有必要适用于其被解释的刑事法律所规范的案件。否则，就某一案件是否与确定的刑法规范相符合的问题，司法解释本来已经滞后，而该解释还不能适用该案件，司法解释的功效必然大打折扣，表现在：一是对其被解释、被批复的案件，它不能适用，其效用已经大减；二是本已滞后的司法解释还要"二度滞后"到该司法解释颁行后才予审理的案件才能适用，如此一来，该种多层次受限的司法解释，就不仅具有滞后性特征，更具有多重滞后性特征了。如此一来，司法解释将无法应对堆积如山的司法裁量工作的需要：司法实践中每遇到疑难问题需要解释，好不容易得到解释又不能适用它，司法解释还有什么实效性可言？进而，刑事司法还有多少公正性、合理性乃至威权性可言？

此外，一些学者关于刑法"扩大解释"之"溯及力"所致负效应之忧，看来也有"下药"不那么"对症"之处。对此，国内有学者早就指出："科学意义的扩大解释并不违背罪刑法定原则。而且由于扩大解释是

---

① 一般而言，倘若被解释的刑法条款本身已经失效，则依附于该刑法的"运作"而存在的司法解释的效力理所当然地会失却其效应，除非有权解释机关对其"依附性"做出特别规定，即有权解释机关特别规定该"解释"可以适用于与被取代的旧法条款相同类型的新刑法条款。

② 参见刘宪权《刑法司法解释时间效力规定评析》，载赵秉志、张军主编《中国刑法学研究会2003年度年会论文集》（第一卷），中国人民公安大学出版社2003年版，第680页。

限于既有法律含义之内的，所以也不存在有无溯及力的问题。"①确实，司法解释中的扩大解释，有根据刑事立法意蕴，弥补刑事立法之缺憾的功效，但这绝不等于脱逸刑法条文之可能语义去"修改"或"补充"刑事法律。假如扩大解释扩大到"创制"刑法甚或侵犯公民人权的地步，那就不是溯及力的问题，而是司法解释越位、司法擅自侵分立法权限的问题。此种场合，即便其没有溯及力，仅仅针对解释出台后的新行为有效，也是违背《中华人民共和国宪法》及《中华人民共和国立法法》法定的刑事立法原则的。因而，至少从理论层面上看，此类侵分了立法权的司法解释应予无效，而不是有无溯及力的问题。简言之，如其司法解释已经扩大到违背了刑事立法的基本原则或法条的可能含义之外，则此类扩大解释如然出错，错不在其是否对既往行为有效，而在其解释权限、解释内容上有误。因而，此时应予纠正的不是其时间效力能否适用解释前尚未审理或审而未决案件的问题；而是解释本身违规、违法的问题。可见，司法解释权限及其内容上的越位，与司法解释的效力，特别是刑法解释有无溯及既往案件之效力是两码事，绝不能混为一谈。

本章小结

　　本章系统地介绍了有关刑法的效力范围的规定及相关理论。总体而言，中国刑法在空间效力上采取的是以属地原则为主，属人原则、保护原则和普通原则为辅的刑法效力规定。此外，除刑法在时间效力上的一般规定外，本章还特别讨论了有关刑事司法解释是否存在溯及力的问题。在此问题上，本书的立场是：刑法溯及力仅仅针对"本法"即刑法而言，刑事司法解释虽然与刑法具有同等的法律效力，但司法究竟不等同于立法，立法才有一个"新法原则上不得适用旧行为"的溯及力界限，司法仅仅是对法律的具体适用问题的有权解读，但并非立法本身，它不存在所谓"新法"之生效与施行问题，因而司法解释绝不发生受限于刑法的溯及力问题。换言之，刑事司法解释完全可以适用于解释出台前实施的行为，只要该行为实施于被解释的刑事法律生效之后。

---

① 陈泽宪：《刑法修改中的罪刑法定问题》，载《法学研究》1996年第6期。

思 考 题

一、名词解释

属地原则　属人原则　浮动领土　时间效力　溯及力

二、简答题

1. 怎样理解我国《刑法》第 6 条的"除法律有特别规定的以外"都适用中国刑法的规定？
2. 简述中国刑法上关于对地域的效力规定。
3. 简述中国刑法上对人的效力规定。
4. 简述你对"在中国领域内犯罪"的理解。

三、论述题

1. 试论中国刑法上对中国承认的国际犯罪的刑事管辖权规定。
2. 试论中国刑法的溯及力规定。

阅读参考文献

陈兴良、曲新久：《案例刑法教程》（上），中国政法大学出版社 1994 年版。

张明楷：《刑法学》，法律出版社 2003 年版。

曲新久：《刑法的逻辑与经验》，北京大学出版社 2008 年版。

曲新久：《论从旧兼从轻原则》，载《人民检察》2012 年第 1 期。

陈泽宪：《刑法修改中的罪刑法定问题》，载《法学研究》1996 年第 6 期。

屈学武主编：《刑法总论》，社会科学文献出版社 2004 年版。

屈学武：《刑事司法解释的效力范围探究》，载《中国司法》2004 年第 8 期。

屈学武：《刑法解释论评析》，载《法律应用研究》2002 年第 2 辑，中国法制出版社 2002 年版。

刘仁文：《刑法解释的时间效力》，《检察日报》2002 年 4 月 23 日。

刘宪权：《刑法司法解释时间效力规定评析》，载赵秉志、张军主编《中国刑法学研究会 2003 年度年会论文集》（第一卷），中国人民公安大学出版社 2003 年版。

第四章 刑法法定原则与学理原则

内容提要

　　我国刑法分别规定了罪刑法定原则、刑法适用平等原则与罪刑相当原则。此外，刑事法理上还存在刑罚个别化原则、刑法的谦抑性原则等学理原则。我国现行刑法所规定的罪刑法定乃为相对的罪刑法定主义。刑法适用平等原则之"平等"则是针对"任何人犯罪"而言，这一"平等的实质"乃在对此任何人等适用刑事法律的过程中，在权利的享受与义务的承担上，应兼而考量形式上的平等暨实质平等。罪刑相当原则则宜以罪刑等价为主、刑罚个别化为辅，从而实现相对报应刑原则下的罪刑相当。刑罚个别化原则是基于"行为人刑法"理念下的量刑考量，但它与刑法适用平等原则及其罪刑相当原则并不必然冲突。一般情况下，只要刑罚个别化原则能平等地适用于我国《刑法》第4条所规定的任何犯罪人，这就是刑法适用上的平等。另一方面，罪刑相当原则又称罪责刑相适应原则，其原本含有"刑"不但与"果"相适应、还应同其"责"相适应之意蕴。就此而言，我国《刑法》第5条的罪刑相当原则规定本身，可以说已经包摄了刑罚个别化原则之品性。因而二者更非当然冲突，而是既有联系也有区别。刑法的谦抑性原则应为贯穿于刑事立法、司法与执法等多环节的刑法学理原则，但司法中务必注意正确把握"刑法谦抑性"原则与"重法优于轻法"原则的冲突与调适。

　　我国现行《刑法》第3条、第4条、第5条规定了三大刑法基本原则，即罪刑法定原则、刑法适用平等原则和罪责刑相适应原则。此外，刑罚个别化原则、刑法谦抑性原则等可谓刑法的学理原则。

　　谈到法律原则，按照《布莱克法律词典》的解释，法律原则就是"法律的基础性真理或原理，为其他规则提供基础或本源的综合性规则或原理，是法律行为、法律程序、法律决定的决定性规则"。可见，刑法的基本原则，就是关于刑法的基础性原理并为运作于整个刑法体系下的相关法律行为、法律程序或法律决定提供法理本源性、依据性规则的刑法规定。

第一节　刑法法定基本原则

一　罪刑法定原则

对罪刑法定原则，目前各个国家和地区虽然多已做出明文规定，但在规制此项规范的法律载体上仍有区别：有的将其规定在宪法中，例如丹麦、瑞典、挪威等王国制国家即是；还有的国家和地区将其规定在刑法典之中，例如，中国《刑法》第3条、《中国澳门刑法》第1条、《中国台湾刑法》第1条；还有的国家将其同时规定于本国的宪法和刑法之中，例如德国、意大利的立法例。

（一）罪刑法定原则概述

一般认为，根据"法律位阶理论，宪法的规定模式，可以同时拘束立法者和司法者，刑法的规定模式，只能拘束司法者"。虽然如此，因为非经法定程序不得非法剥夺他人人身自由的条款已为宪法所明文规定，进而学界普遍认为"关于剥夺人身自由的规定，无论是实体或程序规则，皆有宪法位阶"[1]。我国也有学者明确指出，刑法的基本原则具有宪法属性。[2] 的确，我国《宪法》第37条明文规定："中华人民共和国公民的人身自由不受侵犯。""任何公民，非经人民检察院批准或者决定或者人民法院决定，并由公安机关执行，不受逮捕。""禁止非法拘禁和以其他方法非法剥夺或者限制公民的人身自由，禁止非法搜查公民的身体。"就此意义看，罪刑法定原则确有宪法属性。准确地说，它是宪法的"下位法"原则之一。因而，应当说，罪刑法定原则既是对司法者的拘束，也拘束立法者。虽然如此，下位法原则并不等同于上位法原则本身，这就如同"工人"具有"人"的属性，应为"人"之下位概念，但"工人"与"人"在概念内涵、外延上并不完全等同一样。因而，本书并不认同中国刑法上的罪刑法定原则就是宪法原则。换言之，既然本项原则只是宪法的下位法原则，它就只能适用于宪法下的特定"下位法"——刑法体系，而不能适用于宪

---

[1] 许玉秀主编：《新学林分科六法·刑法》，新学林出版股份有限公司2008年版，第37页。

[2] 参见曲新久《刑法学原理》，高等教育出版社2009年版，第16页。

法本身。无论如何，宪法本身公认的三大基本原则，即主权在民原则、基本人权原则、法治原则等与罪刑法定原则都只是派生关系而非并列关系。

对罪刑法定原则，我国是通过现行《刑法》第 3 条明文规定的。该条规定："法律明文规定为犯罪行为的，依照法律定罪处刑；法律没有明文规定为犯罪行为的，不得定罪处刑。"显而易见的是，《刑法》第 3 条的上述规定存在犯罪行为发生时间表述上的立法瑕疵，本条原拟表达的含义其实是：行为时法律明文规定为犯罪行为的，依照法律定罪处刑；行为时法律没有明文规定为犯罪行为的，不得定罪处刑。但《刑法》第 3 条之规定却欠缺"行为时"这一立法表述，从而，原文之模糊表达可能包括"犯罪结果发生时，法律明文规定为犯罪行为的，依照法律定罪处刑"等有悖立法原意的刑法规制。因而，继后修法时有必要对此加以明确。

鉴于刑法既有其法益保护机能，又有人权保障机能，因而，如何约束刑法，使其不至于因为对法益的过度保护而侵蚀国民的行动自由，十分必要。应当说，以下两大原理实为罪刑法定原则赖以产生的宪政基础：一是自由主义的原理，又称事前告知原则，即为了确保国民的行动自由，须预先告知犯罪与刑罚的内容，而不得突然袭击国民使之遭受刑罚处罚。一般认为，这一原理的基本内容已经为各国宪法所明文规定，此外，联合国《世界人权宣言》也对自由主义原则做出了指导性规定。根据该宣言第 11 条第（二）款的规定，"任何人的任何行为或不行为，在其发生时依国家法或国际法均不构成刑事罪者，不得被判为犯有刑事罪。刑罚不得重于犯罪时适用的法律规定"。由于联合国"宣言"并非宪章、公约或条约，因而对联合国各会员国而言，它并不具有严格意义的国际法上的拘束力，但某种意义上仍然可以说，联合国的上述"宣言"业已在事实上对各会员国做出了有必要通过其内国法确立罪刑法定原则的基本要求。推动罪刑法定原则产生的第二大原理是民主主义原理，即所有处罚国民的刑罚规范必须经由主权者的代表——国民议会来制定。[①]唯其如此，我国《立法法》第 8 条对此也做了相应的立法规定。

由此可见，罪刑法定主义的基本价值蕴涵在于：在维系刑法法益、稳定社会秩序的同时，最大限度地确保公民的自由权利。因而学者们认为，民主主义与尊重人权的思想是罪刑法定主义的理论基础。其中，民主主义

---

① 参见［日］西田典之《日本刑法总论》，刘明祥、王昭武译，中国人民大学出版社 2007 年版，第 29 页。

的基本内容是,犯罪与刑罚应由人民的代表——国家立法机关来确定而不能任由司法裁断。尊重人权的基本内容是,公民们已经让渡相当的自由给"国家"以确保自己的最大自由,为此,公民应当事先知道自己让渡了哪些"自由"给国家,并在自己严重违反该让渡规则时会遭受国家刑罚的惩罚。因而法律应当将此类行为事先确定,即法律必须具有可预测性的特征。①

(二) 绝对的罪刑法定主义与相对的罪刑法定主义

历时数百年发展演化的罪刑法定主义,从纵向看可划分为绝对罪刑法定主义与相对罪刑法定主义。其中,绝对的罪刑法定主义,又称为传统的罪刑法定主义,为早期刑事古典学派率先主张。其基本思想除包含上述无法无罪、无罚无刑外,还由此派生出下述刑法原则:(1) 禁止类推适用。类推适用,指当其某种行为侵犯了确定的法益,刑法又未将其设置为犯罪行为时,比照刑法分则中最相类似的条文对其定罪判刑的刑法适用制度。我国1979年刑法第79条就明文规定了该种制度。1979年刑法因而不能说是采用了罪刑法定原则的刑事典章。这里的类推适用,主要指针对行为方式的类推。禁止类推适用意味着在刑事司法过程中,不得采用类推解释的方法解释相关刑法条文,但在有利于被告人的解释场合,可予例外。(2) 刑法效力不溯及既往。指刑法对发生在该法生效以前的行为没有效力,简言之,立法上不得允许、司法上不得适用"事后法"。但在事后法处刑更轻或者不为罪的场合可予例外。(3) 排斥习惯法。罪刑法定主义的"法定",原则上要求以制定法来法定,以防止公民人权遭受习惯法的任意性与不确定性的破坏。(4) 禁止绝对不确定刑。此种场合,立法上未对个罪设定一定量刑幅度,法官因而具有几乎无限度的自由裁量权,从而为司法擅断提供了条件。此外,绝对不确定刑的场合,司法上还可能对被告人做出绝对不确定的判决来。例如,判决某罪犯服刑3—10年。这样,决定受刑人被剥夺自由时间长短的裁量权,就落入行刑官之手。这种司法权的旁落,显然有悖罪刑法定原则。因而,罪刑法定主义要求立法上的法定刑应为相对不确定刑;司法判决上应为相对确定刑。(5) 贝卡利亚还主张严格限制法官解释刑法。在其《犯罪与刑罚》一书中,贝卡利亚主张,法官对任何案件应做的只是进行三段论式的逻辑推理。大前提是一般法律,小前提是行为是否符合法律,结论是自由或者刑罚。贝卡利亚特别指出:

---

① 参见张明楷《刑法学》,法律出版社1997年版,第40页。

"相同的罪行在同一法庭上,由于时间不同而受到不同的惩罚。原因是人们得到的不是持久稳定的而是飘忽不定的法律。"贝卡利亚因而力倡"阻止人们进行致命的自由解释",认为"多数人专制比一人专制更有害"①。

相对的罪刑法定主义,除坚持"法无明文规定不为罪,法无明文规定不处罚"原则外,对传统的罪刑法定主义主张有一定程度的突破。主要表现在:(1)犯罪规范相对概括化,便于以有限的法律,适用无限的犯罪情节时,可以通过合于法律基本精神的、对抽象规范的具体解释而将某些情节包容进去。法律因而不再是一张机械的法官适用刑罚的"对数表"。(2)法定刑幅度范围相对扩大,以便刑罚个别化原则的采用。刑罚个别化原则于19世纪末由刑事实证学派率先提出。主张罪刑均衡的主要视点不在刑罚与行为的社会危害性相适用;而应着眼于刑罚与行为人的人身危险性相适应。因而在刑罚个别化的场合,刑罚不再斤斤计较罪刑外在态势上的等价,而是在法定刑范围内,根据矫治罪犯、防卫社会的需要来裁量刑罚,因而需要刑种更多、刑期幅度相对更大、法官之自由裁量权也更大的法定刑设置。(3)刑法规范中可增设假释制度。(4)溯及既往效力的突破。主要表现在新法轻于旧法时,旧行为可以适用新法。

(三)罪刑法定原则的基本要求

1. 犯罪的法定化

其基本要求首先是刑法的成文法化,不得适用习惯法、判例法等。从理论上讲,罪刑法定原则起源于大陆法系,因而与实行习惯法、判例法制度的英美法系国家不一样的是:在大陆法系国家,包括我国,法官只能解释、适用刑事法律而不得创制法律,而习惯法、判例法要么没有固定的刑事典章,从而令各地民众难以一体遵循;要么以判例造法的做法也导致了立法权的旁落。与此同时,由法官创制法律的做法,很可能发生"不教而诛"的适法,进而有悖于公民对法的预知性。因而多年来,尽管国内曾发出不少宜于适度引进国外的习惯法、判例法制度的学术声音,但总体来看,习惯法、判例法不能成为刑法的渊源。虽然如此,本书仍然赞同,上述二者可以成为人们解释犯罪成立的基本要素,例如可成立为构成要件符合性、违法性、有责性时的参酌考量因素。②此外,结合我国犯罪的法定化情况看,我国是成文法国家,刑法典是我国犯罪法定化的集中体现。除此

---

① [意]贝卡利亚:《论犯罪与刑罚》,黄风译,中国大百科全书出版社1993年版,第13页。

② 参见张明楷《刑法学》(第三版),法律出版社2007年版,第46页。

而外，单行刑法、非刑事法律中所含的刑法规范以及我国通过参加或者缔结多边或者双边国际公约、条约的方式确认的国际刑法规范，也是犯罪法定化的表现。

2. 刑罚的法定化

即刑罚的种类、量刑原则及其刑罚制度也必须在刑法规范中有所明确规定，而不能由法官任意确定。我国刑法分则对每一确定犯罪，都规定了独立的、相对不确定的法定刑。法官适用时，则采用相对确定刑的原则裁量刑罚。相对确定刑之相对，表现在法官的宣告刑与执行刑相比，后者可因减刑制度、死缓制度、假释制度发生变化。这也是相对罪刑法定主义的表现。

3. 行政规章不得设置犯罪与刑罚

"罪刑法定"之"法"，指严格意义的法律，不包括行政规章在内。就是说，犯罪与刑罚须由全国人民代表大会或其常委会制定的"法律"来加以规定。如《中华人民共和国立法法》第8条就特别规定，凡是涉及"犯罪和刑罚"的事项，只能由"法律"规定。这一规定，实质是对我国《刑法》第3条的罪刑法定原则的立法补充。

4. 罪刑规范的明确化

这是相对于犯罪与刑罚规范的模糊不清、模棱两可和过于抽象概括而言。犯罪与刑罚规范唯有阐释得清楚明白并相对确定，犯罪与刑罚才既具有可操作性、又具有罪刑法定原则所要求的可预测性和可预期性，公民或司法人员才不致在不明法律所云者何的情况下，因行为失规、失范而不期然地失足犯罪或枉法裁判。当然，再明确的规范，也难以类型化幅员辽阔的中国大地的全部犯罪万象，因而，相对的罪刑法定主义所要求的明确化乃是相对意义的明确。基于此，实践中，在采用形式解释的方法不能清正有关事实与规范的符合性、违法性等疑难问题时，相对明确的刑法规范并不排除法官可以在刑法条文可能的语义范围内，在不违背公民对刑法禁令之总体预知的前提下，对条文含义进行合理的实质解释。

5. 程序正当化原则

罪刑法定原则要求所有的犯罪与刑罚必须经由正当的刑事法律程序判定。进而，犯罪与刑罚的最终判定与宣告，除刑法明文规定的亲告罪及少量法定的自诉罪以外，其他所有的非亲告罪、公诉罪，都需经由宪法授权的法定犯罪侦查机关、法定犯罪公诉机关和犯罪审判机关，依据契合宪法、宪律及宪德精神的刑事诉讼程序来依法进行。否则，凡有悖程序正义的刑事审判，都属于本质上悖逆罪刑法定原则的无效诉讼。

二 刑法适用平等原则

在国外，在刑法中明文规定刑法适用平等原则的立法例并不多见，但中国1997年颁行并沿用至今的我国现行《刑法》却通过刑法第4条就此原则做了明文规定。

（一）刑法适用平等原则概述

早在1776年美国就通过其《独立宣言》宣示"人人生而平等"，继后，1789年法国《人权宣言》第1条也明文规定"在权利方面，人们生来是而且始终是自由平等的"。1948年联合国《世界人权宣言》第7条也就此做出了明文规定。鉴于上述国际法治原则的推动，也基于我国宪法的明文规定，我国现行《刑法》第4条规定了刑法适用平等原则，即"对任何人犯罪，在适用法律上一律平等。不允许任何人有超越法律的特权"。其基本含义是：任何人犯罪，无论其地位、身份、家庭背景、职业状况、财产状况等如何，都不得超越"刑法"之外，不得因而在定罪、量刑和刑罚的执行上享有任何特权。《刑法》明文规定有豁免权者例外。

无疑，上述刑法适用平等原则是宪法确认的人人平等原则在刑法中的体现。《中华人民共和国宪法》第33条第2款明文规定："中华人民共和国公民在法律面前一律平等。"为了落实宪法这一原则，中国几个主要的基本法如《刑事诉讼法》《民事诉讼法》中都规定了法律面前人人平等原则。这一原则在刑法中的特殊性在于，它不是如诉讼法那样，表现为诉讼程序上的人人平等，而是刑事实体内容上的人人平等，具体表现在罪与非罪、刑罚的裁量及其行刑过程之中的"人人"平等。

在崇尚自由、正义、秩序和竞争的商品经济社会中，刑法适用平等原则具有深刻的价值蕴涵。首先，刑法适用平等原则是实现刑法的人权保障机能、法益保护机能及法律规制与裁判机能的思想理论基础。倘若刑法面前未能做到人人平等，不公正地入人于罪或畸轻畸重，公民的基本人权就不能获得有效保障，有关法益也难以获得平等而充分的刑法保护。其次，不公正地出入人罪或重罪轻判、轻罪重判，犯罪人可能再犯，对社会的警诫功能也会大幅度的弱化，社会为此可能遭受更加严重或更大范围的犯罪行为的恶害。再次，刑法适用不平等，还会导致整个法域在刑法的规制与遵循效应上的渐次衰减。因为刑法不仅仅通过法律的颁布来昭示刑法禁止的行为；还通过刑法的实施来告诫民众刑法的确定涵义。刑法规范需要

"确证",而国家事先颁布的刑法规范只是对类型化现象的抽象表述,可"法院在其判决中对这些原则的严格遵循更甚于用文字对它们的表达,国民对以成文刑法为依据的活生生的判决的解读,比单纯对成文刑法的解读更具有效性;经过司法判决确认后的法律,比没有经过司法确证的法律具有更高的权威性"[1]。复次,刑法适用平等原则在经济犯罪及其经济刑罚中的全面贯彻,也有利于商品经济社会中,各经济组织和个人在各项经济活动中以均等的机会、均等的权利参与各项经济活动中的公平竞争。竞争是社会经济发展的社会动力源之一,没有公平竞争,就没有社会的进步和经济的发展。从这个意义上讲,竞争是平等的产物,而平等是竞争的先决条件。最后,人人平等的实现,既是人类社会步入法治社会的手段,也是法治社会追寻的终极目标。正是为了返还自然赐予每一个体的人人平等权,人类社会才需要建立起法治国;而建立法治国的目的,还是为了实现人人平等地享有其人之为人的各项自由、自主权利。

（二）刑法适用平等原则的法律性质

如上所述,我国《宪法》第33条第2款明文规定,"中华人民共和国公民在法律面前一律平等"。宪法的母法性质,决定了上述宪法原则理所当然地应为宪法之"子法"的"上位法"原则。但是,从理论上讲,宪法规范的对象本为国家立法、司法行为及其政府行为等,即国家立法、司法、行政权力的配置与分工、权力的行使、权力的监督、权力的制约和权力的边界等。因而,一般而言,宪法并不直接规范公民行为或某一基本法的具体行为等。虽然宪法宣示性地规定了公民的基本权利与义务等,但原则上看,这一权利与义务的规定,并不直接用以拘束公民的行为,而是用作制约国家立法、司法和政府的行政行为等。有鉴于此,为了便于基本法的操作,将某一宪法原则转而具体规定为某一基本法原则,十分必要。

我国《刑法》第4条的规定正是基于刑法适用这一特定基本法规范的操作需要而设立的。因而,从法律性质上讲,与罪刑法定原则一样,刑法适用平等原则固然有其宪法属性,但它并非等同于宪法原则本身,而是由宪法派生的"下位法"原则,即刑法的基本原则。因而刑法适用平等原则仅能适用于刑法操作之全过程,而不能据此用以拘束刑事诉讼法、民法等其他基本法之贯彻实施。虽然听起来它们都有"一律平等"的字样,但毕竟刑法适用平等原则,仅仅能适用于针对"任何人犯罪"的刑法领域。

---

[1] 张明楷:《刑法学》(第三版),法律出版社2007年版,第56页。

（三）刑法适用平等原则的基本蕴涵

现行《刑法》第 4 条的全文表述为："对任何人犯罪，在适用法律上一律平等。不允许任何人有超越法律的特权。"对此规定，可分层次释读如下：

第一，对第 4 条所规定的"犯罪"的理解。显然，本条所谓"犯罪"既不是犯罪学意义上的犯罪，也不是客观实然意义的犯罪，而是被纳入司法程序的"犯罪"，即其既包括业已经过司法审决的实然意义的犯罪，又包括涉嫌犯罪或被指控为犯罪的所有未必犯罪或确曾犯罪的行为等。

第二，第 4 条之"任何人"，应包括涉嫌犯罪的任何人、待审的任何刑事被告人、已被审决定罪的任何受刑人及其有罪免刑者，等等，无论其是中国公民、外国人还是无国籍人；也无论其是涉嫌犯罪的、待审的或业已被定罪的自然人还是法人非法人单位。

第三，对"适用法律"的解读。所谓适用法律应当包括侦查、起诉、审判、执行阶段的全部刑法适用活动。包括：对任何犯罪的人，（1）在"刑法管辖适用"上的平等，即在刑法空间效力中"对人的效力"适用上的平等；（2）对涉嫌犯罪的任何人在追诉时效适用上的一律平等；（3）在"定罪适用"上的平等，即对该当追诉、该当定罪或出罪与否问题上的刑法适用平等；（4）在刑罚裁量上的平等，即对自首、坦白、立功、累犯、数罪并罚等刑罚裁量制度的适用上，应当不歧视地公平运作于每一受范对象；（5）在刑罚执行上的平等，即在缓刑、减刑、假释等刑罚执行制度的适用上也应一律平等。

第四，平等的标准。这从另一层面看，也可视作对平等概念解读上的"共识"。但"平等是个有争议的概念：赞扬或贬低它的人，对于他们赞扬或贬低的究竟是什么，意见并不一致。准确地表述平等本身就是一个哲学难题"①。而这道难题的主要"难"点在于：基于不同的学科、不同的关注视点，会解析出不同的平等内涵。例如，政治学、经济学、社会学、法学等，都各有其针对"平等"判读的不同出发点和归宿点，因而难以达致针对该一概念的内涵与外延上的共识。此外，基于不同立场的人、出于不同的关注视点，也会有其不同的平等观。唯其如此，美国学者埃克霍夫（Eckhof）曾对这个概念的类型化解读如下：（1）客观的平等，每个接受

---

① ［美］罗纳德·德沃金：《至上的美德：平等的理论与实践》，冯克利译，江苏人民出版社 2003 年版，第 2 页。

者（recipient）等量；（2）主观的平等，基于接受者所感受的需求或"应得份"（deservinmgness）上的等量；（3）相对的平等，基于接受者的"应当性"或"应得份"所作分配；（4）地位次序（rank order）上的平等，根据接受者在社会系统中的身份或位阶所做的分配；（5）机会平等，将同等的机会分配给每个接受者，使其借之获取所欲成果。

综上可见，要将平等概念相对简单化，借以达到相对共识，首先需将其限定于本门学科领域。法律面前的人人平等，理所当然地应为法学领域的平等解读。鉴于法学研究的主要对象乃对权利与义务事项的规范，因而这里或可说，法律平等乃指人人享受权利与义务配置上的平等。博登海默曾经指出："法律平等所意指的不外是'凡为法律视为相同的人，都应当以法律所确定的方式来对待'。"[1]有学者据此推断出："从原则上看，法律平等是在法律上相同情况相同对待，不同情况不同对待。"[2]此一推论虽然不无道理，但仍存在何谓相同对待、何谓不同对待的下一层次问题。例如，根据有关有权解释，我国各地司法机关确定了不同的盗窃罪的"数额较大"的起刑点规定。如上海规定为2000元以上、河南规定为800元以上，等等。那么，如此释定《刑法》第264条关于盗窃罪的"数额较大"，是否有悖刑法上的刑法适用平等原则呢？答案显然是否定的。否定的缘由正在于：权利享受与义务承担上的平等，绝非简单的或客观平等或主观平等；也非简单的相对平等或机会平等，而应综合考量其权利享受与义务承担上的形式平等暨实质平等。

实际上，就此问题，中国刑法学界早有见仁见智的不同主张。例如，有学者主张法律平等应为形式与机会的平等，但反对结果平等。主要理由在于：结果平等发源于法国大革命时期的平均主义思想，这种思想否认所有超出平均水平的人类劳动，否认超群的智力、生理上的优势等，因而这种结果平等只会阻碍社会生产力的发展。这正如柏克所言：平等的含义是"人人享有平等的权利，而不是平等的东西。"[3]有鉴于此，论者进一步主张："法律平等原则不应以结果平等为己任，而应是机会平等和形式平等，它要求三点：一是阻碍某些人发展的任何人为障碍，都应当被清除；二是个人所拥有的任何特权，都应当被取消；三是国家为改进人们之状况采取

---

[1] ［美］E.博登海默：《法理学——法律哲学与法律方法》，邓正来译，中国政法大学出版社1999年版，第286页。
[2] 赖早兴：《刑法平等论》，法律出版社2006年版，第97页。
[3] 参见李邦友《论刑法平等原则的理论基础》，载《现代法学》2002年第3期。

的措施，应当同等地适用于所有的人。"①

综上可见，以上关于平等的解析确有一定道理，可惜其关注的视点不在法学领域，而是重在经济学领域。因为法学上的平等指向，本来就是权利义务而非其他任何东西。有鉴于此，就一般意义看，上述机会平等和形式平等所要求的"阻碍某些人发展的任何人为障碍"，"为改进人们之状况采取的措施"等要素，并不是刑法适用平等原则理所当然的内容，唯有上述第二点，即"个人所拥有的任何特权，都应当被取消"，可部分地归入刑法适用平等原则题义。"部分地"缘由乃在：从形式逻辑学上看，这里的"个人"应属全称概念，泛指一切人，而刑法适用平等原则的适用对象只是任何"犯罪"的人，并非所有人。

另有学者主张在刑法适用平等原则的标准掌握上，可先进行形式平等考量，不公平的场合，再进行实质平等考量。该论者认为"法律平等既不是纯粹的形式上平等也非单纯实质上的平等，而是两者的结合，即法律平等首先是形式上的平等，当形式上的平等实质上会导致结果的不平等时，就应当以实质的平等加以修正"②。

本书基本认同上述主张。认为对刑法适用平等原则的掌握，宜在先行贯彻形式平等的前提下，辅之以一定程度上的形式上的不平等，即实质上的平等。即在采用形式平等显失公平的情况下，应当采用以区别对待为特色的实质上的刑法平等。例如，在有罪认定的场合，可以刑罚个别化原则为其刑法适用平等原则的辅助性、分支性原则。就此，从另一视角看，也可将这里的刑罚个别化适用，视作司法上对实质平等原则的刑法承认。因为"如果法律顾及过多的特殊案件，那么它就不再是一套法律规则了。……如果法律为照顾概括性而过于忽视各种案件之间的差异性，也会造成不公平的现象"③。

(四) 关于刑法适用平等原则的学理争议

1. 刑法适用平等原则的适用范围

对现行《刑法》第4条所规定的本项原则的适用范围，刑法学界有以下两种不同意见：

第一，主张本项原则的适用范围不仅仅是刑事司法上的平等，还包括刑事立法上的平等。例如，有学者特别强调，尽管《刑法》第4条字面上

---

① 李邦友：《论刑法平等原则的理论基础》，载《现代法学》2002年第3期。
② 赖早兴：《刑法平等论》，法律出版社2006年版，第106页。
③ [英] 彼德·斯坦、[英] 约翰·香德：《西方社会的法律价值》，中国人民公安大学出版社1990年版，第115页。转引自李邦友《论刑法平等原则的理论基础》，载《现代法学》2002年第3期。

强调的是适用法律人人平等，但实际上《刑法》第 4 条所规定的："法律面前人人平等原则不仅是刑事司法原则，而且还是刑事立法的原则。"① 还有学者特别强调："马克思曾经指出：'如果认为在立法偏私的情况下，可以有公正的法官，那简直是愚蠢而不切实际的幻想。既然法律是自私自利的，那么大公无私的判决还能有什么意义呢'。可见立法和司法是一致的和不能脱节的。"② 因而主张《刑法》第 4 条的平等包括立法与司法两个层面的平等。

第二，赞同在应然层面，刑法上的平等原则应为平等立法暨平等司法。但从实然层面看，即从现行《刑法》第 4 条的文字表述看，该条之规定既为"对任何人犯罪，在适用法律上一律平等"，则《刑法》第 4 条的平等应当限指司法适用上的平等。例如，有学者指陈："单从法条的意思来解读，《刑法》第 4 条显然仅指刑法适用上的平等。这样的解读应当不至于带来大的问题。一则，立法平等的内容难以为《刑法》第 4 条所表述的文字所容纳。二则，我国宪法中已有法律面前人人平等的规定，对于刑事立法不平等的现象，完全可以借助宪法条款来展开批评。三则，认为宪法中的平等原则过于软弱难以应对刑事立法中的不平等现象的见解，同样适用于刑法中的平等原则，即使后者包含立法平等的内容。"③

本书的立场：赞同上述第二种观点。即从应然性上讲，刑法上的平等原则应当是立法平等加司法平等。因为，没有立法上的平等，显然难以达致实质意义的司法平等。同时，也不可能形成本真意义上的法治面前人人平等。例如，中国古代曾有杀害尊亲属，罪加一等的立法，诸此立法显然有悖法律面前人人平等的原则。何况，实践中也不排除个别尊亲属有悖人伦，利用其尊亲属地位，残酷迫害、虐待甚至奸淫晚辈亲属等现象，但按照中国封建王朝的法律，一概罪加一等。再如，就我国现行立法看，1997 年的中国刑法将 1979 年刑法中特定的奸幼行为从强奸罪中分离出来，移至妨害社会管理秩序罪专章中，另设为嫖宿幼女罪。此一立法，也属对同类对象未予同等保护的典型的不平等立法。

众所周知，各国刑法包括中国刑法均认为：十二三岁甚至更小的幼女，在是否愿意与他人发生性关系问题上，一概不具备同意与否的性生理、性心理能力，而无论某位幼女的面相、体形看来是显小还是"成熟"，

---

① 曲新久：《刑法学原理》，高等教育出版社 2009 年版，第 37 页。
② 赖早兴：《刑法平等论》，法律出版社 2006 年版，第 100 页。
③ 陈兴良主编：《刑法总论精释》，人民法院出版社 2011 年版，第 52 页。

也不以她自己的承诺为准。据此，英美刑法上又称其为不达"同意年龄"。因为十二三岁或更小的幼女性器官、性生理、性心理均未发育成熟，所以，法律在事实上不会赋予此类幼年人有任何"性自主权"。正是为了有效地保护此类幼年人，各国刑法才不问幼女是否同意，凡与幼女发生性关系者，一概构成强奸罪或者"对幼儿的性侵犯罪"，这才是刑法对幼女的有效保护并平等保护。更何况联合国《儿童权利公约》第2条、第3条还明文规定各缔约国必须基于最有利于儿童身心健康发展的原则，同等而无歧视、无差别地保护所有儿童。①

我国早在1991年就批准了该公约，1992年4月2日该公约正式对我国生效。1997年，我国刑法典也通过其第236条第2款及相关司法解释，确认不问幼女是否同意，但凡"奸淫不满14周岁幼女"的都构成奸幼罪。这就表明我国刑法也确认十二三岁甚至更小的幼女根本不具备"同意与否"的性生理、性心理能力，她们的所谓"同意"一概无效。这样，从法益保护的层面看，鉴于国家法根本不承认幼女有什么"性自主权"，因而强奸的对象若是14周岁以上的少女或成年妇女，行为人务必"违背妇女的性自主权"，否则不能成立强奸罪。但奸幼罪却不一样，鉴于刑法根本不承认幼女还有什么"性自主权"，因而奸幼罪保护的法益并非"性自主权"而是幼女的性生理、性心理健康权益。既然如此，刑法对所有的幼女本当同等保护。可我国现行刑法却在事实上对幼女进行分等保护：一等（良家）幼女"同意"与他人发生性关系，会也被纳入强奸之下的奸幼犯罪；二等（所谓失德）幼女同样是"同意"与他人发生性关系，刑法却不再保护她们的性生理、性心理健康——此类被害行为都被剔除于奸幼罪之外。问题是：既然都是懵懵懂懂的幼女，难不成收受了钱财的幼女的性生理、性心理能力就陡然"提高"了？她们因而就"应该"达到"同意年龄"了吗？可她们同样是十二三岁甚至更小的幼女啊？可见，如此分类法显然不科学也有悖公约和我国宪法确认的平等保护原则。

综观各国立法例，对幼女甚至所有幼儿（包括幼男）的性权益保护，各主要法治国家：一是在罪名或罪状中，十分注意回避"卖淫"、"嫖宿幼女"等有辱人格、有碍幼儿身心发育的提法；二是对所有所谓"同意"

---

① 《儿童权利公约》所界定的"儿童"是指不满18周岁的人，而刑法奸幼罪意图保护的对象却是不满14周岁的"幼女"。可见，根据《公约》的精神，对14周岁以上、不满18周岁的"儿童"尚须无歧视、无差别地平等保护，更何况不满14周岁的幼儿了。

被奸的幼女均设定了同等的一体保护的规定。①由是，尽管我国 1997 年刑法增设"嫖宿幼女罪"的立法本旨，可能确是为了更好地保护幼女，但实践中，这一犯罪设置却招致了对很多被害幼女的二度、三度甚至终身伤害。试想：除"小小年纪就被奸"这第一重伤害外，按"嫖宿幼女罪"来侦查、起诉、审判的全过程，对她们就是"二度伤害"；再对那些介绍或引诱幼女卖淫的人分别侦查、起诉的全过程，无疑会"三度伤害"到这些不得不经常以"嫖客"的相对人，即"卖淫女"的身份去作证、去应诉的幼女。判决结果出来了，一方面严惩了"嫖宿"幼女的"嫖客"、引诱幼女"卖淫"的引诱人等，但与此同时，幼女也被法律标签上了"卖淫女"身份。我国《刑法》第 359 条第 2 款被正式冠名为"引诱幼女卖淫罪"，此一冠名法即可谓此类不良"身份标签"的最好脚注。

但针对这一所谓嫖宿、嫖客等问题，有学者辩称：（1）立法上正是为了更好地保护幼女，才将嫖宿幼女的行为从强奸幼女罪中分离出来单独设罪的。然而，众所周知：已传承并沿用中国数千年的"嫖客"二字，在中国传统文化中历来都是相对于"娼妓"而言。可见该项立法即便立意良善，但因其罪名罪状设置这一大前提有误，进而，至少在客观上，正是该罪的设立，使得此类幼女被我国法律贴上了"妓女"标签。（2）还有学者质疑，实践中，有的幼女长得人高马大，并制作了虚假的身份证件，致使有的"嫖客"的确难以认识到该"卖淫女"是幼女。如此，硬要将其定性为强奸幼女罪，岂非仍属有悖刑法之公正？对此，本书的回答是：立法解决的仅为抽象而一般的公正问题，至于具体的、个别的公正应由司法加以解决。有鉴于此，真遇上述特情，司法上完全可以酌情否决此类的确"不知情"的"嫖客"的"有责性"，进而做出"无罪"或"有罪免罚的"刑事判决来。

总之，我国刑法将对幼儿的性剥削、性侵犯，移至分则第六章第八节关于"风化管理"类犯罪之中，说明国家还是"秩序保护优先而非幼儿权利保护优先"，具体地说是风化管理秩序优先，而非幼儿的性心理、性生理健康权益优先，更不是对所有幼女的无歧视无差别的平等保护。据此，即便司法过程中平等地适用了刑法，其结果仍属针对部分幼女的不公。有鉴于此，法律面前人人平等的本意，不仅仅是人人平等地守法、针对人人的平等司法，还包括国家在权利义务配置上的平等保护。

---

① 参见屈学武《关于取消嫖宿幼女罪的立法反思》，载《法治研究》2012 年第 8 期。

话虽如此说，另一方面，本书也赞同上述学者所言的，对刑事立法平等的问题，可以通过宪法上的人人平等原则来解决。当然，无可讳言，与《世界人权宣言》的指导性方针相比，我国宪法在平等保护公民权利的规制上，还存在较大的立法缺憾。1948年，联合国《世界人权宣言》第7条明文规定："法律面前人人平等，并有权享受法律的平等保护，不受任何歧视。人人有权享受平等保护，以免受违反本宣言的任何歧视行为以及煽动这种歧视的任何行为之害。"由此可见，《世界人权宣言》宣示了以下两方面的平等：其一，在既定的法律面前，人人价值均等。因为"只有人人价值均等，才可能人人自由，只有人人自由，才可能达到人人价值均等"①。其二，人人享有平等的立法保护，以免遭受任何歧视或者煽动歧视之害。从《世界人权宣言》将"法律面前人人平等"与"人人有权享受平等保护"并列在一起加以规定就可见，"法律面前人人平等"并不必然地包摄"人人有权享受平等保护"的内容。质言之，这里的"法律面前人人平等"实属司法平等问题；而"人人有权享受平等保护"则属立法平等问题。

当然，我国也有学者分析，对我国《宪法》的上述规定，所以会在我国学者视界中呈现"法律面前人人平等＝立法平等＋司法平等"的界面，也许肇因于国内对一些国际文献或国外法学著述翻译上的误差。例如，有学者指陈：法律面前人人平等是英文"equality before the law"的汉译，这里的"the law"有两种含义：一是法律（the law）；二是法治（the rule of law）。所以"equality before the law"应有两种含义：法律面前人人平等和法治之下人人平等。汉译时采用了第一种含义，这在一定的社会发展时期是对的；但从法律实践和社会的长远发展来看，更准确的应为第二种。②显而易见的是：法治下的人人平等，是动态的平等，它理所当然地包括了立法与司法两个层面的平等；而法律面前人人平等，却是静态的平等，其视点乃在"法律面前"，因而它的立论基准，并不在于权利义务配置上的人人平等，而在法律的适用、执行和遵循上的平等。可见，即便是宪法关于立法平等的规定，也是有其明示规定上的缺憾的。

特别是我国宪法并非国际法文件，这当中不存在什么汉译问题，既然是事关国家法治的根本大法，就应当表述得更加清楚明白。何况，我国现

---

① 许玉秀主编：《新学林分科六法·刑法》，（台北）新学林出版股份有限公司2008年版，第33页。

② 参见胡晓进、龚新玲《法律面前人人平等与法制之下人人平等》，载《社会科学论坛》2003年第3期。

行宪法虽然确有无歧视、无差别的"平等权益保护"规定，却不是针对具有中国国籍的"人人"而言，因为《宪法》第 4 条、第 36 条只是分别针对民族歧视和宗教歧视做了禁止性规定。有鉴于此，条件成熟时，我国宪法也许应做出如同《世界人权宣言》一样的、关于立法与司法平等的明示性规定来。这样，刑法的平等原则也才有其宪法上的"立法平等"为其务须遵循的上位法原则，刑法的平等原则也才名副其实。

2. 刑法适用平等原则的名称

对我国《刑法》第 4 条所规定的原则的名称，学界也有多种不同意见。

一说：法律面前人人平等原则。持此论者认为，"法律面前人人平等原则。既是一项刑法基本原则，又是一项重要的宪法原则"①。因而没有必要对《刑法》第 4 条设定出有别于宪法原则的称谓。

对此，本书的立场是：此一名称不免将刑法上的平等原则混同于宪法原则及其他基本法原则。如上所述，刑法适用平等原则虽然有其宪法属性，但它并不等同于宪法原则本身，而是宪法派生的"下位法"原则，即刑法的基本原则。因而刑法适用平等原则仅仅适用于刑法运作之全过程。我国《刑法》第 4 条的规定，也只是针对任何人"犯罪"时在刑法适用上的平等，故而将其名之为"法律"面前人人平等并不准确，因为从形式逻辑学层面看，"法律"是全称概念，它代指的是所有的"法律"，而"刑法"是特称概念，仅指宪法以下的刑事实体法。所以《刑法》第 4 条所规制的仅是刑法领域的平等，而非全部法律领域的平等——后者只是宪法的任务而非刑法的任务与特性。

二说：刑法面前人人平等原则。持此论者认为，"刑法面前人人平等原则，是法律面前人人平等原则在刑事领域的具体化"②。

本书认为此一提法也有欠严谨。因为"人人平等"中的"人人"，除涉嫌犯罪的人、被控犯罪的被告人和业已被定罪判刑的受刑人外，还可包括所有刑事法律关系的参与人及其他任何人，例如，法官、检察官、警官、自诉人、被害人、证人、鉴定人，等等，但他们并非严格意义的、刑法适用平等原则所指的"任何人"，因为他们并非该原则限指的任何"犯罪"的人。而且，根据我国《刑事诉讼法》的有关规定，被控犯罪的被告

---

① 曲新久：《刑法学》，中国政法大学出版社 2009 年版。
② 参见陈兴良主编《刑法学》，复旦大学出版社 2008 年版，第 21 页；陈忠林主编《刑法学》，高等教育出版社 2007 年版，第 37 页。

人与法官、检察官等在法庭上的权利义务并不完全对等，虽然在基本人权上，他们仍是平等的。

三说：罪刑平等原则。[1]针对此一称谓，本书的立场是：除业已被定罪判刑的受刑人外，其他涉嫌犯罪的人、被控犯罪的人，都可能或在审查起诉阶段或在诉讼阶段被出罪，对他们并不发生"刑罚"问题。此外，即便为法庭做出有罪宣告的人，也可能被判处有罪免罚，还有的人或可因为已经超过追诉时效而根本不予起诉，等等。总而言之，诸此人等，在犯罪对象上虽然属于《刑法》第4条限定的"任何"广义上的"犯罪"人，但对他们都不发生"刑罚"问题，因而"罪刑平等原则"中"刑"字的采用，不免限缩了《刑法》第4条法定原则的适用范围。实际上，按照《刑法》第4条的规定，在整个侦查、起诉、审判阶段，无论对真正的犯罪分子，还是被冤控、错控的人，抑或因为"犯罪情节轻微不需要判处刑罚的人"，在对他们适用刑法的时候，都存在一个同等情况同等对待的问题。因而，上述提法，不免将适用刑法平等限缩成了适用刑罚平等，也欠名称外延与内容上的周延。

四说：刑法适用平等原则。[2]对此，或许为了强调"平等"，另有学者将其命名为"平等适用刑法原则"[3]；还有学者将其名为"适用刑法人人平等原则"[4]。

本书的立场：原则上赞同上述第四说之命名。但其中"适用刑法人人平等原则"的提法仍然有欠严谨。因其仍然存在将《刑法》第4条限定的任何"犯罪"的人等同于所有人的问题。而"刑法适用平等原则"与"平等适用刑法原则"不过是论者在文字顺序安排上的些许差异而已，虽然听起来"刑法适用平等原则"似更强调平等适用刑法的"过程"，而"平等适用刑法原则"听来更强调平等适用刑法的"行为"，但这都是形式上的不同而无实质上的差异，因而这两种命名都是更周延于刑法规定的、相对精准而科学的、针对我国《刑法》第4条法定的基本原则的命名法。

---

[1] 参见陈兴良主编《刑法总论精释》，人民法院出版社2011年版，第51页。
[2] 参见阮齐林《刑法学》，中国政法大学出版社2008年版，第21页；周光权《刑法总论》，中国人民大学出版社2007年版，第69页。
[3] 参见张明楷《刑法学》（第三版），法律出版社2007年版，第56页。
[4] 参见赵秉志主编《刑法总论》，中国法制出版社2008年版，第32页。

三 罪刑相当原则

罪刑相当原则又称罪责刑相适应原则。本书之所以采用了罪刑相当原则的称谓，是因为本书更认同按照我国《刑法》第 5 条的规定，刑罚与行为人所犯罪行及其应予承担的刑事责任之间，只是罪与罚的"相当"而非严格意义的"均衡"或者"适应"。因为，无论如何，按照中文的表达习惯，"均衡"或"适应"总不免给人以半斤对八两的感觉，但"相当"只是大致平衡的意思，从而，也许用罪刑相当原则来表述多少能使其有别于早期的过分拘泥于罪多大、刑多重的纯粹的罪刑等价原则。

一般认为，罪刑相当原则是宪法所确立的法律手段与目的需要具有相宜比值的"比例原则"的下位原则。我国《刑法》第 5 条规定了罪刑相当原则，即"刑罚的轻重，应当与犯罪分子所犯罪行和承担的刑事责任相适应"。该原则的基本含义是：在刑事立法、司法、行刑过程中，应根据行为侵害或威胁到法益的性质、方式、程度及行为人主观罪责、人身危险性的大小高低来综合裁量刑罚的轻重。

（一）罪刑相当原则的学说基础及其沿革

远古时代，原始社会发展到一定阶段，原始人以同态复仇的方式取代了之前的无节制的、过分的复仇，从而反映了人与人之间追寻公正的天性。随着国家的产生、历史的发展，这种朴素公正演进成了刑法中的报应主义的罪刑均衡。这一均衡强调刑罚的目的是报应，为了充分报应，刑罚应与犯罪行为的外在危害态势大致相同。但这种"相同"有时是难以通过刑事立法与司法量定或操作的，这正如黑格尔所说，对一个满口无牙的人，你就难以执行"以牙还牙"的报应刑。有鉴于此，脱胎于同态复仇的罪刑均衡又由康德主倡的外在态势的同一，走向了黑格尔主张的刑罚与犯罪的内在价值的同一，即刑罚与犯罪内在性质的同一。此即人们通常所说的罪刑等价。

然而，刑罚的目的决不止于报应，还有其特定的功利目的，那就是预防犯罪。以贝卡利亚为代表的刑事古典学派，就力倡唯有罪刑均衡、刑罚预防犯罪的目的才能得以实现。贝卡利亚为此拟定了一个量定罪刑等价的罪刑阶梯。其基本标准是以行为的客观恶害的大小来衡定刑罚的轻重。

勃兴于刑事古典学派之后的刑事实证学派却以全然不同的视角，重新诠释了罪刑均衡的功利目的及其均衡标准。刑事实证学派反对古典学派的自由意志论，认为社会人的意志并不自由，因而行为人犯罪的根本缘由还在于社会各类人文、自然、地理环境及其行为人先天具有的病理身心。有鉴于此，刑罚的主旨应在社会防卫亦即一般预防。与此相适应，刑事实证学派也将其关注的视点由"行为"转移到了"行为人"，即由行为的社会危害性转移到了行为人的人身危险性。在此基础上，刑事实证学派有关罪刑均衡的标准也不再是行为所导致的客观恶害及其罪责的大小，而是行为人的人身危险性的大小。基于此，在刑事实证学派那里，刑罚不再斤斤计较罪与刑的因果报应及其罪与果的等价，而是将均衡的视角转移到了以最大限度地缩小、杜绝行为人再犯的目标上。为了达到这个目的，对人身危险性大的罪犯，应当相对重判；反之，人身危险性小的罪犯应当相对轻判。这就是刑事实证学派的罪刑均衡。而这种均衡，由于其主要目的还在社会防卫，因而相对于犯罪行为本身而言，显而易见，很可能存在罪刑不等价的不公正成分。即其行为人所犯罪行的客观恶害及其主观罪责虽然较轻，但其人身危险性较大，再犯可能则大，很可能威胁到社会的平安，这种情况下，为了社会防卫之计，仍须对行为人判处较重的刑罚。

综上可见，如果说单纯的"罪与果"的罪刑均衡更多地立足于功利于被害人并报应行为人的立场的话；那么"罪与行为人"的均衡，则可以说更多地立足于功利于社会并相对轻忽行为人个人权利的立场之上。有鉴于此，择取不同的学说基础，实质为报应主义与功利主义的刑罚均衡观之争。

在当代中国社会，我们赞同"既不能排斥报应追求不公正的功利；也不能否定功利追求无价值的报应"的观点。①这里的功利，应针对刑罚的预防再犯目的而言。因而，本书赞同相对的报应刑观，并认为只要在设定罪刑均衡的过程之中比例尺度把握得当，则能够最大限度地达致刑罚的报应与预防的有机统一：使"功利"成为相对公正的功利；使"报应"成为有其价值的报应。

（二）罪刑相当原则的基本涵义

综上可见，罪刑相当既不是远古时代的同态复仇式的罪刑相当，也不是单纯的等价报应式的罪刑相当，而是在考虑刑罚的报应功能的同时，兼而考量刑法之特殊预防与一般预防功能的罪刑相当。就我国现行《刑法》第5条的规定看，我国刑法上的罪刑相当原则应秉持下述多重含义：

1. 按照我国《刑法》第5条的规定，"刑罚的轻重，应当与犯罪分子

---

① 陈兴良：《刑法适用总论》，法律出版社1999年版，第56—57页。

所犯罪行和承担的刑事责任相适应"。对这里的所犯"罪行"和"刑事责任",宜做广义的理解。即对这里的"罪行"、"刑事责任",既可以狭义地理解为行为人之"客观恶害"与"主观罪责",也可以把行为人之客观恶害与主观罪责的统一理解成其所犯"罪行",而"刑事责任"则是指行为人应予承担的法律后果。① 根据上述后种更为广义的解读法,刑罚的轻重,不仅应当与犯罪分子对法益的侵害、威胁程度及其主观罪责的大小相适应,更应与其应予承担的法律后果相适应。而根据相对报应刑的理论,刑法在考量行为人应予承担的法律后果的大小轻重时,既应考量报应刑的需要,也应考虑预防刑、目的刑的需要。唯其如此,罪刑相当原则的基本涵义应为:无论是立法还是司法、执法层面,均应按照行为侵害或威胁到法益的性质、方式、程度及行为人主观罪责、人身危险性的大小高低来综合裁定刑罚。

2. 要做到罪刑相当,在立法层面可从纵向、横向两方面看。首先,在纵向层面,应关注各重罪、轻罪、微罪(如危险驾驶罪)在刑罚设置上的轻重相当。其次,须关注横向层面上的犯罪既遂、未遂、犯罪中止、自首、坦白、累犯、数罪并罚等罚则设置上的罪刑相当。最后,在同类犯罪的个罪设置上,要关注同一类犯罪中不同"个罪"之犯罪性质、客观恶害及其主观罪责轻重的不同,从而设计出刑罚与其客观恶害、主观罪责及其人身危险性大致相当的刑罚种类、刑期长短及其刑罚制度来。在这当中,要特别注意兼顾针对不同或相同的、多个相关构成要件的综合比较。从而在立法上设计出既能满足刑罚的报应功能,又能满足刑罚的预防目的的相对确定法定刑及其相关刑罚制度来。

3. 要做到罪刑相当,司法上,首先,应关注定罪的正确。显而易见地是:罪名认定的错误,会直接影响到量刑不公。更进一步说,如果因为定性的谬误,误将无罪或者可予出罪的行为入罪,那显然是天大的荒谬量刑;退而次之,错误地将 A 罪认定为 B 罪,或者错误地将过失犯认定为故意犯,也会导致重大量刑不公。其次,司法上要做到罪刑相当,还应把好刑罚裁量制度一关,即应综合考量行为人犯罪的事实、犯罪的性质、犯罪情节及其行为对法益的侵害、威胁程度,并在正确衡定刑法评价上,对行为人可予刑法非难的责任及其人身危险性大小的基础上,来综合考量并判定其宣告刑。当然,这当中,牵涉人身危险性与可责性的关系问题。而这

---

① 参见张明楷《刑法学》(第三版),法律出版社 2007 年版,第 60 页。

里所谓人身危险性，是相对于已然实施过犯罪的行为人而言，故而，这里的人身危险性其实就是指其再犯可能性。当然，一般情况下，行为人的人身危险性的大小，与行为人已然实施过的犯罪可责性的大小有很大关联性。而且，多数情况下，可责性较大者，人身危险性也相应较大。但是，二者并非等义词或近义词，也不是绝对的正比例关系。因为可责性毕竟相对于特定的侵害对象、特定的侵害行为甚至特定的侵害背景而言，而对特定人、特定事项、特定环境下有较大可责性的行为人，未必会在一般环境条件下、针对一般事项去侵害一般人。有鉴于此，判定行为人之人身危险性的大小，还需综合考量行为人作案的前因后果、作案手段、作案次数、作案背景、受教育程度、职业状况、家庭状况、犯罪后的悔罪表现及至行为人自身的生理、心理状况等多种因素来综合考量。当然，从理论上讲，就一般意义看，常习犯、常业犯、累犯、杀人越货的抢劫犯、犯罪集团的首要分子等，大都属于有较大人身危险性的犯罪种群。

4. 要做到罪刑相当，还应把握好刑罚执行环节。因为，刑罚的缓刑制度、减刑制度、假释制度的正确把握，也是罪刑相当原则的重要内容。

（三）罪刑相当原则的标准

就此问题，我国刑法学界一直存在多种不同意见，连罪刑相当原则的称谓应为罪刑相当原则还是罪刑均衡原则，都有多种学理主张。[①]本书主张综合行为对法益的侵害、威胁程度、可责性及行为人人身危险性的大小，作为衡定罪责大小及刑罚轻重的标准。具体到个罪与个案的刑罚设计及其量刑操作中，则宜于采取罪刑等价为主、刑罚个别化为辅的原则行事，即以行为对法益的侵害及其罪责大小为主、人身危险性大小为辅的立法、司法、处罚原则行事，从而便于刑罚的公正与功利的辩证统一。

一般而言，行为对法益的侵害程度是相对于"行为"而言；可责性及人身危险性则是相对于"行为人"而言。法益侵害性的大小，主要取决于犯罪的性质、程度、危害后果等。可责性又称有责性，乃指国家法律原本期待行为人会去实施合法行为，行为人却实施了该当构成要件的违法行为，因而应予遭受刑法的否定性谴责。[②] 人身危险性，如上所述，主要是从行为人实施犯罪行为的起因、犯罪目的、人格特征、主观恶习、恶性、癖性、受教育状况、职业状况等诸多方面综合考量的结果。

---

① 参见陈兴良《刑法适用总论》，法律出版社1999年版，第57—67页。
② 参见［日］西田典之《日本刑法总论》，刘明祥、王昭武译，中国人民大学出版社2007年版，第158页。

条件可能时，也应结合行为人对刑罚惩罚的痛苦感应度来综合考量。一般而言，对刑罚惩罚的痛苦感应度弱甚或无所谓者，易于再犯，人身危险性相对更大。所谓综合考量上述三要素，并非三者平分秋色，而是以罪刑等价为主、刑罚个别化为辅，从而实现相对报应刑原则下的罪刑相当。

（四）罪刑相当原则的立法体现

我国刑法首先通过《刑法》第5条的规定，确立了罪刑均衡的立法、司法、行刑原则，还通过下述措施从立法上体现了罪刑相当原则：

1. 刑法总则中设立了对各类犯罪人和不同犯罪情节的处罚原则，体现了中国刑法的罪刑相当原则。如对未成年人犯罪的从轻、减轻规定；对不满18周岁的人5年内再犯，不发生累犯的特别规定；对已满75周岁及以上的老年人故意犯罪的可以从轻或者减轻处罚、过失犯罪时应当从轻或者减轻处罚的规定；再如，对审判的时候已满75周岁的人原则上不适用死刑的特别规定；还有关于过当防卫与过限避险的刑事责任设定；对各类不同共同犯罪人的责任设定；对预备犯、未遂犯、中止犯、自首犯、主犯、累犯等设置了相应的处罚原则；对自首、坦白、减刑、假释等不同刑罚制度也设置了不同的适用范围和原则，等等。

2. 我国刑罚体系采取了相对不确定刑的立法体例，就各种犯罪为法官设置了不同的刑罚种类及其刑期范围，便于法官根据犯罪人罪刑的轻重裁量刑罚。

3. 在刑罚种类上，我国刑法设置了独立适用的主刑，又设置了既可独立适用、又可附加于主刑适用的附加刑。此外刑罚种类的多样性、系统性、梯度性也为法官根据行为人的犯罪情节等裁量刑罚奠定了立法基础。

4. 我国刑法除"个罪"有其量刑幅度以外，还在《刑法》第61条中明文规定，对于犯罪分子决定刑罚的时候，应当根据犯罪的事实、犯罪的性质、情节和对于社会的危害程度，依照刑法的有关规定判处。这表明量刑的时候，法官不仅可以在法定量刑单位内，按照罪责刑相适应的原则裁量刑罚，必要时，亦即当其行为人所犯罪行虽然较重，但其人身危险性相对较小时，法官也可以在法定量刑单位以下裁量刑罚。《刑法》第63条就此做出了特别规定。这也是主客观相统一的罪刑相当原则的当然要求及基本体现。

5. 对自首的犯罪分子可以酌情从轻、减轻甚至免除处罚的特别规定；

对非自首的犯罪嫌疑人之坦白的从轻、减轻处罚规定，等等。

第二节 刑法的学理原则

一 刑罚个别化原则

刑罚个别化原则只是刑法学理上的刑罚基本原则，而非我国刑法总则明文规定的法定基本原则。尽管如此，在我国刑法总则条文中，仍可抽析出不少基于刑罚个别化原则设定的刑罚制度。例如，按照2011年5月修订后的《刑法》第72条的规定，"有悔罪表现"、"没有再犯罪的危险"、"宣告缓刑对所居住社区没有重大不良影响"等，均为司法上"可以宣告缓刑"的重要条件之一；而对其中"不满18周岁的人、怀孕的妇女和已满75周岁的人"，上述条件更成为"应当"对其宣告缓刑的要件之一。又如，根据2011年5月修订后的《刑法》第74条的规定，"对于累犯和犯罪集团的首要分子，不适用缓刑"。再如，按照2011年5月修订后的《刑法》第81条的规定，对"确有悔改表现，没有再犯罪的危险"的徒刑犯（包括有期徒刑和无期徒刑犯），在符合《刑法》第81条其他特定条件的情况下，也可"假释"。可见，诸此种种可以、应当或不得适用缓刑或者假释的规定，其得以规制的重大法理视点正在于：透过行为人的悔罪表现、有无再危害社会的危险等要素来反观行为人之反社会倾向即其人身危险性的大小，从而设定并适用有关刑罚制度。

（一）刑罚个别化原则论要

刑罚个别化原则源于刑事社会学派的代表人物李斯特的"应受惩罚的不是行为，而是行为人"的基本思想。刑事古典学派认为，社会人的意志本是自由的，作为自由的社会人本应遵从法律规定，而他/她却选择了"犯罪"，刑罚因而应予惩治此类有悖道义的行为。有鉴于此，刑事古典学派的观点又被称为道义责任论、行为责任论。但在刑事社会学派的视界里，社会人的意志不是自由的，相反，刑事社会学派认为社会人的意志是被"决定的"而非自己自主的，因而刑罚应当惩罚的不是行为，而是有其反社会性格倾向的行为人。由是，刑事社会学派的理论又被称为性格责任论、行为人责任论。有鉴于此，社会出于自我防卫之计，其应予惩罚的对象应为实施了犯罪行为的行为人而非行为本身。诚然，如此惩罚未必符合"道义"，但国家要确保社会治安秩序的稳定并维系相应法益，刑法就应当摒弃斤斤计较罪刑等价的立法与司法理念，罪刑均衡原则也应当掌握在刑罚的轻重不是与行为人导致的客观恶害及其主观罪责相适应，而是根据行为人人身危险性的大小确定。有鉴于此，刑罚不应因行为恶害及其主观罪责的大小而异，而应"因人而异"。即对人身危险性大者应当重罚，即使其罪行并不深重；反之，对人身危险性较小者应当轻罚或不罚，即使其所犯罪行严重或较重。由此可见，如果说单纯的罪刑等价原则的主旨乃在对罪恶的报应的话，①单纯的刑罚个别化原则的主旨则在社会防卫或者说犯罪预防，即对行为人本人的特殊预防以及针对全社会虞犯分子的一般预防。

然而，时至今日，无论是刑事古典学派的行为责任论还是刑事社会学派的行为人责任论，都愈来愈为继后的相对折中或视角更加新颖的新兴观点所取代，例如人格责任论、规范责任论等。特别是，当时代的步伐业已迈入21世纪的今天，人们更加强调：社会人固然没有绝对的意志自由，但有其相对的意志自由，在此基础上，一方面，行为人仍然选择了悖德的犯罪行为，显然有悖社会公众认可的基本道义，因而刑法应当惩罚其行为；另一方面，行为人乃应予惩罚的行为的实施者，刑法要预防犯罪，必得考量行为人反社会倾向的大与小，从而酌情裁量刑罚。因而，时至今日，刑罚的目的既非单纯而绝对的犯罪报应，也非单纯而绝对的犯罪预防。而是"因为有犯罪并为了没有犯罪而科处刑罚"②。有鉴于此，无论是单纯的罪刑等价适用还是单纯的刑罚个别化适用，都难以满足上述并合主义的报应刑要求。而本书上文所认同的罪刑相当原则，正是建立在对此单纯的（或者说狭义的）罪刑等价原则与刑罚个别化原则的有机结合的基础之上的刑法基本原则。这样一来，在性质上，刑罚个别化原则可以说是为了使罪刑相当原则发生功效而由其派生的补充原则而已。一般而言，从整个刑事法治的视角看，刑罚个别化原则并不具有撇开罪刑等价原则单独适用的意义。虽然在个案、个别场合，它的确可以独立发挥其特定的功利于犯罪预防的作用。但从整个刑罚的功效及其价值目标看，刑罚个别化原则则应为立法、司法上为了确保罪责刑相适应而确立的罪刑相当原则的补充性内容而已。

但是，这里还有必要强调的是：刑罚个别化原则与许多大陆法系国家

---

① 对这里的单纯的罪刑等价，可以做狭义的理解，即刑罚仅仅与行为的客观恶害与主观罪责等价。而对最狭义的罪刑等价，则可理解为刑罚仅仅与行为所导致的客观恶害的轻重等价。

② 张明楷：《新刑法与并合主义》，载《中国社会科学》2000年第1期。

所规定的保安处分涵定的危险性预防虽有联系，也有区别。联系点在于："犯罪预防"可谓刑罚个别化处遇与保安处分的共同价值目标之一。其主要区别点在：其一，适用对象上有别。刑罚个别化建立在责任刑法的基础之上，保安处分却主要适用于实施了犯罪行为但欠缺责任的人，抑或按照罪刑相当原则，服刑完毕仍可能有较大人身危险性者。换言之，对于没有罪责的人，由于其根本不存在被科处刑罚的问题，因而刑罚个别化对其完全不适用。例如，对实施了"犯罪"行为的精神病人，可以送交精神病院并予以强制治疗处分，却不能科处刑罚。其二，保安处分还承担着针对实施了犯罪行为的精神病人、性病病人等的医疗施治以及对其他尚未实施犯罪但有较大人身危险性的虞犯分子的相关施治措施。例如，戒毒治疗处分、戒酒治疗处分、强制工作处分，等等。

（二）刑罚个别化原则与刑法适用平等原则

显然，二者既相联系又有区别。刑罚个别化原则与刑法适用平等原则的主要联系点在于：二者均是广义上的刑法基本原则，都会贯彻实施于刑法适用过程之中，而且，严格意义上看，二者还都是近代理性刑法的产物，是刑法民主化、人性化、法治化的表征之一。主要区别在于：其一，从形式上看，刑罚个别化原则仅仅是学理上的刑罚原则；而刑法适用平等原则乃法定的刑法基本原则。其二，从过程视角看，刑法适用平等原则显然贯穿于整个刑事立法、司法、执法各阶段，且同时适用于所有涉嫌犯罪的人、被指控犯罪的人或者业已被司法判定的实然意义的犯罪人等。而刑罚个别化原则显然仅仅适用于被指控犯罪的人或者业已被定罪判刑的人等。

在论及刑罚个别化原则与刑法适用平等原则时，人们免不了质疑：适用刑罚个别化原则，不就悖逆了刑法适用平等原则的规定吗？则司法上应当如何来回避因为刑罚个别化原则的适用而导致的同罪不同刑等"不平等"地适用刑法的弊况出现？对此，本书的回答是：这里所涉及的其实是如何看待刑法适用平等的标准的问题。如果以纯客观的、结果的平等作为平等的标尺，也许真会出现不那么平等的终局性结果；但以受刑人的主观感受、特别是其对刑罚的痛苦感受度为标尺，不平等的结果可能导致相对"平等"的刑罚裁量。但刑法适用并不局促于同罪同罚，而是涵括机会的平等、主观感受的平等、应得分量的平等等实质平等内容。就此意义看，只要刑罚个别化原则能平等地适用于《刑法》第 4 条所规定的任何犯罪的人，这就是刑法适用上的平等而非其他。

(三) 刑罚个别化原则与罪刑相当原则

如上所述，本书主张刑罚个别化原则乃属效用于罪刑相当原则而由其派生的补充原则。而之所以如此主张，是因为本书赞同对《刑法》第5条言及的"刑罚的轻重，应当与犯罪分子所犯罪行和承担的刑事责任相适应"中的"罪行"、"刑事责任"应做广义的理解。即这里的罪行乃指"行为人之客观恶害与主观罪责的统一"，"刑事责任"则是指行为人应予承担的法律后果。因而这里之罪刑相当并非局促于刑罚与客观恶害及其主观罪责的相当，而是刑罚应与行为人之客观恶害暨主观罪责以及行为人的人身危险性相当。唯其如此，刑罚才能满足"因为有犯罪和为了没有犯罪"的并合主义的相对报应刑的需要，从而，方能将刑罚的报应与预防机能有机地统一起来：使其"功利"成为相对公正的功利；使其"报应"成为有其价值的报应。

话虽如此说，有学者确曾明智地就刑罚个别化原则做了更加细微的分析，指出刑罚与犯罪人的人身危险性相适应，不属于刑罚与犯罪相当，而属于刑罚与犯罪人个人情况相当，属于刑罚个别化原则的范围。由此，论者进一步推论出：罪刑相适应是用以解决犯罪与刑罚关系的基本原则，刑罚个别化原则则是用以解决刑罚与犯罪人关系的基本原则。这两个原则均属刑法的基本原则，这两个原则既不可互相替代，也不可混为一谈。[①]对此，本书的立场是：二者虽然不可替代，却不是白与黑那样的相互排斥的矛盾关系，也非白与蓝那样的互不兼容的反对关系，而是类似于红与黄那样的包容关系。唯其如此，上述论者也承认"《刑法》第5条的规定还包含着刑罚个别化原则的内容，正是通过刑事责任范畴，《刑法》第5条巧妙地将罪刑相适应原则与刑罚个别化原则联系起来"[②]。可见，上述论者与本书的基本立场相同。不同点仅仅在于：按照上述论者的观点，《刑法》第5条实则包括了两大相互平行的刑法基本原则：罪刑相适应原则与刑罚个别化原则。当然，狭义的理解罪刑相适应原则的话，将《刑法》第5条释读为两项平行的原则也在理。但本书认为：对《刑法》第5条所规定的

[①] 参见曲新久《刑法学原理》，高等教育出版社2009年版，第30页。
[②] 曲新久：《刑法学原理》，高等教育出版社2009年版，第30页。

罪刑相当原则宜做广义理解，[1]即该原则本身包容了刑罚个别化原则，因而这里之罪刑相当原则应为刑罚个别化原则的上位原则。质言之，刑罚个别化只是罪刑相当原则的补充原则、派生原则。因而，从其价值效用与效能视角看，刑罚个别化原则实为我国《刑法》第5条法定的罪刑相当原则业已概定的基本内容之一。

二 刑法的谦抑性原则

刑法的谦抑性原则，又称最后手段原则、补充原则。一般认为，刑法的谦抑性原则与罪刑相当原则、禁止双重评价原则一样，都是宪法所确立的"法律手段与目的务须相对平衡"的"比例原则"的派生原则。[2]换言之，在民权主义的刑法视界中，刑罚作为国家的最高强制力手段，唯有在启动其他法律手段无效时，才能作为最后的、补充性的法律手段动用。否则，在启动其他法律手段足以平抑有关违法行为时，国家刑罚权的砝码添加一码，民众的权利边界就会后退十码、百码。毕竟，在强大而集中的国家刑罚机器面前，卑微而分散的个人实在微不足道。有鉴于此，刑法的谦抑性原则虽属学理上的刑法原则，但它仍然可谓宪政国家的宪法下位原则。

（一）刑法谦抑性原则的基本内容

谦抑性原则，又称必要性原则、补充性原则。指但凡通过其他法律足以绳禁某种违法行为时，就不得将此类行为设定成刑法上的犯罪行为；但凡规制或者采用较轻的刑罚或处罚措施，即可有效震慑某种犯罪时，就不得采用更重的刑罚方法。

根据上述刑法谦抑性原则的基本概念可见，首先，在刑事立法上，下列情况下没有设置犯罪规范的必要：其一，刑罚无效果。就是说，假如某种行为设定为犯罪行为后，仍然不能达到预防与控制该项犯罪行为的效果，则该项立法既无实效性也就没有了继续存在的必要性。其二，可以他法替代。如果某项刑法规范的禁止性内容，可以用民事、商事、经济或其他行政处分手段来有效控制和防范，则该项刑事立法也无必要性。英国哲

---

[1] 除了本书上文所谈见解外，对《刑法》第5条宜做广义理解的另一缘由在于：一般认为，我国现行《刑法》第3、4、5条每一法条各规定了"一条"刑法的基本原则。故而，将其理解为规制了两条平行的刑法基本原则的释读法，不太契合刑法学人们对刑法基本原则规制的思维观念。

[2] 参见许玉秀主编《新学林分科六法·刑法》，（台北）新学林出版股份有限公司2008年版，第42页。

学家边沁有一句名言，称"温和的法律能使一个民族的生活方式具有人性；政府的精神会在公民中间得到尊重"①。这句话可谓刑法所以应予奉行"谦抑性"原则的法哲学基本理论。故而，那种将民众的违法行为动辄规定为犯罪的立法法，不是立法在民的表现，殊不可取。其三，无效益。指立法、司法与执法的成本要大于其所得收益。例如，西方国家有"不合格磅秤罪"的规定，这在中国，显然会"无效益"。实在说，在中国这样人口众多的国家，对"不合格磅秤"行为，即便逐一施以一般违法处分，都无效益，更别说将其设定为刑事犯罪行为了。

其次，鉴于刑法的谦抑性原则既存在立法适用问题，也存在司法适用问题，因而，在司法环节，其实也存在可入罪可出罪时，则出罪；可刑罚可不予刑罚时，则以非刑罚方法处遇之；可重罚也可轻罚时，则施以轻罚；可判死刑也可判生刑时，则适用生刑，等等。

（二）刑法谦抑性原则的适用

这一原则的适用，本是为了限制刑法与刑罚的边界。但是这种限制自身也是有其"边界"的。反言之，作为最后手段、补充手段的刑罚手段，在不该出手时大加砝码，自然会侵分到公民的自由权利；另一方面，当其作为最后手段、补充手段的国家刑罚权，在适用其他法律不能有效抑制有关法益侵害行为之际仍不启用，则社会秩序的崩溃本身，也会带来公民权益和权利的大面积侵分、丧失。由此可见，刑法谦抑性原则的沿用，并不意味着不分青红皂白地非犯罪化、出罪化、非刑罚化和轻刑化。针对刑法谦抑性原则的适用，在立法与司法践行过程中，应当特别注意以下几点：

1. 当前阶段，大范围地非犯罪化未必符合中国国情

当前社会有两大特点：

其一，是社会愈来愈步入价值多元时代。在此时代，行为只要不侵害或者威胁到现行法律明文规定的公共法益或者他人法益，从宪法授予的公民个人自由权利角度看，就应当视作允许，特别是从刑法的视角看，凡是"其他法律明示为合法的，刑法不可以认为不法。而其他法律认为不法的，刑法可以不必认为不法"②。这种法秩序上的消极一致性，又为日本学者称为"刑法的片断性"。此类片断性显然是相对于民法等其他法律而言，因

---

① ［英］吉米·边沁：《立法理论——刑法典原理》，李贵方等译，中国人民公安大学出版社 1993 年版，第 150 页。

② 许玉秀主编：《新学林分科六法·刑法》，（台北）新学林出版股份有限公司 2008 年版，第 43 页。

为按照民法的规定，"所有基于故意、过失的不法行为都要承担损害赔偿责任"①，刑法则不然，不是所有基于故意、过失的不法，都会动用刑法的。在价值多元时代，不同地域、年龄、阶层、职业的人往往有其大相径庭的个人价值观，而诸此价值观只要不侵害或者威胁到公共法益或他人法益，就应当允许其并存。刑法不宜过多涉问。因而，对某些虽然可能无益于其自身，但无严重的法益侵害倾向的行为，刑法仍然可以无涉其间。例如，婚内通奸行为显属婚姻不法行为，但刑法完全无须认为其违背了刑法。又如，一般的卖淫与嫖宿，行为双方均属治安违法，但刑法仍然可以与之无涉。当然，有诸如强迫、组织、容留、介绍卖淫或者明知自己有性病而卖淫等卖淫关联行为者例外。当今中国现行刑事立法正是如此。由是，我们或许已经看到，我国现行刑法中，对"其他法律认为不法"者，刑法未必认定为"刑事不法"的立法例比比皆是。质言之，在西方国家，其隶属于刑法规范的违警罪、轻犯罪法等所规定的许多犯罪行为，在我国并不为罪，因而虽然近年来，不少西方国家掀起了"非犯罪化"的风潮，中国却无须盲目仿效之。

其二，社会愈来愈走向风险社会的时代。在此时代，仅仅依靠传统的民法、行政法规范不能有效平抑某些可能导致重大社会风险的危害因素，因而传统观念上的作为"事后罚"的刑罚发动权也有此特定的、提前发动的需求，以便在最小限度地侵分公民人身自由权利的同时，最大限度地防卫社会。例如，2011年5月入刑的醉酒驾车型的危险驾驶罪（以下简称醉酒驾车罪）即属此例。对此，有学者持否定态度，认为基于刑法的谦抑性，"从我国当前的法律规范体系来看，对于醉驾行为的惩治手段已经有了行政和刑事处罚手段等，没有再单独规定一个犯罪行为的必要。"②也有的学者明确肯定，认为《刑法修正案（八）》新增了危险驾驶罪、组织出卖人体器官罪、拒不支付劳动报酬罪等严重危及民生利益的犯罪，这符合刑法谦抑性原则的本质要求。③对此，本书的立场是：

（1）刑法谦抑性原则并不等同于简单而抽象地非犯罪化、出罪化或者轻刑化。上述犯罪化行为是否有悖刑法的谦抑性，关键在于上文论及的几

---

① ［日］西田典之：《日本刑法总论》，刘明祥、王昭武译，中国人民大学出版社2007年版，第23页。

② 李小华：《从刑法的谦抑性和效益、公正价值看醉驾入罪》，载《哈尔滨学院学报》2011年第10期。

③ 刘媛媛：《刑法谦抑性原则及其边界》，载《理论探索》2011年第5期。

大标准，即其一，是否无他法可以替代？其二，刑罚是否无效果？其三，司法上是否无效益？

（2）具体到醉驾行为而言，实践已经表明，他法的确无效果、无效应。唯有启动国家刑罚权，方才可能最大限度地抑制此类危险行为。据报载，在醉驾入刑之前几年，曾经出现5年内车祸导致的死亡人数超过汶川地震死亡总人数的悲惨数据，可见，我国治安管理处罚与《刑法》第133条的交通肇事罪规定，根本不能有效遏阻醉驾司机。这是因为，治安管理处罚对无数醉驾司机而言，完全没有杀一儆百的惩戒效应；另一方面，根据我国刑法的规定，行为要构成交通肇事罪，需重伤3人、死亡1人以上，在醉驾的情况下，也需重伤1人以上。而醉驾司机上路之际，国家刑罚权还需视死伤后果方才启动的话，那对于无辜逢凶的路人、醉驾司机本人而言，都为时太晚了。对此，有学者持论相反，认为醉驾入刑的执法、司法成本太高，其支出大于产出，有悖刑法的谦抑性原则，因而主张取消。[1]本书认为：生命是最为至高无上的权利，其他任何权利都无法与生命权利相提并论。简言之，生命无价！由是，在生命权利面前，无论是执法、司法消耗的人力、经济资源，还是醉驾司法被处以拘役或罚金刑所付出的自由与财产权利上的代价，都微不足道。因而，醉酒驾车罪的入刑并严格执法，最基本的国家法意还在于通过刑法的威慑功能，最大限度地减少上路的醉驾司机，进而，最大限度地保全更多的无辜路人、车辆包括醉驾司机本人的生命健康安全。据报载，自2011年5月醉驾入刑以来，公交道路上的醉驾司机已经减少了50%。此一初步数据更进一步地表明：醉酒驾车罪的设置有效益、有效果，且不能用他法替代。我们期望，在进一步严格执法的情况下，在不久的将来，上述数据能进一步降低为30%到20%，那对广大出行的路人、行车司机而言，无疑是大家最大限度地规避飞来横祸的潜在福音。

2. 刑法谦抑性原则与重法优于轻法原则的冲突与调适

除谦抑性原则外，"重法优于轻法原则"也是刑法原则之一。这当中，别说适用，单就两项原则并立，就不免令人生疑：刑法到底是要谦抑、要内敛、要做到罪之谦抑与刑之谦抑？还是要膨出、要张扬、要重罚？看来相互矛盾，令人无所适从。对此疑问，本书的答案是：

---

[1] 参见李小华《从刑法的谦抑性和效益、公正价值看醉驾入罪》，载《哈尔滨学院学报》2011年第10期。

第一，谦抑性原则既是刑事司法原则，更是刑事立法原则，重法优于轻法原则只是刑事司法原则。就此意义看，谦抑性原则具有全局性、整体性；重法优于轻法原则却有其局部性、片断性特征。有鉴于此，从根本上而言，国家还是应当秉持谦抑性的设法原则，摒弃重刑主义的倾向。但具体到特定情节、特定犯罪事项之际，其刑罚设置总是重重轻轻，有重有轻的，刑罚适用上也可能面临多项选择，例如法条竞合、牵连犯、连续犯之际，由是，刑法不得不就诸如此类的司法事项做出一般性的原则规定，例如，特别法优于普通法原则、重法优于轻法原则、从一重处断原则，等等。

第二，当上述两原则均适用于司法领域之际，谦抑性原则可一般性地适用于刑事司法领域，但刑法有其特别规定或专门规定时例外，即刑法有其"重法优于轻法原则"的专门规定或特别规定时例外。此一专门规定表现在：

（1）同一行为，既触犯了有关行政法规，又触犯了刑法之际。此时，不得根据谦抑性原则对其出罪，而必须根据"重法优于轻法原则"，对其直接适用刑法而非行政处罚。因为诸此场合，唯有"刑法才能完整评价，并最大限度地恢复被破坏的社会秩序和被侵害的法益"①。当然，根据刑法上的禁止重复评价原则，诸此场合，行为一俟遭受刑罚制裁，即已包含行政处罚在内，为避免一罪两罚，不当再对其进行行政处罚。②

综上可见，所谓"可入罪可出罪时则出罪"的刑法谦抑性原则仅仅发生在刑法并无特别规定，因而"可以"出罪的场合。由是，当其刑法已经针对某类行为做出犯罪规制之际，除非行为符合《刑法》第13条的但书规定或者存在其他违法性阻却事由，否则，根本不发生"可以"出罪的问题，此时，只能适用重法优于轻法的原则。例如，曾有来自刑事实务部门的人士谈及，全国各地时常发生滥砍电缆的行为，给国家造成重大损失，屡禁不止。其中有的人已触犯刑律，本可适用《刑法》。但是，既然有关电信行政管理法规已经对其作出了行政处罚设置；其他经济行政法也对其作出了相应的行政罚则规定，是否应当根据刑法的谦抑性原则，在可以适用经济法、其他行政法的时候，不要动用刑罚。

此一观点即属对刑法谦抑性原则的重大误解。显然，假若某行为因其危害程度严重，不仅触犯了有关民商或经济法规范，更触犯了刑法规范之

---

① 刘媛媛：《刑法谦抑性及其边界》，载《理论探索》2011年第5期。
② 许玉秀主编：《新学林分科六法·刑法》，新学林出版股份有限公司2008年版，第43页。

际，司法机关岂能"谦抑"地不去适用刑法而仅适用民商法或经济法？如此一来，刑法岂不衰减成毫无威权性可言的一纸空文？而作为"依法治国"当然内涵的"罪刑法定"原则何在？"有法可依、有法必依、执法必严、违法必究"原则何在？

由此可见，谦抑性原则虽应适用于刑事司法过程。但是，有一点需要明确，那就是在司法环节，这一过程仅仅体现在适用"刑法"这同一部门法过程之中。此时，司法机关宜在充分遵循罪刑法定原则、罪刑相当原则和刑法适用平等原则的前提下，去适度克减不必要的犯罪认定或抑制不必要的重刑主义倾向。即可罪可不为罪时，则不作犯罪处理；可刑罚可不予刑罚时，则以非刑罚方法处遇之；可重刑可轻刑时，毋宁施以轻刑。然而，此种处理方式与行为已经触犯刑律，却撇开刑法不去适用而去"谦抑性"地适用行政法的"克减"办法，有着本质上的不同：前者是有法必依、违法必究、依罪刑法定原则行事的表现；而后者，对犯罪行为只做行政处理的司法、执法，实属有职不守的渎职行为。

（2）重法优于轻法原则的特别规定表现在：在法条竞合、牵连犯等场合，我国刑法分则所做的特别规定。例如，针对特定的法条竞合行为，现行《刑法》分则第149条第2款明确规定："生产、销售本节第141条至第148条所列产品，构成各该条规定的犯罪，同时又构成本节第140条规定之罪的，依照处罚较重的规定定罪处罚。"又如，针对特定的牵连犯行为，按照现行《刑法》分则第198条第3款的规定，保险诈骗罪的行为人即投保人、受益人"故意造成被保险人死亡"以骗保的，行为构成保险诈骗罪、故意杀人罪，"依照数罪并罚的规定处罚"。由此可见，在法条竞合又有其重罚优先的特别规定的场合，此时的法官既不能适用谦抑性原则去轻罚被告人，也不能根据"特别法优于普通法的原则"去择定法条竞合犯的罪种，而必须选择法定刑更重的罪种认定其犯罪性质并酌定刑罚。有此特别规定的牵连犯场合亦然，不能适用谦抑性原则，也不得适用关于牵连犯的一般处断原则即"从一重处断"原则，而是一如上例，必须数罪并罚。由此可见，所谓"可重罚可轻罚时即轻罚的谦抑性原则"也只能发生在刑法并无专门的重处规定、行为确有"可以"轻罚的法定或者酌定量刑情节的场合。

本章小结

本章系统地梳理和论述了刑法的三大法定原则及两大学理原则，即罪刑法定原则、刑法适用平等原则、罪刑相当原则、刑罚个别化原则和刑法的谦抑性原则。本章首先指出，罪刑法定原则是我国宪法的下位法原则，在此基础上，本章在区分了绝对的罪刑法定主义与相对的罪刑法定主义的基础上，系统地论述了罪刑法定原则的基本要求。刑法适用平等原则同样是宪法的下位法原则，平等原则包括对任何涉嫌犯罪的人、待审的被告人抑或业已被定罪判刑的人，在刑法管辖适用上的平等、在追诉时效适用上的平等、在定罪适用上的平等、在刑罚裁量上的平等、在刑罚执行上的平等，等等。此外，本章还就平等的标准问题进行了专门的解读。主张在先行贯彻形式平等的前提下，辅之以一定程度的实质平等。罪刑相当原则是宪法所确立的"比例原则"的下位法原则。主张所谓罪刑相当，乃指刑罚的轻重，不仅应当与犯罪分子对法益的侵害、威胁程度及其主观罪责的大小相适应，更应与其应予承担的法律后果相适应。有鉴于此，根据我国《刑法》第5条的规定，刑罚个别化原则应为罪刑相当原则概定的基本内容之一，即刑罚个别化原则应为我国刑法上的罪刑相当原则的派生原则。刑法的谦抑性原则也是宪法所确立的比例原则的派生原则。本章在剖析了刑法谦抑性原则的基本内容的基础之上，还系统地解析了刑法的谦抑性原则与刑法上的重法优于轻法原则的冲突与调适问题。

思 考 题

一　名词解释

罪刑法定　相对不定期刑　罪刑等价　危险性预防　比例原则

二　简答题

1. 试述罪刑法定原则排除习惯法的基本原因。
2. 简论刑法上的罪刑相当原则。
3. 试论刑法上的刑罚个别化原则的基本含义。
4. 试论刑法的谦抑性质。

三　论述题

1. 试论刑法平等原则与刑罚个别化原则的联系与区别。
2. 试论如何调适刑法谦抑性原则与重法优于轻法原则在适用过程中的冲突关系。

阅读参考文献

陈泽宪：《刑法修改中的罪刑法定问题》，载《法学研究》1996年第6期。

陈忠林：《刑法面前人人平等原则——对刑法第4条的法理解释》，载《现代法学》2005年第4期。

陈忠林、陈可倩：《罪刑相适应原则的理论基础》，载《学海》2008年第1期。

苏彩霞：《罪刑法定的实质侧面：起源、发展及其实现：一个学说史的考察》，载《环球法律评论》2012年第1期。

冯军、王成：《罪刑法定原则的价值、困境及其出路》，载《河北大学学报》2007年第6期。

游伟、王恩海：《刑罚个别化思想与我国刑法的发展》，载《华东刑事司法评论》2006年。

刘宪权：《论罪刑法定原则的内容及其基本精神》，载《法学》2006年第12期。

董玉庭、董进宇：《刑事自由裁量权与刑法基本原则关系研究》，载《现代法学》2006年第5期；

石经海：《我国刑法与CCPR之比较与对接——以罪刑法定原则为研究对象》，载《法商研究》2010年第3期。

石经海：《从极端到理性：刑罚个别化的进化及其当代意义》，载《中外法学》2010年第6期。

赖早兴：《刑法平等论》，法律出版社2006年版。

赵赤：《论刑罚个别化原则的根基和属性——一种多视角的分析与考察》，载《武汉科技大学学报》（社会科学版）2005年第2期。

第五章 犯罪论体系概述

内容提要

犯罪论体系，实乃犯罪成立的理论体系。指从刑事法律及其所蕴含的法律精义中推导出来的关于行为能够得以成立犯罪的、各种要素内涵、结构形式及其逻辑排列的理论体系。1979年刑法颁行以来，受苏联刑法学的影响，我国学界在整个犯罪成立理论上，基本秉持苏联的犯罪构成四要件论。在学理上，此类犯罪构成可分类为一般犯罪构成与特殊犯罪构成、基本的犯罪构成与修正的犯罪构成、叙述的犯罪构成与空白的犯罪构成等。然而，近十数年来，中国刑法学界在犯罪论体系的改革或重塑问题上，一直聚讼纷纭。这当中，既存在在苏联犯罪构成基本理论框架上做一定构成依据、结构层次或者排列顺序方面的二层次、三层次或四层次构成要件理论之争，也存在如何沿用或借鉴大陆法系的三阶层犯罪论体系之争。而以德国为代表的大陆法系犯罪论体系也存在德国古典犯罪论体系、德国新古典论犯罪论体系和目的论犯罪论体系之区分，等等。

犯罪论体系，实乃犯罪成立的理论体系。指从刑事法律或刑事法律蕴含的法律精义中推导出来的关于行为能够得以成立犯罪的、各种要素内涵、结构形式及其逻辑排列的理论体系。

新中国成立以来，受苏联的影响，我国学界在整个犯罪成立理论上，基本秉持苏联的犯罪构成四要件理论。1979年，随着新中国第一部刑法典的颁行，整个中国刑法学界关于犯罪成立的一般要件、特殊要件的理论，更是基本照搬了苏联的上述犯罪构成四要件论。然而，随着1997年刑法的颁行，越来越多的国内学者开始针对犯罪构成四要件论提出多项质疑。因为，众所周知，建立在对苏联犯罪构成四要件论借鉴基础之上的、中国传统的犯罪论体系，被称为平行而封闭的犯罪构成模式。

按照此一模式，犯罪构成要件＝犯罪成立条件。据此，行为只要符合犯罪构成即便成立犯罪，中国的犯罪构成论体系因而等同于犯罪（成立）论体系。而以德国、日本为代表的大陆法系采取的则是由构成要件该当性、违法性、有责性递进合成的犯罪论体系。两相比较，中国不少学者指陈国内当今通行的"犯罪构成即犯罪论体系"中的价值评判过于前置，而以德国、日本为代表的大陆法系国家的犯罪论体系是开放的、递进的。中国的"犯罪构成"则是封闭的、静态的，能入罪而无"出罪"功能。以此机械而平行的犯罪构成论，时常难以解释司法实践中现存的某些虽符合犯罪构成却难以定罪的种种行为。基于上述多项缘由，不少学者主张重构中国的犯罪论体系。例如，有学者主张直接引进上述西方大陆法系的犯罪论体系。另有学者主张构建兼含构成犯罪的积极要件与消极要件的、对称式的犯罪构成体系。还有学者提出了自己的"犯罪要素重构论"，主张犯罪构成宜包括刑事违法性要件、社会危害性要件、应受惩罚性要件，等等。国内也有学者在自己撰写的教科书中，在犯罪论构架上基本引入了日本的违法有责类型的构成要件说，并将我国的犯罪论体系构建为：客观（违法）构成要件＋主观（责任）构成要件＝犯罪成立的模式[1]。国内还有学者在自己编撰的刑法学教科书中"直接采用了大陆法系的递进式犯罪成立理论，并以此阐释分则条文"[2]。而就整个刑法总论而言，可以说，一部刑法总论的体系，主要取决于其犯罪论体系之择取。换言之，对刑法总论可以根据其犯罪论体系取向的不同，即取向于传统的犯罪构成四要件论还是非传统的犯罪论体系而分为迥然不同的两大类别。本书不再是法律本科生或法律硕士教材，而是刑法学研究生教材，有鉴于此，本书更倾向于直接引入大陆法系的犯罪论体系，以便在不久的将来，中国学人能在相对熟悉并了然德国、日本犯罪论体系的研习平台上，认真借鉴域外优秀的法律思想精髓，并以此为基点重塑中国刑法学的犯罪论体系。但在研讨此一议题之前，有必要认真回顾一下传统的中国刑法学界通说的犯罪论体系以及以德国、日本为代表的大陆法系国家的犯罪论体系。

---

[1] 参见张明楷《刑法学》第三版，法律出版社2007年版，第115、203页。
[2] 陈兴良主编：《刑法学》，复旦大学出版社2003年版，扉页。

第一节 中国传统的四要件犯罪论体系

一 犯罪构成的基本概念及其特征

犯罪构成，是指由刑事法律所规定的、决定某一行为的社会危害性及其危害程度并为成立犯罪所必需的客观要件与主观要件的有机整合体。其基本特征如下：

第一，犯罪构成是由刑事法律加以规定的。就是说，有关构成犯罪的诸要件，不是任何人臆定的，而是经由法律择定的。

第二，犯罪构成是主观要件和客观要件的有机统一整体。从数量上看，犯罪构成不是单个主观要件和客观要件的总和，而是一系列主客观要件的总和；从组成上讲，犯罪构成不是一系列主客观要件的简单相加，而是相互渗透、相互作用、共同构成一个说明犯罪构成规格和标准的有机整体。

第三，犯罪构成是由能说明社会危害性的本质要素构成的。在社会生活中，与犯罪有关的事实特征多种多样，这些事实特征都在不同程度上对犯罪起着证实作用。例如，犯罪的对象、时间、地点、作案工具、行为人的相貌、体态等。但上述众多事实特征，并非都是犯罪构成必需的要件，唯有其中最本质的、能够表明行为性质究属罪与非罪的特征才能成立为犯罪构成要件。例如，一起抢夺案件发生以后，关于被害人长得胖还是瘦，白还是黑，对本案犯罪成立与否没有事实上的影响。有影响者仅仅在于：（1）行为人是否达到刑事责任年龄；（2）主观上是否具有抢夺故意；（3）客观上是否实施了抢夺行为，并非法攫取了他人合法财产权利；（4）情节是否达到应受刑罚惩治的程度。

二 犯罪构成与犯罪概念的关系

犯罪概念所解决的是什么是犯罪的抽象定义问题。通过该定义，人们已经知道，犯罪是由刑法规定的、侵害或威胁到特定法益的、应受刑罚惩罚的行为。然而，一般认为，犯罪概念虽然让人知悉了什么是犯罪，却无助于人们在似是而非的行为面前，具体界分该行为是否构成犯罪。有鉴于此，还需一把标尺、一座天平、一个确定的框架或者说规格，以便法官衡定各种具体行为是否构成犯罪，就像质量检验员有其确定的标尺来衡定产品质量是否合格一样。这样一来，犯罪构成就不仅揭示了"犯罪是什么"，而且解决了"什么行为是犯罪"的问题。

然而，作为衡量行为是否构成犯罪的框架，"犯罪构成"不能偏离犯罪概念既定的形式与实质含义，而必须以其内涵作为其形成和确认各类主客观构成要件的思想精髓和立法要义，从而设定出各类构成犯罪的主客观"规格"来。那么，何谓犯罪的主客观构成要件呢？简单地说，犯罪的主客观构成要件，就是犯罪的主观构成要件与客观构成要件的总称。其中，犯罪的主观构成要件，简称主观要件，指行为人对其所实施的犯罪行为及其结果所抱的"故意"或"过失"的心理态度以及犯罪目的、动机。犯罪的客观构成要件，简称客观要件，指刑法所规定的、说明行为对刑法所保护的法益的侵害或威胁而为成立犯罪所必备的客观事实特征的总和。

三　中国刑法学界关于犯罪构成的学理争议

中国刑法学界，在犯罪构成理论上，曾存在"构成依据"、"结构层次"、四要件的"排列顺序"等方面的争议。

（一）关于"构成依据"问题，我国刑法学术界有下述三种不同学理主张：（1）法定说，主张"犯罪构成"是经由我国刑法明文规定的；（2）理论说，主张犯罪构成不是刑法明文规定的，它只是阐明刑法关于犯罪构成规格的理论形式；（3）折中说，主张犯罪构成兼具法定性和理论性，即犯罪构成既是由法律明确规定的，也是一种阐明法律的理论形式。上述三种学理主张中，"法定说"曾为中国刑法学界通说观点。这一观点认为：犯罪构成与犯罪构成理论之间有着严格的界分，犯罪构成是刑法明文规定的；犯罪构成理论是建立在对中国刑法关于犯罪构成相关规范的系统研究基础之上形成的学术体系。但它既不能代替也不能包容刑法关于"犯罪构成"的规定本身。

（二）关于"结构层次"问题，中国刑法学界通说观点为"四要件论"，认为任何犯罪都包括犯罪客体、犯罪的客观要件、犯罪的主观要件和犯罪主体四要件。根据这种理论，刑法总则中有关犯罪的章节是对一切犯罪所共有的犯罪构成一般要件的总体规定；刑法分则则是对每一具体犯罪必备的特殊犯罪构成的特别规定。在此犯罪构成中，刑法各条是寓含"犯罪行为——行为客体"等客观违法要素、"犯罪主体——主体罪过"等主观归责要素的主客观相统一的犯罪构成结构。然而，在此基础上，刑法学界还形成了二要件论、三要件论和五要件论等多种不同观点。①虽然如此，长期以来，我国刑法实务界、理论界比较认可的关于犯罪构成的通说观点还是四要件论。

（三）关于四要件的"排列顺序"问题，通说观点认为，犯罪构成的四要件排列顺序应为：犯罪客体、犯罪的客观方面、犯罪主体、犯罪的主观方面。但也有学者主张其排列顺序宜为：犯罪主体、犯罪主观方面、犯罪客观方面、犯罪客体。理由是符合犯罪主体条件的人，是在其主观罪过心理支配下，实施了构成刑法意义的犯罪行为、侵犯一定的刑法所保护的社会关系的。②对此观点，坚持上述通说观点的学者指出，既然我们承认犯罪是一种"行为"，就须坚持从客观到主观地去认定犯罪顺序，而不是先入为主地从犯罪主体查起。否则可能陷入"先抓人，后找事实"的渊地。③据此，我们认为通说观点所认可的构成要件顺序，确实更有利于科学地认定犯罪并确保公民权利免遭主观臆断的侵害。

四　犯罪构成的学理分类

从学理上看，对犯罪构成可分类为一般犯罪构成与特殊犯罪构成；基本的犯罪构成与修正的犯罪构成；叙述的犯罪构成与空白的犯罪构成。

（一）一般犯罪构成与特殊犯罪构成

以犯罪构成的共性与特殊性作为分类标准，可将犯罪构成划分为一般犯罪构成与特殊犯罪构成。其中，一般犯罪构成又称普通犯罪构成、总则犯罪构成。指所有犯罪必备且共有的犯罪构成特征。由犯罪主体、犯罪客体、犯罪的主观方面、犯罪的客观方面四要件构成。特殊犯罪构成，又称"个罪犯罪构成"、分则犯罪构成，指《刑法》分则条文或单行刑事法律所规定的"个罪"对该罪的特定犯罪构成规定。

（二）基本的犯罪构成与修正的犯罪构成

以犯罪构成的适用范围为分类标准，可将犯罪构成划分为基本的犯罪构成与修正的犯罪构成。其中，基本的犯罪构成，指刑法条文就犯罪的基本形态所设定的犯罪规格。其基本点在于：这一犯罪是行为人（包括法人、非法人单位）单独实施的（这里之"单独"是相对于"共同犯罪"而言）、表现为犯罪既遂形态的、犯罪的一般形式。此类规范主要通过刑

---

① 参见陈兴良《刑法适用总论》（上），法律出版社 1999 年版：第 124—126 页。
② 参见赵秉志、吴振兴主编《刑法学通论》，高等教育出版社 1993 年版，第 84 页。
③ 参见张明楷《刑法学》（上），法律出版社 1997 年版，第 111 页。

法分则的罪状形式表现出来，但不排除刑法总则中的假定规范。

修正的犯罪构成是刑法以基本的犯罪构成为前提，为适应犯罪行为形态的多种变化及共同犯罪的需要，而对基本的犯罪构成加以修改、变更而成立的犯罪规格。一般认为，刑法总则中的预备犯、未遂犯、中止犯、主犯、从犯、胁从犯、教唆犯等构成规定，即属修正的犯罪构成。需要注意的是：一般而言，修正的犯罪构成总规定在刑法总则之中，但是，它又不能脱离基本的犯罪构成独立存在。所以，在确定此类犯罪构成时，须注意把总则与分则规范结合起来加以考虑和认定。

（三）叙述的犯罪构成与空白的犯罪构成

以刑法对犯罪构成的表达方式来分类，可将犯罪构成分为叙述的犯罪构成与空白的犯罪构成。其中，叙述的犯罪构成又称封闭的犯罪构成，指刑法条文已对犯罪构成要件予以了较为详尽的描述、完整标明了该犯罪事实特征的构成规定。这在刑法分则之中，主要表现为叙明罪状的规定。空白的犯罪构成又称补充的犯罪构成，指刑法条文对犯罪构成要件没有予以明确的描述，而是仅仅指出应当援引的其他法律规范来说明该犯罪构成，抑或刑法条文采取了"白地规定"的法则来概述某一犯罪规范。在立法例上，这种犯罪构成或者采取以"违反……法规"的形式来表述，因而对此类犯罪构成，不仅要了解刑法本身的规定，还要掌握相关经济、行政等法律规范的具体内容，才能确认此类犯罪。抑或，立法者有意无意地采用了空白规定或者漏洞规定的方式来规范某些具体犯罪。例如，刑法分则中对某些不真正不作为犯的义务来源、对过失犯罪的结果预见义务及结果回避义务、对某些目的犯的空白规定，等等，[①]都在事实上导致了某些刑法分则构成要件具有开放性、可补充性的特征。

第二节 以德国、日本为代表的大陆法系犯罪论体系概览

与中国显著不同的是，大陆法系的犯罪论体系不像中国那样构成犯罪的四要件是平行的、耦合的，只可出罪而不能入罪的。在大陆法系国家，一般意义的犯罪论体系是指由构成要件符合性、违法性与有责性与犯罪成立的关系的整个理论体系。唯其如此，大陆法系国家关于犯罪的概念，也本质不同于中国《刑法》第13条的犯罪定义。根据上述犯罪论体系的基

[①] 参见张明楷《刑法的基本立场》，中国法制出版社2002年版，第149页。

本观点,大陆法系有学者对犯罪定义如下:"犯罪是指该当于构成要件的违法且有责的行为。"①

德国近代的犯罪论体系经历了三个重要发展阶段,即:(1)以"行为构成要件说"为基础的古典的犯罪论体系;(2)以"违法行为类型说"为核心理论的新古典的犯罪论体系;(3)目的论的犯罪论体系。②

一 德国古典犯罪论体系:行为构成要件说

德国古典犯罪论体系,自20世纪初叶起成为德国关于犯罪概念结构理论的通说主张。其基本观点是,特定的法律"行为"是犯罪的基础,在此基础上,犯罪是指具备构成要件符合性、违法性、有责性的行为。对此,就研究方法论及其规范价值观看,德国古典犯罪论体系是以法学实证主义的方法论为其古典犯罪概念的研究方法,以价值中立主义为其规范价值观的。

首先,在实证主义的方法论指导下,该学派代表人物恩斯特·贝林(E. Beling)和弗兰茨·冯·李斯特(V. List)最初曾以纯自然主义的身体运动及其所导致的外部世界的改变(结果)来实证地解释刑法意义的"行为"。该学说认为狭义的行为,就是一种身体运动,它与结果即外部世界的改变由因果关系链环联结了起来,由此形成了刑法意义的"行为"。继后不久,冯·李斯特发现,"身体运动"的解释法无法阐释"不作为"现象,而不作为却是刑法确认的行为方式之一。事实是,"不作为"不但无须身体运动,反以消极的、不运动的方式来抗制了法律。基于此,李斯特最终挣脱了自己曾经力主的仅以"身体运动"来解释"行为"的理论藩篱,开始着眼于同时以精神活动层面来解释整个法律"行为"的社会意义。他指出,"不作为"之所以构成法律"行为",是由于"法秩序期待着一个特定的行为"③。

其次,在确证了犯罪是一种特定行为的基础上,古典的犯罪论体系进一步地用价值中立主义的规范价值观来探究何谓构成要件符合性,进而结合行为的违法性、有责性来解释犯罪。

---

① [日]西田典之:《日本刑法总论》,刘明祥、王昭武译,中国人民大学出版社2007年版,第44页。
② 参见[德]汉斯·海因里希·耶赛克、托马斯·魏根特《德国刑法教科书》(总论),徐久生译,中国法制出版社2001年版,第247页。
③ 同上书,第250页。

"构成要件"概念最早源自中世纪意大利的犯罪"查究程序"（corpus delicti）。因而当时的"构成要件"主要用于在诉讼程序过程之中确证有无一般的犯罪事实。19 世纪，德国的修特贝尔（C. C. Stubel）从对犯罪的特别预防主义的立场出发，强调犯罪意识的构成要件意义；费尔巴哈（Feuerbach）则"站在依据他的心理强制论所提出的与罪刑法定主义相结合的立场上，把构成要件理解为刑法概念"[1]，二人从而在事实上将"构成要件"观引入了刑事实体法学界。但"在 19 世纪的刑法学上，对于犯罪的成立，通常是把总则上的要件称作一般构成要件，把分则上的要件称作特别构成要件"[2]。至 20 世纪初叶，形成了以德国的贝林和李斯特为代表的"行为构成要件理论"。其主要特点是将构成要件与违法性、有责性切割开来。"根据这一认识，所有犯罪行为客观方面的条件，都属于行为构成和违法，而罪责是作为主观方面的犯罪因素的总和而适用的。"据此，"故意是作为罪责的形式被认识的"[3]。总体来看，德国古典犯罪论所主张的"构成要件"的主要特点是：

第一，表明刑法所定各罪的"观念形象"，与犯罪的主观要素无关；

第二，与违法的观念并不完全一致，符合构成要件的行为未必皆属违法，虽然具备构成要件符合性者，一般推定为违法，按贝林的话说就是行为具备构成要件符合性，就等于"征表"其行为违法。但"征表"还不等于认定，究否违法，须待确证其有没有"违法性阻却事由"时方可认定；

第三，构成要件与责任的成立也截然有别。行为符合"构成要件"者，如不具备责任要素，仍属无责。[4]据此，"构成要件是与法的价值判断相分离的、纯粹形式的、记述的、价值中立的行为类型"[5]。换言之，"构成要件"本身是中性无色的，这里，无论是"中性"还是"无色"，都是相对于无价值与有价值而言，亦即具备构成要件符合性的行为，既不被刑法评价成"有价值"的行为，也不被评价为"无价值"的行为，而是价值中立的行为类型。

---

[1] 参见［日］福田平、大塚仁编《日本刑法总论讲义》，李乔、文石、周世铮译，辽宁人民出版社 1986 年版，第 41 页。
[2] 同上。
[3] ［德］克劳斯·罗克辛：《德国刑法学总论》（第 1 卷），王世洲译，法律出版社 2005 年版，第 121 页。
[4] 参见刁荣华主编《现代刑法基本问题》，（台北）汉林出版社 1981 年版，第 50 页。
[5] 张明楷：《刑法的基本立场》，中国法制出版社 2002 年版，第 96 页。

鉴于上述古典犯罪论对特定的行为、构成要件符合性、违法性和有责性与犯罪的成立关系的并行强调，因而从犯罪成立的结构形式上看，德国古典犯罪论体系又被称为"基本上表现为构成要件、违法性和罪责三级构造形式的犯罪构造"①。对此，中国刑法学界又将此古典的犯罪论体系称之为三阶层的犯罪论体系。

二 德国新古典犯罪论体系：违法行为类型说

新古典的犯罪论体系以德国的梅茨格（Mezger）、弗兰克（Frank）等为代表，始创于20世纪初叶，问世不久，即显现出深远、磅礴而巨大的学术影响力，以至它不仅很快传播于日本、意大利、西班牙、葡萄牙、希腊等多个大陆法系国家，并在不同国度获得进一步发展。例如，日本的泷川幸辰、西原春夫、平野龙一等学者所持的犯罪成立理论，就基本类同于认为构成要件是违法类型的、新古典犯罪论的犯罪论体系。

值得强调的是，新古典犯罪论之所以仍被称为"古典学派"，基本缘由正在于其在结构形式理论上，新派仍然大体承袭了古典犯罪论的结构形式。因而其"新"处仅仅在于对构成要素"内容"上的实质性改良。此外，在研究方法论上，新派主要采取抽象的思维方式和价值相对主义的规范价值观。表现在：

第一，在新古典犯罪论那里，"行为"不再被简单地解释为人的"身体运动"，而是人的"意志行为"、"意志实现"、"意志态度"。因而，针对古典体系的客观不法说，新古典犯罪论强调：并非所有的情况下，都可以通过纯客观的特征来表明"不法"，换言之，罪责并非只能通过主观因素才能建立。例如，盗窃行为，要求行为人必须具有心理上的占有特征，否则不能成立盗窃。②此外，在犯罪成立基础上，新派有学者认为，"完全可以放弃行为概念，以便直接在构成要件该当性上开始犯罪构成"③。

第二，在规范价值观上，新古典犯罪论者发现刑事法律规范并非完全中性无色，相反，一些规范在立法时就被赋予了评价要素。如刑法规范中

---

① [德] 冈特·施特拉腾韦特、洛塔克·库伦：《刑法总论 I——犯罪论》，杨萌译，法律出版社2006年版，第77页。

② 参见 [德] 克劳斯·罗克辛《德国刑法学总论》（第1卷），王世洲译，法律出版社2005年版，第122页。

③ [德] 汉斯·海因里希·耶赛克、托马斯·魏根特：《德国刑法教科书》（总论），徐久生译，中国法制出版社2001年版，第246页。

含有的"侮辱性行为"、"其他卑劣的动机"等法律术语就充分表明刑法规范并非价值中立，而是针对规范所禁止的行为有其特定的谴责性、否定性评价。否则刑法就不会在规范中采用诸如"侮辱"、"卑劣"等含有明显贬义色彩的法律用语了。

第三，在违法性学说上，德国的梅茨格（Mezger）等人进一步认为，违法性不仅仅是对法律形式的违反，而且具有实质意义的针对法益的侵害或者威胁。有学者进一步认为，规范既然并非中性无色，则违反规范的行为本身理所当然地含有实质上的违法性质而非仅仅是形式违法。用公式表示即为：行为符合构成要件 = 违法。二者合而为一体。梅兹格进一步主张，构成要件在与违法性的关系上没有独立意义，它只是在与违法性阻却事由的关系上，才具有独立的意义，于是构成要件就变成了类型化的违法的构成要件。①

第四，在责任内容上，在古典犯罪论体系中，责任能力被称作"罪责的先决条件"；"故意"和"过失"则被解读为责任的"形式"或"种类"。而在新古典犯罪论体系中，行为人因其故意或过失行为应受非难的缘由不再简单地被归结为他内心的精神或心理活动过程，而是他对法律所抱持的"禁止的态度"。基于此，精神病人对其故意实施的犯罪行为之所以不为法律所非难，缘由正在于法律不能指望精神病人能够"具备与法律相适应的意志构成"。同理，在过失犯罪的情况下，责任非难不是针对行为人"缺少对结果的认识"的否定，而是对行为人所表现出来的行为时疏于履行其注意义务的态度的非难。②

第五，根据此种观点，所有对于不法而言具有重要意义的要素，无论是构成不法还是排除不法的事实因素，都作为积极的构成要件要素或者消极的构成要件要素，被统一在"广义的构成要件"概念里。这样，成立犯罪仅需两大要素：不法构成要件要素和责任构成要件要素。③

综上可见，上述所有不同特征中，新古典犯罪论体系与古典犯罪理论的最核心的区别还在于：如何看待构成要件的内涵与违法性的关系。古典犯罪理论认为构成要件只是"征表"违法性，但并不原则地等同于符合构

---

① 参见张明楷《刑法的基本立场》，中国法制出版社2002年版，第101页。
② ［德］汉斯·海因里希·耶赛克、托马斯·魏根特：《德国刑法教科书》（总论），徐久生译，中国法制出版社2001年版，第256页。
③ 参见［德］冈特·施特拉腾韦特、洛塔克·库伦《刑法总论Ⅰ——犯罪论》，杨萌译，法律出版社2006年版，第80页。

成要件的行为即属违法;新古典犯罪理论则认为,具备构成要件符合性者,原则上构成违法,只是在具有违法性阻却事由的场合,构成要件才例外地排除违法。正是在此意义上,新古典犯罪理论在构成要件问题上,又被称为"违法类型说"。

三 德国目的论犯罪论体系:开放的构成要件说

德国目的论的犯罪论体系创始于20世纪30年代,主要代表人物为汉斯·韦尔策尔(Hans Welzel)。从方法论上看,目的论的犯罪理论抛弃了过去的抽象思维方式和价值相对主义的规范价值观,代之以存在论的思考方法,并以克服价值中立主义为基点,积极向刑法的社会伦理根据推进。

这一理论将确定的"目的"确认为行为的"本质"。具体而言,其理论建立在论者所认同的下述行为"本质"上:"自然人经过其思想预期和相应的中间选择,把因果关系的发展过程导向于一个确定的目标,从而将此因果过程"在目的性上过分地确定化了"。据此,杀人行为只能在行为人有意识地按其自主意志为这个目标而行为即故意杀人时,方才"存在"[1]。据此,原本作为古典和新古典犯罪论中的"罪责"要素及不法意识的构成部分的"故意",在目的性行为理论中,被归结为行为的构成部分,这"意味着不法被进一步地主观化了,相反,对于罪责来说,却意味着逐渐地非主观化和规范化"[2]。由此可见,目的论行为理论的主要观点是,将人的"实际存在"作为犯罪论的中心概念,将理解为目的的行为概念作为犯罪构成的基础。该理论认为人对行为的有目的的操纵是在对目标的精神先行、必要的行为手段的选择和在现实世界中实现行为的过程中完成。因而,在目的论的犯罪论体系中,主观故意不再是归责要素,而是与其他主观特征一起,"共同属于犯罪构成要件范畴,因为犯罪构成要件的任务是在所有的、对处罚具有重要意义的不法特征方面来说明行为"[3]。换言之,韦尔策尔认同构成要件中含有主观要素。

与此同时,基于目的论的犯罪理论,韦尔策尔主张,刑法分则上除有封闭的、表现为完整的不法类型的行为构成以外,还有开放的构成要件。

---

[1] 参见[德]克劳斯·罗克辛《德国刑法学总论》(第1卷),王世洲译,法律出版社2005年版,第122页。

[2] 同上。

[3] [德]汉斯·海因里希·耶赛克、托马斯·魏根特:《德国刑法教科书》(总论),徐久生译,中国法制出版社2001年版,第260页。

此类行为构成没有全面详尽地描述法律禁止的对象，即其没有明确指出不法之所在。换言之，此类不法只能通过"专门的违法性特征"（过去的法律义务特征）来查明。例如，有刑法规条中出现了"卑鄙性"字样，韦尔策尔认为，诸如此类的行为构成与不法的关系不再是价值中立的犯罪类型。[1]进而，在构成要件与违法性、有责性的关系问题上，韦尔策尔部分地认同贝林的行为构成要件说。他认为刑法规范是将诸如不能杀人这样的禁止规范，对象性地加以记叙的，因而行为符合构成要件，就表明行为为法秩序所禁止。与此同时，韦尔策尔又认为鉴于刑法上特定的、容许命题（即正当化事由）的存在，因而符合构成要件还不一定违法，必须在确定没有介入容许命题的场合，才能确定违法性。有鉴于此，韦尔策尔认为大部分构成要件应当具有推断违法性的机能，只有在存在容许命题时才发生阻却违法的可能。但对少量例外的、开放的构成要件，韦尔策尔认为尚需法官积极地做出行为是否违法的实体判断，嗣后才能确立构成要件的符合性。对此，我国有学者评论道，韦尔策尔大概只在此类场合，即开放的构成要件的场合，才与贝林的行为构成要件说相一致。[2]

而据汉斯·海因里希·耶赛克教授介绍，在构建犯罪论的过程中，韦尔策尔所主张的严格意义的目的主义被希尔施（Hirsch）最为忠实地继承了下来。而其弟子们在继续发展目的主义基本思想的过程中，则采取了极端的态度。例如，阿明·考夫曼（Armin Kaufmann）和齐林斯基（Zielinski）就主张，对于人的不法而言，仅行为无价值具有重要的意义，破坏法益的结果则被视为客观的可处罚的条件。[3]

值得强调的是：上述三种不同的犯罪论体系，如今并未因时间的先后而以一种观点取代另一种观点。但上述三种犯罪论体系观之中，目的论的犯罪论体系仅为德国少数刑法学者所认同。总体来看，不含有主客观价值评判的中性无色的构成要件理论仍占上风。亦即不含当然的违法性、可责性判断的狭义的"构成要件"观仍为当今大陆法系刑法学界的主流观点。用德国冈特·施特拉滕韦特和洛塔克·库伦教授的话说就是"大部分观点认为，违反了刑法认可的规范的行为具有独立意义"，"因此，构成要件该

---

[1] 参见［德］克劳斯·罗克辛《德国刑法学总论》（第1卷），王世洲译，法律出版社2005年版，第195—196页。
[2] 参见张明楷《刑法的基本立场》，中国法制出版社2002年版，第100页。
[3] 参见［德］汉斯·海因里希·耶赛克、托马斯·魏根特：《德国刑法教科书》（总论），徐久生译，中国法制出版社2001年版，第264页。

当性在评价体系中占据第一位。其结果，就是划分为三个层次的犯罪构造：构成要件该当性、违法性和罪责"[①]。

四 日本犯罪论体系论要

关于犯罪论体系问题，在日本，也围绕下述焦点问题形成了多种不同观点。第一个焦点问题是：犯罪成立的第一要件究为"行为"还是"构成要件该当性"。将行为作为犯罪成立第一要件的犯罪论体系叫作"行为论犯罪体系"。按照此种"行为论"观点，没有构成要件该当性的"裸的行为"，是独立存在的犯罪成立要件。与此相对立的是将构成要件该当性作为犯罪成立第一要件的犯罪论体系，名为"构成要件犯罪论体系"。持此观点者认为，"行为"只不过是构成要件的一个要素，将其纳入构成要件该当性的判断即可。第三种观点是折中于二者之间的观点——有学者提出了消解前两种观点的对立，重视作为犯罪论的存在基础的"行为"，在构成要件该当性之前单独论述"行为"的"折中犯罪论体系"[②]。

第二个焦点问题是：构成要件该当性与违法性是否分别的、各自独立的要件。对此也有肯定说和否定说两种不同观点。肯定论者认为，构成要件该当性的判断仅仅是形式的、类型化的、中性无色的判断，因此在此评判阶段不应掺入实质性的、非形式的"违法性"判断。由于法官在此阶段尚未进行是否违法的实质性评判，因而在此阶段应将犯罪与非犯罪区分开来。为此，构成要件该当性与违法性是相互平行的、各自独立的客观要件。

否定论者则认为，在进行构成要件该当性判断时，不可能仅仅根据构成要件要素进行纯形式的、类型的、无色的判断。某些情况下，不考虑有无"违法性"这一实质性问题，事实上不可能做出行为是否具备构成要件该当性的判断。例如，过失犯罪、不真正不作为犯罪，此类犯罪实属开放性的构成要件，法官在此阶段不针对个案行为人有无针对该过失的注意义务、结果预见义务或结果回避义务的实质判断，就无法判定行为的构成要件符合性。又例如，对不履行职守型的渎职犯罪，行为是否具备构成要件该当性的关键正在于其是否负有实施特定行为的"作为义务"，负有作为义务而不作为者即属违法，同时也就符合该渎职犯罪的构成要件该当性特

[①] [德] 冈特·施特拉腾韦特、洛塔克·库伦：《刑法总论Ⅰ——犯罪论》，杨萌译，法律出版社2006年版，第79页。

[②] 参见张明楷《刑法的基本立场》，中国法制出版社2002年版，第100页。

征。因而，按照此类否定论者的观点，将二者悉数割裂开来是不现实、不可行的。

但日本的违法行为类型说论者，也立足于结果无价值与行为无价值两种立场。（1）结果无价值论者认为违法的本质在于对法益的侵害或者威胁。如平野龙一、山口厚等日本学者就认为由于故意、过失属于责任要素，因而并不包含在构成要件之内，另有观点从否定主观违法要素出发，认为伪造罪中的"行使目的"应属主观责任性要素；（2）行为无价值论认为，违法的本质在于对规范的违反。基于此一立场，持此论者如西原春夫、井田良等学者就认为故意、过失理所当然地应当作为"违法要素"的构成要件要素。①

基于对上述两大焦点问题的观点对立及折中，而今日本主要有下述三种犯罪论体系观，即：（1）将犯罪论体系归结为：行为、构成要件该当性、违法性和责任。（2）将犯罪论体系归为：行为、违法性和责任。（3）构成要件该当性、违法性和有责性。②

当然，从另一侧面看，即从构成要件与违法性、有责性的关系上看，日本刑法学界也持行为构成要件说、违法类型说、违法有责类型说三种不同学理观点。例如，日本的曾根威彦、内田文昭、庄子邦雄、西田典之等学者就基本认同贝林的行为构成要件说。而如上所述，日本的泷川幸辰、西原春夫、平野龙一、野村稔等多数学者较为认同新古典论的违法类型（的构成要件）说。日本的小野清一郎、团藤重光、大谷实等学者则持违法有责类型（的构成要件）说。

对行为构成要件说、违法类型说，上文已做较多阐释，这里恕不繁言。而对其后的第三种观点，即违法有责类型说，日本的刑法学者也做了相当详尽的阐释。简言之，违法有责类型说认为，构成要件不仅仅是违法行为类型，还是有责行为类型。如日本的小野清一郎就认为，刑法应对犯罪行为进行三重评价：一是构成要件符合性的评价，这是刑法规范的抽象评价；二是违法性评价，这是对行为本身的具体评价，是在将行为与行为人相分离的情况下，所做的仅仅针对具体行为的客观评价；三是道义责任评价，这是将行为与行为人相结合的具体评价。③ 小野清一郎因而指出：

---

① ［日］野村稔：《刑法总论》，全理其、何力译，法律出版社2001年版，第84—85页。
② 参见［日］野村稔《刑法总论》，全理其、何力译，法律出版社2001年版，第84—86页。
③ 参见张明楷《刑法的基本立场》，中国法制出版社2002年版，第104页。

"犯罪的实体是违法的行为、行为者对此负有道义上的责任的行为，是违法且有责的行为类型。但是要成为可罚的行为的话，就必须依据特殊的刑法各本条的规定。刑法各本条所规定的特殊的、类型的违法、有责的行为，即是构成要件。在前面表现出来的是构成要件，其背后的实质的意义是违法性与道义的责任。"[1]对此，日本的大谷实教授也持首肯态度，认为构成要件应为违法且有责的行为类型，所以，符合构成要件的行为，就应以是否存在违法阻却事由这种消极的方法来确定违法性。此外，在责任层面，只要是符合构成要件的行为，就应以是否存在责任阻却事由这种消极的方法来确定责任。[2]但持违法有责类型论者，也在以下两大问题上持论各异。即：

（1）在故意、过失是否包含在构成要件要素之内的问题上，违法有责类型说论者也是众说纷纭。第一说认为，故意、责任既是责任要素，也是构成要件要素。如前田雅英、曾根威彦、佐伯仁志等即持此一立场。第二说认为，故意、过失既是违法要素也是责任要素，还是构成要件要素。如团藤重光、大塚仁、大谷实等即持此一立场。第三说认为，故意、过失属于并非该犯罪的固有要素的一般责任要素，因而不当包含在构成要件之内。如町野塑即持此观点。对此，日本学者西田典之评论道：上述第二说认为同一种要素既是违法又是责任要素，二者因而丧失了加以区别评价的功能，没有实际意义。第三说则一方面认可故意与过失有其责任类型上的区别，另一方面，在不处罚过失犯的犯罪类型中，又将其作为可罚性行为的类型性要素。于是只能将其排除在责任构成要件之外，这种学说因而欠缺理论上的前后一贯性。[3]

（2）在犯罪论体系中，针对诸要素的判断顺序之争。第一说主张，应先进行违法有责构成要件该当性判断，之后再进行违法阻却事由、责任阻却事由判断。第二说主张，先进行违法构成要件该当性判断，之后进行违法阻却事由判断，再后进行责任构成要件该当性判断，最后进行责任阻却事由判断。对此，日本学者西田典之表示，他主张"故意、过失等主观性要素、隐灭证据罪中的'犯人'等客观性要素均属于责任构成要件要素，

---

[1] ［日］小野清一郎：《犯罪构成要件的理论》，（东京）有斐阁1953年版，第19页。
[2] 转引自张明楷《实质解释论的再提倡》，载《中国法学》2010年第4期。
[3] ［日］西田典之：《日本刑法总论》，刘明祥、王昭武译，中国人民大学出版社2007年版，第53页。

犯罪类型是由违法构成要件与责任构成要件相互组合而形成的"[①]。

总体来看，当今日本，似乎以赞同违法类型者居多。尽管如此，德国的三阶层犯罪构造说仍在日本占据相当重要的学术地位。

本章小结

本章解析了何谓犯罪论体系，指出犯罪论体系简单地说就是关于犯罪成立的理论体系。鉴于新中国成立以来，传统的犯罪构成理论体系对我国学术理论界的深刻影响，本章首先阐释了中国的犯罪构成的基本概念及其特征。在此基础上，本章特别分析了学界通说的关于犯罪构成与犯罪概念的关系。进而，本章还着意阐释了多年来中国刑法学界围绕着犯罪构成理论形成的沿用、改革、重塑等各种不同观点。进而，本章也表明了本书的立场：作为刑法教义学，本书主张专门研习刑法学的研究生们应先行熟悉并了然大陆法系的犯罪论体系，以俾不久的将来，中国学人或可以此为基点，为重塑中国自己的犯罪论体系打下坚实的理论基础。有鉴于此，本章通过其第二节，相对系统地勾画了以德国、日本为代表的大陆法系的基本理论，包括德国古典犯罪论体系、新古典犯罪论体系和目的论的犯罪论体系以及日本学界关于犯罪论体系的主要观点。

思 考 题

一 名词解释

犯罪论体系 犯罪构成 犯罪的主观要件 犯罪的客观要件 行为构成要件论

二 简答题

1. 简述犯罪构成与犯罪概念的关系。
2. 试述一般犯罪构成与特殊犯罪构成的关系。
3. 简述基本的犯罪构成与修正的犯罪构成的不同点。
4. 试述叙述的犯罪构成与空白的犯罪构成的联系与区别。

---

① ［日］西田典之：《日本刑法总论》，刘明祥、王昭武译，中国人民大学出版社2007年版，第53页。

三　论述题

1. 试论德国古典的犯罪论体系与德国新古典犯罪论体系的主要争议点。

2. 试分别论述德国刑法学界关于广义的构成要件与狭义的构成要件在内容上的区别。

阅读参考文献

陈兴良：《构成要件：犯罪论体系核心概念的反拨与再造》，载《法学研究》2011年第2期。

陈兴良：《犯罪构成论：从四要件到三阶层一个学术史的考察》，载《中外法学》2011年第1期。

李洁：《中国通论犯罪构成理论体系评判》，载《法律科学》2008年第2期。

［日］松宫孝明、冯军：《日本的犯罪体系论》，载《法学论坛》2006年第1期。

黎宏：《法益侵害说和犯罪的认定》，载《国家检察官学院学报》2006年第6期。

冯亚东：《中德（日）犯罪成立体系比较分析》，载《法学家》2009年第4期。

周光权：《犯罪构成四要件说的缺陷：实务考察》，载《现代法学》2009年第6期。

王政勋：《从四要件到三阶层》，载《刑事法评论》2012年第1期。

王政勋：《定量因素在犯罪成立条件中的地位——兼论犯罪构成理论的完善》，载《政法论坛》2007年第4期。

刘艳红：《犯罪构成体系平面化之批判》，载《法学研究》2011年第5期。

刘艳红：《实质的犯罪论体系之提倡》，载《政法论坛》2010年第4期。

周振杰：《日本现代刑法思想的形成》，载《刑事法评论》2011年第2期。

［日］三口厚、付立庆：《犯罪论体系的意义与机能》，载《中外法学》2010年第1期。

第六章 构成要件符合性

内容提要

最狭义的构成要件符合性是指基于事实评价的立场，可满足刑事可罚性一般要求的各类主客观要素之有机构成体。但对"构成要件"还可根据构成要件与违法性、有责性相关性的不同，再分出行为类型说、违法类型说和违法有责类型说来。其中，行为类型说主张构成要件其实就是类型化的、作为轮廓的犯罪类型。但这只是纯形式意义的判断，本质上，构成要件应与法的价值判断相分离，即其只是纯形式的、记叙的类型化行为而已。违法行为类型说主张构成要件所概定的行为不仅仅是违法且有责行为之形式意义的类型化，而且符合构成要件的行为，应属已存实质意义的"构成不法"的行为：即除了消极的"排除不法"的行为之外，该当构成要件的行为不但是客观的行为类型，还是违法的行为类型。违法有责类型说则不仅承认构成要件所概定的行为乃属形式意义的违法且有责行为的类型化，而且主张该当构成要件的行为，应属实质意义的违法且有责：即构成要件既是违法的行为类型，同时也是有责的行为类型。上述三种主张中，中义的、建立在认识根据说基础之上的违法行为类型说，值得肯定。而建立在此类构成要件说基础之上的构成要件应当具有犯罪个别化、人权保障以及规制故意的机能。此外，作为违法类型的构成要件，应当包括行为主体、行为、客体、结果、因果关系、主观的构成要件要素、行为状况与条件等构成要件要素。

上一章节已经阐明，本书更加认同大陆法系的以该当构成要件、违法且有责的行为来确认犯罪的递进式犯罪论体系。基于此一立场，本书将分章述论有关构成要件符合性、违法性及有责性等问题。

构成要件符合性，又称构成要件该当性。就最狭义的视角看，构成要件符合性，是指基于事实评价的立场，可满足刑事可罚性一般要求的各类主客观要素之有机构成体。可见，构成要件符合性其实是就一定事实的刑事法律评价，即是就有关事实是否该当刑法法定的构成要件规定性的判断，这就牵涉何谓构成要件的问题。按照冈特教授的观点，构成要件首先应是能够从刑事法律上给予评价的事实；其次，构成要件还是法律所规定的所有对于刑法而言很重要的事实要素。①例如，刑法意义的行为、行为主体、客体、结果、因果关系等。然而，鉴于以德国、日本为代表的大陆法系刑法学者，对构成要件历来有狭义、中义和广义的学理界分，或者说，出于不同的构成要件理念，学人们对构成要件所包摄的内容各有其不同的学理见解，由是，关于构成要件的概念、类型、要素等也有一定区别，以下拟就此问题做一基本梳理。

第一节　构成要件的类型

对构成要件的类型，基于不同的构成要件与违法性、有责性的关系的理念，也基于形式逻辑上的不同划分子项，可界分出下述多种不同的构成要件类型来。

一　行为类型说、违法类型说和违法有责类型说

这是以构成要件与行为、违法性及有责性的关系来界分的，有学者又将此种分类法称为狭义、最广义的构成要件，②但为了令被分类的子项周延于其上位概念，本书认为其间还应加上中义的构成要件。这样，上述行为类型说、违法类型说和违法有责类型说，就可称为狭义、中义和广义的构成要件。

（一）狭义的构成要件：行为类型说

此说为德国学者贝林（Beling）首创。德国刑法学界又称之为古典犯罪论。行为类型说认为，构成要件其实就是类型化的、作为轮廓的犯罪类型。但构成要件又是与法的价值判断相分离的、纯粹形式的、记叙的类型化行为。由是，行为类型说虽然承认构成要件所概定的行为确属违法且有责的类型化行为，但诸此被类型化于构成要件阶段的行为，仅具有形式意义的违法性和可责性，因而刑法在此阶段仅是基于事实评价

---

① 参见［德］冈特·施特拉腾韦特、洛塔克·库伦《刑法总论 I——犯罪论》，杨萌译，法律出版社2006年版，第77页。

② 同上书，第77—81页。

的立场，确认某一经由刑法规范类型化的、不被允许的行为该当构成要件，但由于此间尚未经由违法阶段的法律评价以及有责阶段的道义评价，因而行为即便该当构成要件，也只能从形式意义上推定其违法且有责，而从实质意义上看，在此阶段，行为该当构成要件并不等同于行为业已符合"犯罪构成"，故而从违法且有责的意义看，此类构成要件实属中性无色的、价值中立的、刑法关于特定类型化行为可能违法且有责的观照形象而已。有鉴于此，一般而言，主张此类构成要件论者，其犯罪论体系应为构成要件该当性、违法性、有责性三阶层。对此构成要件论，日本的内田文昭、曾根威彦、庄子邦雄等学者也认同。①但当今，它已不是德国、日本多数刑法学者赞同的观点。

（二）中义的构成要件：违法行为类型说

该学说简称违法类型说，为德国学者梅茨格（Mezger）、麦耶（Mayer）首创。德国刑法学界又称之为新古典犯罪论体系，现为日本刑法学界多数学者认同。根据此种观点，构成要件所概定的行为不仅仅是违法且有责行为之形式意义上的类型化，而且符合构成要件的行为，应属业已存在积极的、实质意义的"构成不法"的行为。换言之，除了法律例外允许的、消极的"排除不法"的行为之外，②该当构成要件的行为不仅仅是客观的行为类型；还是违法的行为类型。持此论者主张：假如构成要件完全价值中立，则仅对其做形式意义的该当"构成要件"的事实判断会很困难。因为就一般意义看，分则构成要件所类型化的行为，无不以特定的违法事实为其基本秉性，而不少类型化的违法行为本身，在分则罪状上其实已经蕴含了相当的评价色彩。例如，刑法上的"营利目的"、"以勒索财物为目的"、"转贷牟利"、"套取金融机构信贷资金"等构成要件规定；再如针对"性犯罪"的"公然"、"强制"等构成要件描述，在此，刑法已非价值中立的行为描述，而是通过"营利"、"勒索"、"转贷牟利"、"套取"等等，含有明显贬义色彩的构成要件描述，颠覆了"行为类型说"论者主倡的客观的、价值中立的构成要件说，转而塑模了既含决定规范又含刑法价值判断的构成要件样态。有鉴于此，持此论者主张此类符合构成要件的行为业已存在积极的、实质意义的"构成不法"。根据此一理

---

① 参见［日］西田典之《日本刑法总论》，刘明祥、王昭武译，中国人民大学出版社2007年版，第51页。

② 例如，一般意义的杀人本不为法律所容许，但在正当防卫等场合，刑法可能例外地允许诸此行为的实施。此即排除不法的特别规定。

论，行为该当构成要件，则可推定行为违法，虽然此类推定仍属"一个临时裁判"①，因为仅有"构成不法"的事实还不够，要认定行为确属违法，还有待于该行为不存在"排除不法"的事实，即行为不存在违法性阻却事由，行为之不法才能由推定变为认定。由此可见，在违法行为类型说论者看来，违法性仅仅在"排除违法"方面，有其区别于构成要件方面的实质意义。

就当代视角看，德国、日本多数学者认同此一观点。例如，德国的冈特·施特拉腾韦特教授，洛塔克·库伦教授，日本的泷川幸辰、平野龙一、西原春夫教授等均持此立场，国内的陈兴良教授也赞同此一观点。②但需要说明的是：冈特·施特拉腾韦特教授、洛塔克·库伦教授在其著作中，将其所持立场名为"狭义的构成要件"，虽然如此，但因其仅仅做了"最广义"与"狭义"之分，因而就其实质意义看，冈特教授等认同的还是事实上的违法行为类型说，即本书所谓的中义的构成要件。此外，在违法类型说内部，还存在认识根据说和存在根据说之争。

1. 认识根据说为德国学者麦耶（Mayer）首倡，在日本也为平野龙一教授为代表的多数学者所赞同。其基本主张是构成要件是违法性的认识根据，麦耶将其形象地比喻为烟与火的关系。据此，该当构成要件的行为原则上应推定其违法，因而，此类行为原则上应为违法的行为类型，但构成要件与违法性仍然各自独立。这就好比就一般情形而言，起火就会生烟，但特殊场合总有例外。该当构成要件的行为与违法性的关系也是原则与例外的关系。由是，在构成要件与违法性的独立性问题上，此类违法类型说与行为类型说的立场基本相同，然而针对构成要件与违法性的关系，二者的立场却大相径庭。行为类型说认为，构成要件与违法性的关系是形式与实质的关系；违法类型说则认为，构成要件与违法性是原则与例外的关系，例外仅仅发生于存在阻却违法事由的场合。因而，就其实质意义看，违法性也在此例外的场合才有其独立于构成要件的意义。日本学者平野龙一更是针对此一违法类型的构成要件，归总了下述三大机能：一是罪刑法定的机能，亦即犯罪个别化的机能。二是诉讼法上的机能，即此类构成要

---

① ［德］冈特·施特拉腾韦特、洛塔克·库伦：《刑法总论I——犯罪论》，杨萌译，法律出版社2006年版，第78页。
② 参见［德］冈特·施特拉腾韦特、洛塔克·库伦《刑法总论I——犯罪论》，杨萌译，法律出版社2006年版，第80页；张明楷《刑法的基本立场》，中国法制出版社2002年版，第102页；陈兴良主编《刑法总论精释》，人民法院出版社2011年版，第138页。

件具有违法推定机能或称违法征表的机能，尽管这里所称推定与诉讼法上所说的推定有所不同。三是规制故意的机能。按照平野龙一的观点，为了成立犯罪，仅仅存在恶意这样的值得非难的心理事实还不够，还必须对属于构成要件的事实有全面的认识。就此意义看，构成要件有规制故意的机能，乃是国家刑法对责任主义的更彻底的贯彻。而德国2002年修订的《德国刑法》第16条关于"行为时对法定构成要件缺乏认识，不认为是故意犯罪"的规定，更是构成要件具有规制故意的机能的刑法表述。鉴于刑法并不惩治所有的客观违法行为，因而在过失犯的场合，刑法须有特别规定方才处罚。从而，故意与过失作为违法行为的限定性要素，被纳入了构成要件之中，正是就此意义看，该当构成要件的违法行为，还须有其特别的类型化特征，即其务必是刑法规范明文规定的故意或者过失的类型化行为。

综上，根据此类学说，犯罪论体系仍应归结为构成要件符合性、违法性和有责性三阶层的犯罪论体系。但与行为类型说不同的是：由于构成要件属于原则上违法的类型，因而在构成要件阶段，就必须同时进行形式与实质的违法行为判断，而非仅仅进行价值中立的行为是否该当构成要件的形式判断。而在违法性阶段，则仅仅从事有无"排除违法"的阻却事由判断。

2. 存在根据说由德国学者梅茨格首倡，其与认识根据说的最大区别在于，按照存在根据说，构成要件的符合性"不仅限于特殊的违法性的认识根据，而且也是它的存在根据"[1]，这是因为，构成要件是事物的存在，而违法性是对乃存在事物的评价，因而构成要件和违法性实际上已并合为一体，存在根据论者认为应统称其为"不法"[2]。而认识根据说却认为二者之间尽管存在烟与火般的联系，却仍然各自独立。

然而，在此存在根据说内部，针对"一体"的归宿点，也存在两种意见：第一种意见主张将违法性归入构成要件该当性。这当中，构成违法的事由被称为积极的构成要件；排除违法的事由被称为消极的构成要件，二者一并归入构成要件之中。第二种意见主张：将构成要件该当性归入违法性之中。[3]

---

[1] [日]小野清一郎：《犯罪构成要件理论》，王泰译，中国人民公安大学出版社2004年版，第22页。

[2] 参见王充《论构成要件理论的违法行为类型说》，载《当代法学》2007年第4期。

[3] 同上。

此外，存在根据说主张"行为无价值论"，即主张违法的实质乃是对刑法规范的（故意或者过失的）违反，如此一来，故意、过失理所当然地被归为"违法性要素"，进而，根据上述将"违法性归入构成要件该当性"的观点，故意与过失也就顺理成章地被赋予了构成要件故意、构成要件过失的品性。可见，存在根据说与认识根据说其实都主张构成要件中应含有故意、过失，不同的是：认识根据说仍将故意、过失理解为责任要件，只是因为它有其针对违法行为的特别的限制机能，而以"责任要素"的品性被纳入构成要件要素。而存在根据说则将故意、过失归为"违法性要素"而非责任要素被纳入构成要件。再者，构成要件符合性既然与违法性已然一体，根据此种理论，犯罪论体系也由三阶层并合成了二阶层体系，即由不法—责任构成的两阶层犯罪论体系。①

（三）广义的构成要件：违法有责行为类型说

该学说简称违法有责类型说。此说不仅承认构成要件所概定的行为乃属形式意义的违法且有责行为的类型化，而且主张该当构成要件的行为，应属实质意义的违法且有责。有鉴于此，根据违法有责类型说，"构成要件既是违法的类型，同时也是有责的行为类型"。②换言之，违法有责类型说认为，构成要件既具有"违法"推定机能、又含"有责"推定机能。这样一来，"广义的构成要件包括可罚性的所有实质前提"，因而"对于这样一个一般性的概括而言，构成要件的概念并非是必需的，只有当它仅限于说明特定的可罚性要求时，它才具有特别的含义，才能成为构成要件特殊理论的研究对象"。③而这里，所谓特定的可罚性，乃相对于特定的阻却违法及阻却责任事由而言。即只有当其存在一般情况下法律禁止，特定情况下法律允许（如紧急避险）；抑或一般情况下有责任，特定情况下无责任（如适法期待不能）的"特定可罚性"要求时，构成要件才具有独立于违法性、有责性之外的、可予单独探究的刑法意义。

违法有责类型论者不能认同行为类型说与违法行为说的有关"并列"性思考，主张"重合"性思考，即，在违法有责类型说的视界里，行为类

---

① 参见[日]三口厚、付立庆《犯罪论体系的意义与机能》，载《中外法学》2010年第1期；王充《论构成要件理论的违法行为类型说》，载《当代法学》2007年第4期。

② [日]西田典之：《日本刑法总论》，刘明祥、王昭武译，中国人民大学出版社2007年版，第52页。

③ [德]冈特·施特拉滕韦特、洛塔克·库伦：《刑法总论Ⅰ——犯罪论》，杨萌译，法律出版社2006年版，第77页。

型说将行为、违法性与有责性视作三项相互平行且并列的构成要素；违法类型说则将该当构成要件的违法行为与责任并列，这就不免将上述三者（或二者）相互切割开来思考有关犯罪成立与否的问题了。但"犯罪的实体是违法的行为，是行为者对此负有道义上的责任的行为，是违法且有责的行为类型"①。由是，在违法有责类型论者看来，应以"竞合"性的思考去替代上述"分割"性思考，对该当构成要件的行为，应在进行构成要件判断的同时，一并进行违法性意识和罪责要素判断，否则难以说明行为该当构成要件。抑或，对该当构成要件的行为仅仅确认其违法而不进行责任判断，则在刑法同时惩治某一行为之故意、过失模式之际，只进行违法性判断，则在此阶段难以界分行为人究属故意还是过失不法。例如，针对故意杀人的行为，刑法在进行行为人是否杀人这一事实评价时，还须同时进行该杀人行为是否违法且有责的法律评价与道义评价，否则，仅仅进行事实评价或者事实加法律评价的话，在此阶段甚至不能区分出行为究属故意杀人还是过失致人死亡。因而，此类论者主张该当构成要件的行为，应属同时违法且有责的行为类型。

但是，即便同持此类"违法且有责"的犯罪论立场，围绕故意与过失在此犯罪论体系中的地位以及有关犯罪论体系的判断顺序问题，此类学者间也存在争议。

1. 关于故意、过失在犯罪论体系中的地位问题。对此，学界大约有以下三种观点：一说认为，故意、过失既是责任要素，也是构成要件要素。二说认为，故意、过失既是违法要素、责任要素，也是构成要件要素。三说认为，故意、过失属于一般责任要素，因而应排除于构成要件之外。②

2. 有关犯罪论体系的判断顺序问题。一说主张：按照违法构成要件该当性→责任构成要件该当性→违法阻却→责任阻却的先后顺序进行判断；二说主张：按照违法构成要件该当性→违法阻却→责任构成要件该当性→责任阻却的先后顺序进行判断。日本学者西田典之明确表示，他赞同上述第二说主张的判断法。③

综上可见，根据违法有责行为类型说，"构成要件"这一概念，仅仅在区分构成要件符合性与"消极的阻却违法事由"之违法性，抑或在区分

---

① 转引自张明楷《刑法的基本立场》，中国法制出版社2002年版，第104页。
② 参见［日］西田典之《日本刑法总论》，刘明祥、王昭武译，中国人民大学出版社2007年版，第53页。
③ 同上。

构成要件符合性与"消极的阻却责任事由"之有责性之际,才有其教义学上的独立术语意义。

迄今为止,持此论者仍为少数。日本的大谷实教授、前田雅英教授、西田典之教授及国内的张明楷教授,主张此类构成要件观。[①] 据此,诸此学者大多将犯罪论体系划分为二阶层的犯罪论体系,即违法构成要件+责任构成要件,某行为该当上述违法且有责的构成要件,则成立犯罪既遂。

(四)本书的立场:本书认同违法类型说

本书主张构成要件不仅仅是行为类型,更是违法的行为类型。有鉴于此,在不存在排除违法事由的场合,应当认定该当构成要件的行为已经构成违法。因而,就中义的视角看,所谓构成要件符合性,应指基于事实评价与积极的法律评价相结合的立场,可满足刑事可罚性一般要求的各主客观要素之有机整合。详言之,既然该当构成要件的行为,仅是"基于事实评价与积极的法律评价"的结果,这就意味着该当构成要件的行为,一不问基于消极的法律评价的立场、行为是否该当阻却违法;二不问基于道义(责任)评价的立场、行为是否该当有责,它只是"可满足刑事可罚性一般要求的各主客观要素之有机整合",而非"个别要求"的主客观要素有机整合体。而这里之一般要求,实际上仍属类型化要求。例如,刑法关于行为主体、客体、行为故意、行为目的等规定,均属类型化要求;而我国刑法特定的责任能力、责任年龄以及刑法学理上的适法期待可能性等,则属于因人而异的个别化责任要素,因而其不属于上文论及的"可满足刑事可罚性一般要求的主客观要素"。

总体来看,本书之所以认同违法类型说的主要理由是:刑法规范不仅仅是价值中立的客观记叙,而且是通过其禁止性行为的宣示,表明了刑法的价值选择,更何况刑法规范惩治的主要对象是故意犯,包括目的犯。有鉴于此,行为符合构成要件,本身已经昭示了其积极的"构成"不法的要素,因而,符合构成要件的行为,原则上应属违法类型。就此意义看,构成要件还含有主观要素。例如,诈骗行为的成立,就需具有明确的非法占有他人财产的心理特征,诈骗行为则是此类"非法占有"心理的外化表现。所以,本书也赞同不少学者所认同的、作为主观要素的"行为目的",

---

[①] 参见张明楷《实质解释论的再提倡》,载《中国法学》2010年第4期;[日]西田典之《日本刑法总论》,刘明祥、王昭武译,中国人民大学出版社2007年版,第53页。

其实应纳入违法类型的（主观）构成要件要素的立场。①否则难以评价有关违法行为，例如，就我国《刑法》第 192 条所规定的"以非法占有为目的"的集资诈骗罪而言，这里的"非法占有目的"已属评价要素而非单纯的、刑法关于诈骗行为的禁止性规定，反言之，没有"非法占有目的"又如何能确认行为成立"诈骗"？因而行为类型说所主张的纯记叙的、中性无色的构成要件说难以成立。何况这样区分也才能"从术语上就毫不费力地将从一开始就不具有刑法意义的，也就是说，虽然具有构成要件该当性但不具备违法性的行为区别开来。"②

此外，对违法类型说内部存在的认识根据说和存在根据说之争，本书认同认识根据说。这是因为本书更认同违法的实质乃在对刑法所保护的法益的侵害或者威胁的、结果无价值的立场。换言之，本书不赞同违法的实质乃在于对规范的违反的行为无价值论。进而本书认同构成要件应具有规制故意的机能，即故意与过失并非违法性的当然要素，而属责任要素，但因其同时具有针对类型化的违法行为的限制机能，因而可与违法"行为"一起，纳入违法类型的构成要件要素。如此认识，比之于将故意、过失完全定位于责任阶段的积极意义在于：从理论上看，构成要件应该具有犯罪个别化的机能，即每一"个罪构成要件"都应区别于其他"个罪构成要件"，而将故意、过失完全定位于纯责任领域的场合，故意犯与过失犯在构成要件阶段形式上看来完全相同，则构成要件的机能将降格为只不过能认定某些类型化行为的基本通性而已。③质言之，倘若构成要件不具有规制故意的机能，则在构成要件阶段将无法区分故意杀人与过失致人死亡，构成要件因而将丧失其犯罪个别化机能。

此外，违法有责类型说主张该当构成要件的行为既违法又有责，对此，本书认为，对行为的违法性、有责性进行一体性的竞合评价听来虽有一定道理，但如此一来，该当构成要件的行为不仅与违法性一体，还与有责性一体。即该当构成要件的行为实属违法且有责的三位一体性行为。

然而，就一般事理看，该当分则构成要件的行为确能在行为之际表明

---

① 参见［德］克劳斯·罗克辛《德国刑法学总论》（第 1 卷），王世洲译，法律出版社 2005 年版，第 122 页；张明楷《刑法学》（第三版），法律出版社 2007 年版，第 110 页。

② ［德］冈特·施特拉腾韦特、洛塔克·库伦：《刑法总论 I——犯罪论》，杨萌译，法律出版社 2006 年版，第 80 页。

③ 参见［日］三口厚、付立庆《犯罪论体系的意义与机能》，载《中外法学》2010 年第 1 期，第 30 页。

其肯定"违法"的属性,却很难同时表明其肯定"有责"的属性。这正如日本的西原春夫教授所言,针对责任的评价一般应为"非类型化的评价"。进而,他还主张"由于构成要件并非是对上述产生非难可能性的各种情况的类型化",因此,在此阶段"不能推定责任"[①]。诚然,如果说违法非难是面向有关法域所有人的一般非难的话,由行为人之责任能力、违法意识与守法期待可能性构成的责任非难却只能是面对个人所进行的特别非难。因而,将责任并入构成要件,不但容易导致违法性与有责任的混淆,而且难以真正澄清责任。例如,精神病人实施的杀人行为肯定违法,但未必有责。当然,似此案情,根据违法有责类型说,对精神病人实施的杀人行为因其欠缺责任能力,自然会被剔除于该当构成要件的行为之外,因为该当构成要件的杀人行为,只能由有罪责者实施。然而,这样一来,构成要件几乎≅犯罪构成,"构成要件"与违法性、有责任在位阶上的独立而递进的意义所剩无几。而我们赞同的递进而开放的犯罪论体系,在此几乎演化为平面而耦合的犯罪论体系,虽然尚可通过阻却违法或阻却责任来出罪,但毕竟在判断违法的同时还须判断责任,而无论按上述违法有责类型说所主张的第一种还是第二种判断法,实际上仍然不是"竞合性"的判断法,而是先判断违法性、再判断责任。故而违法有责类型说,可能反会导致犯罪论体系层次上的混杂与失序。由是,为了令犯罪论体系更加条理、递进与分明,采违法类型说也许更加相宜。

综上,本书以下部分,除非特别注明,否则以下所称的构成要件符合性均是基于(认识根据说的)违法类型论之立场来探究有关问题。进而,在犯罪论体系的判断顺序问题上,本书赞同以下顺序,即按照"行为该当(构成违法的)构成要件、阻却(排除)违法、有责性的判断顺序来从事行为是否成立特定犯罪的司法判断。

二 违法构成要件与责任构成要件

这是以构成要件与违法性、有责性的关系来分类的。从形式逻辑的被分类的子项须与母项完全周延的立场看,此分类法,仅仅存在于立足违法有责类型说的学者视界之中。例如,持此立场的日本学者西田典之就明确

[①] 参见王充《论构成要件理论的违法——有责行为类型说》,载《当代法学》2008年第3期,第135页。

表示"犯罪类型是由违法构成要件与责任构成要件相互组合而形成"①。又如，国内学者张明楷教授也在其教科书中，明确阐释了他所认同的客观（违法）构成要件和主观（责任）构成要件的立场。②但撇开形式逻辑学的分类周延论，单就概念角度看，应当说，违法类型说，特别是建立于"认识根据说"基础之上的违法类型说也认同故意与过失，一方面，乃为责任要件；另一方面，它也属违法类型说所认同的主观的构成要件要素。就此意义看，（认识根据说）的违法类型说与违法有责类型说有相通之处，不同点仅仅在于：违法类型说并不赞同将责任能力、适法期待可能性、对违法性的认识等纳入违法类型的构成要件体系。

（一）违法构成要件

又称客观违法构成要件，指由刑法所规定的、说明行为对刑法所保护的法益的侵犯或危险性，而为成立犯罪所必备的各种客观要素。③值得再次强调的是：虽然通说观点认为，违法是客观的、责任是主观的，但这只是就一般情形而言，实际上在不少场合，某些主观要素显然具有违法性，例如上文论及的"行为目的"，就属主观的违法构成要件要素。这正如罗克辛教授所言，盗窃行为所要求的不仅仅是——客观上的——把他人的动产物品拿走，更要有其"心理上的占有目的特征"，否则难以认定其行为乃属不法盗窃。④

（二）责任构成要件

又称主观责任构成要件，指成立犯罪必须具备的、表明刑法对行为的非难可能性的要件性规定。⑤按照违法有责类型说之观点，违法构成要件与责任构成要件唯有在特定的探究场合方才可以被分割开来加以思考与研究，但在实体意义上，此类论者又认为凡是该当构成要件的行为，即属违法且有责，因而，从实体意义看，行为与违法、有责乃属三位一体的组合形式，不能随便割裂开来。换言之，行为一经实施，即属违法且有责，因而不能两两割裂开来思考。唯有在行为存在阻却违法或阻却责任事由之际，方才存在将上述三者两相组合、分门别类地加以探究和思考的刑法意

---

① [日]西田典之：《日本刑法总论》，刘明祥、王昭武译，中国人民大学出版社2007年版，第53页。
② 参见张明楷《刑法学》（第三版），法律出版社2007年版，目录第2页。
③ 同上书，第115页。
④ 参见[德]克劳斯·罗克辛《德国刑法学总论》（第1卷），王世洲译，法律出版社2005年版，第122页。
⑤ 参见张明楷《刑法学》（第三版），法律出版社2007年版，第203页。

义。但这当中，也存在一个某些客观要素被纳入责任要件的问题。例如，适法期待可能性，其中从"适法期待不能"的"标准"到能否适用适法期待不能的"附随情状"的考察，均属客观要素,①但它又是被纳入责任构成要件来加以思考与研究的。

三 一般构成要件与特别构成要件

这是以构成要件之内容究竟是基于针对所有侵害到刑法所保护法益的一般性规定，还是针对具体犯罪即刑法分则中"个罪"的特别规定作为划分子项的。

（一）一般构成要件

日本学者三口厚又谓之为"作为法律效果之要件的总体的一般的构成要件"②，指刑法总则关于何谓侵害或者威胁到刑法所保护法益，并应予以刑事处罚的行为边界及其程度的一般性规定。就中国刑法的规定看，中国《刑法》第13条对有关国家法益、社会法益和公民个人法益的刑法保护性规定，以及其后的但书规定，实则从正反两方面阐释了中国刑法上的一般构成要件。就此意义看，对一般构成要件又可谓之为总论构成要件，虽然总论构成要件的外延更大，还应包括犯罪预备、未遂、共同犯罪等多种修正的构成要件。

（二）特别构成要件

又称分则构成要件，乃刑法关于"个罪"的构成要件规定。刑法分则多以叙明罪状的方式明确规范其特定情况下公民不可为或应为的行为方式，此外，分则条文还时以引证罪状、简单罪状的方式来设定有关行为或者其他构成要件要素，例如有关行为人身份、行为结果要求、行为时、行为地的规定，等等。为此，"多数的学说认为，构成要件应该理解为每个个别的犯罪的构成要件都是不同的"③。可见特别构成要件与一般构成要件的最大区别在于：每一特别构成要件都不同。即便行为结果相同，例如，故意杀人与过失致人死亡，其分则设定的构成要件也是有其区别的。当然，这仅是基于本书认同的构建在认识根据论基础之上的"违法类型说"

---

① 客观说乃为通说观点，但仍存在学理争论，也有学者赞同主观标准说或者折中于主客观之间的标准说；对附随情状，也有个别学者认为其还应包括行为人之内心心理现状等。

② 参见［日］三口厚、付立庆《犯罪论体系的意义与机能》，载《中外法学》2010年第1期。

③ 同上。

的犯罪论体系而言。此外，在未加特别说明的场合，学人们所称"构成要件"往往就是指特别的分则构成要件。

四 基本的构成要件与修正的构成要件

这是基于有关刑法规范是关于犯罪的基本形态还是修正形态作为划分子项的。

（一）基本的构成要件

从一般意义而言，刑法分则所设置的种种个罪，均是以单独的个人（包括自然人或可成立为犯罪主体的法人、非法人单位）之犯罪既遂为其定型蓝本的，诸此刑法分则关于单独的个人犯罪既遂的框架性规制，即为基本的构成要件。

（二）修正的构成要件

指构建于基本的构成要件的前提条件之下的，刑法对基本构成要件的修正性行为定型设置。例如，刑法关于预备犯、未遂犯、中止犯等各类未完成罪的修正规定，以及刑法关于组织犯、教唆犯、帮助犯等共犯形态的修正性要件规定。

一般而言，基本的构成要件也可谓分则构成要件，修正的构成要件应属总则构成要件。虽然二者并非完全对等，例如，总则条文中还涵括关于所有犯罪的一般构成要件规定。换言之，一般构成要件也是总则要件，而并非修正的构成要件。

第二节 构成要件要素

如上所述，本书认同建立在认识根据说基础之上的违法类型说。而按照此说之主张，该当构成要件的行为即属构成违法，除非有特别的排除违法的事由方才阻却违法。有鉴于此，此一类型的构成要件应当具有下述机能：

第一，犯罪个别化的机能，又称罪刑法定机能。由于构成要件不仅仅是类型化的行为，还是类型化的违法行为；同时还是类型化的故意或过失违法的行为，因而，此类构成要件实为定型化的有关个罪框架，能明确刑法惩治的特定行为框架，因而，从某种意义看，此类框架性规定，实为罪刑法定的表征，因而它有其罪刑法定的机能，又称犯罪个别化机能。

第二，人权保障的机能。此一机能其实是由罪刑法定机能衍生而来的。显而易见的是：凡是行为不该当构成要件，即该行为不在刑法设置的类型化的违法行为框架之内，任何机关，包括司法机关，都不能入人于罪，就此意义看，构成要件还有其确保公民基本人权的功能。

第三，规制故意的机能。如前所述，构成要件既是类型化的违法行为，还是类型化的故意或过失的违法行为，因而作为主观责任要素的故意或者过失，又可作为超客观的违法要素被纳入违法构成要件之列。唯其如此，构成要件还具有规制故意（与过失）的机能。

综上，总体来看，作为违法类型的构成要件，应由下述构成要件要素构成，即行为主体、行为、客体、结果、因果关系、主观的构成要件要素、行为状况与条件等。

一 行为主体

行为主体是指实施了一定该当构成要件行为的人。一般而言，这里所称该当构成要件的行为，原则上应为实行行为。这是因为本章所讨论的构成要件要素，原则上是基于"基本的构成要件"之视角来研讨有关问题的。按照我国现行刑法的规定，该当构成要件的行为主体应为实施了侵害或者威胁到刑法所保护法益的自然人以及刑法分则明文规定的、特定的行为单位。这里，自然人是相对于法人而言。一般认为，自然人是自然动物与社会动物的统一体，他/她既具有需要饮食呼吸、新陈代谢的自然属性，又具有需要社会交往、亲朋友情家庭、荣誉尊严等社会属性。法人则仅仅是法律上拟具为有一定"人格"特征的拟制人。我国刑法中的犯罪主体除自然人外，还包括法人非法人单位。

（一）一般主体：一般犯

从应然性上讲，该当构成要件的一般行为主体，应为一切实施了符合一般构成要件行为的自然人、法人非法人单位，无论其是否到达责任年龄、有无责任能力等。这是因为，责任能力与责任年龄，应为"有责性"研讨的内容。换言之，一个不达责任年龄或欠缺刑事责任能力的人实施了符合分则一般构成要件的行为，仍然属于实施了该当构成要件行为的行为人，应为这里的"行为主体"。可见，该当构成要件的行为主体显然不等同于犯罪主体。因为，实施了该当构成要件的刑事不法行为者，是否构成犯罪，还应考究其是否存在排除违法的事由以及其是否具备有责性。即除排除不法的事由外，还应观察行为人是否达到刑事责任年龄、具备刑事责任能力以及行为时，是否具备适法期待可能性等要素。否则，行为人虽然实施了该当构成要件的行为，仍然可能不构成犯罪。

此外，这里的一般主体显然是相对于特殊主体而言。唯其如此，我们才说，这里的一般行为主体，应为一切实施了符合一般构成要件行为的自然人、法人非法人单位。换言之，如果刑法对行为主体有专门的身份要求，则其构成要件已非"一般"构成要件而是相对特殊的构成要件了，至少在行为主体规定性上是如此。

（二）特殊主体：身份犯

特殊主体，是指实施了符合特殊构成要件行为的自然人、法人非法人单位。这里所谓特殊，并非"行为"方式上的特殊，而是指主体规定性上的特殊，因而刑法学理上，又称此类行为人为身份犯或特殊犯。

1. 身份犯的学理分类

（1）以其有无法定身份分类可分为法定身份犯与自然身份犯。前者指行为人具有分则条文明文规定的一定法律身份。如贪污罪主体，须有国家工作人员身份；徇私枉法罪主体，须有司法工作人员身份等；自然身份犯是指按照刑法分则的要求，行为人须具有一定自然身份才能构成犯罪的主体。如虐待罪的行为主体须是被害人的家庭成员，即一般而言，行为人与被害人之间须有血亲关系或姻亲关系。

（2）以身份对于构成犯罪以及刑罚轻重关系分类可分为纯正身份犯与不纯正身份犯。前者又称为"犯罪构成身份犯"，其特定身份的有无对犯罪的成立与否起着决定性的作用。换句话说，一定身份是构成某犯罪的必备要件。例如，脱逃罪的主体必须是在押的已决犯或未决犯，否则不能构成本罪。不纯正身份犯，又称非纯正身份犯，指身份的有无与犯罪构成无关，但对刑罚的轻重有关系。例如，我国《刑法》第238条所规定的非法拘禁罪，本属一般主体规定，即任何触犯本条规定的行为人都可成立本罪，但该条第4款特别规定，国家机关工作人员利用职权犯非法拘禁罪的，从重处罚。就是说，根据我国《刑法》的规定，非法拘禁罪属于不纯正身份犯——行为人的一定身份的有无与犯罪的成立无关，但与量刑轻重有关。

综上可见，有关行为主体的特殊身份，不仅对一定犯罪的成立与否有其一定影响；在特定犯罪中，对量刑的轻重也有特定影响。特殊情况下，实施同样的行为，身份不同，犯罪性质还可能有别，例如，我国《刑法》第271条的规定。行为人如果仅属一般公司、企业的职工，利用职务之便，将本单位财物非法占为己有，数额较大的，构成职务侵占罪；如果行为人属于国有公司、国有企业或者其他国有单位中从事公务的人员等，则因其身份的不同，同样的行为所构成的不再是职务侵占罪而当定性为贪污罪或者挪用公款罪。

2. 中国刑法中的特殊主体归类

在中国刑法中，对犯罪主体的特殊身份要求，均被规制于现行刑法分则条文之中，归总起来看，分则条文中大致包括下述特殊主体类型：

（1）违反职责的军人，如我国《刑法》分则第十章的规定；

（2）违反职责的一般国家工作人员，如分则第九章中的犯罪都要求有一定国家工作人员身份的人构成；

（3）违反职责的特殊国家工作人员，包括司法工作人员、邮政工作人员、金融工作人员，等等；

（4）违反婚姻家庭法的家庭生活成员，如遗弃罪、虐待罪规定即是；

（5）越狱或脱逃的在押犯罪分子，如脱逃罪、组织越狱罪的主体规定；

（6）从事非法职业者，如非法行医罪、聚众赌博罪等，要求行为人须是无照行医的"医生"、赌头、赌棍等；

（7）其他有特定身份或特定条件的人，如《刑法》第305条所规定的伪证罪，要求行为人须是在侦查、审判活动中具有证人、鉴定人、记录人、翻译人等身份的人。

（三）单位主体：单位犯

单位主体，是相对于自然人而言，指实施了特定构成要件行为的法人非法人单位。我国《刑法》第30条规定："公司、企业、事业单位、机关、团体实施的危害社会的行为，法律规定为单位犯罪的，应当负刑事责任。"据此，所谓单位主体实施的该当构成要件的行为，就是指公司、企业、事业单位、机关、团体为本单位谋取非法利益，经单位集体决定或者由负责人决定实施的危害社会并触犯刑法分则特别规范的行为。刑法学理上又称之为单位犯。对此单位犯，根据我国刑法的规定，从刑法学理上可对其分类如下：

1. 身份单位犯与非身份单位犯

现行刑法分则中，绝大多数条文未就单位犯罪设定确定的身份要求，即行为单位只要符合单位犯罪的范围限制，属于刑法总则第30条所规定的、依法设立的"公司、企业、事业单位、机关、团体"，就可成立为刑法上的行为"单位"。由此可见，这一"单位"外延，大于"法人"外延。刑法上之所以要采用"单位"这一概念替代西方国家的"法人"概念，就是因为一方面，不少学者认为"法人"是一个民法概念；另一方面，"法人"设置将会把一些有其独立决策机构，因而有其独立意识、意志的分公司、基层组织等从可能的犯罪单位中分离出去，从而人为地缩小了作为特定的构成要件"行为单位"面目出现的主体范围。

但是，正如有的自然人犯罪有一定身份限制一样，有的单位犯罪也有一定身份限制，例如，《刑法》第396条第2款所规定的单位集体私分罚没财物罪就要求其单位须是"司法机关、行政执法机关"；而《刑法》第181条所规定的单位诱骗投资者买卖证券期货合约罪则要求该单位须是"证券交易所、期货交易所、证券公司、期货经纪公司、证券业协会、期货业协会或者证券期货监督管理部门"。其实，仔细查看我国现行《刑法》分则就会发现，刑法中还有其他不少关于单位犯罪的身份限制规定，这里就不再赘述了。

2. 经济型单位犯与渎职型单位犯

如上所述，我国现行刑法中的绝大多数单位犯罪为经济型单位犯罪，但除此而外，还有渎职型单位犯罪、危及社会公共安全型单位犯罪等。但因后者在刑法分则规定中甚少，欠缺典型意义，这里仅就前两者作一概述。

现行刑法分则中的经济型单位犯，主要分布在《刑法》分则第三章破坏社会主义市场经济秩序罪专章之中。例如，单位生产、销售伪劣产品罪，单位生产销售假药罪，单位生产销售劣药罪，单位生产、销售有毒、有害食品罪，单位走私罪，单位高利转贷罪，单位非法吸收公众存款罪，等等，不一一枚举。此外，《刑法》分则第九章第393条所规定的单位行贿罪，由于其行贿单位可为任何单位，包括私有单位与国有单位，从而此类犯罪不一定具有渎职成分，而主要属于经济类犯罪。因而，经济型单位犯罪，确实在我国刑法分则中占据着绝对多数地位。

渎职型单位犯罪在我国刑法分则中规定较少，主要有现行《刑法》第387条、第396条第1款、第396条第2款所分别规定的单位受贿罪、单位行贿罪、单位私分国有资产罪、单位私分罚没财物罪等。论及至此，人们可能已经想到，就是这几例渎职犯罪，也与经济沾边，甚至有很大关联性，从另一角度看，仍可谓经济犯罪。唯其如此，我国也有学者认为，中国所有单位犯罪均可归于经济犯罪。

值得特别说明的是：2014年4月24日，全国人大常委会《关于〈中华人民共和国刑法〉第30条的解释》特别规定："全国人民代表大会常务委员会根据司法实践中遇到的情况,讨论了《刑法》第30条的含义及公司、企业、事业单位、机关、团体等单位实施刑法规定的危害社会的行为,法律未规定追究单位的刑事责任的,如何适用刑法有关规定的问题,解释如下:公司、企业、事业单位、机关、团体等单位实施刑法规定的危害社会的行为,刑法分则和其他法律未规定追究单位的刑事责任的,对组织、策划、实施该危害社会行为的人依法追究刑事责任。"这一立法解释,实际是对现行《刑法》第30条及刑法分则相关犯罪主体的补正性释定。从而,即便以单位名义实施的犯罪,在刑法确曾无此单位犯罪设置之际,司法上依然可以根据本条释定追究有关当事人的刑事责任。

二 行为

（一）该当构成要件的行为理论

"行为"乃构成要件的基本甚至根本要素。根据行为类型说,该当构成要件的行为,已经在形式上违反了刑法规范;根据违法类型说,该当构成要件的行为,均属构成违法的行为,有排除违法事由的场合例外;而根据违法有责类型说,该当构成要件的行为,均属违法且有道义责任的行为,有阻却违法及阻却责任的事由时方予例外。就此意义看,这里所研究的行为,原则上应为刑法意义的行为。但是,何谓刑法意义的行为？学说上曾经存在多种学术见解甚至理论交锋,主要观点如下：

1. 意志支配行为论

意志支配行为论,又称有意性行为论、有意思行为论,是指人基于相对自由的意志支配下所实施的关于自己身体的活动或不活动。其中,"活动"是指人积极的作为；"不活动"是指人消极的"不作为",就传统意义看,唯有诸如此类的人的"有意性行为"才能构成刑法意义的行为。

综上概念可见,首先,刑法意义的行为排斥无意识或无意志的行为。无意识行为或无意志行为由于缺乏主观罪过,根据主客观相统一的归罪原则,它不可能成为刑法意义的行为,即便它在客观上确有刑事违法性。实践中,此类无意识、无意志的行为主要包括：(1) 人在梦游、梦呓中的行为。(2) 人在不可抗力作用下的行为。所谓不可抗力,主要指人因遭受外界自然或环境作用力而不由自主的行为。(3) 人在受到外界人为物理强制作用下的行为。所谓人为物理强制力是相对于精神强制力而言。一般情况下,人因遭受精神强制力而实施一定危害社会的行为,仍然成立为刑法意义的行为。此种情况下,行为仍可能构成相关刑事犯罪。虽然外界的精神强制能够成为阻却或减轻责任的事由，但此类行为仍属行为人在其意识、意志力支配下的构成违法的行为。

其次，刑法意义的行为排斥一般意义的暴露思想的行为。暴露思想的方式通常为文字、语言、艺术，包括美术、歌曲等。根据现行刑法的规定，在暴露思想的过程中，行为人只要不是蓄意以语言、文字或艺术方式来煽动危及国家安全；或蓄意以此方式来煽动公众暴力抗拒国家法律、行政法规的实施；或蓄意借此公开侮辱、诽谤他人的人格或名誉权利……就属于一般意义的暴露思想的行为，据此，此类行为原则上不能视作刑法意义的"行为"。例如，写日记的行为，向上级汇报思想的行为，与同事、同学谈心等行为。这当中，可能涉及一些偏离守法观念的错误认识，甚而犯罪意念，但即便是犯罪意念，行为人只要未将其"犯意表示"进展到犯罪的"预备"的阶段，就够不上刑法意义的"行为"。

再次，刑法意义的行为虽不包括一般意义的暴露思想行为，却包括刑法分则特定为"语言"、"文字"方式的行为。此类行为多表现为"煽惑型"犯罪。例如，现行《刑法》第103条第2款、第105条第2款、第249条、第278条、第373条所分别规定的煽动分裂国家罪、煽动颠覆国家政权罪、煽动民族仇恨、民族歧视罪、煽动暴力抗拒法律实施罪、煽动军人逃离部队罪等即属之。由此可见，这里的"煽惑型"犯罪，实际包括未实施任何其他身体举动的"纯说话"行为。这是因为，相对于此类以"语言"、"文字"为刑法法定的"行为"内容的犯罪而言，此类纯说话的举动，正是其"行为"方式之一，因而构成相关犯罪的实行行为。

最后，刑法意义的行为在表现形式上，不仅限于实行行为，还包括犯罪预备行为。例如，L为了盗窃某Z的汽车，事先偷偷配制了Z的汽车钥匙，结果L尚未着手施行偷车。即便案发，L的这一配制他人汽车钥匙的行为，即属盗窃罪预备行为，仍属刑法意义的"行为"。这是因为，我国刑法不仅惩治犯罪既遂行为，也惩治犯罪未遂与犯罪预备行为。[①]

2. 自然行为论

又称因果行为论，由德国学者贝林率先提出。某种意义看，该行为论乃属对意志支配行为论的理论颠覆。就意志支配论视角看，刑法意义的行为应指人在其自由意志支配之下所实施的关于自己身体的活动与不活动。因而无意志支配的单纯的条件反射的行为并不符合构成要件的"行为"理

---

① 参见屈学武主编《刑法总论》，社会科学文献出版社2004年版，第119—122页。

念，进而也不构成刑法意义的行为。但自然行为论者却持论相反，认为无论行为是否具备有意性，该当构成要件的行为均无须过问，只要行为与其产生的结果之间有其物理作用力上的因果关系，该行为即便成立符合构成要件的行为。正是基于此一行为理念，贝林主张行为类型论。进而，鉴于行为与其意志抉择无关，该当构成要件的行为就只是客观上、形式上符合刑法分则之犯罪框架，刑法评价上因而确认此类行为应属中性无色的"行为"，其间既不论其是否违法，也不究其是否有责。有鉴于此，假定基于条件反射的缘故致使病人弹起的脚打到了医生的脸上，根据意志支配行为论，这并非该当构成要件的、刑法意义的行为；但根据自然行为论，该行为符合构成要件的"行为"条件，属该当构成要件的、刑法意义的行为，只是在责任阶段可免其责而已。①

3. 目的行为论

目的行为论由德国刑法学者韦尔策尔（Welzel）首先提出。按照他的观点，该当构成要件的行为，不仅仅是有意性行为，还是有目的的有意性行为。因而目的行为论的基本立场为：该当构成要件的行为应为试图利用因果法则达到某种目的的人的意思活动。进而，由于人的行为均有其目的性，因而蓄意违反规范的目的才是行为的本质、违法的本质。有鉴于此，目的论者主张将蓄意违反规范之"目的"即故意纳入构成要件，则故意既是构成要件要素，又是违法要素。②换言之，按照目的行为论的观点，违法不仅仅是客观的，违法也含有目的等主观要素。

但对此目的论，也有不少学者质疑。例如，有学者指陈，在情绪极端激动或者冲动的激情犯的场合，人们的意识相对狭窄，正常的"思路中断"，"行为是否被有意识地操纵或者打算"值得怀疑。而且，行为肯定可以"不经过事前故意、有意识地计划而得以实施"，③此外，目的行为还无法包括并非故意的行为或者轻率的行为，然而这些行为也可能成为刑法意义的行为。换言之，过失犯的"行为"在目的行为论中欠缺理论出口，韦尔策尔因而承认过失犯不属于"目的性"问题，而属"因果性"问题，但其仍属刑法意义的行为范畴。对此，日本的小野清一郎教授评判道：

---

① 参见［日］西田典之《日本刑法总论》，刘明祥、王昭武译，中国人民大学出版社2007年版，第60页。

② 同上。

③ 参见［德］冈特·施特拉腾韦特、洛塔克·库伦《刑法总论I——犯罪论》，杨萌译，法律出版社2006年版，第70—71页。

"在把主观上的目的性当作行为要素的韦尔策尔的立场中,承认'因果性'的行为是自相矛盾的。他企图说明目的行为具有现实可能性,但不管怎样'现实'的可能性,也都不能同具有可能性的现实性本身同等看待。在这一点上,断定过失犯为'非行为',抛弃了'犯罪是行为'的传统概念的平场教授,可以说虽然学的是韦尔策尔,但却比韦尔策尔更合乎逻辑。"①

4. 伦理行为论

伦理行为论为日本的小野清一郎教授所主倡,主张刑法中的行为,应为伦理观点中的行为,认为即使受意志的支配,即使是目的性行为,也只限于在因果系列中的认识预见,而非可以明示实践行为的真正意义的东西。换言之,无论是意志支配的行为,还是目的性行为,如果撇开了刑法上的伦理道义评价,就不是可以明示其实践意义的、真正刑法意义的行为。因为法秩序是由政治和权力保障的伦理世界中的规范秩序,刑法也非单纯的法益保护体系,而是立足于伦理立场去保护法益。有鉴于此,小野清一郎主张"心理的物理的行为论应向伦理的行为论转变"②。显而易见的是:小野清一郎的行为论正是其认同的"违法有责行为类型论"的理论基础。为此,小野清一郎主张,要站在伦理的立场上去保护法益,刑法所考虑的,就不是单纯的侵害法益的行为,而是伦理性的非法行为。因而该当构成要件的行为,应是违法且有责的行为。③

本书的立场:本书赞同相对的意志支配论;一定程度上(在刑法有其目的犯规定的场合),也认同目的行为论。但鉴于本书赞同违法类型说,因而本书主张该当构成要件的行为,应属行为人在其相对自由的意志及其特定人格心理支配下所实施的构成违法的行为,有排除违法事由的场合例外。至于针对特定行为的道义评价,本书还是认为应置予责任阶段一体解决。有鉴于此,本书主张:这里所论的刑法意义的行为,狭义上还是应当确认其为"构成要件行为"。这是因为:该当构成要件的行为≠犯罪行为。而根据违法有责类型说,"该当构成要件的行为(几乎)= 犯罪行为"。而后者理所当然地属于既违法且应当遭致道义非难的犯罪行为,这就难怪小野清一郎力倡符合构成要件的行为应为"伦理行为"了。

---

① [日]小野清一郎:《犯罪构成要件理论》,王泰译,中国人民公安大学出版社2004年版,第78—79页。
② 同上书,第82—83页。
③ 同上书,第83—84页。

（二）行为的分类

1. 预备行为与实行行为

预备行为与实行行为，仅仅发生于直接故意犯罪的样态之中。按照我国《刑法》第22条的规定，预备行为是"为了犯罪，准备工具、制造条件的"行为。质言之，预备行为只是为产生犯罪准备工具、创造条件，从而为犯罪的实施提供现实可能性。但一般而言，从预备行为到实行行为，也有其区间性，即预备行为也需要一定时间量度来完成。一般认为，此一区间，应在犯意表示之后、犯罪实行行为以前的一段时间。具体地说，就是行为人为了犯罪，准备犯罪工具、创造犯罪条件的期间。

实行行为者则是将现实"可能性"演化成"现实性"的该当构成要件的、侵害或者威胁到刑法所保护法益的行为。如为杀人而守候在路旁是预备行为，此时，行为人存在一个实施杀人犯罪的现实可能性；而举刀面向被害人之际，杀人的"可能性"随即质变成了开始杀人的"现实性"。当然，一般而言，该当基本的构成要件之行为，应为实行行为；预备行为仅仅发生在修正的构成要件的场合。

2. 单一实行行为与复合实行行为

单一实行行为，是指根据刑法分则的规定，实施了一个该当构成要件的实行行为。我国刑法中绝大多数犯罪设置如此。例如，现行刑法上所规定的故意伤害罪、故意杀人罪、非法搜查罪，等等。

复合实行行为，是指按照刑法分则相关规定，行为人务须实施了数个不能独立成罪的实行行为，行为方才该当分则个罪之构成要件规定者。对此，有学者又谓之为"复行为犯"。① 归总起来看，复行为犯具有如下特征：

其一，"数行为"主要相对于单独犯罪中的"实行"行为个数而言。虽然从理论上看，这里的数行为并不排除共同犯罪中的实行行为，但鉴于其本质排除共同犯罪中的帮助行为、教唆行为等，因而考量此类行为性质的蓝本还在单独犯罪。

其二，数行为既不是一个个自然举动合成的数行为，又不是可单独成立为一个犯罪构成要件的行为。刑法理论中的结合犯、连续犯均属"数行为"合而为法定一罪或裁定一罪的犯罪形态。但此类犯罪中的"数行为"之中的任意一种行为，均可单独成立刑法意义的实行行为，即可单独成

---

① 参见王明辉《复行为犯研究》，中国人民公安大学出版社2008年版，第81页以下。

罪。复行为犯中的"数行为"则不然，例如，刑法法定的"受贿罪"的构成要件行为仅仅一个，但这一个构成要件却由两个实行行为构成，包括：（1）非法收受他人财物的行为；（2）利用职务之便为他人谋取利益的行为。显然，上述两行为合二为一，才成立刑法意义的"受贿"行为。由此可见，这里之实行行为虽然有两个，但每一实行行为均不能单独成罪，唯有"复合"该两个实行行为，才能成立一个受贿罪的构成要件行为。

其三，数行为均属性质不同的广义的刑法实行行为。刑法学理上的惯犯、营业犯、职业犯，也可谓反复施行数行为的犯罪；而且刑法上也将其数行为合而认定成一罪行为。因而，大陆法系刑法学者往往将此类犯罪统称为"包括的一罪"。然而，惯犯、营业犯、职业犯所反复实施的"数行为"，却属性质相同的同种行为。例如，反复实施盗窃行为、反复实施诈骗行为等。而复行为犯所实施的数行为却属性质不同的数行为。例如，根据《刑法》第399条的规定，司法工作人员要构成徇私枉法罪，须实施下述两项不能独自成罪的实行行为，即徇私行为与枉法行为。鉴于根据刑法的规定，这样一个罪名的成立，须以行为人实施上述两个不能单独成罪的实行行为为构成要件，因而本罪属于复行为犯。

其四，复行为犯的"数行为"不同于刑法分则选择要件所规制的数个选择性行为。就性质上看，刑法分则法定的选择性行为，属于择一性行为。即行为人但凡实施了分则法定的多种行为要件之一，即便成立该罪。例如，按照《刑法》第171条第1款的规定，行为人但凡实施了出售、购买、运输假币等三种行为之一，即便成立相关犯罪。复行为犯则不然，其行为的复数性乃该类犯罪的内在品质涵定，并经由刑事法律规定。因而务须实施数个性质不同的广义的实行行为，这对于复行为犯而言是无可选择的。

其五，复行为犯的数个实行行为被复合成一个构成要件行为，是经由刑法分则明文规定的。例如，现行《刑法》第169条所规定的徇私舞弊低价折股、出售国有资产罪即是。按照该罪规定，行为人须实施了下述两行为才能成立该罪：其一是徇私舞弊行为；其二是低价折股出售国有资产的行为。

（三）行为的方式

1. 作为

刑法意义的"作为"，是指行为人所实施的为刑法所禁止的积极活动。如强奸罪、抢劫罪、诈骗罪、拐卖人口罪等都属于行为人主动实施的积极活动。刑法上的绝大多数犯罪都以此积极的作为方式构成。

实践中，此类"作为"犯罪的实施方式包括：（1）以自身四肢五官活动徒手实施；（2）通过物质性凶具或其他器具实施；（3）通过不知情者实施，例如，假手不知情的护士为患者注射致命的针剂，致人死亡；（4）通过无责任能力者实施，例如，假手12岁的孩子去投毒杀人；（5）假手动物活动实施，例如，假手恶犬、毒蛇致人重伤、死亡；（6）假手自然力实施，例如，在明知某地很可能发生雪崩的情况下，故意将预设的被害人引到行将发生雪崩的现场，致使被害人招致雪崩身亡。

2. 不作为

刑法意义的"不作为"，是指行为人应当且能够履行有关义务而消极地不予履行的行为表现。这里不妨从不作为义务的来源及其分类来进一步探究何谓刑法意义的"不作为"。

第一，刑法意义的不作为义务来源。刑法上的不作为，因缘于行为人当为而不为。因而刑法学界通常所说的刑法意义的不作为的义务来源，实指行为人应予实施某种"作为"的义务来源，惯称不作为义务而已。一般认为，我国刑法上的不作为义务来源有五个：法定义务、职责义务、业务义务、合约行为引发的义务、行为人先行行为引发的义务。其中：

（1）法定义务是指国家宪法、税法、婚姻法、民法等法律、行政法规、规章、条例所设定的各类义务，例如成年子女对丧失劳动能力或生活来源的父母所负有的赡养义务；父母对未成年子女负有的抚养义务；配偶之间所负有的相互扶养的义务；法人、公民有纳税义务；司机、行人有遵守道路交通规则的义务，等等。如不遵守上述义务亦即应当有所作为而不作为，就可能构成相关刑事犯罪，例如，父母遗弃年幼的子女、成年子女遗弃丧失劳动或生活自理能力的父母，就可能构成遗弃犯罪，等等。

（2）职责义务是指担任一定公职的人员或承担一定业务职责的人员因其岗位责任指向所产生的义务。如身负轮船船长之职责者，在轮船发生重大险情时负有组织抢险的义务，假如该船长遇险情时不去履行相关抢险义务而只顾自己的人身或财产安全因而导致刑法法定的严重后果时，行为即属应当有所作为而不作为，进而可能触犯相关罪名。

（3）业务义务是指相关从业人员因其工作性质内容所产生的义务。例如，身为大夫、医生在巡回医疗时，如遇鼠疫等传染病流行时，即负有业务义务去治病救人，而不得唯恐自己被传染而先行避开，否则同样可能构成不作为犯罪。又如，身为工厂的锅炉工，当班时间负有定期为锅炉加水的业务义务,假如某当班锅炉工因疏忽大意而忘记了履行该项定期为锅炉加水的义务,并因其"不作为"而导致锅炉爆炸等严重事故发生,行为即属"不作为"型过失犯罪。

(4) 合约行为引发的义务。这里,作为不作为义务来源的"合约"原则上应为有效合约,特殊情况下可基于其他缘由而例外。这是因为,一般情况下,唯有合法有效的协议,才能引发确定而合法的民事行为、进而产生有关"作为"义务,例如没有亲属关系的年青一辈与长辈人自愿签署的"养老扶助继承协议"等。当然,能够确立为"不作为"义务来源之一的"合约"行为本身,理论上、实践中仍有不少待探讨的问题。例如,其一:这里之合约行为是仅限于书面合约,还是包括书面与口头两种合约形式?对此,通说观点主张:该合约理当是既包括书面的,也包括口头的。其二,如果某项要式合同因其形式要件的欠缺而无效,则该类无效合约行为是否引发"作为"义务?通说主张无效合约不产生刑法上的作为义务。

(5) 行为人先行行为引起的义务。通常指因行为人先行实施的加害或者限制他人人身自由的行为、进而引起特定危险的场合,先行行为人应当通过其积极作为来防止有关危害后果发生。例如,A 在漫天大雪天之夜打断了 B 的腿部腕骨,令 B 不能自行行走回家或去医院就医。由是,A 有义务将 B 送至安全地带。否则,A 径直离开,导致 B 冻死,A 的行为则该当不作为杀人构成要件行为。

第二,不作为犯的类型。对不作为犯,可根据刑法的有关规定分类如下:

(1) 纯正不作为犯,即只能由不作为、而不能由"作为"构成的犯罪。换言之,按照刑法分则对某一种犯罪构成要件的明文规定,该种犯罪,只能采取不作为的形式才能完成。例如,中国《刑法》第 261 条所规定的遗弃罪,就是典型的纯正不作为犯。此外,不少外国刑法设定的"见死不救罪",也属纯粹不作为犯。

(2) 不纯正不作为犯,即按照中国刑法的规定,可以由作为、也可以由不作为构成的犯罪。换言之,不纯正不作为犯,是以不作为方式实施通常以作为形式构成的犯罪。例如,杀人罪、故意伤害罪,都是不纯正不作为犯罪。因为此类犯罪不但可以,且更多的是以积极"作为"的方式去实施杀人、伤害等行为的。

3. 占有

又称持有。我国现行刑法已设置了诸如非法持有枪支弹药罪、非法持有国家绝密文件罪等多项"持有型"犯罪。可见刑法意义的占有，已成为实施构成要件行为的第三种行为方式，实属介于作为与不作为之间的行为类型。具体而言，它是指立法上对某些"个罪"，既无积极的"作为行为"规定；也无明确的"不作为行为"规定，而只要求行为人存在故意"占有"某种法定物品的"状态"，有此状态，即便成立犯罪既遂。例如，非法持有毒品罪、非法持有枪支弹药罪、持有伪造的货币罪等。

应当指出的是，英美刑法上是将"占有（possession）"作为一种独立的行为形态加以规定的，大陆法系国家则大多未对占有做出明确的规定。因而，对于"占有"应否界定为一种独立的刑法意义的行为方式，我国刑法学界向有争议。大致存在：（1）将占有归结为"作为"方式之一；（2）"不作为"方式之一；（3）介于二者之间的独立形态等三种不同观点。本书比较赞成上述第三种观点，这不仅因为刑法中已有越来越多的"占有"型犯罪规定；还因为"不作为"总是以特定的义务为其行为构成刑法上的"不作为"犯的前提的，刑法非难的实质因而是其"当有所为"而无所作为。"占有"则不以特定义务为前提，刑法非难的指向仅仅因其"占有"某种特定物品的"状态"。还有学者指出，假如以物质存在的运动形式为准划分刑法上的行为特征可见，"作为"具有动的特征；"不作为"具有静的特征；"占有"则介于其间，具有动静相结合的特征。据此，认为此类行为方式既不宜归结为作为、也不宜归结为不作为，而是独立的形态。[①]本书认为，这一论述，确有其合理内涵。

三 客体

作为构成要件要素的客体，可分为行为客体与保护客体。其中，其行为客体基本类同于传统中国刑法学中犯罪构成四要件理论中的犯罪对象；而保护客体则是指刑法所保护的法益，就此意义看，这里之保护客体的概念，也大体类似于传统中国刑法学犯罪构成四要件中的"犯罪客体"。不同的是：犯罪客体强调的是刑法所保护的社会关系；而构成要件之被保护客体，强调的是为刑法所保护的法益。

（一）行为客体

作为构成要件要素的行为客体，乃指作为构成要件行为对象的人或者物。换言之，行为客体，是指为犯罪行为所施以一定物理作用的人或物。

---

① 储槐植：《三论第三犯罪行为形式"持有"》，载《中外法学》1994年第5期。

因而，行为对象应依赖于刑法所保护法益所指向的物质或人身而存在；进而，行为客体应为保护客体的物质载体或人身载体。实践中，保护客体还可能以一种非物质的、精神关系的方式存在，例如，我国《刑法》第221条所规定的损害商业信誉罪。行为客体则不然，由于它其实就是行为的对象，因而作为构成要件要素的行为客体，要么以保护客体的人身载体、要么以其物质载体的方式表现出来；抑或，在被保护客体表现为非物质关系的形式时，由于被保护客体既非人身关系，也非物质关系而是看不见、摸不着的精神关系，行为对象因而也归结为零，这种情况下，保护客体虽仍然存在，行为客体却是虚无的。因而，只要刑事立法上确立了关于精神关系的特别保护之犯罪规制，刑法理论上就会发生仅有保护客体而无行为客体即行为对象的情况。

（二）保护客体

保护客体是指刑法所保护的法益。一般而言，刑法所保护的法益可划分为个人法益、社会法益和国家法益。而就其法益的表现形式看，刑法所保护的法益包括人身法益、财产法益、精神法益几大类。正是由于特定的精神法益也是刑法保护的对象，才会发生上文所言的、所有的犯罪均有其保护法益，但并非所有的犯罪都存在行为对象的情况。换言之，所有的犯罪均有其被保护的客体，但并非所有的犯罪都有其物理性的行为客体。例如，我国《刑法》第316条规定的脱逃罪、《刑法》第322条规定的偷越国境罪等，均属没有特定的行为对象的犯罪。

综上可见，行为客体与保护客体既有联系又有区别，表现如下：

第一，表现形态上有别。保护客体是一种社会关系，包括物质关系和精神关系。行为客体却是实实在在的犯罪行为所作用的人或物。如盗窃案例中，行为人所实施的盗窃行为的保护客体是他人的合法财产权益，行为客体却是被害人的被盗钱物等。

第二，损害后果上有别。犯罪行为无一例外地侵害了刑法保护的客体；行为客体却不一定受到损害。如盗窃犯会致事主的财产权益受到侵害，却不会人为地去毁损其盗来的钱财。

第三，构成要件要求上的区别。保护客体是所有行为该当构成要件的必备要件；行为客体却不然。即如上文所言，有的犯罪没有行为客体，但却不能没有保护客体存在。换言之，没有保护客体存在，则不发生行为侵害或者威胁到特定法益的行为，进而，行为与构成要件完全没有关系。

第四，划分此罪与彼罪作用上的区别。行为所侵犯的保护客体不同，犯罪性质即不同；而行为客体的同与不同，对犯罪性质不一定有决定性的影响。例如，盗窃电视机与走私电视机，行为客体都一样，但因其侵犯的刑法保护客体不同，涉嫌构成不同的犯罪。

第五，犯罪分类作用上的区别。刑法是按其不同的保护客体来划分刑法分则各类犯罪的，例如，侵犯国家法益者，被归于刑法分则国事犯罪专章；侵犯人身法益者，被归于刑法分则第四章"侵犯公民人身权益专章"，等等。而行为客体的归类，对犯罪类别的划分没有刑法学上的实质意义。

四　结果

作为构成要件要素的结果，除了违法行为作用于行为客体所导致的针对保护客体的侵害或威胁外，还应包括其他任何违法行为对所保护客体的侵害或威胁。这里所谓"其他"，是相对于没有行为客体的犯罪而言，例如，毁损商誉罪并不要求行为客体的存在，但行为人仍然可以通过其侵害刑法所保护的特定法益的方式，来达致针对刑法关于商业信誉的保护法益的侵害，而这一侵害，仍属作为构成要件要素的"结果"。有鉴于此，这里采用的乃是广义的结果立场。

对构成要件结果，刑法学理上有广义、狭义之分。广义上的结果，根据刑法分则构成要件的不同，其既可包括行为针对法益的特定侵害；也可包括针对法益的特定威胁。具体而言，由于本书赞同结果无价值的违法实质说，因而主张该当构成要件的违法行为，应为对刑法所保护法益的侵害或者威胁。所以当其刑法设置为"结果犯"时，其广义上的构成要件结果应为行为对特定法益的实在损害后果，刑法学理上又称此类犯罪为"实害结果犯"；而当刑法设置为危险犯时，其广义上的构成要件结果应为行为对特定法益的威胁。而刑事立法上，又将此类威胁分别设置为抽象危险犯、具体危险犯等，对此，下文将专门分述。

狭义的构成要件结果仅指当刑法规范有其特定的实在危害后果的构成要件规定性者，亦即，狭义的构成要件结果只将上述实害结果犯所导致的结果认同为构成要件结果。例如，故意杀人罪之杀人既遂后果、故意伤害罪之实际伤害后果，等等。

（一）实害犯

全称实害结果犯，危险犯的对称。指该行为所导致的侵害后果已为刑法分则相关条文明确规制为成立该罪必备的客观构成要件者。例如，我国

《刑法》第264条关于盗窃罪就有盗窃"数额较大"或"多次盗窃"的实害后果要求；又如我国《刑法》第153条对走私普通货物、物品罪也有走私货物、物品偷逃应缴税额在50万元以上的实害后果要求。归总起来看，我国刑法分则中，虽然许多"个罪"罪状规定都有诸如此类的"结果"规定，但分则罪状对各类确定的"实害后果"的具体要求和表述方式却有所不同。有的要求对特定对象造成特定损害，例如，我国《刑法》第167条就规定，"国有公司、企业、事业单位直接负责的主管人员，在签订、履行合同过程中，因严重不负责任被诈骗，致使国家利益遭受重大损失的"，构成该条所规定的"签订、履行合同失职被骗罪"。有的对确定危害对象有一定数额要求，例如，《刑法》第267条规定"抢夺公私财物，数额较大的"构成抢夺罪。这就是说，假如行为人仅仅抢夺了对方一片面包，则因其抢夺财物价值额太小，不构成抢夺罪，行为充其量可以根据我国《治安管理处罚条例》的相关规定，科以治安处罚。刑法学理上，又将此类以某种特定危害后果作为犯罪成立必备要件的分则犯罪设定，称之为"结果犯罪"，简称结果犯。

就一般意义看，一方面，我国刑法学理上的数额犯、数量犯、情节犯等，[①]大都可归于广义的实害"结果"之列，因而行为不符合上述特定结果要求者，即不属于该当构成要件的广义的刑法意义的行为。另一方面，对罪状中没有法定实害结果要求者，本书赞同张明楷教授的主张，[②]认为应结合《刑法》第13条的但书规定，先就此问题进行行为是否该当构成要件之结果的实质解释，从而判定该行为是否该当构成要件的行为。

(二) 危险犯

全称危险结果犯，结果犯的对称。刑法学理上，又根据刑法规定的不同将此类危险犯进一步划分为抽象危险犯与具体危险犯。

1. 抽象危险犯

抽象危险犯指立法机关根据一般社会经验抽象出的特定类型化行为，并将其拟制为行为一经实施，就会引发某种特定或不特定超个人法益侵害

[①] 数额可谓广义的客观上的"结果"，虽然刑法学理上，严格意义的结果犯也有别于数额犯；情节犯则更为复杂，根据刑法分则的叙明规定或者相关司法解释，多数情节犯之规定或者司法释定既有更为详尽的结果要求，又有主观恶性的要求。例如，《刑法》第139条之一所设定的不报、谎报安全事故罪，即属情节犯，但"两高"对其"情节严重"的释定首先就是"导致事故后果扩大，增加死亡1人以上，或者增加重伤3人以上，或者增加直接经济损失100万元以上的"。所以，情节犯也可谓广义的结果犯，但非严格意义的结果犯。

[②] 张明楷：《实质解释论的再提倡》，载《中国法学》2010年第4期，第62页。

的危险的犯罪规制。据此，司法上，法官不必评价个案行为是否真的足以导致特定的社会风险，而是一俟行为实施，刑法便拟制其法定风险成立，行为因而成立犯罪既遂。抽象危险犯具有下述特征：

（1）行为本身未必具有针对法益的实然侵害性。（2）行为本身未必具有传统犯罪的悖德性，例如我国刑法新设的醉驾行为即是。（3）就一般统计数据及实证研究结果看，行为一经实施，就会高概率地危及社会公共安全甚至引发大面积的人祸，包括不特定人或者多数人的生命、健康安全。例如，据调查，《刑法修正案（八）》颁行之前5年，国内因车祸导致的无辜他人的死亡数量，已经大大超过汶川地震导致的死亡人口总数。面对如此高概率且高风险并类型化的行为，刑法的制度回应只能是法益保护的适度早期化，即该罪的成立标准须适度前移，否则等到醉驾司机肇致重大车祸国家刑罚权方才有权启动的话，那对无辜逢凶的路人、车祸身亡或重伤的遇祸司机、乘客包括醉驾司机本人而言，都为时太晚了。（4）由于行为本身未必具有传统意义的社会危害性甚至悖德性，刑法规制此类犯罪的主旨，也就不在报应而在预防，即刑法的报应功能在此情况下普遍为刑法的犯罪预防功能所取代。由是，为了达到全面威慑、儆戒、宣示并指引社会行为的效果，以最大限度地禁绝上述高风险行为，抽象危险犯的场合，刑法不必评价个案行为是否真的会引发任何风险，而是一俟行为实施，刑法便拟制其法定风险成立，行为因而构成犯罪。除《刑法修正案（八）》增设的醉酒驾车罪之外，现行刑法中，诸如此类的抽象危险犯的立法例还有经《刑法修正案（八）》修订后的《刑法》第141条所规定的生产、销售假药罪，《刑法》第144条所规定的生产、销售有毒有害食品罪，《刑法》第369条所规定的破坏武器装备、军事设施罪等。

2. 具体危险犯

具体危险犯是刑法对另类风险程度相对较低的类型化行为的特别规制。针对此类行为，刑法要求该行为务须"足以"导致某种特定危险发生，方才成立犯罪既遂。此类犯罪即为刑法学理上的具体危险犯。我国现行刑法中有不少具体危险犯设置，例如，《刑法》第116条、第117条分别规定的破坏交通工具罪、破坏交通设施罪，《刑法》第143条所规定的生产、销售不符合卫生标准的食品罪，《刑法》第145条所规定的生产、销售不符合标准的医用器材罪，《刑法》第321条所规定的运送他人偷越国（边）境罪，等等。

当然，危险犯的场合，行为是否该当构成要件行为，刑法还需评价行为人所实施的违法行为与危险的关系怎样。这里存在以下两方面的问题：其一，是否存在不允许的危险问题。其二，是否存在增加或制造危险的问题。一方面，一般而言，抽象危险犯原本就是立法上将特定行为拟制为一经实施便会发生严重的社会危险的行为，因而抽象危险犯所涵盖的危险半径，本身即属法律不允许的危险。但特殊情况下可能存在允许的危险。例如，因送危重病人就医不得已醉驾者，可适用紧急避险阻却违法，此类醉驾行为可予出罪。另一方面，无论是具体危险犯还是抽象危险犯，就一般场合而言，其都存在增加或者制造危险的问题。例如，醉酒驾车即属增加甚至制造危险的犯罪；破坏交通工具罪、破坏交通设施罪等具体危险犯亦然。因而所谓允许的危险，并不发生增加或者制造危险的情况，主要针对特殊情形下的客观归责而言，就此议题，本章将在下文专门述论。

（三）学说上的行为犯与危险犯

行为犯是指按照刑法的规定，实施了相关分则构成要件行为即便成立犯罪，不问有无结果发生的犯罪规制。有鉴于此，有学者认为，与抽象危险犯不同的是：抽象危险犯的场合，其针对特定法益的威胁表现在：刑法已将该特定行为拟制为一经实施即便具有针对特定法益的严重侵害的高度危险，而行为犯之法益威胁性仅仅表现在其对规范的违反上。二者的另一不同在于：抽象危险犯的场合，行为人可以反证其行为不可能导致任何危险发生；行为犯却无法反证，因为刑法并不要求任何抽象的或具体的危险发生，而是有行为即便成立犯罪既遂。[①]进而，对行为犯之称谓，刑法学理上也备存争议，有学者认为，就刑事实体法意义看，行为犯与危险犯并无任何区别，因而应将其归于危险犯类别之中，毕竟行为犯是实体法上的概念；但也有不少学者主张保留。

对行为犯本身，学理上还将其分类为纯正行为犯与不纯正行为犯。认为纯正行为犯是指某一种行为根本不可能导致实体性损害后果者。例如，现行《刑法》第105条第1款所规定的颠覆国家政权罪。其中既含阴谋犯规定（仅限于止于"策划"行为者），又含行为犯规定。这里的行为犯即可谓事实上的纯正行为犯。这是因为，如果刑法将该罪设置为"能够"犯罪既遂，则国家政权已经颠覆的场合，作为国家政治的"婢女"——刑法的可行性也会随之荡然无存。因而，此类犯罪只能是纯正的行为犯。不纯

[①] 参见江岚、赵灿《抽象危险犯与行为犯之界限》，载《湖北大学学报》（哲学社会科学版）2012年第2期，第120页。

正行为犯则是根据刑法分则的规定，刑法并不要求某一行为一定须有特定后果方才成立犯罪既遂者。[1]换言之，刑法不问后果怎样，有行为即便成为犯罪既遂。例如，我国《刑法》分则第254条所规定的报复陷害罪即是。

　　本书认为，对危险犯与行为犯，似不宜作为相互排斥的概念加以比较。这是因为学者在对二者进行类型划分时，划分的"子项"或者说"标准"并不"同一"。这种情况下之两相比较，就如同将"工人"与"男人"进行比较一样，完全有悖形式逻辑的比较前提。申言之，实害犯与危险犯，是立足于结果无价值论的违法观，以刑法分则的"个罪"规范，是否要求行为达致刑法法益的实体侵害，作为划分"个罪"类型的"标准"的。这样一来，分则有其"实体侵害"要求的为实害犯；无实害规定性、行为"威胁"到确定法益即成立犯罪的为危险犯。行为犯则不然，行为犯论者应是基于行为无价值的立场，以刑法分则之"个罪"规范，是否有其个罪构成要件之狭义"结果"为标准来划分犯罪成立类型的。分则有其法定构成要件"结果"规制的，为狭义的"结果犯"；无此要求，一经实施违反了规范的构成要件"行为"，即便成立犯罪的，为行为犯。由此可见，与危险犯相比，行为犯在意的并不是行为对法益的"威胁"，而是行为本身"对刑法分则个罪规范的违反"。唯其如此，我们才说，行为犯之"入罪"的视点乃不在结果无价值论所强调的行为"对法益的侵害或者威胁"，而在行为无价值论所强调的"行为对规范的违反"之上。

　　综上可见，危险犯是相对于实害犯而言；行为犯则是相对于狭义的构成要件"结果犯"而言。二者之差异，不仅仅在分类标准上的不同，还存在"违法观"的差异。因而，即便是学理上，也不宜直接将此二者视作同一"母项"之下的并列"子项"概念加以比较。

五　因果关系及客观归责理论

　　因果关系，又称因果联系，指自然界或社会现象中的一种联系，表现为一种现象引起或决定另一种现象发生，引起的现象叫原因，被引起的现象叫结果，这种原因与结果间的关系，被称为因果关系或因果联系。但是，行为与结果间有事实上的因果联系，并非均可归于刑事法律意义上的因果关系。作为构成要件要素的因果关系应指该当构成要件的一定违法行为与其法益侵害结果间的因果联系。

---

[1] 参见陈兴良主编《刑法总论精释》，人民法院出版社2011年版，第196页。

此外，大陆法系的刑法学者还认为，应当将不具有重要法律意义的因果链环从因果关系理论中剔除出去，而将某些特定的、被称为重要因果链环的因果内容抽析出来，在运用于特殊对象分析的情况下，①将其概称为客观归责理论。例如，波恩大学的沃斯·金德霍伊泽尔的教授就指出："客观归责理论想把不重要的因果历程从刑法的后果责任领域排除出去。这种归责之所以被理解为是客观的，是因为它完全隐去了行为的主观侧面。"②唯其如此，陈兴良教授更是直截了当地指出，因果关系解决的是行为是否具有"可归因性"的问题；客观归责解决的则是行为是否具有"可归责性"的问题，就此意义看，客观归责理论与相当因果关系说存在一定程度的理论竞合。③循此思路，以下拟就归因与归责问题分述如下：

（一）归因问题：因果关系理论

1. 因果关系的特征

一般认为，刑法上的因果关系具有下述特征：（1）客观性，指因果联系中，引起和被引起的现象是客观存在的，不以人们主观上是否认识到为限的。例如，某女青年在一公共汽车站以极其不堪入耳的语言辱骂一位老人，老人不堪忍受，气急之下，心脏病发作，送入医院不久后身亡。那么，老人之死与女青年的辱骂行为有无客观因果关系呢？回答是肯定的，因为老人犯病的原因是很明显的、客观存在的，女青年不能以"我不知道他有心脏病"为由作为否认其行为与结果有因果联系的借口。（2）相对性，指因果联系是相对于特定事物、特定行为和特定结果而言。简言之，是相对于特定的因果链环而言。A 现象是 B 现象的原因，B 现象则是结果；但在另一对因果链环中，例如，在 B、C 链环中，作为结果的 B 现象，又可能成为 C 现象的原因。如 A 与 B 在公共场合因口角之争而致斗殴，A 在气头上双手倒抱起 B 的头将 B 甩了出去，恰好甩到躲避不及的 C 身上。这样一来，B 被甩出去的结果，又成为 C 躲避不及被撞成重伤的原因。可见，结果与原因，只相对地存在于一定的因果链环之中，而非绝对地存在于任何场合、任何阶段。（3）时间顺序性，即从危害结果发生的时间看，

---

① 诚如张明楷教授所言，多数场合，客观归责理论分析的对象乃为没有实行犯的犯罪、结果回避可能性、认识错误、被害人承诺、过失论等问题，因而它与主观归责论、错误论、过失论等理论有其重合之处，并有一定适用上的局限性。参见张明楷《刑法学》（第三版），法律出版社 2007 年版，第 165 页。

② ［德］沃斯·金德霍伊泽尔：《故意犯的客观和主观归责》，樊文译，载《清华法律评论》2008 年，第 152 页。

③ 参见陈兴良主编《刑法总论精释》，人民法院出版社 2011 年版，第 207 页。

原因行为必定在先，结果只能在后，二者的时间顺序不能颠倒。(4) 复杂性，主要指多因一果或多因多果的情况。(5) 范围的法定性，刑法上的因果联系的范围主要取决于刑法分则的个罪划定和界分。就是说，行为即便具有危害性，并且导致了一定危害后果，但如其根本不成立中国刑法上的特定犯罪，则无刑法上的构成要件行为与法益侵害结果可言，因而也无所谓刑法上的因果关系。

2. 刑法因果关系的理论分类

自1979年中国第一部刑法典颁行以来，围绕刑法意义的因果关系理论，国内刑法学界也聚讼多年，但从大类上看，无外下述几大主流性意见：一为国内自创的将刑法上的因果联系与哲学上的必然与偶然范畴相联系的必然性因果关系说和偶然性因果关系说；二为实在可能性说；三是赞同大陆法系的条件说或相当因果关系说。然而，将哲学上的必然与偶然范畴与刑法上的因果关系关联起来，其科学性及其刑事法律性均告牵强；实在可能性说认为危害行为唯有引起危害结果发生的实在可能性，且实在可能性已经合乎规律地演化为现实性，引起了某一危害结果时，行为与结果间才有因果关系，究其实质，乃是由高概率性到实然性的因果认定，仍然缺乏刑事法律上的说理性和可操作性。何况，既然援用大陆法系的犯罪论体系，就毋宁同时借鉴其较为成熟的作为构成要件要素的归因理论。

具体而言，以德国、日本为代表的大陆法系的因果关系认定理论包括条件说、原因说与相当因果关系说。其中，条件说在德国占据通说地位；而相当因果关系说在日本占据通说地位。

(1) 条件说，又称等价说，即条件即原因说。其基本观点是，凡可能发生结果的一切条件均为结果发生的原因。所以条件说又被称为全条件等同说。例如，甲轻伤害乙，丙司机送乙去医院的途中不慎与他人汽车相撞，乙因而伤势更重；到医院后，丁医生又不负责任，延误了救治，致乙死亡。对本案，按照"条件说"的观点，本案之甲、丙、丁的行为，都是乙死亡的原因，可谓"多因一果"。

(2) 原因说，又称原因条件区别说。认为一切可能发生结果的事实，应当区分原因与条件：条件就是条件，原因就是原因。不能把二者混为一谈、等量齐观。按照此种观点，上述案例中，诸条件并非都成立为刑法意义的危害结果的原因，而有原因与条件之区分。至于如何区分诸多条件之中，孰为原因、孰为结果，人们又有最终原因说、最有力原因说、直接原因说、反常原因说，等等。综上，根据"最终原因说"，由于丁医生的行为是导致乙死亡的最终"条件",该"条件"则成为乙死亡的"原因"。根据"最有力原因说",甲的伤害行为可能是致乙死亡的"最有力的条件",则甲的行为应为乙死亡的原因,等等。

(3)相当因果关系说,又称适当条件说。这种学说认为,凡属发生结果的条件要成为原因,必须与结果间有相当的关系,则条件结果间,才有因果关系。这里,问题的症结在于,如何理解这里的相当性。学界对此相当性也有主观说、客观说和折中说三种不同主张。

其中,主观说是相对于行为人本人而言可谓"主观",指以行为人本人主观上能否认识到其行为会发生相应的法益侵害结果为准。例如,当胸一拳打去会致人死亡的后果,如行为人主观上根本不能认识到,则条件与结果间没有相当性,该条件因而不能成立为危害结果的原因。反之,如其能够认识到,则行为与结果间有相当性,行为因而成立为导致结果发生的原因。

客观说则是相对于社会上一般人的认识水平而言,即以客观的、社会上一般人的认识水平能否认识到行为会发生相应的危害后果为准。即如当胸一拳朝老耄年高之人打去,行为很可能招致老者死伤,此一后果如其一般人能够认识到,则无论行为人本人能否认识、是否认识,行为均与后果有相当性,据此,行为成立为其危害结果发生的原因。

折中说是折中于主观说与客观说之间的观点。"折中说"认为,主观说过于强调主观,有时可能失诸刑法的公允。这种"不公"主要反映在:领悟力越高、认识能力越强的人,往往愈加"倒霉"。因为他/她既是如此聪颖睿智,就很容易被推定为"能够"认识到行为会发生某种特定危害后果,则,既然他/她能够认识,行为与结果间就有因果关系。反过来,过于强调"客观说"仍有可能失诸公允。这是因为尽管一般人都能认识到某一行为会发生特定的危害社会的后果,但行为人恰恰是比之一般人"迟钝"、"愚笨"者,他/她因而就是认识不到,而按照"客观"论的解读法,尽管他/她根本没有且不可能认识到行为的社会危害性,但大家能够认识,他/她就应该认识,刑法上因而仍然要认定该条件与结果有相当性,条件也就成立为危害结果产生的原因。可见,主观说、客观说各有其弊端,折中说采取了尽量摒弃各方之短、扬其所长的方式来确认行为与结果间有无相当性,确有可取之处。但在折中说之中,也存在以主观说为主或以客观说为主、兼而考虑客观说或主观说的不同理论流派。

值得强调的是,日本等大陆法系国家,包括不少中国学者也认为"相当因果关系说"本是"条件说"的特殊表现形式,没有理由将其分类为另一特别形式。换言之,根据此种观点,相当因果关系说只不过是特殊的条件说。因而也有人主张,现今大陆法系流行的主流原因论为条件说。由于条件说已经在国外论理多年,较为系统全面,因而此类因果关系理论,也为国内刑法学界,特别是近年来不少国内刑法学者所赞同。

3. 因果联系个案写真

案情介绍:孙某,男,28岁,村民。某日傍晚,孙某去本村磨米加工店磨米时,因嫌磨米质量粗糙而与磨米工陈某(45岁)发生口角,继而两人动手厮打起来。此时,一旁等候磨米的同村村民邱某(71岁)上前去劝架,不料他非但没有拉开二人,反被二人推开,邱某遂靠在该一15平方米左右的房内墙边蹲着观望二人继续厮打。在此过程中,孙某用力推了陈某一把,陈某情不自禁地向后退去,正好一臀坐在邱某的腹部。邱某当时仅感到有些疼痛,不太在意。殊不知回家之后,疼痛加剧,经连夜送乡卫生院诊断发现,邱某腹内肠穿孔破裂,粪便泄于腹腔内,导致腹膜炎并发症,经抢救无效死亡。

问:如以"客观说"为主的"折中"理论来解析本案,则孙某之行为与邱某之死有无相当因果关系中的"相当性",从而孙某之行为是否是邱某死亡的原因。

由本案给定条件可见,本案之被害人乃年逾古稀的老耄之人,加之磨米店除打米机外,空间狭窄,两个激怒的身强力壮者在此狭窄的空间内推来搡去,很容易碰撞、伤及一旁的围观者,而况围观者乃耄耋老人,更不经碰撞。这一情节,一般人都会想到且应当想到,这是从客观角度看。再从主观角度看,本案中孙某已经成年,心智正常而非呆傻之人,因而就其认识能力讲,他本来也是有其预见能力的。就此主客观相结合的折中论看,孙某的行为与其法益侵害结果有相当性,因而孙某的行为不仅仅是邱某死亡的一般性条件,而是已具相当因果关系说所必需的"相当性"的适当条件,因而孙某的行为已经从邱某死亡的条件转化为其致使孙某死亡的"原因"。

当然,从责任要件角度看,孙某虽然有此关注能力并且应当预见,但事实是,忙于打架的孙某当时偏偏没有想到。唯其如此,他才会"猛力地推了陈某一把",致使陈某"情不自禁地向后退去,正好一臀坐在邱某的腹部"(本案之陈某此时变成了事实上的撞人"工具"),从而,导致了邱某死亡后果的发生。由此可见,孙某能认识且"应当"预见,而他偏没有预见，孙某因而具有我国刑法上的疏忽大意过失。据此，孙某的行为虽然该当特定致人死亡的构成要件行为之原因，但其只涉嫌构成我国刑法上的（疏忽大意）过失致人死亡罪。

（二）归责问题——客观归责理论

客观归责理论是以条件说为前提，但摒弃了条件说中那些对刑法而言不具有重要意义的因果链环；同时撇开了行为的主观侧面，只对很可能影响到客观归责的重要因果内容进行研究的刑法理论。鉴于相当因果关系说也是构建在条件说基础之上的只对某些重要因果链环进行研究的理论，就此意义看二者有其研究视点上的竞合之处。不同点在于：其一，相当因果关系说着眼于条件与相当性的关系来探究行为与结果间的因果关系，客观归责说则是着眼于行为与构成要件所保护的法益之风险干系来探究有关归责问题；其二，相当因果关系说探究的仍是归因问题；客观归责说探究的则是归责问题。虽然在此构成要件阶段的归责，并非严格意义的主观责任问题，但其仍然不失为行为最终应否承担刑事责任的前提性问题。

一般认为，实现行为的客观归责，应把握以下三大原则：

1. 行为制造了法不容许的风险

立法意义的法不容许的风险，既牵涉宪政问题，也牵涉"平均正义"的分配问题，还牵涉到现代社会日益发展的科学技术与人的认识能力的关系下如何设定刑事犯罪与经济、民事违法的边界问题，等等。然而，在司法层面，制造法不容许的风险，首先要求行为对于危险结果之回避具有可控性。例如，据报载，2009年4月6日，意大利北部的拉奎拉地区发生里氏6.3级地震，导致309人丧生。而意大利拉奎拉地方法院却因而以对地震风险评估有误为由，于当地时间2012年10月22日以"过失杀人罪"分别判处当时参与地震风险评估的6名意大利地震专家和1名前政府官员监禁刑6年。① 显然，此项判决，至少根据中国刑法的规定看，难以称其适用法律准确。首先，地震是不可控之天灾，即便是地震预报专家也不可能完全精准地评估与预报地震灾害，而导致309人死亡之风险乃肇因于地震而非几位科学家之过失。其次，司法层面上的制造法不容许的风险，实指实施了刑法分则所禁止的诸种侵害到刑法所保护之法益的行为。例如，实施了朝他人头部开枪的行为，即属制造了法不容许的风险，当然这只是基于一般意义而言，特殊情况下，依法令而为的、执行枪决的行为或者正

---

① 参见北方网 http://news.enorth.com.cn/system/2012/10/27/010192589.shtml。

当防卫行为不属于制造了法不容许的风险。归总起来看，针对行为制造了法不容许的风险问题，下述情况，值得特别强调：

其一，降低了对被害人的业已存在的风险的行为，可完全排除归责。例如，甲为了防止乙被山上滑落的石头砸中头部，用自己的手挡了下落的石头，致使石头没有砸中乙的头部而是肩部，这种情况，就主观归责论看来，甲既没有杀人，也无故意伤害他人的犯意，自然没有任何责任可言；但客观归责理论却以上述理论，排除了行为人之客观归责，进而排除了该行为的构成要件符合性。其二，没有制造风险者无责。行为虽然没有降低有关损害风险，却也没有以值得法律关注的方式提高损害风险，此类场合，也应排除归责。例如，假定某天傍晚，A被希望A死亡的B劝到大楼顶层去观星，不料A竟被从天而降的陨石砸死。本案中，A实因天灾而亡。换言之，A之死亡风险乃因天灾而起，因而，B尽管出于希望A死亡的心理而实施了劝A登上大楼顶层的行为，但此一行为不是制造风险的行为，因而，B劝A登上楼顶的行为不属于可客观归责的行为。再如，A出于希望B的房子被雷击的故意，劝阻B为自己的房子安装避雷针。结果B听从了A之建议，没有为自己的房子安装避雷针且其房子果然遭致雷击。本案中，A也没有以"值得法律关注的方式提高损害风险"，风险还是天灾所致。因而对A的劝阻行为应排除客观归责。其三，假定的因果过程不排除客观归责。[①]假定的因果过程是指假定没有A行为人的行为，客观上也会出现B行为人去合法或者非法地实施同类行为者。例如，A在B面临合法行刑之前已毒毙了B；再如，A伺机枪杀了B，但与此同时，C也潜伏在B所在的房间，正伺机枪杀B。显然，这里，无论是行将合法还是非法剥夺B生命的行为，都不能阻却针对A行为的客观归责。

2. 行为实现了法不容许的风险

这是相对于下述排除情况而言：

其一，行为虽然制造了针对特定法益的风险，但其结果并非因其所制造的危险所致，此时可排除客观归责。如C轻伤D，D住院过程中遇地震身亡。本案中，地震这一自然灾害，在事实上中断了C导致D死亡的因果链环，因而可排除针对C行为的客观归责。但假如C重伤D，导致D不治身亡。这种情况下，D之死亡既源自C制造的风险，也归因于C实现了该项法不容许的风险。因而似此案情，对C则不能排除其客观归责。

[①] 参见陈兴良主编《刑法总论精释》，人民法院出版社2011年版，第207页。

其二，行为实现的并非法不容许的风险，可排除客观归责。法不容许的风险，要求行为对于危险结果之回避具有可控性，假如某项结果纯属根本不可控之危险，则即便行为人违背了有关注意规范，其结果也不属于法不容许的风险。例如，某天 B 市之公共汽车在超载数人的情况下行驶于城市街道。此间一场百年不遇的大暴雨突至，加之城市下水系统排泄不畅，导致暴涨大水越过了公共汽车车顶，并致车内数人死伤。后经查明，无论该公共汽车有无超载问题，当天仍会发生大水没顶之灾，因而公共汽车司机的超载行为所实现的并非法不容许的风险。

其三，行为没有导致注意规范之保护目的所要求的结果时，排除客观归责。例如，酒驾司机 A 正行驶在高速公路之际，忽遇行驶在 A 右侧的 B 车突然失控并在其头前的高速公路上掉头，A 司机躲避不及，导致两车相撞，B 司机因而死亡。本案中，A 虽然违背了交通道路法所规定的不得酒后驾车的注意义务，但 B 司机之死亡后果不能归因于 A 违反了规范注意义务，对 A 司机的行为因而应排除客观归责。

3. 行为结果务必损害到分则构成要件所保护的特定法益

反言之，行为虽然导致一定后果，但并未侵害到分则构成要件所保护的特定法益时，应排除客观归责。包括：

第一，行为人参与他人之蓄意自损行为时，不得将他人之自损结果归责于行为人。例如，甲将毒品交付给深度吸毒者乙，乙吸食毒品后身亡，此种情况按照德国刑法学理论，不得归责于某甲。虽然似此案情，根据中国刑法的规定，仍然涉嫌成立帮助自杀犯。① 第二，被害人的自我承担，中国刑法学上又称为被害人的承诺，此情可排除客观归责的"理由在于：在这种情况下他人（指行为人）不是未被允许地侵犯了别人（指被害人）的权利范围"，由是，"即便是促使、使其成为可能或者促进自我负责的自伤行为，从刑法的观点看来，也都是不重要的"。② 例如，大雾天本不利于行车，但 A 因有急事非让 B 出租车司机载他去外地，结果 A 因车祸身亡。第三，防止回避结果的义务在于他人之际，不得归责于行为人。例如，A 车在浓雾天行驶之际没有打开车尾之尾灯，致使 B 车在大雾天的情况下根本没有发现前面行驶的 A 车。因刹车不及撞翻了 A 车。此一法益损害后果，不能归责于 B 车司机。

---

① 参见张明楷《刑法学》（第三版），法律出版社 2007 年版，第 165 页。
② ［德］沃斯·金德霍伊泽尔：《故意犯的客观和主观归责》，樊文译，载《清华法律评论》2008 年，第 156 页。

综上可见，客观归责理论在抽取具有重要法律意义的因果链环并将其概定为客观归责理论的同时，也将犯罪论体系中的其他不少专门性理论网罗到了客观归责理论旗下，例如，错误理论、相当因果关系理论、被害人承诺理论、故意论、过失论，等等。所以，客观归责理论虽然确有其理论研究上的相当价值，但在司法实务上却无多大实用性。人们还是习惯于用相关的阻却违法或阻却责性等等理论来解决有关归责问题。

六　主观的构成要件要素

主观的构成要件要素，又称主观的超过要素。所谓超过，是相对于一般性的罪过，即"故意与过失"心理而言。除一般性的故意与过失之外，针对构成要件的成立，假如分则构成要件还有其特定要求，则成立主观的超过要素。而如上所述，鉴于本书赞同建立在认识根据说基础上的违法类型说，进而主张故意与过失应为限定类型化的违法行为之范围的要素。就其性质而言，此类要素一方面应为责任要件的内容；另一方面，鉴于其对类型化的该当构成要件行为的限制性机能，顺理成章地，此类责任要件也当纳入构成要件要素，再分类的话，则其应为主观的构成要件要素。

（一）目的犯

目的犯是指以特定的行为目的作为某罪之构成要件要素的分则构成要件规定。具体而言，目的犯的场合，行为人务须出于确定的目的去实施有关构成要件行为，行为因而方才成立该当构成要件的（构成）违法的行为。因而，此类"行为目的"应属违法类型的（主观）构成要件要素。我国刑法上的目的犯规定颇多，在叙明罪状的情况下，刑法分则均有其明文规定。例如，就我国《刑法》第152条第1款所规定的"走私淫秽物品罪"而言，该罪明确要求行为人须基于"牟利或者传播为目的"去走私淫秽物品者，可见，没有"牟利或者传播为目的"根本无法确认其行为是否构成走私淫秽物品。因而这里，行为人之"牟利或者传播为目的"既是主观要素，又属于（违法类型的）构成要件要素。当然，从刑法学理上看，在简单罪状的场合，我国刑法分则上对某些明显有其目的要求的犯罪采用了隐形的目的犯规定方式，但此类犯罪应属事实上的目的犯。例如，刑法上的盗窃罪，理所当然地应有"非法占有"他人财物的目的，但作为简单罪状的我国《刑法》第264条却未对其加以明文规定；与此相类似，《刑法》第266条、《刑法》第194—198条所规定的票据诈骗罪、金融凭证诈骗罪、信用证诈骗罪、信用卡诈骗罪、有价证券诈骗罪、保险诈骗罪等均应属目的犯。

这里需要特别强调的是：其一，刑法上的"目的犯"之违法类型，应相对于刑事违法性而言。例如《刑法》第217条所规定的侵犯著作权罪，要求行为人须出于"营利目的"而侵犯他人特定著作权利者，才构成该罪之违法性，行为也才该当侵犯著作权罪的构成要件，否则，假定行为人出于非营利目的而未经著作权人允许复制使用他人作品者，行为可能构成相关民事侵权进而属于非刑法的不法，但因无"营利目的"而与犯罪行为无涉。因而目的犯之目的，其实具有罪与非罪的分界功能。其二，刑法上的特定目的，还可区分此罪与彼罪。例如，同样是传播淫秽物品，以牟利为目的者，涉嫌构成我国《刑法》第363条第1款所规定的传播淫秽物品牟利罪；无牟利目的者，则涉嫌成立《刑法》第364条第1款所规定的传播淫秽物品罪。

（二）倾向犯

倾向犯是指以特定的内心倾向作为某罪之（主观）构成要件要素的分则构成要件规定。对此，持肯定论者普遍认为各类猥亵型犯罪乃倾向犯的典型立法。但倾向犯与目的犯的最大不同点在于：目的犯多有刑法的明文规定；倾向犯却是典型的超法规的主观因素，各国鲜有将有关"倾向"明文规制于刑法规范者。就此视角看，倾向犯实际上仅仅存在于肯定说的学理解释论之中而非实然规范中。

具体而言，针对刑法上是否存在倾向犯规范问题，无论是以德国、日本为代表的大陆法系国家还是国内，都存在肯定说和否定说两种观点。例如，日本的大塚仁教授与前田雅英教授就分别持肯定说与否定说立场。一般认为，肯定说多站在主观主义的刑法的立场上，认为刑法应当非难的是行为人的危险性格即其人身危险性，因而无论是公然猥亵罪还是我国刑法上所规定的强制猥亵妇女罪的成立，都不止于外观上的猥亵行为要求，而且要求须具备足以征表其为满足性刺激之性倾向而"作为"的主观上的构成要件要素。特别在我国，赞同猥亵罪为倾向犯的学者特别提出：倾向犯的要求，一不会导致不当扩大或者缩小处罚范围的弊况；二不会发生与刑法上的侮辱罪在处罚上的失衡问题；三不是主观归罪；四也符合刑法的规定。[①]否定说则持论相反。一般认为，否定说多站在客观主义刑法的立场上，认为刑法应当非难的是行为本身对刑法所保护法益的侵害或者威胁。

---

① 参见董玉庭《主观超过因素新论》，载《法学研究》2005年第3期，第73—75页。

因而我国《刑法》第237条并非倾向犯设置。由是，即便某一猥亵行为人不是出于满足性刺激而强制猥亵，而是基于报复心理强制实施了性交以外的猥亵妇女的行为，其行径也是针对受刑法保护的妇女的性自主权益的侵犯，行为因而该当《刑法》第237条强制猥亵罪的构成要件。①

本书立场：认同否定论的观点，即本书并不认同倾向犯为主观的构成要件要素。主要理由如下：第一，刑法本身的规定。刑法并未做出有关为满足性刺激之性倾向而强制猥亵的明文规定。而"猥亵"一词的中文含义，仅仅是实施有伤风化的淫秽行为而已，并不当然地包含行为人本人之内心倾向。第二，肯定倾向犯要求，反会人为地缩小处罚的范围。因为实践中，确有出于报复他人或者侮辱他人之动机而强制猥亵妇女者，倘若真如肯定论者所言，报复动机与其性刺激倾向并不相悖：有报复动机并不排斥其基于性刺激倾向而作案的话，那就等于否定了出于报复动机而作案的行为主体除了年富力强的男女外，还可包括某些因身体或者年龄原因而"性冷淡"的男女。换言之，针对此类报复作案的行为人而言，他们之报复动机与其性刺激倾向就是相悖。然而，按照我国《刑法》第237条的规定，此类人等完全可以成立为强制猥亵罪之行为主体。第三，肯定倾向犯，还会发生与刑法上的侮辱罪在处罚上的失衡甚至无法定罪的问题。例如，司法实践中曾经发生过下述案例：

> 被告人韩某（男）与吕某（女）系邻居。吕家盖新房时，两家曾因宅基地问题发生纠纷，韩某即产生报复吕某之念。某日晚11时许，韩某趁吕某的丈夫不在家，从吕家的西屋窗孔潜入其室内，进入吕某睡觉的东屋，见吕某已经睡熟，即用被子蒙住吕某的头部，对吕某实施拧大腿、抠阴部等猥亵行为。吕某醒后大声叫骂，韩某又顺手从吕家床边箱子上拿出一个铝制汤匙塞入吕某的阴道后逃跑。②

本案之给定情节并未说明被告人韩某的年龄、身体状况等，出于教义学的需要，这里不妨假定韩某年近七旬且已性冷淡经年，如此，基于肯定倾向犯的立场，本案行为将因其欠缺倾向犯之主观构成要件要素，而无法该当强制猥亵罪的构成要件，从而行为人无罪。与此同时，对本案也不能适用《刑法》第246条的侮辱罪规定。因为侮辱罪是公然犯罪，要求行为必须发生在能为不特定人或者多数人认识的场合，本案则不然，它发生

---

① 参见张明楷《法益初论》，中国政法大学出版社2000年版，第398页以下。
② 参见最高人民检察院"刑事犯罪案例丛书"编委会《刑事犯罪案例丛书（流氓罪）》，中国检察出版社1993年版，第312页。

于针对特定人,且并非(3人以上的)多数人的、非常隐秘的个人家庭之内。因而本案行为并不该当《刑法》第246条之构成要件。然而,反过来,从否定倾向犯的立场看,鉴于本案行为人业已实施了强制猥亵妇女的行为,且行为已然侵犯了刑法所保护的特定法益,因而其行为已然该当强制猥亵罪的构成要件。可见,倾向犯的要求实属多余。

(三)表现犯

表现犯是指以行为人的内心状态或精神经过作为某罪之(主观)构成要件要素的分则构成要件规定。对此,持肯定论者普遍认为,伪证罪乃典型的表现犯立法。与倾向犯相类似的是:表现犯也是典型的超法规的主观因素,各国鲜有将有关"内心状态"明文规制于刑法规范者。由是,伪证罪的成立,不是其违背事实的虚假证词,而是其证词有悖于自己的实际记忆或者亲身体验。于是,按照肯定说之观点,即便行为人违背自己记忆或者体验地做出了其实符合客观事实的陈述,行为也因其具备该罪之主观构成要件要素而该当伪证罪构成要件。但按照我国《刑法》第305条的规定,行为人须"故意做虚假证明"才能该当其构成要件。因而,其一,虚假证明应当是违背客观事实的证明,符合客观事实的证明,并未侵害到刑法所保护的特定法益,难以称其为假证明。其二,在法庭上发表有悖于内心记忆或者体验的虚假陈述行为,已经为我国刑法规制为本罪之"故意"认识并意志支配的内容,因而难以将其同时确认为"表现犯"要素。①

七 行为状况与条件

作为构成要件要素的状况与条件,又称客观附随情状。但这里的客观附随情状,并不包括考察适法期待不能时的客观附随情状,而是指分则构成要件特别要求的行为状况与行为条件。

(一)行为状况

构成要件行为总是在一定"状况"下实施的,但我国刑法分则多数犯罪并不考量行为时之附随"状况"若何,换言之,行为时之"状况"不是我国刑法分则多数犯罪的客观必备要件之一。但分则极个别犯罪有此要求,例如现行《刑法》第136条要求行为人之违章行为须发生"在生产、储存、运输、使用中",并致重大事故发生者。这里,"生产、储存、运输、使用"既含一定时间限制,又含一定场合限制,统称为"状况"。因而有其状况要

---

① 参见董玉庭《主观超过因素新论》,载《法学研究》2005年第3期,第75页。

求的刑法规制,往往既有行为时限制,又有行为场合限制。

（二）行为时、行为地

行为时间简称行为时,行为地点简称行为地,其之所以是构成要件要素,是因为刑法分则中对某些犯罪有确定的行为时或行为地规定。例如,现行《刑法》第340条、第341条就把特定的时间、地点,即禁渔期、禁猎期、禁渔区、禁猎区规定为成立该项非法捕捞水产品罪或非法狩猎罪的成立要件。实际上,我国刑法分则第六章第六节以及第十章所设置的不少犯罪有行为时、行为地规定。

本章小结

本章系统地梳理了构成要件符合性的理论。对于其中的行为类型论、违法类型论与违法有责类型论,本书赞同建立在认识根据论基础之上的违法类型说。本章还逐一介绍了大陆法系的意志支配行为论、自然行为论及其伦理行为理论等,本书赞同建立在相对的意志自由基础上的意志支配论；一定程度上（在刑法有其目的犯规定的场合）,也认同目的行为论。在因果关系问题上,本书赞同相当因果关系说。此外,本章还系统地介绍了客观归责理论,在此基础上,本章还系统地介绍了主观的构成要件之中的目的犯、倾向犯及表现犯等或肯定或否定的诸家观点。

思 考 题

一　名词解释

　　构成要件　抽象危险犯　具体危险犯　倾向犯　表现犯

二　简答题

　　1. 简述行为客体与保护客体的区别。

　　2. 简述我国刑法上的不作为义务来源。

　　3. 简述目的行为论的基本观点。

　　4. 解读刑法学理上的复行为犯。

三　论述题

　　1. 试论因果关系与客观归责理论的联系与区别。

　　2. 试析我国刑法上之猥亵罪是否倾向犯设置之你见。

阅读参考文献

［德］沃斯·金德霍伊泽尔：《故意犯的客观和主观归责》，樊文译，载《清华法律评论》2008年。

［日］三口厚、付立庆：《犯罪论体系的意义与机能》，载《中外法学》2010年第1期。

张明楷：《犯罪构成理论的课题》，载《环球法律评论》2003年秋季号。

张明楷：《法益初论》，中国政法大学出版社2000年版。

齐文远、苏彩霞：《犯罪构成符合性判断的价值属性辨正》，载《法律科学》2008年第1期。

黎宏：《论财产犯中的占有》，载《中国法学》2009年第1期。

刘艳红：《开放的构成要件范畴三论》，载《江海学刊》2005年第2期。

蔡桂生：《构成要件论：罪刑法定与机能权衡》，载《中外法学》2013年第1期。

董玉庭：《主观超过因素新论》，《法学研究》2005年第3期。

周振杰：《法人犯罪立法的批判性政治解读》，载《法治研究》2013年第6期。

王充：《论构成要件理论的违法行为类型说》，载《当代法学》2007年第4期。

第七章　违法性

内容提要

关于违法性的实质，国内外刑法学界历来存在行为无价值论、结果无价值论与二元行为无价值论的学术之争。其中，行为无价值论的主要观点为违法性的实质乃对规范的违反。结果无价值论的主要观点为违法性的实质乃在行为对刑法所保护法益的侵害或者威胁。二元行为无价值论的基本观点则为：违法的实质应为行为引起了违反社会伦理规范的对法益的侵害。在此基础上，围绕着行为无价值论还是结果无价值论的基本问题，学界进一步展开了主观违法与客观违法的理论之争。主观违法说乃行为无价值论者所主倡，主张违法性应与责任挂起钩来，因为对于一个无责任能力的人而言，其根本谈不上故意与过失，更遑论犯罪目的。因而，主观违法论的基本特征是：将刑法作为评价规范与作为命令规范的机能一体化了，进而将违法与责任一体化了。有鉴于此，主观违法性论又被称为"人的违法观"、"有责的违法观"。客观违法说为结果无价值论者所主张，其基本观点是：行为是否侵害或威胁到刑法所保护的法益，应属违法判断；而主观上是否有违刑法的命令、禁止规范，属于责任判断的内容。故此，客观违法观又被称为"物的违法观"、"无责任的违法观"。从本质层面看，结果无价值论及其无责任的违法观，更加契合刑法客观主义的立场，值得首肯。此外，不同的违法观也有其不同的阻却违法的原则。结果无价值论者主倡优越性利益原则、欠缺保护需求原则等；行为无价值论者则主张社会相当性原则、被允许的危险等。此外，我国刑法法定阻却违法的事由包括正当防卫、紧急避险。刑法学理上认可的超法规的阻却违法事由则包括被害人承诺、自救行为等。

如前所述，违法类型说认为符合构成要件的行为，业已在实质上"构成"违法，因而，按照违法类型论的犯罪论体系，违法性的独立意义仅仅在于"排除"违法性的内容。换言之，有关"构成"违法的行为，本书已在上一章节中详细讨论，因而本章将不再具体讨论有关构成违法的内容。本章讨论的重点因而仅在违法性的实质、违法性的表现形式及其阻却违法的诸种事由等。

第一节 违法性的实质及主客观违法观

一 违法的实质

违法性的实质，直接与行为及其结果相关联。进而，也与整个犯罪论体系的构建有很大关系，有鉴于此，也有学者将违法性的实质归结为犯罪的本质。即将行为无价值与结果无价值之争，归结为犯罪的本质之争。就此问题，学说上有以下两种相反的观点：

（一）行为无价值说

行为无价值说，又称规范违反说，是受德国学者宾丁（Binding）的影响，[1]同时由德国学者韦尔策尔、麦耶等主倡的违法实质论。其主要观点是：违法性的实质乃对规范的违反。申言之，违法非难的实质乃在行为及其内心状态表现出来的对刑法规范的敌对意思。可见，这里行为无价值所谓的"行为"，不仅表现为外在的客观行为，也包括其内在的违法意思。有鉴于此，只要在其违法意思支配下所实施的行为悖逆了规范要求，即属行为成立违法的根据。由是，在行为无价值论的视界里，刑法规范乃行为规范。刑法非难的对象因而应为其内心及其行为之恶。可见，行为无价值论在违法性判断上关注的视点乃在行为人的反伦理性及对规范的悖逆性。有鉴于此，有日本学者批判此说"容易演变为伦理型无价值判断"，既而认为此说"很大程度上存在要么以行为违反常识、社会一般观念、公序良俗的程度来决定违法，要么存在通过考虑该构成要件要素所预定的法益侵害之外的其他要素来决定违法性的危险"。[2]继后，此说既成为主观违法说的理论基础，也成为（构建在存在根据论思想基础之上的）违法类型说的理论基础。按照存在根据说认同的将构成要件与违法合并且统称为"不

---

[1] 参见［德］汉斯·海因里希·耶赛克、托马斯·魏根特：《德国刑法教科书》（总论），徐久生译，中国法制出版社2001年版，第255页。

[2] 参见［日］西田典之《日本刑法总论》，刘明祥、王昭武译，中国人民大学出版社2007年版，第98页。

法"论的观点,构成违法的事实属于积极的构成要件,排除违法的事由则属消极的构成要件,都是构成要件事实,统称不法。而主张"消极的构成要件理论的依据是:首先,构成要件不仅包含了法益侵害行为是违反规范的行为这种抽象的评价,而且已经包含了对具体行为的最终的无价值判断。因此,立法者在制定规范命令时,已经同时考虑了例外情况,刑法的禁止自始就受到了违法阻却事由的限制"。①

(二) 结果无价值说

结果无价值说,又称法益侵害说,是以李斯特为代表的德国学者首倡的违法实质论。日本著名学者平野龙一教授进一步发挥和丰富了此项理论,国内的张明楷教授等也认同此说。其主要观点是:违法性的实质乃在行为对刑法所保护的法益的侵害或者威胁。申言之,此说的视点在于将违法"视为具有实质上的反社会性",②而不仅仅是对刑法规范的违反。因而诚如有学者所指出的那样,如果说行为无价值论的违法性根据在于"行为恶"的话,结果无价值论的违法性根据则在于"结果恶"。③当然,结果无价值论所指的结果既包括针对法益的实际侵害结果,也包括威胁性结果即其行为所导致的法益可能遭致侵害的危险结果。

这里,值得强调的是:结果无价值说与刑法上的结果犯设置并无对应关系。换言之,强调结果无价值,并不意味着立法上只能做出结果犯规制。当然,强调行为无价值,也非立法上只能做行为犯设置。恰恰相反,我国现行刑法中的诸多犯罪规定,无论是实害结果犯还是危险犯规制,其实都可归于结果无价值论的立法例。其中,实害(结果)犯乃属行为对刑法所保护法益的实质性"侵害";危险犯则可归于行为对刑法所保护法益的"威胁"。而结果无价值论既强调行为对刑法所保护法益的实际侵害,也强调行为对刑法所保护法益的抽象或者具体的威胁。例如,《刑法修正案(八)》增设的醉酒驾车罪,从犯罪成立的类型看,此类犯罪可谓抽象危险犯,但刑法之所以要对其进行刑事违法非难,实质正在于行为会导致刑法所保护的公众生命安全、健康安全及财产安全的(抽象)威胁。当然,如果从行为无价值的立论出发,分则的结果犯、行为犯设置也都说得通,只不过各自立论的着眼点不同而已。例如,根据行为无价值论,上述

---

① 参见张明楷《犯罪构成理论的课题》,载《环球法律评论》2003年秋季号,第267页。
② [德]汉斯·海因里希·耶赛克、托马斯·魏根特:《德国刑法教科书》(总论),徐久生译,中国法制出版社2001年版,第255页。
③ 参见张明楷《刑法的基本立场》,中国法制出版社2002年版,第164页。

结果犯设置，也需"行为"有其分则所要求的特定"结果"才构成"对刑法规范的违反"，行为因而方才成立犯罪；行为犯则是因其实施了特定的危险行为，进而构成了"对刑法规范的违反"，刑法因而应对其进行违法非难。

总体来看，结果无价值论与行为无价值论的最大区别点在于：按照规范违反说的观点，违法非难的实质仅在行为及其恶的内心状态所反映出的对规范的违反，从而忽略了行为是否构成实质上的针对相关法益的侵害或者威胁；而按照结果无价值说的观点，违法非难的实质乃在行为对刑法所保护法益的实质性侵害或威胁，而非仅仅囿于针对刑法规范的形式上的违反或内心之恶。有鉴于此，在结果无价值论的视界里，尽快就客观意义看，刑法规范有其预防犯罪的功能。就此意义看，刑法规范是裁判规范，也是告诫世人该当如何规范自己行为的行为规范。但就犯罪成立之理论体系看，有学者认为，由于行为无价值论"注重规范的事前判断"，而结果无价值论"强调规范的事后判断"，因而"行为无价值论把规范看作行为规范"，"而结果无价值论则把规范视为裁判规范"。①

上述关于违法性实质说的理论区别，贯彻到构成要件符合性判断中的直接后果是：根据行为无价值论，行为一俟该当分则构成要件框定的有关要素的形式性规定，即因其行为违背了相关刑法规范而该当构成要件行为；但就结果无价值论看来，仅就行为是否违背了规范之形式来进行构成要件符合性的判断尚不够，还应基于法益侵害说的立场，采用实质解释的方法来判定行为是否确曾达致针对刑法所保护法益的实质性侵害或者威胁。有鉴于此，偶然防卫的场合，例如，A欲图杀死仇人B，在其持枪瞄准B之际，B也正持枪瞄准C，A在对此并不知情的情况下先行开枪并致B一枪毙命。从而A在并无防卫意思的情况下，偶然地救了C。此说，根据行为无价值论，鉴于A既有杀人行为又有杀人的恶念，A构成杀人既遂；然而，根据彻底的结果无价值论，A的行为即便不能成立正当防卫，也因其行为并未侵害到刑法该当保护的法益而应阻却违法。就此议题，本书将在正当防卫的构成条件——关于防卫意图的不要说和必要说之中，再进一步研讨。再如，同样是触犯我国《刑法》第238条法定的非法剥夺他人人身自由的行为，如其行为时长不过两三分钟，且并无其他侮辱或伤害后果的话，则根据规范违反说，上述行为显属该当分则特定构成要件的行

---

① 参见陈兴良《违法性论的重塑——一个学术史的考察》，载《政法论坛》2011年第5期。

为，因为行为的确违反了刑法规范，特别是我国《刑法》分则第238条并无任何"情节严重"的要求。而根据法益侵害说，基于实质解释论的立场，上述行为并不构成对刑法所保护法益的实质性侵害，由是，对此行为，或可直接适用我国《刑法》第13条的但书规定，以将此类欠缺实质违法性的行为排除于该当构成要件的行为之外。

（三）二元行为无价值论

二元行为无价值论又称二元违法论。第二次世界大战以后，目的行为论开始勃兴，日本学者大谷实、大塚仁教授等既否定行为无价值一元论，也否定结果无价值一元论，主张二元违法论。其基本观点为：违法的实质应为行为引起了违反社会伦理规范的对法益的侵害。①这在一定程度上是统合考量行为无价值论与结果无价值论的结果。虽然归宿点在法益侵害，但也强调了对规范的违反。按照大谷实教授的观点，从某种意义看，行为无价值说是"心情刑法"，而结果无价值说虽然关闭了"心情刑法"之路且将刑罚权的发动仅限于对法益的侵害，从而满足了刑法的谦抑性要求，但却"忽视了违法性同时具有违反社会伦理规范的一面"，因而仍然不能获得支持。②有鉴于此，二元违法论在强调违法的实质在于对法益的侵害的基础之上，还特别强调行为"对社会伦理规范的违反"。由是，在违法性判断上，不仅要考量行为对法益的侵害或者威胁，还需综合考量行为种类、方法、行为目的、行为样态等，从社会伦理观念出发，若行为符合社会相当性，即使行为侵害了法益，也不能认定其违法。③但此说也被有学者批判为该说不但没有在限定结果无价值论的方向上发挥机能，反倒在扩展刑罚权上发挥了作用，因为在无法就行为之"结果无价值"进行违法判断之际，还可以"行为无价值"为由责成其行为构成违法。④

本书的立场：本书更倾向于结果无价值说，至少在犯罪论体系中，宜以结果无价值为其违法判断的主要视点。但在刑罚论体系中，考虑到人身危险性较大的场合，刑罚个别化对犯罪预防有其特殊价值，因而主张在先

---

① 参见［日］大塚仁《犯罪论的基本问题》，冯军译，中国政法大学出版社1993年版，第116页。

② 转引自［日］西田典之《日本刑法总论》，刘明祥、王昭武译，中国人民大学出版社2007年版，第99页。

③ 参见黎宏《判断行为的社会危害性时不应考虑主观要素》，载《法商研究》2006年第1期。

④ 参见［日］西田典之《日本刑法总论》，刘明祥、王昭武译，中国人民大学出版社2007年版，第99页。

行考量行为对法益的侵害或威胁的情况下，可适度考量行为人之行为及其内心恶念对伦理规范的违反。如果说这种有所限制的、仅部分地适用于刑罚论的违法观也可被称为"二元违法论"的话，那么本书所认同的所谓的"二元违法论"也应更名为"二元结果无价值论"而非"二元行为无价值论"。因而，总体来看，本书还是倾向结果无价值的立场。这是因为，其一，本书赞同以结果无价值论来构建有关违法实质、违法观乃至整个犯罪论体系；其二，就是在刑罚论体系中，也主张将"结果无价值"作为刑罚考量的归宿点而非出发点。为了澄清这一立场，不妨再举前述偶然防卫的案例来说明——对并无防卫意图、只是碰巧"在客观上"完成了助他型防卫行为的 A，司法上可以根据结果无价值论，对其击毙 B 的行为认定为阻却违法行为从而出罪。但是，设如继后 A 再次伺机蓄意谋杀他人既遂，则法官在裁量刑罚时，似宜综合考虑 A 上次之偶然防卫行为在事实上对社会伦理规范的违反及其内心恶，从而将其考量为人身危险性较大者，进而在量刑上，可在法定刑范围内，对其酌情从重处罚，这也是刑罚个别化原则在具体案例中的酌情适用。

二 主观违法论与客观违法论之争

主观违法论与客观违法论，实质上是行为无价值与结果无价值之争在违法观层面的继续。换言之，持什么样的违法实质论，就会产生什么样的违法观。归总起来看，在违法观问题上，主要存在主观违法说和客观违法说两大观点。

（一）主观违法论

主观违法说又称"命令说"，此说建立在行为无价值的违法实质理念上。鉴于违法的实质在于对于有关"命令规范"的违反，因而刑法可从行为人之所以违反规范的内心理念，即其违法的主观意识、意志因素乃至行为的目的、动机、倾向等因素出发去考察违法性。实际上，早期大陆法系的犯罪理论中，历来主张违法是客观的，责任是主观的。例如，德国学者贝林所指的违法就是对中性无色的法秩序的客观违反，与行为人的责任无关。但是，到 20 世纪以后，随着目的行为理论的兴起，愈来愈多的学者开始关注作为主观要素的行为目的与违法性的关联。继后，有学者明确提出了"主观的不法要素"的主张，并将含有主观违法要素的犯罪具体分类为目的犯、倾向犯和表现犯。到第二次世界大战后，行为无价值的违法实质观日渐形成，此类违法实质观所强调的违法实质乃在行为及其内心状态所表现出来的对法规范的违反,进而,此类违法实质说强调的是刑法应予非难者乃在行为及其行为所反映出来的内心理念之恶。据此,不仅目的犯、倾向犯、表现犯之心理,就是一般犯罪必备的故意与过失,都成了评价行为究否违法的重要根据。这样,违法性便与责任挂起钩来。这是因为,对于一个无责任能力的人而言根本谈不上故意与过失,更谈不上目的。可见主观违法性的根本特征在于:将刑法作为评价规范与作为命令规范的机能一体化了,进而将违法与责任一体化了。有鉴于此,主观违法性论又被称为"人的违法观"、"有责的违法观",因为在主观违法论的视界里,动物、自然与无责任的人一样,都不可能违法,唯有具有责任能力且有其可责性者方才存在违法的问题。

(二)客观违法理论

客观违法理论乃为当今德、日通说的违法论。与"人的违法观"相对应,客观违法说又被称为"物的违法观",日本学者牧野英一又称之为"无责任的违法性"。客观违法论建立在结果无价值论的思想基础之上,据此,在违法评价阶段,刑法规范不是命令规范,而是评价规范,虽然就表象看,刑法规范有其禁止性内容,但刑法历来都是有目的、有宗旨地发挥其命令机能的,这一宗旨就是为了保护确定的、客观的法秩序的安定。由是,刑法规范的评价机能在理论上应当先于其命令机能,因而,是否在客观上违反了此类评价规范,即是否侵害或威胁到刑法所保护的法益,应属违法判断;而主观上是否有违刑法的命令、禁止规范,属于责任判断。德国学者梅兹格将其形象地概称为所谓"**违法性,是惹起为法所否定的状态,而不是惹起一定状态为法所禁止**";日本学者西田典之将其进一步解读为"**行为并非因为被禁止而违法,而是因违法(对社会有害),而被禁止**"。[①]由是,这里的违法不是基于一定意思而实施的对规范的违反,而是行为之客观效果导致了对刑法所保护法益的侵害或者威胁。刑法的机能正在于客观地评价某行为是调和了客观法秩序还是与客观法秩序相矛盾。凡属与客观法秩序相矛盾的行为即属"惹起为法所否定的状态",因而构成违法,而不论其责任能力怎样。唯其如此,有日本学者评论道,自从梅兹格进一步地分析了"法律规范的理论结构"并将刑法规范的评价机能"作

---

① [日]西田典之:《日本刑法总论》,刘明祥、王昭武译,中国人民大学出版社 2007 年版,第 97 页。

为方法论的基础以来，直到今天这种说法仍占有通论的地位"。[①]由是，鉴于此类传统的客观违法论之关注视点仅仅在其法益侵害或者威胁，而不问该结果之来源若何，即便是狮子、大象伤人，甚或自然灾害引起的法益毁损，也属于客观意义的违法，此即"物的违法观"。而这一扩及动物、自然灾害的客观违法观，虽然其中"违法"的动物、自然灾害根本不可能成为刑法非难的对象，但它却从超"人"的角度，让我们更加深切地领悟到何谓"无责任的违法性"。

正是基于上述缘由，日本学者三口厚特别指出，"现在，学界通说为客观的违法论，即承认存在区别于有责性的违法性这一观念。也就是说，主观的违法论否定了'无责任的违法'这一观念，而客观的违法论则肯定了这一观念。从而，从客观的违法论的立场出发，针对不正（违法）的侵害而被允许的正当防卫，即便针对由于欠缺责任能力因而有责性被否定的行为者的侵害，也同样会被肯定"。[②]亦即，违法既是客观的，则即便行为人乃属没有责任能力的精神病人，但对其正在实施的紧迫性侵害，仍然可行防卫。因为其侵害行为虽然无责，却仍属违法行为，进而构成刑法上的"不法侵害"，因而本人或他人仍可对其行使正当防卫权以确保本人或他人法益之无虞。

然而，上述彻底的客观违法论在演化过程之中，又逐渐衍生出某种折中于主客观违法论之间的、修正的客观违法论，又称相对的客观违法论。进而，对客观违法论可分型如下：

1. 传统意义的客观违法论。此即上文所介绍之违法观，又称物的违法观、彻底的客观违法论。如上所述，此一理论主张所谓违法性，是行为对法益的侵害惹起了法之否定性评价，因而刑法在此发挥的只是判断其行为在客观上是否违法的评价机能而已，至于行为人本人之违法意思如何，仅由刑法规范中的命令机能或称决定机能在责任阶段予以评价。有鉴于此，此说之客观性主要表现在判断对象上的客观性，即其判断的对象只能是独立于被判断者的主观因素之外的、行为与其客观法秩序是否冲突的外在事实，而不得包括内在的主观心理因素等。基于此，无论是人、物还是自然，只要客观上侵害到了刑法所保护的法益，都构成违法。

2. 相对的客观违法论，又称修正的客观违法论。此一理论构建在"二

---

① [日] 福田平、大塚仁：《日本刑法总论讲义》，李乔、文石、周世铮译，辽宁人民出版社1986年版，第83页。

② [日] 三口厚、付立庆：《犯罪论体系的意义与机能》，载《中外法学》2010年第1期。

元行为无价值论"思想基础之上。此一相对的客观违法论与彻底的客观违法论的主要区别在于：此说反对将刑法中的评价规范与意思决定规范分别对接于违法与责任阶段。而认为刑法的评价与意思决定机能可以分别在违法阶段、责任阶段交互发挥作用。但与纯粹的主观违法论不同的是：此说主张在违法阶段进行意思决定（即责任）判断时，应以一般人之客观水准作为判断基准，而不是如同在责任阶段那样，应以具体人之个别情况作为责任判断基准。而且"刑法规范即使在责任方面也不只是决定规范就够了，也需要把评价规范作为判断有无责任的标准"。[1]由此可见，相对客观论所谓客观，并非判断对象的客观，而是判断基准的客观。亦即，与主观违法论一样，在相对客观论的视界里，无论是客观事实还是主观心理、能力等，都是违法评价的对象。因而在严格意义上看，此类相对的客观违法论，究其实质，还是主观违法论的翻版，只不过在对违法性有无责任进行判断时，加了一个"客观基准"的尾巴而已。为了阐述传统的客观违法论与相对客观违法论在违法认定上的客观性质及其程度的不同，特试举以下两例说明问题。

例如，针对精神病人所实施的不法侵害，如上所述，传统的客观违法论根本不问其责任能力如何，行为一概成立违法；相对的客观违法论，则须根据一般性评价基准，将任何在此阶段实施了不法侵害的行为人，均视作有责任能力人，由是，即便是精神病人所实施的不法侵害行为，由于其仍属有责任之人，因而仍属违法。可见，在此类问题上，相对客观违法论与传统的客观违法论可谓殊途同归，二者得出的违法认定结论相同。但是，再举一例即可见其差别。例如，假定A所实施的不法侵害是基于其当时所处环境，就任何一般人而言，都欠缺守法期待可能性的行为，换言之，以一般基准评价之，由于任何一般人在彼时、彼地且当时之附随情状下，都存在守法期待不能的问题，因而此类行为人等不具有刑法上的可责性。由是，由于彻底的客观违法论不问可责性——在此阶段仅就行为本身对法益的侵害后果进行评价，A的行为因而仍属违法行为。但按照相对客观违法论的观点，既然以其"一般性"的客观基准来观察，A的行为实属"守法期待不能"，则A的行为欠缺可责性，进而，鉴于A的行为并不违背人伦常理不具备可责性，A的行为因而并不违法。由此可见，在相对客观违法论的视界里，即便其责任评价基准是"一般性"的，却还是可能推

---

[1] 顾肖荣、肖吕宝：《刑事违法观与犯罪构成关系论》，载《南都学坛》2007年第3期。

导出：客观行为已经违法，却因其欠缺主观责任而"排除违法"的结论。可这一排除，却折射出了相对客观违法论其实并不客观的一面。就其实质看，它与主观违法论一样，都存在混淆违法性与有责性的界限问题，二者仅在混淆的程度和范围上有所差别而已。

综上，本书更认同传统的客观违法论，认为没有必要将客观违法性与主观责任关联在同一犯罪论阶层，否则将令刑法上的"违法"评价失却了本性，何况，"因为行为被禁止而违法"的主观违法论，确有易于侵蚀国民自由之嫌，而"因为行为违法（侵害了法益）而被禁止"的理念，更有利于人权保障。更何况，即便本书承认某些主观的违法要素（如目的、未遂犯的故意等），也不影响客观违法论的成立。因为在本书相关章节中，在将行为人的确定目的、主观故意等作为违法判断的对象时，论者也不是从"责任"评价的视角出发，而是立足于是否存在法益侵害及其危险这一"违法"事实的视角去进行评价的。[1]

第二节 实质上阻却违法的原则

实质上阻却违法的原则，又称正当化根据。而这里之"实质"，乃指从违法的实质角度来理解何等类型化的行为才能够阻却违法。从理论的传承角度讲，关于正当化的根据，历来存在一元论与多元论的理论之争。所谓一元论，指"试图把正当化根据归结为无所不包的某一原则，这就必须保持必要的抽象和无内容性"。[2]而大陆法系刑法史上最有影响的一元论是"目的理论"，根据该理论，某种符合构成要件的行为可以获得正当化，条件是：它对于实现一种由立法者认可为有理（正确）且承认的目的来说，是适当的即正确的手段。[3]然而社会法律关系、各类冲突关系乃至物质、精神关系的多元化，决定了"无所不包"的原则在愈加抽象化的同时也愈加空泛，以至其难以解决司法实践中无穷无尽的冲突关系下的某种"损害"行为到底能否阻却违法。因而归根到底，还是只能适用多元性根据才便于应对各类冲突性法益损害。由是，德国历史上曾先后出现过法保护原则、比例原则、利益权衡原则、自治原则等多项阻却违法的原则。

---

[1] 参见张明楷《刑法学》（第三版），法律出版社 2007 年版，第 119 页。

[2] ［德］克劳斯·罗克辛：《德国刑法学总论》（第 1 卷），王世洲译，法律出版社 2005 年版，第 399 页。

[3] 同上。

然而，上述原则之产生并非毫无根据的机械堆积，而是构建在"突出以实质违法性为基础的社会制度性原则来赋予实质违法性一个轮廓"①的底线基础之上的。质言之，所谓阻却违法，均是相对于排除实质上的违法状态而言。有鉴于此，基于对违法的实质存在上述行为无价值与结果无价值两大学理分类，因而以下所研讨的实质上阻却违法的原则，也将因循结果无价值和行为无价值两大违法实质论展开，此外，鉴于以下所讨论的原则，并非出自我国刑法的明文规定，因而其仅属刑法学理上的原则而已。

一 结果无价值论之阻却违法原则

（一）优越性利益原则

优越性利益原则又称法益衡量原则，指当其某一该当构成违法的行为保全了更高层次的法益时，阻却违法。对此原则，有以下几点值得逐一清正的问题：其一，怎样理解更高层次的法益。对此，一般情况下，可根据同等法益的价值质量分别比较。例如，医生为了保全病人性命，不得不截去下肢已然化脓溃烂且已扩散的病人双腿。这里，生命法益理所当然地高于健康法益，医生的行为因而阻却违法。②而这里之"一般情况"，是相对于被牺牲（侵害）的法益与被保全的法益，均不发生有悖刑法正义的问题而言。进而，在并非一般即特殊场合，还不能复制上述法益比较法则，即还需考量相关法益权利人是否有悖刑法之基本正义观。例如，对无故发动不法侵害者，其作为构成违法一方，相对于防卫一方而言，作为守法公民的防卫人之人身权益价值应优越于不法侵害者。实际上，我国《刑法》第20条第3款的无过当防卫权的规定，所反映的正是此类法意。这是因为，按照我国《刑法》第20条第3款的规定，防卫人即便导致不法侵害人"伤亡"后果，也不为罪，反属正当。由此可见，同是公民，同是对他人生命或健康的损害，无过当防卫时，法律对其所保护的守法者的人身权益，做出了本质高于不法侵害者人身权益的正面评价。③当然，即便是不法

---

① ［德］克劳斯·罗克辛：《德国刑法学总论》（第1卷），王世洲译，法律出版社2005年版，第400页。
② 参见［日］西田典之《日本刑法总论》，刘明祥、王昭武译，中国人民大学出版社2007年版，第102页。
③ 参见屈学武《正在行凶与无过当防卫权》，载陈兴良主编《刑事法判解》第2卷，法律出版社2000年版，第408—414页。

侵害者，一般而言，其生命权益还是高于对方财产权益，毕竟生命无价，因而仅仅为了保全自己的财产安全而要了小偷性命的做法，不能称自己的财产法益还优越于小偷的生命法益，行为因而不能完全阻却违法，起码构成防卫过当。其二，回避义务规则，实为法益侵害结果回避规则。鉴于正当防卫属于"正对不正"，因而一般认为，正义无须避让非正义，故而正当防卫之际，行为只要满足防卫意图、防卫时间、防卫对象、防卫强度的一般条件，就无须适用回避义务。回避义务规则因而主要发生于紧急避险的场合，指即便被保全的法益与侵害法益之间存在优越层级上的区别，但在"能够"回避侵害的场合，就应先行回避，以避免不必要的法益损害或扩大法益损害。特别是，当其可采用多种手段避免法益损害时，应当选择侵害或威胁最小的手段。例如，A 为了制服醉汉 B 的无休止的打闹，强制给醉汉 B 冲了冷水澡，这是合法的；但如因洗澡仍不见效就对 B 进行实弹射击，显然未予尽到回避义务，因而不能阻却违法。[①]实践中，根据当时主客观情状，能够采取回避措施以保全双方法益而未予回避，从而导致不必要的法益损害者，视其结果，要么不能阻却违法；要么仅能部分地阻却违法，譬如可定性为避险过限等。

(二) 欠缺保护需求原则

欠缺保护需求原则又称利益缺乏，指在被害人承诺或者推定被害人承诺的场合，由于被害人已经排除他人对其特定法益之保护义务，这种场合，即便行为人之行为在事实上侵害了被害人法益，也可阻却违法。例如，被害人 A 刚刚学会骑摩托且其驾驶技术甚差，其邻居 B 明知这一点，但架不住 A 的请求，遂将自己的摩托借给了 A。殊不知 A 骑上 B 的摩托刚上高速不久即因刹车不及而撞上了前面的大车，A 身亡。本案中，A 可谓推定承诺自己保护自己的生命法益。由此，显而易见，本案欠缺（生命法益之）保护需求。然而，就我国刑法规定看，诸此原则并不适用于应被害人承诺而去帮助"杀人"，毕竟，我国刑法上虽无"帮助杀人罪"规定，却在事实上禁止帮助杀人行为，质言之，按照我国刑法的规定，帮助杀人仍属故意杀人行为，因而所谓被害人承诺，应排除帮助杀人的行为。

---

① [德] 冈特·施特拉腾韦特、洛塔克·库伦：《刑法总论I——犯罪论》，杨萌译，法律出版社 2006 年版，第 171 页。

二 行为无价值论之阻却违法原则

(一) 社会相当性原则

社会相当性由韦尔策尔首次提出。韦尔策尔在提出行为目的性、主观违法性的同时,还讨论了社会相当性问题,认为某一行为即便有其法益侵害性,但只要符合社会传统文化传承的伦理风习,就应当阻却其违法性。例如,拳击手的拳击行为、外科医生的手术行为、摔跤手的行为,等等。教义学上比较经典的案例还有:乘客 D 因为疏忽大意而上错了车,虽经 D 多次请求,他仍被要求在到达下一车站之前,不得下车。本案中 D 的人身自由权利遭受了侵害,但他不得不让位于"不到车站不得下车"这一社会相当性。由是,社会相当性所表明的主要观点是:刑法并非全面禁止针对他人的危险,只要在符合社会相当性之际,行为在制造危险时还"尽到了起码的谨慎和照顾义务"。①

(二) 被允许的危险

根据贝克的观点,现代社会的风险(又称危险),迥异于自然灾害所导致的风险,例如,地震、海啸、飓风、火山爆发等自然灾害是人力根本无法避免的。而现代社会在工业技术、科学发明急速发展的同时,也会与生俱来地同时"制造"出不少作为技术进步的"代价"的副产品,那就是"人为的风险"。但社会不能因为科技的发达会同时衍生副产品而放弃对高科技的钻研与应用,有鉴于此,社会不得不设置一道道最大限度地发展科技,并最大限度地控制风险的基准,处于基准线之下的风险便为被允许的危险。"例如,在给血液病患者使用非加热制剂时,尽管存在百分之几的感染 HIV 病毒的危险,但在不可能对其采取其他更安全措施的前提下,有时候也允许在认识到此项危险的基础上适用非加热制剂。"②

第三节 法定的违法性阻却事由

法定的违法性阻却事由,指由刑法明文规定的排除违法性的事由。根

---

① 参见 [德] 冈特·施特拉腾韦特、洛塔克·库伦《刑法总论 I——犯罪论》,杨萌译,法律出版社 2006 年版,第 99 页。

② 参见 [日] 西田典之《日本刑法总论》,刘明祥、王昭武译,中国人民大学出版社 2007 年版,第 104 页。

据我国《刑法》第20条、第21条的规定,由我国刑法明文规定的阻却违法性的事由仅仅有二:正当防卫与紧急避险行为。

一 正当防卫

我国《刑法》第20条第1款明文规定:"为了使国家、公共利益、本人或者他人的人身、财产和其他权利免受正在进行的不法侵害,而采取的制止不法侵害的行为,对不法侵害人造成损害的,属于正当防卫,不负刑事责任。"

(一) 正当防卫的概念

根据上述《刑法》第20条的规定可见,正当防卫是指为了使国家、公共利益、本人或者他人的人身、财产和其他权利免受正在进行的不法侵害,而采取的对不法侵害人造成一定损害,且未明显超过必要限度的行为。可见,正当防卫的实质是用给不法侵害者造成一定损害的方法,来制止其正在进行的不法损害,以保卫国家、公共利益、本人或者他人的人身、财产和其他权利。因而,究其本质看,这是一种为国家法律所认可的、司法救助以外的自救或他救行为。因而正当防卫又被称为"紧急无法",即"法不及于紧急状态"的行为。

(二) 正当防卫的法律性质

古典自然法学派,曾将正当防卫视作一种自然权利,例如,欧洲启蒙学家洛克就曾在其《政府论》中详细地论述了他之有关法律不及于紧急状态时,公民理当自然而然地享有自卫直至杀死侵犯者的权利。这样,他就在事实上将此自卫权利与"法律"对立了起来,有鉴于此,诸此防卫权利被视作自然权利。另有学者将此权利解读为法律赋予的私权利,认为"正当防卫不仅具有个人自卫性,而且具有维护法秩序的功能"。更有学者明确指出"自然权利与法律权利并非决然对立";认为"防卫权就其来源而言,是一种自然权利,但一经法律确认,它已经转化成为一种法律权利。"[1]本书赞同上述折中的观点,认为二者确实不是非此即彼、水火不容的关系。特别具体到中国刑法而言,由于中国刑法典已经通过相关法条对正当防卫的目的、防卫对象、限度等作了明确规定,因而它的确不是一项简单的自然权利,就其法律性质看,它更是一项法定权利。

---

[1] 陈兴良:《本体刑法学》,商务印书馆2001年版,第433—434页。

（三）正当防卫的构成要件

1. 正当防卫的主观条件

根据我国《刑法》第 20 条的规定，防卫人实施防卫行为时须具有明确的防卫意图。即行为要成立正当防卫，首先要求防卫人须清楚地意识到不法侵害正在进行。按照我国《刑法》第 20 条的规定，这一不法侵害，既可以是针对"本人"的人身、财产和其他权利的侵害，也可以是针对"国家"、"公共利益"或者"他人的人身、财产和其他权利"的侵害。

然而，行为要成立正当防卫，必须具有防卫意图，这只是我国刑法上的实然规定。因为我国《刑法》第 20 条明文规定，正当防卫必须基于"为了使国家、公共利益、本人或者他人的人身、财产和其他权利免受正在进行的不法侵害"目的。而且，从实然规定性看，不仅我国刑法，《德国刑法》第 32 条、《日本刑法》第 36 条都有防卫意图的规定。例如，《德国刑法》（2002 年修订版）第 32 条规定："为使自己或他人免受正在发生不法侵害而实施的必要的防卫行为，是正当防卫"；《日本刑法》第 36 条规定要求防卫行为须是基于"为了防卫自己或他人的权利而不得已实施的行为"。然而，刑法典上的实然规定并未影响学者们基于自己的违法实质论及其主客观违法观，所展开的行为要成立正当防卫，究竟有无违法意思之必要性研讨。具体而言，从大陆法系到国内刑法学界，历来存在防卫意思必要说与防卫意思不要说之争。

防卫意思必要说，乃行为无价值论、主观违法论者所主张。防卫意思，又称主观的阻却违法要素。此说认为行为要构成违法，必得有其违反规范的主观意思；反言之，行为要成立正当防卫，也必须基于紧急场合下有其防卫自己或他人之明确意图。由是，上文所举偶然防卫的案例，即 A 欲图杀死仇人 B，在其持枪瞄准 B 之际，正值 B 也持枪瞄准着 C，A 在对此并不知情的情况下先行开枪并致 B 一枪毙命。从而 A 在并无防卫意思的情况下，偶然地救了 C。对本案中的 A，按照主观违法论的观点，由于某 A 并无防卫意思，相反，其主观上还有违反《刑法》第 232 条之杀人故意，故而其行为不能阻却违法，更不成立正当防卫。

防卫意思不要说，乃结果无价值论、客观违法论主张的观点。根据此一观点，尽管 A 并无防卫意思，但就结果无价值论的观点看，A 客观上不但没有侵害刑法该当保护的法益，反而在客观上保护了 C 的生命法益。如上所述，按照结果无价值论所认同的优越法益说，C 作为一个守法公民，比之于那悖逆法律的 B 的生命法益更优越。质言之，一个悖逆法律的人无权要求国家法律予他以同等价值的法益保护。进而，从本质上看，客观违法说认为A并未侵犯刑法该当保护的法益，因而A之"偶然防卫"行为不属于违法。当然，就我国规定看，由于我国刑法明令正当防卫须有防卫意图，因而似此案情在我国无法认定为正当防卫，但可阻却违法，行为因而可能构成不能犯。①对此立场，本书基本认同。

但上述例子只是故意的偶然防卫，实际上，对偶然防卫，刑法学理上还分类为故意的偶然防卫与过失的偶然防卫。顾名思义，故意的偶然防卫是指其基于故意侵害某一法益的心理所实施的歪打正着的"防卫"；过失的偶然防卫是指基于疏忽大意过失心理导致的、客观上赶巧似的"防卫"。例如，A擦枪走火击中了正枪瞄着C、待扣扳机的B。有学人从其客观上保护了法益的立场出发，认为至少过失的偶然防卫应当成立正当防卫。②对此，本书的立场仍然是：既然我国刑法上确有防卫意图的明文规定，则依照我国刑法的规定，即便是过失的偶然防卫，也应属阻却违法的行为，可出罪，但仍不宜于认定为正当防卫。

当然，国内关于防卫意图的理解，也许宜在解释论上做相对灵活的理解。如上所述，《日本刑法》第36条其实也就防卫意图做了明文规定，但鉴于日本国内多数学理意见认为其"防卫的意思已经丧失了限制正当防卫的机能"，因而该国之最高裁判所"已很少有判例否定防卫的意思"。③即如以下判例：一天C男在调停A女与B女之争吵的过程中，B女突然猛扑向C男并揪住了C男的胸口，C男在气愤之余，顺势将B女推入海中。后B女因为呛水引发了支气管炎。对本案，日本原判"认为被告人是出于气愤才实施暴行，并无防卫意思，因而否定成立正当防卫、防卫过当"。但其最高裁判所却做了改判，认为"尽管《刑法》第36条的防卫行为必须是出于防卫的意思而实施，但在行为人被对方的加害行为激怒或激愤而实施反击时，并不能因此而直接认定缺少防卫意思"④。此判例表明：在业已遭受不法侵害的场合，对防卫意图，也可做相对间接的弹性理解。

再回过头来看我国的防卫意图规定，我国刑法上所规定的防卫意图可

---

① 参见张明楷《刑法学》（第三版），法律出版社2007年版，第181—182页。
② 同上书，第182页。
③ 参见［日］西田典之《日本刑法总论》，刘明祥、王昭武译，中国人民大学出版社2007年版，第130页。
④ 同上书，第129页。

概括为四要素,即:(1)对不法侵害人的明确认识;(2)对不法侵害行为的明确认识;(3)对行为正在发生的明确认识;(4)对防卫的紧迫性的明确认识。从意志因素上看,防卫人须有制止正在进行的不法侵害的决意。由是,防卫意图排斥下述几种貌似防卫的情况:

其一,排斥互相斗殴。斗殴指双方同时互为非法行为主体及行为对象的不正对不正、不法对不法,甚而犯罪对犯罪的活动。例如,以相约决斗或聚众斗殴的方法来解决某项矛盾问题,包括解决双方相争的女友、势力范围、泄气报复、推举帮派老大,等等。因而此类不法分子之间的报复厮打、群殴厮打、呈凶厮打,一概不属于由防卫意图支配的正当防卫行为。但是,即便是双方相互斗殴,也有例外的、可予实行正当防卫的情况。如:(1)斗殴双方中的某一方先行终止斗殴行为,自行走开后,另一方还追上去实施伤害或杀害行为,先行终止方"有权防卫"。(2)斗殴中的某一方已经被伤害得完全丧失了侵害能力,另一方仍以致命暴力攻击对方,本人或第三人、有权实行正当防卫。

其二,排斥挑拨防卫,又称防卫挑拨,指行为人为了不法侵害对方,蓄意挑衅对方以引诱对方采取过激行为,自己则假以"正当防卫"的手法,达到加害对方的目的。显然,挑拨防卫者本身往往有违法犯罪意图,因而其不成立防卫意图,对其加害行为,不能认定为正当防卫。行为达到犯罪程度时,应确认为故意犯罪。

其三,排斥假想防卫。假想防卫,又称误想防卫。假想防卫的基本特点如下:(1)无责任的客观违法行为很可能存在;(2)行为人主观上存在防卫意图,以为自己正在对不法侵害者实行正当防卫;(3)客观上损害了行为人假想的"不法侵害者"的人身权利或其他权利;(4)行为在客观上产生了侵害特定法益的后果。假想防卫的场合,鉴于其行为导致了刑法所保护法益的客观损害,因而,从结果无价值论的角度看,行为应当成立相关犯罪的刑事违法性。然而,从责任论角度看,由于行为人并无伤害或者杀死他人之主观故意,欠缺罪过,行为原则上不具备可罚性。例如,发生于2013年9月的轰动一时的"精神病人开车冲撞白宫案":

2013年9月,在美国华盛顿市,一位出现了幻视疾患的美国黑人女司机,开车直接冲向白宫大门,后被白宫特警开枪打死。

本案,按中国刑法来分析,白宫特警的开枪行为应属"假想防卫"。这是因为:那位开车的黑人女司机发生了幻想:幻想着总统正要召见她,所以无论如何,她必须得把车开进白宫去。据此,就是根据中国刑法的规定，特警也是有权开枪的。因为尽管欠缺责任，但在客观上，女司机确曾实施了很可能威胁到总统生命安全的、严重违法的行为。但特警的开枪行为应属"假想防卫"，而非正当防卫。虽然，从特警客观上导致女司机死亡的后果看，特警的开枪行为与女司机的客观违法行为相比，在权益大小上并不均衡，毕竟人的生命权利，最为至高无上！所以，从另一方面看，特警导致他人死亡的法益侵害行为，在客观上，也属违法的行为。但从有责性来看，鉴于特警乃是基于防卫故意，而非无缘无故地剥夺他人生命的故意，本案因而不存在故意杀人的问题。何况，特警在那场纷乱中，也无法分辨出那位黑人女司机是个精神病人。所以，从终极意义看，对假想防卫中发生的过剩防卫，在刑法性质上应属不能预见的意外事件（无罪过事件）——开枪的特警因欠缺主观上的故意和过失（即无责任），根据责任主义的刑法原则，无责任则不能承受刑罚的处罚，因而本案应属无罪过事件。

另一方面，假想防卫过剩的场合，如果行为人能够预见其过剩后果，有其过失甚至存在放任故意时，行为人应当承担相应的刑事责任。

例如，C男在回家的路上，看见A男正在安慰喝得酩酊大醉的B女，便以为A男正在欺侮B女，为了救助B女，C男站到了二人之间，意图将二人隔开，而正在照顾B女的A男这时恰好呈现出看起来像要发动攻击的样子，这更使得会三段空手道技能的C男误以为A男要攻击自己，于是使出了返身飞腿踢技法，一脚踢到A的头部，致A在抢救数日后不治身亡。

本案即属典型的假想防卫过剩，继后，对本案，日本司法机关就是以伤害致死定性，并以假想防卫过剩科以了减轻处罚。①

2. 正当防卫的客观条件

正当防卫的客观条件由正当防卫的客观起因、防卫对象、防卫时间三大要素构成。

（1）正当防卫客观条件之一：防卫的客观起因。正当防卫应起因于不法侵害的客观存在。所谓"不法侵害"，应包括两大层面问题，①是"不法侵害"的范围问题；②是"不法侵害"的程度问题。由于正当防卫归根结底，是以损害不法侵害者一定权益的方法来制止其不法侵害，因而正当防卫的起因不能脱逸侵害行为的"社会危害性"与侵害的"紧迫性"，来

---

① 参见［日］西田典之《日本刑法总论》，刘明祥、王昭武译，中国人民大学出版社2007年版，第136页。

孤立地考量不法侵害的范围与程度。从不法侵害的范围看，按照我国《刑法》第20条的规定，"不法侵害"是指"国家、公共利益、本人或者他人的人身、财产和其他权利"正在遭受不法侵害。这里，国家、公共利益、本人或者他人的财产权利等，其范围相对明确，无须特别研讨。需要研讨者如下：

其一，本人或者他人的"人身权利"的范围。从民事理论上讲，人身权利包括生命权利、健康权利、人身自由权利、人格尊严权利、名誉权利、荣誉权利，等等。这当中，以辱骂、漫画、偷梁换柱等手法，侵害他人的人格尊严权、名誉权、荣誉权利者，广义看也属于不法侵害。但是，由于此类行为欠缺"紧迫性"，因而其本质上应属民事侵权而非刑事性的不法侵害。因而，对此类行为，一般不得启动"正当防卫"手段。除非对方使用了暴力侮辱他人人格的非常手法，如以朝他人面部涂抹大粪的手法当众羞辱他人。此类暴力性决定了不法侵害行为的紧迫性，被侮辱人或他人因而享有适度的正当防卫权。

其二，本人或者他人的"其他权利"范围。一般而言，不法侵害者以其一般手段，侵犯了权利人的其他权利，如著作权利、休息权利、工作权利、诉讼权利等，均属民事侵权行为。

对此，被侵权人一般无权启用"正当防卫"手段应对。但在此侵权过程中，不法侵害者如添加了暴力手段，该一被侵犯的权利就不仅是其他权利，而是包括人身权利，此种场合，可能发生正当防卫问题。例如，以暴力手段阻止他人参加选举，阻止他人参与某项诉讼等，此时可能发生正当防卫问题。因而，概言之，对"其他权利"范围的掌握，仍然不能脱离社会危害性与紧迫性两大标准来解读其权利边界。

关于不法侵害的程度，中国刑法学界有"犯罪行为说"和"违法行为说"之争。前说认为，正当防卫须待侵害人之侵害行为达到犯罪程度时，防卫人才享有正当防卫权；后说则相反，认为侵害者之侵害行为只要达到违法的程度即可。国内通说观点认可后一观点，即"违法行为说"。认为既然我国刑法已将正当防卫的目的界定为制止其"不法侵害"，学人就没有必要将该"不法侵害"扩大解释到非要违法行为严重到"犯罪"的程度，被侵害人才能防卫，否则，不利于公民的自我救治和他助，也不利于对国家、公共利益的及时保护。这是因为实践中，特别在人身侵害场合，防卫人很难在短时间内判定对方是要刑事伤害、杀害自己（他人）还是一般性的殴打；就连侵害人的侵害意图也可能瞬间转化：由一般"违法侵害"意图转化为"犯罪决意"。因而，只要侵害有其违法性和紧迫性，被侵害人就可行使防卫权了。对此通说观点，本书持赞同意见。

（2）正当防卫客观条件之二：防卫对象。根据我国《刑法》第 20 条的规定，正当防卫的"防卫对象"，只能是实施不法侵害行为者本人，不得是不法侵害者以外的无辜第三者。从理论上讲，未达刑事责任年龄的未成年人及无刑事责任能力的精神病人等所实施的侵害行为，虽然因其欠缺责任能力而不具有责性，但客观上看，该类人等无故侵害有关刑法法益的行为，仍具有这里之"不法"性，因而对其行为仍可实施适度防卫。当然，在知情的情况下，毋宁借用英美法上的"能躲避则不防卫"的躲避规则，以免导致不必要的伤害。此外，根据客观的、物的违法论，违法者还可包括任何动物、自然灾害造成的不正的"侵害"，因而基于结果无价值的立场，应当允许"对物的防卫"，①但在我国，一方面，"对物的防卫"只能存在于应然性的理论研究之中，因为按照我国《刑法》第 20 条的明文规定，正当防卫只能对"不法侵害的人"造成损害，意即防卫对象只能是实施了不法侵害的"人"而非物。另一方面，实践中，真遇动物侵袭的场合，也应酌情处理。例如，当侵袭动物属于家养动物，且是受其主人指令侵袭他人（例如家犬伤人）时，该主人乃属间接正犯，被侵害人打死打伤该动物的行为应属正当防卫；虽属家养动物，但不是出自主人的指令而自行伤人者，对被侵害人打死打伤该家养动物的行为，应定性为紧急避险；该动物虽属无主物，却是国家法定的珍贵甚至濒危野生动物者，行为人为确保自己的生命、健康安全而死伤该侵袭动物者，仍应定性为紧急避险，原则上不得按《刑法》第 341 条的规定定性为杀害珍贵、濒危野生动物罪。因为，无论如何，人的生命无价，因而为了保全自己或他人生命权益而实施的杀死该动物的行为，仍应定性为阻却违法的行为，确实存在避险过限情形时，可按紧急避险（过限）处理。

（3）正当防卫客观条件之三：防卫时间。按照我国《刑法》第 20 条的规定，防卫时间必须发生于不法侵害"正在进行"之时。显然，"正在进行时"，在时间量上是一个"区间"。具体地说，这一时间量应从不法侵害行为的"开始"到不法侵害行为的"结束"为止。也就是说，原则上，不法侵害行为尚未"着手"即行"防卫"属事前防卫；不法侵害行

---

① 参见［日］西田典之《日本刑法总论》，刘明祥、王昭武译，中国人民大学出版社 2007 年版，第 121 页。

为已经结束,为泄愤报复而行"防卫"属事后防卫。而无论事前还是事后防卫,本质上都是不当防卫,也就是说,不属正当防卫。但是,如何理解不法侵害行为的"开始"和"结束",在刑法学界有多种不同学理意见。

其一,如何理解不法侵害的开始。对此,学界分别有进入现场说、[1]着手说、[2]直接面临说、[3]综合说等多种主张。但在本书看来,进入现场未必意味着不法侵害的开始,此时即行防卫难免导致事前防卫。因而一般情况下,宜以"着手说"——即行为人已经开始着手实施特定的不法侵害行为,作为不法侵害的"开始"。亦即原则上,应以不法侵害行为已经越过预备阶段进入到对某一特定不法实行行为之起点,才构成不法侵害的"开始"。但是,当其某一不法侵害乃属严重的暴力犯罪,且具有重大法益损害的紧急场合时,可予例外。即当其防卫人行将"直接面临"十分紧迫的不法侵害时可予例外。因而,总体来看,本书认同上述综合说。据此,假如,A在家磨刀欲杀害B,B闻知即举刀进去杀死了A,这不是正当防卫,而是事前防卫,因为"不法侵害尚未开始"。而要构成正当防卫,一般情况下,须A已经举刀朝B走来时,行为才进入故意杀人的"着手实行"阶段,进而成立正当防卫的不法侵害的开始,防卫人自此刻开始、直到犯罪行为终止时享有防卫权。但紧迫情形下可例外,例如,A为了杀死仇人B而持枪追踪B,一阵追赶之后,B被追赶到一条河床仅宽60米的小河对岸,尚未蹚过小河的A见状便停止了追赶,并已就地立定举枪准备瞄准射击了,走投无路的B见状先朝A开了枪,致A前胸中弹,不治身亡。本案中,A之"立定瞄准"的杀人"着手"行为未及实施便被打死。因而如按"着手说",本案可谓不法侵害尚未"开始",B并不享有防卫权,但按"直接面临说",B已经面临重大生命法益的紧迫侵害之危险,非要等到"着手"实施才能防卫显然为时已晚,因而根据综合说,可将本案A已停止追赶并立定举起了枪支准备瞄准的行为,视作不法侵害的开始。

其二,如何理解不法侵害的"结束"?对此,学说上也有"侵害行为

---

[1] 参见马克昌主编《犯罪通论》,武汉大学出版社1995年版,第702页。

[2] 参见周国均、刘根菊《正当防卫的理论与实践》,中国政法大学出版社1988年版,第53页。

[3] 参见赵秉志主编《刑法争议问题研究》(上卷),河南人民出版社1996年版,第525页以下。

完毕说"、"离开现场说"、"事实继续说"、①彻底消除危险说、②综合说等多种不同意见。这当中，第三说所谓"事实继续"是相对于不法侵害所导致的损害结果而言，因而所谓事实继续说是指唯有不法侵害所导致的持续性损害结果终止，才是不法侵害的"结束"。以状态犯举例，在盗窃的场合，按侵害行为完毕说，盗窃行为完毕即告不法侵害的结束，被侵害人因而再无防卫权，若要通过"强力"夺回自己的财物，可能构成自救行为而非正当防卫行为；按离开现场说，盗窃犯只要离开了盗窃现场，则告不法侵害行为结束，被侵害人因而不得事后防卫；但按事实继续说，鉴于防卫人的财物仍处于为侵害人非法占有的状态，这就意味着不法侵害所导致的持续性损害结果尚未终止，不法侵害行为因而尚未结束，行为人进而享有正当防卫权。而按彻底消除危险说当然可行防卫，但有时可能导致不必要的防卫。例如，A欲图以自制炸药炸死B，于是一天A趁B正在其家堂屋与人谈话之机，将其点燃了导火索的自制炸药包扔到了B家堂屋然后逃之夭夭，在炸药包尚未爆炸之前，B本可通过踩灭导火索的方法，有效排除不法侵害。但B却采取了抱着炸药包跟着A追，并在最后一刻将炸药包扔向A的方法来防卫。本案，按事实继续说、危险彻底消除说，B均享有正当防卫权，却有失于不必要地导致了另方权益的损害。综合说则是综合上述诸种观点之长的补益性理论，此观点可谓国内通说观点。其基本理论是：不法侵害行为已经结束，且其不法侵害结果已然发生，即使再行防卫，也不能即时即地挽回损失；即使不行防卫，也不会再致侵害或者扩大损失结果。③有鉴于此，在遭到抢劫、盗窃的场合，即便侵害行为已经完毕，但在现场能够通过防卫挽回损失的场合，仍然可行防卫。例如，一名抢劫犯已抢到财物正在潜逃，防卫人现场追上去将其击伤或者由路人将其截住并追回权益人的财物，应属正当防卫。但是，如若侵害人已然完全逃离事发现场，即便事实继续，这时也不宜再通过防卫行为来挽回损失了。

此外，在防卫时间问题上，尚存在以下两点需要格外注意的问题：

第一，是如何看待预期侵害的问题。众所周知，紧迫性问题历来为某

---

① 陈朴生：《刑法总论》，（台北）正中书局1969年版，第90页。
② 德国的冈特教授认为："只要危险还未彻底消除，或者不法结果还未彻底发生，就允许进行防卫，这是因为，这样还可能制止对权利的最终侵害，再迟些最多只能对已经造成的损害进行补偿。"参见［德］冈特·施特拉腾韦特、洛塔克·库伦《刑法总论I——犯罪论》，杨萌译，法律出版社2006年版，第165页。
③ 参见陈兴良主编《刑法总论精释》，人民法院出版社2011年版，第258页。

些国家刑法明文规定或由刑法学理所坚持，因而德国、日本判例上曾经否定过预期侵害案件中的紧迫性，从而否定其行为可阻却违法。例如，被告人A已经预见到B约见自己是为了杀害自己，于是事先准备了匕首赴约，到达双方约定的饭店门厅时，B果然持刀砍向A，被告人A于是杀死了B。此类判例，曾为日本判例确认为既然事前已然知道可能遭受侵害，就不发生紧迫性问题，因而行为不能成立正当防卫。但继后，日本司法上逐渐认可此类预期侵害的紧迫性。①有鉴于此，而今通说观点也认为预期侵害不能阻却行为的紧迫性，换言之，即便防卫人已然预见到侵害行为发生，仍然可予防卫。

第二，是如何看待事前安装好的防卫装置问题。一般认为，对未发生任何侵害行为时业已安装好的自动设备（如自动射击装置等），只要其设置足够安全，同时只能发动于不法侵害发生之际，则可视作满足了阻却违法的时间条件。②

3. 正当防卫的限度条件

根据我国《刑法》第20条第2款、第3款的规定，防卫人在实施正当防卫时，原则上应有一定限度，否则，"防卫"可能被滥用到不问侵害轻重若何，但属防卫、则可罔顾他人性命、健康的程度，其"正当性"因而将不复存在。然而，当其不法侵害人实施了法定的暴力犯罪，严重危及被侵害人的人身安全时，刑法又对其"限度"作了例外性规定。据此，以下将先介绍正当防卫的限度条件，尔后再研讨其例外规定。

关于立法与司法上宜以什么样的衡定标尺拟定正当防卫是否过限的问题，刑法学界历来有下述三说：（1）基本适应说，指正当防卫应以防卫强度与不法侵害强度大致相适应为其限度标尺。据此，防卫强度大于侵害强度者为防卫过当。（2）必要说，又称客观需要说，指正当防卫应以有效制止不法侵害的客观需要为其限度标准。据此，只要出于有效制止不法侵害所必需，即使为保护少量财物致人重伤、死亡，也属正当防卫。（3）相当说，又称折中说，指以客观必要说为基准，同时主张防卫强度及其后果与侵害强度及其后果的差别不宜过大，以免造成不必要的重大损害。当然，相当说其实又可分类为：行为的相当性；结果的相当性。而一般认为，行

---

① 参见［日］西田典之《日本刑法总论》，刘明祥、王昭武译，中国人民大学出版社2007年版，第125页。

② 参见［德］冈特·施特拉腾韦特、洛塔克·库伦《刑法总论I——犯罪论》，杨萌译，法律出版社2006年版，第164页。

为相当属于事前判断；结果相当则是事后判断。[①]认可行为相当性的场合，即便其防卫行为导致了不法侵害者之重大法益损害后果，也可能肯定其防卫行为得当。例如，A与B发生口角，B使劲勒住A的大衣领口往前拽，A为了挣脱B而拳击了B的面部，导致B后脑着地，因颅骨破裂死亡。本案中，A的防卫行为与B的不法侵害行为之强度大致相当，但是，如果以结果的相当性作为衡定防卫是否过当的标准，A的行为显属防卫过当行为。

本书赞同上述第三说相当说。这是因为一方面，正当防卫作为一种司法救助不及时的法律容许且鼓励的自救权、他助权，如果过度考究防卫强度与不法侵害强度的"适应"，则此自救权与他助权将难以实现。特别是现实中的不法侵害瞬间万变，防卫人很难预测不法侵害者的侵害强度及其后果将达致何种程度，要令二者完全相适应或者大致相当，确实困难。因而立法与司法上，将其防卫强度拟定为制止不法侵害之"必要"为限，是有其积极意义的。另一方面，无论是立法还是司法，又不宜鼓励为了"必需"而过度滥用防卫权，否则，法律容许的公民自救权、他助权可能质变为法律滋纵不正当的伤害乃至杀人，这样，不仅对案件中的不法侵害者不公平；就是对防卫者本人而言，也是有害无利的。

按照我国《刑法》第20条的规定，所谓"正当防卫明显超过必要限度造成重大损害的"显然是相对于"后果"而言，因而至少从我国刑法的实然规定看，这里的相当性主要指的是结果相当。有鉴于此，根据我国现行刑法的规定，鉴于A所导致的法益损害后果与B的侵害后果并不相当，因而A的行为应属防卫过当。换言之，A本来应当预见到重拳猛击他人的面部，容易导致后脑着地并出人命，但A情急中疏忽了此一问题，因而A是有其疏忽大意过失的，行为涉嫌构成过失致人死亡罪。

实际上，现行刑法比之于1979年《刑法》第17条的防卫限度规定已经放宽了不少。我国1979年《刑法》第17条的限度规定是"正当防卫超过必要限度造成不应有的危害的"；现行《刑法》第20条却将其改为"正当防卫明显超过必要限度造成重大损害的"。可见，区别在于："必要限度"前加上了一段限制性定语："明显超过"必要限度的。此外，"不应有"的危害改成了"重大损害"。据此，即便防卫行为很可能超过了必

[①] 参见［日］西田典之《日本刑法总论》，刘明祥、王昭武译，中国人民大学出版社2007年版，第131页。

要限度，只要没有"明显"超过必要限度，并且没有造成"重大损害"，就不构成防卫过当。由此可见，现行刑法所采用者，正是上述（结果上的）"相当说"观点，亦即，既强调防卫之"必要"，又不能明显超过必要限度造成重大损害。否则，应属防卫过当。

需要强调的是，现行刑法之所以将正当防卫的限度放宽，缘由固然多样，但其中很重要的一点是：（1）便于司法操作。（2）为了进一步地鼓励守法公民及其他见义勇为者积极行使法律授予的正当防卫权，以有效保护国家、集体、本人或他人的合法权益。这当中，便于司法操作是相对于"明显超过"必要限度的规定性而言。这是因为，公民在行使正当防卫权的过程中，很难判断对方的不法侵害强度及其预期后果，检控官、法官在检控、审定防卫行为是否过当时，在时过境迁的情况下，也难于衡定防卫行为对侵害强度是否必要。换言之，除非"明显"超过必要限度，否则，司法上很难衡定其是否超过必要限度。而长期以来，中国国内受重刑主义思想的影响，司法上也相应地表现为定罪时"宁枉不纵"、量刑时"宁重不轻"的思潮严重。近年来，这种司法理念虽然已然有所改观，但动辄定性为不当防卫或过当防卫的案例，在司法实践中依然十分常见。

4. 有条件的无过当防卫权

按照我国现行《刑法》第 20 条第 3 款的特别规定，"无过当防卫权"的条件是："对正在进行行凶、杀人、抢劫、强奸、绑架以及其他严重危及人身安全的暴力犯罪"可行使无过当防卫权。其具体内容是，对正在进行上述严重危及人身安全的暴力犯罪行为，本人或在场的他人"采取防卫行为，造成不法侵害人伤亡的，不属于防卫过当，不负刑事责任"。

对此，人们很可能质疑：什么是"行凶"？是否非得持刀逼人才算行凶？赤手空拳可否构成刑法上的"行凶"？其他严重危及人身安全的暴力犯罪指什么？既然法律面前人人平等、生命等价，难道因为不法侵害者有"行凶"行为，防卫人就可以合法的"杀"了他吗？就此问题，这里姑且解读如下：

（1）怎样理解正在"行凶"

现行刑法典中所规定的"行凶"与一般口语中的"行凶"有何内涵与外延上的区别？本书认为，从立法原意看，这里的行凶者，应具有杀死或致命伤害他人的不确定犯意。

（2）怎样理解"严重危及人身安全"

实践中首先应当注意的是：危及并不等于已经损及他人生命或者健康

权益，危及所表现出的仅是一种业已直接面临的生命、健康权益上的具体危险而已。显然，要等到自己或者他人的人身权益已经遭受危害才能防卫的话，多数场合会为时已晚。其次，对这里的人身权益应理解为生命权益和健康权益，而且就健康权益而言，应为不法侵害者针对被害人的健康权益的重度侵犯或者威胁。

（3）怎样理解这里的"暴力犯罪"

要注意将杀人行为与暴力犯罪区分开来。实践中，针对个人的投毒杀人也属命案，却不是刑法本条所谓的"暴力犯罪"。因而在面对投毒杀人犯时，原则上并不需要行使无过当防卫权。当然，如其该投毒杀人犯又采取了其他暴力杀人行为时应予例外。

（4）评判"严重危及人身安全"的标准

本书主张，对本条"严重危及人身安全"的认定，宜采下述标准：即以防卫人所处形势判断，防卫人"正遭受着致命伤害或生命安全的紧急威胁"为标准。①

（四）防卫过当的罪过形式之争

众所周知，防卫过当应负刑事责任，却不能定性为"防卫过当罪"，因为这不是刑法分则法定的罪名，而防卫过当的情况下，其危害结果往往不是致人死亡就是致人重伤，法官因而必须根据个案的具体情况，酌情定性为过失致人死亡罪、过失重伤害罪，抑或（间接）故意伤害罪，等等。可见，要正确得当地确定防卫过当的罪名，关键在其罪过形式的正确认定。然而，对防卫过当的罪过形式，刑法学界一直争议纷纭。大致有下述五种不同意见：

（1）全面过失说，认为防卫过当的罪过形式只能是疏忽大意过失或过于自信过失，不能是故意。（2）疏忽大意过失说，认为所有的防卫过当都由疏忽大意过失构成。（3）排除直接故意说，认为防卫过当的罪过形式有三种：疏忽大意过失、过于自信过失和间接故意，但主要表现为过失，间接故意仅存于少数场合。（4）排除过失说，认为防卫过当的罪过形式只能是间接故意与直接故意。（5）故意与过失说，认为防卫过当的罪过形式包括间接故意与直接故意；疏忽大意过失与过于自信过失。对此，本书的立场是支持排除直接故意说，认为防卫过当与不当防卫的主要区别在于：过

---

① 参见屈学武《正在行凶与无过当防卫权》，载陈兴良主编《刑事法判解》第2卷，法律出版社2000年版，第408—414页。

当的场合，除限度条件外，行为已经满足了正当防卫的其他所有条件，特别是有其防卫意识，且防卫意识理所当然是故意的，但防卫意识并不等同于就希望伤亡对方，因而宜于排除直接故意。

二　紧急避险

（一）紧急避险概述

紧急避险的实质，是以牺牲法律所保护的较小权益来保全法律所保护的较大权益免遭正在发生的危险。据此，根据我国《刑法》第21条的规定，紧急避险就是指为了使国家、公共利益、本人或者他人的人身、财产和其他权利免受正在发生的危险，不得已而采取的损害较小权益以保全较大权益的行为。鉴于受到损害的权益持有者并非不法侵害者而为无辜的第三方，换言之，紧急避险实际上是为了保全较大的法益而将灾难转嫁给他人，据此又"有观点认为，紧急避险在民法上属于违法行为，只是阻却了刑法上的可罚性违法性而已"。[①]然而，实践中，尽管所有的满足紧急避险一般条件的避险行为均可阻却违法，却并非所有的紧急避险行为都可归结为民法上的违法行为的。例如，为送生命垂危的患者就医而酒驾甚至醉驾者，违反的不是民法而是有关道路交通管理的行政法规甚至刑法；另有为避免更多的人遭受生命危险而侵害他人生命权益者，其行为性质就更非简单的民法上的违法。有鉴于此，上述紧急避险乃属民法上的违法行为的观点，仅成立于部分紧急避险事件中。

1. 紧急避险的法律性质及其地位

与正当防卫一样，紧急避险对于一般公民而言，是刑法授予他的法定权利。而对有特定职责的人而言，紧急避险应为其法定义务。例如，在火灾蔓延之际，为断开连绵火场的"火道"以避免毁及自家宅房，张三不惜拆毁了邻近火道的李四家住宅，这对张三来说，是刑法授予他的法定权利，张三因而不成立故意毁坏财物罪；但对于身为消防警的王五来说，断开火道以避免火势蔓延危及公共安全，此乃其必须履行的法定义务。而公民对其法定权利享有自由行使权，亦即他/她行使不行使该法定权利都不构成违法或犯罪；但法定义务则不一样，不履行有关法定义务，轻者构成一般违法，重者构成刑事犯罪。因而对有特定职责义务的人而言，拒不履

---

① ［日］西田典之：《日本刑法总论》，刘明祥、王昭武译，中国人民大学出版社2007年版，第106页。

行相关避险义务，情节严重者，可能构成渎职犯罪或其他相关刑事犯罪。

关于紧急避险在犯罪论体系中的法律地位问题，实则牵涉紧急避险与违法性、有责性的关系，对此，学说上也存在下述争议：（1）阻却违法说。阻却违法说是通过所保全与牺牲的利益权衡来考量紧急避险的性质的，鉴于紧急避险的场合，保全的法益或是在层级上优越于牺牲的法益；或是在价值量上优越于牺牲的法益，有鉴于此，基于优越性利益保护原则，应当确认紧急避险的行为阻却违法。（2）阻却责任说。鉴于紧急避险的场合并不存在"正对不正"的问题，而是"正对正"的法益损害，加之有学者认为，无论如何，"把针对自己的灾难转嫁给他人却不违法，这并不合理也有违法情感"，[1]因而该说认为不宜将此类行为定性为阻却违法的行为。话虽如此，避险人之行为并不有悖人之常情，甚至并不有悖伦理，而其之所以"出手"损害其他无辜者的法益，实因事出无奈。就此角度看，避险人大多欠缺适法期待可能性，因而可将其行为定性为阻却责任的行为。（3）二分说。此类论者又持如下多种观点：一说基本主张阻却违法，仅在一定场合阻却责任；二说基本主张阻却责任，仅在一定场合阻却违法。[2]还有的主张：当其保全的法益大于牺牲的法益时，应为阻却违法的事由；当其保全的法益等于牺牲的法益时，应当阻却责任。二分说实为《德国刑法》（2002年修订版）第34条、第35条所分别规定的阻却违法的紧急避险与阻却责任的紧急避险的理论根据，因而二分说也可谓当今德国刑法学界关于紧急避险的法律地位的通说观点。

确切地说，当今《德国刑法》（2002年修订版）第34条、第35条分别规定了阻却违法的紧急避险与阻却责任的紧急避险。二者的最大区别在于：第34条所规定的阻却违法的紧急避险明文规定了限度要求，即"所要保护的法益应明显大于所造成危害的法益"。此外，无论是阻却违法还是阻却责任的避险，德国学者均将其进一步区分为防卫性紧急避险与攻击性紧急避险，[3]并认为防卫性紧急避险与攻击性紧急避险的最大区别在于：防卫性紧急避险"消除危险的行为针对的不是无辜的第三者，而正好是危

---

[1] ［日］西田典之：《日本刑法总论》，刘明祥、王昭武译，中国人民大学出版社2007年版，第107页。

[2] 同上书，第107—108页。

[3] 参见［德］冈特·施特拉腾韦特、洛塔克·库伦《刑法总论I——犯罪论》，杨萌译，法律出版社2006年版，第158—182页。

险源"。①实践中，鉴于行将遭受"危险"的概念在时间的现实性要求上大大低于正当防卫的不法侵害须"正在进行"的时段要求。因而，假设行为人 A 为了防止自己行将遭到重复侵害的"危险"，而以投掷匕首的方法重伤了刚对自己实施过多次刀砍行为、正待离去的不法侵害人 B，这在德国刑法上似可成立为阻却违法的、防卫性紧急避险。显然，相对于行为人 A 而言，B 正是本案的"危险源"之所在。由此可见，德国刑法所设定的诸此防卫性紧急避险，完全不同于中国刑法上的紧急避险。因为根据中国刑法的规定，避险的对象只能是无辜的第三者而不得针对危险源。

有鉴于此，本书更认同将中国刑法上的紧急避险确认为阻却违法性的事由，这是因为其一，中国刑法上的紧急避险，也与《德国刑法》第 34 条所规定的阻却违法的紧急避险的限度要求一样：均要求所保全的法益必须大于所牺牲的法益。据此，从结果无价值的角度讲，既然紧急避险保障了更高层次或更加优越的法益，其结果是有价值的，实质上就并不违法，因而应予阻却违法。其二，本书更赞同实质违法的理念。质言之，紧急避险的情况下，行为人所实施的为避险而损害到无辜第三方的特定法益的行为，在形式上看来，显然业已违反了刑法分则相关法条的法益保护规定，"但是，缺乏实质违法性本来就是要导致排除不法的"②，进而，这种排除不法的根据在德国是由其刑法典第 34 条加以书面规制的；在中国，却是由我国现行《刑法》第 21 条明文规定的。由是，针对此类行为的阻却违法规定，而今不再仅仅停留在实质意义上，而是包括了排除其形式上的违法性。其三，中国刑法上并不存在阻却违法与阻却责任的紧急避险的二分规定，因而，在我国也不存在对紧急避险进行二分法则划分的法律规范支撑及其对应的理论基础。

2. 紧急避险的危险来源

与正当防卫不一样的是：正当防卫人虽会碰上危难，但这一危难的来源非常单一：仅仅来自不法侵害者。紧急避险则不然，避险人所遭遇到的本人、他人或国家、公共利益方面的危险来源是多方面的。包括：（1）大自然的力量。由火灾、地震、飓风、海啸、火山爆发等引起的危险。如海啸引起的惊涛骇浪，会使正航行于海上的客轮船长感到客轮吃水太深，有

---

① [德] 冈特·施特拉腾韦特、洛塔克·库伦：《刑法总论Ⅰ——犯罪论》，杨萌译，法律出版社 2006 年版，第 159 页。
② [德] 克劳斯·罗克辛：《德国刑法学总论》（第 1 卷），王世洲译，法律出版社 2005 年版，第 392 页。

倾覆危险，为此，船长可能要求船员和乘客们尽其可能地抛其行李于大海，以减少客轮吃水量，确保乘客生命安全，这便是来自大自然的危险。（2）动物的侵袭。如野象到村里伤人，为了捕获它村委会决定拆毁民房。又如在牧童放牛过程中牛伤人，此时人们可以击伤该肇事牯牛。（3）人为因素引起，主要指不法侵害者引发的危险。在英美刑法上，凡是人为因素引发的危险，只能做"胁迫辩护"而不得适用紧急避险。但根据中国刑法的规定，危险的来源可以起因于不法侵害者。换言之，不法侵害行为既能够引起正当防卫，也能引起紧急避险。这当中，行为人出于防卫意图伤及不法侵害者本人的属正当防卫；出于避险意图伤及不法侵害者以外的其他人及其公私财物的属紧急避险。例如：

刘男与陈女在拖拉机驾训班同学时认识并相恋。快结业时陈女向刘男表示终止恋情，刘男怀恨在心。在某市场赶集日上午，刘男驾驶实习拖拉机在集市口道路上，遇陈女也驾实习拖拉机迎面驶来。刘男即以自己的拖拉机直逼陈女拖拉机急驶而来。陈女见自己已经避让到路边仍难免两辆拖拉机相撞，急忙跳离拖拉机。结果两台拖拉机相撞，修理费用花去数千元，此外，陈女驾驶的拖拉机还轻伤害集市群众3人。

本案中，避险人之危险来源即因刘男的不法侵害行为引起，而其避险行为损害的对象并非不法侵害者本人而是无辜群众及其驾训班的拖拉机。（4）人的生理、病理因素引发的危险，主要指因人的饥饿或疾病引起的自身生命或健康方面的危险。

在论及紧急避险的来源时，还不得不论及自招的危险。自招的危险实际上也是"人为因素"引发的危险之一，但该危险却不是源自不法侵害者，而是避险人自招的危险。这种自招危险又可分类为过失自招的危险和故意自招的危险。而故意自招的危险又可分类为一般违法故意自招的危险与犯罪故意自招的危险。（1）过失自招的危险。如案例1：校车司机A因家庭纠纷而心不在焉地开车，结果当其满载学生的校车急速行驶至某国道时，A在并线换道时忘记了打开转向灯且并线过快，结果导致该车险些与紧随其后且高速行驶着的左侧公共汽车相撞。为了避免撞上公共汽车，A在明知急刹车会有严重安全隐患的情况下仍然急踩了刹车，结果导致坐在该校车最后一排中间座位上的某女生被甩出了座位，呈半匍匐半跪倒姿势扑倒在公交车中部地板上，从而导致女学生右大腿髌骨粉碎性骨折。（2）一般违法故意自招的危险。案例2：司机B酒后驾车，沿街行驶不久便想并线换道，结果由于酒后判断力偏差而导致其车差点撞上紧随其后的左侧汽车，为避免车祸，B不得不突然向右打轮，结果导致某临街铺面房连货带房严重毁损。(3)犯罪故意自招的危险。案例3：D自制了炸药包放在猪栏，一天眼见自己的仇人E正背朝自己站在离其30米开外，使用香烟点燃了该自制炸药包的导火索并抱起该炸药包朝E飞跑去，D原本打算跑到离E 20米以内时朝其扔出炸药包以炸死E，殊不知E猛地回头发现了险情且其擅长奔跑，见状立刻撒腿飞奔，结果D不但没有缩短二人的距离，反倒加大了距离。而且跑了这么一程之后，D手中的炸药包导火索已经烫手了，眼看就要炸着自己，D很清楚自己的右侧有农家住户，无奈之下他只好将炸药包朝自己左侧的田头扔去，没想到无辜农人F当时正躬身于田间耕作，从天而降的炸药恰在其1米的距离内爆炸，导致F身受重伤不治身亡。

综上案例可见，上述行为人似乎都有一定避险意识，但对此类自招的危险能否适用紧急避险阻却违法，学说上有肯定说、否定说、二分说等多种观点。肯定说不分故意、过失，全面确认所有自招危险的行为人均享有避险权。否定说则恰恰相反，全面否定所有自招危险的行为人可定性为紧急避险。二分说则分为形式的二分说与实质的二分说。形式的二分说仅仅根据自招的危险是故意还是过失来分类：凡属过失自招的危险，享有避险权；凡是故意自招的危险，不享有避险权。实质的二分说，则是酌情而论，例如，有学者就明确指出："凡是行为人有意识地制造了自己与他人的法益之间的冲突，引起紧急避险状态的，可以认为制造者放弃了自己的法益，既然如此，就不存在对自己'法益'的紧迫危险，因而不能允许制造者实施紧急避险。"[①]对此观点，本书原则上赞同。具体而言，本书认为，凡暴力侵害他人人身法益者，行为人对其行为很可能自招危险其实已经有所预测，因而对此暴力犯罪之故意犯所自招的危险，不发生紧急避险问题。而对过失犯、一般违法故意者所自招的危险，原则上可以享有避险权。

根据这一观点，再分析上述案例可见：过失或一般违法故意自招危险的场合，虽然民法上的侵权或损害行为仍然存在，但从刑事上看，毕竟行为人是为了防止更大的法益侵害，且会发生"自招"危险的后果，这对行为人而言都是始料不及的，无论其属过失还是有其一般违法故意者，因而对此类行为人的行为可以确认为紧急避险。如上述案例1、案例2，对A、B两司机就都可以不予追究其过失重伤害罪或故意毁坏财物罪的刑事责

---

① 张明楷：《刑法学》（第三版），法律出版社2007年版，第190页。

任。当然，避险过限时，例如，A、B两司机因其避险行为分别导致了多人死伤的重大车祸行为时，应定性为避险"过限"，并按交通肇事罪依法追究其相应的刑事责任。但对案例3中自制炸药包欲图杀人的D，显然不能适用紧急避险，而应按照非法制造爆炸物罪、故意杀人罪（未遂）以及过失致人死亡罪追究其刑事责任。当然，数罪并罚时，还需考量其间的牵连犯行，但这显然不属本章之研讨内容，本书将在罪数论专章中专门研讨诸此问题，这里恕不赘述。

（二）紧急避险的适用条件

1. 意图条件

与防卫意图一样，尽管《德国刑法》（2002年修订版）第34条、《日本刑法》第37条都对避险意图做了相当明确的规定，但在大陆法系刑法学界，仍然存在避险意图必要说与不要说之争。就中国《刑法》的规定看，实际上我国《刑法》第21条也对避险意图做了明文规定，因而从实然规定上看，所谓避险意图，是指避险人须是已经认识到了危险正在发生，且已认识到通过损害较小法益可以保全较大法益。这当中，还需特别强调的是：首先，避险人保全的必须是"合法权益"。据此，假如脱逃犯为了摆脱警察的追捕而闯入公民住宅的行为，不能适用紧急避险。其次，避险人可保全的合法权益不单是自己的权益，也可以为保全他人、国家、集体的利益而行紧急避险。最后，避险人可以保全的不单是本人、他人的人身权益，还包括对本人或他人财产权益和其他权益的保护。例如，2004年发生过以下一桩案例：某出租车司机被歹徒劫持了，情急之下，适逢一辆警车迎面驶来，为了能引起警车的注意，以便自己安全脱险，出租车司机刻意让自己的汽车去剐蹭警车，导致警车上一名警官轻度受伤，警车因而停下来拦住了正在被劫持行驶着的出租车，司机也因而得救。本案中，行为人的避险意图就非常明确。

2. 时间条件

与正当防卫一样，紧急避险的时间也须启动于危险已然发生、尚未结束之际。例如，大海上足以发生危险的风浪尚未来临之际，船长无权借口紧急避险强行让乘客们将自己的行李抛于大海。同理，危险发生之际如其没有实行紧急避险，而当危险已经结束时，行为人也不得再借口危险而损害其他合法权益。

3. 对象条件

正当防卫的对象只能是不法侵害者本人，紧急避险的对象则不是"本人"、恰恰是无辜的第三方。这是因为,紧急避险的本质特征,就是在"两利相权只能择其一"的危难关头,舍小利以保大利。而该"小利",很可能是无辜第三方的合法权益。

例如,甲女傍晚归家,在农村小道上遇乙男,乙男紧紧盯上甲女,企图暴力抢劫。就在乙男持刀威逼甲女之际,甲女冷不防将乙男绊倒在地并一溜烟逃向路侧一座大院,不想该大院院门紧闭,情急中,甲女干脆攀上靠院墙的一棵树并从树身上跳入大院。但慌里慌张之中,甲女竟然正好跌坐在靠树底坐着的一名小孩身上,从而导致小孩腿骨骨折。这里,避险损害的对象是无辜小孩的人身权益乃至该住户的住宅权利,但这与甲女的生命安全相比,均属较小的权益,因而可以成立为避险的对象。

值得强调的是,所谓无辜"第三方"的利益,既可以是自然人,也可以是法人非法人单位的利益,还可以是"国家"法益。就是说,当其危险正在发生时,为了保全较大权益而牺牲国家较小权益,也可成立紧急避险。

4. 手段选择条件

如上所述,紧急避险之所以阻却违法,还在于它必须遵循的"回避义务规则",因而即便被保全的法益与损害法益之间存在优越层级上的区别,但在"能够"回避侵害的场合,也应先行回避,以避免不必要的法益损害或扩大法益损害。故而,紧急避险在手段选择上,具有"唯一性"特征。亦即,除了采取紧急避险手段外,避险人已经别无其他任何选择,否则,法律绝不鼓励无端损害他人,包括国家、集体的合法权益。为了开车急送危重患者去医院的醉驾者未必都能适用紧急避险辩护,因为事发之当时当地如果能够很快找到出租车或邻里朋友来帮忙开车的话,醉驾的手段就不具有唯一性,因而对此行为不得适用紧急避险阻却违法。

5. 限度条件

限度条件又称紧急避险的补充性要件。关于紧急避险的限度,我国刑法并未明文规定。一般认为,鉴于紧急避险原本就是正对正的法益损害,有鉴于此,法律能够认可的一方法益牺牲只能发生在对方保全了更高层次或更大法益的场合。反之,如其牺牲的法益"等于甚至还大于"所保全法益的场合,不仅令紧急避险完全失去了存在的价值和意义,任何人还都可借口紧急避险而无端牺牲无辜第三方的法益。由是,无论是通说观点还是司法实践中,原则上都要求紧急避险所保全的法益,应当大于而不得等于或小于所牺牲的法益。

在考量紧急避险的"限度"过程中，应注意下述法学界共识的权益衡量原则，即：（1）生命无价。千金万两也买不来一条生命，因而生命法益理应大于财产法益。据此，从法益层次上看，人身法益应优越于财产法益。（2）生命法益，也原则上优越于健康法益及其他人身法益。（3）生命等价。即无论是避险人还是避险对象，都不因其年龄大小、地位高低、民族、种族或财产状况的不同而存在生命权益价值量上的高低不同，因而原则上不得以他人的"生命"为避险的对象，否则，应当确认为"不当避险"即不能认定为紧急避险。而上述原则之所以被称为"原则上"，是因为特殊场合，特别是在个人法益与公众安全法益相冲突、主观价值与客观价值相冲突之际，则无论对法益层次的高低还是对法益大小的衡量都会相对困难，因而有可能发生例外。

其一，个人法益与公众安全法益相冲突之际，例如，在出现重大火灾之际，当看热闹的人挡住了前来救助的邻居，则这时救火者可以将其推开，即使因而导致看热闹者之身体伤害，也可阻却违法。[①]又如，为挽救危重患者生命而"醉驾"送患者去医院，这也会导致法益大小衡定上的困难。醉驾之所以被我国刑法拟制为只要醉驾便具备一般性公共危险的抽象危险犯，就在于醉驾本身就存在超高概率的安全隐患，何况赶送垂危患者就医的场合，还很可能超速。这样一来，公共安全隐患就会更大，这种场合要衡量法益之均衡非常困难。实践中，宜根据当时具体情况酌定，例如，是否除了醉驾送患者就别无他法，患者是一般性疾患还是高危重症，醉驾之路段是否相对安全，等等。

其二，主观价值与客观价值相冲突之际，这里之主观是相对于避险人对其作为避险对象的目标法益考量而言；客观价值是指作为避险对象的有关目标之实际价值。如与上文所举相类似的案例：甲女傍晚下班归家，在农村小道上碰上乙男，乙男紧跟着甲女欲图抢劫。就在乙男持刀威逼甲女之际，甲女冷不防将乙男绊倒并在情急之中攀上了靠院墙的一棵树并从树身上跳入他人宅院。但慌里慌张之中，甲女竟然正好从树上滑下跌坐在倚树停靠着的一辆婴儿车上，从而导致车上婴儿身亡。本案即属主观价值与客观价值相悖的特殊情况。这是因为，慌乱中的甲女并未发现树下有一辆婴儿车，因而主观上她为避险意欲损害的法益仅在他人之"住宅权利"，但

---

① 参见［德］冈特·施特拉腾韦特、洛塔克·库伦《刑法总论Ⅰ——犯罪论》，杨萌译，法律出版社2006年版，第180页。

客观价值却是婴儿之无价的生命。因而，所谓原则上不得以他人的"生命"为避险的对象，是指不得"蓄意"以他人生命为避险的对象，但在避险过程中，过失地导致他人死亡者可予例外。当然，鉴于其牺牲的客观价值乃无价的生命，因而对本案仍应定性为紧急避险过限，甲女仍然构成过失致人死亡罪，只是在量刑时可以根据紧急避险过限的量刑原则，酌情减轻或免除处罚。

其三，人身专属法益的价值衡量问题。为了方便说明问题，这里主要以生命法益为探讨对象。对此，学说上有两种观点：（1）多数人大于少数人之生命价值说。例如，针对上述紧急避险所保全的权益应当大于而不得等于所牺牲利益的避险限度观，就有学者主张：特殊情况下，"在保全法益与牺牲法益价值相同的情况下，应当承认其为紧急避险"。①主要理由是：设如海难之中的某块小木板仅能承载一人而其实载两人，法律若不承认紧急避险，两人则无一能活，据此，与其两人都死，不如一活一死。针对诸此案情，另有学者采用了不同的解读法，认为法律若不承认其为紧急避险，所舍弃的正是两人同时死亡之大害，而死亡一人与两人都死相比，无疑仍是以牺牲较小权益的方法来保全了较大权益。可见这种比较法，其比较的参考值应为负值而非正值比较。即此时之比较应为"$-1 > -2$"（死一人强过死两人），而非"$1 = 1$"（人人生命等价）。②所以，针对此类案例，上述论者主张仍应理解为所保全的法益大于牺牲的法益。（2）个人专有法益之价值不能通过数字乘法而升级说。此说与上述主张持论相反，认为"生命、健康和荣誉等个人专有的法益，其价值不可能通过数字乘法而升级"，③例如，当一辆客运列车与货运列车即将相撞之际，客运列车驾驶员A为避免车上人员伤亡，及时将列车转了向，但却导致了本无生命危险的三个铺轨工人的无辜身亡。据此，根据上述"不得通过数字乘法升级"论者的观点，对驾驶员A不得适用紧急避险，即驾驶员A的行为仍属违法，因为"一个或少数几个人的生命，在法律上与很多个人的生命是等价的"。④

---

① 参见陈兴良《本体刑法学》，商务印书馆2001年版，第459页。

② 参见［日］西田典之《日本刑法总论》，刘明祥、王昭武译，中国人民大学出版社2007年版，第109页。

③ ［德］冈特·施特拉腾韦特、洛塔克·库伦：《刑法总论I——犯罪论》，杨萌译，法律出版社2006年版，第182页。

④ 同上书，第182—183页。

本书的立场：本书基本认同上述第二种观点。这不仅仅因为生命无价，更在于生命权利根本不是国家法律授予的法定权利，而属每个人与生俱来的自然权利。按照《公民权利和政治权利国际公约》第6条第1款的规定，"人人有固有的生命权"。而这里所谓固有的（inherent），实乃"与生俱来"之义，意即生命权乃每个人与生俱来的、天造地设的自然权利而非神授、人授或国家授予的权利。因而任何人，包括国家、社会、法律均无权授权任何人等可以为了避免自己或他人的紧急危难而"合法"地去剥夺其他无辜人等的"生命权"，哪怕是为了保护多数人的生命权，对那无辜他人的生命，国家、社会以及任何个人仍然无权剥夺。因而无论是对上述海难案例还是客运列车驾驶员A的"紧急避难"行为，都不能由国家法律来"合法化"，意即不能确认其行为阻却违法。当然，从有责性角度看，毕竟上述做法并不悖逆人之常情或人伦道德，相反，倒减少了死亡率甚至挽救了多数人的生命，因而刑法上完全可以通过适法期待不能来阻却其责任。但对上述海难案例，从英美判例法上讲，往往只认可用抓阄儿的办法来公平地决定谁生谁死，才不发生刑事责任问题。否则既存在伦理责任问题，也存在刑事责任问题。本书认为，从刑法学理及其伦理角度讲，英美判例法上的上述考量法值得推崇。但实践中，当其险情特别重大且特别紧急的场合，有可能根本无暇或无心去抓阄儿，此种场合，原则上应以先者为优，例如，海难中，先抓住仅能载1人的木板者，为了活命而推下后来者时，或可予阻却责任；但对后抓住木板者为了自己活命而将已趴在木板上的人推入海中的行为，不宜"阻却"其责任，顶多"减轻"其责任而已。

（三）不能适用紧急避险的特定对象

按照我国《刑法》第21条第3款的规定，下述人等由其职责责任或业务义务所决定，当其危难来临时，不得适用紧急避险：（1）有职责义务者，不得因履行职守有危险而借口避险放弃职守。例如，消防队员不得因在大火中灭火有生命危险而借口紧急避险、放弃职守。（2）有业务义务者，不得借口业务危险，而放弃业务义务。例如，巡回医疗队员到达某传染病疫区时，不得因自己的身体健康面临被传染疾病的危险而放弃职守。

（四）避险过当的刑事责任

通说观点仍然以避险所牺牲的权益须小于所保全的合法权益为限度标准。而避险过当的刑事责任原则与防卫过当一样，即其首先是应当负刑事责任；其次是鉴于其主观恶性较小，因而应当对其减轻或免除处罚。避险过当的罪过形式，包括过失与间接故意。另外，对避险过当，也应正确确定罪名，不能定性为避险过当罪。而应酌情定性为过失重伤罪或故意毁坏公私财产罪等相关罪名。

（五）紧急避险与正当防卫的异同

本书重点讨论了正当防卫，对紧急避险却未花太多篇幅。为了便于清楚地辨别二者的性质、适用条件、对象等，特将二者的相同点与不同点分述于后。

1. 相同点

（1）行为性质上，二者都是阻却违法的事由。（2）行为目的上，二者都是为了保全国家、公共利益、本人或他人的人身、财产或其他合法权益。（3）行为时间上，无论是防卫行为还是避险行为都须实施于不法侵害或危险正在发生之际。（4）限度条件上，一定程度上看，二者都有限度要求，都不能过限。（5）过当或过限的刑事责任原则上，都是既应负刑事责任，又应当减轻或免除处罚。

2. 不同点

（1）危险来源上的不同，正当防卫的危险来源仅仅来自人的不法侵害；紧急避险的危险来源却是多方面的。除不法侵害者的人为因素外，还包括自然力、动物、自身的生理、病理因素等引起的危险。（2）手段选择上的不同，正当防卫者为达到防卫目的，可采取多种防卫方式。此外，防卫人既可防卫也可躲避，除有防卫义务者外，法律在所不问。紧急避险却不同，在手段选择上，紧急避险具有唯一性，即但凡有其他方法可采用，就不得适用紧急避险。（3）损害对象上的不同：正当防卫损害的是不法侵害者本人，紧急避险所损害的却是无辜第三方的合法权益。这里之"第三方"，是相对于避险人本人和引起危险一方而言。即"本人"属于"第一者"，危险源包括不法侵害者属"第二者"，避险损害的则是相对于该第一者、第二者之外的他人的合法权益，因而名之"第三方"。（4）是否过限的限度规定不同。紧急避险的限度要求保全的利益必须大于牺牲的利益；正当防卫中的防卫强度却可以大于、等于、小于侵害强度；在严重暴力侵害直至危及人身安全的场合，刑法上甚而规定了无过当防卫权，紧急避险则无类似规定。

第四节 超法规的违法性阻却事由

"超法规"意指刑法规定以外的应予阻却违法的事由。包括：（1）依照法令而为的行为，如正常的履职行为、执行命令的行为；（2）业务正当行为，如拳击师的行为、医疗行为等；（3）被害人的承诺；（4）义务冲突行为；（4）自救行为，等等。这当中，法令行为、业务正当行为等，要么已为刑法以外的其他法律法规所确认，要么已属社会共同体公认的阻却违法的行为，因而以下仅就实践中问题较多、争议较大的两种超法规的阻却违法事由，略做陈述。

一 被害人承诺

被害人承诺是指在形式上看起来该当构成要件已然构成违法的行为，但因其"侵犯"行为已然经由被害人同意，因而就其实质看，行为似乎不发生"侵害"法益的问题，从而可考虑排除其违法性。值得强调的是，对这里所谓被害人承诺，应做广义的理解。因为狭义的即严格意义的被害人承诺应当仅仅局限于被害人事前承诺的情形，而且有的学者还主张将被害人同意与被害人承诺区分开来，而被害人事后之同意，更不属于严格意义的被害人承诺的内容。但本章所研讨的被害人承诺则属广义的被害人承诺，在未加特别说明的场合，这里之被害人承诺既包括狭义的被害人承诺、狭义的被害人同意，也包括推定的被害人同意等。

（一）狭义的被害人承诺：被害人意思表示的认定

1. 受害人的真实意思表示

司法上要认定被害人承诺，首先应当确认受害人之承诺确实出于其真实的意思表示。换言之，被害人在受到威胁的情况下所做出的承诺乃为无效承诺，无论该威胁是暴力威胁还是非暴力威胁。例如，如不承诺，被害人的隐私甚至其他见不得光的私情等就要被张扬，此时被害人所做的承诺显然并非其真实意思表示，该承诺因而无效。此外，所谓真实的意思表示，也排除被害人在发生重大事实认识错误或者法律认识错误的情况下，所做的承诺。例如，A告诉B，称自己网购到的B售卖给他（A）的电脑系统软件含病毒，因而不仅导致了A电脑系统的崩溃，还直接损坏了A电脑之主机，A因而要求B赔偿其全部损失5000元。B在看到A发来的电脑杀毒路径等截图之后，信以为真，于是承诺了该笔赔偿。这种承诺显然不是出自B的真实意思表示，而是B受骗上当的结果，该承诺因而绝非本章所研讨的能够阻却违法的"被害人的承诺"。还有人假借紧急状态，导致被害人发生认识错误，进而做出了仿佛"同意"的意思表示，此类承诺也理所当然地无效。例如，D电话告知正好出差在外的其隔壁邻居C，称

D家发生重大火情,马上将殃及C家,要求C同意D破门进入他(C)家,以便多少帮其抢救出一些财产。C不知有假,欣然同意了D的要求。这里,鉴于C误以为自家行将遭受重大灾情,其"承诺"仍然出于针对有关事实的重大误解,不能确认为其真实意思表示,因而D的行为仍然构成符合我国刑法所规定的非法侵犯公民住宅罪构成要件规定的违法行为。

2. 行为人对同意的认识

按照国人对"违法"概念的传统理解,既要阻却违法,行为人就应当认识到被害人已然同意针对他的人身或财产法益损害。但是本书既然认同结果无价值的违法实质理念,进而也主张客观违法观,因而虽然根据主观违法观和客观违法观的基本理论,学说上针对上述问题存在认识必要说和不要说之分,而且一般认为,行为无价值论主张认识必要说,结果无价值论主张认识不要说。但本书还是基于客观违法论的观点,主张只要被害人确实有所承诺,这就意味着需要法律加以保护的法益其实并不存在,行为因而应当阻却违法,因而本书主张认识不要说。

3. 同意的范围

受害人之同意只能限于自己享有处分权的人身法益与财产法益。因而同意的范围不得包括国家财产、公共财产。此外,即便是对自己享有处分权的人身法益与财产法益的损害性"同意",也不得有悖国家法律规定及社会认可的善良习俗。例如,从教义学上看,即便某A同意某B一把火烧了他的数万元人民币,这一"同意"也不能阻却违法,因为某A的同意违背了我国有关货币管理条例。此外,法律理所当然地也禁止行为人可因被害人的同意而去帮助自杀甚至杀人;而对伤害身体的同意也不得违背善良风俗。[1]当然,对此,也有学者认为所谓善良习俗是一个相对宽泛的概念,其内涵确定性不够,因而对此观点有疑虑。就此,本书认为,伦理道德由来没有白纸黑字的道德典章,公德自在人心,善良习俗也一样。这就如同欠缺伦理上的可责性时,行为往往可因"适法期待不能"阻却责任一样,实践中,具体的案件、案情所伴随的种种附随情状,往往会将有关"同意"的具体内容置于社会一般人公允的道德标尺框架之内,刑法的评价范围也就相对清晰且便于操作了。例如,实践中,有人竟然以同意他人断其"手指"的方法来盟誓,这样的"同意"

---

[1] 参见[德]冈特·施特拉腾韦特、洛塔克·库伦《刑法总论I——犯罪论》,杨萌译,法律出版社2006年版,第148页。

显然有悖善良风俗，理当无效。

4. 同意能力

受害人的同意能力与其年龄、认识能力及其精神状态相关。一般认为，"同意必须遵守个人处分权的一般界限。在具体案件中，它还必须表现为名副其实的自主处分权行为"，"这要求受害人必须具备识别、判断符合构成要件的侵犯行为的性质和程度的能力，也就是说，必须达到一定年龄、精神正常（而非精神病患者或者醉酒者）"。[①]具体而言，同意能力应当包括以下多方面的内容：（1）被害人的心智。针对处分自己的人身权益与财产权益的心智，实践中主要与被害人的年龄、智力与当时的身体状况有关。例如，一个不满14周岁的幼女，即便她同意与人性交，也因其并无同意能力而无效，行为人仍然构成强奸罪。而对一个智力仅限于二级痴呆的人而言，他"同意"他人"借用"他的房屋肯定无效。身体状况主要相对于酗酒的人而言，对一个处于酩酊大醉状态的人而言，他的同意也无效。（2）被害人的精神状态。这主要相对于精神病患者而言，当其同意之际正处于精神病发作期间，显然无效。值得强调的是，这里的同意能力显然不能简单地等同于民法上的民事行为能力。仍以同意发生性关系行为举例，一个年满14周岁、不满16周岁的少女，只要确实出于其真实意思表示，同意与对方发生性关系，则尽管根据我国民法的规定，该少女尚不具备完全的民事行为能力，但刑法上仍然认为其同意有效，对方因而不能成立强奸犯罪。

5. 同意的时点

一般认为，被害人做出同意"被害"的时点应当在其法益遭受侵害之前，至少也应当在其法益遭受"侵害"的结果发生之前。

（二）广义的被害人承诺：推定的同意

推定的同意是法律上认可的假定性同意，假定的前提条件是：作为一个理性人，如果他（她）知道当时的紧急状况，一定会同意行为人之行为。所以，推定的同意，需要同时具备两个条件：（1）为了被害人的利益，需要立即做出"侵害"其局部或低层次利益的决断。（2）有权利做出决断的人即权利行将遭受侵害的受害人（或其监护人等）又不可能当即做出决定。虽然一个理性的受害人事后会理性地、正常地做出同样的选

---

① ［德］冈特·施特拉腾韦特、洛塔克·库伦：《刑法总论Ⅰ——犯罪论》，杨萌译，法律出版社2006年版，第151页。

择。(3) 行为人事前就认为受害人会同意他的决断。假如行为人事前知道受害人根本不会同意的他的决定,一般不能援引推定的同意阻却违法。①实践中,推定的同意常发生于外科手术过程中的扩展同意。外科手术之前往往已然获得被害人本人或其监护人的同意,但手术过程中突遇险情,需要改变手术方案,例如,手术前被害人签字同意者本来仅限于针对其下肢溃疡处的清创手术,但医生在实施手术过程中,发现患者病情危急,需要立即截肢,但患者处于昏迷状态,且无法联系到其家人,抑或他根本没有家人,遭此突发情况,为了挽救患者的生命,医生只得对其实施了截肢手术。此类案情,一般可视作推定的同意,医生的行为,也可因兹推定的同意而阻却违法。

二 自救行为

自救行为是由行为人合法享有的人身权益、财产权益派生而出的权利,指行为人在自己的相关权益遭致不法侵害的情况下,采用符合社会公德及常规伦理认可的手段,以自助手法来挽回损失或令其恢复原状的行为。各国刑法关于自救行为的立法例有三:一是明文规定自救行为合法,如《韩国刑法》第23条就规定:(1) 在不能依法定程序保全其请求权的情况下,为避免请求权不能实现或难于实现所作行为,而有相当理由者,不罚。(2) 前项行为过当者,得依其情况,减轻或免除其刑罚。②二是明确否认其合法性。如根据《意大利刑法》第392条、第393条的规定,以行使自己所主张的权利为目的,在能够诉诸法官的情况下擅自通过对物的暴力自行其事的,或者通过对人身的暴力或威胁自行其事的,经被害人告诉,处以罚金或者有期徒刑。三是立法上回避了此一问题,即立法上未就此问题做出明文规定,而是将此类问题提交司法解释解决。③我国刑法所采取的就是上述第三种立法例。有鉴于此,虽然就我国民法的规定看,自助行为完全可以成立为民事侵权诉讼的抗辩事由,但刑法上则只能将自救行为理解为超法规的阻却违法事由,即刑法学理上的阻却违法的事由。但

---

① 参见[德]冈特·施特拉腾韦特、洛塔克·库伦《刑法总论Ⅰ——犯罪论》,杨萌译,法律出版社2006年版,第155—156页。

② 参见[韩]李在祥《韩国刑法总论》,韩相敦译,中国人民大学出版社2005年版,第227页。

③ 参见周振杰《正当化事由研究》,载屈学武主编《刑法理论研究新视界》,中国社会科学出版社2008年版。

是，即便是刑法学理上的阻却违法的自救行为也是有其实施前提、实施方式、实施范围等边界的，否则，何时何地何人都可以启动自救权的话，遭受侵犯的不仅仅是国家公共权力，更有可能侵犯到一般公民的人身、财产权益。因而，行为要成立为刑法意义的自救行为，尚需符合下列条件：

（一）权益已然遭受侵害。权利尚未遭受侵害，则根本不发生什么自救问题；权利正在遭受侵害，行为人则享有正当防卫权。所以，自救行为只能发生在权益已然遭受侵害的场合。

（二）遭到侵害的权益，尚可通过自救方式挽回或减少损害。有的权利一旦遭受侵害，则难以通过自救行为获得恢复，例如，强奸行为、公然猥亵行为等。但这并不意味着针对人身权益的侵害，权利人就不能享有民法上的损害赔偿的请求权。例如，针对生命权益、健康权益的侵害，权利人或其监护人、近亲属等均享有民事赔偿方面的请求权，因而，可予进行自救的范围，除了包括债的请求权、基于物权的请求权外，还可包括基于人身侵害、财产侵害甚至财产犯罪而产生的损害赔偿或者恢复原状方面的请求权。但此类救济权显然有别于刑事上的自救权。刑事上的自救权，更多地表现为财产权利、人身自由权利等。

（三）行为须基于自救意识。即行为人须出于为了维护自己的合法权益而实施的自救行为。有鉴于此，自救行为排除单独的他助行为，唯有在接受自救人的邀请，与自救人一起参与其自救的情况下可以例外地允许权利人之外的他人参与。

（四）自救手段的紧迫性。紧迫性通常发生于下述场合：（1）情况紧急，行为人无法通过公力救济来恢复自己的权利；（2）行为人虽然已然将有关权益遭致侵害的事实诉诸我国公共权力机关，却长期得不到正常的回应；（3）通过公力救济的经济成本过高，行为人实在难以承受。例如，据统计，人们为了讨回1000元工资，个人需要支出的时间成本为33天；个人的经济成本是3327元；需直接支出的费用约为1677元。[①]为此，我国一些民工为了讨回劳酬，不得已采用了下述在他们看来可谓无成本或者低成本的方法：那就是将自己工作生产单位的产品、原料、部件或生产工具"偷"出去变卖，以此方法来自救领薪。对此，本书赞同有学者提出的下述观点：就此讨薪问题，假如民工确曾已向有关主管部门（如劳动部门）提起过救济请求，而后者在合理长的时间内没有采取有效措施；或者

[①] 参见刘守芬、林岚《城市何处是我家》，载《检察风云》2007年第8期。

有证据证明通过法律规定的救济程序，民工为了讨薪行将支出的成本会等于或者大于所讨得的薪水价值，且其为"自我兑现工资"而拿出的产品、原料、部件或生产工具的价值基本等同于其被拖欠的工资，就应当认定其行为符合自救行为所要求的紧迫性，行为应当阻却违法。[1]虽然有主流观点认为，被敲诈勒索封口费的被害人，为了摆脱自己的困境，采用偷偷潜入敲诈人住宅的手法去取回了对自己不利的、敲诈人私自制作的有关"证据"的做法可成立为自救行为并可予阻却违法，[2]但本书仍认为：除非行为人已经先行尝试过诉诸公力救济，否则，随便潜入他人住宅的做法并不符合这里的紧迫性。

（五）自救手法的正当性。这里之正当性并不是针对该不该采用自救方式而言，而是针对采用了"什么样"的自救手段及其因为自救"损及"他人权益的"程度"而言。即：（1）所采用的自救手法应当符合社会一般公德及其社会的常规伦理。这里，之所以讨论自救行为可阻却违法的问题，就是因为从前文言及的"构成"违法的角度看，此类自救行为乃属该当构成要件的"构成"违法的行为，只是因为行为乃起因于权利人的自救而可"排除"违法而已，所以，就一般社会秩序而言，此类行为看起来有偷、有抢夺，甚至有潜入他人住宅的行为，似乎有悖既定的社会秩序，但从人之常情，即常规伦理看，此类做法又是符合人之常情并社会基本道德的。否则，显然有悖公德的自救行为不能阻却违法。（2）自救过程中，其为了自救而"损及"的他人财产应与自己依法享有的财产权益价值相当。

本章小结

本章主要论述了有关违法的实质理论，学界向来存在行为无价值说、结果无价值说与二元行为无价值论。本书更倾向于结果无价值的立场，主张应以结果无价值论来构建有关违法实质、违法观乃至整个犯罪论体系；但在刑罚体系中，考虑到人身危险性较大的场合，刑罚个别化对犯罪预防有其特殊价值，因而，此类场合可适度考量行为人之行为及其内心恶念对规范的违反。进而，在主观违法论与客观违法论之争中，本书赞同彻底的

---

[1] 参见周振杰《正当化事由研究》，载屈学武主编《刑法理论研究新视界》，中国社会科学出版社 2008 年版。

[2] 参见 [德] 冈特·施特拉腾韦特、洛塔克·库伦《刑法总论 I——犯罪论》，杨萌译，法律出版社 2006 年版，第 173 页。

客观违法论,即无责任的违法观,认为原则上主观违法意识应置于责任评价范畴。基于此一立场,在阻却违法的原则问题上,也赞同结果无价值论所主张的优越性利益原则、欠缺保护需求原则等。进而,对正当防卫问题,从理论上讲,按照客观违法论,可不问防卫人有无防卫意图,但考虑到我国刑法的明文规定,因而从实然规定性上看,行为要成立正当防卫,防卫人还必须有其特定的防卫意图。此论此理,同样适用于针对紧急避险的避险意图的理解。此外,在紧急避险的法律地位问题上,本书并不认同将紧急避险纳入阻却责任事由之说,而赞同紧急避险原则上应属阻却违法的事由。最后,本书还专节讨论了超法规的阻却违法事由:被害人承诺与自救行为。

思 考 题

一 名词解释

行为无价值 结果无价值 二元行为无价值论 偶然防卫 自招的危险

二 简答题

1. 试述结果无价值说、行为无价值说与刑法上的结果犯、行为犯设置有无对应性关系。
2. 简述主观违法理论的基本观点。
3. 简述客观违法理论的基本观点。
4. 简述正当防卫与紧急避险的相同点与不同点。

三 论述题

1. 试论被害人承诺可予阻却违法的理论基础及其基本条件。
2. 试论自救行为可予进行自救的权益范围并阐释其理由。

阅读参考文献

张明楷:《论被允许的危险的法理》,载《中国社会科学》2012年第11期。

张明楷:《违法阻却事由与犯罪构成体系》,载《法学家》2010年第1期。

张明楷:《结果无价值论的法益观——与周光权教授商榷》,载《中外法学》2012年第1期。

张明楷：《论偶然防卫》，载《清华法学》2012 年第 1 期。

陈兴良：《违法性论的重塑——一个学术史的考察》，载《政法论坛》2011 年第 5 期。

黎宏：《行为无价值论批判》，载《中国法学》2006 年第 2 期。

黎宏：《结果无价值论之展开》，载《法学研究》2008 年第 5 期。

黎宏：《论假想防卫过当》，载《中国法学》2014 年第 2 期。

黎宏：《被害人承诺问题研究》，载《法学研究》2007 年第 1 期。

劳东燕：《责任主义与违法性认识问题》，载《中国法学》2008 年第 3 期。

劳东燕：《正当防卫制度的背后》，载《清华法学》2006 年第 1 期。

屈学武：《正在行凶与无过当防卫权》，载陈兴良主编《刑事法判解》第 2 卷，法律出版社 2000 年版。

田宏杰：《刑法中的正当化行为》，中国检察出版社 2004 年版。

周振杰：《正当化事由研究》，载屈学武主编《刑法理论研究新视界》，中国社会科学出版社 2008 年版。

第八章 有责性

内容提要

"有责性",又被称为责任。三阶层犯罪论体系中的"责任"可分别由责任构成要素与责任排除要素构成。其中,责任能力、责任故意与责任过失可谓"责任构成要素";适法期待可能性、违法性认识可能性则为"责任排除要素"。在责任故意中,学界争议的焦点集中在"故意的根据"问题上。对此,学界分别有认识主义、希望主义与容认说等多种不同观点。其中,容认说较为契合我国刑法关于故意的意识与意志规定性,值得首肯。刑法中的过失则包括疏忽大意过失与过于自信过失。结合我国刑法的规定可见,过失既须有其明确的意识、意志特征,又须有其相应的关注能力、关注义务;在过于自信过失的场合,行为人还须履行到结果回避义务,才能排除其过失。此外,过失犯罪还须有结果且有刑法的明文规定。适法期待不能乃为超法规的阻却责任事由,鉴于我国刑事法治之"出罪"机制缺口较大,因而它在我国刑事法理中占据相当地位。近年司法实务中,对遗弃孩子于弃婴岛的生父母未予追究任何责任的实例,正可谓"守法期待不可能"情况下可予酌情"阻却责任"理论运作于我国实践的确证。欠缺"违法性认识可能性"也属得阻却责任的事由之一。但这里的违法性认识,仅是作为"外行"的行为人或其他普通人等就其行为是否为法律所禁止的非技术性评价,因而行为人只要能够概括地认识到其行为"可能"触犯相关刑法禁止性规范,即属有其违法性认识的可能性,至于行为人是否真的认识,刑法在所不问;更不要求行为人有其会"发生法益侵害后果"的实质性认知,因为有关实质性的危害认知及其对构成要件之"应罪事实"的蓄意为之,均属刑法上的"故意"所涵定的内容。

有责性,又称为责任。在大陆法系,刑事法理上的责任概念直到19世纪末才得以与违法性概念明显地区分开来,并以"有责性"的形式被纳入李斯特与贝林创立的三阶层的犯罪论体系。① 继后，针对三阶层犯罪论体系中的构成要件符合性，又分别演化出行为类型论、违法类型论和违法有责类型论等多种学理主张。而如前所述，本书赞同建立在"认识根据论"基础之上的违法类型说。根据该理论，某一该当构成要件的行为原则上业已"构成"违法，但行为要成立犯罪且可罚，除不得具备"排除"违法的事由外，还需具备刑法上的可谴责性，这便是狭义的刑法责任的要义。

关于责任的本质，早在19世纪，西方各派刑法学家们就展开了激烈的刑事责任本质论争。其中：

第一，刑事古典学派主张的道义责任论，建立在刑法客观主义的理论思想基础之上。认为行为人基于自己的自由意思，实施了悖逆社会道德的、侵害法益的犯罪行为，因之应当遭受国家刑事法律的非难。在道义责任论那里，人的心理与行为，是与其"悖德"的伦理观联系起来的，而每一个体的意志是自由的。即他明知自己的行为悖逆伦常道德，却依然选择了实施该行为，行为人因而应当承担刑事责任。道义责任论因而又被称为（悖逆道德的）行为责任论。

第二，以德国刑法学家李斯特为代表的刑事社会学派所主张的社会责任论，建立在刑法主观主义的意志决定论的思想基础之上。理由是社会人并无真正的意志自由，认为人类行为，无论是诚实的、不诚实的，社会性的、反社会性的，都不是自己自由意志的结果，而是一个人的自然心理机制、生理状况与周围环境交互作用的结果。某种意义上看，也归咎于社会未对其成员恪尽正常的人伦濡染教育之责，抑或，社会未尽到其该当进行的社会救助之责，等等。有鉴于此，任何犯罪行为都不是行为人主观"悖德"的结果，而是其身不由己、不由自主的"性格"或"病理性身体状况"所致。既而，国家法律应当非难的不当是刑事古典学派"虚拟"的违背道义的行为，而是行为人与生俱来或后天形成的针对社会的"人身危险性"或病态性格。就此意义看，国家为了社会防卫起见，有必要追究该一实施了犯罪行为、对社会又具有"人身危险性"的犯罪人的刑事责任。有鉴于此，社会责任论又被称为性格责任论、行为人责任论。

第三，人格责任论者主张将行为人实施犯罪行为的责任与形成这种危

---

① 参见［德］冈特·施特拉腾韦特、洛塔克·库伦《刑法总论I——犯罪论》，杨萌译，法律出版社2006年版，第203页。

险人格的行为责任做合并性非难。某种意义看此乃行为责任论与行为人责任论的折中,因而人格责任论又可谓之"人格行为责任论"。其主要观点是:责任非难的对象不仅包括行为,而且包括导致行为发生的行为人偏离正常轨道的人格。在刑事社会学派那里,具有人身危险性的行为人的"性格"是先天性的、与生俱来的、难以改变的,国家为了社会防卫之计,不得不惩罚此类具有"人身危险性"的犯罪人等,虽然他们是在意志不自由、身不由己的情况下实施了犯罪行为。另一方面,人格责任论者又认为行为责任论者只见行为、不见行为人的观点,难以解释惯犯、累犯等人的意志态度及其行为控制。为此,人格责任论者认为责任的非难对象,除需考量行为、相对的意志自由外,还需考量行为人后天形成的情操、习癖性人格等。据此,累犯、惯犯等都是衡定责任的要素之一。

第四,规范责任论。认为法律不仅是命令规范、当为规范,还是评价规范。亦即法律本身就寓含着一定的社会价值取向。因而,在规范责任论者看来,刑事责任非难的实质是刑法规范对犯罪行为的否定性评价,亦即对行为人与其行为的内在联系的否定评价。按照规范责任论者的观点,"行为人→行为"之间的内在联系就是人对法律所禁止的行为规范所抱的有罪过的心理态度(故意与过失)。而这种罪过是通过行为人对规范的违反征表出来的,从而引发了责任非难。

规范责任论对刑法理论的显著贡献在于:在既往的责任能力、故意与过失之外,该论者又提出了新的归责要素——(适法)期待可能性。根据该理论,行为仅具有构成要件符合性、违法性还不够,该行为还须具有法规范的可非难性,即有责性,行为人才有刑事责任可言。因为行为具有构成要件符合性、违法性时,虽然可以"推定"行为人已经具备刑法上的可非难性,但还不足以"认定"其有责。行为唯有相对于社会一般公众而言还属于有责任能力的人实施了有罪过的行为且行为人原本具有适法行为的"期待可能性"——而行为人偏不适法——反倒是选择了违法行为时,才具有法规范的可非难性。

然而,从性质上看,鉴于期待可能性只是建立在规范责任论基础上的刑法"理论",而非"规范"规制本身,因而尽管大陆法系已有若干适用期待可能性的判例,但就一般意义看,期待可能性仍属法外的、由法官酌情裁量的超法规阻却责任事由。①但时至今日，规范责任论已成为大陆法系各国关于责任本质的通说观点，有鉴于此，有学者特别指出："采取规范责任论，则会采取实质的责任论，与实质的违法论一样，实质的责任论认为，在并无谴责可能性的场合，则并无责任，也并无可罚性。为此，即使实定法上并无规定，也应肯定存在超法规的责任阻却。"②由此可见，期待可能性虽属法外的即超法规的阻却（或减轻）责任事由，但它在三阶层的犯罪论体系中，却占据着与法定的责任能力、故意与过失规定等同的、作为"责任"重要构成要素的地位。

在论及责任时，还需特别强调的是：责任虽属主观要素，却"并非人的主观心理的存在本身"，有学者将其归结为法律上"对人的主观心理的评价"③。本书认为，这一结论或许有失视点的全面，因为"责任'评价'的对象，包括能够确定责任能力、违法性认识以及可期待性的所有事实"④。而这当中，适法期待可能性中的"附随情状"等评价目标并不完全等同于"人的主观心理"。换言之，如果说违法性的评价对象乃符合构成要件的行为是否侵害或者威胁到刑法所保护的法益的话，责任的评价对象则主要限于"个案"中的行为人在行为所处境况下，其针对法规范乃至刑法所保护权益发起侵害或者威胁行为的意思决定能力与控制能力。因而责任评价的终极目标虽然可谓"人的主观心理"，但就其整个评价过程看，责任的评价对象还应包括酿就或左右其心理形成的有关附随情状，而诸此附随情状应当包括相关客观环境等。

详言之，责任由多种要素构成，按照德国学者弗朗克的观点，责任应为故意与过失的上位概念，责任的要素则包括"归属能力、故意或者过失、各种附随状况"等。而这里的归属能力大致等同于中国刑法学上的责

---

① 这里的"一般"是相对于"特殊"而言。即总体看，各国刑法总则虽未对"守法期待不能"做出可予阻却责任的一般性规定，但不少国家仍就某些特定的守法期待不能的事项做出了"免责"的分则性规定。例如，《日本刑法典》第 257 条就对"配偶之间或者直系血亲、同居的亲属或者这些人的配偶之间"犯有收受赃物、窝赃等犯罪做出了"免除刑罚"的阻却责任规定。

② ［日］西田典之：《日本刑法总论》，刘明祥、王昭武译，中国人民大学出版社 2007 年版，第 162 页。

③ 参见冯军《论刑法中的"责任"概念》，载冯军主编《比较刑法研究》，中国人民大学出版社 2007 年版。

④ 参见［德］冈特·施特拉腾韦特、洛塔克·库伦《刑法总论 I——犯罪论》，杨萌译，法律出版社 2006 年版，第 85 页。

任能力，因为弗朗克认为归属能力就是指"行为人具有通常的精神状态"。①但相对而言，本书所指的责任能力更加广义，因为本书所谓的责任能力不仅包括一般意义的精神状态，还包括行为人因其不达刑事责任年龄所导致的认识能力与控制能力之欠缺。当然，对责任能力的归属，除上述直接将其划诸责任"要素"的观点外，也有学者主张将其归结为责任的"前提"条件；还有学者主张宜从反向视角思考，即直接将责任无能力归于阻却责任的要素。本书赞同上述第一种观点，即主张将责任能力直接归结为责任构成要素。理由是：无论是将责任能力归结为责任的"前提"条件，还是将其归结为阻却责任的条件，它所回答和解决的均是：先决性的或排除性的责任条件是成立还是不成立的问题，而就此议题的答案也只能是"Yes or No"，即责任无能力的场合，要么因其成立责任的先决条件的否决而无责任可言；要么因其责任无能力而阻却责任，行为依然不具备可责性。由此可见，简单的"Yes or No"无法解决限制或减轻责任能力的场合，行为人的相对责任或较轻责任问题。有鉴于此，毋宁将责任能力直接归结为积极的责任要素，从而，它所回答和解决的不仅仅是可责性的有与无的问题，还包括可责性的重与轻的问题。

基于上述缘由，除非特别声明，否则本书所谓狭义的责任，包括下述三大责任构成要素，即责任能力、责任故意与责任过失。而适法期待可能性与违法性认识可能性则属可予排除责任的要素。以下逐一研讨犯罪论体系中的责任构成要素与责任排除要素。

第一节 责任能力

一 责任能力概述

责任能力构建于下述理论基础之上，即行为人能够理解规范，且能慑于规范的谴责而控制自己的行为。②换言之，行为人在实施具体行为时，主观上本来存在回避该行为的意志自由及其可能性。因而，唯有当其行为人知道某一侵害法益的事实（故意）或者只要有所注意就可能知道该事实

---

① ［德］弗朗克：《论责任的构造》，载冯军主编《比较刑法研究》，中国人民大学出版社2007年版。
② 参见［日］福田平、大塚仁编《日本刑法总论讲义》，李乔、文石、周世铮译，辽宁人民出版社1986年版，第115页。

（过失），行为人因而本来具备回避该行为的能力与可行性，但行为人却未加回避的情况下，刑法上才认为该行为有责，因而应当遭致刑法的否定性评价。唯其如此，有学者明确指出："罪刑法定是在客观方面保障国民行为预测可能性的原则，而责任主义则是通过故意和过失作为处罚的最起码的主观要件，从而在主观上保障国民的行为预测可能性的原则。"①但是，显而易见的是：故意与过失都必须建立在责任能力基础之上，对一个根本无法认识自己行为的性质或者无法控制自己意志的行为人，由于其根本不存在回避某一侵害法益行为的基本能力，刑法也就不能也不该去非难此一并非蓄意悖逆法规范的行为人，否则，就不是"无责任就不处罚"的责任主义刑法而是结果刑法或者严格刑法了。

当然，按照大陆法系某些刑法学者的观点，欠缺责任能力并非阻却"犯罪"的要件，而是阻却"刑罚"的要件。因为责任能力的实质"就是通过科以刑罚以达到刑罚目的能力，即刑罚适应性"。②而无责任能力人所实施的刑事违法行为仍属"反社会的行为"，因而针对此类人等，刑法虽然阻却了其刑罚上的可谴责性，却可以启动其他社会防卫方法来保卫社会，例如，《德国刑法典》（2002年修订版）第63条就明文规定"实施违法行为时处于无责任能力（第20条）或限制责任能力（第21条）状态的，法院在对行为人及其行为进行综合评价后，如认为该人还可能实施违法行为因而对公众具有危险性的，可命令将其收容于精神病院"③。此外，中国台湾地区、中国澳门地区等也都规定可对此类人等适用保安处分，以确保社会的安宁。就中国刑法的规定性看，中国《刑法》第18条的规定是"精神病人在不能辨认或者不能控制自己行为的时候造成危害结果，经法定程序鉴定确认的，不负刑事责任，但是应当责令他的家属或者监护人严加看管和医疗；在必要的时候，由政府强制医疗"。一般认为，中国刑法上的不负刑事责任之"责任"乃指广义的刑事责任。有鉴于此，不负刑事责任就等同于"出罪"，虽然国内也有个别学者赞同国外大陆法系学者的观点，认为"责任能力本身确已不是犯罪的要件，而只不过是变成了适

---

① 参见［日］西田典之《日本刑法中的责任概念》，载冯军主编《比较刑法研究》，中国人民大学出版社2007年版。

② 参见［日］福田平、大塚仁编《日本刑法总论讲义》，李乔、文石、周世铮译，辽宁人民出版社1986年版，第115页。

③ 根据《德国刑法典》（2002年修订版）第61条的规定，"收容于精神病院"乃为该条法定的保安处分的种类之一。

用社会防卫方法的标准。"[①]但多数学者仍然赞同"不具备有责性就不成立犯罪（有责性是犯罪成立条件），刑罚的量不能超出责任的程度（责任是量刑的基准）。"[②]对此，本书的立场是：赞同将责任能力确认为犯罪成立条件。有鉴于此，在完全无责任能力的情况下，应对行为人"出罪"。这主要是基于下述几点考量：其一，国内传统法律文化在观念上层建筑领域塑成的针对"犯罪人"的深重歧视效应，会导致诸此并无责任即并无法律上的非难可能性的行为人等、在"犯罪人"的标签文化下难以获享正常人应有的人格尊严权甚至就业权、就学权，等等。其二，也因为迄今为止，我国其实并无真正的保安处分制度，因而也没有将不同的责任能力确定为适用不同保安处分之"标准"的必要性与可行性。虽然我们或许应当朝着这一目标努力，但就当前国内立法进展情况看，要实现这一目标显然还需要假以时日。

二 责任能力的认定

一般认为，任何到达刑事责任年龄的正常人，原则上被推定为有责任能力人，因而对于责任能力，无须积极确定。换言之，只要不存在消极的因未成年或者精神异常等缘故而否定责任能力的事由，任何行为人等都被推定为具有刑法意义的责任能力。

具体而言，刑事责任能力，是指实施该当构成要件行为所必备的意思决定与控制能力。由此可见，刑事责任能力的构成要素有二：（1）辨认能力；（2）控制能力。其中，辨认能力的实质是指一个人对事物性质的认识能力；控制能力的实质是指一个人调控自己实施或不实施一定行为的意志能力。可见，辨认能力是控制能力的基础，没有一定的辨认能力，就谈不上控制力；反过来，控制能力是行为人在认识了行为性质的基础上，调控自己为或不为一定行为的能力。基于此，行为人对一定事物性质的认识能力，属于意识因素；行为人对一定事物的控制能力，属意志因素。一般情况下，行为人在已经认识到某行为有悖法规范或者很可能侵犯他人权益的情况下，能够控制自己去还是不去实施该行为；特定病理状况下，行为人虽然明知自己的行为具有侵害性，却无法控制自己的心理冲动。根据中国刑法的规定，行为人只要不能辨认自己行为的性质或者只要不能控制自己

[①] [日]福田平、大塚仁编：《日本刑法总论讲义》，李乔、文石、周世铮译，辽宁人民出版社1986年版，第115页。

[②] 张明楷：《刑法学》（第三版），法律出版社2007年版，第205页。

的行为，就不具有刑事责任能力。唯其如此，中国《刑法》第 18 条才规定，精神病人不能辨认或者不能控制自己行为的，不负刑事责任。

根据行为人实施危害社会行为时所具有的辨认能力与控制能力情况，中国刑法上针对刑事责任能力问题设定了完全无刑事责任能力、限制刑事责任能力、相对责任能力、完全刑事责任能力等不同的责任类型。

三 责任能力的分类

（一）完全无刑事责任能力

指由于年龄所导致的生理、心理不成熟或者由于精神疾患所导致的心理不正常而致不能辨认或者不能控制自己行为的心智体能状况。按照中国刑法的规定，对完全无刑事责任能力人因其不能辨认或者不能控制自己行为所造成的危害结果，不负刑事责任。

根据我国《刑法》第 18 条的规定，完全无刑事责任能力，指完全没有刑法上的辨认其行为性质或控制自己行为冲动的能力。包括：（1）刑事未成年人因未达法定责任年龄而不能辨认或控制自己的行为者；（2）因患精神病而不能辨认或不能控制自己行为者。

其中，刑事未成年人也分两种情况，一是不满 14 周岁的人，被中国刑法界定为不能辨认和控制一切刑法意义的行为；二是已满 14 周岁不满 16 周岁的人，被中国刑法界定为仅能辨认和控制故意杀人、故意伤害致人重伤或者死亡、强奸、抢劫、贩卖毒品、放火、爆炸、投放危险物质等犯罪行为。对除此而外的其他犯罪行为，则需年满 16 周岁以上，且精神正常的人才能辨认和控制，因而才对其犯罪行为承担刑事责任。由此可见，已满 14 周岁不满 16 周岁的人，只有在实施了上述八种犯罪行为时，才会遭致刑法上的非难可能性之法律评价。

精神障碍，主要指深度的意识混乱。对此，刑法也为其规定了双重标准，即：（1）医疗标准。指在医学上，行为人须是司法精神病鉴定机构确认的精神病人；一些一般性人格变态者，通常不为我国司法精神病学认可为无辨认或无控制能力的"精神病人"。即使精神分裂症患者，按照现行刑法的特别规定，也须"经法定程序鉴定确认"后，才能获得司法认可。（2）心理标准。在心理上，该行为人须是意识因素或意志因素出了故障，即其或者不能辨认自己的行为性质或者不能控制自己的行为。这就排除了作案时精神正常的间歇性精神病人。

这里需要特别注意的是，我国《刑法》第 18 条关于"精神病人在不能辨认或者不能控制自己行为的时候造成危害结果,经法定程序鉴定确认的,不负刑事责任"的规定,是针对"行为"时而言。也就是说,如其"行为"与"结果"的发生时间不同步,行为以后、相隔相当长时间某一犯罪行为的法定结果才发生,这时候,仍应以"行为"时,行为人是否不能辨认或者控制自己的行为为准。据此,即便"行为"时行为人能够辨认或者控制自己的行为、"结果"发生时,行为人不能辨认或者控制,行为人仍然应当接受刑法上的否定性评价。当然,应酌情待其病情治愈或得到控制后,方才产生确定的刑罚适用问题。

(二) 限制刑事责任能力

根据中国刑法的规定,所谓"限制刑事责任能力",包括三种情况:

1. 尚未完全丧失辨认或者控制自己行为能力的精神病人犯罪的。对此类限制刑事责任能力人所实施的犯罪行为,刑法规定其"应当负刑事责任",但是"可以从轻或者减轻处罚"。一般认为,在心智发育上,由重到轻存在白痴、痴愚和轻愚三种等级。据此,实践中,对因智力发育不全或脑力退化引起的痴呆症患者,例如,精神发育不全到中度甚至重度,即到痴愚甚至白痴程度时,可通过有关鉴定结论,确认其为限定刑事责任能力人。当然,这只是从实然规定性上看,从应然意义讲,一个白痴患者很难有其规避特定危害结果发生的认识与控制能力,因而,刑法要对一个白痴行为人与其行为的内在联系进行刑法非难,这无论是从规范责任论应予否定的行为人有关故意或者过失地违反规范的心理角度讲,还是从报应刑或预防刑的角度看,都欠缺针对与适用价值。因而,从应然意义讲,我国刑法上毋宁直接将此类行为人设定为排除可责性之人。例如《德国刑法》第 20 条就明文规定:"行为人行为时,由于……智力低下或其他严重的精神病态,不能认识其行为的违法性,或依其认识而行为的,不负责任。"

2. 又聋又哑的人或者盲人犯罪的。我国《刑法》第 19 条明文规定其"应当负刑事责任",但是"可以从轻、减轻或者免除处罚"。

3. 已满 14 周岁未满 18 周岁的未成年人因其未达刑事责任年龄而不具备完全刑事责任能力,如若其行为已经构成刑事犯罪(其中不满 16 周岁者,若其行为所触犯罪名为年满 14 周岁以上须负刑事责任的法定罪行以外的罪,则其当为完全无责任能力人),应当负刑事责任,但是"应当从轻或者减轻处罚"。根据最高人民法院 2013 年 12 月 23 日发布、2014 年 1 月 1 日实施的《关于常见犯罪的量刑指导意见》第 3 条的释定,"对于未成年人犯罪，应当综合考虑未成年人对犯罪的认识能力、实施犯罪行为的动机和目的、犯罪时的年龄、是否初犯、偶犯、悔罪表现、个人成长经历和一贯表现等情况，予以从宽处罚。（1）已满14周岁不满16周岁的未成年人犯罪，减少基准刑的30%—60%；（2）已满16周岁不满18周岁的未成年人犯罪，减少基准刑的10%—50%。"

4. 根据2011年5月1日开始施行的《刑法修正案（八）》第1条的规定，"已满75周岁的人故意犯罪的，可以从轻或者减轻处罚；过失犯罪的，应当从轻或者减轻处罚"。

这当中，需要特别注意的是"应当从轻或者减轻处罚"与"可以从轻或者减轻处罚"的区别。从学理分类上看，前者强调"应当"，属刚性规范；后者称之为"可以"，属弹性规范。虽然二者均为刑事法律所明文规定，都属法定情节。但作为刚性规范的情节与作为弹性规范的情节，在司法适用上还是有区别的。

（三）相对有刑事责任能力

指相对于刑法法定的特定犯罪行为而言，行为人具有辨认或者控制其行为的能力；而对除此以外的其他犯罪，行为人仍然没有辨认或者控制自己行为的能力。基于此，相对于该法定犯罪以外的其他犯罪而言，行为人又可谓相对无刑事责任能力。因而，相对有刑事责任能力，从另一角度看，又可谓相对无刑事责任能力。

这里所谓"刑法法定的特定犯罪行为"，前面已经谈及，它是指实施了我国现行《刑法》第17条第2款法定的"故意杀人、故意伤害致人重伤或者死亡、强奸、抢劫、贩卖毒品、放火、爆炸、投放危险物质"等八种该当构成要件的行为。这当中，需要特别强调的是：根据2002年7月24日全国人大常委会法制工作委员会《关于已满14周岁不满16周岁的人承担刑事责任范围问题的答复意见》，"《刑法》第17条第2款规定的八种犯罪，是指具体犯罪行为而不是具体罪名"。由此可见，已满14周岁不满16周岁的人，在实施该当其他特定构成要件的行为，例如，在实施绑架、拐卖妇女等其他犯罪过程中，故意地导致被害人死亡、重伤或实施了强奸、爆炸等行为的，根据上述解释，此类行为主体仍为有责任能力人。

（四）完全刑事责任能力

就中国刑事法律的逻辑预设看，刑法上假定每一达到刑事责任年龄、精神正常的人都是完全刑事责任能力人。因而从理论上看，除了上述无刑事责任能力人、限制刑事责任能力人、相对刑事责任能力人以外，其他所有人均为完全刑事责任能力人。这当中，需要特别注意把握：

1. 行为时精神正常的间歇性精神病人也属完全刑事责任能力人。刑法对间歇性精神病人的法律规定非常明确，"间歇性精神病人在精神正常的时候犯罪，应当负刑事责任"。这一规定等于明确了"刑法"对此类人等的"责任能力"的两类截然相反的性质界定：在精神正常时犯罪，属于完全刑事责任能力人；在不能辨认或者不能控制自己行为的时候造成危害结果的，是完全无刑事责任能力人。

2. 生理性醉酒的人犯罪，应当负刑事责任。生理醉酒，又称普通醉酒、单纯醉酒。指因一次性饮酒过量，致使中枢神经兴奋过度甚或神志不清的心理、生理状态。但醉酒的行为人即便已醉到难以辨认或控制自己行为的程度，仍不是现代精神病学或司法精神病学认可的精神病人。而无刑事责任能力需要两个标准：心理标准和医学标准。醉酒的人既然不是司法精神病学认可的"精神病人"，就属于具备完全刑事责任能力的人。刑法上做出如此规定的法理依据在于：普通醉酒的场合，辨认与控制能力虽然有所降低，但并非没有辨认力与控制力。而况，行为人完全可以通过尽可能避免醉酒的方式来预防或减少自己可能实施的、有害于社会的行为。刑法上因而有必要通过此种预设性立法，来尽量减少和避免酗酒滋事，以维护和稳定社会治安。

3. 病理性醉酒的人一般属于完全无责任能力人。一般而言，病理性醉酒属于现代精神医学和司法精神病学认可的精神病表现形式之一。其主要生理心理特征是，在病理性醉酒情况下，行为人完全丧失了辨认其行为性质及控制其行为冲动的能力。多数人在酒醒以后，完全不知道也不能回忆起自己醉酒期间所实施过的有害于社会的行为，一旦获知，终生不饮。据此，此类人等既被确认为精神病人；心理上又不能辨认自己行为的性质或无法控制自己的行为冲动，则一般而言，此类人等理所当然地属于《刑法》第18条第1款法定的完全无刑事责任能力人；行为人对其行为所造成的危害后果，不当遭致刑法的责任非难。

4. 对"原因自由"状态下的病理醉酒作案，应当承担刑事责任。前文已经谈及，病理性醉酒者经过一次"作案"后，往往终生不饮。然而，实践中，不排除个别病理性醉酒者在历经一次病理性醉酒之后，明知自己有此疾患，为了实施特定或不特定的该当构成要件行为，不但不忌酒，反而故意令自己再次病理性醉酒，以便作案。此种做法即为刑法上的"原因自由行为"。这里的"自由"，是相对于行为人犯罪的原因——"病理性醉酒"这一事实形成而言,行为人是经其意志自由选择的、人为导致的。或者说,该"原因"是可以经由行为人自己的主观努力销蚀或调控的。但行为人偏偏选择了故意使自己陷入不能辨认或不能控制自己行为的状态、继而实施了相关构成要件行为,行为人因而应当遭致刑法的否定性评价。

四 年龄与减轻刑事责任事由

根据中国刑法的规定,减轻刑事责任的事由不少,但将年龄与减轻刑事责任的事由关联起来,仅仅基于中国《刑法》第17条和第17条之一的规定。我们知道,人的认识能力和控制能力,是必须成长到一定阶段以后才能达到相对成熟的程度的,一些年幼无知的人所造成的损害,由于其主观上缺乏罪过,而不能成为刑罚惩罚的对象。有鉴于此,中国刑法上已将刑事责任年龄设定为3大不同年龄区,即:(1)完全不负刑事责任年龄区。指不满14周岁的人,此类幼童,无论实施了多么严重的危害社会的行为、造成多大后果,都因其欠缺刑事责任能力,而没有刑法上的非难可能性。(2)相对负刑事责任年龄区。指已满14周岁不满16周岁的人。这类人所以被称作相对负刑事责任年龄区,是因为这类人只能在实施了"故意杀人、故意伤害致人重伤或者死亡、强奸、抢劫、贩卖毒品、放火、爆炸、投放危险物质"等重大构成要件行为时,才具备刑事责任能力。(3)完全负刑事责任年龄区。年满16周岁以上者,为完全负刑事责任年龄区。这里所谓"完全",是相对于所有的刑事犯罪而言。意即年满16周岁以上者,要对所有的刑事犯罪承担刑事责任。无论其所犯之罪多么轻、多么重,都要承担刑事责任。

然而,无论是对上述仅对"某一些"重大罪行可予谴责的相对刑事责任能力人,还是对实施了"任何犯罪"都应予谴责的完全刑事责任能力人,按照中国《刑法》第17条第3款的规定,只要此类行为人等在行为时尚不满18周岁,就应当从轻或者减轻处罚。此外,根据中国《刑法》第17条之一的规定,"已满75周岁的人故意犯罪的,可以从轻或者减轻处罚;过失犯罪的,应当从轻或者减轻处罚"。由此可见,在我国,从年龄因素上看,减轻责任的事由可分类为未成年人与老年人两种,即其一,不满18周岁的未成年人;其二:年满75周岁的老年人。

当然,对于《刑法修正案(八)》新增设的《刑法》第17条之一的规定,也有学者质疑其立法价值,例如,有学者指陈"未成年人刑事责任能力的法律拟制是大部分成文法国家的通例。而审判时年满75周岁老人的刑事责任能力的这种法律拟制,在犯罪学上是没有必要的,在刑法学上也是没有意义的"①。对此,本书的立场是:这一修改实为刑法人性化的有力体现,值得称道。这是因为,就一般意义看,老年人在认识能力与控制能力上已经大为弱化,无法与年轻力壮或年富力强之人相提并论,就此角度看,刑法对他们的非难程度理所当然地应相对降低。何况,刑罚的目的不仅在惩罚、报应,还在预防。75岁以上的老年犯,其"再犯"能力普遍低于青壮年,再采取重罚他们的办法来预防其再犯有何意义?毋宁让刑罚人性化一些。就立法视角看,只有一老一小的问题均为刑法妥善解决,才符合人道立法的刑法要旨。

第二节 责任故意

一 责任故意概说

本节之责任故意,是相对于该罪过作为责任要件中的责任要素基本点而言,因而无论是这里之责任故意,还是后文的责任过失,其基本立意均在强调本章所研讨的罪过在犯罪论体系中的、隶属于"有责性"的刑事法理定位。有鉴于此,这里之责任故意,在行为人并不存在可予排除其责任的其他责任要素(例如,行为人不存在"不可回避的违法性认识错误";也不存在"适法期待不能"的可予排除责任问题)之际,行为得以成立犯罪,诸此场合,此类责任故意又可谓之为犯罪故意。

诚如第六章所述,本书赞同认识根据说的违法类型说。按照该种理论,构成要件符合性乃违法性的"认识根据"而非"存在根据",据此,该当构成要件的行为,原则上都构成违法,除非有其排除违法的根据。存在根据说则主张:构成要件符合性乃是违法性的"存在根据",因而构成要件与违法性可统称为"不法"。犯罪论体系也因之由三阶段变成了"不法—有责性"两阶段。例如,德国冈特教授就主张:"故意是不法的组成部分","因为如果行为人意识到了被包含的法益并故意加以侵害,显然比过失伤害法益的行为更严重地违反了刑法的保护规范,因此故意是受刑罚

---

① 樊文:《刑罚制度的修订和完善》,载屈学武主编《刑法改革的进路》,中国政法大学出版社2012年版,第372页。

威胁的行为的要素之一，这些要素决定了违法程度。"① 可见，鉴于"存在根据说"的违法类型论认为该当构成要件的行为等同不法，所以，此类构成要件中应含有故意，因为"故意是不法的组成部分"。

然而，认识根据说则认为，故意与过失，只是鉴于其特有的限制违法性的"品性"而被纳入构成要件要素中加以考量的，这样，该当构成要件的行为就不仅仅是类型化的违法行为；还是类型化的故意或者过失行为。唯其如此，构成要件本身也具有规制故意的机能。进而，特定的构成要件才具有识别不同犯罪亦即犯罪个别化的机能。例如，通过特定的构成要件符合性的认定，便能推定有关杀人行为究属"故意"还是"过失"杀人，而非仅仅针对"杀人"这一框架性行为的概括性框定。

然而，似此违法类型说中的故意和过失，在犯罪论体系中仍属责任要件，虽然作为"责任"要素，它或可作为主观的构成要件要素，被纳入构成要件之中，但故意与过失却并非"违法性要素"，而是并且仅仅是鉴于其内摄的、针对类型化的违法行为所特有的限制性机能——限制其究属故意还是过失的"责任要素"而被纳入构成要件之中的。因而，认识根据说论者所主张的违法类型说之构成要件论，并不认可"构成要件故意"或"构成要件过失"的主张，由是，就此责任要素，从刑法教义学的观点看，将其纳入本章——"有责性"专章来讨论似更适宜。

二 故意的根据

又称故意的本质。实指行为之所以成立为责任故意的基本依据何在。就此问题，学界大致有下述不同观点：

（一）认识主义

又称意识论，这里之"认识"乃相对于该当某一确定的构成要件事实而言。具体地看，鉴于刑法上针对每一确定的构成要件，各有其实害犯或者危险犯的设置要求，故而确切地说，这里之认识应相对于行为人所导致的针对某一法益的实害或危险后果而言。②据此，认识主义主张：但凡行为人已然认识到该后果或危险而依然行为者，应成立故意；反之，但凡行为人对其行为后果或危险并无认识者，不能成立故意。

---

① ［德］冈特·施特拉滕韦特、洛塔克·库伦：《刑法总论 I——犯罪论》，杨萌译，法律出版社2006年版，第108页。

② 更确切地说，对实害犯，行为人应已然认识到其行为必然或很可能导致针对某一法益的实害后果；对危险犯，行为人应已然认识到其行为必然或很可能导致针对某一法益的危险后果。

（二）希望主义

又称意志论，这里之"希望"乃相对于行为人对其所导致的实害或危害后果所抱的意志态度而言。据此，但凡行为人不但认识而且希望某一特定侵害或危险后果发生者，行为成立故意；反之，行为人虽然认识到某一行为后果或危险，但并不希望该后果或危险发生者，应排除其故意。

（三）容认说

也是意志论的一种，但与希望主义之意志论不一样：在针对特定实害或危险后果的意志态度上，容认说不仅认可"希望"某一特定侵害后果发生；也认可虽不希望、但也不排斥、不反对亦即"放任"某一实害或危险后果发生的意志态度为故意。

我国《刑法》第14条明文规定："明知自己的行为会发生危害社会的结果，并且希望或者放任这种结果发生，因而构成犯罪的，是故意犯罪。"由此规定可见，至少从法律规定上看，我国刑事立法上采取的是"容认说"的故意根据论。

本书认为，以"容认说"作为"故意"的根据确能恰当地反映故意的本质，这是因为"意识论"仅以行为人对其法益的实害或者危险结果有无认识为故意的根据，无疑会将轻信能够避免的"有认识过失"包摄进去，然而对结果有认识不等于希望或者放任该一特定后果发生，无论是实害还是危险后果。简单地将"有认识"等同于"故意"本身，从法理上看，有悖于责任非难的本质在于"法律对于行为人与其行为的内在联系的否定性评价"，而这一内在联系不仅及于行为人对特定后果的认识情状；更在于行为人对该后果所抱的意志态度。从伦理视角看，刑法之所以要对某"行为人与其行为的内在联系予以否定评价"，也在于其希望或者放任某一实害或者危险后果发生的意志态度有悖于人伦法理，刑法方才介入并予以刑事责任非难。同理，单一的希望主义仍然有悖刑法之所以要对特定行为人予以责任非难的基本伦理与法理，因而采取容认说较为合情合理。但对容认说，尚有以下三点需要特别说明：

其一，容认说所认同的"责任故意"并不完全对等于单纯的"行为故意"。不错，容认故意的场合，行为也是故意的；但单纯的行为故意的场合，行为人未必具有故意根据说确认的希望或放任某法益遭致侵害或威胁后果发生的心理，因而单纯的行为故意，不能构成本章所论的责任故意。这是因为，容认说所认可的责任故意的视点乃在对其"所导致的侵害或威胁法益的后果"有其认识并希望或者放任该后果发生；行为故意的视点则未及延伸到其后果而仅限于其行为本身。而对其行为所导致的后果，实践中，既可能是希望或放任的，也可能是始料不及或者轻信能够避免（过失）的。例如：

深夜潜入甲仓库的小偷乙为了便于行窃，点燃了自己的打火机为自己照明。这当中，其点燃打火机的点火行为显然是故意的，不料其同时踢翻了仓库的油桶，导致失火。显然，这里之乙涉嫌触犯的是失火罪而非放火罪罪名，缘由正在于：乙之"点火"行为虽是故意的，但对其行为所导致的仓库起火后果却是过失的、始料不及的，换言之，乙对其所导致的仓库起火之后果是既不希望、也不放任的。

唯其如此，根据容认说，乙不具备责任故意，只具备责任过失。据此，乙仅只涉嫌触犯失火罪之构成要件而非放火罪。又如：

交通肇事之行为人往往是故意地违章驾驶，如故意闯红灯、故意超速驾驶等，然而，行为人对其所导致的车毁人亡之后果仍是始料未及或轻信能够避免的。换言之，行为人违章驾驶之行为虽属故意，但对其危害后果的发生是疏忽大意过失或者轻信能够避免，行为因而仍然不构成责任故意。①唯其如此，一般意义上的交通肇事罪，在罪过性质上，都是过失犯而非故意犯。

可见，行为故意，未必构成责任故意，而行为是否构成责任故意的关键还在于：行为人对其行为所导致的法益实害或者危险后果有所认识并持希望或者放任的意志态度。

其二，目前学界对容认说中的"希望"或追求某种危害后果的发生并无认识上的异议，有争论的问题集中在：如何认定容认说中的"放任"因素？进而，在司法实践中，如何区分此类放任故意与轻信过失？对此，有学者提出可从以下三方面把握，②即：首先，放任必须建立在对结果发生的高度"盖然性认识"基础之上。其次，行为人必须"认真地"估算，而不是确信结果可以避免。没有进行认真估算，并不真的认为结果会发生，就不应当成立间接故意，而应成立过失。最后，对结果

---

① 德国、日本一些刑法学者将故意分类为事实故意、违法故意和责任故意（参见大塚仁《犯罪论的基本问题》，冯军译，中国政法大学出版社1993年版，第190—191页），借用上述观点可见，相对于放火罪而言，小偷乙的"点火"行为只不过是事实故意（而非放火故意）；而机动车司机蓄意"违章驾驶"的行为等可谓"违法故意"，但交通肇事罪却是典型的过失犯。可见，由于故意"对象"的明显不同，无论是事实故意与责任故意，还是违法故意与责任故意，都不是同一概念。

② 参见周光权《论放任》，载《政法论坛》2005年第5期。

发生采取"无所谓"态度，即毫不在意、漠不关心，但却认可、接受后果，使具体危险转化为具体的实害后果的。针对上述三点，本书的立场是：

1. 从认识因素看，放任的确宜于建立在对结果发生的高度盖然性认识基础之上，即行为人已经认识到其行为很可能导致特定侵害后果的发生，但特定情况下，也不排除行为人已经认识到其行为甚至"必然"导致危害结果发生、但究其意志态度仍属放任故意的情形。例如：

甲男与乙女本是夫妻，乙女道听途说其夫在外另有外遇，心中不忿，决意以下毒的方法毒毙其夫。一天乙女亲自下厨烹制了甲男最喜欢食用的小点心，并在其中和上了能致死人命的毒鼠强。乙女知道甲男当晚回家很晚，特地坐待甲男到家之时，才端出该大盘点心令甲男享用，并告知甲男自己与儿子都已吃过了，这是专为他制作的。甲男正在赏用之际，他们本已睡熟的5岁的小儿子突然醒来，看见爸爸正在吃小甜饼，妈妈先前却没有给自己食用，遂大哭大闹地吵着要吃。乙女担心强行阻止一贯娇生惯养的儿子会令丈夫心生怀疑，只得听之任之。结果甲男及其儿子均因食品中毒身亡。

显然，本案中，乙女对甲男的行为应属直接故意，但乙女对其儿子的死亡却属间接故意。

2. 在结果回避方面，行为人若进行了认真的估算，就应当清楚"确信结果能否避免"。而要成立轻信过失，不仅应当认真地估算结果，还应当确信结果能避免。反言之，虽然做了认真估算，并不确信能够有效避免结果的发生，从而导致特定危害后果发生的，仍应成立放任故意。

3. 即便行为人对其结果之发生相当"在意"——即如上文之乙女案，她对其儿子之死可谓相当在意，但是，只要行为人仍然"认可、接受了该后果"的发生，并使抽象的危险转化成了具体的实害后果，行为就应成立放任故意。

其三，建立在容认说理论框架上的"责任故意"的评价指向，应针对行为人对其所导致的实质意义的刑事违法性的认识。这是因为，尽管我国现行《刑法》第14条没有做出有关故意的指向必须是明知自己的行为会发生"损害或者威胁到刑法所保护法益"之后果的明文规定，但现行《刑法》第14条所规定的"明知自己的行为会发生危害社会的结果"的规定，实质上仍可理解为行为务须发生侵害或者威胁到特定法益后果的有关实质性危害规定，否则，《刑法》第14条完全可以将故意定义为"明知自己的行为违反了有关刑法规范"并且"希望或者放任"其行为发生的"是故意犯罪"。由此可见,《刑法》第 14 条的立法本旨,还在行为所导致的实质损害,而非形式意义的规范违反。而针对形式违法性认识问题,本书将移至本章有关阻却责任的事由——"违法性认识的可能性"专节加以专题研讨。

三 故意的构成

以容认说为故意的根据,则某行为要成立本章所讨论的责任故意,应由两方面的要素构成,即行为人的意识因素与意志因素。

(一)意识因素,又称认识因素

根据我国刑法的规定,行为要成立故意,要求行为人必须"明知"自己的行为"会发生"危害社会的结果而依然实施该行为者。所谓"危害社会的结果",套用本书所主张的法益侵害说理论,即为"明知"自己的行为"会发生"侵害或者威胁到特定法益的后果。而从理论上讲,这里的"会发生",包括明知"必然会"和"可能会"发生两种情况。在直接故意的场合,行为人大多已经认识到行为必然会或很可能会发生某种侵害或者威胁到特定法益的后果;在间接故意的场合,行为人大多已然认识到其行为可能会或很可能会发生上述后果。尽管,如上所述,特殊情形下,也不排除行为人虽然已经认识到后果"必然"发生,但因其并不希望、不追求该危害后果的发生,因而仍属间接故意。

(二)意志因素,又称支配因素、控制力因素

根据我国刑法的规定,故意犯罪的行为人在意志因素上,呈现出"希望"或"放任"危害后果发生两种情况。希望,乃积极追求危害后果发生之意。放任,指对危害后果的发生不希望、不追求,但也不阻止、不反对。亦即结果发生不发生,都不违背行为人的意愿。

四 故意的种类

(一)故意的法律分类:直接故意与间接故意

法律分类,表明此类犯罪故意形式源自刑法典的明文规定,因而此种分类乃属刑法规范论意义的分类。就我国现行刑法规定看,《刑法》第 14 条,实际上业已将故意分成直接故意与间接故意两种。

第一，直接故意犯罪。指明知自己的行为会发生某种危害社会的结果，[1]出于希望这种结果发生的心理而实施特定危害行为的犯罪。其基本特征是：其一，在意识因素上，行为人须是"明知"其行为必然会或很可能会发生危害结果的。其二，在意志因素上行为人须是"希望"即积极追求该危害行为所致危害后果发生的。

第二，间接故意犯罪。指明知自己的行为可能发生某种危害社会的结果而放任这种结果发生、进而实施特定行为的犯罪。其基本特征是：（1）在意识因素上，行为人须是"明知"其行为会发生危害社会的结果。（2）在意志因素上，行为人须是"放任"其危害后果的发生，亦即行为人对危害后果的发生与否漠不关心、不闻不问：发生不发生都不违背他/她的心愿。值得强调的是：间接故意乃我国学者对《刑法》第14条所规定的"放任"危害后果发生的故意心态的概称。对此，德国学者罗克辛谓之为"有条件的故意"。按照罗克辛教授的观点，"直接故意与有条件的故意的界限很简单：在缺乏犯罪目的，并且行为人不确定是否存在一种明确的构成行为状态，或者是否会出现一种行为构成的结果之处，绝对不存在直接故意，最多只存在一种有条件的故意，但是这种有条件的故意必须与有认识的过失划清界限"。[2] 可见，间接故意与有条件的故意，不过是称谓上的不同而已。

第三，直接故意与间接故意的异同。其主要相同点在于：在认识因素上，二者对危害后果都有所认识，即其都已经认识到危害后果会发生。"会发生"，在此包括已经认识到危害后果可能发生、很可能发生直至必然发生。其主要区别点有二：（1）对危害后果的认识程度不同。一般而言，直接故意的认识程度应为明知危害结果必然发生；间接故意大多预见到危害结果可能发生，虽然不排除特殊情况下也认识到危害后果必然发生。（2）对危害结果所抱的心理态度不同。直接故意者希望、追求危害后果发生；间接故意者只是放任危害后果的发生。可见，从其主观意愿上看，间

---

[1] 故意犯，须"明知自己的行为会发生危害社会的结果"，此乃我国《刑法》第14条的明文规定。但从刑事法理上讲，在适用构成要件符合性、违法性、有责性的犯罪论体系来分析本章之责任故意的场合，毋宁将此"危害社会的结果"诠释为："明知自己的行为会发生针对确定法益的实害或者危险结果"。由是，本书中，基于引用法条的方便，有时仍然可能沿用《刑法》第14条之原文，但这当中的"危害社会的结果"的实质意义仍为"针对确定法益的实害或者危险结果"。

[2] ［德］克劳斯·罗克辛：《德国刑法学总论》（第1卷），王世洲译，法律出版社2005年版，第291页。

接故意行为人对危害后果的意志态度是：结果发生不发生都与自己的主观意志不相悖逆，都不违背自己的意志。虽然实践中，行为人对于该一危害后果的发生与否所抱意志态度并非半斤八两，而是有其倾向性，但这仍然不能阻却其"放任"心理乃至间接故意罪过的成立。请看以下案例：

被告青某，男，25岁，货车司机。一天，被告与另一司机开大卡车为其岳父拉木材，因手续不合规定，被木材库负责人吴某责令其将已经装上的木材卸下。被告不仅不卸车，反而吵闹不休。到次日晚上9时许，被告决意强行开车拉走木材。吴某听到汽车发动机声响即赶来制止，其他在场人也来阻拦，但被告一意孤行，继续开车出大门，并将车前的吴某挤到墙根处，吴某顺势爬上汽车保险杠，爬在翼子板处，用手电晃照被告，令其停车。被告不仅不停车，反而加速行驶，中途两次急刹车，将吴某摔下。被告发现吴某摔下后，不仅不停车抢救，反而继续开车，后被公安干警截获归案。吴某被摔成重型闭合性颅脑损伤，抢救无效，于次日凌晨死亡。

分析本案：首先，从意识因素上讲，本案被告已经25周岁，并身为卡车司机，对其以行驶中的大卡车"人为"地摔下车上人体的危害性不可能没有认识；具体地说，被告对其两次急刹车将他人从汽车上摔下来的行为可能导致他人非死即伤的危害后果，是有认识的。

正因为其后果为"非死即伤"性的两可性后果，因而相对于"死亡"后果而言，被告虽未认识到死亡后果必然发生，但显然已认识到很可能导致他人死亡的后果。

其次，从意志因素上讲，被告在认识到该危害后果可能发生的情况下，竟然明知吴某已从卡车上摔下汽车，仍不停车抢救而是"继续开车"，显然，被告对吴某是死是伤，漠不关心、听之任之。可见，从意志倾向上看，被告对吴某的死亡后果，持放任态度。

综上，本案被告涉嫌触犯间接故意杀人罪名。

（二）故意的法学分类

法学分类，表明此类犯罪故意形式并非源自刑法典的明文规定，而是刑法学界为方便学理探究而划设出的不同故意犯罪种类。

司法实践表明：仅仅依靠故意的法律分类，有时难以辨析某类行为人主观上究竟有无罪过、抑或其究属何类罪过？唯有综合故意的法律分类与学理分类，才能更加清楚明白地帮助人们确认某种行为的罪过形式及其责任，从而确认有关责任非难的有无及其程度等。

第一，确定故意与不确定故意。确定故意，指行为人明确预见到了构成要件的事实和结果，而做出行为决意，并且非常明确、坚决地追求、希望其确定的侵害结果发生。简单地说，确定故意就是指行为人犯罪意图确定、犯罪对象确定、犯罪事实确定。例如，A 为 B 所经营的民营企业员工，为索得 B 家的钱财，A 有意识地策划了一次绑架 B 的儿子小 B 的绑票勒赎案。显然，鉴于本案之某 A 早就谋定了确定的犯罪意图、犯罪事实与犯罪对象，因而，某 A 的罪过形式表现为确定故意。

不确定故意。指对犯罪意图或犯罪事实、犯罪对象的不完全确定，包括：（1）概括故意。指行为人仅有犯罪的确定故意，但没有特定其危害对象或危害结果将发生于何人、何事或何物，而只是随机性地危害社会或他人的故意犯罪心态。例如，行为人王五具有去某集市诈骗的犯意，但究竟是去骗张三还是李四？具体骗多少？骗什么？在行骗的过程中，是否需要实施其他牵连犯罪、例如私自伪造公文、证件印章等犯罪，他都没有确定，这种犯意即属概括性犯意，根据这种犯意去实施该当构成要件的行为，乃属概括故意。（2）择一故意，属"数者必害其一"的犯罪心态。指行为人在特定的危害对象、危害结果范围内，任害其中之一的故意心理。例如，某甲与本村干部有仇，于是决定在众多村干部子侄中择一害之。（3）未必故意，又称可能故意。指行为人已经预见到自己的行为可能发生危害社会的结果，并且听任这种结果发生的故意心态。此一故意，从另一角度看，乃间接故意的表现形式之一。

第二，实害故意与危险故意犯罪。实害故意乃危险故意的对称，指行为人明知自己的行为会致使某种法益遭受实体性损害，而希望或者放任这种结果发生的故意心态。例如，刑法中故意杀人罪、故意伤害罪、强奸罪等，其行为人都是出于实害故意而实施该类犯罪行为的。

危险故意乃实害故意的对称。指行为人明知自己的会引发某种法益产生特定危害结果之危险，而希望或放任这种危险发生的故意心态。例如，我国现行《刑法》第 116 条规定"破坏火车、汽车、电车、船只、航空器，足以使火车、汽车、电车、船只、航空器发生倾覆、毁坏危险，尚未造成严重后果的，处 3 年以上 10 年以下有期徒刑。"据此，刑法学者们将此类刑法分则特殊构成要件上仅要求行为人具有特定"危险"心理的罪过心态，概定为"危险故意"，此类犯罪被称为（具体）危险犯。此外，刑法还根据一般社会经验抽象出了若干特定的类型化行为并将其拟制为一俟行为实施，就会引发某种特定或不特定的超个人法益侵害的危险，此类犯罪设置乃刑法学理上的抽象危险犯。

第三，猝发故意与预谋故意。猝发故意，又称事中故意、顿起故意、偶发故意。指行为人非经预谋、临时起意为害社会或不特定的他人的故意心态。例如，A与B原本素不相识，一天，双方在一家餐馆因琐事发生争执，A因不堪对方的辱骂顿起重伤B、以泄心中之愤的犯意，此即猝发故意。

预谋故意，又称事前故意。指行为人经过预先谋划之后，才着手实施该当构成要件行为的故意心态。实践中，一般认为预谋故意比之于猝发故意具有更大的主观恶性与人身危险性，因而在危害结果相同的情况下，司法上往往将预谋故意视作酌定从重处罚的情节之一。

除上述犯罪故意分型外，刑法学界还有其他多种作为责任要素的故意的学理分型。例如，片面故意与双面故意、单独故意与共同故意、轻罪故意与重罪故意、教唆故意、实行故意与帮助故意……不一一枚举。值得注意的是，鉴于各种不同的故意形态乃是研究者根据各自研究对象、目的的需要出发，按不同的视角和划分标准分型的，因而在同一案情中，从不同视角看，行为人可能同时具有上述多种故意。

五　故意与刑法上的事实认识错误

刑法中的事实认识错误，指行为人对自己行为的有关客观事实或者行为对象上的误解。鉴于刑法中的罪过是认识因素与意志因素的统一；认识因素不正确，不仅对意志因素有着最为直接的影响，而且会直接影响到罪过的有无或者罪过的形式；还可能影响到行为人的行为是既遂还是未遂；进而会直接影响到定罪与量刑，因而有必要专门研讨有关刑法上的错误。

根据认识的对象来划分，对刑法上的错误本可分类为法律认识错误与事实认识错误。但有关法律认识错误问题，与整个责任论中的违法性认识问题有很大关联性，质言之，违法性认识错误也可谓众多的法律认识错误之下位概念。因而，本书拟将有关法律认识错误的内容移至违法性认识可能性一节中专门研讨，故而，这里仅仅讨论有关刑法上的事实认识错误问题。

刑法上的事实认识错误，指行为人对有关客观事实或者行为对象的误解。对此还可进一步分类为具体的事实认识错误与抽象的事实认识错误。

（一）具体的事实认识错误

是对发生在同一构成要件内相关事实的认识错误。即行为人所认知的构成要件事实与其行为所导致的构成要件事实之不同发生在相同的构成要件范围内。一般认为，具体的事实认识错误可分类为下述三种错误形式：

其一，对象错误。指行为人之行为认知对象与其结果导致的侵害对象二致。例如，A原本意图谋杀B，一天深夜他终于找到了仇人B，便乘其不备刺杀了"某B"。但实际上，A错将C看作了B，因而A刺杀的对象其实并非B而是C。但无论是预谋刺杀B，还是实际刺杀了C，其认识到的构成要件与其客观实现的构成要件均属于故意杀人的构成要件事实。

一般认为，此类对象认识错误不得阻却行为人的故意，进而也不得阻却其责任。但对此行为之所以仍然该当有责的理论根据，学界却存在法定符合说与具体符合说之理论争议。法定符合说认为，国家刑法依法保护任何自然人的生命权利，因而无论是B还是C及其他任何公民被害，依法都应遭致刑罚惩罚。故而，行为人的对象错误不能阻却其杀人故意及其杀人行为，进而也无法阻却其责任。具体符合说则认为，无论是B还是C，均属于特定的受刑法保护的"那个人"。就此意义看，被害人是B还是C或其他任何特定的人，都不影响其作为具体构成要件中"那个人"的被害对象的成立，因而尽管发生了被害对象之认识错误，但这并不不影响行为人之行为符合具体的"故意杀人"之构成要件并该当其杀人故意，因而从具体符合说的视角看，该认识错误不能阻却其故意的成立，行为人仍然该当承担其故意杀人的罪责。

其二，打击错误，又称行为偏差。此类场合，行为人其实并无严格意义的认识错误，仅是基于其犯罪技能或手法上的偏差导致了行为人认识并欲图加害的对象与其行为所导致的实际侵害对象之不符或者不尽相符。例如，甲欲图加害乙，但因其枪法有误，结果其一弹命中的不是乙而是丙；抑或甲欲图加害乙，但举枪瞄准并扣发扳机之后，却先后击中了乙、丙二人并致乙、丙二人均告身亡。

鉴于诸此错误与上文所研究的对象认识错误，确有其认识视角范围上的差别，因而学界有学者特别指出"狭义地讲，这种情况与行为人主观认识无关，而纯属客观行为的失误或行为误差，因此，不属故意领域的错误问题。但是，从广义上讲，行为人在故意实施危害行为的过程中与实际不一致，也可以归入认识错误的范围。"[1]对此，本书大致赞同此一立场。与对象错误一样，打击错误仍不得阻却行为故意的成立。但对其行为所以仍然成立特定故意的理论依据，刑法学界亦存在法定性符合说和具体性符合

---

[1] 曲新久：《刑法学》，中国政法大学出版社2009年版，第106页。

说两种不同见解。

持法定符合的论者认为：行为人虽因其打击错误，导致了其谋定范围之外的他人的身亡，但诸此"他人"仍是刑法保护的对象，就抽象意义看，无论死伤的是行为人预先谋定的被害人还是任何不相干的他人，此类被害人都是刑法所保护的"人"，因而从法律意义看，行为人之行为仍然符合法定的构成要件，因而诸此打击错误不得阻却行为之故意与责任。然而，诸如上述举例可见，在行为偏差的场合，被害对象可能不止一人，有鉴于此，在法定符合论者中，又出现了"一个故意与数个故意"说之争。

有日本学者根据《日本刑法》第38条第2款的责任主义刑法规定，①提出了"一个故意说"，其基本观点是：诸此打击错误虽然不得阻却特定的杀人故意，但无论其被害对象是一人还是数人，鉴于行为人并未认知其他未予谋定的被害对象的存在，因而刑法上只能将其有所认知的被害对象评价为（杀人）故意。例如，(1) 在甲欲图谋害乙，但其一枪命中的不是乙而是丙的场合，甲仅存在针对乙的杀人故意（未遂），对丙则应定性为过失（致人死亡）；(2) 在甲仅欲谋害乙，却一枪导致乙、丙二人均告身亡的场合，也只存在针对乙的杀人故意（既遂）与针对丙的过失（致人死亡）。对此，有学者认为此说"是在一个故意的框架之内，进行故意的转用。"②归总起来看，此一观点的基本特征是：完全无视行为所导致的特定法益侵害的单复，仅根据行为人的主观意图确定故意的个数，由是，诸此情况下，特定的故意（套用上述举例，即为杀人的故意）始终只有一个。

"数个故意说"乃根据想象竞合犯的理论，认为上述(1)的场合，对某甲的法律评价应为：甲对乙的行为属于故意杀人（未遂）；对丙的行为应为故意杀人（既遂）；在上述(2)的场合，甲对乙、丙均构成故意杀人（既遂）。一般认为，数个故意说虽然在处理上"存在有违责任主义之虞"，③但在量刑过程中，可通过针对想象数罪的"从一重处断原则"来缓减上述弊况，例如，"为了避免违反责任主义原则，在量刑时，应当将

---

① 《日本刑法》第38条第2款规定："实施了本应属于重罪的行为，但行为时不知属于重罪的事实的，不得以重罪处断。"

② 参见[日]西田典之《日本刑法总论》，刘明祥、王昭武译，中国人民大学出版社2007年版，第174页。

③ 同上书，第175页。

这种导致数人死亡的想象竞合犯与其他杀害数人的同种数罪相区别。"[1]这是因为，无论如何，想象竞合犯的场合，行为人的行为只有一个，确定的犯意也只有一个，这里的"数个故意"也只能是就概括犯意的角度而言，而且最终其也是因其犯罪观念的竞合而致想象数罪的成立。

持具体符合说的论者认为，刑法所规定的故意杀人罪，并非针对所有的、抽象意义的"人"，而是任何人等不得杀死为他所容认的、作为某一生命权益主体的具体的个人。即如上文所举例子，某甲不得剥夺甲所容认的、作为生命权益主体的某乙的生命权利。就此"刑法规范的犯罪抑制机制来说，应该说不允许将属于构成要件性客体的乙与丙，抽象化到'抽象意义的人'这一程度"。[2]

对此观点，本书认为值得商榷。其基本理由在于：刑法拟具禁止的故意杀人中的"人"，在刑法作为命令规范、当为规范之际，这里之"人"应为抽象意义的人，意即它应当涵括任何自然人等，而非仅限于行为人所容认之特定的、具体的个人。鉴于刑事责任非难的实质是刑法规范对犯罪行为的否定性评价，亦即对行为人与其行为的内在联系的否定评价。而"行为人→行为"之间的内在联系就是人对法律所禁止的规范所抱的故意或过失心理，因而，当其行为人明知刑法规范禁止杀人之际，依然实施了针对他人的剥夺其生命权利的行为，显然，这种情形下，"行为人→行为"之间有其内在联系，因而应当遭致刑法规范的责任非难。

有鉴于此，对上述法定符合说、具体符合说之争，如上所述，本书更赞同法定符合说中的数个故意说。认为唯有该观点才能既兼顾到责任主义的刑法理念，又不失对罪责刑相适应原则的合理运用。

其三，因果关系错误。指行为人对其行为与结果间的因果关系发生认识错误。包括：(1) 狭义的因果关系错误。指结果的发生与行为人预谋的发展进程不一致的情形。例如，甲欲图杀死乙，但在其开枪朝乙射击的过程中，乙为了躲避子弹，失身跌入泥潭溺亡。(2) 对自己数行为与一结果间因果关系的认识错误。如某甲用棍猛击乙，以为乙只是昏倒，遂将乙投入水井中，殊不知乙在被投入水井之前已因疼痛性休克死亡。而甲误认为自己的"投井"行为是致乙死亡的原因，实际是他"棍击某乙"的行为

---

[1] 张明楷：《刑法学》（第三版），法律出版社2007年版，第226页。
[2] [日]西田典之：《日本刑法总论》，刘明祥、王昭武译，中国人民大学出版社2007年版，第176页。

致乙死亡。(3) 对自己行为与他人介入行为（不排除自然力）与结果间因果关系的认识错误。例如：

A在面对向她勒索巨额金钱、否则就要到处张扬她的不良既往的B时，忍无可忍，终于"自卫性"开枪，B应声倒地身亡。最初司法机关和A自己都认为杀人者是A，嗣后才知道：A所开一枪其实并未击中B，原来是另位A的暗中保护者C在A身后朝B所开的一枪恰好命中B的头部，致B身亡。

显而易见的是：对上述情形（1）中，被害人的死法虽然与甲的精心策划有所出入，但究其实质看，无论哪种死法，实际仍在甲的概括故意范围之内，因而甲的行为仍属故意杀人。同理，上述情形（2）中，行为人虽对自己的哪一具体行为与其后果的发生有其因果关系发生了认识错误，但此一错误显然不能阻却其故意;[①]上述情形（3）则属典型的因果关系中断，A只应当承担杀人未遂的罪责。

（二）抽象的事实认识错误

是对发生在不同构成要件内的相关事实的认识错误。即行为人所认知的事实和其行为所实现的客观事实之间的不一致发生在不同构成要件范围内。例如，(1) 甲行为人采取乘人不备的手段抢到了乙公务员手中的大号钱包，他原以为自己业已成功地抢得大笔现金，不料乙公务员的包中仅有一把手枪并若干对甲而言毫无用处的证件。这里，行为人甲实施的本是该当我国《刑法》第267条所规定的一般抢夺罪之构成要件行为，结果却触犯了我国《刑法》第127条第1款所规定的抢夺枪支弹药罪构成要件。又如，(2) 丙为了杀死丁而跟踪丁到了山林，并终于在一处丛林之后发现了"丁"的踪迹并在瞄准后朝"丁"开了枪。但事实上，某丙倒是发现并跟踪上了丁，但此时天色已晚，以至丙在此过程中，逐渐跟错了对象尚不自知。因而，从丙开始瞄准到击中的都不是丁，而是当地某家豢养的一只价值不菲的猎犬。这样，尽管丙欲图实施的本是我国《刑法》第232条所规定的杀人行为，结果却触犯了我国《刑法》第275条所规定的"故意毁坏财物罪"规定。鉴于上述抽象的认识错误与其实现的结果发生于不同的构成要件范围内，实践中难免产

[①] 此类因果关系的错误又名"结果推迟发生"的因果关系认识错误，刑法学界虽然大多认可其故意的成立，但对其所以成立的理论依据，却有多种不同意见。例如，概括的故意说、纯粹的因果经过错误说、相当因果关系说，等等。参见张明楷《刑法学》（第三版），法律出版社2007年版，第227—228页。

生针对诸此错误,应当如何定性的问题。对此,当其所触犯的犯罪有较明显的重罪、轻罪区分时,德、日刑法均有明文规定。例如,德国《刑法》第 16 条第 2 款就明文规定:"行为人行为时误认为具备较轻法定构成要件的,对其故意犯罪只能依较轻规范处罚。"日本《刑法》第 38 条第 2 款也规定:"实施了本应属于重罪的行为,但行为时不知属于重罪的事实的,不得以重罪处断。"但是,如前所述,针对诸此错误,该当如何处断,我国刑法上并无明文规定。但在刑法学理上,仍存在抽象性符合说、构成要件符合说等多种学理主张。

抽象性符合说仍是立足于一般构成要件的立场,例如,上述情形(1)的场合,无论是针对一般抢夺罪还是抢夺枪支弹药罪,行为人均有其故意,则抽象性符合说认为,行为人只要具有一般的、抽象意义的故意,就"应摆脱构成要件的制约,成立某种故意犯"。①因而,此种场合并不阻却行为人关于特定构成要件的故意。

构成要件符合说认为,当其认识的事实与实现的事实在构成要件上存在包容式法条竞合关系时,由于其构成要件的竞合,从本质意义而言实为"构成要件符合",因而该说主张,似此场合宜在轻罪的限度内,认定构成故意犯(既遂)。假如不存在此类大包摄小的法条竞合关系,则应以认识事实为准:对认识事实定性为故意犯(未遂);对实现事实定性为过失犯(假如刑法处罚此类过失的话)。②对此,本书大致赞同此一构成要件符合说的基本立场。由是,根据此类构成要件符合说,对上述情形(1)之行为人甲,宜于定性为一般抢夺犯罪未遂;而对上述情形(2),宜定性为故意杀人未遂、实现的事实乃为过失地毁坏了他人财物,但因我国刑法上并无过失毁坏财物罪规定,因而本案只能定性为故意杀人未遂,对毁坏他人财物的情节只能通过民事程序解决。

第三节 责任过失

如上所述,这里之责任过失,也是相对于其作为责任要件中的责任要素之基本点而言,意在强调本章所研讨的"过失"在犯罪论体系中的、隶属于狭义的"责任"范畴即"有责性"的构成要素。有鉴于此,这里之

---

① [日]西田典之:《日本刑法总论》,刘明祥、王昭武译,中国人民大学出版社 2007 年版,第 185 页。
② 同上书,第 186 页。

责任过失，当其无特定的阻却责任事由之际，即当其行为已然成立犯罪的场合，其实又可谓之为犯罪过失。

一　过失的概念及种类：疏忽大意过失与过于自信过失

根据我国《刑法》第15条的规定，具备刑法上的可责性的过失是指行为人"应当预见自己的行为可能发生危害社会的结果，因为疏忽大意而没有预见，或者已经预见而轻信能够避免"，以致发生特定危害结果的责任形式。

综上可见，对犯罪过失，可根据刑法的规定分类为疏忽大意过失与过于自信过失。其中，应当预见自己的行为可能发生危害社会的结果，因为疏忽大意而没有预见的，是疏忽大意过失；已经预见而轻信能够避免以致发生危害社会后果的，是过于自信过失。

鉴于前者本来应当预见、只因行为人的疏忽大意而未曾预见到特定的危害后果，所以刑法学理上又称前类过失为"无认识过失"。这里之"无认识"是相对于其特定的构成要件事实或法益侵害后果而言。后者则不然，鉴于后一过失案件中，行为人原本已经预见到有关构成要件事实或特定的侵害后果，只是因其过于高估自己的能力、轻信能够避免而致特定的侵害后果发生，所以刑法学理上又称后类过失为"有认识过失"。当然，这里的"有认识"，也是相对其已然导致的侵害后果即其行为所引致的构成要件事实而言，他/她本来是已有认识的。由此可见，疏忽大意过失与过于自信过失的分类属于法律分类；无认识过失与有认识过失的分类则属学理分类，又称法学分类。除此学理分类外，刑法学界对犯罪的过失还有普通过失与业务过失、事实过失与法律过失、危险过失与实害过失、轻过失与重过失等多种学理分类。

二　过失的本质

如何理解过失的本质，刑法学界有以下不同意见。一说认为："犯罪过失的本质在于行为违反了注意义务，而不在于造成了危害结果。虽然造成了危害社会的结果，但该结果的发生并非因行为人未履行注意义务而引起的，就不能认为行为人具备了过失的责任形式。"[1]二说认为："如果说违反预见义务是过失犯的本质，那么，故意犯罪时因为履行了预见义务，

---

[1] 陈兴良主编：《刑法总论精释》，人民法院出版社2011年版，第346页。

责任就应更轻了,但事实上并非如此。所以,如果故意责任的本质是认识到了构成要件事实,过失责任的本质就是具有认识构成要件事实的可能性。"[1]就上述两种不同意见,本书的立场是:主张过失的本质,应为行为人要么具有认识构成要件事实的可能性,要么是在已然认识到构成要件事实的前提情况下,未予避免特定的侵害后果发生。这是因为,轻信过失的场合,行为人并非仅限于其原本"可能"或者说"能够"认识到构成要件事实,而是他(她)其实已经清楚明白地认识到了构成要件事实很可能发生,唯其如此,对于无认识过失(疏忽大意过失)行为人而言,刑法问责的本质在于其原本"能够"认识却"能而不为"(未去认识),就此意义看,对此类过失问责的本质可谓其原本"具有认识构成要件事实的可能性"。然而,针对有认识过失(轻信过失)行为人而言,刑法问责的本质并不在其是否"能而不为"。相反,他们实际上已然有所清楚明白的认识,所以,刑法针对此类人等仍然问责的本质缘由乃在:轻信过失的行为人等未予有效地避免特定侵害后果发生。这里,我们想要强调的是:鉴于过失犯要求有其特定侵害结果方才构成犯罪,无结果则不发生过失犯的问题,因而对过失犯而言,抽象地说是其应当认识到有关构成要件事实或者避免该构成要件事实发生,具体地说或者更准确地说,行为人应当认识或者避免的都是特定(分则特别规定)的侵害后果的出现或者发生。

三 过失的构成:意识、意志特征及关注能力、关注义务与结果回避义务

行为导致了特定的侵害结果,并非一概而论地具有可责性。简言之,行为人无罪过则无责任可言。而实践中,要判定行为人不具有责任故意相对容易;要判定行为人也无责任过失则相对困难。基于此,有必要系统掌握犯罪过失的构成特征,包括犯罪过失的意识意志特征、犯罪过失的关注能力与关注义务、结果回避义务及其犯罪过失的构成原则等。

(一)过失的意识意志特征

与犯罪的故意一样,犯罪过失之所以有其罪过,就在于其主观心理上仍存在对自己行为的性质或者后果判断上的失误。其主要心理特征如下:(1)犯罪过失的意识特征。意识,又称为认识。这里的认识,是相对于《刑法》第15条所规定的"行为可能发生的危害社会的结果"而言。就

---

[1] 张明楷:《刑法学》(第三版),法律出版社2007年版,第232页。

过失心理而言，在疏忽大意过失中，行为人对其危害后果表现为没有认识，亦即"不意误犯"。在过于自信过失中，行为人对其危害后果则表现为"有认识"，亦即"轻率误犯"。(2) 犯罪过失的意志特征。如果说意识特征，在犯罪过失之中难以"一统"的话，意志特征则不然。从意志特征上讲，行为人所以构成过失而非故意，正是因其在行为后果选择上都是既不希望、也不放任，而是不希望或者坚信自己有能力避免侵害后果发生的。由此可见，从都不希望后果发生的角度讲，疏忽大意过失与过于自信过失的意志态度相同；但准确地说，前者是没有想到自己的行为会发生特定的侵害后果，所以实际上前者并不发生意志抉择问题；后者是想到了自己的行为可能发生某种侵害后果，但坚信自己有能力避免，所以后者存在意志抉择问题。请看以下两个案例：

案例1：1995年8月的一天，某县汽车运输公司驾驶员Z，驾着满载乘客的长途客运汽车从甲县开往乙县。在驶往乙县途中某河面时，时遇洪水暴涨，已将全长34.4米、宽6.7米的桥面淹没近0.5米深。Z即停车等候。后见有两辆大货车顺利驶过桥面，即自信自己车辆也能顺利通过，遂未经具体测量水深，悍然驾车驶过已经没水的桥面，结果导致该车连人带车坠入桥下8.5米深的河水之中。造成11人溺水死亡、3人轻伤的重大交通事故。

案例2：一天傍晚，某村村民H在路经自家附近一家小餐馆时，发现一辆旧式大货车正停放在餐馆外的小道边，H一看车内无人，遂回家取来一个盛放过白酒的空瓶子和一段橡皮管子返回大货车旁，看看天色已晚，四周无人，H遂设法打开了大货的油箱盖子，想偷点汽油存放起来灌自己的打火机。但天色太暗，H看不清油箱油面，于是又划着了一根火柴，想以此照明油箱，不料打开的油箱一遇火苗即着火，汽车很快燃了起来，整辆汽车因而报废，H自己也烧成轻伤。

分析上述两案例可见，案例1和案例2行为，分别触犯了刑法上的交通肇事罪和失火罪。两种犯罪都是刑法上的过失罪。其中，前罪之罪过形式乃为过于自信过失，后罪属于疏忽大意过失。之所以都是过失，是因为上述两行为人对其危害结果都抱着既不希望、也不放任该后果发生的意志心态。因而，该后果的发生对于他们来讲，都是过失的、始料不及的。

然而，两案例的行为人对其自身的"行为"都是有意为之的：驾驶员Z未经测量水深而悍然驾车下水的行为是"故意"的；H的点火行为也是"故意"的。实际上，实践中多数过失犯罪行为人之行为本身都是"故意"的，但对其侵害后果而言都是过失的、始料不及，而这正是犯罪故意与犯罪过失在罪过形式上的主要区别点。

当然，实践中，也不排除过失犯罪的场合，行为人对其行为本身也有过失为之的情况。例如，某煤矿矿山负责人本有职责义务定期检查矿山安全设备，可某段时间，他因其他工作忙碌，懈怠了对某项安全设备的定期检查，导致矿山安全事故发生并致重大损害，此类罪例属于渎职型过失犯罪。而本案中，行为人表现为"不作为"的行为也是过失的（因疏忽大意而遗忘了例行的安全检查），因而本案中，无论是相对其"侵害后果"还是相对其"构成要件行为"本身，行为人都是过失的。

由此可见，无论是疏忽大意过失还是过于自信过失，行为人之"认识"都是相对于行为所导致的"危害后果"而言，行为人是过失的。而其"行为"本身，既可以是故意也可以是过失。

（二）过失的关注能力

犯罪过失中的关注能力，又称注意能力、认识能力。指行为人对于特定行为可能产生某一特定危害后果的主观认识水准。按照刑法的规定，无论是故意犯罪还是过失犯罪，都要求行为人须具有一定的辨认能力和控制能力。在具体的犯罪中，无论是犯罪故意还是过失，本质上都要求行为人对于特定危害后果须有起码的认识能力。对此能力，在犯罪过失中，毋宁称之为关注能力。

众所周知，中国刑法法定的医疗标准和心理标准，是衡量刑事成年人有无正常的刑事责任能力的标尺。而这里的关注能力，是指行为人能否认识到某一特定危害后果会发生，抑或能否成功地回避该特定危害后果的认识能力。由此可见，犯罪故意与过失中所指的认识（注意）能力，与《刑法》总则第18条所涉及的刑事责任能力中的辨认能力有所不同。

如上所述，具体罪过中的认识能力，是相对于特定人、特定事所引起的法益损害后果而言；而刑事责任能力中的辨认能力，是相对于一般意义的人、一般意义的事所引起的法益损害后果而言。有鉴于此，一个具有完全刑事责任能力的人，在一桩具体的案件中，不一定对其行为会导致特定法益损害具有认识能力，但这并不等于说，他/她就应当被界定为限制刑事责任能力人或无刑事责任能力人。事实上，在具体的案件中，一个具有正常刑事责任能力的人，假如真的对其确定法益侵害后果，不能认识，则无罪过，行为所造成的损害应为刑法上的无罪过事件。

然而，关注能力既然牵涉到"能力"二字，就理所当然地有一个如何来认定某一行为人有无该认识能力的"标准"问题，据此人们才能将有认识能力与无认识能力人区分开来。对此，刑法学界有主观说、客观说和折中说三种不同主张。

其中，"主观说"乃相对于行为人本人而言，指以行为人本人能否认识到其行为会发生相应的法益侵害后果为准。例如，当胸一拳打去会致人死亡的后果，如行为人主观上根本不能认识到，则行为人可谓对此一危害后果不具备关注能力。

客观说则是相对于社会上一般人的认识水平而言，即以客观的、社会上一般人的认识水平能否认识到行为会发生相应的侵害后果为准。即如当胸一拳朝老耄之人打去，行为很可能招致老者死伤，此一后果如果一般人都能够认识到，则无论行为人本人能否认识、是否认识，法律上都当"推定"该行为人应该具备该一关注能力。

折中说是折中于主观说与客观说之间的观点。此说认为，按照"主观说"确定有无特定能力的标准，则愈精明、愈高智商者愈倒霉；因为他/她很容易被判定为有能力认识而未曾认识者，因而应当承担刑事责任。而按照"客观说"来确定有无能力，则可能对一些智商确实较低、就其个人智力状况看、确实没有能力预见到某种危害的人显失公平。因而社会上多数人主张折中说。而折中说之中，又分为以主观说为主的折中说和以客观说为主的折中说。但大陆法系国家的折中说，多以客观说为基础，即以一般人能否认识到为主，兼而考虑行为人自身的认识水平和能力。

与上述主观说或客观说为主的折中说有所不同的是：日本刑法学者平野龙一、宫松孝明、西田典之等所主张和认可的折中说，并不简单地以"何者为主"来阐释其事实上仍然有所折中的观点，而是主张对"知识、经验、身体状况、生理状况这种因人而异的能力，应以行为人为标准，而对于那种要不时提醒自己去尊重法益并对此表示关注的所谓规范心理能力，则应以一般人为标准"。[①]

就当前现状看，对上述多种不同学理主张，国内刑法学界多赞同以主观说为主的折中说，即应以主观说为本，兼而考虑社会上一般人的认识水平。换言之，应以行为人自身有无此一预见能力作为考量行为人有无关注能力的基准，而一般人的认识水准如何，只能作为衡定行为人主观上有无

---

① [日] 西田典之：《日本刑法总论》，刘明祥、王昭武译，中国人民大学出版社2007年版，第219页。

此类认识能力的客观参考。

本书较为赞同上述日本刑法学者的观点，即认可对因人而异的主观能力，应以行为人自身水准为标准，而对事发之际应否遵从规范的心理认识，应以社会一般人的判断与认识能力为准。例如：

据2005年报载，一家发生火灾，熊熊大火之中，为避免自己的婴儿被火烧死，焦虑万分的母亲将自己的婴儿用棉被团团裹住后，从自家楼上窗口朝窗外地面扔了下去。结果孩子被摔死了，母亲却被随即赶到的消防人员安全救出。

分析上述案例可见，诸此案情设若发生在当今德国，德国法秩序上很可能将其评价为《德国刑法》第35条所规定的阻却责任的紧急避险行为。①但如上所述，中国刑法上的紧急避险对象只能是无辜的第三者，而且所保全的法益应当大于所牺牲的法益。据此，原则上，任何人的生命都不能故意地成为避险的对象。有鉴于此，在中国，断难对本案适用紧急避险。接下来的问题是：应否追究该母亲的过失致人死亡的刑事责任？

答案是否定的。这是因为，本案之母亲虽属具有完全责任能力的正常人，但在此万分危难而紧急的关头，莫说一个母亲，就是一个与大火中的婴儿非亲非故的局外人，都可能被此熊熊大火烧乱了方寸，何况一个并未经历过任何险情特别是火情出逃训练的、身陷危局的母亲。据此，平心而论，从有关安全出逃的知识、经验和作为火情中的婴儿之母的身体、生理状况上看，她无法清醒理智地预见到自己的行为非但救不了孩子还很可能置孩子于死地，更不可能事先就预见到消防人员会在此千钧一发之际及时赶到，除非她是一位训练有素的防火专家；另一方面，在事发之际自己应否或者说能否遵从规范的心理认识方面，就此议题，应当说社会一般人均难以做出正确的判断。有鉴于此，根据当时的实际情况，刑法上完全可以将本案的母亲评价为欠缺正常的关注与预见能力之人。由是，尽管母亲的行为在客观上导致了摔死孩子的后果，但其错误的认识在当时当地并对一个母亲而言，实难避免，进而，法秩序可将该母亲的行为评价为我国《刑法》第16条法定的"不能预见"其行为所致危害后果者，据此，该母亲所导致的婴儿之死乃属刑法上的"无罪过事件"。其在所难免的认识错误，应予阻却其致人死亡之过失罪责。

值得注意的是，对此欠缺关注能力者，在德国刑法学理上又被称为

---

① 参见［德］冈特·施特拉腾韦特、洛塔克·库伦《刑法总论I——犯罪论》，杨萌译，法律出版社2006年版，第179—180页。

"个人无能力",并认为这种无能力也是排除罪责的补充根据。其基本主张是:此类无能力虽然不能排除其行为的不法,但是可以排除其罪责。进而,有德国学者还将此类"个人无能力"进一步扩展到个人因其身体或者年龄因素导致的无能力。例如,一位曾经的有经验的驾驶员,随着年岁的增长而逐渐减退甚至失去了驾驶能力,据此,当其有一天他/她已然"无法认识"有关构成要件事实,终于酿就了严重的交通事故之际,刑法上对此类曾经的有经验的驾驶员也可因其"个人无能力"而免去其罪责。①

(三) 过失的关注义务

又称注意义务。关注义务是指行为人具有应当注意到自己之作为或不作为会给社会带来一定危害后果的确定义务。犯罪过失中的关注义务既为法律义务之一,其义务也是有其确定来源的,大致包括:(1) 法定关注义务,含刑法、民商法、行政法等法定的关注义务;(2) 民事、经济合约行为引起的关注义务;(3) 自己先行行为引起的关注义务等。

基于上述关注能力与关注义务的分析阐释可见,有无关注能力,所牵涉的是行为人对于危害结果能不能预见的问题;而有无关注义务,所牵涉的不是能与不能的问题,而是该与不该关注或预见的问题。即行为人应否关注或预见到某一危害后果会发生的问题。当然,退一步看,无关注能力者因其没有相应的认识能力而理所当然地不能、进而也就不该预见特定的危害后果发生,行为人因而对其行为后果免责。而有关注能力无刑法上的关注义务者,本不属于刑法法定的应当预见或应当回避特定危害后果发生者。这是因为,如其"行为"导致了特定的危害后果发生,因其并没有法定的"关注义务",这里之"行为"就根本不属该当构成要件的行为,更与罪责与无关。例如:

某公路工程师丁在回家的路上,看见一段铁路道岔有损,他明知如不及时报告此一事项,很可能导致列车发生事故,但他因赶时间上班而未及时向有关部门报告此一危情,最终果然发生了特大事故。

本案中,某公路工程师丁即属"无关注义务者",其"不报告"行为也就不属于该当有关责任事故犯罪的构成要件行为,丁因而更无刑法上的责任可言。当然,设若丁工程师不是"公路"而是这里的"铁路"工程

---

① 参见 [德] 克劳斯·罗克辛《德国刑法学总论》(第 1 卷),王世洲译,法律出版社 2005 年版,第 739—740 页。

师，情形就完全不一样了。质言之，作为该段铁路工程师的丁某，显然负有刑法上的"关注义务"，刑法评价上因而可问责于丁某。

（四）过失的结果回避义务

关注能力乃相对于过失犯中的无认识过失而言，对有认识过失犯则不然，既然其已经认识到了有关构成要件事实，则对此类人等，显然已经不存在关注能力的问题了。此类场合，如前所述，刑法之所以仍然问责于此类人等的本质缘由乃在其未予有效地避免特定的侵害后果的发生。有鉴于此，针对轻信过失犯而言，既然行为人已然认识到自己的行为很可能导致特定的侵害后果发生，刑法因而要求该类行为人等务必履行特定的结果回避义务，否则刑法将追究其过失罪责。

如再回过头来看上述案例1有关情节，客车驾驶员Z实际上已经注意到该桥面已被洪水淹没，身为客车驾驶员，他显然有其特定的关注能力，何况，他已经发现驾车从水上行驶并不安全且已停车等候，但后来的事实表明，他仅从两辆大货车平安驶过，就断定自己的汽车也能平安驶过，可见，Z对其危害后果虽然已经预见，却轻信自己的汽车车体也颇大、自忖自己的驾驶技术也很高，因而自以为是地认为自己完全能够避免危害后果发生。实际上，为求有效地回避危害后果的发生，Z实有必要手持有关量杆，仔细地测量并比较自己的客车与货车之相关设备及其车体的高度，进而，行为人方能有效回避其危害后果的发生，但Z却未予很好地履行其结果回避义务，因而，Z的行为不仅该当交通肇事罪的构成要件，且行为已然违法并有其过失之罪责。

四　过失犯的构成原则：有危害结果及法律规定

过失行为要构成犯罪，还有下述两项原则性问题理当引起充分注意：（1）是"无危害结果则不可能构成过失犯罪"；（2）是"法律有规定的才负刑事责任"。

此两大原则表示：首先，假如行为没有引起特定危害后果，则不可能构成刑事犯罪。即便行为有过失。例如，医务人员在进手术室时，本当严格消毒，但某医务人员因为疏忽大意而忘记了消毒事宜，如其因而发生了夺命事故，行为理所当然地涉嫌构成我国《刑法》第335条法定的医疗事故罪。如其行为并未发生任何危害后果，则行为人虽有医疗违章行为，仍然无罪。这是因为过失犯罪不同于故意犯罪，故意犯罪得处罚犯罪未遂，因而无结果仍然可能招致刑罚惩罚；过失犯罪则不然，有结果才可能构成犯罪；无结果则无罪。

其次，无危害结果不可能构成过失犯罪；有结果也未必构成过失犯罪。这是因为我国《刑法》第15条第2款明确规定，"过失犯罪，法律有规定的才负刑事责任"。对此规定，有人质疑：难道故意犯罪，没有法律规定就可令人承担刑事责任吗？由此可见，本条规定确有立法技术上的缺憾，因为刑法典既然称其为过失"犯罪"，又如何要待到"法律有规定的才负刑事责任"？这岂不等于是说有些"犯罪"可以不负刑事责任？因而，准确地说，刑法总则的这一规定宜于表达为："过失的侵害行为，法律规定为犯罪的才负刑事责任。"

综上可见，对于过失犯罪而言，"有过失、有结果"仅仅是行为成立过失犯的必要条件而非充分必要条件。例如，因疏忽大意或过于自信而致他人轻伤者，其行为既有过失，也有结果，但刑法上没有"过失轻伤害罪"的规定，这样，行为人即便有过失，也不可能构成过失轻伤罪。行为只成立民事伤害，所应承担的也是相应的民事赔偿责任。

五　非犯罪化：合理信赖原则与被允许的危险

自20世纪30年代起，德国、日本一些刑法学者就针对过失犯罪提出了一些非犯罪化的学理主张。包括：

第一，关于合理信赖的学理主张。一般认为，过于自信过失，往往建立在行为人的相对自负基础之上。换言之，没有这种相对自负，行为人就不可能在对危害后果已经"有所认识"的前提下，还轻信别人在此情况下不一定能避免，但自己有能力、有水平，定能避免。鉴于这种自负建立在并不科学、不合理的基础之上，因而行为人才被确认为有过失，应负刑事责任。

合理信赖原则则不然，根据这一原则，行为人合理地相信潜在受害人或任何第三人会采取相应的适法或者适当行为，自己因而不会导致对他人的损害后果，在此情况下，如因受害人或第三人行为不当或不适法，导致损害者，行为人不存在过于自信过失，不负刑事责任。例如，"汽车司机在封闭的高速公路上驾驶汽车时，因合理信赖他人不会横穿公路而正常行驶，如果他人违法横穿公路被汽车撞死，该汽车司机就不负刑事责任"。[1]当然，这当中，问题的症结点在于：合理的标准是什么？这是一个尚待深

---

[1] 参见张明楷《刑法学》，法律出版社1997年版，第211页。

入研讨的问题。

第二，被允许的危险的学理主张。现代社会，人们从事任何活动、特别是高科技活动，难免承担风险，倘若失败，就归咎为过于自信的过失犯罪，社会则难以进步。基于此，一些学者主张，不能将遵循了行为规则的、事物发展过程中的必然风险归结为过于自信过失。例如，从事原子能试验的科技人员，总难免要经历多次失败，在此过程中，行为人只要遵循了有关操作规程，对其风险范围内的失败，就不能归结为过失犯罪。[①]这里，所存在的问题与上述合理信赖原则一样，那就是，必然风险的尺度及其范围怎样。

第四节 阻却责任的事由

一 适法期待可能性

又称守法期待可能性，简称期待可能性。严格讲，它是指要确认某一行为具有刑事法上的可非难性，必须是在该特定情况下，国家法秩序原本可以期待人们会去遵从法律规定、不去实施某一刑事违法行为的特定情状。在此情况下，倘若行为人选择了不遵从某刑事法规范、违反了这种期待，这就产生了刑事法上的责任非难问题。反之，倘若行为人实施该违法行为时，缺乏此类守法的期待可能性或守法期待可能性较小，则诸此守法期待不能或守法期待可能性较小的情状，或可成为阻却或减轻行为人之有责性的事由。

（一）期待可能性的起源及基本特征

1. 思想起源：德国历史上的著名判例

期待可能性的思想，源于1897年3月23日德意志帝国法院第四刑事部的判例"癖马案"。该项判决为期待可能性理论的产生提供了契机。案情如下：

被告受雇于马车店以驭马为生。因马有以尾绕缰的恶癖，极其危险。被告要求雇主换掉该马，雇主不允，反以解雇相威胁。一日，被告在街头营业，马之恶癖发作，被告无法控制，致马狂奔，将一路人撞伤。检察官以过失伤害罪提起公诉，但原审法院宣告被告无罪。理由是按照通常的心

[①] 参见陈兴良《刑法适用总论》，法律出版社1999年版，第186—188页。

理责任论追究行为人的刑事责任"不能说得当",这实际上是对既往的心理责任论的否定。

德意志帝国检察官感到此项判决明显不符合法律规定,行为人分明有心理过失,客观上也实施了具有违法性的行为,根据当时的心理责任论原则,应当追究其刑事责任,帝国检察官因而提起上诉。但德帝国二审法院维持了原判,驳回上诉。并指出驳回上诉的基本理由在于:违反义务的过失责任,不仅在于被告是否认识到危险的存在,而且在于能否期待被告排除这种危险。被告因生计所逼,很难期待其放弃职业而拒绝驾驭该马,故被告不负过失伤害罪的刑事责任。

可见,本案驳回上诉的实质在于:从意识因素上讲,行为人固然能够认识到行为的法益侵害性,因而原本应予积极回避该一危害结果发生,但从意志因素上讲,法秩序"不能期待他负有承担丧失自己工作的义务"。[①]行为因而不具有刑事法上的可谴责性。据此,法官宣布行为人无罪,不负刑事责任。

2. 理论起源:德国学者对癖马判例的理论升华与积淀

德国学者麦耶(Mayer)首先对此德国历史上的"破天荒"判决,做出了系统的理论总结与回应,他在该判决之后的第4年,即1901年发表了《有责行为及其种类》一文,在此,麦耶将"罪责"的内容界定为"违反义务的意思活动"。实际上,违法是客观的,责任是主观的曾为德日刑法学界多数人所认同。对此,麦耶的解释是,违反法律规范虽是一种客观现象,但违反义务规范不是违反法律规范而是"违反义务的意思活动",因而它是"主观"的。按照这一解释,这里所指的责任非难,也是对行为人的主观意思的非难。质言之,按照麦耶的观点,这里的责任非难,是对行为人违反义务的主观意志抉择的否定性评价。继后,德国学者弗兰克(Frank)在其1907年发表的《论责任概念的构成》一文中,第一次提出了期待可能性的理论。他指出:"责任的本质是具有非难可能性,行为周围的情况会影响到责任的程度。"进而,弗兰克将其所指的、案发时的"周围情况"概称为"附随情状"。此后,这种附随情状被学者们进一步界定为判断行为是否属于适法期待不能的"表征"。

立足于今天来回溯过去可见,随着时间的推移,期待可能性中的附随

---

① [德]汉斯·海因里希·耶赛克、托马斯·魏根特:《德国刑法教科书》(总论),徐久生译,中国法制出版社2001年版,第604页。

情状不仅仅影响到了责任的程度,日后更影响到了责任的有与无。其间,德国的克尼格斯曼(Kriegsmann)、格尔德施米特、弗罗登培尔等学者为该理论的深入与普及做出了巨大贡献,弗罗登培尔更是明确指出:"期待可能性作为伦理性要素,是不可或缺的。"意即,刑法应当引入"伦理性因素",应当考虑到"人之常情"。回过头来看中国,中国历来有句俗话,叫作"情有可原,法不可恕",然则引入了伦理性因素的期待可能性的实质恰恰是要达到:情有可原,法也可恕。可见,期待可能性理论的核心正如后来的日本大塚仁教授所指出的那样"法不强人之所难",乃是"想对在强大的国家规范面前喘息不已的国民脆弱的人性倾注刑法的同情之泪"。①

3. 守法期待不能的征表及其基本特征

对期待可能性的征表也有两说:狭义说与广义说。狭义即严格意义的期待可能性理论,只认可客观说,即只认可行为时发生在行为人外部的、客观的附随情状可作为判定行为人适法期待不能的征表。广义(即非严格义意义)的期待可能性理论,可谓客观说 + 主观说。即其不仅认可客观征表;还主张行为时发生在行为人内部的、主观的心理情状,也可以成为判定行为人有无适法期待可能性的征表。本书较为赞同狭义的、客观征表说。认为责任能力是就一般人的认识能力与控制能力而言,期待可能性则主要针对行为人的意志力而言。此外,这里的"征表"并非普遍适用于何时何地的集合概念,而是根据千差万别的不同"个案"进行个别判断并具体确认的。

综上,守法期待不能的主要特征如下:(1)在意识因素上,行为人须是已然认识到自己的行为会发生或者很可能发生特定的法益侵害后果;过失犯情形下,行为人也须应当并且能够认识到行为对特定法益的侵害性。即如癖马案,不得已驾车出门的车夫当时已然认识到行为很可能发生危害社会的结果;(2)从意志因素上看,当时境遇下,法秩序难以强求行为人做出遵从法律规定的意志抉择来。换言之,在当时境遇下,法秩序非要行为人遵从法律规范的话,会有悖"人之常情"。例如,根据《德国刑法》(2002年修订版)第258条第(5)项、《日本刑法》第257条的规定,

---

① [日]大塚仁:《刑法论集》(1),有斐阁1978年版,第240页。

特定情况下的亲属相隐,都不处罚。①这是因为:既是至亲,隐瞒自己亲人已然犯罪的事实也符合人之常情;反之,非要至亲去大义"灭亲",倒有悖人之常情,刑法毕竟不是圣人规范、贤人规范,而是常人规范。唯其如此,针对至亲,德国、日本、韩国等不少西方国家做出了"家属相隐"不为罪的特别免罪事由规定。

(二) 期待可能性在责任论中的法律地位

对期待可能性具有"责任要素"的品性,学界几乎没有异议。但是对于应当如何评定其在责任论中的法律地位,亦即对其究属平行于责任能力、故意与过失的独立的责任要素,还是应将其作为故意或过失的"构成要素"来理解,抑或应作为专门的阻却责任的"例外要素"来考量,学界历来意见不一。归总起来,大约有下述四种见解。

一说认为:对作为责任要素的期待可能性,应当将其并列于责任能力、故意与过失,作为独立的、责任论域的第三责任要素来考量。此一观点乃为首创规范责任论的弗兰克及其后继者格尔德施米特(Goldschmidt)等率先主张。日本学者大塚仁、西原春夫等也认同此一观点。此外,我国学者陈兴良教授主张:"故意具有心理构造与规范构造。心理构造讨论的是心理的故意,规范构造讨论的是责任的故意。在责任的故意中,分为违法性认识与违法性意志",而"违法性意志就是一个期待可能性的判断问题"。就此意义看,陈兴良教授也赞同"将期待可能性作为一种积极的责任要素加以确立"。②虽然该"赞同"是建立在将犯罪论中的"故意"二分法为心理故意与责任故意的基础之上。

二说认为:期待可能性应为故意与过失的构成基础,因而应将其作为故意、过失的构成要素来理解。期待可能性因而被包含于故意或过失之中。这为德国的弗洛登塔(Freudenthal)、伊·施密特(E. Schmidt)等学者所主张。日本学者团藤重光、板仓宏等也认同此一观点。例如,板仓宏在其著作中写道:"期待可能性不仅是责任的有无,也是确定程度的要素。在考虑期待可能性是否存在,它存在的程度如何的同时,必须考虑作为积极的责任要素。从而期待可能性应当认为是故意责任、过失责任的积极的要素。毕竟没有期待可能性时,作为构成要件要素的故意、过失虽然存

---

① 《德国刑法》(2002年修订版)第258条第(5)项规定原文如下:"为使家属免于刑罚处罚而为上述行为的,不处罚";《日本刑法》第257条规定:"配偶之间或者直系血亲、同居的亲属或者这些人之间犯前条罪的,免除处罚。"
② 陈兴良:《期待可能性问题研究》,载《法律科学》2006年第3期。

在，但能阻却故意责任、过失责任。"①

三说认为：责任能力与故意、过失是构成责任的原则性要素，或称积极要素；欠缺期待可能性则是消极的阻却责任成立的例外性要素。日本学者佐伯千仞、大谷实、前田雅英等主张此一观点。例如，大谷实教授就曾指出"期待可能性的不存在，应当认为是阻却责任事由。关于其意义有：①一般的超法规的阻却责任事由说（通说）；②没有法律的规定根据解释可能承认的特殊的阻却责任事由说的对立。"②我国学者张明楷教授也认同此一立场。主要理由是："期待可能性虽然是一种责任要素，但是，由于一般人在行为时具有期待可能性，故并非在任何案件中都要积极证明行为人具有期待可能性，只是在例外的情况下，才需要判断行为人是否缺乏期待可能性，所以，本书将缺乏期待可能性作为责任阻却事由。"③

四说认为：欠缺期待可能性如同没有责任能力一样，它并非没有责任，只是没有可罚的责任而已。而期待可能性较小的场合，可罚的责任也减少。此为日本学者山中敬一所主张，④我国学者刘艳红也在一定程度上认同此一立场，主张将期待可能性定位为调节性刑罚恕免事由，而非一般性的阻却责任事由。⑤

本书原则上赞同上述第三种立场。这是因为，诚如上述第三说学者所阐释的那样，设若将期待可能性确立为独立的或积极的责任要素，则需要在每一"个案"中专门证明守法期待可能的存在，但毕竟刑法是因循于社会一般常态所设置的当为规范，"守法期待不能"因而仅仅发生于极为个别的场合。故而只有将其考量为消极的、例外的责任要素才能顺应并方便司法操作。

然而，这里有必要特别强调的是：本书虽然原则上赞同上述第三种主张，但在具体提法上却有必要声明：鉴于阻却责任的成立仅仅解决了守法期待不能的问题，却不能同时解决守法期待较小的问题。有鉴于此，本书主张：宜将欠缺期

---

① 转引自马克昌《德国、日本刑法理论中的期待可能性》，《武汉大学学报》（社会科学版）2002年第1期。

② 同上。

③ 张明楷：《刑法学》（第三版），法律出版社2007年版，第274—275页。

④ 转引自马克昌《德国、日本刑法理论中的期待可能性》，载《武汉大学学报》（社会科学版）2002年第1期。

⑤ 参见刘艳红《调节性刑罚恕免事由：期待可能性理论的功能定位》，载《中国法学》2009年第4期。

待可能性或期待可能性较小理解为消极的阻却责任的例外要素,而非阻却责任"成立"的例外要素。申言之,这里的阻却责任包括阻却责任的"成立"与阻却责任的"严重度"两大层面。进而,适法期待可能性才既可成立为出罪的事由,也可成立为免刑或减刑的事由。

(三)适法期待不能(或期待可能性较小)的认定标准

如上所述,规范责任论强调刑法的规范性不仅仅在于其作为当为规范的命令功能,还在其作为评价规范的指引功能。即如我国现行《刑法》第237条第3款所规定的猥亵儿童罪,罪状并未叙明而是简单罪状,但赫然规定于其间的"猥亵"二字,其实已经表明了刑法的谴责色彩及否定立场,在明知国家法秩序已然有此非难规定的情况下,仍然违背该规范者,将遭致刑法的责任非难,除非司法上能够确认行为人之所以实施该项该当构成要件的违法行为,实因其欠缺守法的期待可能性或守法期待可能性较小,否则,无法阻却国家法秩序对该行为人的问责非难。

这就提出了一个应当从何者立场来考量适法期待不能(或期待可能性较小)的认定标准问题。对此,学界有以下三种不同学术主张:

1. 行为人标准说

主张此说的有德国学者弗洛登塔(Freudenthal)、日本学者团藤重光、大塚仁、大谷实、野村稔等。此说主张站在"行为人"的立场,以行为人行为时所处的附随情状及其具体情节,考量其在伦理上或道义上、是否值得非难,从而决定其行为有无适法期待可能性。论者的主要理由是:判断行为人有无守法期待可能性,不能脱离行为人自身的条件。即便同样的场合,一般人都会实施合法行为,但只要"不能期待于行为人"守法,就不能对行为人进行刑法谴责。

此说被批评者认为:理解越多、宽恕越多,理解全部、宽恕全部。特别是对穷困犯、潦倒犯、确信犯等,在他们自己看来,他们都存在适法期待不能的问题。法律如果一概予以宽恕,则法律将会丧失其客观划一的尺度。

2. 平均人标准说

这里的平均人指一般人或常人而非"德行高超"的圣人、贤人。道德品性特别高尚的人,并非平均人——例如,大义灭亲行为,就非常人实施的行为。平均人标准说是指根据一般常人处于行为人的境遇、包括其附随情状之际,会不会去实施与行为人同样的行为来确定期待可能性的。如果一般常人能够实施合法行为,则也可期待行为人守法;反之,一般常人处于行为人之立场不能实施或很难实施合法行为的,则应当确认行为人守法期待不能或守法期待可能性较小。

提倡此说的有德国学者格尔德施米特,日本学者木村龟二、小野清一郎、西原春夫、前田雅英等。木村龟二特别指出:"刑法既不是相对于圣人、贤人的规范,也不区别勇敢者和怯懦者,而是相对于社会的一般人的规范。在这种意义上,以社会的一般人为标准,根据社会的一般人若处在行为人的立场上是否可能做出合法行为的意思来判断期待可能性的有无才是妥当的。"①

对平均人标准说的批评主要有二:其一,日本学者福田平认为:"期待可能性的中心思想在法律不强人所难,因此责任非难应以行为人的可能为其界限,纵然平均人可能,但行为人的确不能时,不能不考虑行为人的特殊情形,否则就与承认期待可能性的意旨背道而驰。"② 其二,所谓平均人的观念,就社会阶级对立、政治信仰分裂的现代社会而言,实在缺乏客观性,执此内容分歧不一的观念,作为判断有无期待可能性的标准,有害法的安定性。

3. 国家标准说

德国学者沃尔夫,日本学者佐伯千仞、平野龙一等持此说。国家标准说的基本主张是:期待可能性的标准不应该放到行为人或平均人中间去寻找,而应以国家法秩序"所期待行为人采取适法行为的具体要求"为标准。

此说被批评为"以问答问"——问:国家法秩序认可的期待可能性的标准是什么?答:国家法秩序,实则没有解决任何问题,毫无意义。

本书认同上述第二种标准,即平均人标准说。如上所述,守法期待不能或期待可能性较小,其实并不是一个违法性判断问题,而是行为人究否去实施某一违法行为的"意志抉择"问题。通常情况下,一个有其正常责任能力的自然人,会毫不犹豫地选择守法,但是,当其行为人面临人们通常所说的情与法的冲突或两难的义务冲突时,可能做出实施违法行为的"违心"的意志抉择。此时,根据该期待可能性理论,法秩序可从伦理即人性刑法角度出发,为脆弱的人性洒下刑法的同情之泪。例如,近年来时见确实无力抚育婴儿特别是先天病儿的父母,偷偷将婴儿遗弃到婴儿安全岛。对此,社会一般人都会认可此类"守法期待不能"的行为不应遭致刑

---

① [日] 木村龟二:《刑法总论》(增补版),有斐阁1984年版,第305页。
② 参见 [日] 福田平《刑法总论》,有斐阁1976年版,第404页以下。

法非难。毕竟，谁都知道，就是国家法律也不能要求此类婴儿的父母去杀人越货、去偷钱、去抢钱来养活自己的孩子。此外，从另一视角看，这些残疾、贫困婴孩的生存保障问题也在一定程度上表明：国家、社会没有为此类家庭提供足够的、保障其病婴能够生存下去的良好机制。国家、社会也就负有在此类制度设计方面的不到位、不周全之责任。就此意义看，将此类国家、社会责任都归结到"遗弃"这些孩子的父母头上，显然不公正。当然，确有抚养能力，因为孩子先天残疾或有病或仅仅因其为女婴而遗弃婴儿的，另当别论。

可见，司法上何以判断该行为是否"情有可原"的标准、还在刑法应当认同什么样的附随情状及其伦理秩序。美国模范刑法典已对某些可做合法辩护的"被胁迫事由"做出了前提性条件规定，那就是：只有在"一个具有合理坚定性的人在其所处境遇下，也无法抵抗该死亡威胁"之际，① 才可做"被胁迫辩护"。而这里的"一个具有合理坚定性（reasonable firmness）的人"，正是一个抽象而一般的概念，可见某种意义看，英美判例法上也是确认一般人标准的，因为它既有一定的"坚定性"要求，又未提出"极高的"、"非常的"或者说是完全个别化的坚定性要求——仅是合理的坚定性而已。

我国刑法也一样，首先，我国刑法所认可的伦理秩序不可能比肩于道德情操至高至上的圣人、贤人、仁人志士及其他勇者心中的伦理先贤——因为我国刑法并不要求中国公民如同圣人般的大公无私、见义勇为，否则即入罪——那样的操守只在英雄篇章上可见，而非"常人规范"。此外，我国刑法也不可能屈意俯就极少数道德观念极为低下者。概言之，我国刑法所认可的伦理秩序应为大众推崇的大众道德，进而，刑法所认可的"常情"也应为社会一般人所认可的基本的道德。否则，诚如人们熟知的许霆案件，就行为人当时所处的附随情状看，如按"行为人标准说"，他也许真的就守法期待不能，但因而对其免责的话，岂不等同于所有的"机会犯"都可免责？但实践中，能够因其作案"机会大好"而认定其欠缺守法的意志自由吗？试问：哪个财产犯不是先窥伺机会而后作案的呢？

这里还需特别强调的是：其一，期待可能性原本建立在规范责任论基础之上。而规范责任论又建立在早先的心理责任论（道义责任论、行为责任论）基础之上，因而它本质区别于"行为人责任论"。进而，所谓"责任乃个人责任因而应以行为人的可能为其界限"的说法，论之无据。其

---

① See：Model Penal Code 2.09, cmt. (Official Draft and Revised Comments 1980), p.238.

二，所谓期待可能性实现的是个别的、具体的正义，因而必须基于行为人的立场考虑行为标准的说法也有失立论的周延。问题的症结在于：诸此提法不免混淆了适用期待可能性的目标与其认定标准的界限。当大众在该特定附随情状下，均难以守法时，仍然要求行为人务必守法，刑法不免有些强人之难。这时为了做到"情有可原、法也可恕"，对特定的行为人适用守法期待较小或因其不可能而减免其刑责，所实现的正是刑法的个别正义、具体正义。反之，在明知或者应知且其能够知道实施特定的行为违法的情况下，①倘若一般人在此附随情状下均能做出适法的意志抉择，唯独行为人就是不能，这只能说明行为人法治观念淡薄、道德水准低下，如此，刑法何以要为其洒下同情之泪。其三，所谓"期待可能性的中心思想是'法不强人之所难'"，因而如果以平均人为标准，则期待可能性会失却了存在价值的说法也是牵强的。因为，法不强人之所难，并非毫无原则的。特别是刑法——其调控的是相对严重的法益侵害行为。所以，一般情况下，刑法就是要强人之难，其例外仅仅在于：行为虽然触犯了刑律并侵害了特定法益，但公众都认为该行为并不悖逆有关社会的基本伦理道德底线之际——换言之，公众都认为该行为"情有可原"时，法才不强人之所难。其四，所谓平均人水准难以掌握的说法也难成立。按照此种说法，多数学者所认同的刑法的客观主义立场，也是完全无法贯彻的，可我们能够因而摒弃刑法的客观性和一般性吗？更何况，道德规范虽然可谓不成文规范，但是社会一般人从未因而认为道德规范缺乏客观性。恰恰相反，当人们众口一词地谴责某一行为不道德时，社会实际并不欠缺大家公认的道德准则。进而，只要承认当今社会存在公认的道德标准，则"平均人标准说"，并不存在难以达致客观性的问题。质言之，本书赞同刑法的人道性、伦理性，但此一"应洒刑法同情之泪"之法，应当是一般人在此附随情状下，出于基本的自救、自保或亲情考量，大家（个别觉悟极高极低者不属于这里的平均人）此时都会做出欠缺守法期待可能性的事情来。反之，当大众都不会、仅仅当事人自己或者当事人的亲朋难以适法时，刑法并不因而认为他/她就没有适法期待可能性，进而刑法也无法做出阻却其责任或减轻其刑罚的法律评价来。

---

① 如果其并不明知或者应知且能够知道某种行为会导致特定的法益侵害后果，则表明该行为人或是没有故意；或是欠缺关注能力，此类情况下，应当阻却的是行为人的罪过而非守法期待不能。而行为人是否明知或者欠缺关注能力，却是因人而异的。换言之，此类意识状况的认定，方应以行为人个人的主观认识为准。

最后想要强调的是：时至今日，期待可能性理论在其创始国——德国以及后来居上的日本，的确已呈式微之势，特别是当今的德国学者大多否认期待可能性可成立为一般性的阻却责任事由，而只承认其为法定的、特别的免责事由。[①]即如德国历史上，其1927年起草的《德国刑法（草案）》第25条曾规定："为避免自己或他人现在且无其他避免方法之重大损害危险，而实行得科刑罚之行为者，如已顾虑与义务相应之对立利益，仍不能期待行为人或面临危险者忍受将发生的损害时，则视之为紧急状态下之行为。"然而，德国现行刑法典所规定的阻却责任的紧急避险、特殊情况下可阻却或减轻责任的亲属相隐等，却未在法典上出现上述"不能期待"之类的法律字眼，仅在学理解释上，将上述免责规定的理论支撑释定为守法期待不可能。

不少学者为此深入分析了其所以日趋冷落的缘由。认为主要理由是：期待可能性理论建树或引入日本之初，德、日分别处于第一次世界大战、第二世界大战之后，此间，民众生活窘困，社会政治经济秩序紊乱、刑法苛严失公，人民的守法意识也相对较差。然而，当今的德国、日本，政治经济均相对稳定，社会治安秩序井然，刑法相对宽松公平，广大民众的守法意识也较高。这样一来，悖逆人之常情的、适法期待不可能的客观附随情状本身渐少，再动辄适用守法期待不能，刑法的威权性、公正性必将遭致较大的侵蚀和挑战。可见，当今的德、日，的确日渐欠缺适用守法期待不能的客观物质经济条件。

但期待可能性在西方的渐趋冷落，并不等同于今日之中国也应关闭其研究甚至适用的大门。这是因为，如上所述，法权关系取决于一定的物质经济关系，有什么样的物质经济条件，就会塑形出什么样的、用以调适该物质经济关系的法律模板。而今中国的现状是：（1）今日之中国，政治经济发展极不平衡。东部、西部、贫困地区与发达地区，贫富差距、文化差距均较大，导致各地治安环境良莠不齐。特别是，与日本、德国、法国等相比，中国幅员之大，更容易导致各地政治经济发展的不平衡。（2）就一般意义看，中国广大城乡、社区还普遍缺乏一家家、一个个对遵纪守法抱有"热烈而深切信念"的笃信宗教的广大教徒与教民。美国学者伯尔曼曾经指出，"真正能阻止犯罪的乃是守法的传统，这种传统又根植于一种深

---

① 参见［德］汉斯·海因里希·耶赛克、托马斯·魏根特《德国刑法教科书》（总论），徐久生译，中国法制出版社2001年版，第602—604页。

切而热烈的信念之中,那就是,法律不仅是世俗政策的工具,还是生活终极目的和意义的一部分"。①显然,由于国内笃信宗教者甚少,没有传统教义的自觉与自律,人们很难将"法律"视作自己"生活的终极目的与意义"。相反,在不少人心目中,遵守法纪只是碍于违法将遭致法律制裁。这样一来,只要有法律漏洞可钻,不少人便敢于以身试法、铤而走险。于是,国内销售盗版光盘的、乘车逃票的、买卖发票逃税的、小额敲诈、巨额诈骗、绑架勒索的违法犯罪……比比皆是。(3)与德国不一样,德国虽是成文法国家,司法上却也开始沿用英美的判例制度。中国却是一个纯粹的成文法国家,法官不能适用习惯法。加之,受重刑主义思想的影响,长期以来,我国司法上也偏于相对机械的求刑或用刑。没有法律根据,仅凭刑法理论,国内很难免责或者减轻处罚。(4)中国特有的户籍制度文化、住屋文化、家居文化、社区环境文化,更导致了国内特别是中国农村家庭暴力的碍难禁绝。而诸如此类的家庭暴力,也是中国公民守法意识相对较差的特有写照。与此相对应,受虐待的家庭成员,特别是妻子时遇守法期待不能或守法期待可能性很小的、走投无路或忍无可忍的情状,有鉴于此,伦理刑法、人性刑法的引入,在中国不但不应当遭到冷落,反倒宜于大张旗鼓地研究、宣传与灌输。唯有诸如此类的理论之风先行——经过相当长时期的灌输与耳濡目染,我国强大的国家刑罚机器,才有可能为更多的、身在偏远地区且常年遭受不公待遇的弱者之"违法"行为,做出旨在矫正其刑法之个别不公的恰如其分的、人性化的刑法评价来。②因而,总体来看,本书的立场是:就现阶段的中国政治经济发展现状看,特定情况下,中国法官可以将守法期待不能作为一般的超法规免责事由,酌情适用。

二 违法性认识的可能性

(一)违法性认识可能性的界定

违法性认识的可能性,是指行为人在实施该当构成要件行为时,在主观认识水平上能够认识到其行为已为国家法律所禁止的盖然性。

这当中,对违法性认识的对象,刑法学界计有泛义说、广义说、狭义说、最严格意义说四种。(1)泛义说主张,违法性认识的对象,应以违背

---

① [美]哈罗德·伯尔曼:《法律与宗教》,梁治平译,生活·读书·新知三联书店1991年版,第43页。
② 参见屈学武《死罪、死刑与期待可能性》,载《环球法律评论》2005年第1期。

社会的基本道德规范、即以反社会的认识为基准。行为时，行为人只要能够知道自己的行为违背了作为法规范基础的社会基本道德，即可认定行为人具有违法性认识的可能性。此类观点被评价为将"悖德"等同于"违法"。但实际上，道德规范与法律规范虽然有其交叉点，但二者并不竞合重叠，因而此说仅为极少数学人主张。（2）广义说主张，违法性认识的对象，应以违背任何法律规范之规定为基准。据此，行为人只要能够认识到其该当构成要件的行为会违背有关法律规范即可，无论是民事、行政还是刑事法规范。此说也被批评为"只要行为人具有违反民法的认识，就在刑法上肯定其非难可能性，并不一定合适"。①（3）狭义说主张，所谓违法性认识的对象应为刑事违法性。虽然如此，鉴于刑事法的受范对象不仅仅是刑法学专家或者刑事实务界人士，更包括广大公众，而面对数百条的刑事法条，一般民众多不能从规范角度去悉数掌握。因而实践中，行为人只要能够概括性地知道自己的行为为刑法所禁止即可，至于刑法规条的具体规定，例如，其行为是否具备可罚性、法定刑甚至处断刑怎样等，都不在该一"违法性认识"的确定对象之列。对此，有德国学者更明确指出，"违法性认识并不以法律技术上的评价为前提"，它只是"外行的评价，认为法律规范可能不允许这样的行为"。②（4）最严格意义说主张，违法性认识的对象不仅包括能够知道其行为为刑法所禁止，还能知道其行为的可罚性、法定刑罚等。

针对上述多种主张，本书较为认同上述第三说即狭义说的主张。因为，正如德国学者冈特教授所言，"不法意识既不要求认识到可罚性，也不要求知道包含了禁止性规定的法条"，但"行为人必须知道，他的行为会招致（法院判决、警察机构的干预或者其他官方措施的）任意形式的国家暴力的惩罚，才能具备不法意识"。③

（二）违法性认识在责任论中的法律定位

对违法性认识在责任论中究竟应当居于何种法律地位，亦即其究竟应隶属于故意要素还是独立的责任要素，学界也多有争议。其间最有代表性的观点乃泾渭分明的"严格故意说"和独立的"责任说"。

"严格故意说"是指违法性认识乃属故意的要素。其基本"理论根据

---

① 张明楷：《刑法学》（第三版），法律出版社2007年版，第267页。
② ［德］冈特·施特拉腾韦特、洛塔克·库伦：《刑法总论 I——犯罪论》，杨萌译，法律出版社2006年版，第225页。
③ 同上书，第225—226页。

在于，明明具有违法性的意识，却仍然（竟然）实施了违法行为，因而有理由作为故意犯施以更重的谴责"，由是违法性意识的有无也就成了"区分故意与过失的分水岭"。①申言之，根据此种观点，行为欠缺违法性认识则阻却故意，对同样的行为及其后果，刑法有其过失犯规定时，行为只能构成相应的过失犯。

"责任说"则主张，违法性认识是平行于故意与过失的、独立的责任要素。由是，欠缺违法性认识可能性的场合，行为不能阻却故意，却可以作为独立的责任要素阻却责任。对此，日本有学者特别指出：故意为"应罪事实"，由检察官举证；而违法性认识错误属于《日本刑诉法》第335条第2款所规定的"妨碍犯罪成立的理由"，应由被告人自己举证；检察官只是在其不认可时才予以立证。②——此一观点的要旨在于：故意所认识的内容不同于违法性认识之内容，前者是对构成要件事实及其后果的认识，后者则为该事实是否违反有关刑事法规范。例如，有行为人在禁猎区狩猎，倘若他根本不知道该区域为禁猎区，则因其根本不知道刑法分则相关法条法定的构成要件事实及其危害而应阻却其"故意"的成立——因为故意必须明知有关构成要件事实及其危害后果。在刑法有其过失犯规定的情况下，此类行为人只能构成相应的过失犯罪。然而，倘若行为人连有关禁猎的国家法律都无从知道，则属违法性认识错误，应直接阻却责任。因为"无从知道"表明：该违法性认识错误不可避免。

对责任说，学界又有严格责任说与限制责任说之区分。二者的主要区别在于：严格责任说主张正当化事由的认识错误（如假想防卫）应属违法性认识错误，因而行为虽属欠缺违法性认识的可能性，也不能阻却其故意，只能阻却其责任；限制责任说主张正当化事由的认识错误不属违法性认识错误，而属构成要件事实的认识错误。例如，假想防卫的场合，并非行为人欠缺违法性认识的可能性，而是防卫对象上的认识错误，由是，鉴于行为人欠缺针对"应罪事实"及其后果的故意，应阻却其故意，行为只能成立相应的过失犯罪，在欠缺关注能力的场合，行为应成立不能预见的意外事件。

从国外立法例看，《德国刑法》第17条明确规定："行为人行为时没

---

① [日] 西田典之：《日本刑法总论》，刘明祥、王昭武译，中国人民大学出版社2007年版，第191—192页。

② 同上书，第193页。

有认识其违法性，如该错误认识不可避免，则对其行为不负责任。"可见，德国刑法对不可避免的禁止错误的法律评价大致符合上述"责任说"的主张，即违法性认识应被定位为犯罪论体系中的独立于罪过要素之外的阻却责任的要素。《日本刑法》第 38 条第 3 款的规定则是："即使不知法律，也不能据此认为没有犯罪的故意，但可以根据情节减轻刑罚。"可见，日本现行刑法的规定也不支持违法性认识为故意的要素，否则，若按严格故意说，当其不知法律（欠缺违法性认识）时，就应阻却故意，可日本的刑法评价却是"不能据此认为没有犯罪故意"而可"根据情节减轻刑罚"，可见据日本刑法的规定，禁止错误仅能部分地阻却责任。虽然，日本的《改正刑法（草案）》第 21 条第 2 款已做了类似德国的责任主义刑法规定，即"不知自己的行为不为法律所允许而实施的，对此具有相当理由时，不处罚"。但迄今为止，该"草案"并未获得通过，因而日本虽有不少学人赞同独立的阻却"责任"的观点，但其仍属基于应然立场上的观点。

至于中国刑法，无论是针对构成故意还是阻却故意或责任的有关规定，迄今为止，中国刑法典并未就有关违法性认识问题做出明文规定。我国刑法上对故意的要求仅是"明知自己的行为会发生危害社会的结果，并且希望或者放任这种结果发生的"。尽管如此，围绕着违法性认识与故意的关系问题，我国刑法学界还是先后提出了违法性认识不要说、违法性认识必要说、违法性认识可能说和自然犯、法定犯二分法说，即自然犯务须有其违法性认识、法定犯未必需要违法性认识，等等。

本书主张，针对刑法规条的违法性认识与故意没有关系。认为无论从实然还是应然的立场上看，诸此违法性认识都是或者应当是独立于故意、过失之外的、特殊的阻却责任的要素。鉴于我国《刑法》第 14 条针对故意的"会发生危害社会的结果"的特殊规定，本章在论及故意罪过时，也只是从刑法解释论的立场出发，将这里的"会发生危害社会的结果"解读为会发生"侵害或威胁到刑法所保护的特定法益"。然而，鉴于刑法本身的上述规定和本节理论研讨的衔接要求，本书特对这里的明知自己的行为会发生"侵害或者威胁到刑法所保护的特定法益"再诠释如下：对这里的明知自己的行为会发生"侵害或威胁到刑法所保护的特定法益"，应理解为实质意义的明知违法——即明知自己的行为会发生"危害社会的结果"，而非形式意义的明知违法。因为实质意义的违法性即明知自己的行为会发生"危害社会的结果"，乃我国《刑法》第 14 条明文规定的故意的认识内容；而形式意义的违法性，仍属违法性认识的内容。由是，对此内容在责任论中的法律定位，本书更赞同上述"限制责任说"的基本立场。

但即便秉持上述"限制责任说"的基本立场，我们也仅限于赞同违法性认识的可能性说，而非违法性认识必要说。换言之，当其行为该当构成要件并具备违法性及其刑法上的罪过，且不存在守法期待不能的情形时，能否阻却责任的关键，仅在行为人是否欠缺违法性认识的可能性，亦即是否发生禁止错误。

然而，实践中，刑法实务工作者不可能也不需要逐一排查每一"个案"行为人是否具备违法性认识的可能性，而是经过一定主客观情况调查了解之后，只要能够确认行为人业已具备"能够"认识到其行为的刑事违法性之主客观可能，就可确认其具备违法性认识的可能性，从而，即便其的确没有认识到其行为的违法性，但因其原本可以回避该错误的发生，行为因而仍属具备违法性认识的可能性，司法上因而仍然不能阻却其刑事责任。例如：

2011年5月6日下午14时30分，某甲与某乙均因醉驾于高速而被交警拦截，二人均将面临于同年5月1日生效的《刑法修正案（八）》新增设的醉酒驾车罪的指控。但事后经查，某甲本于2007年被判刑入狱，事发的前一天即2011年5月5日刚刚刑满释放出狱。

有鉴于此，前几天刚生效的醉驾入刑规定，对某甲而言，很可能属于"不可避免"的违法性认识错误。换言之，醉驾入刑对于前一天才出狱的某甲而言，欠缺"违法性认识的可能性"。这一点，经查证坐实以后，可成立为阻却某甲承负醉酒驾车罪刑责的事由。然而，这一阻却责任事由显然不得同时适用于某乙。因为某乙乃国家机关之专职司机，上述"修八"规定，从酝酿到起草到正式出台，已然在社会上宣传多年，因而，某乙即便真的不知道此项规定，也因其"应当且能够知道"醉驾已入刑的规定，而具有"违法性认识的可能性"。由是，司法上不得阻却某乙的醉酒驾车罪的责任。

综上可见，就本质意义看，本书所赞同的"违法性认识可能性"，其实就是指行为人对自己的行为已然违法，有其概括的认识"能力"或"机会"。有"能力"或"机会"认识，猝发犯罪的场合，即便行为人未及斟酌考量其行为是否违法，行为人仍属具有"违法性认识的可能性"。

（三）违法性认识错误类型及其判断标准

一般而言，在行为该当构成要件并具有违法性且存在故意或者过失罪过的情况下，大多可以推定行为人业已认识到行为已然违背国家的有关刑事法规范。所以，欠缺违法性认识的可能性亦即违法性错误（又称禁止错误）的情况，仅属启动于特殊场合的、例外的、消极的责任判断。一般认为，违法性认识错误可包括：（1）对刑法规范本身的错误认识。指针对自己行为的刑法之禁止性评价所做的相反认识。（2）规范解释论上的错误认识。指针对法规范所做的禁止性或正当性评价在解释论上的相反认识。（3）对刑法规范效力上的错误认识。

在违法性认识错误问题上，还存在下述两项难以回避的问题，那就是：其一，如何判定行为人是否发生了禁止错误？其二，在确认行为人的确发生了禁止错误的情况下，如何判定该错误是否不可避免？应当说，这两大问题，在理论上、实践中均难以设定出划一而通行的"标准"或者"样本"来。一般而言，要判定"个案"中的行为人针对某一法律问题所产生的错误认识即禁止错误是否不可回避，应当综合下述多方面情况酌定：

1. 行为人长期工作或生活的自然与人文环境状况

例如，猎人某甲违法捕杀了一只受国家保护的濒危野生动物雪豹，但某甲辩称他根本不知道雪豹为濒危动物。但实际上，某甲既然以猎为生，就具有主动地去了解和辨识哪些动物属国家重点保护的野生动物的义务，何况雪豹还是受国家保护的一级濒危野生动物。有鉴于此，尽管某甲可能真的不知道雪豹乃受国家重点保护的濒危野生动物，但某甲的法律认识错误原则上不能阻却其行为该当特定构成要件行为的责任，理由很简单：某甲的错误乃属可以避免的认识错误。套用我国《刑法》第16条的规定来讲，那就是某甲因其错误认识所导致的损害结果，并非基于"不能预见"的无罪过事件引起，某甲因而应当承担"非法猎捕、杀害珍贵、濒危野生动物罪"的责任，但鉴于其的确欠缺认识，量刑时可酌情从轻或者减轻处罚。

问题在于，既然如此，这里因何仍然主张"原则上"不能适用？答案就在于就某甲所处的自然环境而言，一般情况下，他自然应当并且能够了解国家有关刑事法规范，但就其所处人文环境看，倘若某甲恰为一位与其妻隐居深山老林30年的老猎人，这样一来，面对这样一位几乎失语的丛林人，他不知道国家有关禁止规范，自然不可避免，从而应当阻却其"非法猎捕、杀害珍贵、濒危野生动物罪"的责任。

2. 行为过程中，行为人是否遭到有关权威机构的误导

例如，据报道，2001年8月31日，海南省某市某华侨农场下属的服务部经理郑××办理了《爆炸物品使用许可证》，并在2002年至2003年

期间，由服务部会计陈××找当地公安局某副局长批准，先后向该市民用爆破器材有限公司购买炸药9668公斤等爆炸物。此外，该服务部仓库内还存有2001年购买的炸药1423公斤等爆炸物。尔后，该服务部经理郑××、会计陈××在没有爆炸物品销售许可证的情况下，向该市某公安分局指定到该部购买爆炸物品的某华侨农场辖区有关石场及个人非法销售炸药10827公斤。案发后，公安机关在服务部仓库内扣押炸药264公斤。

对本案，郑××辩称，服务部销售炸药在客观上存在着一个因果问题。因农牧发展公司的前身是供销科，供销科当时早有销售炸药的情况，服务部是依照上面的一贯做法进行下去的，销售许可证因以前没有，接管后也就没有办。服务部是当地公安分局确定的炸药代销单位。陈××则辩称，他开具爆炸物调拨单，只是在履行工作职责，主观上没有非法买卖爆炸物的故意，客观上不存在私自买卖爆炸物的行为。

本书认为：本案即属典型的、对规范解释论上的错误认识。固然，二人确实知悉其没有销售许可证，但他们未必能够认识到经公共安全管理的权威机关——公安机关"授权"销售的行为还是"违法"的。何况，鉴于"农牧发展公司的前身是供销科，供销科当时早有销售炸药的情况，服务部是依照上面的一贯做法进行下去的，销售许可证因以前没有，接管后也就没有办。而服务部又是当地公安分局确定的炸药代销单位"。[①]可见，就本案具体案情看，二位被告显然发生了"销售违法与否"的认识错误：误以为自己之销售行为"正当合法"。

3. 应结合行为人之所以"理直气壮"地实施违法行为之前因后果综合考量该错误是否无法避免

再以上述案例为例。行为人之所以再次实施该一违法"销售"行为，（1）因其长期有其该物品的使用许可；（2）因本案的买受人乃经由该市某公安分局的"指定"前来购买；（3）因二人所处的人文环境实为二人提供了可予销售的"前车之鉴"——供销科一直有"销售炸药"的"业务行为"。基于上述种种原因，对本案，本书更赞同定性为"不可避免的违法性认识错误"，进而，起码从理论上讲，司法上完全可以此为由阻却二人之"非法买卖爆炸物罪"的责任。

---

① 参见《商店卖炸药经理坐牢，集体行为或个人行为引起争议》，原载2004年9月11日《南国都市报》，转载于新华网：http://www.hq.xinhuanet.com。

本章小结

作为犯罪论体系中的责任论专章，本章首先论述了责任体系中的三大积极责任要素：即责任能力、责任故意与责任过失；其次论述了责任论体系中的两大消极责任要素，即适法期待可能性与违法性认识可能性。在责任能力问题上，结合我国刑法的规定，本书是将刑事责任年龄与责任能力结合在一起研讨的。此外，对于病理性醉酒、对年满75周岁以上的老年人犯罪的刑法新规定及其有关学理争议意见，本书均做了专门性研讨。对责任故意与过失，本书分别对其做了有关故意与过失的本质、故意与过失的法律分类与法学分类的研讨。在讨论犯罪故意时，本书还结合有关刑法上的事实认识错误做了较为深入的研讨。在过失的构成专题中，除意识、意志特征之外，本书还专门研讨了有关关注能力、关注义务与结果回避义务等问题。在阻却责任的事由中，本书分别研讨了适法期待不能与违法性认识错误的认定标准、法律责任等问题。在适法期待不能的认定标准上，本书更认同平均人标准说。在违法性认识可能性问题上，本书赞同所谓违法性认识仅是"外行"就其行为是否为法律所禁止的非技术性的评价，因而行为人只要"能够"概括地认识到其行为可能触犯有关刑法禁止性规范即可，并不要求行为人有其会"发生危害社会的后果"的实质性评价。换言之，实质性的危害后果要求及其对构成要件之应罪事实的蓄意为之，乃为"故意"的基本要求。有鉴于此，欠缺违法性认识可能性并不阻却行为人的故意，而是在该禁止错误确属不可回避的情况下，可阻却其责任；而在可以回避的情况下，行为人虽然能够认识、但事实上的确没有认识时，可酌情减轻其责任。

思　考　题

一　名词解释

原因自由行为　相对负刑事责任年龄区　主观的构成要件要素　违法性要素　禁止错误

二　简答题

1. 简述刑法对75周岁以上的老年人犯罪的特殊刑事责任规定。
2. 试述希望主义认识根据说与容认说在故意的根据上有何本质不同。
3. 简述实害故意与危险故意的基本区别。
4. 简述刑法上的具体的事实认识错误与抽象的事实认识错误的联系与

区别。

三 论述题

1. 试论刑法上的刑事责任能力与关注能力的联系与区别。
2. 试论适法期待不能的认定标准及其刑事责任。
3. 试论违法性认识在责任论中的法律定位。

阅读参考文献

［德］弗朗克：《论责任的构造》，载冯军主编《比较刑法研究》，中国人民大学出版社 2007 年版。

张明楷：《责任主义与量刑原理——以点的理论为中心》，载《法学研究》2010 年第 5 期。

张明楷：《也谈客观归责理论——兼与周光权、刘艳红教授商榷》，载《中外法学》2013 年第 2 期。

梁根林：《责任主义原则及其例外——立足于客观处罚条件的考察》，载《清华法学》2009 年第 2 期。

陈兴良：《期待可能性问题研究》，载《法律科学》2006 年第 3 期。

屈学武：《中国刑法上的罪量要素存废评析》，载《政治与法律》2013 年第 1 期。

屈学武：《死罪、死刑与期待可能性》，载《环球法律评论》2005 年第 1 期。

孙国祥：《期待可能性司法适用研究》，载《金陵法律评论》2008 年第 1 期。

劳东燕：《罪责的客观化与期待可能性理论的命运》，载《现代法学》2008 年第 5 期。

劳东燕：《犯罪故意的要素分析模式》，载《比较法研究》2009 年第 1 期。

刘艳红：《调节性刑罚恕免事由：期待可能性理论的功能定位》，载《中国法学》2009 年第 4 期。

王世洲、刘孝敏：《论刑法中违法性的概念与体系性功能》，载《中国刑事法杂志》2008 年第 3 期。

谢望原：《论刑法上承诺之正当化根据及其司法适用》，载《法学家》2012 年第 2 期。

冯军：《刑法中的责任原则——兼与张明楷教授商榷》，载《中外法学》2012 年第 1 期。

周光权：《违法性认识不是故意的要素》，载《中国法学》2006 年第 1 期。

周光权：《结果回避义务研究——兼论过失犯的客观归责问题》，载《中外法学》2010 年第 6 期。

冯亚东：《违法性认识与刑法认同》，载《法学研究》2006 年第 3 期。

冯亚东、李侠：《从客观归因到主观归责》，载《法学研究》2010 年第 4 期。

第九章　未完成罪

内容提要

　　未完成罪是相对于犯罪既遂而言。中国刑法上的未完成罪包括犯罪预备、犯罪未遂和犯罪中止三种形态。其中，围绕犯罪未遂问题形成了较多学术争议。主要表现为主观未遂论与客观未遂论之争。其中，主观未遂论的视点在于行为人之"危险性格"或者"法敌对意思"。鉴此，无论行为人之犯罪是否得逞，行为人危险的性格或者针对法规范的敌对意思与既遂犯相比并无二致，因而对未遂犯、甚至对预备犯的处罚，均应与既遂犯相同。客观未遂论则主张国家刑罚权予以打击的并不是行为人之危险性格或对法规范的敌对意思，而是其行为所导致的、针对特定法益侵害的客观危险性。然而，在如何理解"客观危险性"的问题上，学界又析分出形式的客观说与实质的客观说两种主张。"形式的客观说"主张：行为人"只要开始实施该当于构成要件的行为之一部分，即为实行的着手"，进而会引发针对法益的客观危险。"实质的客观说"赞同具体危险说，即"唯其行为对刑法所保护的法益招致了具体而紧迫的侵害危险之际，行为方才构成实行的着手"。两相比较可见，形式的客观说不免存在认定"着手"时间过迟或过早的问题，进而不仅存在针对犯罪预备与未遂的时段混淆问题，在整个犯罪论体系中，由于正当防卫权的享有也与"着手"实行正相关，因而也可能导致有关问题。例如，若要等到扣动扳机才构成"着手"实施不法侵害——防卫人因而才享有防卫权的话，实践中大多已经为时过晚。因而采"实质的客观说"即具体危险说作为"客观危险"的认定基准较为得当。以此推理可见，区分未遂犯与不能犯的标准也在于：未遂犯的场合，必定会产生针对有关法益的侵害危险；而根本不可能实行终了的不可罚的不能犯，则不但不会导致特定侵害后果，就连特定的侵害危险，都必定不会发生。例如，误将石像视作特定的人瞄准开枪，此类行为便属导致他人死于非命的危险都必定不会产生的不可罚的不能犯。

未完成罪，仅发生于故意犯罪之中，且是相对于犯罪既遂而言。根据中国刑法的规定，中国刑法上的未完成罪包括犯罪预备、犯罪未遂和犯罪中止三种形态。

一般认为，犯罪既遂是指齐备完整形态的构成要件该当性的行为，但是未完成罪，在构成要件上也不是完全与刑法分则相关规定相抵牾，只是与完整形态的构成要件不同。由是，为了便于阐释和分析此类未完成罪在构成要件该当性上的特性，有学者提出了修正的构成要件的概念。如日本学者小野清一郎就指出："只要没有全部实现构成要件，即使是实现了一部分，该犯罪即没有完成。然而只要它能符合一般构成要件的修正形式的话，也是可罚的。"[①]由此可见，在构成要件特性上，未完成罪应当符合刑法总则关于未完成罪与刑法分则特定"个罪"共同形塑的、特定的修正构成要件的基本要求。

第一节 犯罪预备

按照我国《刑法》第22条的规定，"为了犯罪，准备工具、制造条件的，是犯罪预备"。"对于预备犯，可以比照既遂犯从轻、减轻处罚或者免除处罚。"

一 犯罪预备的概念与特征

按照我国《刑法》第22条的规定，刑法中的犯罪预备，是指行为人业已实施为了犯罪，准备工具、制造条件的行为，由于意志以外的原因尚未着手实行犯罪的故意犯罪的停止形态之一。

关于犯罪预备的特征，这里不妨通过对下述相关问题的阐释来综观其要义：

（一）犯罪预备与犯意表示

犯意表示只是一种犯罪思想表露而无刑法意义的行为。例如，张三与李四吵架时声称，"总有一天我要杀了你"，这实际是可能或行将实施杀人犯罪的犯意表示，而这种犯意表示，是通过"语言"的形式表露出来的。可以想见，除语言外，人们还可通过"文字"的方式来表露其犯

---

① ［日］小野清一郎：《犯罪构成要件理论》，王泰译，中国人民公安大学出版社2004年版，第125页。

罪意思。如张三与李四吵架后，托人给李四家送去一张字条，表露了他总有一天要杀了李四的思想。可见，通常情况下，犯意表示者不是采取言语，就是采取文字的方式来敞露其犯罪意思的。这里，"言语与文字"是其犯罪思想的物质外壳；而敞露出来的"犯罪思想"则是其物质外壳下的精神性内容。可见作为"精神性内容"的"犯意表示"不是一种实实在在的刑法意义的"行为"。犯罪预备则不同，行为人虽未令其犯罪行为进入"着手实行"阶段，但预备行为仍然是一种超脱于"思想"或"精神"之外的"行为"，这也是刑法所以要惩罚犯罪预备的根据所在。因而，要注意犯罪预备与犯意表示的主要区别，正在于前者是"行为"；后者是"思想"。

（二）犯罪"预备行为"与犯罪的"着手实行"行为

从上述预备犯的概念可见，犯罪预备与未遂的最大区分，莫过于前者尚未着手实行犯罪。亦即预备行为只是为产生犯罪准备工具、创造条件，从而为犯罪的实施提供现实可能性的行为；而"着手实行"的场合，行为人所实施的，不再是为犯罪准备工具、创造条件的行为，而是开始从事严重威胁到刑法所保护的法益，并正在导致刑法法益有遭致具体而紧迫的侵害之危险。

论及至此，有人可能质疑：难道为犯罪"准备工具、制造条件"的行为就没有危险吗？当然，回答是肯定的。但这正如日本学者小野清一郎所言，"危险性是个有程度的概念，所以在设立有惩罚预备行为规定的场合，仍可认为有危险的存在。然而，这时的危险性与实行时的相比有程度上的差异，这种程度差异是区分预备和实行的重要契机。程度的差异，在某一点上可以转换为性质的差异"。①质言之，预备行为所导致的危险仅限于不确定的、抽象的可能阶段，而着手实行行为所导致的危险则是具体而紧迫的、临界于结果的状态。有鉴于此，当有人为了杀人而买枪的行为，理所当然地属于预备行为，而当其端着枪寻找并业已面对被害人时，其行为可能导致他人生命法益遭致侵害的危险已然非常具体而紧迫。则此时不再属于预备行为而应进入实行的着手阶段了。当然，关于如何认定实行的着手问题，刑法学界早有争议。对此，本章将在下一节即关于犯罪未遂的专节中，专门研讨。

---

① ［日］小野清一郎：《犯罪构成要件理论》，王泰译，中国人民公安大学出版社2004年版，第130页。

（三）预备行为有其时间区间性

鉴于犯罪预备，是故意犯罪的一种停止状态，而在此停止状态中，行为人务必实施为了犯罪，准备工具、创造条件的行为。可见，要完成诸此行为，尚需一定时间量度。一般认为，此一区间，应在犯意表示之后、犯罪着手实行以前的一段时间。具体地说，就是行为人为了犯罪，准备犯罪工具、创造犯罪条件的期间。

（四）成立"犯罪预备"的主观条件

按照我国《刑法》第 22 条的规定，"为了犯罪"而准备工具、制造条件的，才能成立犯罪预备。有鉴于此，同样是准备工具、制造条件，假如行为人不具有犯罪目的，就不能成立犯罪预备。例如，甲与乙都在为刻制光盘准备工具，甲是为了继后进一步实施大规模的盗版行为；乙则是为了便于今后翻刻一些网上文件自用。可见，前一行为属于犯罪预备；后一行为无罪。

（五）犯罪在预备过程中停顿下来，是由于行为人意志以外的原因

这是区分犯罪预备与犯罪中止的关键。行为人在进入犯罪预备后，其直接发展进程无外乎是：（1）在预备阶段受阻被迫停顿了下来；（2）在预备过程中未受阻，将犯罪一直进行了下去；（3）在预备过程中自动地放弃了犯罪。显然，这三种情况中，唯有第一种情况属于表现为故意犯罪停止形态的犯罪预备；第二种情况，其犯罪预备行为，只是作为其故意犯罪发展阶段的业已历经的"过程"而已。第三种情况则属犯罪中止。至于如何理解"意志以外的原因"，本章将在下述第二节第二目中专门研讨。

二 犯罪预备的种类及其与阴谋犯的区别

我国现行《刑法》第 22 条明确规定："为了犯罪，准备工具、制造条件的，是犯罪预备。"由此可见，刑法上将犯罪预备划分为准备工具型的犯罪预备与制造条件型的犯罪预备。

（一）准备犯罪工具型

何谓"准备工具"，刑法上对此既无立法解释，也无司法解释。从学理上看，准备工具，可采取下述任一方式：（1）采取实施另一犯罪行为的方式来准备工具。意即，为了实施甲罪，而采取着手实行乙罪的实行行为的方式来为甲罪准备犯罪工具。例如，为了实施诈骗犯罪，而采取私刻公章、私制公文手段来预备犯罪。这里，"私刻公章、私制公文"行为仅是行为人为了实施诈骗犯罪而从事的准备工具型的犯罪预备行为；相对于

《刑法》第280条所规定的伪造国家机关公文、证件、印章罪而言，其"私刻公章、私制公文"行为又是本条法定犯罪的实行行为。而"私刻公章、私制公文"行为与欲图实施的"诈骗"行为之间是手段行为与目的行为的牵连关系。据此，实践中应当怎样定性和处罚，本书将在刑法中的"罪数形态"中续行研讨。(2)采取实施某一或某些违法行为的方式来准备犯罪工具。例如，为了实施赌博犯罪行为，而制造骰子等赌具，这是国家法律明令禁止的。据此，其制造骰子等行为虽然够不上刑事犯罪，却也非法。(3)准备工具的行为内容本身并不必然违法，意即行为人也可采用"合法"方式去准备犯罪工具。例如，以"合法"的方式去购买汽车、摩托、买绳子、租房子等。这些行为本身并不违法，但当其行为人将购买的汽车、摩托、绳子、房子等用作犯罪的工具时，该行为仍属刑法上的犯罪预备行为，行为人在此阶段因其意志以外的原因致其案发，因而未曾将其犯罪行为推进到实行阶段者，仍然构成刑法上的犯罪预备。

(二) 制造犯罪条件型

广义看，准备犯罪工具，也是一种制造犯罪条件的行为。但刑法既然将此二者并列，则这里"制造条件型"的预备行为，显然应当排除"准备工具"性行为。据此，所谓制造犯罪条件，也就是指准备工具性行为以外的为了着手实行犯罪而创造有利、便利条件或排除犯罪障碍的行为。例如，策划犯罪方案的行为；查阅行动路线、设定行为时间的行为；挑选、熟悉作案地点的行为；寻找、跟踪、尾随被害人的行为；练习作案技巧的行为；排除犯罪障碍物的行为；接近犯罪对象物的行为；拟订销赃方案的行为；确立逃离方案的行为，等等，均属"为了犯罪"制造犯罪条件的行为。

(三) 预备犯与阴谋犯的区别与联系

综上可见，策划犯罪方案等行为，就一般意义看，仅属刑法上的制造犯罪条件的行为，则就其他一般故意犯罪而言，犯罪阴谋，只是刑法上的预备行为。但是，如其基于危害国家安全的特定目的来密谋策划实施特定犯罪，就可能构成特定的阴谋犯罪。可见，在特定犯罪中，"阴谋"行为将不再是犯罪"预备"行为，而是犯罪"实行"行为。

刑法上之所以做出诸如此类的前置化立法规定，是为了有效预防和打击某些严重的国事犯罪，如我国《刑法》第103条、第104条分别规定的(阴谋)分裂国家罪、(阴谋)武装叛乱罪、暴乱罪等，刑法上就特地对此类犯罪做了将其"实行"行为提前到通常犯罪的"预备阶段"的严格规定。

三 犯罪预备的处罚

我国《刑法》第 22 条第 2 款规定：对于预备犯，可以比照既遂犯从轻、减轻处罚或者免除处罚。事实上，对于预备犯，考虑到其事实上没有导致确定的法益侵害，因而，不少国家对其采取了"以不处罚为原则，处罚为例外"的立法例。但就我国刑法的上述规定可见，我国刑法上对预备犯采取的是"处罚为原则，不处罚为例外"的罚则。对此，我国不少学者主张，"以不处罚预备犯为原则"的立法法更契合刑法的谦抑精神。

所谓"处罚为原则"是相对于必罚主义而言，此外，就在"必罚"的前提下，还有一个必减免主义和得减免主义的立法问题。在必减免还是得减免的规定性上，从立法规定而言，我国采取的也是得减免主义。即"可以比照既遂犯从轻、减轻处罚或者免除处罚。"

然而，结合司法实践看却不然。可以说，我国司法上践行的恰恰是"以不处罚为原则"且"必减免主义"。这除了基于刑法谦抑主义的刑事政策考量之外，也因为实践中，多数为了犯罪准备工具、制造条件的行为本身——假定其尚未发展到下一阶段的话，则诸如购买胶条、绳索甚至刀具的行为本身，仍属合法行为，国家刑罚权不可能扩展到恣意惩治他人合法行为的地步，而除非行为人一鼓作气地将其预备行为进行下去，在开始着手实施其该当构成要件行为时，才有较大的发案可能性，否则，就预备行为本身而言，实践中很难及时判定行为人所实施的貌似合法的行为其实是"为了犯罪，准备工具、制造条件"。加之，预备犯的场合，行为本身尚未进入实行的着手阶段，也很难发现有关法益行将遭致侵害，有鉴于此，就此意义看，可以说，司法上"以处罚为例外"的做法，也是身不由己、不由自主的。当然，长期而言，要昭彰国家的法治，并彰显刑法的严谨及实效，将来的刑法，在制度设计上，还是毋宁将现在的"以处罚为原则"的立法法修订为名副其实的"以不处罚为原则，处罚为例外"的刑事罚则更好。

第二节 犯罪未遂

根据我国《刑法》第 23 条的规定，"已经着手实行犯罪，因为犯罪分子意志以外的原因而未得逞的，是犯罪未遂"；"对于未遂犯，可以比照既遂犯从轻或者减轻处罚"。

围绕着中国刑法的这一规定以及司法实践中关于未遂犯的运作及其处罚现状,再结合国外乃至我国台湾刑法学界的相关理论及其刑法规定,我国学者针对未遂犯的处罚根据、未遂犯的着手认定、未遂犯与不能犯等问题,开展了深层次的学术研讨。

一 未遂犯的可罚性根据

未遂犯的可罚性根据,即国家刑罚权之所以有权及于未遂犯的基本理由。一般而言,刑法主观主义论者主张主观未遂论;刑法客观主义论者主张客观未遂论。主观未遂论的基本视点在于行为人之"危险性格"或者不法的"法敌对意思"。鉴此,无论行为人之犯罪是否得逞,按照主观主义论者的视点,行为人危险的性格或者针对法规范的敌对意思与既遂犯相比并无二致,既如此,对未遂犯,甚至对预备犯的处罚,均应与既遂犯相同。然而,时至今日,诸此与既遂犯完全"同等主义"的立法例在大陆法系各国几已绝迹,因而,上述主观未遂论的基本观点,今天只是外国刑法史上曾经存在的观点之一而已。

客观未遂论则不然,国家刑罚权予以打击的并不是行为人之危险性格或对法规范的敌对意思,而是其行为所导致的、针对特定法益侵害的客观危险性。有鉴于此,尽管故意犯罪中,在其危险性格或者对法规范的敌对意思方面未遂犯与既遂犯大抵相同,但与既遂犯相比,鉴于未遂的犯罪行为尚未导致其预先谋定的特定法益的损害后果,因而,对未遂犯应当比照既遂犯从轻或者减轻处罚。

但如何理解行为对法益侵害的客观危险性,在客观未遂论中又分为形式的客观说与实质的客观说两种不同观点。前者为行为无价值论主倡,主要观点是:考量行为是否导致特定法益很可能遭致侵害的客观危险性的标准,应以行为人是否开始付诸实施刑法法定的分则客观构成要件为基准。后者为结果无价值论者所主张,主要观点是:考量行为是否导致特定法益遭致侵害的客观危险性的标准,应以行为是否招致既遂结果发生之具体危险为标准。

就我国现状看,早年,受苏俄犯罪构成等同于犯罪成立的基本理论影响,在我国1979年刑法直至1997年刑法颁行后的相当长期间,我国刑法学界在未遂犯的可罚性根据问题上,大多围绕着主客观相统一原则展开。有鉴于此,长期以来,主客观相统一的可罚性根据,可以说一直居于国内关于未遂犯处罚根据的通说地位。

但是，随着以德国、日本为代表的大陆法系的犯罪论体系日渐深入引进我国，关于未遂犯处罚根据的理论纷争也日渐纷纭起来。特别是近几年来，传统的主客观相统一的处罚原则，已遭致越来越多的刑法学者的诟病，例如有学者明确指出，"我国学者所论述的主客观相统一，实际上是十分空泛的，它几乎成为一种程式化的分析套路。至于主客观方面如何统一，并没有深入分析"。[1]因而，时至今日，越来越的国内学者开始认同以客观未遂论取代过去的主客观相统一的未遂论、折中说，等等。

鉴于本书所持的结果无价值立场，从理论上讲，本书更赞同上述实质的客观未遂理论。另一方面，在对我国刑法关于犯罪未遂规定的理论解读上，本书赞同陈兴良教授的下述见解，即"其实，主观的未遂论与客观的未遂论的根本区别还是在于对未遂犯与既遂犯是采同一处罚原则还是区别处罚原则上。只要采用同一处罚原则的，那必然是主观的未遂论。只要采区别处罚原则的，则必然是客观的未遂论。在同一处罚还是区别处罚这一点上，并无折中余地，至于得减主义还是必减主义，这只是区分的程度问题。"[2]换言之，虽然我国刑法上对未遂犯未曾做出"必减主义"而是"得减主义"的规定，但这已经足以表明我国刑法在处罚原则上，并未采取与既遂犯"同等主义"的立法例，因而不仅仅从司法实践上看，我国对未遂犯处罚较少，就是立法规定上也表明，我国刑法对未遂犯之立法就是客观未遂论的立法，虽然我国刑法对未遂犯与既遂犯的区别立法，在彻底性上的确不够，亟待完善。但正如上文所言，区别处罚之"差异"程度问题显然完全不同质于"同一"处罚问题。

二　犯罪未遂的成立

根据我国《刑法》第23条的规定，在我国，行为要成立犯罪未遂，务须同时具备下述三方面条件，即：

（一）已经着手实行犯罪

这一条件乃区分犯罪未遂与犯罪预备的要件。换言之，同样是基于犯罪意志以外的原因令犯罪未得逞，区分行为构成犯罪预备与犯罪未遂的关

---

[1] 陈兴良：《客观未遂论的滥觞——一个学术史的考察》，载《法学家》2011年第4期。
[2] 同上。

键就在于：行为人是否已经着手实行犯罪。然而，问题的焦点恰恰就在"何谓已经着手实行犯罪"上。对此，基于刑法主观主义与刑法客观主义的不同立场，学界也曾存在主观说与客观说之分。

主观说认为，当其行为人因其企图实现其行为，进而令犯意成立时，着手即告成立；①日本还有学者将其形象地概括为"犯罪实行的着手，是有完成力的犯意的外部动静"，而"犯意的外部动静"，则是指"犯意的飞跃性外部动静"②。然而，无论是根据"有完成力的犯意的外部动静"，还是根据"犯意的飞跃性外部动静"，看来仍存在难以界分犯罪预备与犯罪未遂的、界分标准过于抽象、模糊且两可的问题。因为当其行为人决意将其犯意付诸实施时，其率先进行的犯罪预备行为，也可释定为"犯意的飞跃性外部动静"，则此类"飞跃性外部动静"能视作已经"着手实行犯罪"吗？大约正是基于诸此缘由，主观说的"着手"观，在愈来愈多的批评声中，如今差不多也已成为刑法历史上曾经存在过的"着手"理论而已。

客观说又分类为形式性的客观说与实质性的客观说：

1. 形式性客观说所认定的实行的着手。此说主张："只要开始实施该当于构成要件的行为之一部分，即为实行的着手。"③日本学者小野清一郎则明确指出，"犯罪的实行，是符合构成要件的行为。在此意义上，它本来是刑法分则上的解释问题"。④由于小野清一郎主张违法有责的构成要件论，因而，按照该学者的观点，这里之形式性客观说"要说是客观的话，也是不排除行为主观方面的'客观'"，⑤唯其如此，一般认为，形式性客观说乃为行为无价值论者所主张。

上述形式性客观说，一方面被我国学者诟病为在形式逻辑上存在着循环论证的问题，即问：何谓着手？答：着手是开始实施刑法分则规定的构成要件实行行为；问：何谓实行行为？答：实行行为即开始着手实施刑法分

---

① 参见［日］小野清一郎《犯罪构成要件理论》，王泰译，中国人民公安大学出版社2004年版，第125页。

② 同上。

③ ［日］西田典之：《日本刑法总论》，刘明祥、王昭武译，中国人民大学出版社2007年版，第243页。

④ ［日］小野清一郎：《犯罪构成要件理论》，王泰译，中国人民公安大学出版社2004年版，第127—128页。

⑤ 同上书，第127页。

则规定的构成要件行为。[①]另一方面，形式性客观说又被国外学者批判为着手的时间过迟或过早。例如，实施杀人罪者，还须"达到扣动手枪的扳机之时"方为着手的话，为时显然过迟；而修正后的该说又将着手时间提前到"接近构成要件该当性"之时，这样一来，又可能导致过早地认定着手的时间，[②]以至于混淆了犯罪预备行为与实行行为的界限。因而，更多的学者赞同以实质的客观说来认定着手的时间。

2. 实质性的客观说所认定的实行的着手。此说乃结果无价值论者所主张，对于着手的认定，此说赞同具体危险说，即唯其行为对刑法所保护的法益招致了具体而紧迫的侵害危险之际，行为方才构成实行的着手。就此意义看，不少学者主张，故意犯罪中的未遂犯，也可被称为具体危险犯。

（1）隔离犯的着手。实质性的客观说中，争议较大的问题集中于如何认定隔离犯的着手的问题。例如，当行为人某甲在A地邮寄毒品给B地的某乙之际，按照形式性的客观说，甲行为人显然已经开始了实行行为的着手。但在实质性的客观说之中，却也出现了实质的行为说与实质的结果说之分。前者认为诸此隔离犯的场合，应将着手的时间认定为"付邮"毒品之际；后者则认为，宜将着手的时间认为为某乙业已"收到"毒品之际。对此，如前所述，彻底的结果无价值论者，其视点始终聚焦于行为是否遭致了法益的侵害而非行为本身，具体到未遂犯而言，其视点则退而聚焦到遭致法益后果的实然可能性与紧迫性，有鉴于此，彻底的结果无价值论者大多认同后一主张。

（2）间接正犯的着手。间接正犯的着手时点，也存在类似于隔离犯的问题。间接正犯事实上是假手他人实施犯罪行为，例如，假手无刑事责任能力人、假手刑事未成年人、假手不知情者，等等，这就不可避免地存在作为利用人的间接正犯本人、与作为被利用人即上述被假手者在行为时点上的差异，有鉴于此，即便在实质客观说内部，也不免存在"利用人说"与"被利用人说"的学理之争。前者主张以"利用人"即间接正犯本人的着手时点为实行的着手；后者主张以"被利用人"着手的时点为实行的着手。当然，从彻底的结果无价值论立场看，"被利用说"更符合实质性客观说的立论初衷。

[①] 参见陈兴良主编《刑法总论精释》，人民法院出版社2011年版，第446—447页。
[②] 参见[日]西田典之《日本刑法总论》，刘明祥、王昭武译，中国人民大学出版社2007年版，第243页。

（3）原因自由行为的着手。对此，也存在设定原因行为标准说、后续行为标准说、后续行为招致具体危险说。例如，对明知自己是病理性醉酒者，为实施杀人行为而故意令自己先行醉酒，然后趁自己处于病理性醉酒状态——精神错乱之机而杀死他人的行为，学界也有上述多种不同观点。有论者基于行为无价值的基本立场，主张后续行为标准说，认为"将开始实施侵害法益的行为认定为原因自由行为的着手是合理的"。[①]而根据结果无价值论者所认同的实质性的客观说，仍应以后续行为导致具体危险之际，为原因自由行为的着手。

针对上述系列观点，本书更赞同以上述实质性客观说作为认定着手实行的标准。这是因为，形式性的客观说，尽管并不发生上述"着手与实行行为的循环论证"问题，因为"实行行为，即构成要件行为，是和构成要件中的结果直接联系的，作为社会的、经验的类型，它是带来结果的行为"。[②]可见，"着手"回答的是有关行为的起始"时间"问题，某种意义看，它是时间概念；"实行行为"回答的则是行为是否该当构成要件的行为方式、性质及其附随后果问题，可见二者有其很大质差，无法采用上述循环论证的方式定义。话虽如此，形式性客观说却的确有其认定着手的时间过迟或过早的问题，进而不仅仅是针对犯罪预备与犯罪未遂的时段混淆问题，在整个犯罪论体系中，有关着手实行的时间，还与正当防卫权的享有直接相关，例如，若要等到扣动扳机才构成"着手"实施不法侵害——防卫人因而才享有防卫权的话，实践中大多已经为时过晚，则刑法通过正当防卫所设定的公民自己或对国家、他人的自救或他救权，将碍难实现。因而过早或过迟的"着手"定义，都会导致整个刑法体系性解释的前后不周延甚至严重影响到有关刑法规定的实施。据此，基于本书一贯认同的刑法客观主义与结果无价值论的立场，本书更赞同上述实质性客观说之基本观点。

（二）犯罪未得逞

犯罪"未得逞"是行为成立犯罪未遂的另一重大标准。但针对犯罪未得逞的刑法学解读，学界也历来众说纷纭，大致存在下述多种观点：

1.（非中止的）未达既遂说。该说主张，"从构成要件的角度，对于既遂犯可以理解为完全满足了刑法分则具体规范构成要件的全部客观要

[①] 周光权：《刑法总论》，中国人民大学出版社2007年版，第268页。
[②] ［日］小野清一郎：《犯罪构成要件理论》，王泰译，中国人民公安大学出版社2004年版，第130页。

素。因此理解未遂首先要理解既遂"，认为只要"明确了既遂的标准，就意味着一旦行为人没有实现上述标准，就可能构成未遂。"①

2. 犯罪目的未逞说。主张犯罪未得逞是指行为未曾达到行为人主观上所预期的、受制于刑法分则规定的犯罪目的。此说被批评为"以行为人预期的犯罪目的的是否实现作为区分犯罪未遂与既遂的标准"，认为"犯罪是否得逞，应当是一种客观判断。但是目的说将未得逞理解为行为人预备目的未实现，意味着犯罪未遂与既遂的区分取决于行为人的自我认识，使犯罪未遂的标准缺乏确定性。"②另有学者特别指出，"在很多犯罪中，目的仅仅是一个主观的超过要素，并不需要现实地实现才能认为满足构成要件。"③

3. 构成要件欠缺说。指犯罪未得逞是指没有齐备全部犯罪构成要件。此说也被批评为前提不明确，即刑法本身并未明确其分则的构成要件规定究属犯罪成立模式还是犯罪既遂模式，学理上也未曾意见统一。还有学者进一步认为，"即使认为刑法规定的犯罪构成以既遂为模式，也不能认为未遂犯不符合犯罪构成。因为发展过程是认定犯罪的法律根据，犯罪未遂也是犯罪，也必须符合犯罪构成。所以，即使按照传统理论，也只能说未得逞是指未符合以既遂为模式的犯罪构成，却符合了未遂犯犯罪构成的情形"。④

4. 未致法定侵害结果说。此说又可进一步分类为：

（1）未曾发生行为人所希望或者放任的、行为性质所决定的侵害结果说。⑤根据此类观点，未遂犯不仅发生于直接故意、也发生于间接故意的场合。据此，设如行为人想用放火的方法杀死房内之某A，但在明知着火之房内除某A之外，还有某B在内，但行为人听之任之，设如房内之某B侥幸未死，则依此观点，行为人对某B仍然构成已经着手实行犯罪，因为意志以外的原因未得逞，构成杀人未遂。

（2）未曾发生犯罪结果说。此说"主张以犯罪结果发生与否来区分犯罪未遂与犯罪既遂"，按照此种观点，这里的犯罪结果乃指狭义的结果，即仅限于刑法分则要件法定的实害结果，不包括危险结果在内。认为鉴于

---

① 陈兴良主编：《刑法总论精释》，人民法院出版社2011年版，第451页。
② 参见周光权《刑法总论》，中国人民大学出版社2007年版，第268页。
③ 陈兴良主编：《刑法总论精释》，人民法院出版社2011年版，第451页。
④ 张明楷：《刑法学》（第三版），法律出版社2007年版，第288页。
⑤ 同上书，第288—289页。

未遂犯本身就是具体的危险犯，也即具体的危险犯本身就不可能达致既遂而是未遂。有鉴于此，刑法分则关于具体危险犯的规定，仅是该罪之成立模式而非既遂模式。①当然，对此，也有观点认为，对具体危险犯应当分以下两种情况而论：其一，在刑法分则已经"将某类具体危险类型化为替代的侵害结果"之际，此时，没有发生替代的侵害结果，就是未得逞，②行为因而可能构成犯罪未遂。例如，依照修订后的我国《刑法》第143条的规定，"生产、销售不符合食品安全标准的食品，足以造成严重食物中毒事故或者其他严重食源性疾病的，处3年以下有期徒刑或者拘役，并处罚金"。这里，"足以造成严重食物中毒事故或者其他严重食源性疾病"乃为刑法法定的替代性危险结果，没有发生此类危险结果的，乃犯罪未得逞，可能构成犯罪未遂。其二，设若刑法分则虽然"对具体危险犯与加重结果规定了独立的法定刑，但没有将具体危险类型化为侵害结果"的，则不发生犯罪既遂问题，此类具体危险犯，仅是成立了刑法法定的有关犯罪，但其实应属未遂状态。例如，《刑法》第114条所规定的尚未造成严重后果的放火罪、决水罪、爆炸罪即属之。此类犯罪场合，行为人但凡实施了放火、决水、爆炸等行为，即便成立该罪，不发生既遂或者未遂的问题。③还有学者就此专门撰文指出："关于未遂犯到底是抽象的危险犯还是具体的危险犯，这里关涉未遂犯与危险犯之关系。危险犯是相对于实害犯而言的，在大多数情况下实害犯都是既遂的结果犯。而危险犯则较为复杂，它区分为抽象的危险犯与具体的危险犯。抽象的危险犯在大多数情况下属于行为犯，而具体的危险犯则是未遂的结果犯，同时也是一种拟制的既遂犯。例如，我国刑法将放火罪分为危险犯与实害犯，其区分标准在于：是否发生致人重伤、死亡或者使公私财产遭受重大损失这一结果。"④

本书的立场：本书基本认同上述"未曾发生犯罪结果说"。也赞同应以刑法法定的、狭义的实害结果为这里之"犯罪结果"。至于行为人的主观目的，那只是犯罪成立的要素。换言之，即便在刑法有其目的要求的目的犯设置中，主观目的，也只是犯罪得以"成立"的要素，而非犯罪既遂的要素。也即，行为人不是基于该一特定目的实施此类犯罪的，行为便不该当其构成要件，从而不能"成立"该罪；反之，只要行为人基于该一目的实

---

① 周光权：《刑法总论》，中国人民大学出版社2007年版，第269页。
② 参见张明楷《刑法学》（第三版），法律出版社2007年版，第289页。
③ 同上书，第289页。
④ 陈兴良：《客观未遂论的滥觞——一个学术史的考察》，载《法学家》2011年第4期。

施特定的犯罪行为者，无论行为人的主观目的实现与否，行为均该当其构成要件。至于其是否构成实施该一特定犯罪的既遂，则不能仅凭该目的实现与否确定，而须根据刑法的其他情节、数额或数量规定而定。例如，《刑法》第 218 条既有营利目的要求，同时要求"违法所得数额巨大的"才能成立该罪既遂。而诸如此类的数额、数量规定，实际上仍属"法定结果"。此外，对某些并无特定的量化规定的目的犯，则即便行为人的主观目的未曾实现，甚至分文未挣，然只要行为人确属基于该目的而行为，仍可构成该罪既遂。例如，我国《刑法》第 152 条所规定的走私淫秽物品罪，即属仅要求行为人有其牟利（或传播）目的，至于其是否实现该目的，刑法在所不问。从另一角度看，此类犯罪又可谓之为"行为犯"——因而，根据《刑法》的规定，行为人但有其走私特定淫秽物品的行为，即便成立该罪既遂。可见，单凭行为人的主观目的是否实现，不能作为考量犯罪是否得逞的客观标准。

另一方面，本书也不认同间接故意也发生犯罪未遂的主张。基本理由是：尽管单凭主观目的是否实现不能用做衡量犯罪是否得逞的客观标准，但这并不表示"法定结果说"能够与行为人的主观意愿割裂开来——可以想见，一个完全不符合行为人主观意愿的结果，肯定不是构成要件结果，也非这里所讨论的法定结果。而间接故意的场合，既然特定的结果发生不发生都不违背行为人的心愿，如此，就不好将行为人并不预期、其实又未出现的所谓"结果"仍然定性为其犯罪未得逞。有鉴于此，本书主张，将上述"未曾发生行为人所希望或者放任的、行为性质所决定的侵害结果说"修改为"未曾发生行为人所希望的、行为性质所决定的侵害结果说"可能更相宜。

（三）犯罪未得逞是犯罪分子意志以外的原因

这一条件乃是区分犯罪未遂与犯罪中止的关键。这是因为，"意志以外的原因"与犯罪中止所要求的"自动性"，正好两相排斥。也就是说，行为人主观上具有"自动性"，则不是出于"意志以外的原因"；反之，行为人是出于主观"意志以外的原因"而令犯罪未得逞，则其主观上不可能具有"自动性"。由此可见，问题的症结还在于如何理解"意志以外"的原因。总体来看，在排斥犯罪中止的"自动性"的前提下来考虑行为人主观"意志以外的原因"，其无外下述两大原因：

1. 客观原因

客观原因指来自行为人自身生理、心理因素以外的原因。通常包括自然力障碍、物质障碍、环境障碍、他人人为障碍、被害人的反抗等因素。例如，纵火犯正在纵火之际，突遇天降滂沱大雨，故纵火犯的纵火犯意未得逞；又如，抢劫犯正在抢劫之际，突遇巡警汽车经过，抢劫犯不得不逃之夭夭；再如，绑架罪犯正在绑架人质之际，突遇大河挡道，水性极好的被害人趁机纵身跳入河中逃走，等等。

2. 主观原因

主观原因包括行为人主观认识错误、行为人主观犯罪技能障碍、行为偏差等。行为人主观认识错误中涉及的犯罪未得逞表现形式多样。例如，被害人尚未死亡，行为人出于事实认识错误，以为被害人已经死亡，从而导致杀人未得逞的，就属于行为人主观意志以外的原因，令其犯罪未得逞。又如，杀人罪犯因为枪法不准，而致其杀人未遂；抑或因其行为偏差而致杀人未遂，例如，甲本欲刺杀乙，结果因其行为偏差导致其刺乙未中不说，匕首反倒插入乙身旁的大树桩上拔不出来，乙趁机逃走，甲因而杀人未遂。

归总而言，有学者将行为人意志以外的原因，归结为三方面原因：（1）抑制犯罪意志的原因。如上述犯罪分子听闻警车到来即逃之夭夭的案情，即属此类抑制其犯罪意志的原因。（2）抑制犯罪行为的原因。如正在实施抢劫行为的罪犯，被人当场束缚，其犯罪行为因而无法进行下去。（3）抑制犯罪结果的原因。例如上述行为人误以为杀死对方的事实认识错误。①

在论及"意志以外的原因"时，还要注意考量其遏止人的意志与行为的"量性"因素怎样，即应注意"意志以外的原因"，是否达到足以遏制行为人的犯罪决意或犯罪行为的程度。

假定其意志以外的原因，仅属轻微的不利因素，如偶遇熟人等不利因素，倘若其并不足以遏制行为人的犯罪决意或犯罪行为，就不宜认定为"意志以外的原因"，而宜酌情认定为行为人"自动"放弃犯罪。这是因为，虽然有此轻微不利因素，行为人毕竟还是可以将其犯罪继续进行下去，致令其犯罪得逞的。行为人却在可以继续实施其犯罪行为的情况下，主动地中止了其该当构成要件的行为，因而有其自动性的一面，宜定性为犯罪中止。

---

① 参见张明楷《刑法学》（第三版），法律出版社2007年版，第290页。

三 未遂犯的类型

对犯罪未遂，如以未遂行为发生的时间作为分型标准，可分为实行终了的未遂与未实行终了的未遂；如以最终能否导致法益的实际损害为标准分型，可分为能犯未遂与不能犯未遂。

第一，实行终了的未遂与未实行终了的未遂。其中，实行终了的未遂又称既了未遂、实施未遂或缺效未遂。需要注意的是，这里之"实行终了"，乃以行为人的主观认识为准，不以客观事实为准。即只要行为人自认为其犯罪行为业已实施完毕，而犯罪并未得逞，就当认定为"终了未遂"。例如，行为人一枪击中被害人胸部，自以为被害人已死，谁知被害人并未死亡不说，还被正好被经过此地的好心人救起并送医院抢救脱险。本案中，行为人自以为其杀人行为业已实施完毕，就构成终了未遂。

未实行终了的未遂，简称未了未遂。是指行为人尚未完成特定犯罪的实行行为之际，即因主观意志以外的原因致令其不得不抑制其犯罪行为，从而导致犯罪未遂的情况。

第二，能犯未遂与不能犯未遂。能犯未遂即一般意义的未遂犯。根据上述实质性客观说的基本理论，一般意义的未遂乃指行为导致了法益遭致侵害的结果行将发生的具体的危险；不能犯未遂则是指不曾也不可能出现客观的、具体的法益侵害结果发生的危险性。换言之，这里的不能犯未遂乃指绝对不能犯。唯其如此，中国台湾地区学者许玉秀教授曾特别强调："不能未遂不同于其他未遂（即普通未遂与中止未遂）之处，不在于'必定不能发生结果'，而在于'必定没有危险'，没有危险，自然不会有危险所造成的结果，所以不能未遂的行为特质不在于不能发生结果（这一点所有的未遂都一样），而在于没有危险"[①]。

四 不能犯的类型及其与未遂犯的区别

上述将不能犯归属于未遂犯的表现之一的划分法，只是学界的观点之一。目前，虽然《德国刑法》第23条第3款仍然将"行为根本不能实行终了"的不能犯划归为可罚（但可以比照既遂犯免除或者减轻处罚）的未遂犯形式之一，我国学者陈兴良教授因而认为德国刑法的"这一规定明显

---

① 许玉秀主编：《刑法》，新学林出版股份有限公司2008年版，第69页。

地是从客观主义后撤向主观主义的转向"。[①]但大陆法系的若干代表性国家和地区——日本、包括中国台湾地区，均已经根据客观主义刑法的立场，对诸如此类的绝对不可能犯，做出了不同的学理解释或者刑法规定。例如日本虽未在其立法上对其不可罚的不能犯行为做出明确规定，但其刑法学界的通说主张却为"不能犯没有处罚的必要，不成为未遂犯"，[②]中国台湾地区则直接做出了"行为不能发生犯罪之结果又无危险者不罚"的不科处不能犯的客观主义刑法规定。

基于上述缘由，有学者特别指出，鉴于绝对不能犯根本不可能产生法益结果发生的危险；相对不能犯却很可能产生诸此危险，由是，绝对不能犯就是不能犯；相对不能犯则是未遂犯，据此，刑法学理上没有必要将不能犯划属未遂犯的类型之一。也即，为了方便学理阐释及刑法理论上的共识与统一，刑法学理上毋宁将不可罚的不能犯从未遂犯中剔除出去。[③]换言之，相对不能犯就是未遂犯；绝对不能犯就是不能犯。如此一来，所有的未遂犯均属"能犯"——即其原本可能导致犯罪既遂的，只是由于意志以外的原因而未得逞；反之，所有的"不能犯"因其永远不可能遂行其犯罪行为，因而"不能犯"实际永远不可能交叉于"未遂犯"：二者应为相互平行、各不相干的不同犯罪形态。本书认为，上述将不可罚的绝对不能犯从未遂犯中剔除出去的学理主张，有其合理性。然而，要在理论上逐一清正上述议题，尚有必要从不能犯的类型及其不能犯的认定标准谈起。

（一）不能犯的类型

1. 以不能犯之行为能否导致法益侵害结果发生的危险性为分类子项，可将不能犯分类为相对不能犯与绝对不能犯。

（1）相对不能犯，乃相对于具体的个案而言。鉴于行为人会因其实施犯罪的方法、手段、对象或其行为偏差，导致其在特定的个案中实施的特定行为，不能致使特定法益遭受实体侵害，因而，一般认为，相对不能犯实为"未遂犯"。换言之，相对不能犯并非严格意义的不能犯，更非下文行将研讨的、本质区别于未遂犯的不可罚的"不能犯"。

（2）绝对不能犯，简称不能犯，乃相对于未遂犯而言。鉴于相对不能犯其实应为未遂犯，因而，绝对不能犯与相对不能犯（包括其他未遂犯）

[①] 陈兴良：《不能犯与未遂犯——一个比较法的分析》，载《清华法学》2011年第4期。
[②] 参见［日］大塚仁《刑法概说（总论）》（第3版），冯军译，中国人民大学出版社2007年版，第259页。
[③] 参见张明楷《刑法学》（第三版），法律出版社2007年版，第300页。

的最大区别正在于上文所述的：前者之行为不但"必定不会发生刑法法定的实害结果"，而且必定"不会产生结果发生的危险性"。值得强调的是：中国传统的刑法学理论，受刑法主观主义以及重刑主义思想的影响，仅仅将迷信犯归结为绝对不能犯，例如，用针扎在自制的木头人心脏、头部等要害部位，企图以此巫蛊的方法致人死命者。诸此行为，广义看来也是绝对不能犯，但究其实质，此类行为应为典型的迷信犯，与这里所研讨的绝对不能犯还有一定区别。典型的绝对不能犯即本章所研讨的不能犯，不止于以迷信方法作案，在当今社会，它更多地表现为因其犯罪对象、手段、方法上的错误，导致的绝对不能犯。例如，德国刑法学者费尔巴哈（Feuerbach）曾举例说，用自己"想象的毒药下毒"，或者"杀死一具尸体"，都无客观上的违法性，也根本不会导致既遂后果发生的任何危险，因而应属绝对不能犯。①但费尔巴哈仅为早期德国之客观未遂论之理论代表。继后，从德国、日本到中国，针对如何界分不能犯与未遂犯的问题，一直存在长时期的、反反复复的理论纷争，对此，本书拟在后一议题专门研讨。

2. 以不能犯的实施主体、对象及其方法为分类子项，可将不能犯分类为主体不能犯、客体不能犯、方法不能犯等。

（1）主体不能犯是指根本不具备特定行为主体资格的人实施的有关行为，例如，不具备国家机关工作人员身份的人，无法独立构成我国《刑法》第397条所规定的滥用职权罪。有鉴于此，反观德国刑法，也未对"主体不能犯"做出明文规定。德国冈特教授则认为，此类情况下，鉴于行为人并不具备特定主体应有的资格，行为应阻却其责任故意，认为"这里其实涉及'反转的归属错误'，是不受处罚的幻觉犯的一种情况"。②在性质上，此类幻觉犯应属法律认识错误下的假想犯罪行为，因而此类"犯罪"又可谓之"法律不能"，刑法上当然不可罚。但这里有必要强调的是：这里的幻觉犯，仅仅针对"真正的身份犯"而言，对不真正即不纯正的身份犯，则因特定的身份只对行为人有其加减刑罚上的意义，因而，不真正身份犯既不是主体不能犯，也非这里之幻觉犯。可见，在真正身份犯的场合，所谓主体不能犯也不是典型意义的不能犯。

（2）客体不能犯则未必皆属不可罚的不能犯。实践中，既有应属相对不能犯即未遂犯的情况；也有应属绝对不能犯，即不可罚的不能犯的情

---

① 参见［德］冈特·施特拉腾韦特、洛塔克·库伦《刑法总论I——犯罪论》，杨萌译，法律出版社2006年版，第265页。

② 同上。

形。例如：

英国刑法史上曾载有下述判例：被告人戴勒（Deller）（简称 D）在将自己的小汽车全额抵押给一家金融公司后，又试图将其业已抵押了的汽车"骗卖"给他人。于是 D 采取了诱说的办法，企图令 P 心动并掏钱买车。但是，当 P 真的出钱买车，并在其"过户"之时 D 才发现，原来 D 与金融公司签订的抵押合同"未经按照有关要式合同的要求"去有关机关登记，因而该抵押合同无效。也就是说，D 的小汽车并未被抵押给金融公司。这样，D 的小车也就真的被卖给 P 了。

对本案，英国初审法院最初判定被告人 D 犯了"侵犯财产罪"。但是，上诉法院撤销了对 D 的有罪判决。理由是"尽管他有犯意，但没有犯罪行为"。本案，从大陆法系关于未完成罪的理论视角看，即可定性为客体认识错误导致的客体不能犯，从客观未遂论的视角看，应属不可罚的不能犯。

（3）方法不能犯，亦称手段不能。其与客体不能犯一样，也须根据其"方法"的确定内涵，酌定其究属未遂犯还是不能犯。例如，行为人某甲趁与某乙同行于森林之机，举起猎枪瞄准行走在他之前 3 米开外的某乙的背心开枪。殊不知某甲的猎枪因经久未用，加之当地气候潮湿，其猎枪早已变成"哑枪"，某甲之杀人行为因而无果，则某甲的行为应属方法不能犯。

（二）不能犯与未遂犯之区分标准

首先需要指出的是：这里所研讨的不能犯，不再是乃为未遂犯的表现形式之一的、包括相对不能犯的广义的不能犯。质言之，这里研讨的不能犯，是未遂犯的对称。即其仅限于行为根本不能实现终了的、不可罚的不能犯。综上可见，不能犯与未遂犯的最大区别乃在于：不能犯的场合，行为不但"必定不会发生刑法法定的实害结果"，而且必定"不会产生既遂结果发生的危险"。然而，这只是基于客观未遂论的立场所确认的不能犯与未遂犯的最大区别点，刑法学理上其实还存在纯粹的主观未遂论。此外，即便确认上述区分点，但对如何确认并判定上述危险的发生，仍然存在争议。这当中，起码存在以下三方面问题：（1）危险认识并裁定的主体者何？（2）确认危险的时间应于可能性的危险发生之前、之中还是事后？（3）对危险的认知，到底应以一般科学知识为基准，还是以一般人的经验感受为基准。

围绕上述问题，国内外刑法学界大约有下述不同争议意见：

1. 纯粹的主观说

此说主张"行为人若确信结果可能发生时，即有未遂犯，这与危险的有无没有关系"，①唯有迷信犯不可罚。可见，纯粹的主观说乃基于纯粹的主观主义的立场定性：行为人但有针对法规范的敌对意思并确信其结果能够发生，即便其行为根本不可能实行终了，也不会产生任何既遂危险，如误将佛像当真人行刺的，按照纯粹主观说之主张，行为也应成立犯罪未遂而非不能犯。而纯粹的刑法"主观主义，其背景是以政治上的强化专制为志向的国家主义、警察国家、福利国家的思想，它试图把主观上的道德思想引入刑法"。②因而，至少从理论上看，纯粹主观说是完全否认不可罚的不能犯的。唯其如此，有学者进一步将此纯粹主观说归类为"只有意欲引起犯罪结果而采取超自然方法实施行为的，才是不能犯；意欲引起犯罪结果而采取自然方法实施行为的，都是犯罪"（未遂）。③当然，鉴于其过度的主观归罪，时至21世纪的今天，此类纯粹的主观理论，在大陆法系各国几已绝迹。由是，今天的"主观说"都不是纯粹的主观说，而是折中于主客观之间的各类学说而已。

2. 抽象危险说

此说主张针对行为人所认识到的事实，倘若一般人都能感受到其行为可能引发既遂结果的危险，则应肯定该危险的存在。日本学者小野清一郎赞同此种观点，主张将未遂犯的危险确认为"行为本身内在的抽象的危险更贴切一些，它不仅仅以行为人的主观认识为标准，而必须客观地观察主客观相统一的行为的全体，由客观的事后预测而来"。④比方说，虽然床上空无一人，但行为人认为有人在床，鉴于其认识的现实性，一般人当然也会产生诸如此类的认识。反之，如果行为人认为能够用砂糖杀死他人，而在他人的饮品中加入大量砂糖，诸此危险性认识显然欠缺现实性，社会一般人因而不可能由其行为感受到其行为会引发致死人命的紧迫危险，⑤由是，朝一般人都认为有人的床上开枪，行为理所当然地具有致使特定的他人之生命法益遭致侵害的现实危险性，据此，按照抽象危险说的观点，此

---

① ［日］木村龟二：《不能犯及事实的欠缺》，1952年版，第432页，转引自小野清一郎《犯罪构成要件理论》，王泰译，中国人民公安大学出版社2004年版，第139页。
② ［日］小野清一郎：《犯罪构成要件理论》，王泰译，中国人民公安大学出版社2004年版，第136—137页。
③ 张明楷：《刑法学》（第三版），法律出版社2007年版，第295页。
④ ［日］小野清一郎：《犯罪构成要件理论》，王泰译，中国人民公安大学出版社2004年版，第139页。
⑤ 参见［日］西田典之《日本刑法总论》，刘明祥、王昭武译，中国人民大学出版社2007年版，第250—251页。

类行为人应当构成未遂犯而非不能犯；另一方面，鉴于在他人的饮品中加入大量白砂糖的行为不会令一般人感受到生命法益危险，故而，根据抽象危险说，使用白砂糖杀人的行为应为不可罚的不能犯。此一观点被日本学者西田典之批评为典型的"行为无价值论的理论归结"，而其本质归结点在于："除基于典型的无知的行为"，或者"迷信犯之外，所有基于能做合理理解的犯罪性意思、反规范意思所实施的行为均应受到处罚。"①

3. 具体危险说，又称印象说

此说最早为德国刑法学家李斯特所主倡，既后的日本学者牧野英一、大塚仁等也赞同此一立场，我国学者周光权教授也认同此一观点。与此同时，此类观点还被视作德国、日本刑法学界的通说观点。一定程度上看，特别是就《德国刑法》第23条第3款对"其行为根本不能实行终了的"不能犯的可罚规定可见，印象说也可谓德国立法上已然认可的观点。

具体危险说的基本主张是：认定行为是否存在未遂危险的事实基准是以行为时点为危险认识之时，届时其行为危险性或为一般人所认识，或为行为人所特别知晓。由于此类主张强调可由一般大众感知、感受到的有无危险的"印象"来确认危险的成立，有学者因而又名之为"印象说"。按照此说之主张，假如"一般人都认为，面前的数个瓶子中所装的白色粉末是咖啡伴侣，但行为人特别知道其中哪一个装有毒药；并以其毒杀被害人的，行为具有危险性，应当成立犯罪。"②倘若被害人幸而得救，则行为人理应构成未遂犯而非不能犯。而按具体危险论者的观点，所以如此定性的基本理由乃在：一般人虽然认识不到，但行为人能够特别认识到该危险。又比如，一般人都认为让人大量食用白砂糖并无危险，但倘若行为人特别知道被害人患有糖尿病，食用大量白砂糖会加剧其病情并致命，则此时不得再以一般人之危险认识为基准，而应根据行为人的特别认识，确认其行为存在法益遭受侵害的具体危险，③故而倘若被害人食用大量白砂糖后及时发现问题并得救，行为人理应构成未遂犯而非不能犯。

针对上述具体危险说，有学者批评其有以下不合理之处：其一，行为人的特别认识应为"故意"的内容，例如，行为人得知对方有糖尿病，则

---

① 参见［日］西田典之《日本刑法总论》，刘明祥、王昭武译，中国人民大学出版社2007年版，第251页。

② 周光权：《区分不能犯和未遂犯的三个维度》，载《清华法学》2011年第4期。

③ 参见［日］西田典之《日本刑法总论》，刘明祥、王昭武译，中国人民大学出版社2007年版，第251页。

属故意为害之，此类问题应由刑法上的可责性来解决，而非危险的标准。一句话，有无危险性不应由"行为人的认识来决定"。其二，以一般人对危险的认识水准作为判断基准，也有不合理之处。假定按照一般人的科学知识并不能认识到某种客观上很有危险的物质的危险，则不能确认其具有既遂危险，行为因而只能成立不能犯。其三，以一般人所感受、感知到的印象作为危险判断的依据，也不合理。例如，前述误将佛像当作活人射击的事件，无论一般人远远看上去多么像活人；也无论一般人当时感知的印象多么像杀人，毕竟其行为"完全不会出现他人死亡"之法益侵害危险，但依据具体危险说，司法上仍应根据一般人的"印象"确认危险的存在，从而仍应对其定性为未遂犯。①

我国学者张明楷教授指陈"具体危险说主张以行为当时一般人的判断为基准决定是否存在危险性（事前判断），而完全不考虑事后判明的情况，这不科学。刑事诉讼法设立了鉴定制度，而鉴定制度意味着应当考虑事后判明的情况"。此外具体危险说还"以一般人的判断为基准决定有无危险性，就意味着脱离客观事实进行判断；还会导致刑法不是保护法益而在于保护一般人的安全感。这显然不合适"。②

我国学者陈兴良教授也指出，以李斯特为代表的具体危险说所指的危险概念"不是一个纯粹的客观概念，而是一个主观化的危险概念。这样，所谓具体危险就不完全是一种客观状态，而以人的认识为转移"。因为"李斯特的危险概念本身就包含了一般人认识和行为人特别认识的内容，所以危险的有无并非完全取决于客观而在很大程度上取决于一般人或者行为人的认识"。③

大约正是基于具体危险说内涵的上述主观倾向，具体危险说也被视作行为无价值论者主倡的观点。

4. 客观危险说，为结果无价值论者所主倡

我国一些学者称其为当今日本刑法理论界关于未遂犯危险理论的力说，④为日本学者三口厚、西田典之等所认同，我国学者张明楷、陈兴良教授等也基本认同此一观点。

---

① 参见［日］西田典之《日本刑法总论》，刘明祥、王昭武译，中国人民大学出版社2007年版，第251—252页。
② 张明楷：《刑法学》（第三版），法律出版社2007年版，第296页。
③ 陈兴良：《不能犯与未遂犯——一个比较法的分析》，载《清华法学》2011年第4期。
④ 同上。

客观危险说的基本观点是：要认定某种行为能否引发法益危险，不能仅仅根据一般认识或行为人的特别认识进行判断，而应对行为之所以未能导致既遂结果进行事后的、客观且科学的因果法则判断，从而界分未遂犯与不可罚的不能犯。

早期的客观危险说也被一些人批评为该观点虽然"基本正确，但也并非没有问题"，因为其结论往往是"只要客体并不存在，无结果发生的危险，属于不能犯"，而"有些情况之所以未能发生原因，是因为当时存在结果必然不会发生的原因，这样探究结果发生的原因，难免不出现所有的未遂犯均属于不能犯"。[①]有鉴于此，日本学者三口厚、西田典之等对客观危险说做了一定的改良，即在保留原来的客观危险说的基本观点的同时，添加了还须对"行为所以未曾发生既遂危险的盖然程度大小进行评估"的危险测定方法。而西田典之将自己的改良了的客观危险说名之为"假定性盖然说"。

改良的客观危险说的基本观点是：要认定某种行为能否引发法益危险，不能仅仅根据一般认识或行为人的特别认识进行判断，而须先对"行为所以未曾发生既遂危险的盖然程度大小进行评估"，而后再根据客观且科学的因果法则判断该行为是否会引起法益侵害的紧迫危险。例如，日本学者三口厚主张，根据客观危险说进行危险判断时：（1）首先应立足于事后的立场，假定未曾发生既遂结果的话，即应以此未果事实为前提。（2）应考虑现存事实。并假定大体上基于什么样的事实，根据科学的因果法则的话，会导致侵害结果的发生。这里问题的焦点"便在于这种现实并不存在的（假定的）事实被认为具有何种程度的存在可能性"，从而判定是否存在既遂结果发生之危险。[②]此类不但考究据事后因果法则来判定行为是否存在法益侵害危险，还须对行为所以未曾发生既遂危险的盖然程度大小进行评估，从而衡定危险发生的紧迫性与必然性的立场，即为改良的客观危险说。

举例而言，如为了杀人，采用了一次性地给他人的饮用水中添加少许草木灰的方法，尽管行为人主观上确有侵害他人生命法益的故意，客观上也有其自以为是的"投毒"行为，但因为草木灰只不过是草本或木本植物燃烧后的残余物，其主要成分也不过是被烧植物内含的矿质元素而已。据

[①] 参见［日］西田典之《日本刑法总论》，刘明祥、王昭武译，中国人民大学出版社2007年版，第253页。

[②] 参见张明楷《未遂犯论》，日本成文堂、中国法律出版社联合出版1997年版，第265页。

此，就事后观测以及科学的因果法则立场看，鉴于此类案情在现实中出现致令一个身体正常的人死亡的盖然性极低，因而基于客观危险论的立场，宜认定此类犯罪为不能犯。

综上可见，上述客观危险论的场合，（1）判断危险与否的标准的视点，不是在事前或事中，而是事后的客观预测。（2）判断的基准，既非一般人的认识、也非行为人的特别认识，而是基于有关事项进行客观考察。从而，就判断基准而言，这一标准在相当程度上摒弃了抽象危险说、具体危险说的相对"主观"的视点。（3）客观危险说还强调：应综合案发前后调查、勘验、鉴定得出的有关事实与证据材料，对行为所以未曾发生既遂危险的盖然程度大小进行评估，从而衡定危险发生的紧迫性与必然性。例如，就"空床事件"而言，乍听起来，朝空床开枪，绝无可能发生实害危险，则，是否应定性为不存在客观危险呢？既而应定性为不能犯？对此，正如日本学者西田典之所质疑的那样，"如果在一分钟之前，所瞄准的床铺上有人，但碰巧其起身去了卫生间？"抑或，有人睡在被瞄准的"旁边的床铺上，那又如何呢？"①唯其如此，经改良后的客观性危险说，在承继既往的客观危险理论的同时，特别强调通过对发生实害危险盖然性高低的评估，以判定客观危险是否存在：盖然性很低的可定性为"必然不会产生法益侵害的危险"；盖然性很高的则未必不会产生法益侵害危险。故而，前者为不能犯；后者为未遂犯。而根据此一观点分析上述"空床"案例可见，朝长期无人且周围也无人睡觉的空床开枪，应属不可罚的不能犯；反之，朝偶然无人的空床开枪、朝周围有人睡觉的空床开枪，根据实害风险的高低，可酌情定性为可罚的未遂犯。

再回头评说有关哑枪案例，案情如下：

Y某，在职军人，因嫌弃妻子R不生儿子，意欲离婚未果，渐生杀害R的犯意。2004年的一天，Y假意哄骗R前来部队探亲，多年没来部队探过亲的R为此非常高兴。在探亲日行将结束前的一个周末，Y特地带领R来到离部队驻地60里开外的某山区"打猎"玩，二人来到一片浅丘陵地带后，Y见四周尽是浓密树林，周围正好空无一人，便假称系鞋带让其妻头前走，自己则趁妻子不备之际，举枪瞄准3米开外的R的背心射击。殊不知，Y使用的猎枪因经久未用，加之当地气候潮湿，猎枪因而变成了

---

① 参见［日］西田典之《日本刑法总论》，刘明祥、王昭武译，中国人民大学出版社2007年版，第253页。

"哑枪"，Y的杀妻行为因而未果。

分析本案，按纯主观危险说理所当然地构成犯罪未遂，就按抽象危险说、具体危险说而言，一般人或者行为人自己的特别认识，都觉得会发生R生命法益遭受侵害的危险，因而，应属可罚的未遂。按早期的客观危险说，使用哑枪射击必然不会产生针对他人生命法益的危险，因而应属不能犯。但采用改良的客观危险说，则不能仅凭其行为必然不能导致他人生命法益的危险而定性为不能犯，还要在事后的场合，具体考察其"哑枪"空放未用的时长多少、射击时"发哑"的概率有多高，等等。如其发哑的概率高达100%，则慢道致人死亡的结果、其危险都必然不会发生，应为不可罚的不能犯。如其发哑的概率并不高，甚至"出弹"的可能性更高，则致他人生命法益遭受侵害的紧迫危险显然存在，从而，根据上述修订后的客观危险说，对此行为人宜定性为犯罪未遂。

本书的立场：本书赞同上文论及的改良的客观危险说。这是因为，首先，诚如有学者所言："如果认为刑法具有行为规范的特点，其运作必须有助于实现积极的一般预防，那么，一般人在行为时对危险的判断就是至关重要的。如果认为刑法只是裁判规范，法益保护是刑法的唯一目的，那么，由裁判者结合科学法则对危险进行客观判断才是关键。因此，未遂犯和不能犯的区分问题，在一定程度上展示了行为无价值论和结果无价值论之间的对立。"[①]由是，这里似有必要再次重申，本书首先是根据结果无价值所认同的刑法客观主义的立场来做出上述刑法表达的。

这是因为，从根本上讲，刑法中的客观主义，反映的是政治上的自由主义和法治国思想。而与之相对立的主观主义，其背景是以政治上的强化专制为志向的国家主义、警察国家、福利国家的思想，它试图把主观上的道德思想引入刑法。[②]虽然，从理论上讲，将伦理引入刑法本身并非失当之举，从一定意义看，刑法就应当是伦理刑法、人性刑法。唯其如此，刑法也通过故意、过失犯的设定，来在一定程度上反映国家法律对公民的道德期许。但是，这正如康德所言，道德更多的是内部秩序；法律才是外部秩序。道德很难通过外在秩序强行推行或绳禁，法律则不然。所以，所谓伦理刑法，从理论上讲，其出发点固然在立法上的故意、过失、正当防卫等规定；归宿点则应限于下述场合的司法考量，即行为该当构成要件，且导

---

① 周光权：《区分不能犯和未遂犯的三个维度》，载《清华法学》2011年第4期。
② 参见［日］小野清一郎《犯罪构成要件理论》，王泰译，中国人民公安大学出版社2004年版，第136页。

致了既定的法益侵害或者危险之际,则,在考量行为人"可责性"的有无或轻重大小时,可根据有关伦理因素,来考量行为人有无"适法期待不能"或其他可恕情节。进而,可根据责任主义的刑法原则,对"个案"行为人做出"出罪"处理;抑或在量刑环节,可以此作为在法定的处断刑范围内,减轻或者免除处罚的依据。

综上,总体来看,对于作为"事后罚"的刑法,还将其定性为"积极预防"的工具的话,国家刑罚权可能张网过大。故而,毋宁将其定性为"消极预防"的工具更相宜。毕竟,就我国现行刑法看,除了少数阴谋犯、抽象危险犯设置可谓积极的"事前预防"以外,[1]刑法总体上可谓事后罚。而国家关于犯罪积极预防的策略,更多地应放在社会的综合治理上,即国家宜采取更加积极的、正面的措施来化解、消解、减少、遏阻犯罪,而非扩大国家刑罚权,毕竟扩大国家刑罚权,是以缩小公民的自由权利为代价的。因而,国家宜于增设更多的犯罪代值设施或办法——即如职业培训所、体能锻炼基地、疗养园地、就学/就业机会,来尽可能地减少贫富差距、城乡差距,从而积极预防犯罪,因而本书认同法益保护是刑法的根本目的。

正是基于上述法理,本书认为,客观危险性说也更宜于刑法谦抑性原则的贯彻。这一点,正如陈兴良教授所言,相对来说,具体危险说所确定的不能犯范围较小,而客观危险说所确定的不能犯范围较大,故而,虽然具体危险说更容易为我国司法实践所接受,但从法益的圆满性上来说,未遂犯虽然可被释定为具体的危险犯,但不能犯与未遂犯的区分还是应当以是否存在客观危险来判定,这种客观危险应当是事后科学判断的结果,不能以人的主观认识为转移。[2]

五 不能犯的立法例

《德国刑法》第23条第3款对不能犯做了专门规定,即"行为人由于对行为对象和手段的认识错误,其行为根本不能实行终了的,法院可免除

---

[1] 例如,2011年颁行的我国《刑法修正案(八)》所增设的醉酒驾车罪,即可谓国家刑罚权前置化的典型立法例。一般而言,国家刑罚权仅干预有其重大法益侵害后果的行为,但醉驾本身虽然并不导致重大法益侵害,却很可能引发针对无辜他人及其他车辆的车毁人亡的重大法益侵害后果。为此,立法上出于积极的事前预防考虑,将其拟制为一有醉驾行为发生,即便危及社会公共安全的危险犯罪。

[2] 参见陈兴良《不能犯与未遂犯——一个比较法的分析》,载《清华法学》2011年第4期。

其刑罚，或酌情减轻其刑罚。"这里，"其行为根本不能实行终了"，表明了此类行为应属根本不可能产生法益结果之危险的不能犯，但德国刑法又规定"法院可免除其刑罚，或酌情减轻其刑罚"。由此可见，德国的立法例已经明确其不能犯为可罚的未遂犯之表现形式之一而已。换言之，在德国，不能犯属于未遂犯，可罚。

反观日本刑法规定可见，日本刑法与我国刑法一样：均未明文规定有关不能犯的构成及其处罚情况。这样，就司法实践看，日本也与我国一样，将所有（迷信犯以外）的不能犯划归到了未遂犯之列。从而，在法律后果上也就与德国刑法一样，均可罚。可见，从立法规定看，无论是德国、日本还是中国，对未遂犯或者说不能犯，都更倾向于折中未遂论的立场。亦即，即便是根本不可能产生任何法益侵害危险的、纯粹的法敌对意思，也可遭受刑罚惩罚，虽然可以免除或者减轻处罚。

我国台湾地区的立法则恰恰相反。反观我国台湾地区"刑法"对不能犯的规定，在2005年修订刑法前后，其立法理念发生了重大变化。2005年修法之前施行于我国台湾的"刑法"第26条后半段规定："其行为不能发生犯罪之结果，又无危险者，减轻或免除其刑。"可见，此时中国台湾"刑法"中的不能犯，可罚，虽然可以减轻或者免除刑罚。但2005年，经中国台湾第16次"刑法修正案"修订后的其"刑法"第26条后半段明文规定："行为不能发生犯罪之结果，又无危险者，不罚。"可见，2005年后，经修订后中国台湾地区的新"刑法"已经一改过去的主观未遂论、折中未遂论的立法而为客观未遂论的立法了。由是，但凡根本不可能发生犯罪结果之危险的，均属不可罚的不能犯。

最后，再回过头来看中国刑法的规定。如上所述，我国刑法上未对不能犯做出专门规定。而在刑法学理上，我国传统的刑法学理论，大多根据主客观相统一的犯罪构成四要件原理，将不能犯定性为未遂犯的一种，仅仅将迷信犯划归为不可罚的绝对不能犯。

然而，近年来，随着国内关于重塑我国犯罪论体系研究的深入，特别是随着刑法客观主义理论的逐渐深入人心，至少在刑法理论上，我国对典型的不可罚的不能犯已经由过去的基本否认到如今的对具体危险说、客观危险说等各类观点的争鸣或承认。有鉴于此，至少从理论上讲，我国对不能犯的认可，已经由过去的纯粹主观危险说走到了今天的折中的主客观危险说（如抽象危险说、具体危险说等），甚至客观危险说。无论如何，这仍然不失为刑法理论及其刑法理念上的重大进步，相信该刑法理论及其理念的更新，终将对未来中国的立法完善与司法践行产生重大而深远的影响。

六 我国刑法对未遂犯的处罚规定

综上分析可见，在对未遂犯的处罚原则上，（1）主观的未遂论基于积极的社会防卫的刑法理念，倾向于必罚主义；即刑法务必惩治所有的犯罪未遂，以更加卓有成效地防患于未然。客观的未遂论基于自由主义的法治国思想，主张适度地收敛国家刑罚权，此即通常所说的刑法谦抑主义。由是，客观的未遂论倾向于"得罚主义"而非"必罚主义"。即刑法应根据行为人所犯罪种、导致的法益侵害或危险的程度，来酌情考量是否处罚某一类或某一个案的未遂犯。一句话，得罚主义就是得罚才罚、不得罚即不罚。（2）在面临刑罚惩罚的前提下，主观的未遂论还倾向于得减主义；而客观的未遂论倾向于必减主义。得减主义也是得减才减、不得减即不能减轻其处罚之意。（3）司法实践中，对未遂犯与既遂犯，采取的是同等主义的处罚，还是有所区别的处罚，可区分各国刑法究竟是主观未遂论还是客观未遂论立法。

我国《刑法》第23条第2款规定："对于未遂犯，可以比照既遂犯从轻或者减轻处罚。"与此同时，最高人民法院2013年12月23日发布、2014年1月1日实施的我国最高人民法院《关于常见犯罪的量刑指导意见》明文释定："对于未遂犯，综合考虑犯罪行为的实行程度、造成损害的大小、犯罪未得逞的原因等情况，可以比照既遂犯减少基准刑的50%以下。"由此可见，在必罚主义还是得罚主义问题上，我国采取的是必罚主义的规定。亦即，在未遂犯规定问题上，与国外不少国家之立法规定不同的是：我国并不如同德国、日本那样，特别规定"重罪的未遂一律处罚；对轻罪的未遂的处罚以法律有明文规定为限"；"处罚未遂的情形，由（分则）各本条规定"，[①]而是在立法上做出了一概加以处罚的规定。而从上述条文中有关"可以比照既遂犯从轻或者减轻处罚"的规定可见，从立法规定上看，我国刑法也是得减主义而非必减主义。

我国学者张明楷教授主要是从司法践行的角度来论证我国未遂犯规定的主客观倾向性的。认为鉴于其一，我国事实上并未惩治所有的未遂犯，而是对多数非重罪中的未遂犯，没有追究其刑事责任；其二，我国《刑法》第23条的从轻、减轻规定，虽属"可以"型的弹性规范，但刑事审

---

① 分别引自2002年修订的《德国刑法》第23条第1款、《日本刑法》第44条。

判实践中，从一般意义看，司法上对未遂犯都做出了或从轻、或减轻处罚的规定。由此，张明楷教授认为"从实质上看，我仍然认为新刑法采取了客观的未遂论"。①

对此，陈兴良教授主张从相对主义的视角来分析我国刑法规定的性质，即"主观的未遂犯论与客观的未遂犯论的根本区别还是在于对未遂犯与既遂犯是采同一处罚原则还是区别处罚原则。只要采同一处罚原则的，那必然是主观的未遂犯论。只要是采区别处罚原则的，则必然是客观的未遂犯论。在同一处罚还是区别处罚这一点上，并无折中的余地。至于得减主义还是必减主义，这只是区分的程度问题。因此，不能认为得减主义就是主观的未遂犯论，只有必减主义才是客观的未遂犯论，也不能认为得减主义是折中的未遂犯论。因为在得减主义的情况下，以减轻处罚为原则，不减轻为例外。只要基于相对主义而非绝对主义的方法论，就会得出得减主义是客观的未遂犯论的结论。"②

综上可见，至少从形式意义上看，我国刑法在立法规定上，仍倾向于主观未遂论。仅仅是从退后一步的相对意义上看，我国刑法在司法践行方面，贯彻了一定意义的客观未遂论。

第三节 犯罪中止

按照我国《刑法》第 24 条的规定，"在犯罪过程中，自动放弃犯罪或者自动有效地防止犯罪结果发生的，是犯罪中止"；"对于中止犯，没有造成损害的，应当免除处罚；造成损害的，应当减轻处罚。"

一 对中止犯减免刑罚的根据

综上可见，我国对于中止犯，做出了应当免除或者减轻处罚的必减免主义的规定。然而，如此减免刑罚的根据在于什么？如果是因为未导致法益的实际损害，为何刑法上又规定"造成损害的，应当减轻处罚"；如果是因为行为人自己幡然悔悟，可责性较小，则对尚未真正悔悟、但确属自动中止的行为人，难不成刑法就不再减免其刑罚了吗？

根据《德国刑法》第 24 条的规定，行为只要成立犯罪中止，即应当

---

① 参见张明楷《刑法的基本立场》，中国法制出版社 2002 年版，第 202—203 页。
② 陈兴良：《客观未遂论的滥觞——一个学术史的考察》，载《法学家》2011 年第 4 期。

不予处罚。由是,针对中止犯免除处罚的理由问题,德国刑法史上,曾经有机会说、奖励说、标志理论说、刑事政策说等多种学理主张。(1) 早期的机会理论说认为,刑事立法上之所以免除中止犯的刑罚,一是出于从立法上赋予行为人一个改过的机会的考虑;二是令其能够更加轻松地决定中止其犯罪行为。但这种学说被批评者指斥为"脱离现实",因为鲜有行为人明了其《刑法》对中止犯的免除处罚规定。(2) 奖励说,又称恩惠说。根据此说,刑法免除中止犯处罚的根据应为:国家立法上应当奖励犯罪中止行为。此说被评为仍然未能回答立法上为何"应当"给予中止犯如此优厚的奖励的理由。所以,此说被认为没有解决实质问题。(3) 标志理论说,又称刑罚目的论说。此说主要是从刑罚的报应与预防目的出发来论证对中止犯免除刑罚的根据的。认为中止行为导致的行为人的可责性的减轻且行为人所导致的"影响法律效力的印象的撤销",抑或"在中止中表现出来的犯罪毅力的缺少",诸如此类的总和,标志着无论是从犯罪报应还是从犯罪预防角度看,刑事处罚并非绝对必要。(4) 金桥理论,又称刑事政策说。此说认为,就刑事政策考虑而言,或许只有完全免除刑罚的希望,才能有效地促使行为人选择回头。因为按照李斯特的观点唯有完全免除刑罚,刑法才可以说是为犯罪人准备了"回归的黄金之桥"(eine goldene Brucke zum Ruckzuge)。而实践表明,这种考虑也最切合实际。①

根据《日本刑法》第43条的规定,"基于自己的意志中止犯罪的,应当减轻或者免除刑罚"。可见,一定程度看,与我国刑法关于中止犯的规定一样,日本奉行的也是部分免除或者减轻处罚,而非完全免除。由是,针对中止犯的减免根据问题,日本刑法学者们形成了多种不同意见,包括:

(一) 政策说

日本的政策说显然承继了德国刑事政策说的基本观点。其主要观点是:刑法原本已对犯罪必将遭受刑罚惩罚做出了预告,但行为人仍然预备或者着手实行犯罪行为之际,显然是罔顾上述刑法预告的。此时,要有效地防止法益遭受侵害,最有效的方法莫过于再做自动放弃犯罪或者有效防止结果发生者,刑法将减轻或者免除处罚的规定。此说因而又被称为褒奖说。但此说被批评为"对于不知道政策者则无须给予中止犯恩典",此其

---

① 参见 [德] 汉斯·海因里希·耶赛克、托马斯·魏根特《德国刑法教科书》(总论),徐久生译,中国法制出版社2001年版,第644页;[德] 冈特·施特拉腾韦特、洛塔克·库伦《刑法总论 I——犯罪论》,杨萌译,法律出版社2006年版,第272—273页。

一。此外，假如上述褒奖仅仅止于中止犯的话，那又当如何理解刑法上对未遂犯也可以"减轻处罚"的规定呢？①

（二）法律说

1. 违法减少说

此说的立论基点是故意犯罪中的罪过"作为主观性违法"的评价要素，由是，在基于故意的违法心理前提下，在预备犯罪或者已然着手实行犯罪的过程中，又自动地中止了其犯罪行为，从而，这事后的"中止行为就变更了违法性的评价"。违法性程度因而降低或者说是减少了；进而，由于其放弃了犯意所导致的危险状态的消灭，进一步地使其违法性得以减少，但因其"在放弃故意以前的行为，或者对该行为所引起的危险状态进行的违法评价作为一个事实而仍然存在着"，所以违法性仅仅是减少了，而非消灭了。当然，对此持批评立场的人，首先诟病的是故意应为责任要素而非违法要素。而且，就是确认故意为主观违法要素，但在实行中止的情况下，却已经发生"未遂"的具体危险性了。则，若以具体危险说为未遂的标准，则针对此一"结果无价值"的行为，无法通过其事后的中止来克减其违法性。进而，其行为所导致的具体危险，仍将遭致刑法上的、关于其行为客观"违法"的评价。还有学者批评此种观点不能解释共同犯罪的中止，因为"以有限从属形式成立的共犯肯定了违法的连带性"，而如此一来，假如此类共犯中仅一人中止犯罪，岂不对其他共犯也应根据其"违法性减少说"而减免其刑罚？这不免又有悖责任的"一身专属性"了。因而有学者认为此说尚未完全解决有关理论构造的问题。②

2. 责任减少说

此说认为，与违法性相比，"在责任的层次进行动态性评价"，较便于理解，施行起来困难较少，理论构造上也能解决实行中止的一身专属性问题。③但此一观点也遭到了类似于违法性减少说的同样的批评，即既然已经实行中止，因而发生了针对刑法保护法益的具体的危险，这时"作为犯罪成立要件的责任便无从事后减少"，只是"从量刑的观点看，有可能肯定

---

① 参见［日］西田典之《日本刑法总论》，刘明祥、王昭武译，中国人民大学出版社 2007 年版，第 256 页。

② 参见［日］野村稔《刑法总论》，全理其、何力译，法律出版社 2001 年版，第 357—358 页。

③ 同上书，第 358—359 页。

事后的量刑责任的减少"。①此外，还有批评意见认为，此说所主张的中止犯的非难可能性减少的主要根据还在中止犯的悔悟等道德要素，这就不免与刑法并未将"悔悟"作为成立中止犯的必备要件相冲突，反而局促了中止犯的成立范围。②

3. 违法及责任减少说

此说又称并用说。顾名思义，此说主张从违法减少和责任减少两方面去寻求减免中止犯刑罚的根据。例如，日本学者大塚仁教授就主张，一般情况下，可同时承认违法性的减少与责任减少。但对不是基于自己内心悔悟的中止行为，可主要承认其违法性减少。而对基于内心悔悟而致的中止行为，可在承认违法性减少的同时，也承认其可责性较小。③

（三）结合说

也有的日本学者主张将刑事政策说和法律说，兼而考虑为减免中止犯刑罚的根据。例如，日本的大谷实教授就认为"把刑事政策说和违法性减少说结合起来是正确的"。而前田教授却认为"应该把刑事政策说与责任减少说结合起来理解"。④

对上述德国、日本学者的多种不同观点，我国学者张明楷、陈兴良、周光权等教授均赞同上述结合说，⑤但周光权教授认同"将刑事政策说和责任减少说综合起来解释中止犯的立法理由"，⑥张明楷、陈兴良教授却"赞成以法律说为基础的并合说"。具体而言，主张"对中止犯减免刑罚的根据来自三个方面：（1）行为人放弃犯罪或者有效地防止结果发生的行为，使得犯罪结果没有发生（相当于违法性减少说）。（2）行为人自动否定、放弃了原来的犯罪意图，这是没有发生犯罪结果的主观原因，表明行为人的非难可能性减小（相当于责任减少说）。（3）对中止犯减免刑罚，有利于鼓励犯罪人的中止犯罪，避免法益造成实际损害（相当于政策说）"。⑦

---

① ［日］西田典之：《日本刑法总论》，刘明祥、王昭武译，中国人民大学出版社2007年版，第258页。
② 参见［日］野村稔《刑法总论》，全理其、何力译，法律出版社2001年版，第359页。
③ 同上书，第360页。
④ 转引自［日］野村稔《刑法总论》，全理其、何力译，法律出版社2001年版，第360页。
⑤ 参见张明楷《刑法学》（第三版），法律出版社2007年版，第303页；陈兴良主编《刑法总论精释》，人民法院出版社2011年版，第458页。
⑥ 周光权：《刑法总论》，中国人民大学出版社2007年版，第277页。
⑦ 张明楷：《刑法学》（第三版），法律出版社2007年版，第303页。

本书赞同上述"以法律说为基础的"结合说。主要理由是：关于减免犯罪中止的刑罚的根据的问题，实际上并非犯罪论问题，而是刑罚论问题。因为无论是减轻还是免除中止犯的刑罚，所消灭（或减少）的仅是其刑罚，而非其犯罪。质言之，即便是完全免除了刑罚的中止犯，仍属成立犯罪，今后再犯罪，也属有前科者。因而，基于刑法客观主义的立场，本书虽然赞同结果无价值论，但如同本书在"违法性"一章中所述，在刑罚论体系中，考虑到人身危险性较大的场合，刑罚个别化对犯罪预防有其特殊价值，因而主张在先行考量行为对法益的侵害或威胁的情况下，可适度考量行为人之行为及其内心恶念对伦理规范的违反。即在量刑范畴，在法定刑范围内，可适度考虑行为无价值论。有鉴于此，不仅行为人对法益损害的程度，是减免刑罚的根据，法律对行为人的非难性可能的大小、行为人的悔悟程度、人身危险性大小等，均可成立为减免其刑罚的根据。

二 犯罪中止的成立条件

根据我国刑法的规定可见，行为要成立犯罪中止，需要契合时间性、自动性、有效性与彻底性等四方面的要件性特征。

（一）时间性

须在"犯罪既遂"以前有效地中止犯罪，这是行为成立犯罪中止的时间条件。由于刑法分则对各类犯罪的"犯罪既遂"规定不同，因而对"犯罪既遂"要求不同的罪种，成立犯罪中止的时间要求也不一样。概括地说，刑法对犯罪中止的时间要求大致如下：（1）"实害结果犯"须在行为尚未产生特定的法益损害"结果"之前自动放弃犯罪并有效避免特定危害后果发生，才能成立犯罪中止。例如，盗窃犯要成立犯罪中止，原则上应在所窃财物尚未到手前，自动放弃犯罪。（2）抽象危险犯须在尚未开始其"着手"实行行为以前自动放弃犯罪，才能成立犯罪中止。例如，准备实施"销售有毒、有害食品罪"的行为人要成立犯罪中止，须在"销售"行为以前即行放弃其销售行为与犯意，才能成立犯罪中止。（3）具体危险犯须在特定"危险"尚未形成之前自动放弃犯罪。如销售不符合食品安全标准食品罪的行为人，须在"足以造成严重食物中毒事故或者其他严重食源性疾患"的危险发生以前，自动放弃犯罪。换言之，经销此类不符合食品安全标准的食品的行为人要成立本罪的中止，除须立即停止其正在进行的销售行为之外，还须如数回收或叫停其行将流通于市场的不符合安全标准的食品，才能成立犯罪中止。

这里，需加以研讨的问题是，在财产性犯罪中，当其行为实行完毕、结果已经发生以后，行为人出于幡然悔悟或其他缘由而自动将财产暗中返还的，可否成立犯罪中止？例如，小偷入室盗窃后，在事主尚未发现家中失窃、案件尚未暴露之际，行为人又自动暗中送回财产的，可否定性为犯罪中止？

对此，从刑法的规定性看，鉴于行为"过程"已经结束而非发生于刑法所规定的"犯罪过程"之中，因而，严格看，此类行为不属于犯罪中止，仅属自动"恢复原状"，行为人因而业已构成犯罪既遂。但是，鉴于此类自动"恢复原状"的行为表明行为人的主观恶性及其行为的社会危害性已大幅度地降低，因而，在量刑环节，司法上宜将此类"恢复原状"行为视作酌情"从轻、减轻或免除处罚的事由"来处理。

（二）自动性

自动放弃犯罪，是犯罪中止区别于犯罪预备及犯罪未遂的核心要件。这是因为与犯罪预备、未遂一样，犯罪中止既可发生在预备阶段，也可发生在着手实行阶段，而其所以成立犯罪中止而非预备犯、未遂犯，本质区别点正在于中止犯的场合，主观上行为人主动地放弃了犯罪意图；客观上他还须自动地放弃了继续实施犯罪行为或主动且有效地防止了犯罪结果的发生。无可讳言，在行为过程在中，行为人突地幡然悔悟、良心发现，自动地停止了犯罪，此乃典型的中止犯，其构成犯罪中止自不待言。然而，犯罪过程中，在突遇来自外界的轻微障碍的场合，行为人放弃了犯罪，能够成立中止吗？可见，这里仍然存在一个如何解读刑法法定的"自动"性的问题。通说观点认为，所谓自动性，要求行为人须是基于"自己的自由意思决定"而放弃犯罪的，此即所谓的"任意性说"。即行为人是在可以任意地自行决定是继续还是放弃犯罪的前提条件下，主动放弃犯罪的。但对如何确认所谓"自由意思"，刑法学人还是有争议。按其争议所持的不同观点，对有一定外界因素影响下的案情，会产生不同的刑法评价。例如：

案例1：2001年冬季的某一周末日，天气奇冷，无业人员叶某、何某、相某、秦某四人相约来到北京近郊某工业开发区，打算共同盗窃或抢劫一辆轿车去变卖分赃。黄昏时分，原本人烟稀少的开发区大道上更是近乎空无一人。寒风中，四人远远发现，某单位后围墙门外的凹陷处停放着一辆白色桑塔纳2000型轿车。四人当即商定，若车上无人，就马上将该车偷开走；若驾驶员正好在车上，就将该车抢走。四人偷偷来到车前一看，车上仅有一名司机坐在驾驶台上打盹。何某于是一马当先地打开车门将蒙眬中的司机推下了汽车，其他三人正待上前打昏司机抢车时，叶某忽然发现该司机是自己认识的一个熟人李某。叶某于是赶紧出来打圆场说："哟，是你老兄呀，对不起，今儿个天冷，我们哥几个本来打算找辆汽车躲躲寒气的，既是你的车，就不打搅啦。"说罢叶某招呼其他三人等急忙离开了现场。但李某依然到公安机关报了案。叶某等四人被依法逮捕。本案起诉到人民法院后，法官们对本案之四人究属犯罪中止还是犯罪未遂有争议。争议的焦点正在于：行为人等是否属于"自动"放弃犯罪。

案例2：某夜11点多，行为人A男经过一阵子跟踪、围追之后，终于成功地将B女堵截在了B女所住单元楼房的5层楼的楼梯转道口边，A男正欲行强奸之际，突然听见有人上楼的声音，脚步声正由远而近，A男只得丢开B女，自己逃之夭夭。问题是：根据任意说，本案行为人之所以放弃犯罪，究竟是否基于自己的"自由意思"？

案例3：有行为人在实施杀人行为之际，由于看到被害人流了很多血，非常惊愕，从而停止了其杀人犯行。问题依然是：根据上述任意说，本案行为人是否构成自动中止犯罪。

综上案例可见，问题的焦点仍然在于：如何诠释"自由意思"？所谓"任意"究竟是应根据一般人的心理认识来确认，还是仅就行为人单纯的主观意思而言？抑或，在以行为人的主观意思为标准的同时，还应当附加若干心理动因方面的限定性条件？学界据此相继形成了客观说、单纯的主观说和限定的主观说等不同观点。

1. 客观说

客观说认为，应以一般人的心理认识及其变化来评价行为人是否出于自己的意思中止犯罪。例如，碰见熟人、作案时现场有人逼近、杀人时流血很多，如果一般人都会因而成为其自己意思以外的障碍，进而放弃犯罪的话，应当成立犯罪未遂。否则，假定一般人并不会因而放弃其犯意，即便行为人放弃了犯罪，也不能认定为犯罪中止，而应为犯罪未遂。如就案例3而言，日本有判例就根据此类客观说，做出了"被告人的中止行为是'由具有足以妨碍犯罪完成这一性质的障碍所引起的'，因而否定成立中止犯"的判决。[①]鉴于此说以一般人、而非行为人自己的意思来评价行为人意

---

① [日] 西田典之：《日本刑法总论》，刘明祥、王昭武译，中国人民大学出版社2007年版，第261页。

志决定的自动性，有学者因而批评其有悖行为人的自由意思理当通过行为人自己的心理活动并意志决策来确认的、个人心理活动必不可少的主观性。

2. 单纯的主观说

此即德国学者弗兰克（Frank）公式所言的：即使想也不能够实现的，为犯罪未遂；反之，即使能够也不想实现的为犯罪中止。用中国古语形容即为犯罪未遂，非不为也，实不能也；犯罪中止，非不能也，实不为也。然而，究竟何谓"不能"，对此仍然有学者质疑。此外还有学者质疑单纯的主观说，可能会否定一些轻微的客观外界因素对行为人情绪的影响，进而影响到对行为人之自动性的刑法评价。

3. 限定的主观说

此类主观说，强调主观意志对自己行为的影响，但认为此类评价不能仅仅止于一般心理学的角度，还应限于行为人须是基于其内心的悔悟、怜悯、同情等心理动因而主动放弃犯罪的，否则刑法上不能确认其作为中止犯的自动性。此类观点被评价为表面看来似乎其业已摒弃了单纯主观说的唯主观性，实际上却将主观说限定于须受制于一定伦理因素，从而不当地缩小了中止犯的范围。

我国学者张明楷教授、陈兴良教授均主张以"不属于犯罪人意志以外的原因而未着手实行犯罪或有效地防止犯罪结果发生的"，来认定犯罪中止的"自动性"。[1]周光权教授则较赞同上述单纯的主观说。[2]

4. 本书观点

本书原则上较为赞同上述第一说即主观说的立场。这是因为：（1）主观说较之客观说合理的关键点在于，客观说在评价人的自主意思——这一明显属于个人心理活动之际，还以其他一般人的认识为准，则无异于将个人的主观活动等同于社会意识或意志，诸如此类的"自动性"因而根本不能契合并表征出行为人自己的意识与意志活动究竟如何。（2）主观说较之于限定的主观说更合理的关键点在于：上述限定的主观说在主动性上加诸了若干"伦理"因素，而刑法认定的中止主要应基于心理因素而非伦理因

---

[1] 参见张明楷《刑法学》（第三版），法律出版社2007年版，第305页；陈兴良主编《刑法总论精释》，人民法院出版社2011年版，第463页。

[2] 参见周光权《刑法总论》，中国人民大学出版社2007年版。

素确认其主动性。①而实践中，无论是出于恐惧中止、羞耻中止、害怕中止还是悔悟中止，只要行为人自认为其还能够将犯罪进行下去，即可认定为中止。总之，"自动性"应相对于"他动性"而言，指行为人之放弃犯罪意图与犯罪行为，不是外在的客观环境干扰的结果，而是当其行为人自以为还能够将犯罪进行下去之际，自身主观形成的放弃犯罪的意志结果。但"不是外在客观环境干扰的结果"，不等于外在环境对行为人之意志决策毫无干系。实际上，任何人之任何意志决策，都免不了受制于一定主客观因素，因而本书所赞同的主观说，并非完全摒弃外在因素对自身情绪影响的、活动在封闭的、无人空间的所谓主观说。而是承认客观因素对自身情绪甚至意志决策的影响——只要行为人自以为自己还能将其预备或者已然实施的犯罪进行下去，但行为人依然中止了其犯罪行为，刑法上即可评价其已经成就了中止犯的"自动性"要求。一句话，在确认了行为人本以为能够将犯罪进行下去的情况下，刑法上只问行为人之放弃犯罪，是否是其自己意志支配的结果，不问其意志形成的"动机"怎样。

例如，就上述案例1而言，根据以上关于"自动性"的认定标准——即主观标准说可见，要确认本案是否属于"自动"放弃犯罪，关键在于两点：一是在碰到熟人的当时场景下，行为人等是否还能够将其犯罪进行下去；二是行为人之放弃犯罪意图与犯罪行为，是外力作用的结果，还是行为人等自身心理认识发生变化并支配其意志行动的结果。

可以想见，就当时的现场看，以四人对付一人，且现场空无一人，即便碰到李某这一熟人，对于预备实施"抢劫"的行为人等来说，该不利因素也是非常轻微的，叶某等四人绝不至于因而认为他四人等就没有能力制伏被害人李某。更何况，抢劫的场合，行为人完全可以采取杀人灭口的方法来防止案发，可见，叶某等四人并非"不能"继续其抢劫犯罪，而是经过其几人的意思"合意"后，自主决定放弃实施其抢车行为。

至于叶某等为何会"放弃"其犯罪，本案案情未着意介绍。但综观其案情可见，叶某等"放弃"犯罪的动机无外乎如下：一是叶某等作为"人"之天性使然，即"哥们儿"等即便要充当一把杀人越货的大盗，可在见着熟人时，其潜藏于内心的人性仍使得其不落忍向熟人开刀，或者说面对熟人，他（们）毕竟有点良心发现，甚至有所醒悟，不愿意害人还害

---

① 参见［德］汉斯·海因里希·耶赛克、托马斯·魏根特《德国刑法教科书》（总论），徐久生译，中国法制出版社2001年版，第652页。

己。二是叶某等在面对熟人时，要作案即无实施轻罪的选择，即他们本可在并不杀人、仅以轻伤、殴打甚至暴力威胁的方法劫得他人汽车，可面对熟人，他们要么杀人越货；要么中止犯罪。而他们终究不愿意杀人图财，更不愿意杀害熟人。因而，他们选择了放弃。

综上可见，无论出于何种动机，他们终究是在其"哥儿四个"有条件继续实施其抢车犯罪的前提条件下，自动放弃犯罪的，因而，对本案，宜于定性为犯罪中止。

再看上述案例2，该案的行为人A男也遇到了外界障碍，但与案例1行为人所遇到的轻微外界不利因素不一样的是：A本来就身处被害人B所住的单元楼房的公共地带，在深夜11点多钟之际，上楼的人不是B的亲属、熟人也是邻居，这对只身一人作案的A而言，不说构成其强奸作案的重大障碍，至少是十分不利的外界障碍。这种情况下，A已经很难将其强奸犯罪进行下去，不得不逃之夭夭。可见，A之放弃犯罪，是不以其意志为转移的、不得已而为之，A的行为因而不具有刑法上的自动性，不能成立犯罪中止。

（三）有效性

有效性是成立犯罪中止的必要条件，指行为人已经着手实行犯罪、包括犯罪行为业已实行完毕之际，行为人要成立犯罪中止，除须放弃继续加害的犯意之外，还须有效地防止行为人原先预期的法益侵害结果发生。例如，在欲图杀人的场合，在已经对他人下手并导致他人伤害之际，行为人要成立犯罪中止，除了简单地停止其犯罪行为外，还须通过其积极的"作为"——立即送护被害人去医院抢救并防止了被害人死亡结果发生，行为才能成立犯罪中止。否则，如其被害人不治身亡，行为不能成立犯罪中止而应认定为故意伤害致死。

一般而言，"有效性"对不同阶段的犯罪，有不同的"作为"要求：（1）在犯罪预备阶段，行为人要成立犯罪中止，只要消极地中止其预备行为即可。（2）在已经"着手"实行犯罪、但行为尚未实行完毕阶段的犯罪中止，视其行为对结果的影响情况，行为人可能需要采取积极地"作为"来防止其结果发生；也可能仅须消极地放弃继续加害行为即可。例如，已经举刀杀人，在已经伤及对方的情况下，行为人要成立犯罪中止，还须积极地送人去医院救护才行。此外，如其行为人虽然已经举刀面向被害人并且砍向了对方，但因对方躲避而未曾命中，这种情况下，行为人只需消极地"不作为"，停止侵害即可。（3）实行终了的中止。

此种情况下，行为人一般需要采取积极的"作为"来有效防止危害结果的发生。例如，欲投毒杀人，在他人已经食用了行为人投放了毒物的食品、毒性尚未发作或者毒性虽然发作，但尚未致死人命的场合，行为人此时幡然悔悟，希望阻止他人死亡的危害结果发生，此种场合，行为人唯有积极地施救于被害人，并有效地防止了死亡结果的发生，行为方可构成刑法上的犯罪中止。

（四）彻底性

指相对于某一次特定犯罪来说，行为人并非暂时性地、而是完全地放弃了针对某一特定犯罪客体及其犯罪对象的犯罪意图及其犯罪行为。由此可见，犯罪中止所要求的彻底性，并非针对一般性的任何犯罪而言，而是针对业已放弃的特定犯罪而言。这样，即便行为人在放弃了甲犯罪后不久，又实施了乙犯罪。但对甲犯罪而言，行为人仍然成立犯罪中止。司法机关因而一方面应当追究其实施甲犯罪中止的刑事责任；另一方面应当追究其实施乙犯罪的刑事责任。

三 犯罪中止的分类

我国《刑法》第24条明确规定，"在犯罪过程中自动放弃犯罪或者自动有效地防止犯罪结果发生的，是犯罪中止"。可见，犯罪中止发生于"犯罪过程"之中，鉴于故意犯罪的发展过程可分为"犯罪预备"与"犯罪实行"两种不同形态，可见所谓"犯罪过程"中的犯罪中止，就是指发生于犯罪预备阶段的犯罪中止或犯罪实行阶段的犯罪中止。据此，根据行为人中止犯罪的时间，可将犯罪中止分为犯罪预备过程中的中止与犯罪实行过程中的中止。简称"预备中止"与"实行中止"。此外，根据行为人中止犯罪的行为方式，又可将犯罪中止分为不作为中止与作为中止。根据行为人所中止的是基本还是加重的损害后果，还可将犯罪中止分为部分中止与一般中止，等等。

（一）预备中止与实行中止

预备中止，指在犯罪预备过程中，自动地放弃了犯罪意图并放弃了为犯罪而准备工具、制造条件的行为，从而防止了犯罪行为由预备阶段进入着手实行阶段并有效避免了犯罪结果发生的情况。

实行中止，包括"实行未了中止"与"实行终了中止"。前者是指在犯罪实行行为过程中自动放弃犯罪意图与犯罪实行行为者；后者是指在实行行为完毕以后、特定的法益侵害结果尚未发生之前自动有效地防止犯结果发生的情况。因而前者又简称为"未了中止";后者简称"终了中止"、"既了中止"。

(二)不作为中止与作为中止

不作为中止又称消极中止。一般发生于"预备中止"与"未了中止"场合。其中,预备中止的场合,行为人只需要消极地不作为、亦即不将其预备行为继续到"着手"实行阶段,就构成犯罪中止,因而此类中止又称为"消极中止"。在"未了中止"场合,行为人要中止其犯罪,视其情况,可能需要"作为中止",也可能只需消极地"不作为"。实践中,应根据被害对象有无受到一定侵害酌定。受到一定程度危害者,行为人不能消极地"不作为",而需积极地"作为"。

"作为中止"又称积极中止。主要发生于终了中止的场合;也可能发生于上文谈及的"未了中止"场合。指行为人已经开始着手实行犯罪,甚而已经结束其着手实行行为,但在其特定的危害结果尚未发生之前,行为人又放弃了特定加害犯意,并通过其积极地"作为"有效地避免了特定危害结果发生的情况。例如此前曾经研讨过的投毒完毕的案例即是。

(三)完全中止、部分中止与加重结果中止

完全中止是相对于中止其全部犯罪预备或者犯罪实行行为而言,就此意义看,完全中止也可谓一般意义的犯罪中止。

部分中止,则是指行为人在着手实行犯罪阶段,自动地放弃了其犯罪原已具备的加重要素,而仅完成基本构成要件的行为。例如,某日清晨,A手持枪支,从路旁冲出拦住了路人B企图抢劫,但在路人B尚未转过身来发现A手持枪支之际,A忽然自觉大白天使用枪支不合适,于是收起了枪支,转而采用拳打脚踢的方式强迫路人B交付、并取得了财物。本案之A,可成立部分中止,即其行为虽然构成一般抢劫既遂,但对于其持枪抢劫而言,A仍然属于持枪抢劫之中止。则司法上对A,宜于按照普通抢劫罪、而非持枪抢劫犯既遂来处罚。①

加重结果中止仅仅相对于刑法上将其基本、加重结果均设置为故意形态的结果加重犯而言。②行为人若自动放弃实施加重结果,但业已完成其基本侵害结果的,可能构成对其刑法法定的加重结果的中止。可见,刑法理

---

① 参见张明楷《简论部分的中止》,载《法学杂志》2013年第3期。
② 刑法上的结果加重犯,包括基本结果为故意、加重结果为过失与基本结果、加重结果均为故意的情况。而本章所讨论的未完成罪仅仅发生于故意犯罪形态。因而,所谓结果加重犯中的加重结果中止,显然仅限于基本、加重结果均为"故意"的犯罪形态。

论上、实践中均需着意强调的是：务须注意将加重结果中止与部分中止区分开来。

从理论上看，结果加重犯既存在加重结果的未遂、也存在对加重结果的中止，例如，本打算先杀人后劫财的行为人，后经被害人苦苦哀告，遂放弃了杀人意念及其行为，仅仅殴伤被害人并抢走了财物，未曾危及被害人性命。本案即属针对结果加重犯的加重结果的中止。其与部分中止之最大不同点在于：结果加重犯有其刑法法定的加重结果；部分中止却是行为人对某些可能加重刑罚的刑法法定要素的自动放弃。

四 犯罪中止的刑事责任

（一）刑法对中止犯的处罚原则

我国《刑法》第24条第2款规定，对于中止犯，没有造成损害的，应当免除处罚；造成损害的，应当减轻处罚。这里，"造成损害的"，是指行为人虽然有效地避免了特定危害后果的发生，但在"实行中止"的场合，特别在"实行终了中止"的场合，行为虽然没有造成特定性的损害（如没有导致被害人死亡）后果，却可能导致非特定性的损害（如致人伤残）后果。后者即为"造成损害的"。

（二）刑法的必减免主义的立法例

在研讨对于预备犯、未遂犯的处罚例时，本章曾经论及国内外的必减主义与得减主义立法例。我国关于未遂犯的处罚原则是得减主义、关于预备犯的处罚原则却是"得减免主义"的立法例。

然而，我国刑法对中止犯的规定则不然。申言之，我国刑事立法上，对中止犯采取的是"必减免主义"的立法。《刑法》第24条所采用的"应当"免除处罚和"应当"减轻处罚的刚性规定，就是此种必减免主义的立法表述。

本章小结

本章分别讨论了未完成罪中的三种形态，即犯罪预备、犯罪未遂及其犯罪中止的构成要件及其刑事责任根据、处罚原则等。研讨的重点则在于：未遂犯与中止犯的可罚性根据、犯罪未遂的成立要件，特别是刑法上当如何评价所谓实行的着手标准问题。就此问题，学界分别有主观说、形式性客观说、实质性客观说等多种意见，对此，基于本书一贯认同的刑法客观主义与结果无价值论的立场，本书更赞同实质性客观说的见解。在不能犯的问题上,本书赞同将根本不可能实行终了的不能犯剔除到未遂犯之外,即将此不可罚的不能犯对称于可罚的未遂犯:二者相互并列。进而,不能犯的场合,不是必定不会产生有关"危害后果",而是必定不会产生导致此类后果的"危险"。而在如何认定此类危险的标准问题上,秉持本书一贯认同的刑法谦抑原则,为了不致基于纯主观的立场扩大未遂犯、进而缩小不可罚的不能犯的范围,本书更赞同以改良了的客观危险说来界分行为究属必定不能发生实害危险还是必定不能发生实害结果,从而界分行为究属不能犯还是未遂犯。

思 考 题

一 名词解释

阴谋犯 隔离犯 相对不能犯 自动性 部分中止

二 简答题

1. 简论关于未遂犯处罚根据的学术之争并述你自己所持观点及其理由。

3. 试论形式性的客观说与实质性客观说的本质区分点及其立论根据。

3. 简论客观危险说的基本主张及其立论根据。

4. 简论不能犯区别于未遂犯的本质特征。

三 论述题

1. 试论关于犯罪未遂的"着手论"的具体危险说与作为"危险论"的具体危险说的区别与联系。

2. 试论刑法减免中止犯刑罚的根据。

阅读参考文献

陈兴良:《客观未遂论的滥觞——一个学术史的考察》,载《法学家》2011年第4期。

陈兴良:《不能犯与未遂犯——一个比较法的分析》,载《清华法学》2011年第4期。

陈兴良:《未完成罪研究》,载《政法论坛》2000年第3期。

赵秉志:《论原因自由行为中实行行为的着手问题》,载《法学杂志》2008年第5期。

赵秉志:《论不能犯与不能犯未遂问题》,载《北方法学》2006年第

1期。

张明楷：《简论部分的中止》，载《法学杂志》2013年第3期。

张明楷：《未遂犯论》，日本成文堂、中国法律出版社联合出版1997年版。

黎宏：《论未遂犯的成立要件》，《云南大学学报》（法学版）2004年第2期。

劳东燕：《论实行的着手与不法的成立根据》，载《中外法学》2011年第6期。

刘明祥：《论危险犯的既遂、未遂与中止》，载《中国法学》2005年第6期。

周光权：《区分不能犯和未遂犯的三个维度》，载《清华法学》2011年第4期。

梁根林：《预备犯普遍处罚原则的困境与突围——〈刑法〉第22条的解读与重构》，载《中国法学》2011年第2期。

第十章 共同犯罪

> **内容提要**

在共同犯罪理论中，围绕共同犯罪的成立犯罪范围问题，学界存在行为共同说、犯罪共同说和部分犯罪共同说之争。行为共同说是从刑法主观主义的立场出发，认为各行为人之间，只要有其共同的、可以征表其人身危险性的行为，即便行为人之间并无犯罪意思的联络，甚至行为人之间仅仅出于共同的过失，也可以认定共同犯罪的成立。犯罪共同说则是从刑法客观主义的立场出发，认为共同犯罪不是行为的共同，而是犯罪的共同，进而认为不同行为人的行为符合多个构成要件，在构成要件之间存在着重合性时，多人之间的行为成立重罪的共同正犯。但对于实施了轻罪的行为人，只处以轻罪的刑罚即可。部分犯罪共同说则主张行为人该当的、违法且有责的不同构成要件如有重合部分，行为人仅在其重合部分征表出其确有共同的故意与共同的构成要件行为，刑法因而仅仅应当就其"重合"部分做出"共同犯罪"的法律评价来。三相比较可见，上述第三种观点相对客观，值得首肯。由是，根据"部分犯罪共同说"，刑法仅对其有共同的故意并共同的构成要件行为的各行为人所触犯的罪名，评价其确定的共同犯罪并追究其责任。此外，针对共同犯罪人，学界也根据其不同的划分子项做了进一步的分类。包括正犯与共犯、直接正犯、间接正犯与共同正犯、双面共犯与单面共犯等。此外，根据我国刑法的规定及其是以其"分工"还是其在共犯中的"作用"作为法律分类的标准，在我国也可将共同犯罪人分为主犯、从犯与胁从犯；实行犯与教唆犯等。学界还针对共同犯罪本身，做出了有关法学分类与法律分类。前者包括任意共犯与必要共犯、会合共犯与众合共犯等；后者包括简单共犯与复杂共犯、聚众共犯与犯罪集团等。

关于共同犯罪问题，首先需要强调的是：教义学上的共犯，常被赋予多种含义：相对于单独犯罪而言，"共犯"常为"共同犯罪"的简称；特定情况下,"共犯"也可谓"共同犯罪人"的简称。大陆法系刑法理论上的共犯却有广狭二义。广义的共犯,乃指所有共同犯罪人。狭义的"共犯"则是相对于"正犯"而言——特指有别于正犯(实行犯)的共同犯罪中的帮助犯、教唆犯等。据此,本章论及有关共犯问题时,也将根据各节各目所研讨内容的不同,被赋予各自不同的含义。

按照我国《刑法》第25条的规定,"共同犯罪是指二人以上共同故意犯罪。二人以上共同过失犯罪,不以共同犯罪论处;应当负刑事责任的,按照他们所犯的罪分别处罚。"由此可见,按照我国刑法的规定,共同犯罪不可能是共同过失犯罪,但在此基础上,如何理解二人以上共同故意犯罪,进而,针对共犯的成立问题,仍有多种不同意见。

第一节 共同犯罪的成立

一 关于共同犯罪成立的学理之争

关于共同犯罪的成立范围,我国刑法理论上历来有行为共同说、犯罪共同说、部分犯罪共同说等理论之争。

(一)行为共同说

是从刑法主观主义的立场出发,认为各行为人之间,只要有其共同的、可以征表其人身危险性的行为,即便行为人之间并无犯罪意思的联络,甚至行为人之间仅仅出于共同的过失,也可以认定共同犯罪的成立。而且,这里所谓的"行为",最初仅限于自然意义的行为,但这样一来,各行为人之间,虽然针对着同一对象在"共同"行为着,然则,倘若有人之行为仅属刑法意义的"抢夺"、另有行为人则在实施着刑法意义的"抢劫"行为,而诸如此类的"共同"行为,该当的却是不同的构成要件,进而,从刑法视角看,如此这般的共同犯罪行为,与单独犯罪之行为并无实质意义差异。可见,即便从刑法主观主义角度看,"行为共同说"之中的行为,也应为相同的构成要件行为。

然而,对构成要件意义的行为共同说,也因学界针对"构成要件行为"本身理解上或观念上的巨大差异,而导致了推理结果上的较大差异。有关构成要件,本书在第六章曾经专门论及,学界存在狭义、中义、广义三种不同主张。狭义论又称"行为类型论",认为"构成要件是与法的价值判断相分离的、纯粹形式的、记叙的类型化行为",它并不涵括违法性、有责性的实质内容；中义论又称"违法行为类型说"，认为"构成要件所概定的行为不仅仅是违法且有责行为之形式意义上的类型化，而且符合构成要件的行为，应属业已存在积极的、实质意义的'构成不法'的行为"；广义论又称"违法有责行为类型说"，此说不仅承认构成要件所概定的行为乃属形式意义的违法且有责行为的类型化，而且主张该当构成要件的行为，应属实质意义的违法且有责。

根据上述不同的构成要件理论可见，若按上述"行为类型论"，即便各行为人之间，在构成要件的实行行为上相同，仍因"行为上的共同"并不过问行为人主观上的有责性如何，进而，由于各行为人之间，在实施相同的构成要件行为时，仍然存在或者很可能存在其有责性上的差别，结果依然是：相同的行为仍会导致罪名上的差异：例如有行为人可能该当分则有关故意杀人罪的构成要件；另有行为人却可能该当分则特定的过失致人死亡罪的构成要件。可见，这样的共同犯罪，仍属实质意义的"有共无同"：各共同犯罪人所触犯的罪名即不相同。但我国现行《刑法》第25条已然明文规定，"二人以上共同过失犯罪，不以共同犯罪论处；应当负刑事责任的，按照他们所犯的罪分别处罚。"由此可见，至少就我国现行刑法的规定看，从"行为类型说"角度来理解此类"行为共同说"的话，诸此共同犯罪之成立条件，显然不符合我国刑法关于共同犯罪的规定性。

然而，根据上述违法行为类型说、违法有责行为类型说，鉴于此类行为本身已然蕴含着类型化的违法性，而违法性又有其一定的规制故意与过失的机能，甚至类型化的行为还属违法且有责的行为，由此可见，倘若秉持中义或广义的构成要件论，则此类构成要件意义上的"行为共同说"，或可得出与后文所论的部分犯罪共同说"基本相同的"结论。[1]

（二）犯罪共同说

又称完全共同犯罪说，此说乃是从刑法客观主义的立场出发，认为共同犯罪不是行为的共同，而是犯罪的共同。认为"不同行为人的行为符合多个构成要件，在构成要件之间存在着重合性时，多人之间的行为成立重罪的共同正犯。但对于实施了轻罪的行为人，只处以轻罪的刑罚。"[2]据此，A与B共谋趁C不备，抢夺正在超市购物的某C的钱袋。但事到临头时，A在实施抢夺之际，B却手持啤酒瓶朝C的头部猛砸了过去。本案，

---

[1] 参见张明楷《刑法的基本立场》，中国法制出版社2002年版，第272页。
[2] 陈兴良主编：《刑法总论精释》，人民法院出版社2011年版，第486页。

按照上述犯罪共同说的观点，A 与 B 二人仍构成共同抢劫罪。但在量刑时，对 A 可按抢夺罪的法定刑处罚。此外，根据此类"完全的共同犯罪说"理论，对欠缺各方行为人之间的事前或事中之"意思联络"的片面共犯，刑法也将否定其作为共犯中的"从犯"的法律评价。

（三）部分犯罪共同说

根据此说，行为人该当的、违法且有责的不同构成要件如有重合部分，行为人仅在其重合部分征表出其确有共同的故意与共同的构成要件行为，刑法因而仅仅应当就其"重合"部分做出"共同犯罪"的法律评价来。根据该理论，即便行为人该当不同的构成要件、触犯的罪名不同，但对其重叠部分，也可确认共同犯罪的成立。此外，对片面共犯，刑法肯定对其作为共犯之"从犯"的法律评价。

二 本书的立场

针对上述三种不同观点，本书更为认同上述部分共同犯罪说。这是因为构成要件之行为共同说，一是，有可能因其对"构成要件行为"理解上的不同，而导致实际内涵上的歧义；二是，即便基于"行为违法类型说"或者"违法有责类型说"出发，则"行为共同说"与"部分犯罪共同说"有其在共同犯罪构成要件上"基本相同"的一面，但此说仍有其提法上的局限性以及认定共同犯罪成立与否顺序上的悖常性。这是因为，鉴于我国刑法已经明确规定过失犯罪不能成立共犯，有鉴于此，我国学界以及司法实务部门，在认定行为是否成立共犯时，往往先审查各行为人在罪过形式方面，究属故意还是过失，凡属过失行为者，皆先行剔除于共同犯罪之外。由是，这正如我国有学者所言，"构成要件的行为共同说，依其犯罪论体系，是先从客观上确定实行行为的性质，最后判断行为人的有责性。这样，在没有明确行为人的故意内容时，也可以先根据客观行为本身确定实行行为的性质，从而判断行为人是否实施了相同的实行行为，再认定是否成立共同犯罪。"[①]可见，如此判断法，的确存在判断顺序上的悖常性，从而，不免令人感到即便其确有一定可行性，也难以达致方方面面的圆满。

此外，完全犯罪共同说，也存在刑法学理上的前后分裂性。一方面，对没有参与实施重罪的实行、帮助或者教唆行为者，原本欠缺将其定性为

[①] 张明楷：《刑法的基本立场》，中国法制出版社 2002 年版，第 272 页。

重罪正犯的正当性；另一方面，既定性为实施了重罪行为的正犯，为何又回过头来按轻罪处罚？可见此类定性法，既有悖于立法的严谨性、公正性，又欠缺责任主义刑法所要求的前后一致性，因而，"完全犯罪共同说"之共犯成立论，仍不足取。

而根据"部分犯罪共同说"，刑法仅对其有共同的故意并共同的构成要件行为的各行为人所触犯的罪名，评价其特定的共同犯罪并追究其责任。有鉴于此，在实行犯过限的场合，过限人应自己对其实施的其他犯罪行为承担刑事责任。例如，甲与乙共谋上丙家盗窃，双方谋定由甲在丙家门口观风望哨，乙从事盗窃实行行为。但乙在盗窃过程中，见其家中仅丙女熟睡于床，陡生强奸犯意并实施了强奸行为。本案，根据部分犯罪共同说，甲、乙二人仅构成"共同盗窃罪"，而乙自己还应单独承担其强奸罪的刑事责任。此外，部分犯罪共同说，也便于刑法首肯确属"片面共犯"的"从犯"的犯罪性与可罚性，从而便于刑法一体追究各类参与了共同犯罪的意思联络、实施了该当构成要件的不同行为且有其可责性的共同犯罪人。

第二节 共同犯罪人的分类及其处罚根据

关于共同犯罪人，学理上、法律上各有其不同的分类。学理分类，又称法学分类，是刑法学界根据一定的分类子项，设定的不同的共同犯罪人类型。法律分类则是根据刑法总则关于共同犯罪的相关规定，划定的不同的共同犯罪人类别。当然，以下的学理分类，仅是根据"中国"刑法有无特定规定加以区分的。据此，以下按学理分类划设的不同类别的共同犯罪人，例如正犯、共犯、间接正犯等，在刑法典有其正式规定的国家，其理所当然地应属"法律"分型出的不同共同犯罪人类别。如《德国刑法》（2002年修订版）第25条就明文规定了"正犯"；该法第30条又就"共犯"的未遂问题做出了专门规定；再如，《日本刑法》第60条，也对何谓"正犯"做出了专门性规定。可见正犯、共犯等概念，在诸此刑法有其明文规定的国家，应属法律分类；相应的，正犯、共犯等概念在这些国家也应谓之为"法律概念"而非法学概念或学理概念。

然而，与德国、日本相反的是，中国刑法上并未出现"正犯"、"共犯"的字眼，因而基于中国刑法之法定立场，本书仍将正犯、共犯之分及其概念本身，划属学理分类、学理概念之列。

一 共同犯罪人的学理分类及其处罚

(一) 正犯与共犯

1. 正犯,乃共犯的对称。对此,有大陆法系学者特别指出,"在界定共犯时,过去和现在都是从形式——客观论着手(部分)实现了构成要件规定的行为,再次成为决定性的标准。与此相对应,对正犯的第一个定义是,(全部或部分)实施了符合构成要件的实行行为的人。"[①]由此可见,狭义的"正犯"乃相对于由帮助犯、教唆犯构成的狭义的"共犯"而言。就此意义看,狭义的"正犯"其实可谓"实行犯"的代称。刑法理论上因而又称狭义的正犯为"限制的正犯";与此相对应的是"扩张的正犯"。

扩张的正犯又称广义的正犯,是指以实现自己的意思去实现确定的构成要件行为,自己对所实现的犯罪结果承担责任的人。[②]显然,这里之"实现"与"实行"虽然仅仅一字之差,却有其刑法学含义上的巨大差异:所谓"实现"某一确定构成要件的行为人,其实涵括所有基于自己的意思而参与实施某一确定构成要件行为的当事人,无论其为实行犯、教唆犯还是帮助犯。唯其如此,刑法理论上又称此类正犯为"共谋正犯"。而"实行"某一确定构成要件的行为人,仅限于实行犯,刑法理论上因而又称此类狭义共犯为"实行正犯"。就本书而言,除非特别声明,否则一般情况下,本书所指正犯仅限于狭义的、限制的正犯亦即"实行正犯"。

2. 共犯,乃正犯的对称。与正犯概念一样,共犯也有广狭二义。广义上的共犯可谓所有"共同犯罪人"的统称。因而所有参与共同犯罪的行为人,无论是实行犯、帮助犯、教唆犯还是胁从犯,都可谓之为如此广义概念下的"共犯"。而如上所述,特定的场合,"共犯"还可用作"共同犯罪"的简称。狭义的共犯亦即严格意义的"共犯"则是狭义"正犯"的对称,多为共同犯罪中的教唆犯与帮助犯的统称。大陆法系刑法学界针对狭义共犯的成立、处罚根据等,历来存在以下学术之争:

(1) 共犯的成立,主要存在共犯独立性说与共犯从属性说两大对立主张。鉴于共犯乃教唆犯与帮助犯的统称,因而,这里所谓共犯的独立性与共犯从属性,乃分别针对教唆犯与帮助犯之于正犯,有无其实行上的从属性、罪名上的从属性而言。实行上的从属性,是指狭义上的共犯的可罚

[①] [德] 冈特·施特拉腾韦特、洛塔克·库伦:《刑法总论 I——犯罪论》,杨萌译,法律出版社 2006 年版,第 286 页。

[②] 参见 [日] 野村稔《刑法总论》,全理其、何力译,法律出版社 2001 年版,第 383 页。

性，取决于狭义的、即实行正犯行为的可罚性。换言之，倘若实行犯之实行都未遂，而根据该国刑法的规定，其刑法并不惩罚该实行犯之未遂行为的话，既如此，按照共犯从属性论者的主张，诸此情况下，对曾经参与教唆、帮助正犯作案的其他共犯的教唆、帮助行为，理所当然地也不应当遭致刑罚惩罚。反之，共犯独立性论者则持论相反，按照他们的主张，即便刑法对正犯之行为可予不罚，但仍可独立地惩治教唆犯、帮助犯的教唆、帮助行为。如我国《刑法》第29条第2款就规定，"如果被教唆的人没有犯被教唆的罪，对于教唆犯，可以从轻或者减轻处罚。"可见，中国刑法就此问题的立法规定，起码是并不认同"共犯从属性"说之立场的。

罪名的从属性则是指对教唆、帮助正犯实施有关犯罪行为的狭义的共犯，在罪名认定上，是否有赖并统一于正犯的问题：凡共犯的罪名认定有赖并统一于正犯之罪名认定者，为共犯从属说所主张；相反，凡主张共犯的罪名认定可有别于正犯罪名认定者，乃为共犯独立说所主张。

（2）共犯的处罚根据，实乃国家刑罚权发动于身为教唆犯、帮助犯的法理根据即其基本理由问题。对此，学界存在的主要争议为：责任共犯说与因果共犯说。其中，责任共犯论者认为，正犯的责任也取决于共犯，因为没有教唆犯的教唆行为，就没有正犯的实行行为及其处罚，就此意义看，正是"教唆犯将正犯引向责任和刑罚处罚"，而"帮助犯至少应承担共同责任"，[①]因而国家刑罚所以处罚（狭义）共犯的根据，乃在其共同于正犯的刑事"责任"。

因果共犯说又称引起说，此说主张，国家刑罚权有权启动于共犯的根据乃在：作为教唆犯与帮助犯的共犯，与正犯一起参与了正犯所实施的构成违法的、该当构成要件的行为。纵然此类共犯并未参与"实行"分则构成要件的行为，但其参与的教唆、帮助行为仍然违背了刑法分则相关法条所推导出来的禁止唆使或者帮助他人实施犯罪行为的规定。进而，基于客观主义和结果无价值论的刑法立场，鉴于正犯正是在教唆、帮助犯等共犯的教唆与帮助下，才完成了该当构成要件的法益侵害行为并导致特定法益侵害结果的，换言之，刑罚"之所以应处罚共犯，就在于其与他人所引起的法益侵害之间具有因果性"。[②]由是，国家刑罚不仅理当科处正犯，还

[①] 参见［德］冈特·施特拉腾韦特、洛塔克·库伦《刑法总论 I——犯罪论》，杨萌译，法律出版社2006年版，第324页。

[②] ［日］西田典之：《日本刑法总论》，刘明祥、王昭武译，中国人民大学出版社2007年版，第277页。

有权发动于教唆、帮助实行犯罪的所有共犯。

本书的立场：本书更认同上述因果共犯说。这是因为：其一，责任共同说多少失诸视点的片面：其仅仅顾及了责任之共，却未曾兼顾其侵害法益后果上的关联性。何况，正犯与共犯，在责任问题上虽有其"共"却未必"相同"。实践中，多数情况下，作为教唆犯与帮助犯的责任度大多轻缓于实行犯。而大陆法系的责任主义也是讲求各负其应予承担的责任大小的。例如，《德国刑法》第29条就明文规定，"数人共同犯罪的，各依自己的罪责受处罚，不考虑他人的罪责。"

其二，因果共犯说，是就共犯与正犯共同一起导致的、针对刑法所保护的法益侵害结果的视点上，来推导刑罚关于共犯的处罚根据的，其立论的基点正在于客观主义的、结果无价值论的刑法立场，此乃"刑法的任务在于保护法益的立场在共犯论中的归结，是和将犯罪（违法）的本质求之于侵害、威胁法益的法益观最为协调一致的共犯处罚根据论"，[1]因而值得首肯和提倡。

（3）共犯与身份。特定的身份的有无，对刑法分则某些特定的犯罪规定而言，实则关系到构成要件符合性的该当、亦即犯罪的成立以及应予科处刑罚的轻重两个方面。刑法学人因而将其分类为纯正身份犯与不纯正身份犯两类。前者又称真正身份犯，指没有特定的身份就不能成立特定犯罪的刑法规定，例如，某行为人没有国家工作人员的身份，就不能单独构成特定的渎职犯罪。不纯正身份犯又称非真正身份犯。指特定身份的有无，并不影响特定犯罪的成立，仅对刑罚的加减有其影响的刑法规定。例如，我国《刑法》第177条第2款规定了"窃取、收买、非法提供信用卡信息罪"，该条第3款特别规定"银行或者其他金融机构的工作人员利用职务上的便利，犯第2款罪的，从重处罚"。可见，具有"银行或者其他金融机构工作人员"的身份，仅仅对刑罚的加减有其影响，并不阻却行为该当本条法定构成要件本身，此类犯罪因而被名之为不纯正身份犯。

然而，就刑法理论视野看，上述身份要求显然仅仅囿于单独犯罪场合。共同犯罪的场合，则时见欠缺特定身份的行为人，加功于特定身份犯罪的情况。对此，刑法似应有其明示规定。例如，《日本刑法》第65条第1、第2款就分别针对上述纯正、不纯正身份犯问题，做了明确的规定，即："加功应当由犯人身份构成的犯罪行为时，对于没有身份者也按共犯

---

[1] 黎宏：《结果无价值论之展开》，载《法学研究》2008年第5期。

论之";"因身份而特别设置了加重或减轻刑罚的时候,对于没有身份的人科以通常的刑罚。"

我国刑法总则却未就此共犯身份问题做出一般性规定。综观整个中国刑法典,即如上例,我国刑法仅在个别分则条文中,就此问题有其明示性规定。总体来看,更多的诸此身份与共犯的关联性或者个别性问题,我国大多采用司法解释的问题加以解决。然而,就一般意义看,既然我国刑法总则并未就欠缺身份者能否成立为"纯正身份犯"中的"共犯"做出过明示性规定,则仅由司法解释的方法来扩大犯罪主体范围的做法,不免有悖罪刑法定原则。因而,解决这一难题的根本方法,还需通过总则的修订来对此专门"设法"。

(二)直接正犯、间接正犯、共同正犯

1. 直接正犯与间接正犯。直接正犯是指自己亲自实施(包括以"动物"为犯案工具来实施)刑法分则特定构成要件行为的犯罪人。即在共同犯罪中,"当某人亲手实现了犯罪构成主、客观要件,并应对此承担责任,就应认定其为直接正犯"。[①]

《德国刑法》第25条规定,"自己实施犯罪,或通过他人实施犯罪的,依正犯论处"。值得强调的是:德国刑法本条所谓"实施"即"实行"之意,本条因而乃以一个条文规制出了直接正犯与间接正犯两种"正犯"情况。可见"间接正犯"这一称谓一方面表明该行为人仍然成立"正犯";另一方面表明他/她其实又不是"亲自"实施刑法分则特定犯罪构成行为要件者,但由于对方不知情,亦即鉴于行为人并没有与被假手者达成共同犯罪的合意,因而刑法上将该假手他人犯罪者,视作"正犯"。由此可见,间接正犯的场合,其实并不存在典型意义的"共同犯罪"。因为此时仅有正犯并无其他参与共同犯罪的、理当一并科处刑罚的"共犯"。

德国刑法理论上,将假手下述"他人"实行犯罪的特情,视作可成立间接正犯的情节,包括:(1)假手"不具备构成要件该当性的行为工具"作案者,例如,甲把乙的身体作为"投掷标枪"来伤害丙。(2)利用其制造的险情并致他人实施"合法行为"者。例如,A欲图损毁B家产,便蓄意"制造"了紧邻于B家的某处小树林"起火"的险情。如此一来,"众邻"为断开火道而紧急拆掉B家的行为,确属"合法",但A对于B

[①] [德]冈特·施特拉腾韦特、洛塔克·库伦:《刑法总论I——犯罪论》,杨萌译,法律出版社2006年版,第293页。

家财产的毁损，仍属间接正犯。(3) 假手"欠缺责任的工具"，这是指利用行为时欠缺责任或者欠缺完全责任能力者来实施犯罪的情形，实践中，多表现为利用精神病人或者儿童来实施特定的伤害甚至杀害他人的犯情。当然，间接正犯的场合，如其所利用者，乃为完全无责任能力人，行为人成立间接正犯自不必言。应当注意的仅是：被利用者虽然欠缺完全责任能力，却有一定责任能力的情况下，应当考量到唯有利用他人作案的行为人"让无责任能力人为其实施了行为，而应为该行为单独承担法律责任时"，才能确认其"间接正犯"的身份。①

2. 共同正犯。《德国刑法》第 25 条第 2 款规定："数人共同实施犯罪的，均依正犯论处（共同正犯）"；《日本刑法》第 60 条也明文规定，"二人以上共同实行犯罪的，都是正犯"。由此法条规定可见，上述共同正犯的要旨在于，二人以上的"数人"务必均为犯罪的"实行者"。质言之，此类共同正犯，其实发生于不存在教唆犯、帮助犯分工的简单共犯之中。例如，D 与 C 相约来到一家珠宝店打劫，其中 D 负责以暴力或者暴力威胁的方式，控制住该珠宝店的员工，C 则负责将摆放在柜台内外的珠宝悉数囊括于其手袋之中。本案中的 D 与 C，便属典型的"共同正犯"。

（三）双面共犯与单面共犯

双面共犯是相对于单面共犯而言。指传统的双（多）方经过事先或事中猝发的犯罪意思联络达致的确定的犯罪合意，并共同一起加功完成的共同犯罪形式。实践中，一般情况下，常见的共同犯罪均采用此类双面或全面共同犯罪的形式。当然，这里的全面共犯，往往指 3 人以上的聚众型共同犯罪或者集团型共同犯罪而言。

单面共犯又称片面共犯、一方共犯，是双面共犯、全面共犯的对称。指共同的犯罪故意仅仅片面地存在于一方共同犯罪人，而承受片面共犯之加功犯罪行为的另方或其他各方行为人并不知情的共同犯罪形式。例如，某 A 在路过某家商场库房时，发现自己的弟弟某某 B 正在库内盗窃，某 A 于是暗中为某 B 站岗放哨，发现有人经过时，某 A 即猛力投一小石块入库，从而暗助某 B 顺利实施盗窃。但某 B 直至案发前，始终不知道自己的哥哥曾经暗中相助的实情。

就本案可见，对于某 A 而言，他在事实上与某 B 达成了事中的犯罪合

---

① 参见［德］冈特·施特拉腾韦特、洛塔克·库伦《刑法总论I——犯罪论》，杨萌译，法律出版社 2006 年版，第 301 页。

意（虽是单方面的），并以其帮助行为，参与了某B的盗窃犯罪，因而二人共同盗窃罪之罪名冠之于某A，是理所当然的。然而，此一解析法对于某B而言则不然，某B并未与某A达成心照不宣的犯罪合意，也不知道某A在外实施了暗中帮助自己的行为——他自始至终认为自己是在单独盗窃。有鉴于此，共同盗窃罪这一罪名之于某B而言，确实相当牵强，这也是刑法学界一直对片面共犯是否成立为"共同犯罪"形式之一有所争论的根本缘由。

本书认为，片面共犯当然不同于典型的共同犯罪，但它仍不失为一种特殊的共同犯罪形式。特殊点正在于：共同犯罪的形式仅仅及于一方当事人。唯其如此，它才又名之为一方共犯。但如其我们不承认一方共犯也是共同犯罪的表现形式之一，对类似上述案例中的某A等人，刑法将难以惩治。而此类人等实际上既与他方达成了事实上的犯罪合意，主观上因而有其故意罪过；客观上又实施了促成他人之财产法益遭致侵害的实害后果，因而无论从责任主义的刑法原则，还是从客观主义的刑法立场，对此类人等，均宜予以定罪处罚。

二 共同犯罪人的法律分类及其处罚

对共同犯罪人，根据其在共同犯罪中分工的不同，可以将其三分为教唆犯、实行犯与帮助犯；又可将其四分为教唆犯、组织犯、实行犯和帮助犯。根据其在共同犯罪中所起作用大小的不同，还可将其分为主犯与从犯。我国刑法上，将其四分为主犯、从犯、胁从犯与教唆犯。可见我国刑法上主要以所起"作用"为分类标准，兼而考虑了"分工"情况（教唆犯）。

（一）主犯、从犯与胁从犯

1. 主犯，是指组织、领导犯罪集团进行犯罪活动的或者在共同犯罪中起主要作用的犯罪分子。由此定义可见，主犯的三种不同构成是：（1）犯罪集团中的首要分子。指犯罪集团中的组织者、策划者与指挥者。组织，乃犯罪人马的串联与召集、犯罪活动的发起之意。策划，指犯罪活动的计划与安排。指挥，指具体犯罪活动的发号施令者。（2）在聚众共同犯罪中起组织、策划、指挥作用的犯罪分子，指犯罪集团以外的一般聚众共同犯罪中的组织犯、策划者与指挥众人实施犯罪行为的犯罪执行活动中的操纵者。（3）在其他共同犯罪中起主要作用的犯罪分子。指排除了犯罪集团及其一般聚众共同犯罪的、一般共犯中起主要作用的实行犯。由此可见，这第三类人等,既须是共同犯罪中的实行犯;还须是其中起主要作用的实行犯。

有关主犯与首要分子的关系问题,需要特别注意,首要分子一般而言都是共同犯罪中的主犯,除非仅以首要分子为犯罪主体的聚众性犯罪活动中,首要分子又仅仅一人者,因为没有共同犯罪问题,因而也不发生主犯问题。此外,主犯并非都是首要分子。因为主犯仅相对于从犯、胁从犯而言,首要分子则是相对于聚众犯罪中的一般参与者而言。二者因而并非同一概念。

关于主犯的刑事责任原则,《刑法》第 26 条第 3、4 款已有明确规定,即:(1)"对组织、领导犯罪集团的首要分子,按照集团所犯的全部罪行处罚"。(2)对集团首要分子以外的主犯,"应当按照其所参与的或者组织、指挥的全部犯罪处罚"。

对后一处罚原则,学界有两种持论相反的意见:其一,认为这一规定未能有效地贯彻对主犯从重处罚的原则。因为在某些共同犯罪中——当其所犯罪种及危害对象相对单一、又非经济类犯罪中,这一规定就难以达到从重惩处主犯的目的。例如,三人共同杀害一人、四人共同伤害一人时,主犯自己实施的犯罪与"其所参与的或者组织、指挥的全部犯罪"活动往往竞合,如此一来,量刑结果也就一样——特别是现行刑法已取消了 1979 年刑法的"对主犯,应当从重处罚"的规定,司法上将因而反而失却了对主犯的法定从重惩处的根据,因而现行刑法的这一立法法宜于修改。其二,认为如此处罚才能有效贯彻有关共同犯罪之成立条件上的"部分犯罪共同说",因为如果仍按 1979 年刑法所规定的那样,对"从犯应当比照主犯从轻处罚",这就意味着对主犯与从犯应当"适用相同的法定刑",但在适用"部分犯罪共同说"的场合,主犯与从犯往往因其各自触犯的罪名不同,而适用不同的法定刑,因而,唯有取消上述"比照"规定,才能有效贯彻部分犯罪共同说的基本理论。[①]

本书赞同"部分犯罪共同说",进而也认同现行《刑法》第 26 条第 3、4 款的立法规定。此外,除了触犯的罪名可能不同之外,还因为从犯与主犯,还可能分别有多个法定从轻、减轻甚或免除处罚的情节。据此,立法上也不宜一概而论地规定从犯一定要比照主犯从轻或减轻处罚。例如,某甲虽为主犯,却属未成年人且在案发前投案自首了,如此一来,假如身

---

① 参见张明楷《刑法学》(第三版),法律出版社 2007 年版,第 320 页。

为从犯的某乙乃成年人且没有自首情节,则即便二人触犯的罪名相同,对某乙显然也未必非要比照某甲从轻处罚,否则可能导致量刑失衡。

2. 从犯,指在共同犯罪中起次要作用或者辅助作用的犯罪分子。由此可见,从犯可分类为起次要作用的从犯和起辅助作用的从犯。其中,所谓起次要作用,是指参与了直接实施犯罪构成要件的实行行为,但对整个犯罪的预谋、实施和完成,所起的作用不大。由于其毕竟直接参与了实施犯罪构成要件的行为,因而,从分工角度看,对起次要作用的从犯,又可谓起次要作用的实行犯。起辅助作用,实指为实行某犯罪而准备犯罪工具、创造犯罪条件或事先有所通谋的窝藏、包庇等事前、事中或事后帮助行为者。因而,对起辅助作用的从犯,从分工角度看,又可谓之帮助犯。

在实践中,对从犯的认定,首先要注意区分犯罪分子在共同犯罪中的分工情况:亦即先要分清其究属实行犯还是帮助犯。如果是帮助犯,想当然地,除了被胁迫参加犯罪的以外,都是从犯;而对实行犯,则要根据其所起作用是主要的还是次要的,来认定其究属主犯还是从犯,当然,在遭受胁迫作案的情况下,也不排除起次要作用的实行犯应定性为胁从犯。根据现行《刑法》第27条第2款的规定,"对于从犯,应当从轻、减轻处罚或者免除处罚"。我国最高人民法院2013年12月23日发布、2014年1月1日实施的《关于常见犯罪的量刑指导意见》第3条更是明文释定:"对于从犯,应当综合考虑其在共同犯罪中的地位、作用,以及是否实施犯罪行为等情况,予以从宽处罚,减少基准刑的20%—50%;犯罪较轻的,减少基准刑的50%以上或者依法免除处罚。"

3. 胁从犯,是指被胁迫参加犯罪的犯罪分子。值得注意的是,1979年刑法中的胁从犯还包括"被诱骗参加犯罪的分子",刑法重新修订时,考虑到因为被"诱骗"参与犯罪与遭受胁迫而参与犯罪,两者相差甚远,因而1997年颁行的现行《刑法》中已经取消了被诱骗型胁从犯规定。

对胁从犯的认定,要注意把被"胁迫"与遭受体能上的"强制"区别开来。被胁迫者,精神上也受到强制,但精神强制不等于体能强制。毕竟,在精神遭受强制的场合,行为人尚可通过自己的意志活动调控自己的行为;体能强制则不然,行为人已经身不由己地无法通过自己的意志活动来调控自己之作为或不作为了。例如,负责保卫银行金库的经济警察在被人捆住了手脚的场合,他即便有意志活动也等于零——因其意志活动已经无法调节其作为或不作为了,他唯有眼睁睁地看着抢劫犯从自己身上取走金库钥匙,别无他法。据此,金库钥匙被取走,对于该金库经济警而言属于不可抗力。

另一方面，对于胁从犯而言，犯罪并非他的本愿。在精神遭受强制的场合，被胁迫人往往遭受到了程度不同的如其不就范，就会遭致极大不利的威胁。这种"不利"威胁既可能是暴力性的，也可能是非暴力性的；既可能是针对被胁迫人本人的，也可能是针对其亲属朋友的；既可能威胁其"不利"当场发生，也可能威胁尔后发生。但无论被胁迫人精神上受到多么紧迫的强制，其肢体活动毕竟是自由的、未受强制的。例如：

一群歹徒强逼某医生按照其指令修改某病人的待用处方，医生明知按照其"命令"修改过的处方用药，病人会猝死，但鉴于歹徒威逼该医生，如其不照令行事，他们会在4小时内公布该医生既往曾有过的贪污受贿史并提交"证据"给检察机关。

在此，歹徒的本意是要借医生之手，不动声色地"杀人"，而如果医生真的按照歹徒的指令开了药并致病人死亡，则医生与该群歹徒一起构成了共同杀人，所不同的仅是：医生属于胁从犯。

对胁从犯，还应注意将其与特定情况下的紧急避险区别开来。例如，实践中时有歹徒以人质威逼警察就范案例；抑或劫机犯威逼民航飞机的机长，按照其指定路线飞行的案例，等等，这种情况下，警察、机长等也受到了精神上的强制，有时还不得不就范，但似此紧急情形，不宜认定警察、机长等为胁从犯。因为但凡"就范"很可能保全更大的法益，就应当适用刑法上的紧急避险。警察、机长等因而根本不构成所谓胁从犯罪。鉴于胁从犯主观上并非自觉自愿地参与实施共同犯罪活动；客观上对其共同犯罪所起的作用也不大，因而世界各国几乎都基于责任主义和刑法客观主义的立场，对胁从犯采取了"必减主义"的罚则立场，中国刑法也不例外，按照我国《刑法》第28条的规定，对胁从犯，"应当按照他的犯罪情节，减轻或者免除处罚"。

（二）教唆犯

教唆犯，又称为造意犯，指鼓动、启发他人产生犯罪意思的犯罪分子。对教唆犯，从我国刑法的规定看，我国刑法法定的教唆犯在是否有赖于正犯的成罪与量刑方面，具有二重性质：即其既具有依赖于实行犯的犯罪行为来定罪量刑的一面；又有不有赖于实行犯是否实行犯罪或者是否成立犯罪、自己可以独立成罪的一面。因为，我国《刑法》第26条第2款明文规定，如果被教唆的人没有犯被教唆的罪，对教唆犯，可以从轻或者减轻处罚。意即如果被教唆的人没有犯被教唆的罪的，教唆人本人仍然构成犯罪，只是在处罚时，可以从轻或者减轻处罚。

1. 教唆犯的成立要件

（1）按照中国刑法的规定，行为人要成立教唆犯，须得实施了鼓动、怂恿他人实行刑法分则特定"构成要件行为"的教唆行为，即其必须有挑起他人产生特定犯罪意思的唆使行为。这里所谓"特定"，是相对于刑法分则特定的具体构成要件行为而言，意即行为人须教唆他人实施刑法分则特定的某一个或某些该当构成要件的行为，而非没有确定犯罪行为的泛泛教唆。这当中，需要特别注意的是：其一，要把教唆犯与间接正犯区别开来。即如果教唆的对象是刑事未成年人、无责任能力人或者不知情者，而被教唆人果然如其教唆去实施了有关"犯罪"行为，则"教唆人"自己构成间接主犯，被教唆人无罪。这种情况下，就其法律性质看，该"教唆犯"其实已不是一般意义的"教唆犯"，而是一种特殊的实行犯——间接正犯。其二，把教唆犯的成立与被教唆人是否实施了被教唆的罪且被教唆人所实施犯罪是否既遂区别开来。刑法学理上，有学者将被教唆人没有实施被教唆罪者称为"未遂教唆"；将被教唆人虽则实施了所教唆罪，但因其意志以外的原因而未得逞者，称为"教唆未遂"。而按照我国《刑法》第29条的规定，无论是未遂教唆还是教唆未遂，教唆人都构成特定的教唆犯罪。不同的是，在未遂教唆的场合，教唆人独立构成教唆××罪；教唆未遂的场合，则是教唆犯与实行犯一起构成共同××罪（未遂）。例如，未遂教唆盗窃的场合，教唆人单独构成教唆盗窃罪；教唆盗窃未遂的场合，教唆犯与实行犯一起构成共同盗窃罪（未遂）。其三，要把教唆犯罪与传授犯罪方法罪区别开来。教唆犯，仅仅是启迪他人萌生犯罪意思，不包含教给他人犯罪方法的行为：凡教给他人犯罪方法的，构成传授犯罪方法罪。例如，A与B因盗窃犯罪同囚一室。服刑过程中，A应B的要求传授自己的"高超盗窃技巧"给B。此案即属典型的传授犯罪方法罪例。然而，实践中，传授犯罪方法行为与教唆他人产生犯意的行为时常两相交织、纠缠在一起，难以界分。例如，实践中常发生行为人以"传授犯罪技巧"的方法来鼓动他人产生犯意的案情。此时，宜于按照想象竞合犯的处罚原则，从一重处断。而有关想象竞合犯的问题，本书将在第十一章专门研讨。

（2）在主观罪过方面，行为人要成立教唆犯，须有明确的教唆他人实施特定犯罪的故意。就是说，如果行为人是出于有口无心但听者有意，行为人不成立教唆犯罪。因为教唆犯不发生过失犯罪问题。

(3) 被教唆人如果超出了教唆人所教唆犯罪的内容, 意即实行犯的实行行为过限时, 教唆人只对自己所教唆的内容承担刑事责任。被教唆人自己对自己超出教唆犯意的犯罪行为及其后果承担刑事责任。

2. 教唆犯的刑事责任

关于教唆犯的刑事责任问题, 首先需要注意的是罪名的正确认定。须知, 刑法上并没有"教唆罪"这样一个概念。因而对教唆犯, 应当根据其所教唆罪的性质及其被教唆人是否实施有关被教唆罪的情况确定其罪名。对此, 上文已举例说明。其次, 要正确确定教唆犯在共同犯罪中的法律地位。须特别注意的是: 教唆犯不一定是主犯, 虽然多数场合, 构成主犯。正确的做法是: 按照我国《刑法》第29条第1款的规定, 应当根据教唆人"在共同犯罪中所起的作用"来确定其究竟是主犯还是从犯。亦即, 教唆犯在共同犯罪中所起的作用是主要实行作用者, 应确认其为主犯; 所起作用为次要的实行作用或者帮助作用者, 应当确认其为从犯; 仅有教唆而无其他行为者, 一般应为从犯。实践中, 如果是犯罪集团, 其中的教唆犯往往兼为犯罪集团的组织者、策划者或指挥者, 因而其理所当然地属于主犯。但对简单共犯中的教唆犯, 则应当根据上述确认原则来认定其究为主犯还是从犯, 以便按照刑法的规定来裁量其刑罚。此外, 还须注意《刑法》第29条第1、2款的以下规定, 即教唆不满18周岁的人犯罪的, 应当从重处罚; 如果被教唆人没有犯被教唆的罪的, 对教唆犯, 可以从轻或减轻处罚。

第三节 共同犯罪的分类

一 共同犯罪的法学分类

(一) 任意共同犯罪与必要共同犯罪

1. 任意共同犯罪, 是指根据刑法分则的规定, 该种犯罪既可以采用共同犯罪的方式完成; 也可以采用个人单独犯罪的方式完成。例如, 故意杀人罪、抢劫罪、绑架罪等, 均属既可以采用个人单独作案的方式实施的犯罪; 也可以采用多人共同作案方式完成的故意犯罪。有鉴于此, 共同故意杀人、共同抢劫、共同诈骗等犯罪, 均属任意共同犯罪。

2. 必要共同犯罪, 是指按照刑法分则的规定, 该种犯罪只能采用二人或三人以上的共同犯罪的方式才能完成的犯罪。例如, 我国刑法法定的聚众型共同犯罪即是；此外我国现行《刑法》第 294 条第 1 款所规定的组织、领导、参加黑社会性质组织罪，第 317 条所规定的组织越狱罪、暴动越狱罪等，也属于必须采用多人共同一起作案才能构成该种性质犯罪的必要共犯。

（二）会合共同犯罪与众合共同犯罪

按照犯罪行为的对向性分类，可将共同犯罪分类为会合共犯与众合共犯。其中，会合共犯，又称对合犯、对向犯、对行性共同犯罪，指二人（方）以上的、双方互为犯罪对象（方）的共同犯罪。例如，重婚罪中的重婚者与相婚者；贿赂罪中的行贿者与受贿者以及国外刑法所规定的乱伦罪中的各乱伦者，等等。

就国内外刑事立法例看，针对对合犯的处罚方式可分类为：（1）对双方同罪同罚；（2）对双方各自设定不同的罪、不同罚；（3）只处罚对合犯一方。[①]结合我国刑法的规定看，我国对表现为行贿与受贿类的对合犯，采用的就是不同罪、不同罚的方式：一方为受贿罪、另一方为行贿罪。此外，行贿人还并不一概而论地全都成立行贿犯罪，这是因为按照我国《刑法》第 389 条的规定，行为人"因被勒索给予国家工作人员以财物，没有获得不正当利益的"，就不构成行贿罪，受贿人自己单独构成犯罪。对重婚犯罪也是，重婚者都构成重婚罪，相婚者却并非一概成立犯罪，因为按照我国《刑法》第 258 条的规定，在并不明知对方已婚的场合，相婚者并不构成重婚罪。但在"明知"的场合，刑法对重婚者、相婚者双方的法律评价则是同罪同罚。我国刑法所规定的介绍与容留妇女卖淫罪也是同罪同罚：介绍方与容留方共同构成"介绍、容留妇女卖淫罪"。

众合共同犯罪简称众合共犯，又称共行犯、聚合性共同犯罪。指三人以上的多数人在共同的犯罪意思联络下，朝向某同一犯罪目标、加功于同一犯罪行为的共同犯罪。例如，我国刑法所规定的暴动越狱罪、聚众持械越狱罪、聚众冲击军事禁区罪等即是。

二　共同犯罪的法律分类

（一）简单共同犯罪与复杂共同犯罪

1. 简单共同犯罪，顾名思义，就是指各共同犯罪人并无行为方式或阶段上的分工、共同一起实行的犯罪。简单地说，简单共同犯罪，就是指各

---

① 参见［日］野村稔《刑法总论》，全理其、何力译，法律出版社 2001 年版，第 381 页。

共同犯罪人同时预备、同时实行的犯罪。在并无事先通谋的场合，则是指二人以上同时采取实行行为的共同犯罪。基于此，实践中，二人一起实行的犯罪多为简单共同犯罪；街头犯罪分子心照不宣、一哄而上的共同打劫、共同伤害、杀人等多为简单共同犯罪，刑法学理上因而又称此类共犯为共同正犯。

2. 复杂共同犯罪，指各行为人等互有不同分工的共犯分类。例如，有实行、有帮助的共同犯罪就属于复杂共同犯罪。而既有组织、有教唆，还有实行、有事后销赃的共同犯罪，更是复杂共同犯罪。如上所述，刑法学理上，往往将此类共同犯罪人中的实行犯统称为正犯；而将其他教唆犯、帮助犯等，统称为（狭义的）共犯。

（二）聚众共同犯罪与犯罪集团

这是针对参与共同犯罪的人数业已达到三人以上的共同犯罪而言，刑法还根据其参与者的固定、组织程度的不同，将其再分类为聚众共同犯罪与集团性共同犯罪。

1. 聚众共同犯罪，指按刑法规定以"聚众"作为犯罪必要条件的犯罪。例如，我国《刑法》第290条所规定的聚众扰乱社会秩序罪、第292条所规定的聚众斗殴罪、第301条所规定的聚众淫乱罪、第317条所规定的聚众持械劫狱罪等，都属于聚众性共同犯罪。

从分工情况看，聚众共同犯罪应属复杂共同犯罪。因为聚众共同犯罪的场合，共同犯罪人之间存在组织犯、实行犯等复杂分工。例如，就刑法上述相关条文看，上述聚众共同犯罪中的首要分子与其他积极参加者、抑或积极参加者以外的其他参加者，都是刑法的惩罚对象。而首要分子，多指亲手策划该类犯罪的组织者、指挥者抑或既组织、又指挥犯罪者；其他积极参加者，一般指起主要实行作用的实行犯，因而根据刑法的规定，此类犯罪属于有不同分工的复杂共犯。

需要特别强调的是，现行刑法虽然规定了多种聚众性犯罪，却并非全都采取"共同犯罪"的形式。这是因为对某些聚众犯罪，刑法仅仅追究其首要分子的刑事责任，其他人不构成刑事犯罪。据此，在首要分子仅仅一人的场合，不发生共同犯罪的问题。例如，我国《刑法》第291条所规定的聚众扰乱公共场所秩序罪，即属仅仅追究首要分子刑事责任的任意共同犯罪。

综上可见，聚众共同犯罪与一般简单共犯的主要区别在于：（1）聚众共同犯罪既有组织者、指挥者，又有实行者，属于复杂共犯。（2）聚众共同犯罪的人数在三人以上，简单共犯可能仅仅二人。（3）聚众共同犯罪是由刑法分则明文规定的必要共同犯罪。就是说，在聚众共同犯罪的场合，行为人要成立该项特定的共同犯罪，只有采取共同犯罪的形式才能成立。如上述《刑法》第301条聚众淫乱罪的规定即是。简单共同犯罪则不然，它可以发生于刑法分则明文规定只能共同犯罪的场合；也可以发生于单独犯罪、共同犯罪均可构成该特定犯罪的场合。

2. 犯罪集团。是共同犯罪的特殊表现形式之一，又称有组织的共同犯罪。对何谓犯罪集团的问题，现行《刑法》第26条第2款已有明文规定，指出"三人以上为共同实施犯罪而组成的较为固定的犯罪组织，是犯罪集团"。就学理角度看，犯罪集团有如下特征：一是犯罪人数较多，重要成员固定或基本固定。基本人数应在三人以上（含三人）。二是经常纠集在一起反复从事一种或数种刑事犯罪活动。例如，盗窃集团、抢劫集团、诈骗集团等。三是该犯罪组织内部有明显的首要分子。所谓首要分子，我国《刑法》第97条也有立法解释，指在该集团中起组织、策划、指挥作用的犯罪分子。四是犯罪集团通常采取事先预谋的系列犯罪活动，但不排除个别场合的事中共同犯罪。五是其犯罪的破坏性往往更大、为害更烈。包括其已经对社会造成的危害和行将对社会造成的危害两方面。

本章小结

本章首先研讨了关于共同犯罪的成立范围问题。刑法学理上有行为共同说、犯罪共同说和部分犯罪共同说等多种学理观点。本书较为赞同上述第三种观点，认为唯有根据部分犯罪共同说，才能既秉持刑法客观主义坚守的严谨性、公正性立场，又兼顾到责任主义刑法的基本要求。

本章接下来研讨了有关共同犯罪人的学理分类与法律分类问题。学理分类主要基于大陆法系关于共同犯罪人的分类，例如正犯、共犯、共同正犯等。毋庸讳言，诸此分类对大陆法系某些代表性国家如德国、日本而言应属法律分类，因为正犯、共犯、共同正犯等已为这些国家刑法所规定。而所谓学理概念仅是相对于刑法上没有诸此犯罪人分类规定的国家、特别是中国而言。

关于共犯的处罚根据，学说上也有责任共同说、因果共犯说等多种主张。基于本书一贯认同的客观主义及结果无价值论的刑法立场，本书认为责任共同说不免失诸归责视点的片面：因为即便共犯与正犯有其责任上的"共"却未必与其完全"同"，更何况，此类学说未曾顾及共犯对整个犯罪的加功所导致的法益侵害后果上的不同作用。有鉴于此，本书更认同以因果共犯说作为刑法所以有权非难于仅仅实施了教唆、帮助行为、未及参与实行犯罪的狭义共犯的根据。本书还讨论了作为特殊的共同犯罪人类型的间接正犯与片面共犯的基本特征及有关国家的相关规定等。在此基础上，本章进一步研讨了我国关于共同犯罪人的法律分类及相关规定等。

本章还在第三节分门别类地研讨了不同的共同犯罪形式。包括学理上认同的任意共犯与必要共犯、会合共犯与众合共犯以及我国刑法上明文规定的简单共犯与复杂共犯、聚众共犯与犯罪集团等。

思 考 题

一 名词解释

实行正犯　狭义共犯　对合犯　未遂教唆　犯罪集团

二 简答题

1. 试述单面共犯与双面共犯的基本区别。

2. 试论特定的身份与分则有其特定身份要求的共同犯罪的关联性与个别性。

3. 简述间接正犯的基本概念及其构成要素。

4. 试分析我国刑法关于胁从犯的罚则立场并述其立法根据。

三 论述题

1. 试述责任共同说与因果共同说在共犯处罚根据上的不同主张，并述你就此问题的基本立场或不同观点。

2. 试结合中国刑法关于主犯的设置机理及其构成，分析中国刑法上的"主犯"与大陆法系学理上的"正犯"的区别与联系。

阅读参考文献

张明楷：《共犯对正犯故意的从属性之否定》，载《政法论坛》2010年第5期。

陈兴良：《共同正犯：承继性与重合性》，载《刑事法评论》第21卷，中国政法大学出版社2004年版。

陈兴良：《身份犯之共犯：以比较法为视角的考察》，载《法律科学》2013年第4期。

刘明祥：《"被教唆的人没有犯被教唆的罪"之解释》，载《法学研究》2011 年第 1 期。

黎宏：《共同犯罪行为共同说的合理性及其应用》，载《法学》2012 年第 11 期。

［德］克劳斯·罗克辛、劳东燕：《正犯与犯罪事实支配理论》，载《刑事法评论》2009 年第 2 期。

刘艳红：《共谋共同正犯论》，载《中国法学》2012 年第 6 期。

刘艳红：《论正犯理论的客观实质化》，载《中国法学》2011 年第 4 期。

李洁：《中日共犯问题比较研究概说》，载《现代法学》2005 年第 5 期。

吴光侠：《主犯与从犯区分根据论》，载《法学评论》2008 年第 2 期。

钱叶六：《双层区分制下正犯与共犯的区分》，载《法学研究》2012 年第 1 期。

第十一章 罪数形态

内容提要

区分一罪与数罪的标准，乃为罪数理论的首要问题。就此议题，学界向有罪过标准说、行为标准说、法益标准说和构成要件标准说等多种学理主张。本书赞同"犯罪成立标准说"。司法实践中，除全然符合上述构成要件标准的"典型数罪"之外，还时见下述"非典型数罪"的情况，即表现为"实质一罪"、"法定一罪"或"裁定一罪"形式者。其中，实质一罪的类型包括想象竞合犯、结果加重犯、继续犯和徐行犯。法定一罪主要包括结合犯、集合犯等。裁定一罪则包括连续犯、牵连犯、吸收犯等。司法实践中，有时很难区分想象竞合与法条竞合。一般情况下，当其某一行为及其法益侵害后果，仅以一个分则法条即可进行完全而充分的刑法评价时，此类行为不属想象竞合，很可能有其法条竞合问题；反之，如其某一行为务须同时适用数个分则法条方能进行完全而充分的刑法评价时，此类行为多属想象竞合犯。例如，甲图谋杀死乙，遂以纵火的方法烧死了乙，同时烧毁了乙家价值十数万元的财产并危及有关公共安全。显然，此一行为以一个放火罪的法条便可完全而充分的评价，因而它不属想象竞合。但如A一枪打死了其图谋杀害的B、同时重伤了路人C，显然对A既杀死B、又伤害C的行为，以任何一个刑法分则法条都不能进行完全而充分的刑法评价，诸此行为便为想象竞合。可见，从观念亦即从形式上看，想象竞合犯似乎"同于"典型的数罪？但其实质仍为"一罪"的关键在于：其该当构成要件的"行为仅仅一个"，因而刑法学理上、实践中，都并不主张真对想象竞合犯适用数个分则法条去数罪并罚，而是"从一重处断"。

第一节 一罪与数罪概述

罪数论问题，既是一个涉及犯罪论、特别是犯罪构成论的问题，又是一个刑罚论问题。从违法行为类型论的视角看，但凡该当构成要件的行为，已经构成违法，但行为是否真的违法，还须认定其确属不存在违法性阻却事由，行为才能"认定"为违法；进而，该项客观违法且侵犯了确定法益的行为，还须同时具备刑法上的有责性，才能确认行为人是否成立犯罪并确认其责任的大小轻重。而凡此种种，不无关涉到犯罪"个数"的认定。可见犯罪个数的认定，首先关涉到犯罪论问题。其次，从刑罚论角度看，行为构成一罪还是数罪；抑或行为虽然构成数罪，是否可被裁定为一罪即科刑一罪？这又牵涉到是否对行为人实行数罪并罚的理论与实践问题，因而罪数论问题也与刑罚论问题密切相关。

然而，鉴于罪数论的本源性问题，乃建立在一个或多个"犯罪是否成立"这一基点问题之上，有鉴于此，一般而言，学界仍主张将"罪数理论"置于整个"犯罪论体系"之中，以便一方面，确保包摄于整个"犯罪论体系"之中的"罪数论"根基的夯实；另一方面，"罪数论"的纳入，也表征着整个"犯罪论体系"更为圆满与完备。

一　区分一罪与数罪的标准

从一般意义看，区分一罪与数罪的标准，并非各国法律明文规定的，而是刑法学理释定的。换言之，除特别的犯罪规定之外，一般而言，关于一罪与数罪的区分标准，大都只停留于刑法学理层面。学理上往往是见仁见智，因而学人们根据各自主倡的刑法观的不同，提出了多种不同的学理标准。大致包括：

（一）罪过标准说，又称犯意标准说

主张以行为人的"罪过"（故意或者过失）的"个数"多少，作为划定罪数的标准。基本理由是：行为仅是此类犯罪心意（故意或者过失）的外化，犯意才是犯罪的本质，所以应以犯意的个数来考量犯罪的个数。[1]

（二）行为标准说

该说认为犯罪的本质不是犯意而是行为，因为"符合犯罪成立要件的是行为"，[2]所以应以行为的单复数为标准区分犯罪的个数。至于诸此"行为"究属自然意义的行为，还是刑法意义的行为，学界还有自然行为标准说与法律行为标准说之争。当然，多数学者更认同符合犯罪成立要件的法律行为说。

---

[1]　参见屈学武主编《刑法总论》，社会科学文献出版社2004年版，第273页。
[2]　参见张明楷《刑法学》（第三版），法律出版社2007年版，第362页。

(三) 法益标准说，又称犯罪结果说

主张犯罪的本质是对刑法所保护法益的侵犯。基于此，即便行为人实施了多个刑法意义的行为，但其侵犯或者威胁到的法益只有一个，仍然不构成数罪。故此，主张以侵犯法益单复数，作为区分一罪与数罪的标准。鉴于法益可分为专属法益（如生命、人身自由等）与非专属法益（如财产等），则在专属法益的场合，可以根据被侵犯法益主体的个数来确定犯罪的单复。例如，一枪射死三人者，成立三个杀人罪。而在非专属法益的场合，则应根据法益归属者的个数来确定法益的个数。例如，某A分别盗窃了B、C、D三家的财物，可成立三个盗窃罪。[1]

(四) 构成要件标准说

此说主张，应以犯罪行为该当的构成要件的数量作为区分一罪还是数罪的标准。质言之，行为仅仅该当一个构成要件者，仅成立一罪；该当数个构成要件并有责者，成立数罪。[2]此类主张，在主张犯罪构成四要件的我国学人中，又称犯罪构成标准说。

本书更认同犯罪成立标准说。此一标准，如用传统刑法学所认可的"犯罪构成＝犯罪成立"的视点看，也可以说本书认同上述第四种观点，即构成要件标准说，又称犯罪构成说。而犯罪构成说，也是我国刑法学界通说观点所认可的立场。[3]

然而，本书之所以没有沿用构成要件标准说或者犯罪构成标准说的称谓，是因为如前述几章所述，本书赞同建构在违法行为类型说理论基础之上的犯罪论体系，并主张以此作为建构我国刑法法定的各种犯罪据以"成立"的理论基础。如此一来，此种情况下，"构成要件标准"之中的构成要件的满足或者该当，并不等于行为人必然有责，进而行为未必"成立犯罪"。也就是说，与"违法有责行为类型说"不一样的是：违法行为类型说所认同的该当构成要件行为，即便行为过程中并不存在阻却违法性的事由，行为确属违法，但仍然欠缺"有责性"。据此，如以此"违法行为类型说"理论建构起来的"构成要件说"作为区分一罪与数罪的标准，仍会因其欠缺"有责性"而难以圆满区分"犯罪"的个数。有鉴于此，立足于"违法行为类型说"的犯罪论立场，本书更认同以"犯罪成立说"作为区分一罪与数罪的标准。而犯罪成立的标准，自然是某一行为该当构成

---

[1] 参见阮齐林《刑法学》，中国政法大学出版社2008年版，第247页。
[2] 参见张明楷《刑法学》（第三版），法律出版社2007年版，第362—363页。
[3] 参见曲新久《刑法学》，中国政法大学出版社2009年版，第159页。

要件、违法且有责。

二 非数罪并罚的几种情况

一人如若实施了多个该当构成要件的、违法且有责的行为，自然该当数罪并罚。然而，实践中，诸如此类的理当数罪并罚的行为，多属典型的、一目了然的一人实施了多个犯罪的情形。例如，某甲先在 A 市实施了盗窃行为、后到 B 市去抢劫、再到 C 市去诈骗。某甲的行为无疑触犯了数个罪名，应当分别定性为盗窃罪、抢劫罪和诈骗罪并实行数罪并罚。

然而，实践中，学理上还时遇一个行为人实施了多个不典型数罪的情形。这当中，既包括立法上的包括一罪、法定一罪的情形，也包括司法上裁判为一罪的情形。对此，在罪数理论上，我国刑法学界向有不同意见，有学人主张三分论，即将此类犯罪分型为实质一罪、法定一罪和裁定一罪；抑或三分为单纯一罪、实质一罪、裁判一罪；也有学者主张二分论，即将其简单分型为单纯一罪和处断一罪，等等。

本书拟采用三分法的分类法，来分门别类地阐释有关实质一罪、法定一罪和裁判一罪的基本理论及其构成特征。

第二节 实质一罪

一 实质一罪的概念

实质一罪，即以一个犯罪意思，实施了一个违法行为、侵害了数个法益（数个犯罪的直接客体），但其该当的分则特别构成要件仅仅一个，因而法律将其规制为一种犯罪的情况。

这里的实质一罪与刑法学理上的单纯一罪的不同之处在于：单纯一罪，在形式上、实质上均不发生成立数个犯罪的情形。例如，我国刑法上的重婚罪，即属典型的单纯一罪。实质一罪则不然。实质一罪的场合，可能发生形式上的数罪竞合，但因其实质上并无数罪竞合，因而实质上仅犯一罪。例如，某 A 以一次性地下毒于某 B 家饭锅而毒死了 B 家三人，从形式上看，某 A 该当三个杀人罪的构成要件且齐备我国刑法上的违法性、有责性特征，但就其实质意义看，鉴于某 A 所实施的投毒杀人行为仅仅一个（次），因而某 A 的行为，被确认为刑法学理上的实质一罪行为。

实质一罪与法定一罪的不同之处则在于：法定一罪的场合，其形式上、实质上都不发生数罪的竞合关系，只是因为法律上将它规制为一罪，行为因而不成立数罪。例如，强奸罪与杀人罪之间，原无竞合关系，但有的国家和地区刑法，就将其法定为一罪，例如，我国台湾地区刑法上的"强奸杀人罪"规定，即属典型的法定一罪。

实质一罪与裁定一罪的不同之处在于：裁定一罪，原本存在形式意义上的数罪竞合关系，刑法也未将其合并评价成"一罪"。就此意义看，被裁定一罪的犯罪形态，从法律规定上看，其原本属于"法定数罪"形态，而司法上之所以裁定为一罪，乃是基于特定的刑事政策考量，为了特定的刑罚目标的实现，而对此类案件科刑为"一罪"。可见，裁定一罪并非实质一罪而是实质多罪，此乃二者之本质区别所在。

二　实质一罪的类型

（一）想象竞合犯

想象竞合犯，又称想象数罪。顾名思义，所谓想象数罪，理所当然地是指所谓"数罪"并非就其实质意义而言，而是形式上、表面上呈现出的罪数形态而已。

1. 想象数罪的概念。想象数罪，也称观念的数罪，是指以一个犯罪意思（故意或过失）实施一个犯罪行为而侵害数个法益、触犯数个罪名的犯罪情况。

2. 想象数罪具有下述基本特征。(1) 只有一个犯罪意思——可能是一个确定故意，也可能是一个不确定的概括故意，也可能出于"过失"。例如，因疏忽大意扣发了手枪扳机——打死1人、打伤1人。这便是过失导致的想象竞合犯。(2) 该当构成要件的行为只有一个。所谓一个行为，是指刑法意义的行为，而不是单纯的某一个动作。这个行为既可能是故意行为，也可能是过失行为。(3) 行为所侵犯或者威胁到的法益及其所触犯的罪名均为数个。这一点，也是想象竞合犯与法条竞合犯的重要联系点与区别点之所在。

3. 想象数罪的种类。(1) 按罪过形式的不同，可以将其分类为故意型想象数罪与过失型想象数罪。(2) 按竞合的罪名是否相同，可以将其分类为同种想象竞合犯和异种想象竞合犯。前者是指一个行为触犯同一种类数个罪名的情形。例如，A：一母以毒药灌死其三女；B：一人投掷一枚手榴弹导致多人死亡。——显然，这里的A与B种情形，均属同种想象数罪。异种想象竞合犯，是指一个行为触犯不同种类的数个犯罪。例如一枪死一人、伤一人。

4. 想象竞合与法条竞合的主要区别如下：

第一，想象竞合是以一个行为侵犯了两个以上的分则不同法条所保护的不同法益的犯罪形态。

第二，法条竞合，则是指数个刑法分则法条相互交叉、或相互包容、重复地调整同一犯罪行为的犯罪规制情况。即一个行为同时被两个分则法条所包容或交叉性规定。其中，包容性竞合又称单向竞合。例如，我国刑法上的盗窃罪和盗窃枪支弹药罪的规定，即属包容式竞合。盗窃枪支弹药罪的行为，理所当然地被包容于盗窃罪之中，此属单向竞合。交叉式竞合又称互向性竞合。即一罪之行为特征并不完全包容于另一罪的情形。例如我国刑法上的伪证罪与诽谤罪规定即属之。显而易见的是：伪证的方法多种多样，既可以采取诽谤他人即陷人"入罪"的方式；也可以采取"佯装不见"地庇人"脱罪"的方式，等等。与此同时，我国刑法对诽谤罪的诽谤方式也无任何限制：行为人既可采取公然诬陷、构罪于人的方式；也可以采取其他任何公然捏造事实、毁人清誉的方式来诽谤他人。可见，伪证与诽谤之间，并不发生一行为必然包容另一行为的情形，二者之间应为互向性的竞合关系。

值得说明的是，对法条竞合犯，德国、日本刑法理论上还按其竞合关系的不同，对其做了如下详细分类：特别关系、吸收关系和补充关系。

（1）特别关系是指当其立法者认为"有必要将某些显著不同的不法或者责任内容的情况，从一个被相对普通理解的构成要件中分离出去单独予以规定时"，所做的特别法条规定。基于此，不少德国学者认为，特别关系实指基本构成要件与加重或减轻构成要件之间的关系，而且基本构成要件与加重或减轻构成要件，是通过刑法的不同法条、不同罪名加以规定的。例如，《德国刑法》第216条所规定的受嘱托杀人罪，与其《刑法》第212条所规定的故意杀人罪之间，就属此类减轻与加重、特别法条与普通法条的关系。

（2）吸收关系是指，当一行为触犯某一特定罪行时，该罪行通常会包摄某一较轻的罪行，则其较重的罪名可以吸收其较轻的罪名。例如，《德国刑法》第240条所规定的强制罪及其第239条所规定的剥夺他人自由罪，这当中，强制罪是较重的罪。显然，行为人在实施"强制"他人为或不为一定行为时，往往附随产生非法"剥夺他人自由"的后果。但考虑到这里"主行为在价值上吸收了附随行为",所以,刑法评价上不妨将其定性为法条竞合犯。①

(3) 补充关系。依照德日刑法理论,在交错性的逻辑结构下,刑法上的两个不同犯罪设置可能存在补充关系。补充关系的价值在于弥补某一作为基本犯罪规定的立法不足,即当其基本的犯罪规定无法充分保护特定法益时,刑法即可启动其补充规定的另一犯罪规制来发挥作用,其刑罚适用原则为"基本法优于补充法"(lex primaria legi subsidiariae)。②例如,《日本刑法》第108条、第109条及第110条分别设置了对现住建筑物等放火罪、对非现住建筑物等放火罪、对非建筑物的放火罪。而这里之第三种犯罪即"对非建筑物的放火罪"的犯罪对象,只能是前两罪规定以外的其他的物。因而此三法条之间的关系,也是明显的补充关系。

再如,《日本刑法》第204条的伤害罪与第208条的暴行罪规定,也属基本与补充的犯罪规定。其中,伤害罪属侵害他人身体法益的基本规定,暴行罪则属补充规定。申言之,如果行为人对他人实施暴力且造成刑法意义的伤害结果的,构成伤害罪。然而,实践中,时见行为人虽然对他人暴力相加,却尚未导致他人遭受刑事轻伤结果的。诸此行为,在中国,行为人显然不构成犯罪,国家公共权力方面,只能对行为人科以治安管理处罚。但在日本,此类尚未导致他人刑事轻伤害以上危害后果的一般性的殴打他人行为,虽无法按伤害罪论处,却成立日本刑法上的"暴行罪"。所以,从保护公民身体法益的角度讲,暴行罪是补充法,伤害罪是基本法。

而就中国刑法规定看,鉴于长期以来,我国刑法在理论上、实践中均讲求既定性、也定量的立法规定,因而,既往的中国刑法,无论是1979年刑法还是1997年刑法,均无典型的上述呈基本与补充关系的法条竞合规定。但2011年,我国全国人大常委会通过的《刑法修正案(八)》做出了类似规定,主要表现在:(1)《刑法修正案(八)》第22条对现行《刑法》第133条做了增补性修改,这就意味着现行刑法上除交通肇事罪之外,刑法上还补充设立了另一更轻的犯罪:危险驾驶罪。根据该条规定,但凡行为人"在道路上驾驶机动车追逐竞驶,情节恶劣的,或者在道

---

① 参见[德]冈特·施特拉腾韦特、洛塔克·库伦《刑法总论Ⅰ——犯罪论》,杨萌译,法律出版社2006年版,第435页。

② 参见[德]弗兰茨·冯·李斯特:《德国刑法教科书》,徐久生译,法律出版社2000年版,第394页。

路上醉酒驾驶机动车的，处拘役，并处罚金"。这就意味着，如果说交通肇事罪是关于交通肇事、并导致特定严重后果的基本规定的话，刑法上又对同样是违反交通法规、但尚未导致严重后果的行为，做出了补充性的犯罪规定。据此，二罪的关系，相当于德国、日本刑法理论上的呈补充关系的法条竞合。据此，当其行为人导致了我国《刑法》第133条法定的严重后果时，应根据"基本法优于普通法"的处罚原则，直接按交通肇事罪定罪量刑。反言之，有关交通肇事行为，只有"不能"适用交通肇事罪的规定，又违背交通法规、醉酒驾驶或者飙车竞驶时，行为才能成立危险驾驶罪。此外，我国《刑法》第205条规定的虚开增值税专用发票罪和《刑法修正案（八）》第33条增设的虚开其他发票罪，也可谓基本法条与补充法条的关系，等等。

第三，想象竞合与法条竞合犯所触犯的罪名都是数个，但想象竞合的场合，行为侵害的实质法益有数个；法条竞合犯所侵害的实际法益仅仅一个。

然而，如何理解法条竞合犯所侵害的法益仅仅"一个"？须知，在不同法条针对某一罪行做出重复性规定的情况下，某一侵害后果似乎既可以用作A法条的法益侵害后果、又可用作B法条的法益侵害后果，似此，可否视作行为侵害了"数个"法益、从而应成立想象竞合而非法条竞合？答案显然是否定的。这是因为：这种情况下，所谓既侵犯了A法条所保护的法益、又侵犯了B法条法益，仅是就其形式意义看。实质上，刑法不能将同一行为后果，既用于评价其是否适用于A法条之法益、又用于评价其是否适用于B法条之法益。因为：按照刑法的不得重复处罚原则，一个行为不能两头担、一个行为后果也不得两头担。质言之，A法条、B法条所保护的上位类法益都一样：仅在下位分类上有其细分类别上的不同而已。所以，法条竞合的场合，其行为所侵犯的实质法益都一样。只不过多个法条就此侵害行为及其后果做了不同规定而已。例如，国家工作人员某甲利用其职务上的便利，一举挪用了国家专用以"优抚"的特定款项，数额较大且超期3个月未予归还，导致国家和人民利益遭受重大损害。本案，甲的"挪用"行可同时以刑法第273条、第384条分别规定的挪用特定款物罪和挪用公款罪进行《刑法》评价。但因其侵害的法益仍为"一个"，因而上述两法条实则是轮番对"同一个"行为及其法益侵害后果进行评价的。这正是刑法分则上时见的、数个法条或相互交叉或相互包容地重复调整"同一"冲突关系的结果。可见，挪用特定款物罪与挪用公款罪也属典型的法条竞合关系。

与此不同的是：想象竞合的场合，刑法评价上之所以称其侵犯了数个法益，乃因其不是将"同一个"侵害后果分别用两个法条去评价；而是将"数个"侵害后果分别据不同的法条去评价。例如一枪打死一人、打伤一人。显然，行为只有一个、侵害后果却是两个。则想象竞合的场合，是将这"两个"不同的侵害后果，先后通过我国《刑法》第 232 条、第 234 条法定的故意杀人罪、故意伤害罪来分别评价的。可见，想象竞合所导致的数个法益侵害后果，乃实质意义的数个后果，而非单纯地以"同一个"行为分别交付不同的法条去"轮番评价"、所人为打造出的"数个"侵害后果。

在处罚原则上，就刑法的规定性上看，刑法的原则性规定是：特别法条优于普通法条。但就一般意义看，此项处罚原则仅仅适用于包容式的法条竞合场合。理由很简单：既然立法上已将某种情形另行规制为他罪（例如，刑法将盗窃枪支弹药的行为从普通盗窃罪中剔除了出来，另行规制成盗窃枪支弹药罪了），司法上，也就理所当然地应按其专门的法条定罪判刑。然而，在交叉式竞合的场合，实践中，时常难以判断何为特别法、何为普通法。此种场合，行为人往往基于某种概括犯意去实施某种特定的犯罪行为。实践中，因而往往更难判断何为"特别"。话虽如此，实践中，行为人仍然不免有其较为明确的行为目标，司法上因而完全可以据此确定其犯罪性质，并定罪判刑。例如：

我国《刑法》第 246 条所规定的诽谤罪的行为方式原本多种多样。然而，鉴于行为人身为"证人"却"在法庭上公然诽谤以构罪于人"的行为方式，已为我国《刑法》第 305 条规定为"伪证罪"的犯罪情节，显而易见的是：陷人入罪才是行为人的特定目标，就此角度看，此类场合，伪证罪应属特别法条，诽谤罪应为普通法条。又如：

我国《刑法》第 219 条规定了侵犯商业秘密罪、《刑法》第 282 条又规定了非法获取国家秘密罪。实践中，（1）当某项商业秘密同时又是国家秘密时，二罪的犯罪对象即告竞合；（2）当行为人也以"窃取、刺探或收买"的方式，去获取商业秘密时，二罪在行为方式上也告竞合——可见此两罪实为更加典型的交叉式法条竞合。此种场合，孰为特别法，孰为普通法，也不明显。从特定的刑事政策和刑罚目的考量，此种场合，司法上本可遵从"重法优于轻法"的原则来确定行为人的犯罪性质并定罪判刑。而就中国刑法的规定看，鉴于二罪的法定最高刑罚也一样，因而，实践中不妨根据行为人所造成的直接法益损害者何，来确定犯罪的性质并裁量刑罚。

5. 对想象竞合犯的处罚原则。如上所述，想象数罪之所以是想象的，乃起因于其刑法意义的行为只有一个,唯其如此,根据"一个行为不得两头担"的、亦即不得重复处罚同一犯罪行为的原则,对想象竞合犯,刑法学理上大多认可"从一重处断"的处罚原则。例如,倘若行为人以一个构成要件行为、分别触犯了故意伤害罪、故意杀人罪两个罪名,则根据"从一重处断"原则,应对其择定为两罪中的重罪即故意杀人罪,并按故意杀人罪的法定刑裁量其刑罚。当然,对其一行为还曾伤害到他人的法益侵害结果,司法上还往往将其视作酌情从重处罚的量刑情节,在量刑时予以考虑。

（二）结果加重犯

1. 结果加重犯的概念

结果加重犯是指行为人原本只有一个行为,但其犯罪行为却发生了超越其原犯意的加重结果的情况,因而,行为人对其犯罪行为的基本结果是故意的,而对其加重结果却是过失的。此类犯情即为典型的结果加重犯。

2. 结果加重犯的特征有二

（1）罪过形式有两个：对其基本结果是故意的；对其加重结果却是过失的。[①]（2）有一个加重结果。但这个加重结果是行为人始料未及的、过失的。当然,学说上,也有人认为行为人对该加重结果的罪过形式属于"超故意"。但通说观点仍认为应为过失,特别是,我国刑法上并无"超故意"的规定,因而"超故意"在我国刑法上难以获得刑法规范支撑。[②]（3）基本行为与加重结果间须有刑法上的因果关系。（4）刑法个罪对结果加重犯往往单设更重的量刑单位。例如,《刑法》第234条第2款对故意伤害致死罪的规定即属之：行为人对他人的伤害行为显然是故意的,否

---

① 也有学者主张,少数场合,结果加重犯的基本结果也可以是过失的,例如,《刑法》第133条关于"交通肇事后逃逸致人死亡的"即属之（参见曲新久《刑法学》,中国政法大学出版社2009年版,第165页）。但本书认为,结果加重犯的基本结果还是限定为"故意"罪过更相宜。这是因为,首先,本书认为"交通肇事后逃逸致人死亡"的结果不属于"过失"而应定性为"放任故意"。此外,倘若基本结果、加重结果都是过失的话,也就不存在针对基本结果与加重结果的"两个"过失心理了。因为：既然,不论是基本结果还是加重结果,对行为人而言,都是出乎其意料之外的,则其一行为下去只成立"一个"过失。例如,二人争吵过程中,甲猛地推了乙一把,乙没站稳,后脑勺触地而倒。本案中,乙无论是遭受重伤还是不治身亡,甲的主观过失都只有一个：即因其疏忽大意而过失地、始料不及地重伤害了他人身体或致人死亡。

② 《意大利刑法》第43条就规定了此类"介乎于故意与过失"之间的"中间罪过"。该法条称："当危害的作为或不作为引起的损害或危险结果比行为人希望的更严重时",重罪为"超故意"。然而,《意大利刑法》中并无间接故意规定,因而这里的超故意,多少类似于我国《刑法》上的间接故意、放任故意规定。

则不会定性为故意伤害罪；行为人因其伤害行为导致他人死亡的结果应是过失的、他/她始料不及的，否则就不会对其定性为故意伤害而应定性为故意杀人了。而其导致他人死亡的加重结果务必是因其伤害过重引发的。即是说，其基本行为与加重结果间务必有其刑法意义的因果关系。由此可见，我国刑法上的故意伤害致死的情节规制，实为典型的结果加重犯设置。

3. 对结果加重犯的处罚原则

按分则的加重处断刑处罚。我国刑法分则在法定刑加重设置上，大致可分类为情节加重犯与结果加重犯。情节加重犯的场合，刑法往往仅仅笼统规定"情节严重的"，处×××刑……与此相对应，结果加重犯的场合，刑法的规定则是：导致×××特定结果的（如"致人死亡的"），处×××刑。

（三）继续犯

刑法学理上又称持续犯，指以一个犯罪意思与行为实施犯罪，而实施的构成要件行为及既成不法状态须持续相当时间，犯罪始告成立的犯罪情况。亦即属于构成要件的犯罪行为须具有时间上的继续性规定。

1. 继续犯具有如下基本特征：（1）犯罪行为在时间上没有间隔地继续着；（2）犯罪行为与不法状态同时继续、而不只是不法状态的继续。质言之，在时间上毫无间隔地持续侵犯某一刑法所保护的法益，是继续犯最本质的特征。比方说，"非法拘禁罪"行为人所实施的非法拘禁行为，即属最典型的继续犯。倘若某行为人A非法拘禁了被害人B三天三夜，则A的犯罪行为就毫无时间间隔地被包摄于那三天三夜所持续的72小时之分分秒秒之内，此外，非法拘禁他人也是某种不法状态，可见，A的犯罪行为与其导致的不法状态，始终同时继续着。

2. 继续犯与状态犯、即成犯的区别。（1）状态犯：指属于构成要件的犯罪行为先行结束，不法状态仍然继续着的犯罪形态。例如盗窃罪的场合，行为人在实施盗窃行为完毕之后，非法占有他人财物的不法状态仍然单独继续着。可见，二者的主要区别在于：继续犯是犯罪行为与不法状态同时继续，状态犯则不然。例如重婚罪也是典型的继续犯，其犯罪行为就与其重婚的不法状态始终同时继续着。（2）即成犯又称即时犯，指构成要件的犯罪行为不包含时间继续性要素，从而由于行为侵害了一定法益或致使这种法益足以遭致受到侵害的危险，即时完成并结束的犯罪。如杀人罪、放火罪等即是。这当中，值得特别强调的是：

状态犯与即成犯也有其区别。主要表现在：即成犯的犯罪行为一经实施终了，往往造成不可挽回的对特定法益的侵害，例如故意侵害他人生命法益之后，损失无法挽回，犯罪分子也无法继续以某种作为或不作为单独导致不法状态的继续。状态犯则属于犯罪行为先行终了之后，犯罪分子仍然以其作为或不作为导致不法状态单独继续的犯罪形态。

3. 对继续犯的处罚原则及其追诉时效计算原则。鉴于继续犯应为实质的一罪，因而司法上只能对其定一罪。但是，在诉讼时效上，由于继续犯的犯罪行为的终了，应从不法状态的结束之时起算，因而其追诉时效也应当从其不法状态结束之日起算。例如，对重婚罪的追诉时效，就应当从其解除其非法的第二重婚姻之日起算，故而，唯有在其解除第二重婚姻的5年以后，司法上才不得再追诉其重婚罪行。

（四）徐行犯

刑法学理上又称其为接续犯。指行为人基于一个犯罪故意，断断续续地实施了数个仅符合一个构成要件"行为"的法益侵害举动，而这些举动的总和仅侵害了一个确定的法益、触犯了一个罪名的犯罪成立状态。例如，传说中的拿破仑之死可谓典型的徐行犯。据称，随拿破仑流放于孤岛的其身边随行将军，采用长期微量投毒于拿破仑食品的方法，终致其慢性中毒身亡。此类杀人方式，用今天的刑法术语看，可谓以徐行犯的杀人方式故意谋杀他人。再以毁坏财物罪举例，设如某甲以今天损毁他人房屋一面墙体、明天揭他人房瓦、后天毁坏他人房门的办法来毁损他人财产，也成立以徐行犯的方式实施的故意毁坏财物罪。

在徐行犯的分类问题上，有学者根据刑法规制的不同，将徐行犯分类为：可能徐行犯与必要徐行犯。按照这种观点，我国现行《刑法》第264条规定的"盗窃公私财物，……多次盗窃的"，构成盗窃罪。这里之"多次盗窃的构成盗窃罪"，即属可能徐行犯规定。当然，在罚则模式上，由于徐行犯也属实质一罪，据此，按照我国刑法分则的规定，对徐行犯，都只能定一罪并按相应的法定刑处罚。

第三节 法定一罪

法定一罪，又称拟定一罪、类型一罪。指行为人本来以数个行为和数次犯意、侵犯了数个法益、触犯了数个罪名，本应定数罪，只是由于法律上将其预定为一罪，因而才将行为人按一个罪定罪并处罚。刑法学理上，认为法定一罪主要包括下述形式：

一　结合犯

结合犯，又称复合犯，是指由于刑法的预设，而使数个不同构成要件的故意犯罪行为，结合成了另一种独立的犯罪。结合犯的构成特征如下：首先，在罪过形式上，被结合的数个犯罪都必须是故意罪；其次，所结合的数个原生罪，必须都是刑法相关条文明文规定的独立犯罪。最典型的结合犯公式为：甲罪 + 乙罪 = 甲乙罪。例如，《日本刑法》第241条所规定的强盗强奸罪，就是将其刑法上明文规定的强盗罪和强奸罪结合在一起，并结合形成了强盗强奸罪。我国台湾地区刑法所规定的强奸杀人罪也是这样。

再看我国《刑法》第178条第1款设置了伪造有价证券罪，《刑法》第266条又规定了诈骗罪，《刑法》第197条又设置了有价证券诈骗罪。则，是否可以说，我国《刑法》第197条所设置的有价证券诈骗罪就是对伪造有价证券罪和诈骗罪的结合犯规定呢？

回答是否定的。这是因为有价证券诈骗罪并不要求行为人"伪造"或者"变造"有价证券。而是只要行为人"使用"了伪造、变造的有价证券即可。换言之，有价证券诈骗罪中，"使用"伪造、变造的有价证券并不必然包括"伪造"和"变造"有价证券行为，因而称我国《刑法》第197条所规制的有价证券诈骗罪是对伪造有价证券诈骗罪与诈骗罪的结合，有悖结合犯的本质含义。

二　集合犯

刑法学理上的集合犯有两种解读法，一为众合共犯的别称，显然，这是一个涉及共同犯罪人类型的另一命题，与"罪数"理论完全无关。另一含义即法定一罪的表现形式之一，指根据刑法分则规范的预设，长期反复实施数个相同构成要件的行为不成立数罪、而被法定为一罪的犯罪形态。[①]通常表现为常习犯、营业犯（营利犯）和职业犯等形式。

常习犯又称惯犯。指常年实施某种犯罪成癖、积习难改者。我国1979年刑法的惯盗、惯骗罪规定即属之；但现行刑法已经取消了该两种惯犯设置。

---

① 参见［日］野村稔《刑法总论》，全理其、何力译，法律出版社2001年版，第450页。

营业犯,又称常业犯、营利犯,指立法上把以营利为目的、具有长期反复实施同种犯罪行为之可能性者,集合成一罪规定的犯罪形态。[1]简言之,营业犯就是刑事立法上把有营利目的的、以实施某种犯罪为业的犯罪形态设定为一罪者。

由营业犯的定义可知,营业犯具有三大特征:一是行为人须有非法牟利的目的;二是行为人须有长期反复实施该同种犯罪行为的可能性(即以犯罪为业);三是该可能性已经通过立法程序预设为犯罪构成要件要素之一、并被规制于刑法分则条文之中。有鉴于此,无论是行为人仅仅实施了一次该种犯罪行为,还是反复实施了多次该种行为,只要行为具有以罪为业的构成要件上的"可能",就构成该种犯罪。同时,由于立法上已经将此反复实施的行为法定为一罪,司法上因而也不得将此反复实施行为认定为数罪,而是当然一罪。例如,1979年《刑法》第118条关于"以走私、投机倒把为常业"的犯罪规定,即属典型的营业犯设置,但此项规定也为1997年刑法所取消。

从显性(即刑法明文规定以犯罪为"业"者)角度来看,现行《刑法》仅通过刑法分则第303条保留了赌博罪这一显性营业犯设置。该条规定:"以营利为目的,聚众赌博、开设赌场或者以赌博为业的,处3年以下有期徒刑、拘役或者管制,并处罚金"。

然而,就法律的规定及其集合犯的构成规定性上讲,除上述显性设置外,我国现行刑法上的营业犯、职业犯,还应包括刑法分则上的一些隐性集合犯设置。所谓隐性设置,指刑法分则罪状上虽然没有明文规制出以罪"为业"的字样,但其条文含有与此含义大致相同的集合犯设置。例如,我国《刑法》第165条所规定的"非法经营同类营业罪"即是。按照该条的规定,"国有公司、企业的董事、经理利用职务便利,自己经营或者为他人经营与其所任职公司、企业同类的营业,获取非法利益,数额巨大的",构成非法经营同类营业罪。解剖本条罪状之中的"经营"、"营业"含义可见,从事犯罪的"经营"、"营业",与以犯罪"为业"所涵定的意义本质相同;而刑法上又将"获取非法利益"规制为成立本罪的必备要件,可见,本罪实际上不仅具有营利目的,而且以"营业"为本罪的实行方式,可谓事实上的"以犯罪为业",因而《刑法》第165条可谓表现为

---

[1] 参见[日]木村龟二主编《刑法学词典》,顾肖荣、郑树周译校,上海翻译出版公司1991年版,第398页。

营业犯的隐性集合犯设置。

职业犯在犯罪方式上类同于营业犯，但它不以取得财产上的不法利益为目的、仅属立法上将具有长期反复实施同种犯罪的可能性者集合成一罪的犯罪形态规定。由此可见，就其实质看，职业犯与营业犯都是以犯罪为业、都被刑法法定为一罪，不同点仅仅在于：营业犯的场合，刑法上将"营利目的"作为成立该罪的必备要件；职业犯的场合，只要行为人以犯罪为业即可，行为人有无"营利目的"，刑法在所不问。例如我国《刑法》第336条第1款所规定的"非法行医罪"即属典型的职业犯。根据该条规定，"未取得医生执业资格的人非法行医，情节严重的"，构成非法行医罪。由此可见，按照本条规定，刑法只问行为人是否确属"未取得医生执业资格"而行医且"情节严重"者，至于行为人是基于营利目的还是治病救人目的抑或其他目的非法开业"行医"，刑法在所不问。而这里的"执业"、"行医"实际上也是一种"就业"；"非法行医"，因而被刑法法定成一种犯罪"职业"（如其情节严重的话）。因而本条文虽然没有直接出现"为业"字样，仍属职业犯。此外，我国现行《刑法》第225条所规定的非法经营罪，也属没有"营利目的"规定的职业犯。

第四节 裁定一罪

一 裁定一罪的概念

又称处断一罪、科刑一罪。指一行为或数行为，触犯了数个犯罪事实，但在刑罚处断上，又以一罪处理。亦即，依一罪来科刑、裁判为一罪。换言之，就法律规定而言，科刑一罪，实际应为法定的数罪，或称实质意义的数罪。只是实践中，司法上或可基于有关刑罚目的或刑事政策考量，酌情将其数罪按一罪处断、科刑而已。

二 裁定一罪的种类

（一）连续犯

指行为人基于一个概括故意，反复实施数个独立该当相同构成要件的行为，并导致数个同种法益遭受侵害的犯罪形态。有鉴于此，从形式上看，连续犯也可以成立为数罪，但诉讼处断上，往往将其裁判为一罪。例如，甲基于报复动机，深夜潜入乙家并一气先后杀害了乙本人及其妻子、孩子三口。本案，甲本可成立三个独立的杀人犯罪，但司法上往往根据连续犯的处断原则，将其按一个故意杀人罪定罪判刑。

从刑法学理上看，连续犯具有如下特征：

其一，在主观罪过上，行为人须基于"一个"概括的犯意。概括犯意，又称复数犯意。与特定的单数犯意不同的是，此类概括犯意，往往有一定程度、一定范围内的随意性、不确定性。例如，甲很恨本村村干，意图以伤害某村干的办法来"惩戒"一下他们。但究竟是整治村干乙，还是整治村干丙抑或是丁，甲并不确定。申言之，基于甲的概括犯意，他会在事到临头、打死打伤乙丙丁之中任何一个人时机最相宜之时，朝其动手。因而，死伤的无论是村干乙，还是丙或丁，都符合甲之概括犯意。可见，基于一个概括故意，可包含下述三层含义：（1）基于一个概括的意思反复作案；（2）初发的意思连续在数次犯罪行为之中；（3）在犯罪行为终了以前，每次行为都是基于同一个意思在起作用。

其二，客观上，行为人必须反复实施数个相同构成要件的行为。这里，应当注意的是：（1）数个行为各自可以独立构成罪名相同的犯罪。亦即数个行为都符合刑法分则上的相同构成要件行为，而不是一个个的举动。唯徐行犯的场合，行为人一次次实施的才是一个个的自然举动。（2）数行为是指未经宣判的该当特定分则构成要件的行为。换言之，业已宣判的前罪行为，会自然中断其与尚未宣判的后罪行为的连续性。

其三，数行为所触犯的罪名应当是相同的罪名。当然，这里之相同的罪名，并不等同于综合罪状下的同一法条所包摄的多种罪名，而是同一法条下的同一罪名。

其四，数个犯行之间须具有连续性。从而，才能把连续犯与继续犯、连续犯与徐行犯、连续犯与惯犯区别开来。而对"连续性"，刑法学理上也有主观说、客观说和综合说三种不同观点。（1）主观说，主张以行为人主观犯意上有无连续性为准，不问作案方式、时间、地点情况如何，即便作案时间隔的很久、方式差别很大……（2）客观说，则只以行为人作案方式、时间、性质是否类同为准，不问行为人主观意思怎样。例如，行为人上午因报复持刀杀死了张家的A，下午又因强奸持刀杀死了李家的B，则按此客观说，鉴于其作案的方式、时间、后果上的大体类同，尽管其作案动机完全不一样，也应定性为连续犯。（3）综合说，又称主客观统一说。主张既考虑行为人主观意思上的连续性；又综合考虑作案性质、方式、时间、地点等客观因素上有无连续性，并以此二者的统一，作为认定行为有无连续性的标准。此说即综合说乃为刑法学理上的通说观点。

在处罚原则上，与前述几种特殊罪态形式一样，学理上也要求对连续犯认定为一罪，并将其连续犯行作为从重处罚的酌定情节。

（二）牵连犯

指行为人的目的仅限于实施某一种犯罪，但其在实施特定的分则构成要件行为时，其手段行为或行为结果又触犯了其他不同法条所规制的不同罪名的情况。

一般认为，牵连犯具有如下特征：（1）在罪过形式上，牵连犯都是故意犯罪，因而其手段行为或者行为结果所牵连的犯罪也是故意犯罪。（2）行为人需基于"一个"概括故意去作案。概括故意，不确定故意的一种，如上所述，它是指行为对象或行为范围的不确定且有多个。在这多个不确定的行为对象或不确定的行为范围之中，行为人最终可能随机性地确定某一行为对象或范围；也可能择一或择二性地确定。（3）犯罪预期目的只有一个。这是牵连犯的主观本质特征。唯其如此，行为人的概括故意中的数故意之间才存在主观犯意上的牵连。例如，为了骗取巨额人寿保险金，行为人不惜杀害了该笔保险金的被保险人。显然，在此，杀害被保险人是手段行为，保险诈骗才是其目的行为。两行为之间有其特定的手段行为与目的行为的牵连关系。（4）符合分则不同构成要件的"行为"有数个。即每一行为都不是一个个的自然举动；而是该当分则特别构成要件的、刑法意义的"行为"。（5）数行为之间有一定的牵连关系。具体而言，所谓"一定"的牵连关系是指：

其一，数行为间存在着手段行为与目的行为之间的牵连关系。例如，为强奸而侵犯公民住宅；为诈骗而伪造公文私刻公章等。

其二，抑或，数行为之间存在着原因行为与行为结果之间的牵连关系。例如，某甲在列车上窃得一个密码箱，回来想方设法打开一看，发现内装有海洛因约50克，另有现金20000元。甲于是把现金和海洛因都悄悄地收藏了起来。则甲除触犯盗窃罪名外，其行为结果还触犯了非法持有毒品罪的罪名。

其三，手段行为与目的行为之间、原因行为与行为结果之间须有内在的、客观自然的联系，否则不能成立牵连犯。例如，为盗窃而侵犯公民住宅，这两行为之间显然存在内在的、客观的、自然而然的联系。反之，为掩灭罪迹而在盗窃后放火——则其前行的盗窃行为与其继后实施的放火行为之间，并不存在自然而然的联系，即放火并非盗窃的当然结果。由是，盗窃后又放火的，不能定牵连犯，而应分别定性为盗窃罪、放火罪并实行数罪并罚。

在处罚原则上，通说观点大都认可对牵连犯应按从一重处断的原则行事，分则有特别规定的除外。但我国刑法关于牵连犯的处罚规定较为复杂，大致包括以下五种情况：

1. 从一重处罚规定。如《刑法》第399条第3款规定的徇私枉法、枉法裁判并受贿的，构成牵连犯，对此，刑法本条规定，应根据各罪所对应的处断刑，按处断刑较重的犯罪定罪处罚。

2. 从一重从重处罚，即定较重的罪并从重处罚。如《刑法》第253条第2款规定，邮政工作人员私自开拆、毁弃邮件、电报又窃取财物的，依照《刑法》第264条定盗窃罪从重处罚。

3. 对某些特殊的牵连犯刑法明确规定按其所牵连的特定犯罪论处。这种情况下，既然立法上已明确规定了以何种罪论处，司法上也就无须根据相关刑法理论择重判处了。如《刑法》第196条第3款就规定，盗窃信用卡并使用的，依照《刑法》第264条盗窃罪定罪处罚。

4. 数罪并罚，即刑法上明确规定对某些牵连犯，不按一罪论处，而须实行数罪并罚。如上所述，牵连犯本属法定数罪，科刑一罪只是司法上根据通说认可的学理原则所做特别考量。由是，在刑法明确规定数罪并罚时，司法上就不得再按科刑一罪的原则处理。如《刑法》第198条第2款规定，犯保险诈骗罪，为了骗取保险金而故意造成财产损毁、被保险人死亡、残疾或疾病，同时构成其他犯罪的，依照数罪并罚的规定处罚。

5. 刑法及其有关司法解释均无明文规定。这种情况下，司法上一般宜根据刑法学理上的"从一重罪处断"原则定性处罚。然而，从法理上看，上述学理原则毕竟不是有权解释，因而从司法权力上看，法官实际拥有究竟定性为一罪还是数罪的自由裁量权。①

（三）吸收犯

1. 吸收犯的概念及其基本特征。指一个人实施了数个犯罪行为，因数行为之间具有特定的依附与被依附关系，而使一个犯罪行为被另一个犯罪行为吸收的犯罪形态。吸收犯具有如下特征：其一，该当构成要件的行为往往有数个。其二，数个构成要件行为往往为同一个犯罪目的服务，通属同一犯罪的前后过程；抑或为同一次犯罪的前后过程。其三，侵害的法益可能是一个，也可能是数个。其四，最终犯意只有一个，即犯罪的终极目

---

① 参见屈学武主编《刑法总论》，社会科学文献出版社2004年版，第287页。

的只有一个。例如，贩运毒品的罪犯，先要把毒品运出来，而后卖掉，这里，运输毒品的行为，贩卖毒品的行为，都为同一犯罪目的——非法牟取暴利这个目的服务，而且可以说，属于同一个犯罪的过程。所以又运输、又贩卖毒品的，只要用一种行为吸收另一种行为即可。然而，这里所谓吸收，乃罪之吸收而非"刑之吸收"。一般而言，下述场合，多考虑按吸收犯原则将其多行为吸收并裁定为一罪行为：包括：（1）高度行为吸收低度行为。如既遂吸收未遂；未遂吸收预备；实行中止吸收预备犯，等等。（2）重行为吸收轻行为。如盗窃罪犯的盗窃行为吸收其本属"事后不可罚行为"的窝赃、销赃行为等。（3）实行行为吸收预备行为。（4）主行为吸收从行为。这里之主和从，主要相对于共同犯罪中的实行行为与帮助行为而言：如某甲先教唆他人去盗窃、尔后又亲自与他人一起到某仓库去行窃，则某甲的实行盗窃行为可吸收其教唆盗窃行为。（5）实害行为吸收危险行为，等等。

2. 吸收犯与牵连犯的区别与联系。牵连犯与吸收犯有交叉竞合关系：当其牵连犯的手段行为，同时表现为其目的犯罪的预备行为时，这种牵连犯，从另一角度看，也可谓吸收犯。此外，当其行为人因原因行为与结果行为相牵连而形成牵连犯时，如其中某一行为属于明显的轻度行为，则也可以为其高度行为所吸收。例如，行为人又盗窃枪支弹药、又私藏枪支弹药，则其盗窃枪支弹药的行为可以吸收其私藏枪支弹药的行为。

二者的主要区别点在于：牵连犯的数行为之间必须有牵连关系；吸收犯的数行为之间不一定有牵连关系。因而从另一角度看，牵连犯往往是吸收犯；而吸收犯不一定是牵连犯。例如：

甲男为非法获取他人财物，来到乙女家行骗。甲告知乙女：自己本是其在押丈夫的同牢狱友，现已经无罪释放了。进而甲告知乙：说只要乙女能给他预付10000元打点费用，他就能让乙女的丈夫在一个月之内也无罪开释出狱。乙女怎么都不信，始终不肯"打点"某甲。甲男一看诈骗不成，恼羞成怒，干脆掏出身上凶器持刀抢劫乙女，既遂。

分析本案可见，本案中，行为人基于非法获取他人钱财的概括故意，先行骗，后抢劫。但其行骗行为与抢劫行为之间，并无手段行为与目的行为，或原因行为与结果行为之间的牵连关系。然而，行骗未遂的行为毕竟是低度行为，可由其既后实施的抢劫既遂行为所吸收。从而，司法上宜按吸收犯的处罚原则，对其实行从一重处断，即对其定性为抢劫罪并根据抢劫罪的法定刑裁量其刑罚。当然，对其先行实施的诈骗罪未遂行为，司法上或可将其作为酌定从重处罚的情节,在量刑时加以考虑。

本章小结

　　罪数理论,既牵涉到犯罪构成论问题,又牵涉有关刑罚论问题,但鉴于这里之刑罚论仍构建于行为究否成立数罪的基本问题之上,由是,犯罪构成论问题乃是罪数理论的基本问题,唯其如此,通说认可将罪数理论置于犯罪论体系加以研讨。

　　而在此罪数理论中,区分某一该当构成要件的行为究竟构成一罪还是数罪的标准,又是研究罪数理论的基础理论问题。对此,学界大致有罪过标准说、行为标准说、法益标准说和构成要件标准说等多种主张。本书赞同建立在上述第四说理论基点之上的犯罪成立标准说。即主张:应以犯罪行为该当的构成要件数量作为区分一罪还是数罪的标准。质言之,行为务须该当数个(最狭义的)构成要件且违法、有责者,才能成立数罪。

　　罪数理论中,研讨较多者包括:实质一罪、法定一罪与科刑一罪。实质数罪中,较难区分的是想象竞合与法条竞合犯的区别。本章第二节就此问题做了较为详尽的阐释。法条竞合包括特别关系、吸收关系与补充关系三种形式。就此问题,本书特别针对现行刑法上的交通肇事罪与危险驾驶罪、虚开增值税专用发票罪与虚开其他发票罪等,为何可归类于"补充关系"的法条竞合形式,做了较为详尽的阐释。

　　在"法定一罪"一节中,除有关结合犯的阐释外,本书还就集合犯的不同种类即营业犯与职业犯的本质区别做了特别分析。此外,本书还结合我国刑法分则相关犯罪规定,阐释了我国现行刑法上关于营业犯与职业犯的特别规制及其作为集合犯的基本构成特征等。

　　值得强调的是:在处罚原则上,无论是连续犯还是牵连犯,我国刑法理论界通说观点均认可应"从一重处断"。然而,学界就此仍有若干不同呼声。例如,有学者明确指出,"对于连续犯与牵连犯,我国刑法理论一直坚持应按一罪论处,显然是受到了刑法主观主义的影响。"进而指出"现行刑法有13个条款出现'多次'的表述形式",但"无论是作为入罪性要素存在,还是作为法定刑升格条件存在,'多次'的因素都涉及对行为人危险性的评价问题。"[①]

[①] 劳冬燕:《刑法中客观主义与主观主义之争的初步考察》,《南京师范大学学报》(社会科学版) 2013 年第 1 期。

就此不同呼声，本书的立场是：连续犯与牵连犯都是法定的数罪而非一罪，只是在科刑时裁定一罪而已。而所谓科刑一罪，就其本质意义看，此场合的"一罪"应属"刑罚论域"的一罪而非"犯罪论领域"的一罪。质言之，无论从刑法客观主义还是从犯罪的成立角度看，此类行为人构成的都是数罪而非一罪。只是在关涉到量刑领域时，将其裁定为一罪而已。由此可见，这当中虽然存在基于行为人的人身危险性大小来科刑一罪的刑事政策考量因素，但在刑罚论域，适度引入刑法主观主义的、有关行为人的主观恶性、人身危险性的大小，是可以被接受的。何况，并和主义的刑罚目的，本身就是为了报应与预防犯罪。而要有效预防，理所当然地应将行为人的人身危险性归结为刑罚裁量要素之一。

申言之，就此议题，本书在前几章节中已经略有阐释。其中特别论及：本书倾向于结果无价值说，至少在犯罪论体系中，主张以结果无价值为其违法判断的主要视点，极个别情况下方可例外，例如目的犯的场合。然而，在刑罚论体系中，考虑到人身危险性较大的场合，刑罚个别化对犯罪预防有其特殊的价值效用，因而主张在先行考量行为对法益的侵害或威胁程度的情况下，适度考量行为人之行为及其内心恶念对伦理规范的违反。一句话，主观恶性、人身危险性完全可以视作刑罚的裁量要素，这与"犯罪论域"的刑法客观主义并无当然的抵牾。

思 考 题

一 名词解释
　　罪过标准说　构成要件标准说　想象竞合犯　结果加重犯　非典型数罪
二 简答题
　　1. 简述实质一罪与裁定一罪的主要区别。
　　2. 试述想象竞合与法条竞合犯在其法益侵害评价方法上的本质不同。
　　3. 试述牵连犯与吸收犯的联系与区别。
　　4. 试述我国现行刑法是否存在补充关系的法条竞合犯规定，为什么？
三 论述题
　　1. 试结合我国刑法分则的规定阐释刑法学理上的法条竞合犯之竞合关系的种类及其主要特征。
　　2. 试述继续犯、状态犯与即成犯的主要区别并举实例对比说明。

阅读参考文献

陈兴良：《从罪数论到竞合论：一个学术史的考察》，载《现代法学》2011 年第 3 期。

陈兴良：《法条竞合的学术演进——一个学术史的考察》，载《法律科学》2011 年第 4 期。

张明楷：《论同种数罪的并罚》，载《法学》2011 年第 1 期。

张明楷：《单一行为与复数行为的区分》，载《人民检察》2011 年第 1 期。

阮齐林：《论构建适应中国刑法特点的罪数论体系》，载《河南师范大学学报》2006 年第 3 期。

劳冬燕：《刑法中客观主义与主观主义之争的初步考察》，《南京师范大学学报》（社会科学版）2013 年第 1 期。

周光权：《法条竞合的特别关系研究——兼与张明楷教授商榷》，载《中国法学》2010 年第 3 期。

黄京平、陈毅坚：《法条竞合犯的类型及其法律适用》，载《中国刑事法杂志》2007 年第 4 期。

夏勇、李正新：《犯罪竞合罪名判定新原则：法益保护完整性——基于对"从一重处断"的反思》，载《人民检察》2013 年第 11 期。

刘宪权：《罪数形态理论正本清源》，载《法学研究》2009 年第 4 期。

游伟、谢锡美：《双重评价禁止与充分评价原则剖析：关于刑法中牵连犯处断的思考》，载《法律适用》2011 年第 11 期。

第十二章　刑罚概述

内容提要

　　刑罚具有剥夺、感化、矫治、威慑、安抚与鉴别等多项功能。至于刑罚的目的，学说上也存在报应刑论、目的刑论与相对报应刑论等多种学术观点。报应刑论又称正义说或绝对主义的报应刑论。此观点乃由力倡"行为刑法"的刑事古典学派所主倡。基本理论是：刑罚之所以正当，是因为国家基于"正义"的要求，应当"报应"各种犯罪。目的刑论又被称为相对主义的刑罚目的论，是指以"刑罚有预防、抑止犯罪的效果作为其正当化根据的理论"，由主倡"行为人刑法"的刑事社会学派、刑事人类学派所形成的新派所主张。该论认为唯有"在预防犯罪所必要而且有效的限度内，刑罚才是正当的"。据此，"为了没有犯罪而科处刑罚"乃成相对主义刑罚理念的经典表述。相对报应刑论又称并合主义的刑罚目的论。其基本主张是：刑罚的正当化根据固然在于对犯罪恶害的报应，以恢复社会正义；但报应的目的还是为了预防犯罪。据此，相对报应刑论并不坚持必罚主义的原则，所谓责任主义的刑罚原则在相对报应刑论者的视界里，也由"有责任就有刑罚"退守而成"无责任就无刑罚"的消极的责任主义原则了。据此，"因为有犯罪并为了没有犯罪而科处刑罚"成了相对报应刑论即并合主义刑罚理念的经典表述——此种主张可谓当今中国刑法学界通说观点。回顾现行中国刑罚体系，经我国《刑法修正案（九）》（草案）修订之后，仍有46种犯罪可判处死刑，乃为世界立法例之最。中国刑法学界因而针对死刑的存与废及其限制问题，展开了轰轰烈烈的研讨，并就如何限制死刑的适用问题，达成了一定程度的共识。此外，对于中国刑罚体系中"没收全部财产"刑罚的设置及其适用，是否契合刑法的人道性、正义性理念，刑法学界也有多种不同观点。

第一节 刑罚的功能与目的

国家刑罚权是国家行使司法调控职能，以有效惩治和遏制犯罪的主要公共权力。在国家侦查权、检察权、审判权、刑罚权所组成的几项国家公共权力中，尽管从一桩桩个案所揭示的权力介入顺序看，国家刑罚权似乎位居上述各项权力之尾，但就整个社会秩序的维系与调控视角看，国家刑罚权的行使，却处于上述权力行使的终结点。就此意义看，除了不构成犯罪或有罪免罚的少数被告人外，多数情况下，国家刑罚权的行使，都可谓国家行使系列侦查权、检察权和审判权的归结点之所在。有鉴于此，在未予详细阐释我国有关刑罚规定之先，还有必要系统述论刑法学界关于刑罚的功能与目的的最基本的理论。

一 刑罚的基本属性及其概念

刑罚是国家创制的、经司法判定为有罪且应当遭受刑罚惩罚的人所适用的特殊制裁方法；是对犯罪分子特定利益的剥夺；同时表明了国家对犯罪分子的否定性评价。唯其如此，一般认为，刑罚具有下述特征，即：（1）刑罚是国家惩治犯罪的一种制裁方法；（2）刑罚是社会对犯罪的一种反应措施；（3）刑罚是一种社会防卫手段。

但在论及刑罚属性之先，还有必要梳理一下刑罚与刑事责任的关系。众所周知，在我国现行刑法典之中，仅总则中就有20处使用了"刑事责任"一词，包括《刑法》总则第2章第2节的标题即为"犯罪和刑事责任"。此外，《刑法》分则第201条、第241条、第347条、第402条和第452条等也分别做了有关刑事责任的特别规定。然而，这20多处"刑事责任"规定，在实际指向即其确定含义方面并非完全划一。有时可谓大词小用，即其所称代者，仅限于"刑事责任"的表现形式之一或其某一方面。换言之，我国现行刑法条文中所谓应当或不应当负刑事责任的情况，有时乃指行为是否具备法律上的可归责性、以确定其行为是否成立犯罪；有时又是指其行为应予承担特定的法律后果等。唯其如此，有学者认为，我国刑法上的"刑事责任"可从狭义、中义、广义三种视角去理解：狭义上的刑事责任应属犯罪成立要件之一的"责任"，这种责任相对于行为人而言即有责性（非难可能性）；中义的刑事责任应被理解为必须接受刑罚处罚的法律地位；广义的刑事责任则指必须接受与刑罚相关联的一定刑事负担的法律地位。[①]然而，上述理论仅是从现行刑法关于刑事责任的"规定"角度来诠释何谓"刑事责任"。但在本书之中，除非特别说明，否则本书所指刑事责任，乃是从广义角度来称代有关行为在行为该当构成要件违法且有责的情况，应予承担的法律后果。

可见，基于上述角度所理解的刑罚与刑事责任并非等同概念。质言之，刑罚的确是行为业已构成犯罪并有其责任者应予承担刑事责任的主要方式之一，但它并非唯一的、必然的后果。这是因为，按照我国刑法的规定，即便行为人业已构成犯罪，但司法上仍然可以根据行为人之犯罪情节的轻重及刑法相关法条的规定，对其仅科以其他非刑罚的方法处罚；此外，法官还可仅对犯罪人做出有罪判决宣告，免于处罚。

二 刑罚的功能

刑罚的功能，是指国家创制、适用与执行刑罚的过程及其结果，对犯罪分子的作用及整个社会及社会相关人士所能够带来的效用和影响。具体地说，刑罚通过其创制、适用与执行过程，能发挥出如下多种功能：

（一）剥夺功能，又称惩罚功能、限制功能，是针对犯罪人而言

刑罚这种惩罚功能，首先，奠基于对犯罪分子罪行的报应基础之上，刑罚具有惩恶扬善的作用，而惩罚便是这种作用的直接体现。康德提出了以牙还牙的等量报应刑思想；黑格尔则扬弃其思想为等质报应。显然，后者比之于前者更有说服力。其次，刑罚的惩罚功能还立足于预防基础之上。刑罚的惩罚首先是剥夺犯罪分子的再犯能力，亦即通过对其相关权益特别人身自由权利乃至生命权利的剥夺，使其根本就无暇、无法去再犯。最后，对一些经济罪犯包括犯罪的法人，通过对其犯罪资本的限制与剥夺，也能达到预防、儆戒犯罪的功效。

（二）感化功能，也是刑罚主要功能之一

实际上，国家对犯罪分子行刑的过程，也就是对犯罪分子实行感化的过程。具体而言，国家在执行刑罚的过程中，可通过一系列区别对待、宽大处理等刑事政策与行刑制度的适用，使得犯罪分子受到感化，决意脱胎换骨，重新做人。应当说，对犯罪分子的感化不仅必要，而且可行，这是由人的思想及其行为定式的可塑性所决定的。这一点，既获得了巴甫洛夫从生物学意义角度进行的验证；也为我国既往成功感化罪犯、包括日本战

[①] 参见冯军《刑事责任论》，法律出版社1996年版，第22页。

犯的历史经验所印证。

(三) 矫治功能，主要适用于被判处自由刑的人员

当然，在社区矫正已被正式纳入刑法的今天，它也包括被法官判处适用社区矫正处遇的人员。值得强调的是：刑罚矫治功能的发挥，在社会生产力及其科学技术日新月异的今天，显得更加重要。无论是收监服刑的人员，还是社区矫正人员，均可通过其在监狱内外的工作技能、为人品性、人际交往礼数等方方面面的认知与德行的提高与培养，来提升其刑满释放后重新融入社会、适应社会的工作、生活能力，从而获得真正的新生。

(四) 威慑功能，刑罚的威慑也分个别威慑与一般威慑

个别威慑是指通过刑罚的适用，对犯罪分子产生的威吓慑止作用。又可分为行刑前威慑和行刑后威慑。前者是为了使罪犯能基于对刑罚的威慑而中止犯罪或者主动坦白自己的罪行、争取宽大处理。行刑后威慑是要通过刑罚的适用，使犯罪分子产生出一种犯罪与刑罚之间有必然联系的心理确认，从而，促使犯罪分子消除再犯动机，抑制犯罪意念，使其再犯心理不致转化为再犯行为。一般威慑是对社会上所有很可能犯罪的不稳定分子的威慑，也就是对社会上潜在犯罪人的威慑。可分为立法威慑和行刑威慑（司法威慑）两种。由此可见，刑罚的威慑功能，既是针对犯罪分子而言；也可对社会任何人发生儆戒与威慑作用。

(五) 安抚功能

刑罚的安抚功能主要是为了平息社会的义愤和被害人的精神创伤。人民法院对犯罪分子适用刑罚，一方面，可以满足被害人及其被害人亲属要求复仇、以伸张正义的要求；另一方面，对犯罪分子适用刑罚，也体现和满足了整个社会的张扬法制、惩奸除恶的社会心理要求，从而对恢复整个社会治安秩序，有着积极的意义。唯其如此，我国刑事诉讼法才明文规定了有关刑事附带民事诉讼制度。

(六) 鉴别功能

刑罚的鉴别功能，是刑罚的教育性的直接体现。因为对犯罪分子适用刑罚，本身也是国家法律上对犯罪分子的否定性评价，因而创制、颁布和适用刑罚的过程，都对那为数不少的法盲起着直接或间接的教育作用。这当中，尤以刑罚的适用，对那些潜在虞犯分子辨明是非、明了行为的合法与非法性，能起到更具有震撼力的鉴别和教育作用。

三　刑罚的目的

刑罚的目的，实质是刑罚的正当化根据问题。众所周知，国家刑罚权是针对业已被终审法院生效判决判定为有罪的犯罪分子实施的国家公共权力。在我国，国家刑罚权可享有剥夺特定犯罪分子人身自由的权利或限制其一定人身自由的权利；还可享有剥夺其一部甚至全部财产的权利、抑或剥夺其特定资格的权利，甚至剥夺某些罪行极其严重的犯罪分子享有生命的权利，等等。由此可见，以国家名义实施的刑罚，其实也是人类施予自己同类的一种"恶"。为此，人们不禁要问：国家可予针对自己同类施加诸如此类的"恶"行手段的正当化根据何在？

针对上述质疑，古代统治者为了表明自己以刑罚惩罚其"子民"的正当，无不鼓吹其刑罚之所以正当的根据在于"神授天说"。例如，《尚书·皋陶谟》有云："天讨有罪，五刑五用哉。"又如，古希腊时代的著名哲人柏拉图也曾指出，"根据哲学和世界的本来意义，神的规则在习惯上被认为是神圣的和必要的制度。刑罚就是这样的制度……"[1] 到了欧洲启蒙时代，以法国的卢梭、意大利的贝卡利亚为代表的启蒙思想家，提出了"契约说"，主张刑罚权的根据在于人们共同缔结的契约。即人们为了寻求社会秩序的稳定而订立了契约，同意割让一部分自由甚至财产、权利给国家，"而且，无疑每个人都希望交给公共保存的那份自由尽量少些，只要足以让别人保护自己就行了。这一份份最少量自由的结晶形成惩罚权"。[2]可见，按照卢梭、贝卡利亚的观点，每个人只是为了足以令自己获取更多的自由、权利等，而割让部分自由、财产、权利交付国家管理，并由此管理派生出国家刑罚权的。

然而，时至当代社会，关于刑罚的正当化根据即有关刑罚目的理论问题，仍是有其较大影响力的理论，乃集中在刑罚的报应刑论、目的刑论和相对报应刑论的争论上。

（一）报应刑论

又称"正义说"或绝对主义的报应刑论。此一观点乃由力倡"行为刑法"的刑事古典学派所主张。其基本理论是：刑罚之所以正当，是因为国家基于"正义"的要求，应当"报应"各种犯罪。此一绝对报应刑论的

---

[1] 转引自罗翔《中华刑罚发达史——野蛮到文明的嬗变》，中国法制出版社2006年版，第3页。

[2] [意]贝卡利亚：《论犯罪与刑罚》，黄风译，中国大百科全书出版社1993年版，第9页。

理论始祖乃为德国著名哲学家康德（Immanuel Kant，1724—1804）及黑格尔（Georg Wilhelm Friedrich Hegel，1770—1831）。二者主张：为要彰显刑法的正义，就须以刑罚方法来惩罚恶行。按照康德的观点，为了改造犯罪人、为了市民安全抑或促进其他人的善行等目的，都不是国家应当设立刑罚的理由。既而，康德主张，犯罪人本有其犯罪还是不犯罪的意志自由，因而，刑罚惩罚犯罪者，只不过是恢复被损害的正义。而"如果不这样做，……就是对正义的公开违犯。"[①]黑格尔则认为，犯罪是人的自由意志对其承认的法所进行的否定性行为。简言之，犯罪是对法的否定，而刑罚则是对其否定的否定，因而，刑罚对犯罪者的惩罚既是正当合法的否定，也体现了刑法的正义性。为此，"因为有犯罪而科处刑罚"，成了绝对主义刑罚理念的经典表述。[②]

（二）目的刑论

目的刑论，被称为相对主义的刑罚目的论。是指以"刑罚有预防、抑止犯罪的效果作为其正当化根据的理论"。[③]目的刑论由主倡"行为人刑法"的刑事社会学派、刑事人类学派所形成的新派所主张。认为唯有"在预防犯罪所必要而且有效的限度内，刑罚才是正当的"，有鉴于此，"为了没有犯罪而科处刑罚"，乃成相对主义刑罚理念的经典表述。[④]对目的刑论，还可根据预防对象及其态度的不同，将其再分型为一般预防论与特殊预防论。

1. 一般预防论

该论指对犯罪分子实施刑罚的目的乃在威吓社会上潜在的犯罪人远离犯罪，从而达到遏阻犯罪的效果。

但对于该一刑罚目的论中，所谓"一般预防的对象"到底包括何种人等，刑法学界大致存在以下两种不同意见：一说认为一般预防的对象包括三种人：（1）潜在犯罪人；（2）被害人；（3）一切守法者。据此，持此论者所主张的一般预防论又被称为积极的一般预防论。二说主张：一般预防的对象仅为潜在的犯罪人，这也是我国刑法学界通说认可的观点。由于此说仅仅

---

① 参见［德］康德著《法的形而上学原理》，沈叔平译，商务印书馆1991年版，第165—167页。
② 参见张明楷《新刑法与并合主义》，载《中国社会科学》2000年第1期。
③ 参见［日］西田典之《日本刑法总论》，刘明祥、王昭武译，中国人民大学出版社2007年版，第12页。
④ 参见张明楷《新刑法与并合主义》，载《中国社会科学》2000年第1期。

主张以刑罚达到威吓特定的、潜在犯罪人远离犯罪的客观效果,因而此论又被称为消极的一般预防论。论者赞同此论的主要理由有三:其一,对自觉的守法者,无须预防;其二,如果把守法的公民都设定为预防的对象,就等于将全社会所有人都视作潜在的犯罪人;其三,对守法公民不作为一般预防对象,不等于否认国家适用刑罚对守法公民有其教育作用。

2. 特殊预防论

该论主要指预防犯罪分子本人再犯罪的刑罚目的论。一般认为,特殊预防的对象只能是犯罪人本人,而其之所以称为特殊预防,其特殊点乃在于:(1)预防的对象只能是犯罪人本人,没有实施犯罪的人不能成为特殊预防的对象。(2)只能是被判处某种刑罚的犯罪分子。如果一个人犯罪后,因某种法定的或其他因素没有被判处刑罚,就不可能成为特殊预防的对象。(3)必须是正在执行刑罚的犯罪分子。特殊预防的手段就是执行刑罚,通过刑罚的执行,使犯罪分子改恶迁善。因此,特殊预防只能存在于对犯罪分子执行刑罚的过程之中,一旦刑罚执行完毕,刑罚的特殊预防作用即行告终。犯罪分子如果还有犯罪倾向,只能通过刑罚的一般预防作用来遏止其再犯罪。

总体来看,一般预防与特殊预防尚存在下述相同点与不同点。其主要相同点在于:一般预防与特殊预防具有共同的出发点和最终归宿点:即二者的出发点都是为了预防犯罪,其最终归宿也都是为了通过治理犯罪、稳定社会治安秩序,以确保每一社会个体获享最大限度的自由、权利及其人生价值的实现。其主要不同点在于:由于二者预防的对象和具体目标不同,这就决定了二者在刑罚适用量和衡定刑罚轻重标尺上的不同。特殊预防要求刑罚以遏制犯罪人不再犯罪为限;而一般预防却要求刑罚以遏制潜在犯罪人为限。因而对于同一犯罪案件,根据特殊预防的要求所判处的刑罚的度和量,很可能与按一般预防的要求所判处的刑罚的度和量不同。例如,根据特殊预防的要求,可能不需要对一个犯罪分子判处太重的刑罚,但根据一般预防的要求,可能需要对该犯罪分子判处较重的刑罚,以便杀一儆百。又如,从特殊预防考虑,应当对一个犯罪分子判处重刑,但从一般预防考虑,则可以对其判处轻刑。这种情况下,还是应当根据责任主义的刑罚原则,以及我国刑法法定的罪刑法定原则、罪责刑相适应原则等,来确定怎样调适二者的冲突,以利刑罚根本目的的实现。

(三)相对报应刑论

又称并合主义的刑罚目的论。其基本主张为,刑罚的正当化根据固然在于对犯罪恶害的报应，以恢复社会正义，但报应的目的还是为了预防犯罪。因为绝对的报应刑理论认为，"应当从正义与因果报应的立场出发来追究责任"，因此它是从"有责任就有刑罚"这种必罚主义的、积极的责任主义原则相联系的。①然而据此积极责任原则，势必斤斤计较刑罚与犯罪的恶害程度相适应，即其仅仅考求罪与（违法后）果的均衡，却忽视了罪与责的均衡。相对的报应刑论则认为，刑罚的目的并不止于报应犯罪，还在抑止犯罪。进而国家应当适度地控制刑罚的适用，据此，相对报应刑论并不坚持必罚主义的原则，所谓责任主义的刑罚原则在相对报应刑论者的视界里，也就由"有责任就（必）有刑罚"退守而成"无责任就无刑罚"的消极的责任主义原则了。为此，"因为有犯罪并为了没有犯罪而科处刑罚"，成了相对报应刑论亦即并合主义刑罚理念的经典表述。②有鉴于此，当今社会，此类相对报应刑论也成为刑法学界多数人认可的通说观点。

第二节　中国刑罚的体系

一　刑罚的体系概述

刑罚的体系是指刑法所规定的、按照一定次序排列的各种刑罚方法的总和。刑罚的体系具有如下特征：其一，刑罚体系不是指一种或两种刑罚方法，而是由各种刑罚方法的总和构成。其二，刑罚体系之中的各种刑种和刑罚制度必须是由刑法规范明文规定的刑罚种类和刑罚制度。其三，刑罚体系通常是按照一定顺序将各种刑罚有机排列起来的。例如由最重刑到最轻刑的排列或者由最轻刑到最重刑的排列方式构成。中国刑罚体系首先采用了由主刑到附加刑的排列顺序；而在主刑和附加刑中，对每一具体刑种，又采用了由轻到重的排列方法。

具体而言，中国刑罚体系中，分别规定了管制、拘役、有期徒刑、无期徒刑、死刑、罚金、没收财产、剥夺政治权利和驱逐出境九种刑罚。但在学理上，对上述刑种除了可以根据刑法的规定进行主刑与附加刑的法律分类外，还可以按照一定的分类标准进行学理归类。例如，对各不同刑种，中国刑法学理上还有资格刑、财产刑、自由刑与生命刑；重刑与轻

---

①　参见［日］西田典之《日本刑法总论》，刘明祥、王昭武译，中国人民大学出版社2007年版，第14页。

②　参见张明楷《新刑法与并合主义》，载《中国社会科学》2000年第1期。

刑；监禁刑与非监禁刑等多种不同的分类法。

二 主刑及其相关刑罚之学理研讨

主刑又称基本刑，是附加刑的对称，指对犯罪分子适用的主要刑罚方法。主刑的特点有三：（1）只能独立适用，不能附加适用。（2）对一个犯罪分子一次只能判处一种主刑。（3）在一人犯数罪的情况下，对数罪判处数种主刑后，最后决定执行刑罚时，仍然只能判处一种主刑。也就是说，即便某犯罪分子在判决前已经犯有数罪，司法上在数罪并罚的情况下，也不得对一个犯罪分子一次判处数个主刑。

根据《中华人民共和国刑法》第 33 条的规定，中国刑法体系中的主刑包括：管制、拘役、有期徒刑、无期徒刑和死刑五种刑种。其中，管制、拘役、有期徒刑和无期徒刑属于自由刑；死刑属于生命刑。

（一）管制刑

管制，是限制犯罪分子一定人身自由的刑罚方法。作为刑种之一，它由现行《刑法》总则第 38—41 条加以规定。这里应当特别强调的是，2011 年 2 月 25 日经由全国人民代表大会常务委员会第 19 次会议通过、当年 5 月 1 日开始施行的《刑法修正案（八）》对 1997 年《刑法》第 38 条关于管制刑的规定做了若干修改。有鉴于此，以下关于管制刑的阐释，原则上是对经《刑法修正案（八）》修订后的现行刑法相关条文的分析，需特别说明的时候例外。

按照现行刑法的规定，管制刑的期限为 3 个月以上、2 年以下；数罪并罚时不超过 3 年。管制刑作为选择性法定刑被设定在现行刑法分则九十多个法条之中，其中国事罪占 8 个条文；其他的为普通刑事犯罪。

中国刑罚中的管制刑具有下述特点：（1）不予收监关押。（2）须依法对其进行社区矫正。（3）还可以根据犯罪情况，同时禁止犯罪分子在执行期间从事特定活动，进入特定区域、场所，接触特定的人。（4）在被管制期间，务须遵循《刑法》第 39 条对管制刑犯的特别规定，包括不得行使言论、出版、集会、结社、游行、示威自由的权利、按照执行机关规定报告自己的活动情况、遵守执行机关关于会客的规定、离开所居住的市、县或者迁居，应当报经执行机关批准，等等。（5）仍有政治权利，被附加剥夺政治权利刑的除外。（6）对违反上述禁止令规定的管制刑犯，依据现行刑法规定，应"由公安机关依照《中华人民共和国治安管理处罚法》的规定处罚"。

为了配合上述禁止令的执行，2011 年 4 月 28 日，我国最高人民法院、最高人民检察院、公安部、司法部联合颁发了《关于对判处管制、宣告缓刑的犯罪分子适用禁止令有关问题的规定（试行）》，自 2011 年 5 月 1 日起施行。根据该"规定"可见：（1）禁止令的对象不但包括管制刑犯，还包括缓刑犯。（2）所谓被禁止从事的特定活动主要指：对有关罪犯，禁止设立公司、企业、事业单位等；抑或禁止有关罪犯从事证券类活动或其他相关经营活动；对有关民事赔偿义务未予履行完毕者，禁止从事高消费活动，等等。（3）被禁止进入的特定区域和场所主要指：对有关罪犯禁止进入夜总会、迪厅、酒吧、网吧、大型群众性活动的场所、有关中小学校区、幼儿园园区，等等。（4）被禁止接触的特定的人主要指：未经对方同意，禁止接触被害人及其法定代理人、近亲属；禁止接触证人及其法定代理人、近亲属；禁止接触控告人、批评人、举报人及其法定代理人、近亲属；禁止接触同案犯，等等。

管制刑期还存在一个刑期折抵问题。所谓刑期折抵，是指对犯罪分子，在生效判决下达前先行羁押的，应以其先行羁押期折抵其实际刑期。鉴于管制刑只是半限制人身自由，因而我国刑法规定，被判管制刑的犯罪分子，在被判刑以前先行羁押的，羁押一日折抵刑期两日。

（二）拘役刑

1. 拘役刑的概念及其基本特征

拘役是短期剥夺犯罪分子人身自由，就近强制进行劳动改造的刑罚方法。作为刑种之一，它由我国现行《刑法》总则第 42—44 条加以规定。期限为 15 日以上、6 个月以下，数罪并罚时不能超过 1 年。

拘役具有如下特点：（1）适用于罪行较轻、不便长期关押的犯罪分子；（2）由公安机关执行；（3）就近执行，每月可回家一两天；（4）劳动者，可酌量发给报酬；（5）先行羁押一日，折抵刑期一日。

对于拘役，无论在理论上，实践中都应注意将其与行政拘留、刑事拘留区别开来。

第一，拘役与行政拘留的区别在于：首先，适用对象不同，拘役适用于犯罪分子；而行政拘留又称治安拘留，只适用于违反了治安管理处罚法的治安违法人员。其次，适用的机关不同。拘役由人民法院适用；行政拘留由公安机关适用。再次，适用的法律根据不同。拘役适用的法律根据是刑法；行政拘留适用的法律根据是治安管理处罚法。最后，法律后果不同。被判处拘役的人，就是受过刑事处分的人；被执行治安拘留的人，只是受过治安行政处分的人。

第二，拘役与刑事拘留的区别表现在：首先，法律性质不同。刑事拘留是刑诉法上所规定的强制措施，不是任何处罚；而拘役是一种刑事处分。其次，适用的对象不同。拘役适用于已经构成犯罪并已经过司法终审判决判定为犯罪的人；刑事拘留则适用于具有法律上所规定的情形之一、罪该逮捕的现行犯或重大嫌疑分子。再次，适用的机关不同。拘役由人民法院适用；刑事拘留则由公安机关适用。最后，依据的法律根据不同。拘役的适用以刑法为根据；刑事拘留的适用则以刑诉法为根据。

2. 关于拘役刑罚的立法完善思考

众所周知，现行刑法已经通过《刑法修正案（八）》增设了"社区矫正"这一崭新的刑罚执行方式。与传统的刑罚执行方式不同的是：社区矫正不是将罪犯投诸封闭式的监狱，而是置其于开放式的社区——通过专门的社区矫治人员或者专门人员与志愿人员相结合的方式，来最终矫治罪犯的病理品格，并矫正其不良甚至反社会的行为定式，以利犯罪人重新回归社会并令社会得以恢复其正常而安宁的秩序。可见社区矫正的最大特点莫过于其行刑的开放性、社会性直至其轻惩戒、重教育的目的性，基于这一意义，社区矫正制度所代表的不仅仅是刑罚的现代化，更是人类文明由野蛮到开明发展的必然产物。①

为照应刑事实体法的规定，2012年3月通过的我国新《刑事诉讼法》，也就社区矫正问题做出了有关程序性规定。根据该法第258条的规定，"对被判处管制、宣告缓刑、假释或者暂予监外执行的罪犯，依法实行社区矫正，由社区矫正机构负责执行。"由此可见，目前，可予被执行社区矫正的对象并不包括拘役刑犯。为此，有国内刑法学者特别指出：我国立法上或可考虑将社区矫正的对象适度扩大到起码可部分适用于某些拘役刑犯。而如此立法的主要理由在于：（1）被判处拘役刑的犯罪人大多主观恶性不大、人身危险性不重，即其原本符合开放式行刑的条件；（2）如此规定，更有利于拘役刑犯的人格、性格或者行为定式矫治。这是因为，我国的拘役刑犯因其刑期短，2012年颁行的《刑事诉讼法》第253条已明文规定"对被判处拘役的罪犯，由公安机关执行"。一般就在其被羁押的看守所服刑。而看守所往往人满为患，比之于监狱，它更难做到分管分押，因之反而可能导致不同恶习的未决犯与服刑人员之间的相互濡染与教

---

① 参见屈学武《中国社区矫正之制度设计及践行思考》，载《中国刑事法杂志》2013年第10期。

习，进而更加难以矫治。何况，看守所的主要任务并不是矫治罪犯，而是羁押未决犯。起码，对受刑人的身心矫治不是看守所的主要工作。有鉴于此，在对拘役刑犯实行"社区矫正"不致为害社会的情况下，与其将其投诸看守所服刑，不如直接对其采用"社区矫正"的服刑方式。①

（三）有期徒刑

有期徒刑是将犯罪分子拘禁于一定场所并在较长时间内剥夺其人身自由并强制劳动的刑罚。作为刑种之一，它由我国现行《刑法》总则第45条、第46条加以规定。

有期徒刑的下限为6个月以上，上限15年。下列情况可以例外：（1）数罪并罚时，可以超过15年，但最长不得超过25年。（2）判死缓的罪犯，2年死缓期满后，如果确有重大立功表现，可以减为25年以下有期徒刑。

有期徒刑的特点如下：其一是适用于罪行相对较重的犯罪分子。其二是适用面最广，是我国刑罚方法中最广为应用的刑罚方法。刑法分则中，除《刑法修正案（八）》第22条增设的危险驾驶罪之外，其他设有罪状和法定刑的条款几乎都设置了有期徒刑。其三是刑期幅度大，从6个月到15年、数罪并罚时更是高达25年，从而便于法院根据情节轻重的不同判处各种罪行程度不同的犯罪分子。其四是多在监狱执行，凡有劳动能力者，都必须参加劳动，接受教育和改造。对有期徒刑罪犯，判决前先行羁押的，羁押一日，折抵刑期一日。

（四）无期徒刑

无期徒刑是剥夺犯罪分子终身自由并强制其接受劳动教育改造的刑罚方法。作为刑种之一，它由我国现行《刑法》总则第46条、第47条加以规定。

无期徒刑的特点如下：（1）只适用于罪行重大的犯罪分子；（2）在监狱执行并强制劳动改造；（3）须剥夺罪犯人身自由终身，在服刑过程之中依法获得减刑者例外；（4）还须附加剥夺政治权利终身；（5）由于没有刑期长短限制，对无期徒刑犯不存在折抵刑期的问题，无论是在服刑前生效判决下达时，还是由无期徒刑减为有期徒刑的减刑判决书下达之际，对无期徒刑犯，都不存在以羁押期折抵刑期的问题。

---

① 参见王翠竹、王世洲《社区矫正在我国的现实处境及进路分析——〈刑法修正案（八）〉颁行后的思考》，载《辽宁大学学报》（哲学社会科学版）2012年第6期；屈学武《中国社区矫正之制度设计及践行思考》，载《中国刑事法杂志》2013年第10期。

我国现行《刑法》对无期徒刑的规定方式有二：一是但凡规定有死刑的法条，大都同时设置了无期徒刑，以作为可以替代死刑适用的选择性刑种；二是在刑法分则条文中，把无期徒刑作为某一犯罪多项可选择刑种中的最高法定刑加以规定。

（五）死刑

死刑又称生命刑、极刑，是剥夺犯罪分子生命的刑罚方法。我国现行《刑法》第 48—51 条规定了这一刑种及有关执行方法和制度。

1. 从执行方法上看，死刑分为死刑立即执行和死刑缓期 2 年执行。基于此，严格意义上看，死刑立即执行和死刑缓期 2 年执行，都不是独立的刑种，都只是一种刑罚执行方法，唯有死刑本身才是独立的刑种。但是，另一视角看，即从学理视角看，鉴于根据我国《刑法》第 50 条的规定，对被判处死刑缓期执行的犯罪分子，只要其在 2 年死缓期间没有故意犯罪，就不会执行其死刑并将转判为自由刑。由此可见，死缓犯只要不再实施故意犯罪，刑罚就不会剥夺其生命。就此视角看，"死缓"或可划归为介于生命刑与自由刑之间的新型"刑种"。

2. 在死刑适用对象上，应特别注意，根据我国《刑法》第 48、49 条的规定，死刑只适用于"罪行极其严重的犯罪分子"；同时，对犯罪时不满 18 周岁和审判时怀孕的妇女，也不得适用死刑。所谓"审判时怀孕的妇女"，根据 1990 年最高人民法院研究室《关于如何理解"审判的时候怀孕的妇女不适用死刑"问题的电话答复》，审判时怀孕的妇女包括羁押期间已是孕妇的被告人，无论其怀孕是否属于违反国家计划生育政策，也不论其是否自然流产或者经过人工流产后移送起诉或审判期间的长短，均属"审判时怀孕的妇女"。根据《刑法》第 49 条的规定，不得适用死刑。此外，根据《刑法修正案（八）》第 3 条的规定，对"审判的时候已满 75 周岁的人，不适用死刑，但以特别残忍手段致人死亡的除外"。可见，刑法针对年满 75 周岁以上的被告人不得适用死刑的"例外"，仅仅发生在下述场合：其一，行为人蓄意剥夺了他人生命权益；其二，其导致他人死亡的行为方式还特别残忍。

然而，对《刑法修正案（八）》针对年满 75 周岁以上的被告人，原则上不得适用死刑的特别规定，刑法学界也有其不同声音。例如，有学者指陈我国"《刑法修正案（八）》增加规定了对审判的时候已满 75 周岁的人一般不适用死刑，这固然是一大进步，但它一是留了个尾巴，即'以特别残忍手段致人死亡的除外'，二是把年龄定为 75 周岁有过高之嫌，因此这方面仍然有视个案通过特别赦免来减刑之必要。"①

3. 死刑的核准,除依法由最高人民法院判决的以外,其他的死刑案件,均须报请最高人民法院核准。为了严格把握死刑适用,根据我国刑事诉讼法的规定,凡是有可能判处被告人死刑的案件,须由中级人民法院作第一审,因而其第二审至少须由高级人民法院以上的审级审理。

4. 按照我国刑法的规定,死刑缓期执行的,可以由高级人民法院判决或者核准。

5. 按照我国刑法的规定,死缓的适用条件如下:(1)罪该处死,这是宣告死缓的前提条件;(2)不是必须立即执行,这是区分死刑立即执行与死刑缓期执行的原则界限。如果罪该立即处死,当然谈不上适用死缓。

6. 死缓的判决及其核准。为了保证死缓制度的正确执行,我国《刑法》第48条第2款规定,死刑缓期执行的,可以由高级人民法院判决或者核准。

7. 死缓期满的法律后果。按照《刑法》第50条的规定,其处理办法有三:其一,被判处死缓、在死刑缓期执行期间,如果没有故意犯罪,2年期满以后,减为无期徒刑;其二,如果确有重大立功表现,2年期满以后,减为25年有期徒刑;其三,如果故意犯罪,查证属实的,由最高人民法院核准,执行死刑。

8. 死缓期间的计算。《刑法》第51条规定,"死刑缓期执行的期间,从判决确定之日起算。死刑缓期执行减为有期徒刑的刑期,从死刑缓期执行期满之日起算"。这就是说,死缓判决前的羁押时间,不计算在缓期2年的期限之内;但是缓期2年届满后至裁定减为有期徒刑之日以前的关押日数,应当计算在减刑之后的有期徒刑刑期之内。

9. 死刑的执行方法。现行刑法典没有规定死刑的行刑方法,《中华人民共和国刑事诉讼法》第252条规定:"死刑采用枪决或者注射等方法执行。"

(六)关于死刑存废的学理研讨

废除死刑,目前在全世界绝大多数国家已经成为现实。在传统意义的欧洲国家,不仅废除了和平时期的死刑,还废除了任何时期、包括战争时

---

① 刘仁文:《我国赦免制度的完善》,载屈学武主编《刑法改革的进路》,中国政法大学出版社2012年版,第420页。

期的死刑。2002年12月9—12日,中国社会科学院法学研究所与丹麦人权研究中心合办的"中国—欧盟死刑国际研讨会"在湖南湘潭大学召开。这一次死刑国际研讨会上,学者们不仅达成了限制死刑规定及其适用的共识;而且第一次提出了最终废除死刑的口号。标志着中国刑法学界在中国国内第一次提出了废除死刑的学术争议之声。会上,学者们达成的基本共识是:当前的中国并不具备完全废除死刑的条件,但有关理论之风应当先行,否则有关实际制度或规定将永远难以实现。有鉴于此,这里姑且介绍有关学术观点如下:

1. 境内外关于保留与废除死刑的基本观点

第一,保留死刑的主要理由是:

(1) 基于惩治和预防犯罪、维护国家政权的需要。认为废除了死刑,会人为地提高犯罪率,降低刑罚有关惩治与预防犯罪的功能;特别是会降低刑罚的震慑作用,从而不利于国家政权的稳定。

(2) 全力发展生产力的需要。认为发展生产力需要稳定的社会治安秩序、良好的社会经济秩序,因而需要通过死刑来规则秩序、清理社会环境,从而推进经济的稳步发展。

(3) 确保民众各项法益不受犯罪侵害的需要。认为唯其设置死刑,才能以生命刑罚的威慑力来确保人民群众的各项法益,并能使民众的生命权利、健康权益获得最大限度的保障。

(4) 有利于刑罚报应功能的实现。认为就中国社会的平均刑罚观看,多数人主张杀人偿命、天经地义。因而唯有对那些有命案的犯罪分子判处死刑,才能满足多数被害人及其亲属的报应心理,从而稳定社会秩序。

(5) 认为保留死刑更加经济。因为关押犯罪分子需要花费更多的人力、物力。特别是如果没有足够的财力对此类犯罪分子实行分管分押,可能导致不同性质的罪犯相互濡染恶习或相互教习其犯罪技能,从而不利于预防犯罪。

第二,废除死刑的主要理由有:

(1) 设置死刑违背社会契约。认为政府权力本是每一公民让渡少量自由权利给国家的结果,但这种"让渡"绝不包括自己的生命权利。也就是说,"终身监禁"本应是每一公民所能做出的让渡"底线",否则,公民让渡部分自由给国家,以令自己获取最大限度的自由之举,就失去了意义。

(2) 认为生命刑是野蛮之刑,在现代文明社会中仍然保留此种刑罚极不人道。

（3）认为保留死刑对个别预防无效；反之，倒是因为杀人偿命的设置，会使一些杀过一次人的人成了"自由人"，因为他杀一人是一死；杀十人、百人也是一死。

（4）认为死刑并不具有特别的一般预防功能。相反，国家在公众面前展示杀死自己同类的做法，只能起到教示杀人的作用。

（5）认为死刑并非报应的必要手段，因为现代社会中，早期人类的同态复仇式的刑罚，已为实质意义的罪刑等价暨人道主义的刑罚所取代。而在现代人的理念之中，自由乃是人生最为宝贵的权利，故而，以终身监禁的办法，已足以达到相对报应的刑罚目的。

（6）死刑误判难纠。认为相对于自由刑、财产刑、资格刑而言，唯有死刑执行具有不可纠正性。而任何时候、任何阶段的定罪量刑工作，都难免存在错误，而死刑的不可纠正性，决定了此种"处罚"不宜用作人类刑罚。

（7）死刑是歧视之刑。死刑意味着一些人可以蔑视作为自己同类的他人的生命权利，这在人格上是不平等的。

（8）死刑是不人道之刑。持此论者认为，在刑罚诸多价值目标中，人道性应当是第一位的刑罚价值取向。有鉴于此，即便死刑有其特殊的功利性、效益性，也应因其固有的不人道性而遭致否定。

（9）认为对人类适用死刑违背基督教的原始教义。有信奉基督教义的信徒认为，既然上帝确曾强调申冤在祂，人的生命权来自于创造人类的上主，而非靠行为获取，便不能因其所犯罪行而处夺他人的生命。我们应该效法耶稣，谴责罪行，但不能拒绝罪人悔改。因而，死刑的设立，并不必然是上帝的心意。

（10）死刑具有不可分性。认为人类社会中，要做到刑罚的公正，必须令其刑罚具有可分性的特征，而生命权利却不像财产权利、自由权利那样具有可分性。从而，由于该刑罚不能划分为整体与部分，就不能做到同罪等罚。例如，在死刑制度下，杀死1个人和杀死10个人者，罪刑轻重大不相同，刑罚却可能都是死刑，这样的刑罚显然有失公允。

（11）死刑不经济。美国有人统计，死刑犯的平均花费可能高达处死一个罪犯需要花费国家500万美元以上。

2. 中国刑法学界关于中国死刑制度争议的共识点

第一，应当限制死刑的罪种范围及其适用对象。鉴于《公民权利与政治权利国际公约》（以下简称"公约"）已经明确，死刑只能适用于

"最严重的犯罪"，因而在死刑罪种设计上，不少学者提出了取消现行刑法中的经济犯罪、财产犯罪死刑设置的主张，更有学者根据上述"公约"的规定，进一步论证了可逐步取消非凶杀类犯罪的死刑设置的观点。

第二，明智利用法定刑的可选择性。中国刑法中，可适用死刑的约46种严重故意犯罪的法定刑，[①] 大多具有可选择性。而且，即使在结果或情节加重犯的场合，也仅有少数几种犯罪，应当判处死刑。因而在法定刑选择上，还有不适用死刑的选择空间，在罪行不是极其严重时，都应当限制死刑的适用。

第三，废弃死刑为唯一"处断刑"的立法法。在处断刑设置上，有学者对我国现行刑法分则个别法条将死刑设置成某一量刑单位中的唯一处断刑的立法法，提出了修改异议。如按照现行《刑法》第121条的规定，劫持航空器而"致人重伤、死亡或者使航空器遭受严重破坏的，处死刑"。我国现行《刑法》第239条、第240条、第317条、第383条均有此类将死刑设置为某一量刑单位中的唯一处断刑的规定，宜于修改。

第四，与"公约"接轨，限制死刑适用对象。在死刑适用对象上，根据人权两公约的精神，除审判时怀孕的妇女和年满一定年龄的老年人之外，我国还有学者主张应取消对新生儿的母亲执行死刑。

第五，增设针对死刑犯的赦免制度。根据"公约"的规定，在我国刑法典"死刑"章节之中，宜当明确接入"公约"第6条第4款的规定，即允许"任何被判处死刑的人应有权要求赦免或减刑。对一切判处死刑的案件均可给予大赦、特赦或减刑"。

第六，定期公布死刑统计数据。认为它至少有两点好处：（1）有利于就死刑对严重犯罪的威吓效果进行较全面的实证研究，从而为正确认识死刑的功能和作用提供较为客观且科学的依据。（2）使死刑的适用置于整个社会乃至整个世界的监督之下，有利于严格限制和减少死刑。

3. 中国刑法学界关于中国死刑制度的争议点

就限制死刑适用的基本理论根据及其死刑制度的最终存废问题，中国刑法学界大致有以下不同观点：

（1）刑罚的人道性优位论。有学者认为无论是限制还是废除死刑的基本理论依据在于：在刑罚的人道性、公正性与效益性之中，人道性应当优

[①] 按照生效刑法的规定，我国现行刑法上本有55种可判死刑的罪种设置，但2014年底全国人大省委会发布的我国《刑法修正案（九）草案》，已将此可判死刑的罪种降低到了46种犯罪。因而，这里所谓46种死罪设置，仍是相对于尚未生效的《刑法修正案（九）草案》而言。

位于公正性与效益性。因而保留与限制死刑仅是当前中国社会现实而理性的选择；而在长远的将来，中国应当基于人道性的原则废除死刑设置。

（2）刑罚正义性优位论。另有学者认为建立于刑罚报应思想基础上的正义性、公正性应当优位于人道性。就是说，中国的死刑制度乃以正义性报应为基础理论，并作为其合理存在的根据；以故意杀人罪为规定死刑的基本标准。因而它不仅符合今天中国社会对生命和人权的观念，而且不违背保留死刑的一般国际标准，因而中国应当长期保留死刑，但限制死刑的适用。

（3）刑罚效益性优位论。认为如何确保最大限度地遏制犯罪，最为重要。因而死刑的限制与废除，都应根据如何方能最大限度地遏制犯罪（特别是致命暴力犯罪）的效益状况为准。认为在中国，限制与保留死刑更能有效遏制此类犯罪，因而宜当采取此策。

（4）暂时搁置论。认为当前难以定夺限制或废除死刑的根据及其理由。因为当前无论是废除还是保留死刑的国家，无论是针对犯罪率、社会风化还是公民的平均价值观看，不同法域的人们在相同时期、同一法域的人们在不同时期，都得出过相互矛盾的结论来。因而，就此问题的定论看来还待长期的、更进一步的实证研究之后。当前宜于根据"公约"精神，先行限制死刑的适用；同时开展死刑的限制、废除及其适用效果状况的不同指数研究，以俾将来就此做出存废死刑的价值选择。

（5）刑罚的人道性优先为一般；公正、效益性优先为例外的原则。本书比较赞同这最后一种观点。基本理由是：

从生命的起源看，我们信奉科学；相信人的生命乃大自然由"化学进化"到"物种进化"的结果。生命权利因而绝非国家法定而是大自然的赋予——就是说，生命权利是人类与生俱来的、固有的、不可剥夺的目的性权利。它本质不同于公民享有的房产权、著作权、继承权等，后者确属公民依法享有的"法定"权利——法定权利人违反相应义务时，国家确实可以依照法定程序撤销或剥夺其法定权利。生命权利则不然，它不是法定权利，在生命权利与国家刑罚权中，生命权利为本位权利，应当优于国家刑罚权并有权抗制国家刑罚权。

但关于生命权利与国家刑罚权孰为本位权的问题，更加全面而切实的回答应是哲学上的"两点论"而非"一点论"：即就一般意义看，生命权利为本位权利，与生命权利相对应的刑罚人道性因而宜当优位于公正性、效益性。特殊场合、特定情况下——例如在民族危亡的紧要关头、社会物质经济及观念上层建筑相对后进、多数人生命安全有虞之际……国家的利益与尊严、多数人的安危则可高于一切,包括个人生命权利。此时,正义性、效益性可优位于人道性:国家因而有权要求将士们为国捐躯;同时有权设置死刑。

就历史长河看,中国现今可谓正处于非常时期。有鉴于此,总体来看,中国既不能割裂历史,不能在全盘抛弃中国传统文化的基础上悬空浮行;同时也不能撇开时间的流淌及其附随而来的环境嬗变,永远踯躅在历史的底层。中国需要在法律文化的民族性与时代性的对立统一中革故鼎新,据此,设置并限制适用死刑,的确是当代中国社会理性而现实的选择;然而,最终——全盘废除死刑,才是中国社会理当期寻和选择的终极目标。①

三 附加刑与非刑罚方法处罚

附加刑又称为从刑。按照中国刑法的规定,它可以附加于主刑适用;也可以独立适用。中国刑法总则中的附加刑种类有四:罚金、剥夺政治权利、没收财产和驱逐出境。

(一) 罚金

罚金是指强制犯罪分子无偿地向国家缴纳一定数量金钱的刑罚方法。在我国刑法分则中,几乎所有的经济犯罪,都挂有罚金刑罚。罚金的适用情况如下:

1. 罚金主要适用于企图牟取暴利的经济罪犯和欲图非法占有公私财物的财产罪犯。

2. 对罚金的数额,现行刑法总则中并无上下限规定。一般地说,获利多,罚金数额相对就大;反之,相对较小。但在我国刑法分则中,不但不少经济犯罪挂有罚金刑规定,有的还有罚金数额的上、下限规定。例如,根据我国《刑法》第205条的规定,凡是虚开增值税专用发票或者虚开用于骗取出口退税、抵扣税款的其他发票的,处3年以下有期徒刑或者拘役,并处2万元以上20万元以下罚金。在我国刑法分则中,也有的条文不是采取设置罚金数额的上下限的立法法,而是采取按照违法所得的比例值来设定罚金数额的立法法。例如,根据我国《刑法》第201条的规定,对偷税罪犯的最低法定刑是3年以下有期徒刑或者拘役,并处偷税数额1倍以上5倍以下的罚金。

---

① 参见屈学武《中国死刑文化的多元性与一体化探究》,载陈泽宪主编《死刑:中外关注的刑事焦点》,中国人民公安大学出版社2005年版,第3—16页。

3. 罚金的方式。现行刑法总则并未对罚金的方式做出明确规定。但归纳现行刑法分则关于罚金的规定，可见刑法关于罚金的方式多样，包括比例制、倍数制、比例兼倍数制、特定数额制、抽象罚金制，等等。

4. 罚金的执行。按照我国刑法的规定，对判处罚金刑的罪犯，不能采取易科（即换刑——特别是以自由刑来取代财产刑）的办法来执行。我国现行刑法分则对罚金的规定方式有三：（1）选科罚金；（2）并科或单科罚金；（3）并科罚金。

罚金与罚款的主要区别是：（1）在惩罚性质上，罚金属于刑罚；罚款则为行政处罚。（2）在适用机关上，罚金刑的适用机关只能是人民法院；罚款的适用机关则为国家行政机关。（3）在适用对象上，罚金适用于已经刑事司法判决确认为实施了犯罪行为的犯罪人；罚款则适用于有其特定行政违法行为的一般行政违法人。包括治安行政违法、经济行政违法等。（4）在法律后果上，被适用了罚金刑的行为人，即便他仅仅被单处罚金刑，也是犯罪人；而后再犯罪，他仍属有前科的犯罪人；而被判处罚款的人，不是犯罪人。

罚金与赔偿经济损失的区别在于：（1）在性质上，罚金是一种刑罚惩罚；而赔偿经济损失不是一种惩罚。它仅是刑事附带民事诉讼或一般民事经济诉讼中，被告对自己的犯罪或违法行为给被害人或原告所带来的民事经济损失所做出的补偿。因而，前者是"惩罚"性质，后者是"补偿"性质。前者是刑事处分，后者是民事经济补偿。（2）在所交金额去向上，犯罪分子所缴纳的罚金，应当如数上交国库；而对犯罪分子或一般民事经济被告所交付的补偿金，应当发还提起刑事附带民事诉讼的被害人或民事经济诉讼中的原告。

（二）剥夺政治权利

指剥夺犯罪分子参加国家管理的政治活动及其若干民事权利的刑罚方法。在性质上属于资格刑。境外也有的国家或地区称之为"处夺公权"。但中国剥夺政治权利的范围比某些国家的处夺公权的范围更大。

1. 在适用对象上，剥夺政治权利刑的对象包括：（1）实施了危害国家安全类犯罪的犯罪分子；（2）被判处死刑（包括死缓）的犯罪分子；（3）被判处无期徒刑的犯罪分子；（4）《刑法》第56条法定的犯"故意杀人、强奸、放火、爆炸、投毒、抢劫等严重破坏社会秩序的犯罪分子"；（5）刑法分则法定的其他罪犯。

2. 必须附加或单处剥夺政治权利的罪犯。按照刑法分则的规定，所有实施了危害国家安全类犯罪的犯罪分子、所有的死刑犯和无期徒刑犯都应当附加剥夺政治权利。而刑法上的"应当"是"必须"的代名词。因而对此类罪犯，必须附加剥夺政治权利。

3. 可以附加剥夺政治权利。按照《刑法》第 56 条的规定，对犯"故意杀人、强奸、放火、爆炸、投毒、抢劫等严重破坏社会秩序的犯罪分子，可以附加剥夺政治权利"。此外，根据刑法分则的特别规定，对分则法定的特定罪犯（例如侮辱罪、诽谤罪犯等），可以并处或单处附加剥夺政治权利。

4. 剥夺政治权利的内容。包括：(1) 选举权和被选举权；(2) 言论、出版、集会、结社、游行、示威自由的权利；(3) 担任国家机关职务的权利；(4) 担任国有公司、企业、事业单位和人民团体领导职务的权利。

5. 剥夺政治权利的期限。(1) 判处死刑和无期徒刑的，剥夺政治权利终身。(2) 其他附加剥夺政治权利的期限为 1 年以上、5 年以下。(3) 判处管制附加剥夺政治权利的，其期限与管制期限相同；同时执行。(4) 对死缓犯和无期徒刑犯减为有期徒刑的，应当把剥夺政治权利终身改为附加剥夺政治权利 3 年以上、10 年以下。

根据我国《刑法》第 55—58 条的规定，对剥夺政治权利的期限，大致有下述 4 种计算办法：(1) 对有期徒刑、拘役附加剥夺政治权利的期限，从徒刑、拘役执行完毕之日起算。(2) 对被判处有期徒刑、服刑期间被假释的犯罪分子的剥夺政治权利期限，从假释之日起算。(3) 对判处管制附加剥夺政治权利的，由于其期限与管制期限相同，因而，附加剥夺政治权利的期限应当从管制刑执行之日起算并于主刑执行完毕之日起，附加剥夺政治权利的期限同时届满。(4) 对死缓犯、无期徒刑犯减为有期徒刑的附加剥夺政治权利期限，从减刑裁定书生效时起算。

6. 对被判处死刑的罪犯，为什么还要附加剥夺政治权利终身的解析。对中国刑法的这一规定，人们不免要问："人都已经死了，享受任何权利的载体都不存在了，刑法还规定附加剥夺政治权利终身有何意义呢？"对此，应从以下两方面理解。一是，我国的死刑犯，本来就包括死缓犯和立即执行犯两种情况，而剥夺政治权利终身，同时适用该二者。由此可见，至少对于死缓犯而言，一般不发生所谓"享受权利的载体已经不存在"的问题。二是，即使对立即执行的罪犯，也还有一定权利可在临刑前行使；个别权利在其身后仍可通过一定途径行使。因而，国家对死刑犯设置如此附加刑罚，确有其特别深意。总括起来看，对被判处死刑的罪犯，附加剥夺政治权利的基本意义在于：（1）表明国家法律对该犯罪分子在政治上、道义上、操行上的否定性评价。因为人逝去之后，仍然有一个名誉问题。而这一名誉上、操行上的否定评价，乃国家刑罚之体现。（2）剥夺政治权利终身，还意味着该人无论活着还是死去，都再没有了出版权。特别是在其身后，后人及其任何世人不得代他整理出版其遗著。（3）在遇到特赦、假释时，其政治权利依然被剥夺。对死刑犯，国家本有特赦权，但根据《刑法》本条的规定，即便该犯罪分子依法获得死刑赦免，其仍然不能享有《刑法》第54条所规定的诸种政治权利。

（三）没收财产

1. 没收财产刑罚简述

没收财产是指把犯罪分子个人所有的财产全部或部分收归国有的刑罚方法。应当说，没收财产是附加刑中最严重的一种，不仅适用于经济罪犯，而且适用于危害国家安全罪的国事罪犯和其他重大刑事犯罪分子，以剥夺其犯罪资本。

应当注意的是，按照刑法的规定，没收财产，只能没收犯罪分子本人财产的一部或全部，因此人民法院在判决没收财产前，需要率先从事分割财产的工作，以分清和理顺犯罪分子个人所有的财产。

在没收财产前，对犯罪分子所欠的正当债务，需要以其财产偿还的，经债权人请求，应当偿还。也就是说，人民法院对债权人的偿还请求，应予支持。

没收财产与罚金刑的主要区别如下：（1）前者为没收财产（包括动产、不动产等）；后者则是缴纳一定数额的现金；（2）没收财产适用于犯罪较重者，如国事犯、重大刑事犯罪等，也包括经济罪犯；罚金刑则更多地、或者说主要适用于经济罪犯、财产罪犯；（3）在财产来源上，凡罚金者，犯人只要缴纳罚金，无论其是自存的、筹借的、他人赠送的，人民法院均不必过问；没收财产的财产来源则不然——它只能是犯罪分子本人的财产。

在论及没收财产规定时，还应当特别注意没收财产与没收犯罪物品的区别：没收财产是一种刑罚；没收犯罪物品却是一种刑事强制措施，不是刑罚之一。所没收的犯罪物品，本质上包括三类：（1）犯罪所得赃品。（2）犯罪分子非法持有的违禁品，例如个人不得持有的枪支、弹药、毒品、淫秽物品等。（3）供犯罪分子犯罪使用的犯罪物品。例如伪造国家货币用的印刷机、赌博用的赌具等。这类物品均应予没收。

2. 对罚金刑与没收财产刑罚设置的学理反思

有学者认为,"对于被判刑人来说,罚金刑是其'生活质量'的一种可感知的痛苦和损失,因为金钱是一种'凝固的自由',许多活动和消费以及自由都是以金钱为前提条件的"。①据此,论者认为,我国刑法分则不少条文所采取的无限额的罚金制度,仅仅基于一定的犯罪情节为基准,完全罔顾行为人的经济状况和支付能力情况的刑法规定,这难以操作不说,也导致了刑罚的不公正,同时暴露出其无视预防的纯粹报应主义的制度特征。

此外,鉴于我国刑法上已然规定了有关追缴制度,鉴于这种追缴制度还可以扩大到与目前所追究的行为无关的其他违法行为领域,因而此类追缴完全可以"满足刑罚力所不逮"的功能期待。在此前提条件下,刑法还存在无限额的罚金刑制度,基于此,"作为附加刑的没收财产,尤其是可以比作行为人财产权利领域的'死刑'的没收全部财产,还有什么存在的必要?"②

上述意见,对我国的罚金刑制度、没收财产刑制度的合理性,提出了全新的反思性论证,学界值得就此刑罚论域问题,再行检视与思考,以利我国刑罚之种类设计及其行刑,能与上文论及的并和主义的刑罚目的观,更加自洽与契合,进而在刑罚设计的科学性、合理性及公正性等方面再迈新步伐。

(四)驱逐出境

按照我国《刑法》总则第 35 条的规定,"对于犯罪的外国人,可以独立适用或者附加适用驱逐出境"。所谓附加适用,是指附加于自由刑适用。基于此,驱逐出境从性质上讲也是一种附加刑之一。但因其仅仅适用于犯罪的外国人(包括无国籍人),因而刑法总则未将其列入附加刑的专门种类之中。

驱逐出境在附加适用时,须在主刑执行完毕后适用。这当中,要注意将作为"刑罚"之一的驱逐出境与行政处罚法的驱逐出境区别开来。后者是由《中华人民共和国外国人入境出境管理法》第 30 条所规定的。

(五)非刑罚处理方法

按照我国《刑法》第 37 条的规定,"对于犯罪情节轻微不需要判处刑

---

① 樊文:《刑罚种类的修改与完善》,载屈学武主编《刑法改革的进路》,中国政法大学出版社 2012 年版,第 342 页。

② 同上书,第 357—358 页

罚的，可以免予刑事处罚，但是可以根据案件的不同情况，予以训诫或者责令具结悔过、赔礼道歉、赔偿损失，或者由主管部门予以行政处罚或者行政处分"。其中：

1. 训诫，指人民法院在庭审过程中，对犯罪情节轻微不需要判处刑罚的犯罪分子采用的当庭进行公开谴责的教育方法。

2. 责令具结悔过，指人民法院责令被免予刑罚处罚的犯罪分子用书面形式保证悔改、不再重犯的一种教育方法。

3. 赔礼道歉，指人民法院责令被免予刑罚处罚的犯罪分子承认错误、向被害人表示歉意的一种教育方法。

4. 赔偿损失，指人民法院根据犯罪行为所造成的损失情况，判令被免予刑事处罚的犯罪人给予被害人一定经济赔偿的处理方法。

5. 行政处罚，指人民法院认为犯罪人犯罪情节轻微、不需要判处刑罚时，对有关国家行政执法机关提出行政处罚建议的方法。具体而言，行政处罚，是国家行政机关，根据国家行政法规和行政处罚法的规定，对行政违法分子所处以的经济制裁或剥夺人身自由的处罚方法，包括罚款、行政拘留等。

6. 行政处分，指人民法院认为犯罪人犯罪情节轻微、不需要判处刑罚时，对其所在主管部门提出行政处分的建议，而由行政主管部门，根据犯罪分子所在单位或基层组织所依照或制定的行政规章、纪律或章程，对犯罪人做出一定行政处分的教育方法。

本章小结

本章分两节概述了有关刑罚问题。其中，在第一节中，本章首先研讨了刑罚的功能问题。指出刑罚主要具有剥夺功能、感化功能、矫治功能、威慑功能、安抚功能和鉴别功能。接下来本章着重研讨了有关刑罚目的问题。对此，学界存在报应刑主义、目的刑主义和并合主义三种观点。本书较为赞同并合主义的刑罚目的观。在第二节中，本章结合《刑法修正案（八）》的新规定，分门别类地就现行刑法所规定的5种主刑、4种附加刑进行了逐一研讨。除了逐一解读有关规定之外，本章还专门就境内外存在的有关死刑的存废之争、中国刑法学界关于死刑问题的共识点与争论点做了逐一介绍与点评。与此同时，本章还就可对"拘役刑犯实行社区矫正"的立法之声做了专门介绍与述评。最后，在论及有关财产刑罚时，本章还就学界就此问题、特别是"没收全部财产"的立法反思，做了专门的阐释。

思 考 题

一 名词解释

财产刑 生命刑 资格刑 特殊预防论 相对报应刑论

二 简答题

1. 试述中国刑罚的体系及其基本特征。
2. 试述刑罚功能的具体内容。
3. 试述并合主义的刑罚目的论之基本理论。
4. 试述中国刑法上的拘役刑与治安拘留的区别。

三 论述题

1. 试论你所主张或者赞同的刑罚目的论。
2. 试根据刑罚的平均价值观及你认同的刑罚价值观分析死刑制度的存废问题。

阅读参考文献

张明楷：《新刑法与并合主义》，载《中国社会科学》2000年第1期。

曲新久：《刑法目的论要》，载《环球法律评论》2008年第1期。

赵秉志：《当代中国死刑改革争议问题论要》，载《法律科学》2014年第1期。

屈学武：《中国死刑文化的多元性与一体化探究》，载陈泽宪主编《死刑：中外关注的刑事焦点》，中国人民公安大学出版社2005年版。

屈学武：《死罪、死刑与期待可能性》，载《环球法律评论》2005年第1期。

王世洲：《现代刑罚目的理论与中国的选择》，载《法学研究》2003年第3期。

谢望远：《死刑有限存在论》，载《法学家》2012年第2期。

黄风：《论"没收个人全部财产"刑罚的废止——以追缴犯罪资产的国际合作为视角》，载《法商研究》2014年第1期。

冯军：《德国刑法中的可罚性理论》，载《法学论坛》2000年第1期。

梁根林：《中国死刑控制论纲——立足于具体国情的制度设计》，载《北大法律评论》2005年第1期。

贾宇、怯帅卫:《论法定犯罪目的的实质——兼论犯罪目的与犯罪故意的关系》,载《法律科学》2010年第4期。

刘仁文:《死刑的宪法维度》,载《国家检察官学院学报》2013年第4期。

张旭、宋伟卫:《非监禁刑:"文明社会的刑罚选择——以欧洲为视角的思考"》,载《北方法学》2007年第3期。

邓子滨:《刑法目的初探》,载《环球法律评论》2008年第1期。

樊文:《论犯罪控制的惩罚主义及其效果》,载《法学研究》2011年第3期。

曾明生:《刑法目的论》,中国政法大学出版社2009年版。

第十三章 刑罚裁量制度

内容提要

我国《刑法》第 61 条同时规定了以犯罪事实、性质、情节及其社会危害程度为根据的量刑原则以及以刑事法的规定为准绳的量刑原则。量刑情节则可根据其是否出自刑法的明文规定而分类为法定量刑情节与酌定量刑情节。此外，刑罚的裁量制度还包括一般累犯与特殊累犯制度、一般自首与准自首制度、坦白与立功表现的刑罚裁量、数罪并罚的适用原则及其条件等多项制度。针对我国刑法上对累犯的刚性"从重处罚"规定，有学者指陈这一规定有悖刑法上的"禁止重复不利评价"的原则。理由是：累犯以前所犯的罪行，国家已经给予刑罚惩罚，即刑法已对其进行过一次不利评价。其后再犯罪，根据罪刑均衡的原则，给予相应的处罚即可。再予从重处罚，在正当性上未必讲得通。对此，本书的观点是：刑法对累犯的从重处罚规定并不违背双重不利评价原则。因为我国《刑法》第 61 条规定的量刑原则，实际已然蕴含"人身危险性大小"的考量要求。由是，行为人二度再犯一定罪并符合累犯要求的场合，行为人之"人身危险性"这才真正得以征表。在此情况下，当其二度再犯并符合累犯要件时，对其在基准刑范围内"从重处罚"之刑法评价——相对于其"人身危险性较大"（因而宜予重处）这一刑法评价客体而言——这只是一次性不利评价。故而，这里并不发生重复评价的问题。

第一节 量刑原则暨量刑情节概述

量刑原则是由我国现行《刑法》第 61 条加以规定的；与此同时，我国《刑法》第 62 条、第 63 条还针对有关量刑情节问题，做了专门性规定。

一　量刑原则的内容

根据现行《刑法》第 61 条的规定，"对于犯罪分子决定刑罚的时候，应当根据犯罪的事实、犯罪的性质、情节和对于社会的危害程度，依照本法的有关规定判处"。此即刑法学理上认可的有关我国刑法法定的量刑原则的具体内容。学理上一般将其概称为以犯罪事实为根据、以刑法为准绳的量刑原则。但严格地说，鉴于《刑法》第 61 条规定的量刑根据，不仅止于犯罪的事实，还包括犯罪的性质、情节和对于社会的危害程度。因而，本书认为，严谨而准确地说，作为量刑根据的量刑原则应表述为：以犯罪事实、性质、情节及其社会危害程度为根据、以刑法规定为准绳的量刑原则。

（一）以犯罪事实、性质、情节及其社会危害程度为根据的量刑原则

1. 根据犯罪事实量刑，是指必须以行为所该当的犯罪为基础——在认清行为基本性质的基础之上，进一步查清犯罪事实，这是准确认定犯罪性质、考察犯罪情节并评价犯罪所致社会危害程度的前提。所以，查清犯罪事实，首先是指必须明确行为该当犯罪这一基本事实，这对于贯彻以犯罪事实为根据的量刑原则而言十分重要。

2. 根据犯罪性质量刑。犯罪性质首先是指犯了什么性质的罪：是故意罪还是过失罪，是重罪还是轻罪，是国事罪还是普通刑事犯罪，等等。此类犯罪性质的不同，量刑差异也很大。在此基础上，还应进一步明确行为所触犯的具体罪名，进而，才能在定性准确的基础上，得当而准确地适用法律并裁量刑罚。

3. 根据犯罪情节量刑。犯罪情节是指该当犯罪构成的必要要件以外的其他能够影响到行为对其法益的侵害程度及其人身危险性大小的各种具体事实情况。这当中，既包括法定或者酌定的从重处罚情节，也包括法定或酌定的从轻甚至减轻处罚情节，当然，也包括免除处罚情节等。

例如，行为人如其确属防卫过当犯罪、抑或行为虽然不构成"适法期待不能"，但也属适法期待可能性较小的情况……诸如此类的犯罪情节，可谓刑罚论上的法定或酌定从轻处罚情节甚至可恕情节。刑法评价上因而应当或可以考虑酌情从轻、减轻甚至免除其刑罚处罚，等等。

4. 根据犯罪的社会危害程度量刑，"社会危害"原本是一个相当宽泛的社会学概念，但其既然已然被明文规制于刑法典之中，其概念性质也就由社会学概念演化成了刑事法律概念。但就此量刑原则规定而言，准确地

讲，所谓"社会危害性"，应当以犯罪行为所造成或者很可能造成的对刑法所保护法益的实质性侵害或者威胁为基点，在此基础上，再综合行为折射出的行为人之人身危险性的有无与大小来通盘衡定。

（二）以刑事法的规定为准绳的量刑原则

本项原则包括下述多项含义，即：

1. 必须依照刑法关于各种刑罚方法的适用条件和各种刑罚裁量制度的规定来量刑。例如，我国刑法上关于自首制度、累犯制度、再犯制度、数罪并罚制度等各种具体的刑罚制度来裁量刑罚。

2. 必须依照刑法关于各种量刑情节的适用原则及其各种量刑情节的具体规定来量刑。包括我国刑法法定的从重、从轻、减轻、免除甚至加重处罚的情节规定。无论是从宽还是从严惩处，都必须依照刑法的规定行事，才能保证裁量刑罚的合理性与适法性。

3. 必须依照刑法分则及其他分则性规范规定的法定刑和量刑幅度，针对具体分则选择适当的刑罚，这是依法裁量刑罚的重要内容之一，也是将法定的罪刑关系变为实在的、具体的罪刑关系的必然要求。

二　量刑情节

量刑情节是人民法院对犯罪分子裁量刑罚时应当考虑到的、据以决定量刑轻重或者免除刑罚处罚的各种情况。

（一）量刑情节的分类

对量刑情节，学理上可以根据不同的分类子项将其划分为多种不同类型。

1. 以特定的量刑情节是否由刑法所规定作为分型子项，可将量刑情节分类为法定情节与酌定情节。其中，法定情节是指刑法明文规定的量刑时应当予以考虑的情节。我国刑法上所规定的法定情节有从重、加重、从轻、减轻和免除处罚情节。酌定情节。是指刑法上未做明文规定，仅仅是根据立法精神和有关刑事政策，由人民法院从审判实践经验中总结出来的、在裁量刑罚时可予灵活掌握的情节。酌定情节又可以细分为：酌定从轻处罚情节、酌定从重处罚情节；酌定罪前量刑情节、酌定罪中量刑情节、酌定罪后量刑情节，等等。

2. 以特定的量刑情节是由刑法总则还是分则所规制为其分类标准，学理上又可将有关量刑情节划分为总则性情节与分则性情节。总则性情节是对所有犯罪共同适用的情节。例如，行为时不满18周岁，即属总则明文规定的法定从轻或者减轻处罚的情节。分则性情节则是仅仅适用于分则个罪规定的情节。

3. 以有关量刑情节的适用之刚性程度为分类标准，可将此类情节划分为刚性情节与弹性情节。前者又可称为应然性情节；后者又可谓为或然性情节。刚性情节在刑法规范中，采用"应当"从轻或者从重处罚等规定，例如现行《刑法》第27条就规定，"对于从犯，应当从轻、减轻处罚或者免除处罚。"可见，对行为人属于共同犯罪中的"从犯"这一情节，其在性质上属于刑法规范中的刚性情节，人民法院因而务必对其适用或从轻，或减轻或者免除处罚的规定。当然，当其行为人另有其他法定从重处罚情节之际，可能例外。

4. 从宽情节与从严情节。鉴于"从宽"与"从严"二术语并未明文规制于现行刑法典，因而，准确地说，此一情节称谓乃属刑法学理概念，在性质上仍属酌定量刑情节。实践中，法官可综合行为人所致法益侵害程度及其人身危险性大小，并根据有关刑事政策来考量某一行为是否的确存在可恕情节，抑或应予重处的情节。

（二）量刑情节对量刑所起的作用

现行刑法从相对的罪刑法定主义出发，除极个别犯罪，例如《刑法修正案（八）》所规定的危险驾驶罪等微犯罪之外，其他分则各罪几乎都做出了相应的量刑幅度规定。亦即刑法几乎对每一犯罪，都根据犯罪情节的轻重不同，设置了不同的量刑单位。此一量刑单位，在刑法学理上又被称为可供法官酌情择定宣告刑的处断刑或量刑幅度。司法解释上则称其为基准刑。[①]有鉴于此，不同的量刑情节，对法官也就有其不同的量刑作用。其中：

1. 从重处罚，是在基准刑限度内选择较重的刑种或较长的刑期。
2. 从轻处罚，指在基准刑限度内选择较轻的刑种或较短的刑期。
3. 减轻处罚，指在法定最低刑以下判处刑罚。所谓"以下"并不意味着法官可以无限制地降低刑罚。对此，《刑法修正案（八）》第5条明文规定，当其刑法"规定有数个量刑幅度的，应当在法定量刑幅度的下一个量刑幅度内判处刑罚"。换言之，当行为人符合法定减轻处罚标准时，法官应当在确定其处断刑之后，在其下的量刑单位内裁量其刑罚；当然，如其处断刑已属该罪之最低量刑单位，则应在低于该罪的法定最低刑度以

[①] 参见2013年12月23日最高人民法院颁发的《关于常见犯罪的量刑指导意见》。

下择定刑罚。

4. 免除处罚：即对犯罪人做出有罪免罚的判决。当然，这里之"罚"仅仅是相对于"刑罚"而言，意即行为人在被人民法院做出有罪宣告之后，法院可予免除其刑罚处罚。但按现行《刑法》第37条的规定，人民法院"对于犯罪情节轻微不需要判处刑罚的"，在免于刑事处罚之际，还可酌情予以训诫、责令具结悔过、赔礼道歉、赔偿损失等多种非刑罚方法处断。

为了进一步地规范全国各地的量刑，2013年12月23日，最高人民法院下发了《关于常见犯罪的量刑指导意见》（以下简称《意见》）。该《意见》不仅针对上述刑法关于量刑原则问题，做了进一步的阐释，还就量刑的步骤、调节基准刑的方法、确定宣告刑的方法、常见量刑情节的适用，例如对未成年人犯罪、对从犯、对自首、对坦白、对立功、对累犯、对犯罪对象为未成年人、残疾人、老年人，等等，或轻或重情节的适用，做了较为系统、全面甚至相对划一的释定，原则上应予遵循。

第二节 累犯制度及问题研讨

一 累犯的概念及其分类

累犯是指受过一定刑罚处罚、在刑罚执行完毕或者赦免以后在法定期限内又犯一定罪的犯罪人。根据现行《刑法》第65条、第66条及《刑法修正案（八）》的规定，对累犯，无论是一般累犯还是特殊累犯，都"应当从重处罚"。2014年1月1日起开始施行的最高人民法院《关于常见犯罪的量刑指导意见》则明确规定："对于累犯，应当综合考虑前后罪的性质、刑罚执行完毕或赦免以后至再犯罪时间的长短以及前后罪罪行轻重等情况，增加基准刑的10%—40%，一般不少于3个月。"

二 累犯的构成要件

（一）一般累犯的构成要件

1. 首先，在罪过形式上，行为人在一定期限内所触犯前后两个罪都须是故意犯罪。换言之，两罪之中，但有一次犯罪是过失犯罪，都不发生累犯问题。毕竟，对累犯的从重处罚，更多的是基于累犯在经刑罚矫治一定期限之后，较短时间内又犯新罪。据此，从特殊预防的角度看，此类人等可谓有其较大人身危险性者，因而宜从重处罚。有鉴于此，过失触犯刑律者，由于其前罪或者后罪都是基于其始料不及或者自信自己能够避免犯罪结果发生的前提下而成罪的，因而，刑法上对此类过失触犯刑律者，虽然因其客观行为所导致的法益侵害，应予治罪，但鉴于其并不存在多大的主观恶性或人身危险性，刑法非难上也就不对此类人等专门地从重处罚了。有鉴于此，刑法明文规定，过失犯罪的人除外。

2. 在所受刑罚上，要求前后两个罪都判处的是有期徒刑以上刑罚。这对于前罪而言，是指行为人已然被判处并执行过有期徒刑以上的刑罚。就我国刑罚的规定而言，有期徒刑以上刑罚包括有期徒刑和无期徒刑两种。学理上因而又称行为人务必被判处"徒刑"刑罚。但所谓"有期徒刑以上刑罚"对于后罪而言，虽然在被判刑罚的性质上与前罪一致，但在"归结点"上却不是"已然"被判处，而是指行为人之被控罪行"该当"判处徒刑刑罚。

3. 在年龄条件上，成立累犯的前提条件还要求行为人务必是年满18周岁以上的成年人。毕竟，未满18周岁的人仍属未成年人，基于我国业已批准的联合国《儿童权利公约》所明文规定的针对儿童的特殊保护、优先保护原则，①对此类刑事未成年人，还是应当重在教育而非惩治。

4. 在刑罚的执行上，《刑法》第65条的规定是：须待前罪的"刑罚执行完毕或者赦免以后。"这当中需要特别注意的是，所谓"前罪的刑罚执行完毕"，包括：（1）所判徒刑，无论是有期徒刑还是无期徒刑已然服刑完毕者；（2）所判徒刑已然执行一部，其"余刑"尚未执行完毕但被假释出狱者；（3）不包括司法上虽曾做出有罪判决并有期徒刑宣告，但同时被判处"缓刑"者。这是因为，无论如何，被判处徒刑的假释犯均曾接受过国家刑罚权的"收监矫治"，既后虽然被假释放，但依照我国《刑法》第85条的规定，假释犯出狱之后，只要没有再犯新罪，考验期满，"就认为原判刑罚已经执行完毕。"可见，假释犯符合现行《刑法》第65条关于累犯的刑罚执行条件要求。缓刑犯则不然，鉴于缓刑犯未曾被收监服刑一天，因而，缓刑犯缓刑考验期满之后的法律效果并非"就认为原判刑罚已经执行完毕"，而是"原判的刑罚就不再执行"。可见，缓刑犯缓刑期满不发生刑罚执行完毕的问题。换言之，倘若行为人在缓刑考验期满

---

① 根据联合国《儿童权利公约》的规定，该公约所指"儿童"系指未满18周岁的未成年人。

之后的5年内再犯故意性质的犯罪，不发生累犯问题。这是因为，既然国家未曾动用国家刑罚权对被判处有期徒刑的缓刑犯实行收监矫治，刑法也就不从重处罚此类未曾经历过剥夺其人身自由刑罚矫治过的人了。

另一方面，众所周知，从1975年最后一次特赦国民党战犯之后，我国刑法上再未赦免过任何人等，但《刑法》第65条既有此规定，在执行条件上，能够成立累犯的主体，理当包括被赦免其全部或者部分徒刑刑罚、因而出狱的犯罪人等。

5. 在前后两罪时间间隔上，必须是5年内再犯。所谓5年之内，对于刑罚执行完毕或赦免的罪犯而言，应从刑满释放之日或者赦免之日起算，而对被假释的犯罪分子，应"从假释期满之日起计算"。

（二）特殊累犯的构成要件

1. 在犯罪性质上，前后两个罪都必须是危害国家安全的犯罪、恐怖活动犯罪、黑社会性质的组织犯罪等任一种犯罪。其中，危害国家安全的犯罪，学理上又称之为"国事罪"，这是由我国《刑法》分则第一章第102—112条所规定的，约12种具体的"个罪"。恐怖活动罪则主要相对于《刑法修正案（三）》所增设的多种恐怖活犯罪而言。包括投放危险物质罪、组织、领导、参加恐怖组织罪、资助恐怖活动罪、非法制造、买卖、运输、储存危险物质罪、盗窃、抢劫、抢夺危险物质罪，等等。黑社会性质的组织犯罪包括组织、领导、参加黑社会性质组织罪、入境发展黑社会组织罪、包庇、纵容黑社会性质组织罪，等等。

这当中，值得说明的问题是：鉴于《刑法修正案（三）》特别增设了表现为"投放危险物质"形式的恐怖活动犯罪，相应的，现行《刑法》第115条第2款也随之增设了"过失投放危险物质罪"。质言之，现行刑法上的"过失投放危险物质罪"是随着专门惩治恐怖活动罪的《刑法修正案（三）》的颁行而出台的。但是，这并不意味着过失地投放了危险物质，也属恐怖犯罪活动。有鉴于此，本书认为，现行刑法上的特殊累犯，不应当包括前罪或者后罪所触犯罪名为"过失投放危险物质罪"者，因为"过失投放危险物质"并不属于恐怖活动。何况，特殊累犯虽然没有像一般累犯那样明文限定其前后罪之罪过形式都必须是故意，但显而易见的是：国事犯、恐怖活动犯、黑社会组织犯，等等，犯罪的罪过形式都是故意犯，这也是刑法之所以务须从重打击的要旨之所在。

2. 在所受刑罚上，刑法没有限制。即无论前后罪判处的是什么刑罚，哪怕所判刑罚仅为拘役刑甚至单处财产刑，行为人都可能成立累犯。

3. 对特殊累犯，在后罪发生时间上，刑法也无限制。犯罪分子在刑罚执行完毕或者赦免以后任何时候再犯——哪怕他/她已出狱或者被赦免了30年、50年之后再犯——按理说，在其接受狱政矫治后已经"管事"多年，按一般累犯看，绝不至于再行从重处罚。但刑法对特殊累犯则不然，无论其出狱后"遵纪守法"了多少年，只要出去后再犯上述三大类犯罪之任一种，便成立累犯。当然，其实施前一犯罪行为时，仍然必须是年满18周岁以上的成年人。应当说，这一成立累犯的前提条件，对一般累犯和特殊累犯均一样。

此外，我国《刑法》第356条还特别规定："因走私、贩卖、运输、制造、非法持有毒品罪被判过刑，又犯本节规定之罪的，从重处罚。"可见，这里之从重处罚也属刚性规范，且同样没有前后罪的刑罚判处和执行条件以及时间间隔的规定。但因刑法总则并未明确其为"累犯"，学理上因而称之为对特定"再犯"的法定从重处罚。

三 对我国累犯制度的学理之争

针对现行刑法对累犯"应当从重处罚"的规定，有学者提出了不同意见，认为这一规定有违量刑上的"禁止重复不利评价原则"。量刑中的禁止重复评价，又称重复使用禁止（Doppelverwertungsverbot），"是指对法条所规定的构成要件要素，在刑罚裁量过程中，不能再度作为刑罚裁量事实，重复加以审酌，而作为加重或减轻刑罚的依据。"[1]其主要理由是：因为累犯以前所犯的罪行，国家已经给予刑罚惩罚，等于是刑法已对其进行过一次不利评价。其后来再犯罪，根据罪刑均衡的原则，给予相应的处罚即可。仅仅因其以前有犯罪的事实，就对后罪给予重罚，等于是把已受过刑事处罚的事实，在对后罪进行处理时再度评价一次，进而成为对后罪从重处罚的理由，其正当性在法理上未必讲得通。[2]

本书认为：上述观点值得再商榷。换言之，本书认为刑法对累犯的从重处罚规定并不违背双重不利评价原则。这是因为，我国之量刑原则，其实已然含有"人身危险性大小"的考量要求，由是，行为人二度再犯一定罪并符合累犯要求的场合，行为人的"人身危险性"已然表露无遗。在此情况下，刑法通过其第61条的量刑原则规定，在其第二次犯罪时，规定

---

[1] 林山田：《刑法通论》（下）（增订10版），北京大学出版社2012年版，第362页。
[2] 参见周光权《论量刑上的禁止不利评价原则》，载《政治与法律》2013年第1期。

对此累犯应在其基准刑范围内"从重处罚",这一规定不发生重复评价的问题。因为国家对其第一次行为科以的刑罚惩处,只是刑法对其前罪行为的法律评价,第二次犯罪时,倘若基于纯报应刑的刑罚目的,则可不必考虑其以前犯罪的事实,但我国刑法奉行、本书也认同的立场是并合主义的刑罚目的论,即既是因为犯罪,也是为了没有犯罪而惩治犯罪。质言之,不仅报应,特殊预防与一般预防也是刑罚的目的,这也是我国《刑法》第61条关于量刑原则要求考量行为的社会危险性大小的重要缘由——既然人身危险性本身正是量刑原则所涵括的要素之一,国家刑罚权因而将符合特定条件的再犯亦即累犯规制为"应当从重处罚"的量刑评价情节,这样的既契合于刑罚目的,又符合量刑原则的刑法规定,其重复评价点何在?何况,我国《刑法》第5条并非简单的罪刑相适应原则,而是罪责刑相适应原则,从而,刑罚也不再斤斤计较于简单的罪刑等价,而是务须在刑法适用平等的原则下,考求刑罚的个别化。唯其如此,本书才在第一章中特别声明,所谓的刑法客观主义,也非完全排斥有关主观要素,主要不同点仅在于刑法及其违法性的本质之"基点"是基于特定的客观视角还是主观视角而已。有鉴于此,所谓行为刑法的刑法客观主义,主要视点还在犯罪论域。反言之,在刑罚论域,还是要兼顾行为人的人身危险性及其主观恶性大小的。也就是说,在量刑环节,应当综合考虑行为人的"人身危险性",从而有利于"报应刑与预防刑"相结合的并和主义的刑罚目的的实现。也正因为如此,我国《刑法》第61条才将"社会危害"设定成了量刑原则的要素之一。据此,既然累犯身份的确彰显出了行为人确有"人身危险性较大"的特质;既然该一特质符合《刑法》第61条的量刑原则规定;既然其第一次犯罪时,刑法难以因而也未曾评价到其"人身危险性较大"这一特质;既然仅仅是在其再犯时,刑法方才依法"评价"其"人身危险性"的大小并确定其是否成立累犯、是否应当从重处罚,如此这般的在其再犯"后罪"时方才启动的关于行为人是否属于"人身危险性较大"的累犯的一次性评价,何来"重复"评价之说?由此可见,刑法关于累犯的从重处罚规定,并不发生"双重不利评价"的问题。

但是,尽管本书并不认同上述累犯规定属"重复不利评价"的理由,却较为认同论者就此问题发表的下述立法建言,即在取消现行刑法对累犯的从重处罚规定之后,可在后罪刑罚执行完毕之际,再根据其反复犯罪的习性、反社会性格对其采取保安处分,以进行矫治而不是施以从重的刑罚处罚。①显然，本书认同此项立法建言的理论基点，绝非基于刑法的规定有悖于量刑上的不得重复评价的原则，而是由保安处分的性质所决定。简单地说，倘若我国刑法采取"刑罚加保安处分"的双轨制刑事立法的话，则针对累犯的"危险性预防"之惩处目的，完全可由保安处分去实现。这样一来，再行启动国家刑罚权来从重惩处累犯的必要性也随之消解。因为，众所周知，与刑罚相比，刑罚是"事后罚"，保安处分则可谓"事前罚"；②进而，刑罚可谓"行为罚"、保安处分则是"人格罚"；刑罚的主旨乃在报应与预防犯罪；保安处分的主旨则在于社会防卫。有鉴于此，保安处分本来就可以针对刑满释放人员，如果法官裁定其很可能再行犯罪危害社会的话。

然而，问题在于：（1）短期内，我国尚难以建立起相对健全的保安处分制度。（2）在处罚程序上，保安处分仍须经法院审决而非行政机关裁决。因而不仅刑法上须双轨制的立法、刑事诉讼法上也须构建出"二分法的刑事程序"来，即立法上还应考虑将刑事诉讼划分为"刑事判决程序和刑事制裁程序"：其中，判决程序适用于涉嫌犯罪的被告人；制裁程序适用于涉嫌违反保安处分法的被告人。③可见，保安处分制度的构想，在我国尚任重道远，短期内碍难实现。据此，在尚未设置保安处分制度之先，要有效地贯彻"并合主义"的刑罚目的，当今中国，还须按照现行刑法的规定来从重惩处累犯。

然而，对有学者论及某些涉及累犯的"司法解释"规定，违背了禁止双重不利评价原则的观点，本书深以为然。如有学者指出，最高人民法院1997年《关于审理盗窃案件具体应用法律的若干问题的解释》第6条第3项规定：盗窃数额达到"数额较大"标准，同时是累犯的，可以认定为具有"其他严重情节"；盗窃数额达到"数额巨大"标准，同时又是累犯的，可以认定为具有"其他特别严重情节"。如此规定，显然有其"双重加重"之嫌，是对被告人明显不利的刑罚适用和宣告，存在不合理之处。④

本书认为：这样的司法解释，确有以司法权侵分立法权之嫌。不仅如

---

① 参见周光权《论量刑上的禁止不利评价原则》，载《政治与法律》2013年第1期。
② 这里所谓事前事后之"事"，均是相对于犯罪而言。刑罚务必在犯罪之后方才启动；保安处分却可在行为人有其严重的犯罪倾向之际启动。例如，针对某些有其深度毒瘾的、有其正当经济收入的瘾君子、对某些精神、人格异常者，等等。
③ 参见屈学武《刑法改革的进路》，中国政法大学出版社2012年版，第68—80页。
④ 参见周光权《论量刑上的禁止不利评价原则》，载《政治与法律》2013年第1期。

此，鉴于《刑法》第 65 条已将累犯设定为法定从重处罚情节，司法解释上就不得再将累犯事实设定成特定犯罪的"情节加重犯"。因为按照刑法总则的规定，对累犯，法官只能在其理当领受的基准刑范围之内，择处较重的刑种或较长的刑期。然而，上述司法解释却将累犯解释成可以跳格到更高量刑单位的情节加重犯，这样一来，行为人所领受的刑罚就不但高于其基准刑的最高刑，还会在更高的量刑单位中，因《刑法》第 65 条、第 66 条的刚性从重处罚规定，而再行被重处。可见这样的"解释"不仅仅是侵分了立法权的问题，还完全违背了《刑法》第 5 条所规定的罪责刑相适应原则以及《刑法》第 61 条、第 62 条所规定的以事实为依据、以法律为准绳的一般量刑原则。

第三节 自首、坦白与立功

我国现行《刑法》第 67 条规定了自首与坦白制度。本条第 1 款所规定的自首，可谓一般自首；第 2 款所规定的"以自首论"者，可谓"准自首"，又称"特殊自首"、"余罪自首"；第 3 款乃《刑法修正案（八）》新增设的刑法对于"坦白"何以量刑的原则性规定。

现行《刑法》第 68 条还对特定的有其"立功表现"的犯罪分子的惩处原则，做了明文规定。

一 一般自首

指犯罪分子犯罪以后，自动向有关机关投案、如实供述自己罪行的行为。由此可见，自首的成立条件如下：

1. 自动投案

自动投案指犯罪嫌疑人犯罪以后，出于本人的意志或本人认可的意思表示，而向有关机关或个人承认自己实施了有关犯罪的行为。根据 1998 年 4 月 7 日最高人民法院发布的《关于处理自首和立功具体应用法律若干问题的解释》的规定，自动投案包括：（1）犯罪事实尚未被司法机关发觉而去投案者；（2）犯罪事实虽然被发觉、但犯罪嫌疑人尚未被查获而去投案者；（3）犯罪事实和犯罪嫌疑人均已查获，但犯罪嫌疑人尚未受到讯问、未被采取强制措施以前，主动去投案者。所谓"以前"，是指犯罪人在被抓获归案以前，因而即便公安机关已经发出通缉令、即便公安机关正在追捕犯罪嫌疑人的过程中、适遇犯罪嫌疑人前来投案，都应当视作"自动投案"。而投案的地方，既可以是司法机关，也可以是犯罪嫌疑人所在单位或城乡基层组织。犯罪人一般应当本人前往投案，但因病、伤或者为了减少犯罪损失而委托亲友投案者，也属于自动投案。此外，犯罪嫌疑人经亲友的规劝、陪同投案的，公安机关通知犯罪嫌疑人的亲友，或者亲友主动报案后，将犯罪嫌疑人送去投案的，也视为自动投案。与此同时，按照上述"解释"的规定，"犯罪嫌疑人自动投案后又逃跑的，不能认定为自首"。

2. 如实供述自己的罪行，是指犯罪嫌疑人自动投案后，如实交代自己的主要犯罪事实

按照上述最高人民法院的"解释"规定，在共同犯罪的场合，共同犯罪案件中的嫌疑人，除了如实供述自己的罪行外，还应当供述所知的同案犯；主犯则应当供述其所知道的其他同案犯的共同犯罪事实，才能认定为自首。

对于自首以后，是否必以"接受审查裁判"为成立自首的要件。刑法学界有争议。所谓"必须接受国家的审查和裁判"，指犯罪分子在投案自首以后，必须老老实实地听候司法机关的侦查、起诉和审判。因为实践中，对自首犯大多不再拘捕，因而要求其必须做到随传随到。从理论上看，既然是自首，则其理所当然地含有主动伏法、心甘情愿地听候国家法律的审查和裁判的逻辑内涵。但现行刑法上，并未对此做出明文规定，因而关于"必须接受国家的审查和裁判"的条件，仍然可以说是刑法解释论上对现行刑法规定的理论阐释。

另外，即便认可上述"接受审查裁判"为行为得以成立自首的要件，这也并不意味着自首者之"老老实实"还得任凭控方提出任何犯罪或者罪重指控、自己都不得申辩。恰恰相反，自首的刑事被告人及其辩护人，依法仍享有出庭做罪轻辩护甚至（控方指控的他罪之）无罪辩护的权利。

按照《刑法》第 67 条第 1 款的规定，"对于自首的犯罪分子，可以从轻或者减轻处罚。其中，犯罪较轻的，可以免除处罚"。当然，这里无论是从轻、减轻还是免除处罚，均属弹性规范，司法上因而可以酌情考虑是否真的从轻、减轻或者免除处罚。但司法实践中，除非罪行极其严重，否则，即便刑法规定的是"可以"从轻、减轻或者免除处罚，实践中大多也都会因其自首而从轻、减轻或者免除处罚。据此，最高人民法院《关于常见犯罪的量刑指导意见》第 3 条特别规定："对于自首情节，综合考虑自首的动机、时间、方式、罪行轻重、如实供述罪行的程度以及悔罪表现等

情况，可以减少基准刑的 40% 以下；犯罪较轻的，可以减少基准刑的 40% 以上或者依法免除处罚。恶意利用自首规避法律制裁等不足以从宽处罚的除外。"

二 准自首与坦白

（一）准自首

准自首又称余罪自首、特别自首，指已经被采取强制措施的犯罪嫌疑人、被告人和正在服刑的罪犯，如实供述司法机关还未掌握的本人其他罪行的情况。此类准自首，在性质上其实可谓上述人等对司法机关尚未掌握的漏罪或者余罪的特殊"坦白"。而按现行刑法的规定，对此类主动交代漏罪或者余罪者，刑法上将"以自首论"。其主要特点是：（1）被动归案——所谓已经"被采取强制措施"，就是指此类犯罪嫌疑人、被告人等均已经被动地由司法机关缉获归案或行为人业已被判处刑罚、正在服刑过程之中。这里的"强制措施"包括拘传、拘留、取保候审、监视居住和逮捕。（2）如实供述司法机关尚未掌握的、本人的其他犯罪事实。这里之"其他"，是相对于司法机关所以缉获其归案的漏罪或者余罪而言。至于这里之"其他"是否意味着其所坦白的罪行必须与司法机关业已掌握或已经被判、正在服刑的犯罪在性质上属非同种犯罪，刑法本条未做明文规定，学理上既有赞同者也有反对者。

本书较为赞同：原则上应与非同种犯罪为限，但对正在服刑的人员可予例外。这是因为，《刑法修正案（八）》出台以后，犯罪嫌疑人、被告人如实供述司法机关尚未掌握的与该犯罪罪种相同的多起犯罪事实的场合，对诸此行为人等，人民法院完全可根据《刑法》第 67 条第 3 款的规定，酌情对其适用刑法所认可的"坦白"规定，并酌情从轻或者减轻处罚。例如，司法机关本已掌握行为人某 A 涉嫌先后实施过五起抢劫案，预审过程中，某 A 又如实交代了另外三起抢劫案，针对某 A 这一如实供述自己罪行的行为，刑法将其评价为本条第 3 款法定的"坦白"行为更自洽于刑法本身的规定。另一方面，设如某 B 因其先前的抢劫行为被判处有期徒刑 8 年，在业已服刑 3 年之际，某 B 又交代了司法机关尚未查获的、自己过去还曾实施过的另三起抢劫罪行。对此行为，鉴于某 B 并非犯罪嫌疑人，不符合刑法本条第 3 款所规定的"坦白"人之身份条件；再者，前案业已审结、行为人正在服刑之中，在此过程中，行为人供述的即便是与自己被判罪行相同的犯罪行为，也应当"以自首论"。

准自首行为既"以自首论",则按照《刑法》第 67 条第 1 款的规定,在裁量刑罚之际,对此类自首的犯罪分子,也可以从轻或者减轻处罚。其中,犯罪较轻的,也可以免除处罚。

(二)坦白

指犯罪嫌疑人虽不具有前两款规定的自首情节,但是如实供述自己罪行的情况。这是《刑法修正案(八)》第 8 条特别规定的。根据该规定,《刑法》第 67 条由过去的 2 款增补成了 3 款。上述"坦白"规定,即被设置成了《刑法》第 67 条第 3 款。坦白也可分类为一般坦白与重大坦白。其中,一般坦白的要件如下:

1. 身份特征

坦白者只能是已被缉获归案的犯罪嫌疑人。由此可见,被告人、服刑人员,均非这里之特别坦白主体。此外,一般而言,这里之犯罪嫌疑人还应属已被采取强制措施的犯罪嫌疑人,否则,如其并未被采取强制措施而自动到案,那就不是坦白而属自首的特征之一了。

2. 行为特征

必须"如实供述自己的罪行"。所谓"如实供述自己罪行",一般而言,是指如实供述司法机关已然掌握的本人的有关罪行。例如,司法机关已然掌握了行为涉嫌犯罪的主要证据,行为人能够据此供述其具体犯罪事实;又如上文所述,司法机关已然掌握了行为人若干起同种罪行,行为人能够坦白其他若干同种罪行的,等等。

重大坦白又可称为避免了特别严重后果的坦白。这是《刑法》第 67 条第 3 款后半段专门规定的。其成立要件如下:

其一,身份特征。也只能是已被采取强制措施的犯罪嫌疑人。

其二,行为特征。必须"如实供述自己的罪行"。

其三,供述的结果是避免了特别严重的后果发生

按照《刑法》第 67 条第 3 款的规定,对成立上述"一般坦白"的行为人,可以从轻处罚;对成立上述重大坦白的行为人,可以减轻处罚。最高人民法院《关于常见犯罪的量刑指导意见》特别规定,"对于坦白情节,综合考虑如实供述罪行的阶段、程度、罪行轻重以及悔罪程度等情况,确定从宽的幅度。(1)如实供述自己罪行的,可以减少基准刑的 20% 以下;(2)如实供述司法机关尚未掌握的同种较重罪行的,可以减少基准刑的 10%—30%;(3)因如实供述自己罪行,避免特别严重后果发生的,可以减少基准刑的 30%—50%。

三 立功表现

按照我国《刑法》第 68 条的规定，刑法上的立功，是指归案后的犯罪分子实施了揭发他人的犯罪行为、经查证属实的；或者提供了重要线索，从而协助司法机关得以侦破其他案件等行为者。立功可以分类为：

1. 一般立功。包括共同犯罪中的共犯之一揭发同案犯以外的其他犯罪查证属实的；或者提供侦破其他案件重要线索经查证属实的；或者阻止他人犯罪的；或者协助司法机关抓捕其他犯罪嫌疑人的，等等。

2. 重大立功。指经查证属实的对重大犯罪、重大案件、重大犯罪嫌疑人的检举、揭发、提供线索或协助抓捕的行为。除了刑法本条的立功规定外，有关立功认定情况，还可参看 1998 年 4 月 17 日最高人民法院发布的《关于处理自首和立功具体应用法律若干问题的解释》。

根据现行《刑法》第 68 条的规定，对有其一般立功表现者，可以从轻或者减轻处罚；有重大立功表现的，可以减轻或者免除处罚。2014 年 1 月 1 日起开始施行的最高人民法院《关于常见犯罪的量刑指导意见》则进一步释定："对于立功情节，综合考虑立功的大小、次数、内容、来源、效果以及罪行轻重等情况，确定从宽的幅度。"（1）一般立功的，可以减少基准刑的 20% 以下；（2）重大立功的，可以减少基准刑的 20%—50%；犯罪较轻的，减少基准刑的 50% 以上或者依法免除处罚。

第四节 数罪并罚的原则

按照我国《刑法》第 69—71 条的规定，数罪并罚是指在判决宣告以前一人犯数罪，或刑罚没有执行完毕前发现漏罪或又犯新罪的，对其所犯数罪分别定罪判刑并按一定原则决定执行刑罚的刑罚裁量制度。比方说，设如一个犯罪分子分别犯了甲、乙、丙三个罪，其中甲罪该当判处有期徒刑 15 年；乙罪该当判处有期徒刑 12 年；丙罪该当判处拘役 6 个月。人民法院该怎样裁量刑罚呢？判处该罪犯 27 年有期徒刑、半年拘役吗？假如其中有一罪该当判处死刑，人民法院又当怎么判处？由此可见，要回答这样一个问题，首先需要解决的是数罪并罚的原则问题。

在此问题上，各国关于数罪并罚的原则大致有如下四种立法例：（1）并科原则。此项原则实质是无限相加原则，即根据刑法上有罪必罚和一罪一刑的原理，将所犯数罪分别定罪判刑，其执行刑罚是各罪应判刑期的总和或者刑种的绝对相加。该原则的缺陷是刑罚可能失诸过苛并难于执行。例如，根据美国某些州刑法所规定的无限相加原则，一个犯罪人可能因数罪相加而总和被判刑上百年、甚至数百年。这在事实上不仅超过了人的生命极限，也使其刑罚在性质上由有期徒刑转而成为事实上的无期徒刑。此外，在数罪中，在有的罪该判死刑、有的罪该判自由刑的场合，此种并科原则也在事实上难以"并罚"。（2）吸收原则，又称大并小、重并轻原则。即以数罪中最重的刑罚吸收最轻刑罚的并罚原则，其缺陷是刑罚可能失诸过宽。例如，上述第一例中，假如采用吸收原则，则国家对犯罪分子的执行刑罚应为15年，如此一来，其所犯三罪与犯其中最重一罪的刑罚结果岂不完全一样？（3）限制加重原则。又称限制并科原则，指以一人所犯数罪中该当判处最重的刑罚为基准，在此基础上，按照一定的加重原则适度加重其执行刑罚的并罚原则。该原则克服了上述两种原则的或过苛或过宽的缺憾，确有其合理之处。不足点在于：当其数罪中该当判处的最高刑罚为无期徒刑或死刑时，难以适用。（4）折中原则。指根据上述原则中，某一原则为主、兼而采用其他原则的折中并罚方法。

一　中国刑法关于数罪并罚的原则

中国刑法对数罪并罚采用的是以限制加重为主、吸收与并科原则为辅的并罚原则。具体办法是：

1. 数刑中有死刑的并罚。当其被告人所犯数罪，该当判处的数刑中最高刑是死刑时，采用吸收原则，即以死刑吸收其他刑罚，执行死刑。

2. 数刑中该当判处的最高刑是无期徒刑的，也采取吸收原则，即以无期徒刑吸收其他有期徒刑或拘役等刑罚。

3. 数刑都是有期徒刑或都是拘役或都是管制时，采用限制加重为主的折中原则。即在被告人该当判处的数刑中的总和刑期以下、最高刑期以上决定执行的刑罚，但有期徒刑总和刑期不满35年的，最高不能超过20年，总和刑期在35年以上的，最高不能超过25年。管制最高不能超过3年，拘役最高不能超过1年。

4. 数刑中有附加刑的并罚。经《刑法修正案（八）》修订过的现行《刑法》第69条第2款特别规定：如果数罪中有判处附加刑的，附加刑仍须执行。其中附加刑种类相同的，合并执行；种类不同的，分别执行。可见，我国刑法上对附加刑采用的是"并科原则"，即简单相加。

二 适用数罪并罚的条件及其不同情况下的适用

在本书第十一章即罪数论专章中，本书曾专门阐释了不能适用数罪并罚的实质一罪、法定一罪等情况。而这里要探讨的情况恰恰相反，亦即这里所探讨者正是理应适用数罪并罚的实质数罪的情况。一般而言，行为人要构成数罪，需符合下述两项条件，即：（1）行为人犯有数罪。对实质数罪的认定，仍应按照本书在"罪数论"专章中论及的"犯罪成立标准说"来确认行为人所犯罪行的个数。（2）行为人该当判处数个刑罚。亦即在数个罪中，如果仅有一罪该当判处刑罚，其他犯罪该当判处有罪免罚的话，就不存在并罚问题。

1. 判决宣告以前一人犯数罪的并罚。这是我国《刑法》第69条所规定的并罚情况。此种情况下，对应当实行并罚的犯罪分子，应直接按照上文论及的限制加重为主的折中原则并罚。当然，对附加刑，只需采用简单的相加原则来并罚即可。

2. 判决宣告以后刑罚执行完毕前发现漏罪的并罚。这是《刑法》第70条所规定的"先并后减"的并罚办法。即先对新发现的罪做出判决，然后用此新判决与以前的旧判决一起、按照《刑法》第69条所规定的限制加重为主的原则并罚，然后减去已经执行的刑期。例如，某乙因犯走私罪，被判处有期徒刑8年，服刑5年后，又发现乙在原判刑罚以前还犯有抢劫罪，则法官的量刑办法应为：（1）先对其新犯的抢劫罪作出判决，设如判刑15年；（2）将原判刑期和新判刑期按第69条规定的并罚原则决定执行的刑罚，简单地说就是：将旧刑期与新刑期并罚。据此，对本案，法官就应在15—20年之内决定执行的刑罚。假如法官决定执行18年；（3）"先并后减"，即法官应当用决定执行的刑期减去已服刑期。即：18年－5年＝13年。某乙因而还应当服刑13年。

3. 判决宣告以后刑罚执行完毕以前又犯新罪的并罚。这是现行《刑法》第71条所规定的"先减后并"式的并罚原则。即，将新判刑期与（刑罚没有执行完毕的）余刑期，按第69条所规定的并罚原则并罚。就实际服刑期看，本条所规定的"先减后并"原则比之于"先并后减"更严。也就是说，先减后并的情况下，犯罪分子所服刑期，可能长于"先并后减"的刑期。在其总和刑期不满35年的情况下，行为人实际服刑期很可能超过20年。例如，就刚才的案例看，某乙的新刑期是15年、余刑期为3年。则法官应当在15—18年内选择执行的刑罚。假如法官决定执行18年。这就意味着某乙还要服刑18年,加上其已经服刑的5年,则本案之某乙实际服刑期将达23年。而立法上之所以对诸此服刑过程中又犯新罪的犯罪人,规制出上述"先减后并"的更加严厉的并罚制度,更多地还是基于立法上认为诸此服刑人员在服刑过程之中还铤而走险、以身试法,表明其人身危险性相对更重,刑罚因而应当更加严厉地惩治之,方能更进一步地彰显刑罚的威权性并有利于刑罚的报应与预防目的实现。

最后,当其被告人既犯数罪,又具有立功、累犯等不同的加减量刑情节时,根据最高人民法院2013年12月23日发布、2014年1月1日实施的《关于常见犯罪的量刑指导意见》第2条的规定,此时应当"先适用该量刑情节调节个罪的基准刑,确定个罪所应判处的刑罚,再依法实行数罪并罚,决定执行的刑罚"。

本章小结

本章首先研讨了量刑原则与量刑情节问题。按照我国刑法的规定,作为量刑根据的我国刑法的量刑原则应为:以犯罪事实、性质、情节及其社会危害程度为根据、以刑事法的规定为量刑准绳。在此基础上,本章还就量刑情节的法律规定及其法理问题做了相对系统的研讨。接下来的问题是对我国刑法法定的累犯制度的研讨。我国刑法上的累犯包括一般累犯与特殊累犯。其中,与1997年刑法相比,经《刑法修正案(八)》修订过的一般累犯增加了不满18周岁的未成年人犯罪不构成累犯的规定。此为刑罚相对宽缓的一面,但经《刑法修正案(八)》修订过的《刑法》第66条却扩大了特殊累犯的构成范围:其累犯主体由原来的国事犯扩及除国事犯外,还包括实施了恐怖活动犯罪、黑社会性质的组织犯罪的犯罪分子。此外,针对我国的累犯制度,刑法学理上也有若干不同意见。例如,有学者提出我国刑法上针对累犯的从重处罚规定,不免有悖量刑上的不得重复不利评价原则。

本书对此立场并不认同。因为我国的量刑原则中本已含有"人身危险性"的评价要素,由是,行为人二度再犯一定罪并符合累犯要求的场合,其"人身危险性"已然表露无遗。在此情况下,刑法通过其第61条的量刑原则规定,在其第二次犯罪时,规定对此累犯应在其基准刑范围内"从重处罚",这一评价并不发生重复评价的问题:因为前后两次的基准刑裁量,均是针对其行为与责任而言,唯有在此基准刑基础之上的"从重处罚"，才是针对其人身危险性而言。足见刑法就此"人身危险性"问题，仅仅做了一次评价。因而这里绝不发生针对同一情节或者同一事项的重复评价问题。

本章还专节研讨了刑法上的一般自首与准自首、坦白与立功等问题。就此问题，《刑法修正案（八）》也针对1997年刑法做了若干调整。主要是增设了关于刑法上认可的"坦白"的宽宥规定。最后，本章还专节研讨了数罪并罚的原则问题。就此问题，经《刑法修正案（八）》修订过的现行《刑法》第69条不同于1997年刑法的主要点有二：一是数罪并罚的场合，其执行刑罚在有期徒刑的场合，最高刑期由过去的不能超过20年改成了当其"总和刑期在35年以上的，最高不能超过25年。"此外，现行刑法对附加刑的并罚原则也做了更为明确的规定，即"其中附加刑种类相同的，合并执行，种类不同的，分别执行。"此外，本节还系统地研讨了现行《刑法》第70条和第71条所分别规定的"先并后减"与"先减后并"之并罚方法及其主要不同点。

思 考 题

一　名词解释
　　从重处罚　减轻处罚　基准刑　宣告刑　坦白
二　简答题
　　1. 简述我国量刑的基本原则。
　　2. 试述我国刑法学上的法定量刑情节与酌定量刑情节在基本功能与适用上的不同。
　　3. 试述特殊累犯的构成要件。
　　4. 试述我国刑法上的准自首与坦白的联系与区别。
三　论述题
　　1. 试论我国刑法上的累犯规定是否有悖学理上的"不得重复不利评价"的原则，为什么？
　　2. 试从刑罚目的论的角度述论我国"先减后并"重于"先并后减"的并罚原则的立法正当性。

阅读参考文献

　　张明楷：《新刑法与并合主义》，载《中国社会科学》2000年第1期。

张明楷：《责任主义与量刑原理：以点的理论为中心》，载《法学研究》2010 年第 5 期。

赵秉志、赵书鸿：《论德国传统量刑理论中刑罚预防目的的边缘化——实证性检验与事实性说明》，载《江海学刊》2013 年第 1 期。

阮齐林：《中国刑法特点与司法裁量空间》，载《国家检察官学院学报》2008 年第 3 期。

周光权：《论量刑上的禁止不利评价原则》，载《政治与法律》2013 年第 1 期。

屈学武：《保安处分与中国刑法改革》，载《法学研究》1996 年第 5 期。

王世洲：《现代刑罚目的理论与中国的选择》，载《法学研究》2003 年第 3 期。

冯军：《量刑概论》，载《云南大学学报》（法学版）2002 年第 3 期。

谢望原、游涛：《刑罚制度的善与变——我国刑罚制度的主要缺陷与变革》，载《政治与法律》2010 年第 10 期。

孙国祥：《犯罪单位立功若干问题辨析》，载《人民检察》2007 年第 15 期。

刘志伟：《数罪并罚若干争议问题研讨》，载《法学杂志》2009 年第 4 期。

莫洪宪、张煜：《海峡两岸互涉犯罪之刑罚裁量问题研究》，载《海峡法学》2010 年第 3 期。

石经海：《量刑个别化的基本原理》，法律出版社 2010 年版。

第十四章　刑罚执行制度

内容提要

刑罚执行制度，是发生在行刑过程中的事关行刑的程序、方法的制度。具体包括缓刑制度、减刑制度与假释制度等。缓刑可分为一般缓刑与战时缓刑。一般缓刑仅为缓执行。一般缓刑考验期满、未予发生违法犯罪事由或余罪的场合，平民的法律效果仅为"原判的刑罚就不再执行"；战时被宣告缓刑的军人确有立功表现的，"可以撤销原判刑罚、不以犯罪论处"。即此时其罪与刑同时消灭。《刑法修正案（八）》还特别规定对缓刑犯应当"依法实行社区矫正"。对此，本书认为此一规定不免有悖法理与事理，宜于取消。主要理由是：其一，缓执行原本就是有条件的不执行刑罚，"社区矫正"却属刑罚的执行方式之一。既宣告缓执行刑罚、却以他种方式执行刑罚，此种立法法不免有悖"缓执行"的立法本旨。其二，被宣告缓刑的罪犯，多为过失犯、少年犯、老年犯、怀孕的妇女抑或守法期待不能、守法期待过小的行为群体，这些人原本主观恶性不大、人身危险性也不强，再对其进行所谓病理人格、心理或者人身危险性的专门"矫治"的必要性也不大；而如由专门机关对其进行考察，则无须采用"社区矫正"这种刑罚执行方式。

第一节　刑罚执行制度概述

一　刑罚执行制度概念剖析及相关规定

刑罚执行制度，是发生在行刑过程中的事关行刑的程序、方法的制度。刑罚执行的对象是为人民法院判处了刑罚的犯罪分子；执行机关为有权执行刑罚的机关，包括公安机关、人民法院、监狱等，检察机关负责有关行刑监督工作。

从广义上看，刑罚执行制度，应当包摄现行刑法所规定的、针对所有主刑、附加刑的执行制度。例如，在我国，罚金刑、没收财产刑、死刑立即执行由人民法院执行；管制刑、拘役刑、剥夺政治权利刑由公安机关执行；有期徒刑、无期徒刑、死刑缓期2年执行等由监狱执行。而按照我国《刑事诉讼法》第258条的规定，"对被判处管制、宣告缓刑、假释或者暂予监外执行的罪犯，依法实行社区矫正，由社区矫正机构负责执行"。

就世界立法例看，不少国家有专门的《刑罚执行法》规定，我国却无此类专门的、法典式的刑罚执行规制。所以，迄今为止，我国所有关乎刑罚执行的规定，都被分别规制于现行刑法、刑事诉讼法、监狱法等不同刑事法规范之中。例如，关于死刑立即执行的方法，最初为1979年刑法典所规定，但自1996年《刑事诉讼法》起，关于死刑的执行方式已经改由刑事诉讼法规定；罚金、没收财产刑的执行方式、执行机关等则由现行刑法典加以规定；而作为刑罚执行方式之一的"社区矫正"的执行对象、执行程序等都加以规定。由此可见，在不久的将来——在我国刑事实体法、刑事程序法等均相对完善之后，看来国家尚有必要设置一部统一的《刑罚执行法》，一方面，这有利于执行机关更加规范地行刑；另一方面，也有利于执行监督机关及广大国民充分发挥刑罚执行的监督职能、作用等。

二 缓刑制度的基本属性

缓刑制度，究属刑罚裁量制度还是刑罚执行制度，学理上也有不同划分法。学说上，针对现行刑法所规制的全部刑种的执行，有学者概之为广义的刑罚执行；并称狭义的刑罚执行限于监狱当局针对有期徒刑、无期徒刑以及死刑缓期2年执行罪犯的刑罚执行，[①]简称行刑。而狱政管理学上将此类正在监狱服刑的罪犯，统称为"受刑人"。当然，广义上看，所有被判处了刑罚、正在领受刑事处分的人，均可谓之为受刑人。据此观点可见，这里所称的狭义的刑罚执行制度，仅包括减刑制度与假释制度。其间，比较有争议的地方正在于：现行刑法所规制的缓刑制度，究属刑罚裁量制度还是刑罚执行制度？非常明显的是：从近年出版的有关《刑法学》

---

① 参见张明楷《刑法学》（第三版），法律出版社2007年版，第464页。

教材看，有的教科书乃将缓刑制度置于"刑罚裁量制度"一章之中;①有的则将其置于"刑罚执行制度"一章。②

对此，从理论上讲，应当说典型的"缓执行"型的缓刑制度，既属"有条件的不执行"刑罚，这当中就并不发生刑罚的"执行制度"问题。就此角度看，鉴于缓执行的场合，人民法院仍须先就被告人的刑种选择、刑期长短等做出裁量并予以宣告，因而将"缓执行"型的缓刑制度纳入"刑罚裁量制度"似更相宜。

但本书还是选择了将缓刑制度纳入"刑罚执行制度"一章。这是因为：一方面，如下所述，鉴于《刑法修正案（八）》对缓刑制度的修改，而今我国之"缓刑"已然不是严格意义的刑罚"缓执行"了。因为法院在做出"缓刑"宣告的同时，还须"依法实行社区矫正"。另一方面，即便承认其仍属"有条件的不执行刑罚"，这也表明当其缓刑犯违背了现行《刑法》第77条法定条件时，原判的刑罚还是必须执行。由此可见，"缓执行"的另一面仍是"执行"，可见其仍然潜存着关于刑罚执行的研讨问题。有鉴于此，本书最终选择了将现行刑法所规定的缓刑制度纳入本章研讨。

第二节　缓刑制度及问题研讨

缓刑是对原判刑罚的附条件的不执行并交付社区矫正的一项刑罚制度。我国现行《刑法》第72—77条以及《刑法》分则第449条做了此类缓刑制度规定。缓刑制度不但可以减少关押，还能避免初犯罪者感染恶习或相互教习；同时还能保全受刑人及其家人的脸面、自尊，并通过刑罚的宣告，促使罪犯改过。罪犯在此期间必须非常小心，否则即使其再犯一个过失罪，也会落得撤销缓刑、数罪并罚的后果。所以，这对社会也有比较大的震慑力和警戒作用。

就当今世界刑事立法例看，缓刑存在"缓宣告"与"缓执行"两种形式，当然，在刑诉法领域，还存在缓起诉制度。但相对于实体法领域而

---

① 参见张明楷《刑法学》（第三版），法律出版社2007年版，第14章"刑罚的裁量"；阮齐林《刑法学》，中国政法大学出版社2008年版，"刑罚论"第3章"刑罚的裁量"。

② 参见陈兴良主编《刑法总论精释》，人民法院出版社2011年版，第14章"刑罚执行"；曲新久《刑法学》，中国政法大学出版社2009年版，第15章"刑罚执行"；周光权《刑法总论》，中国人民大学出版社2007年版，第15章"刑罚的执行"。

言，缓宣告又称刑罚宣告犹豫主义，缓执行又称刑罚执行犹豫主义。而现行刑法对缓刑的规定可谓限制自由刑领域的缓执行。根据缓刑对象和适用时间的不同，中国刑法上的缓刑可分为一般缓刑与战时缓刑。

一　缓刑的适用条件

（一）一般缓刑的适用条件

一般缓刑的适用条件是由现行《刑法》第 72 条加以规定的，主要条件如下：

1. 处刑条件

犯罪分子被判处的必须是拘役或 3 年以下有期徒刑的刑罚。对于管制刑犯能不能判处缓刑，过去有两种主张：一说认为"可以"；二说认为"不可以"。修订后的现行刑法在已有争议的情况下，依然没有就此做出规定，所以答案应为"不可以"。而没有就此进行规定的基本缘由，应当缘在管制刑原本就不是剥夺自由而仅仅是限制自由的刑罚。因而，暂缓刑罚的执行，对管制刑犯而言，必要性不大。

2. 主观条件

根据《刑法修正案（八）》的规定，适用缓刑的主观条件有三：（1）有悔罪表现。这主要通过犯罪人的认罪态度，亦即其有无认罪、赎罪心理来加以观察。（2）没有再犯罪的危险。这主要是通过其犯罪的性质轻重、主观的恶性大小、人身危险性倾向等来加以厘定的。（3）宣告缓刑对所居住社区没有重大不良影响。这既反映在其所犯罪行对民众所导致的恶劣心理影响方面，例如抢劫犯、强奸犯给社区居民所带来的惊恐心理可谓重大不良影响；另一方面，民众对行为人所犯罪行的义愤程度，也是行为是否构成重大不良影响的评价因素之一。

3. 罪质条件

罪质条件要求犯罪情节较轻。此外，犯罪分子还不得是累犯或者犯罪集团的首要分子。这是由累犯及其犯罪集团的首要分子本身的人身危险性及其主观恶性所确定的。在 1997 年刑法中，关于不得适用缓刑的罪质规定性仅仅限于"累犯"不得适用缓刑，现行刑法通过《刑法修正案（八）》增设了对"犯罪集团的首要分子"也不得适用缓刑的罪质规定性。

根据以上法定条件，实践中下述情况可考虑适用缓刑，包括：偶尔失足实施了轻微犯罪的；防卫过当、避险过限的；过失犯罪的，如交通肇事罪、过失致人重伤罪，等等；外加干涉他人婚姻自由的；虐待罪犯而被虐待人又需要赡养、抚养或扶养的；犯罪较轻且有自首或立功表现的，等等。此外，按照修订过的现行《刑法》第72条第1款的规定，"不满18周岁的人，怀孕的妇女和已满75周岁的人"，在符合上述法定条件时，对他们"应当宣告缓刑"。

（二）战时缓刑的适用条件

战时缓刑是由现行《刑法》第449条加以规定的。《刑法修正案（八）》对一般缓刑做了不少修改，却未对战时缓刑做出任何修订。由是，根据现行《刑法》第449条的规定，适用战时缓刑的条件如下：首先，在对象条件方面，其适用对象理所当然地只能是实施了犯罪行为的现役军人。处刑条件则为：其罪该判处的刑罚只能是3年以下有期徒刑。就是说，不包括罪该判处拘役者。适用战时缓刑的时间条件为：必须正当"战时"，即须在战争时期。与此相对应的是"平时"。由此可见，在平时，即便犯罪人是军人，其罪该判处的刑罚也在3年以下有期徒刑，其应当适用的缓刑条件仍应为一般缓刑要件而非战时缓刑要件。主观条件为：在主观上，该犯罪人还须是没有现实危险性的犯罪军人。

二 缓刑的宣告及其效力

（一）缓刑的宣告

实践中发现，有的基层法院在制作缓刑宣告时，仅仅宣告缓刑考验期限，未曾宣告判刑期限，这显然不符合现行刑法关于刑罚执行犹豫主义的有关规定。正确的做法是，在宣告缓刑时应当：（1）罪与刑必须同时宣告。即判决时，在判决书上，首先应书明某被告人究竟犯了什么罪、判几年刑；（2）与此同时，判决书上还须同时宣告缓刑的考验期限。

（二）缓刑的效力

对缓刑的效力应注意：（1）我国刑法上的缓刑效力不及于附加刑。所谓"不及于"是指我国刑法中所规定的缓刑，仅仅是针对主刑的有条件的不执行；亦即在缓刑宣告时，除主刑外，还判决了附加刑的，对其附加刑不得缓刑而须立即执行。（2）按照我国《刑法》第76条的规定，缓刑考验期满的法律后果是：考验期内只要没有发生《刑法》第77条法定的情形，则"原判刑罚就不再执行，并公开予以宣告"。如上所述，这里的"不再执行"，意味着缓刑犯考验期满后根本不发生"刑罚执行完毕"的问题，进而，这种情况下，考验期满后，5年内缓刑犯第二次"再犯"时，就不可能发生累犯的问题。

三 缓刑的考验期限及其法律效果

（一）缓刑的考验期限

根据现行《刑法》第73条、第449条的规定，平时，无论是平民还是军人，宣告缓刑的场合，都必须同时宣告缓刑考验期。但战时，对犯罪军人没有考验期问题，立法上考虑到，这是一个急切需要战斗人员的非常时期，法律上因而允许其立即"戴罪立功"——认为这就是对他们的最大考验。

而平时，对不同的刑种，有不同的缓刑考验期规定。其中：(1) 对拘役的考验期是：原判刑期以上1年以下但不能少于2个月；(2) 有期徒刑是：原判刑期以上5年以下但不能少于1年。这当中，应注意关于缓刑考验期的计算，应"从判决确定之日起计算"。所谓判决确定之日，指判决生效之日。

现行《刑法》第75条、第76条还规定了在考验期内，被宣告缓刑的犯罪分子应当遵守的事项，例如按照规定报告自己的活动情况；离开所居住的市县需报经批准等。当然，这当中，最重要的还是按照《刑法修正案（八）》的规定，"宣告缓刑，可以根据犯罪情况，同时禁止犯罪分子在缓刑考验期限内从事特定活动，进入特定区域、场所，接触特定的人"。对此，最高人民法院、最高人民检察院、公安部、司法部于2011年4月28日联合颁发、2011年5月1日起开始施行的《关于对判处管制、宣告缓刑的犯罪分子适用禁止令有关问题的规定（试行）》中已有明文规定，主要内容包括：其一，被禁止从事的特定活动主要指：禁止设立公司、企业、事业单位，等等；抑或禁止有关罪犯从事证券类活动或其他相关经营活动；对有关民事赔偿义务未予履行完毕者，禁止从事高消费活动，等等。其二，被禁止进入的特定区域和场所主要指：禁止进入夜总会、迪厅、酒吧、网吧、大型群众性活动的场所、有关中小学校区、幼儿园园区，等等。其三，被禁止接触的特定的人主要指：未经对方同意，禁止接触被害人及其法定代理人、近亲属；禁止接触证人及其法定代理人、近亲属；禁止接触控告人、批评人、举报人及其法定代理人、近亲属；禁止接触同案犯，等等。当然，具体的禁止内容，应当根据被判处缓刑的犯罪分子所具体侵害的法益、对象等由人民法院酌情判定。此外，经《刑法修正案（八）》修订过的现行《刑法》第76条还规定，"对宣告缓刑的犯罪分子，在缓刑考验期限内，依法实行社区矫正"。

（二）缓刑考验期满的法律效果

缓刑考验期满，针对不同的人、不同的时期和考验期内不同的行为表现，会有不同的法律后果。（1）对考验期内无违法犯罪事由或未发现余罪的平民，考验期满，"原判的刑罚就不再执行，并公开予以宣告。"（2）和平时期，在考验期内没有违法犯罪事由或未发现余罪的犯罪军人，考验期满后也产生"原判的刑罚就不再执行，并公开予以宣告"的法律后果。（3）战时被宣告缓刑的犯罪军人无考验期，法律规定"允许其戴罪立功"。确有立功表现的，"可以撤销原判刑罚，不以犯罪论处"。这种场合，该通过了战时考验的有其立功表现的军人，不仅经《刑法》第449条的规定，消灭了其刑，而且消灭了其罪。

四 缓刑的撤销

缓刑的撤销，实质是考验期满的法律后果之一，因有其特殊性，特分立出来单独讨论。缓刑的撤销条件及其后果如下：（1）犯罪分子在考验期内又犯新罪或者发现余罪的，应当撤销缓刑，在对新犯的罪或余罪做出判决后，把前罪和后罪所判处的刑罚，按照现行《刑法》第69条的规定实行数罪并罚。（2）在考验期内，违反法律、行政法规或者国务院有关部门关于缓刑的监督管理规定或者违反人民法院判决中的禁止令，情节严重的，也应当撤销缓刑，执行原判刑罚。

五 关于对缓刑犯实行社区矫正的学理之争

如上所述，对缓刑犯"依法实行社区矫正"本是2011年颁行的《刑法修正案（八）》新增设的制度。从司法适用的角度讲，既是其已然为刑法明文规定，其理所当然地应当获致司法与执法界的一体遵循。但这并不意味着就此问题，学理上不可就此实然立法问题开展"应然性"研讨。

据了解，犯罪学界不少学者认为："缓刑"乃是"社区矫正之王"。此说之出处，究竟来自社区矫正制度的发源国家还是本国学者自己，尚不得而知，但就此观点，本书仍主张：《刑法修正案（八）》第13条增设的、对被宣告缓刑人员"依法实行社区矫正"的规定有悖法理和事理，宜于取消。主要理由是：

第一，对本已判决确认"缓执行"的罪犯，又施以"社区矫正"的刑罚执行，有悖法理。如上所述，缓刑分为刑罚宣告犹豫主义与刑罚执行犹豫主义，前者又称缓宣告；后者又称缓执行。而根据我国《刑法》第72

条的规定，我国实行的是先做犯罪宣告、后宣布"缓执行"型的缓刑。顾名思义，这里的缓执行，就是"有条件"地不予执行刑罚。接下来的问题是：不予执行刑罚的"条件"是什么？对此，我国《刑法》第77条已作规定。即：（1）在缓刑考验期内没有再犯新罪；（2）在缓刑考验期内没有发现漏罪；（3）在缓刑考验期内没有实施违反法律、行政法规或者国务院有关部门有关缓刑的监督管理规定，或者违反人民法院判决中的禁止令，情节严重的情形。

综上可见，只要满足上述条件，国家依法就不得启动国家刑罚权，有关机关只消考察其在考验期内是否发生上述足以撤销缓刑的事由即可。然而，2011年新颁行的《刑法修正案（八）》又对刑法的缓执行规定做出了自相矛盾的新规定，即"对宣告缓刑的犯罪分子，在缓刑考验期内，依法实行社区矫正"。这样一来，所谓缓执行就变成了立即执行，不同点仅仅在于：执行的方式不是监禁而是非监禁刑而已，可这还能叫作"缓执行"吗？

针对上述规定，我们还注意到，有学者就此问题的辩称性答复是："过分强调社区矫正是一种行刑方式，会导致（适用）对象不符"，[①]言下之意，由于对缓刑犯无须行刑，因而社区矫正不是、抑或至少不是单纯的行刑。显然，此一辩解不是从该举措的适用程序、适用机关、内容及其惩戒性、强制性等角度来评定其究否刑罚执行方式，而是按实用主义的"需要"来定性的。假如因为管制刑犯"需要"行刑、缓刑犯依法"不需要"行刑，社区矫正就因而是刑罚又不是刑罚执行方式，岂非完全质换了刑罚执行活动的基本含义？行刑更变成了可左右逢源的儿戏。何况，社区矫正在我国，并非如某些西方国家所规定的那样——乃多种刑罚或刑罚执行方式的统合体。例如，在英国，社区矫正是一个多刑种的统一体，即为多元化的刑种群，其中包括缓刑令（Probation）、假释令（Parole）、社区服务令（Community service order）、宵禁令（Curfew）、监督令（Supervision）。[②]中国却不然，中国刑法中所规定的社区矫正就"是指将符合法定条件的罪犯置于社区内，由专门的国家机关在相关社会团体、民间组织和社会志愿者的协助下，在判决、裁定或决定确定的期限内，矫正其犯罪心理和行为

[①] 参见孙竿、宋立军《社区矫正行刑方式观探微》，载《河南司法警官职业学院学报》2005年第9期。

[②] 参见刘晓梅《英国的社区矫正制度及其对我国刑罚制度改革的启示》，载《犯罪研究》2006年第3期。

恶习，促进其顺利回归社会的非监禁刑罚执行活动"。①可见，我国刑法上所规定的社区矫正并非涵括多刑种的上位概念，也非包摄多种行刑方式的集合概念，因而法律上难以将其界定为既是又不是刑罚的执行方式。

第二，被判决适用缓刑的罪犯，多为过失犯、少年犯、老年犯、怀孕的妇女抑或守法期待不能、守法期待过小的行为群体，这些人原本主观恶性不大、人身危险性不强，再对其进行所谓病理人格、心理或者人身危险性的专门"矫治"的必要性不大。而从规范的强制性看，现行《刑法修正案（八）》第13条规定对缓刑犯"依法实行社区矫正"，这显属刑法上的刚性规范，即缓刑犯不能自行决定其是否自愿参与社区矫正。此外，社区矫正作为一种刑罚执行方式，其在惩戒的同时，立法主旨还在其"矫治"功能的实现。然而，如上所述，现行刑法所规定的考验条件仅仅是考验期内不再犯新罪、未发现漏罪且没有情节严重的违法或悖逆监管规定的行为等，对比分析可见，考验期要求缓刑犯必须达致的条件与社区矫正的任务完全不一样：前者即考验期仅有监督和考察既定的法律事实的有与无的规定性，并无矫治任务；社区矫正则不然，尽管2009年"两高两部"联合颁发的《关于在全国试行社区矫正工作的意见》中，曾经将社区矫正的功能扩展为包括"教育矫正、监督管理和帮困扶助"等，但这当中，针对罪犯的病理人格、性格乃至其不良行为定式的矫治，才是社区矫正的根本任务。再者，从人性化的角度考量，被适用缓刑的过失犯、少年犯、老年犯、守法期待不能者等犯罪分子，本可通过刑法上的缓执行来最大限度地减少其已然"犯罪"所导致的社会不良影响及其本身为"罪犯"的标签效应，如今却不得不定期前往社区参加公益劳动、社区教育等，这在几乎将所有犯罪人"等视"为坏人的中国社会而言，无异于向全社会公示他们的"坏人"或"准坏人"身份，由此所导致或者很可能导致的精神伤害和心理影响之大，不言而喻。有鉴于此，本书认同以下观点：既是缓执行，就彻彻底底、干干脆脆地缓执行为好。

当然，如此一来，学界特别是刑事实务界不少人可能担心：担心公安机关在维系社会治安秩序任务过重的情况下，难以承担对缓刑犯的考察任务，从而导致缓刑犯有缓无管。对此，本书认为：可行且不致违背基本法理的立法或者执法方案是：我国立法机关可授权公安机关牵头联系当地街道组织、居民委员会、村民委员会、行业协会、工会、共青团、妇联、社

---

① 引自《关于在全国试行社区矫正工作的意见》。

会志愿者协会等，组建起专门的缓刑考察委员会来完成有关缓刑考察期的监督考察任务。这样一来，社区矫正既能作为独立的刑罚执行方式，充分发挥其作为国家刑罚权应予发挥的功效；缓刑考察委员会也能在监督、考察被缓刑人员的同时，充分发挥其帮困和扶助被缓刑人员的作用。[①]

第三节 减刑制度

一 减刑制度概述

（一）广义的减刑制度论要

所谓减刑，顾名思义，其理所当然地应当仅仅适用于已决犯＋正在服刑的人员。换言之，对未决犯、有罪免罚的罪犯或者已然刑满释放的人员，都不发生减刑的问题。但就此定义，我国现行刑法上的减刑仍可分类为广义的减刑与狭义的减刑。广义的减刑包括：（1）根据我国《刑法》第50条的规定，将死刑缓期执行减为无期徒刑或者有期徒刑的；（2）根据我国《刑法》第53条的规定，遇到不可抗拒的灾祸时对罚金刑的减免；（3）根据我国《刑法》第57条的规定，在主刑变更时对剥夺政治权利等附加刑的减刑；（4）本章限定的狭义的、严格意义的"减刑"。

（二）狭义的减刑制度概述

本章所讨论的减刑，仅限于狭义的、严格意义的减刑。狭义的"减刑"作为一种正式刑罚制度规定在刑法典中，是中国刑法的独创。早在新中国成立初期，国家就在中央和各大区的有关刑事指令、指示中做出了减刑、假释的规定。以后逐渐完善了减刑的限度、减刑的方法、减刑后刑期的计算等制度，到1979年刑法颁行时，我国的减刑已经演变成为一种正式刑罚制度并规定在中国刑法典之中了。1997年修订后的刑法又对原刑法中的减刑制度做了若干修订，继后，2011年颁行的《刑法修正案（八）》第15条再次对1997年《刑法》第78条做了部分调整。

综上，严格意义的减刑，是指根据我国《刑法》第78—80条的规定，适当减轻犯罪分子原判刑罚的行刑制度。包括：刑种的变更，即由死缓改判为无期徒刑或者有期徒刑的刑种变更；抑或无期徒刑减为有期徒刑的刑

[①] 参见屈学武《中国社区矫正之制度设计及践行思考》，载《中国刑事法杂志》2013年第10期。

种变更；刑期的减短，即较长自由刑减为较短自由刑等。

从世界立法例看，减刑可分类为"得减主义"与"必减主义"两种。得减主义是指得减才减，不得减就不减的减刑法。因而其属弹性规范，俗称"可以"规范。我国1979年刑法采用的就是"得减主义"的立法，即在刑法典之中，只有可以减刑的规定，没有必须减刑的规定。必减主义，则是务必减刑的刚性规范，没有什么伸缩性可言。经修订后的我国现行刑法采取的是"得减主义"与"必减主义"两相结合的立法例。

二 减刑的适用条件

（一）"可以减刑"的适用条件

根据现行《刑法》第78条的规定，正在服刑的罪犯满足下述条件时，可以减刑。即：

1. 此类减刑对象只限于被判处管制、拘役、有期徒刑、无期徒刑的犯罪分子。简单地说，可以减刑的对象仅限于自由刑犯。

2. 犯罪分子在刑罚执行期间认真遵守监规，接受教育改造，确有悔改或立功表现的，可以减刑。

这当中，首先，就刑法的规定性看，适用减刑的对象条件本为"自由刑犯"。但于2011年11月21日发布、2012年7月1日开始施行的《最高人民法院关于办理减刑、假释案件具体应用法律若干问题的规定》（以下简称《规定》）第13条却将上述可适用减刑的对象做了进一步的限制性规定，即判处拘役或者3年以下有期徒刑并宣告缓刑的罪犯，一般不适用减刑。换言之，按照上述《规定》的释定，对拘役刑犯、缓刑犯，原则上不适用减刑。

其次，上述"认真遵守监规，接受教育改造"，本是1997年刑法修订后新增加的内容。而所谓"悔改表现"，根据上述《规定》第2条的释定，"确有悔改表现"是指同时具备以下四个方面情形：（1）认罪悔罪；（2）认真遵守法律法规及监规，接受教育改造；（3）积极参加思想、文化、职业技术教育；（4）积极参加劳动，努力完成劳动任务。对罪犯在刑罚执行期间提出申诉的，要依法保护其申诉权利，对罪犯申诉不应不加分析地认为是不认罪悔罪。罪犯积极执行财产刑和履行附带民事赔偿义务的，可视为有认罪悔罪表现，在减刑、假释时可以从宽掌握；确有执行、履行能力而不执行、不履行的，在减刑、假释时应当从严掌握。

此外，上述最高法院的《规定》第3条还对何谓《刑法》第78条所规定的"立功表现"做了进一步的释定,即具有下列情形之一的,应当认定为有"立功表现":(1)阻止他人实施犯罪活动的;(2)检举、揭发监狱内外犯罪活动,或者提供重要的破案线索,经查证属实的;(3)协助司法机关抓捕其他犯罪嫌疑人(包括同案犯)的;(4)在生产、科研中进行技术革新,成绩突出的;(5)在抢险救灾或者排除重大事故中表现突出的;(6)对国家和社会有其他贡献的。

根据《刑法》第78条的规定,悔改或者立功表现二者是择一条件。实践中,一般而言,有立功表现的大都有悔改表现,但不排除个别场合,有的罪犯就是没有悔改诚意,出狱后可能再犯,但他就是立功了。这时候,要考虑到国家立法上鼓励"立功",因而此类服刑人员,也可以成为减刑的对象。

(二)"应当减刑"的适用条件

根据现行《刑法》第78条的规定,服刑期间有"下列重大立功表现之一的,应当减刑。"对何谓"重大立功表现,现行《刑法》第78条及上述《规定》第4条都做了明确规定,即当服刑人员"具有下列情形之一的,应当认定为有"重大立功表现":(1)阻止他人实施重大犯罪活动的;(2)检举监狱内外重大犯罪活动,经查证属实的;(3)协助司法机关抓捕其他重大犯罪嫌疑人(包括同案犯)的;(4)有发明创造或者重大技术革新的;(5)在日常生产、生活中舍己救人的;(6)在抗御自然灾害或者排除重大事故中,有特别突出表现的;(7)对国家和社会有其他重大贡献的。

三 减刑的限度及其程序

(一)减刑的限度及其时间间隔

我国刑法上的减刑,并不是无限度地减轻。按照经《刑法修正案(八)》修订过的现行《刑法》第78条第3款的规定,被判处管制、拘役和有期徒刑的罪犯,在经过一次或几次减刑以后,可以等于但不得少于原判刑期的二分之一。无期徒刑经过一次或几次减刑以后,实际服刑期不能少于13年。而人民法院依照《刑法》第50条第2款规定,"限制减刑的死刑缓期执行的犯罪分子,[①] 缓期执行期满后依法减为无期徒刑的,不能少于25年,缓期执行期满后依法减为25年有期徒刑的,不能少于20年"。

---

① 根据经《刑法修正案(八)》修订过的现行《刑法》第50条第2款的规定,"对被判处死刑缓期执行的累犯以及因故意杀人、强奸、抢劫、绑架、放火、爆炸、投放危险物质或者有组织的暴力性犯罪被判处死刑缓期执行的犯罪分子,人民法院根据犯罪情节等情况可以同时决定对其限制减刑"。

针对上述立法规定，最高人民法院又通过上述《规定》做了进一步的细化释定。包括：（1）对有期徒刑，《规定》释定的减刑幅度及其时间间隔为：确有悔改表现，或者有立功表现的，一次减刑一般不超过1年有期徒刑；确有悔改表现并有立功表现，或者有重大立功表现的，一次减刑一般不超过2年有期徒刑。有期徒刑罪犯的减刑起始时间和间隔时间为：被判处5年以上有期徒刑的罪犯，一般在执行1年6个月以上方可减刑，两次减刑之间一般应当间隔1年以上。被判处不满5年有期徒刑的罪犯，可以比照上述规定，适当缩短起始和间隔时间。确有重大立功表现的，可以不受上述减刑起始和间隔时间的限制。（2）对无期徒刑，《规定》细化的减刑原则为：无期徒刑罪犯的减刑幅度为：确有悔改表现，或者有立功表现的，一般可以减为20年以上22年以下有期徒刑；有重大立功表现的，可以减为15年以上20年以下有期徒刑。（3）针对死缓犯的减刑，上述《规定》释定的减刑原则为：死刑缓期执行罪犯减为无期徒刑后，确有悔改表现，或者有立功表现的，服刑2年以后可以减为25年有期徒刑；有重大立功表现的，服刑2年以后可以减为23年有期徒刑。但死刑缓期执行罪犯经过一次或几次减刑后，其实际执行的刑期不能少于15年，死刑缓期执行期间不包括在内。此外，上述《规定》还特别强调：死刑缓期执行罪犯在缓期执行期间抗拒改造，尚未构成犯罪的，此后减刑时可以适当从严。此外，《规定》还要求：被限制减刑的死刑缓期执行罪犯，缓期执行期满后依法被减为无期徒刑，或者因有重大立功表现被减为25年有期徒刑的，应当比照未被限制减刑的死刑缓期执行罪犯在减刑的起始时间、间隔时间和减刑幅度上从严掌握。（4）对附加刑的减刑。上述《规定》第12条特别规定："有期徒刑罪犯减刑时，对附加剥夺政治权利的期限可以酌减。酌减后剥夺政治权利的期限，不能少于1年。"

然而，鉴于未成年人的特殊情形，针对减刑、假释时尚未年满18周岁的未成年人，上述《规定》第19条还特别规定，对"未成年罪犯的减刑、假释，可以比照成年罪犯依法适当从宽"。"未成年罪犯能认罪悔罪，遵守法律法规及监规，积极参加学习、劳动的，应视为确有悔改表现，减刑的幅度可以适当放宽，起始时间、间隔时间可以相应缩短。符合《刑法》第81条第一款规定的，可以假释。"

（二）减刑的程序

现行《刑法》第79条特别规定："非经法定程序不得减刑。"据刑法本条的规定，减刑的法定程序为：(1) 由执行机关向中级以上人民法院提出减刑建议书。(2) 人民法院应当组成合议庭进行审理。从而对确有悔改或者立功表现的受刑人员实行减刑。

值得强调的是，2014年4月10日，最高人民法院审判委员会第1611次会议通过了《最高人民法院关于减刑、假释案件审理程序的规定》，规定于2014年6月1日正式施行。总体来看，该规定已以长达22条的具体规定，对人民法院应当如何规范适用减刑与假释的程序问题，做了相当详细的规定，作为刑事实体法教材的本书这里就不再就此程序问题逐一探究了。

第四节 假释制度研究

一 假释制度概述

假释，又称为假释放、假出狱、余刑期的暂缓执行等。其实质，是对已决犯调整刑罚的执行制度，由我国现行《刑法》第81—86条加以规定。

假释，指对被判处徒刑的犯罪分子，执行一定期间刑罚以后，有悔罪表现且无再犯罪危险的，予以附条件地提前释放的行刑制度。

假释最早始于英国。1814年，英国首先对一般罪犯实行假释制度。当时，因为监狱里人满为患，英国方面独出心裁：对正在服刑的所谓"行为优良"的受刑人，发放"假释票"（ticket of leave）——这便是假释制度的开始。1854年以后，英国立法机关把这种发放假释票的制度修改了一下，衍生成继后的比较完备的假释制度。假释制度具有如下功能和意义：

其一，刑法理论意义。传统的罪刑法定主义认为，法无明文规定不为罪、法无明文规定不处罚。同时，论罪科刑后也不容许中途减免。基于此，假如对服刑期间悔改了的人可以提前释放的话，就打破了传统罪刑法定主义的一罪一刑、有罪必罚的原则；同时，也打破了传统绝对主义的刑罚报应观——因为服刑人的"恶"似乎还没有得到完全的"报应"就假释放了。因此，西方刑法学者多认为：假释制度是刑罚目的刑论的产物。

刑罚目的刑论者认为，对犯人科处刑罚，主要是为了预防犯罪——通过改造受刑人为新人的方式来预防。犯人在服刑过程中，既有悔改表现，能够适应社会生活了，则应假释放，这是理所当然的。据此认为，假释制度有以下三方面意义：(1) 假释制度蕴含着刑罚个别化的内容。即刑罚不能斤斤计较"罪刑相适应"、"罪刑等价"、"定罪均衡",而应根据受刑人的主观恶性、人身危险性等,对不同的受刑人施以不同长短的刑期。因而现今刑法的中心不在于"定罪均衡",而在于"科刑"即通过"刑之酌科",来消灭犯罪恶性,以防卫社会。(2) 假释制度蕴含着行刑社会化的形式。由假释概念可见,被假释的受刑人,被附条件地回归到了社会,社会往往有专门的机构监督、考察他们。因此广义上看,"行刑"的地点、行刑机关都被投到了社会。例如,美国的假释委员会、英国的视察委员会;日本的更生保护组织,都可谓行刑社会化合作机构之一。

总之,假释制度是行刑现代化的产物。现今的刑罚,越来越讲究由封闭到开放、由报应到教育,这是人类认识提高的表现,也是生产力发展的必然结果。加之,假释制度也符合刑罚经济化原则,有利于减轻国家负担。所以,生产力越发展,罪犯越多,假释制度也就愈加必要。

其二,监狱法理论意义。就监狱法理念看,实行假释制度:(1) 可以鼓励受刑人改过自新:特别是对无期徒刑犯,靠减刑制度也须服很长刑期,不少国家还没有减刑制度。假释制度的规定,虽无减轻刑罚之名,却有减轻刑罚之实,所以,它能给受刑人以一种"重创生活"、"重归社会"的勇气,有利于他们在此"动力"之下认真改过自新。(2) 可以既维护法律判决的严肃性、稳定性,又弥补量刑之失当。尤其是弥补判处无期徒刑的失当。如果服刑人人身危险性并不大,而量刑过重的话,监禁一定时间后,即可假释出狱。(3) 为受刑人出狱后完全自由、完全适应社会,设立了一个过渡的阶梯。按现行刑法的规定,被假释的犯罪分子,在假释考验区内,还须"依法实行社区矫正"。其间,他们可以通过重新融入社会的社交能力、科技知识的学习与掌握,来逐步调适其重新步入社会的从心理到技能的相关协调与融会贯通能力,进而,这对他们而言,也可以起到一定的出狱之后的"更生保护"作用。(4) 假释制度可以疏通监狱,节省人力、财力。

二 假释的条件

根据经《刑法修正案（八）》修订过的现行刑法的规定,假释的条件如下:

1. 对象条件

假释的对象只能是徒刑犯。包括被判处有期徒刑或者无期徒刑的犯罪分子。但根据现行《刑法》第 81 条第 2 款的规定,下列人等除外,即"对累犯以及因故意杀人、强奸、抢劫、绑架、放火、爆炸、投放危险物质或者有组织的暴力性犯罪被判处10年以上有期徒刑、无期徒刑的犯罪分子，不得假释。"就此问题，于2012年7月1日开始实施的《最高人民法院关于办理减刑、假释案件具体应用法律若干问题的规定》第18条还做了进一步释定，即因上述情形和犯罪被判处死刑缓期执行的罪犯，被减为无期徒刑、有期徒刑后，也不得假释。由此可见，实践中，假释可能更多地适用于被判处徒刑的经济罪犯或其他非暴力性犯罪等。

2. 刑期执行条件

按照我国《刑法》第81条的规定，被判处有期徒刑的犯罪分子，须执行原判刑期二分之一以上，被判处无期徒刑的犯罪分子，须实际执行13年以上，方才符合此一刑期执行条件。除我国之外，当今世界还有不少国家对假释的服刑期限做出了一定限制性规定。即规定假释只适用于服刑一定期限的罪犯，这叫"有限制制"。具体而言，此类有限制制又包括下述三种不同方式，即：（1）明定年限制——明确规定被判各类刑罚的罪犯须服刑多少年后才能假释；（2）比例制——规定罪犯须服完刑期的几分之几才能假释；（3）混合制——既规定需要执行刑期的比例，又规定一个起码服刑期。例如中国、法国即属之。此外，也有个别国家对特定的刑种采取"无限制制"，如《日本刑法》第30条对拘留刑的"假出所"规定就是这样："对于被判处拘留的人，根据情节，在任何时候都可以根据行政机关的决定，准许假释出所"。当然，《日本刑法》第30条所规定的"假出所"，与《日本刑法》第28—29条所规定的、严格意义的假释有一定区别。

此外，在刑期执行条件上，我国《刑法》第81条还有"除外规定"。即如果确有特殊情况，"经最高人民法院核准，可以不受上述执行刑期的限制"。对此，《最高人民法院关于办理减刑、假释案件具体应用法律若干问题的规定》第17条的释定是："刑法第81条第一款规定的'特殊情况'，是指与国家、社会利益有重要关系的情况。"

3. 主观条件

必须确有悔改表现，假释后没有再犯罪的危险。从理论上讲，这里之悔改表现的具体内容，应与"减刑"的悔改内容一样，且二者适用的乃同一项司法解释。但与减刑有所区别的是，减刑者不一定非要有悔改表现，即其没有悔改表现、仅有立功表现者也可以适用减刑。假释则不然，没有悔改表现者不得适用假释。换言之，有其悔改表现、没有再犯罪的危险，二者乃被假释放者须同时兼备的条件。这是因为，一般情况下，减刑者并不立即出狱，即其虽经减刑，但仍须在监服刑若干时间。假释者则不然，一经假释，受刑人将赓即重返社会。因而若其尚无悔改表现，很可能重新犯罪并引发社会恐慌。立法上因而要求所有被假释者必须有其悔改表现不说，还明确要求其被假释放后，没有再犯罪的危险。因此，现行《刑法》第81条第3款特别规定："对犯罪分子决定假释时，应当考虑其假释后对所居住社区的影响。"

当然，针对服刑时尚未成年的未成年犯，按照上述《规定》第19条的释定，对他们之假释也"可以比照成年罪犯依法适当从宽"。而且"未成年罪犯能认罪悔罪，遵守法律法规及监规，积极参加学习、劳动的，应视为确有悔改表现"，"符合《刑法》第81条第一款规定的，可以假释"。

此外，上述《规定》第20条还规定："基本丧失劳动能力、生活难以自理的老年、身体残疾、患严重疾病的罪犯，能够认真遵守法律法规及监规，接受教育改造，应视为确有悔改表现，减刑的幅度可以适当放宽，起始时间、间隔时间可以相应缩短。假释后生活确有着落的，除法律和本解释规定不得假释的情形外，可以依法假释。对身体残疾罪犯和患严重疾病罪犯进行减刑、假释，其残疾、疾病程度应由法定鉴定机构依法做出认定"。

假释的考验期为：（1）有期徒刑的考验期为余刑期，亦即没有执行完毕的刑期；（2）无期徒刑的考验期为10年。——其期限都从假释之日起算。《刑法》第84条还具体规定了假释期间，假释犯应予遵守的具体事项。此外，现行《刑法》第85条还特别规定，对"假释的犯罪分子，在假释考验期内，依法实行社区矫正"。

三　假释考验期满的法律效果

《刑法》第85条、第86条就此问题做出了明确的规定。具体而言，假释考验期满，其法律效果可区分为通过了考验与没有通过考验两类情况：

1. 通过了考验期的法律效果

在假释考验期内，被裁定假释的犯罪分子，如果没有出现《刑法》第86条第1—3款所规定的事由，考验期满，"就认为原判刑罚执行完毕，并公开予以宣告"。

2. 未通过考验期的法律效果

根据《刑法》第86条的规定，其法律效果将因其发生或发现的事由的不同而异：（1）在假释考验期间，发现漏罪的，应当撤销假释，按照现行《刑法》第70条所规定的"先并后减"原则实行数罪并罚。（2）在假释考验期间，又犯新罪的，应当撤销假释，按照现行《刑法》第71条所规定的"先减后并"原则实行数罪并罚。（3）有违反法律、行政法规或者国务院有关部门关于假释的监督管理规定的行为，尚未构成新的犯罪的，应当依照法定程序撤销假释，收监执行未执行完毕的刑罚。

最后，对假释的程序性问题，这里也有必要再次强调：鉴于《最高人民法院关于减刑、假释案件审理程序的规定》已就此问题做出具体释定，这里恕不繁言。

本章小结

本章主要研讨了包括缓刑制度、减刑制度、假释制度在内的中国刑罚的执行制度。我国的缓刑制度分为一般缓刑与战时缓刑。对一般缓刑《刑法修正案（八）》做了若干调整，但对战时缓刑却未做任何修改。总体来看，《刑法修正案（八）》对缓刑、减刑、假释均做出了相对于之前更加严厉的限制性规定，包括针对缓刑犯、假释犯均做出了"依法实行社区矫正"的规定，等等。然而，与此同时，相对于未成年人、年满75周岁以上的老年犯等，《刑法修正案（八）》又对其适用缓刑、减刑与假释做出了相对宽缓的规定，这也是我国一贯主张和奉行的宽严相济的刑事政策在刑事立法上的重大表现之一。

最后，这里还有必要再次强调的是：对比《刑法》第76条、第85条关于缓刑犯与假释犯考验期满的不同法律效果规定性可见，通过了考验期的缓刑犯的法律效果为"原判的刑罚就不再执行"；假释犯则为"就认为原判刑罚已经执行完毕"。而累犯要求"刑罚执行完毕"之后一定时间内再犯。可见，假释犯即便实际并未行刑完毕，但因其刑法评价乃为"原判刑罚执行完毕"，因而假释犯考验期满之后、一定时间内再犯可能构成累犯。缓刑犯则因其刑法评价乃为原判"刑罚不再执行"，考验期满之后5年内再犯不可能构成累犯。

思 考 题

一　名词解释

刑罚执行犹豫主义　缓宣告　得减主义　必减主义　假释

二　简答题

1. 简述缓刑制度的基本属性。

2. 简述一般缓刑与战时缓刑的区别。
3. 试论我国刑法对死缓犯实行限制减刑的刑罚意义。
4. 简述缓刑犯与假释犯考验期满法律效果上的不同及其对累犯的意义。

三 论述题
1. 试论社区矫正制度适用于缓刑犯的基本价值之你见。
2. 试结合《刑法修正案（八）》关于缓刑、减刑、假释的有关规定，阐释宽严相济的刑事政策于我国刑事立法的特别意义。

阅读参考文献

储槐植、李莎莎：《中美假释制度比较论纲》，载《江苏警察学院学报》2011 年第 1 期。

徐静村：《减刑、假释制度改革若干问题研究》，载《法治研究》2010 年第 2 期。

胡云腾、周加海、喻海松：《〈关于对判处管制、宣告缓刑的犯罪分子适用禁止令有关问题的规定（试行）〉的理解与适用》，载《人民司法》2011 年第 13 期。

黄永维、李宗诚：《〈关于办理减刑、假释案件具体应用法律若干问题的规定〉解读》，载《人民检察》2012 年第 6 期。

卢建平：《风险社会的刑事政策与刑法》，载《法学论坛》2011 年第 4 期。

屈学武：《中国社区矫正之制度设计及践行思考》，载《中国刑事法杂志》2013 年第 10 期。

于志刚：《关于增设消除犯罪记录型缓刑刑事之立法建议的置疑》，载《山东警察学院学报》2010 年第 2 期。

刘仁文：《社会转型与刑事政策》，载《当代法学》2005 年第 4 期。

吴宗宪：《论减刑条件的问题与改革》，载《河南社会科学》2010 年第 4 期。

周振杰：《美国的震慑缓刑制度及其借鉴》，载《环球法律评论》2007 年第 1 期。

时延安：《论死缓犯限制减刑的程序问题——从对〈刑法〉第 50 条第 2 款的法理分析引入》，载《法学》2012 年第 5 期。

第十五章　刑罚权的消灭

> 内容提要

刑罚权的消灭是指具体的刑罚求刑权、量刑权、行刑权和现实的刑罚法律关系的终结。刑罚的消灭可因法定事由或事实事由而引起。法定事由包括：(1) 亲告罪告诉人撤回其诉的。(2) 犯罪行为经过的时间已超过法定追诉时效的。(3) 行刑完毕前，经特赦令免除其余刑的。(4) 人民法院根据我国《刑法》第53条的规定，裁定酌情减少或者免除犯罪人罚金刑罚的。(5) 缓刑犯缓刑考验期内未发生法定事由、考验期满则原判的刑罚就不再执行。(6) 战时被宣告缓刑的犯罪军人，因其戴罪立功而"撤销原判刑罚、不以犯罪论处"者。刑罚消灭的事实事由包括：(1) 刑罚已然执行完毕。(2) 假释犯考验期满，没有发生刑法法定事由时，刑法评价上也认为其"原判刑罚已经执行完毕"。(3) 受刑人在刑罚尚未执行完毕之前身逝者。刑法的时效可分为追诉时效与行刑时效，我国刑法仅有追诉时效规定。针对刑法上之所以应予设置时效制度的理论依据，学界历来存在刑罚同一说、证据湮没说、社会秩序维持说、效益说与法律矛盾调和说等多种观点。这当中，除法律矛盾调和说难以自圆其说之外，上述第一至第四说所述理由，各有一定道理，值得首肯。我国刑法虽有追诉时效的规定，但为了重处在时效进行期间再犯新罪者；同时也为了防范犯罪分子利用时效制度逃避侦查或者审判，我国立法机关同时规定了追诉时效的中断与追诉时效的延长制度。最后，针对我国现行刑法上仅有特赦、并无大赦制度的立法例，我国不少学人提出了在我国宪法中增设大赦制度的立法建言。

第一节　刑罚权的消灭论要

一　刑罚权的消灭与刑罚的消灭

刑罚权的消灭是指具体的刑罚求刑权、量刑权、行刑权和现实的刑罚法律关系的终结。具体而言，刑罚求刑权、量刑权、行刑权力的实现，尚待刑事告诉权的行使为其前提条件。但刑事告诉权的启动，无论是公诉权、自诉权还是刑事实体法上的、被害人或其近亲属亲自告诉才处理的亲告罪案的权利行使，究其过程体所包摄的"程序"意蕴看，它更多地归属于刑事诉讼法学所研究的内容。因而，本章所研讨的针对犯罪分子的求刑权、量刑权、行刑权等，并非完全针对已然走完所有刑事诉讼程序的"已决犯"而言。否则，所谓刑罚权的内容就只能局限于"行刑权"的小范围之内。有鉴于此，本章所研讨的所谓"刑罚权"，乃是针对行为已然该当构成要件，且有其违法性有责性的、实体法上的"犯罪分子"而言。也就是说，本章乃是从"刑事实体"视界所认同的"犯罪分子"的视界，来探究与刑罚权的消灭有关的相关问题的。①

综上可见，刑罚权的消灭与刑罚的消灭，是两个既相联系、又有一定区别的概念。刑罚权的消灭，既然包括刑事告诉权（求刑权）、量刑权和刑罚执行权的消灭，刑罚的消灭，也就理所当然地应当成为刑罚权的消灭之最终状态。就此意义看，刑罚权的消灭可谓刑罚消灭之因、刑罚的消灭则为刑罚权得以消灭之当然后果。

二 刑罚权消灭的事由

刑罚权的消灭可因法定事由或事实事由所引起。其中：

刑罚消灭的法定事由包括：（1）亲告罪的场合，告诉人撤回其亲自告诉的。按照我国刑法的规定，我国刑法中不少犯罪为刑法学理上的亲告罪，即该项犯罪须被害人等亲自去人民法院告诉，不告不理的犯罪案件。对此，我国《刑法》第98条明文规定，称刑法"所称告诉才处理，是指被害人告诉才处理。如果被害人因受强制、威吓无法告诉的，人民检察院和被害人的近亲属也可以告诉"。如我国《刑法》第246条所规定的侮辱罪、诽谤罪、第257条所规定的暴力干涉婚姻自由罪、第260条所规定的虐待罪等，均为刑法学上的亲告罪。（2）犯罪行为经过的时间业已超过刑法法定的追诉时效，公诉机关依法不得再对行为人提起追诉的罪案。这当

---

① 从程序法与实体法相结合的法律视角看，真正的犯罪分子，应为已经由人民法院终审判决确定其已然构成"犯罪"的罪犯。但就此视角来研讨刑罚权消灭的话，则其研究内容将仅仅局限于刑罚执行权而已。本章所要研讨的追诉时效等问题将被悉数剔除出去。但本教材乃为刑事实体法教材，这里的国家刑罚权的消灭，除行刑权外，还应包括求刑权、量刑权等。因而本章对"犯罪分子"的诠释，也就限于刑事实体法的视角而言了。

中涉及刑法时效问题，本章将在以下一节专题研讨。（3）刑罚宣告之后、刑罚执行完毕之前，经特赦命令免除其余刑的。有关我国刑法上的赦免规定，本章第三节将专题研讨。（4）根据我国《刑法》第53条的规定，罚金本当在判决指定的期限内一次或者分期缴纳。然而，当其被判处罚金的犯罪分子，遇到不能抗拒的灾祸缴纳罚金确有困难之际，人民法院可依法裁定酌情减少或者免除其罚金刑罚。（5）被判处缓刑的犯罪分子，缓刑考验期满、在法定期限内没有发生《刑法》第77条规定的情形时，原判刑罚不再执行，刑罚因而消灭。（6）根据《刑法》第449条的规定，在战时，对被判处3年以下有期徒刑没有现实危险、宣告缓刑的军人，因其戴罪立功而"撤销原判刑罚、不以犯罪论处"者，罪与刑也同时消灭。

刑罚消灭的事实事由则包括：（1）刑罚已然执行完毕。（2）被裁定假释的犯罪分子，假释考验期满，没有发生《刑法》第86条规定的情形时，刑法评价上也认为其"原判刑罚已经执行完毕"。（3）刑罚宣告之后、服刑人员在刑罚尚未执行完毕之前去世者。

第二节 时效

时效本可以分为追诉时效与行刑时效两种类型，但我国刑法仅做了追诉时效规定。追诉时效又称公诉时效，是指刑事法律所规定的、追究犯罪嫌疑人、被告人刑事责任的法定期限。例如，对一个犯了情节一般（非重伤型）的故意伤害罪的犯罪人，如其当时公诉机关没有及时立案，则经过5年后，司法机关与自诉人均不能再就本案提起刑事诉讼，因为按照我国《刑法》第87条的规定，本案已超过了经公诉机关或自诉人提起诉讼的追诉时效。

行刑时效又称刑罚时效，是指刑法规定的、国家刑罚权能够对遭致刑罚宣告的犯罪人启动刑罚执行权的法定期限。与中国刑法规定恰恰相反的是：现行日本刑法仅有行刑时效、却无追诉时效规定。现行《日本刑法》第32条即属行刑时效规定。例如，根据该规定，在日本，有关行刑机关在死刑判决宣告确定后30年之内、无期惩役或者监禁刑在判决宣告确定后20年之内、10年以上的有期惩役或者监禁刑在判决宣告确定后15年之内还没行刑的，时效即告完成，有关行刑机关从此丧失了再行启动国家刑罚权来行刑于犯罪人的权力。

一　追诉时效规定的理论依据之争

对于刑法追诉时效的规定，人们不免质疑：一罪一刑、有罪必罚乃罪刑法定主义的基本要求，为什么犯罪分子作案后、经过一定时间没有再犯，国家司法机关就不能再追诉于他（她）了？这一问题，实际牵涉到针对追诉时效消灭的理论根据问题。对此，刑法学界向有多种学术观点：

第一说为"刑罚同一说"。认为犯罪人在逃亡期间，日夜战战兢兢，诚惶诚恐，小心万分不说，境遇与精神上还备受煎熬与苦楚。这种惨痛境遇与精神上的悲苦与受刑人遭受到的痛楚感同身受，可谓与"刑罚同一"。进而，罪犯不难悔悟前非、重新做人。有鉴于此，超过追诉期限也就无须再追诉了。第二说为"证据湮没说"。此说的主要观点是：案发时间过久，作案和定罪的证据大多消失或者湮灭了，司法机关因而已然难以对当时的行为提起公诉甚至对其定罪判刑了。第三说乃为社会秩序维持说。认为时效制度主要是为了维持现状，从而维持社会生活秩序，使社会相安无事。犯罪经过时间过久，证据已然湮没，追诉也不方便了；或者犯罪人已然悔悟，民众对此事也已经淡忘了。则，在时过境迁、社会秩序已然恢复正常的情况下，刑事处罚也就没必要了，这种情况下再去提起追诉，反而扰乱了既定社会秩序，弊多利少。第四说为效益说，又称功利说。认为一定追诉期限的规定，有利于司法机关集中办理现行案件，以免司法机关始终埋头于经年久月的陈年积案中钻不出来，从而可以节省大量的人力、物力。加之现行案件的社会震撼力更大，唯有抓紧现行案件的审理，才更加有利于刑罚特殊预防与一般预防目的的实现。有鉴于此，必要时，以"较少的公正为代价换取较多的秩序和效率，是利益权衡下的产物。当公正价值更为重大，适用时效制度会造成社会不公时，刑法也有所变通，这也是我国刑法规定死刑、无期案件经最高人民检察院核准仍可追诉，对这样的案件保留可能的追诉权的原因。"[①]第五说为"法律矛盾调和说"。主要观点是：有犯罪必应受惩罚，倘若很长时间未对犯罪进行处罚，这就在事实上令现状与法律呈现出一种相互抵牾的矛盾状态，而国家规定时效制度，就是通过制度设计来自行调和这种事实与法律规定的矛盾。

上述五种理论，以其第五说即"法律矛盾调和说"的问题最为明显。因为追诉时效的消灭，无疑会调和法律的规定与现实之间的矛盾——此乃

---

① 陈兴良主编：《刑法总论精释》，人民法院出版社2011年版，第943页。

追诉时效消灭的当然后果。可见,"法律调和矛盾说"最大的问题乃在:将追诉时效的"根据"与追诉时效消灭的"后果"混为一谈。故而,从形式逻辑的角度讲,此一论证法,其实偷换了论证的主题,因而殊不可取。除此之外,本书认为,上述第一到第四说都各有一定的道理。这是因为,首先,从前提条件看,我国所规定的追诉时效,并非仅以经过一定的时间为要,还要求犯罪后未被国家司法机关、安全机关发现、无人提起控告、时效期间未曾犯过任何新罪(哪怕是过失犯罪),等等。进而,从刑罚目的来看,既然本书认同报应刑与预防刑相结合的、并合主义的刑罚目的论,则,犯罪人是否遭致类似于刑罚的"报应",的确应予考虑。而上述"刑罚目的说"之论证确有一定道理。上述"证据湮没说"、"社会秩序维持说"与"效益说",在"根据"论证的视角或者侧重点上虽然有所不同:例如证据湮没说更多的是从刑事程序上去考量问题、社会秩序维持说则更多地从刑法的重大任务之一:社会秩序的稳定角度上去考察有关追诉时效消灭的理由、效益说则侧重于刑罚的特殊预防与一般预防相结合的机能来分析有关追诉时效应予消灭的根据,等等,但综合起来看:上述第一到第四说,都是基于并合主义的刑罚目的,即既报应犯罪也预防犯罪的角度来论证刑罚消灭的理由的。无论如何:既然在相当长的时段内、战战兢兢、感同刑罚身受的犯罪人没犯新罪,则无论是报应还是一般预防的刑罚目的,已然基本实现,刑罚权的消灭,也就理所当然了。

二 时效等级及其期限计算

对追诉时效,各国大都根据罪与刑的规定及其追诉时长的需要,将其划分为几个等级,我国《刑法》第 87 条将其分为四个等级:(1)法定最高刑为不满 5 年有期徒刑的,经过 5 年;(2)法定最高刑为 5 年以上不满 10 年有期徒刑的,经过 10 年;(3)法定最高刑为 10 年以上有期徒刑的,经过 15 年;(4)法定最高刑为无期徒刑、死刑的,经过 20 年。如果 20 年以后认为必须追诉的,须报请最高人民检察院核准。例如:某甲在 1993 年 10 月 5 日犯了谋杀罪,该罪的法定最高刑为死刑。则对某甲,司法机关原则上应自 2013 年 10 月 5 日起才无权追诉其 1993 年的杀人罪行,但如其罪行确属特别重大,司法机关认为必须追诉的,报请最高人民检察院核准后,可以追诉。

对于时效期限的起算,我国《刑法》第 89 条明文规定,"追诉期限从犯罪之日起计算;犯罪行为有连续或者继续状态的,从犯罪行为终了之日起计算"。所谓"犯罪之日",刑法学界有犯罪行为发生之时、犯罪成立之时和犯罪行为停止之日几种不同观点。其中第三种观点即犯罪行为停止之日为通说观点。但对"犯罪停止之日",也应根据行为人犯罪形态的不同有所区别。一般认为,对行为犯而言,"犯罪停止之日"应指犯罪行为停止之时;对结果犯来说,是指结果发生之时;对实害犯来说,必须是实际损害发生之时;对连续犯来说,须是连续于前一次或几次的最后一次犯罪行为终了之时。对于继续犯而言,应从行为人最终结束其在时间上没有间隔的"继续着"的犯罪状态之时起算。例如,某 A 1992 年初婚,2000 年通过假证件再次登记"结婚"。这第二重婚姻直至 2014 年 2 月 20 日才予解除。有鉴于此,对某 A 所触犯的重婚罪名而言,其犯罪行为的终了之日应为 2014 年 2 月 20 日,则司法机关对某 A 的追诉时效也当从 2014 年 2 月 20 日起算,直至 2019 年 2 月 20 日,检察机关才无权追诉之。

三 追诉时效的中断

追诉时效的中断,指在时效进行期间内,由于法定事由的发生,使得以前经过的期间归于无效的制度。按照我国《刑法》第 89 条第 2 款的规定,导致追诉时效中断的"法定事由"是指:在"追诉期限内又犯罪的"情形——当其该一法定事由发生时,以前经过的全部期间均归无效,"前罪追诉的期限从犯后罪之日起计算"。也就是说,只要是在前罪时效进行期间内,不论犯罪分子又犯何种新罪——哪怕是一桩过失犯罪,前罪已经经过的追诉期间全都白白经过,即时作废。例如:

再以前面所举的某甲杀人罪案看,假如某甲在时效进行期间没有犯新罪,则到 2013 年 10 月 5 日起,其杀人罪的追诉时效届满,司法机关因而原则上不能再追究其刑事责任。但是,假如某甲在此时效进行期间之内——例如,在 2013 年 8 月间又犯了一项过失重伤害罪,则某甲的故意杀人罪的时效就应当从其再犯过失重伤害罪之日、即从 2013 年 8 月重新起算,则司法机关须等到 2033 年 8 月之后,方才不能追究其 1993 年所实施的杀人罪行。另一方面,对某甲所实施的过失重伤害罪,鉴于其最高法定刑为 7 年,应适用第二等级的时效限制,其时效限制为 10 年。可见,对某甲的过失重伤害罪,其追诉时效为:在 2023 年 8 月之后不得再对其过失重伤害罪提起诉讼。

四 追诉时效的延长

追诉时效的延长，也叫停止时效。是指在时效进行期间，因法律规定的事由发生，时效停止计算，当法律规定的事由消除时，时效重新开始起算的制度。这里所谓"法律规定的事由"是由我国《刑法》第 87 条、第 88 条所规定的，具体内容如下：（1）在人民检察院、公安机关、国家安全机关立案侦查或者在人民法院受理案件以后，逃避侦查或者审判的，不受追诉期限的限制。（2）被害人在追诉期限内提出控告，人民法院、人民检察院、公安机关应当立案而不予立案的，不受追诉期限的限制。所谓不受追诉期限的限制，是指追诉期限可以无限延长，又称为一般延长。（3）追诉时效期间为 20 年，经过 20 年后仍需追诉的，报请最高人民检察院核准后可以酌情延长。这也是法律规定的时效延长事由之一。但基于这种延长类型的特殊，学理上又称为"酌情延长"或"特殊延长"。

时效的延长与"时效中断"的主要区别在于：时效延长的场合，当其法定事由发生时，司法机关对此类犯罪行为的追诉已经没有了追诉时效的限制。唯有该法定事由消失时，才产生追诉时效问题。时效中断的场合则不然，法定事由发生时，时效限制依然存在，只不过是已经经过的时效全部归于无效，须从法定事由发生之日起重新起算追诉时效。

第三节 赦免

赦免是指国家以政令形式来免于追诉犯罪分子的刑事责任，抑或免除或减轻受刑人刑罚的制度。从本质上讲，各国规定赦免制度的本旨乃在用以多少补救立法与司法上难免发生的不足。"法律就其性质而言属于统一和不变的，在各种特殊情况或事后情况发生变化时，往往会产生不恰当的后果"。[1]于是，与上诉、申诉、再审、假释等一样，赦免也是作为立法与司法可能产生的不足而设立的补救措施之一。与上诉、申诉等不同的地方仅仅在于：赦免不是通过刑事司法程序得以实现的。唯其如此，从实质上讲，各国刑法所规定的赦免，事实上都是绕开司法机关所执掌的国家刑罚权渠道、直接经由国家最高行政权力或者行政内阁所执掌的行政特权来消

---

[1] [日]福田平、大塚仁编：《日本刑法总论讲义》，李乔、文石、周世铮译，辽宁人民出版社 1986 年版，第 250 页。

灭或者减轻刑罚的。例如，美国总统依宪有权签署针对死刑犯的赦免令；而在日本，按其明治宪法的规定，天皇可行使有关赦免权力；日本现行宪法则规定经由其内阁来行使赦免权。

赦免可分为大赦、特赦、免刑、复权等。我国刑法所规定的赦免，仅限于特赦。而这一赦免制度在我国刑法中，也仅仅是在其《刑法》总则第65条关于累犯的规定中有所涉及，此外，中国刑法对此再无专门规定。当然，刑法的这一规定也是有其宪法依据的。按照我国现行《宪法》第67条第17项的规定，全国人民代表大会常务委员会依法行使"决定特赦"的职权；《宪法》第80条又规定，国家主席享有"发布特赦令"的权力。

一 大赦制度

大赦制度大多规制于各国宪法，该权力大多经由国家元首抑或国家最高权力机关行使并发布。大赦往往不是针对某一个罪或某个别罪犯的赦免，而是针对下列情况的赦免：（1）对特定时期的各类罪犯的普遍赦免。例如，封建时代新君登基之大赦天下，就类似于此类大赦。当然，现代社会，此类大赦几已绝迹。（2）针对某一历史时期全部犯罪人的罪或者刑的赦免。①例如，下述实例：2003年摩洛哥王宫发布公告称：8日早上，摩洛哥王后在其首都生下了国王的第一个儿子，即穆莱·哈桑王子，母子平安健康。时任国王穆罕默德六世为庆祝其第一个王子及王位继承人的诞生，特地发布了大赦令，决定释放包括293名外籍犯在内的9459名囚犯，并对38529名囚犯实行了减刑。②

二 特赦制度

我国现行刑法中的特赦，是指国家对已经被定罪量刑的特定犯罪分子，免除其全部或部分刑罚的制度。新中国成立以来，我国曾对日本战犯、伪满战犯、国民党战犯等特定罪犯进行过7次特赦。1959年9月17日，第二届全国人大常委会第九次会议决定在新中国国庆10周年之际，特赦部分战犯。同日，时任我国国家主席刘少奇发布了特赦令。同年12月4日，最高人民法院分别在北京、抚顺、济南、西安等地的战犯管理所执行了上述特赦令，宣布对确有悔悟表现的伪满战犯、国民党战犯、反革命犯

---

① 参见高铭暄、马克昌主编《刑法学》，北京大学出版社、高等教育出版社2004年版，第326页。

② 参见周光权《刑法总论》，中国人民大学出版社2007年版，第405页。

和普通刑事犯等予以特赦。并在特赦释放大会上给被特赦人等颁发了特赦通知书。继后，1960 年、1961 年、1963 年、1964 年、1966 年到 1975 年，我国先后 7 次发布特赦令，从而，到第 7 次，我国业已赦免了全部在押的战争罪犯，并赋予其公民权利。

三 大赦和特赦的主要区别

大赦与特赦的主要区别在于：（1）大赦是赦免特定区域或者特定时间内的全部或者部分罪犯，所以大赦情况下，一般无须公布被赦免人员名单。特赦则不然，特赦是针对特定类型罪犯的赦免，一般须公布被赦免人员名单。（2）大赦既可在有罪判决宣告之前适用，也可在有罪判决宣告后适用；特赦则须发布于刑罚判决之后、多在刑罚执行过程之中。（3）大赦既可以免除未曾服刑的犯罪分子的刑罚执行，也可以免除其余刑执行；此外，大赦还可对尚未提起犯罪指控者免于刑事追诉，特赦却只能免除刑罚的执行，不能免于刑事追诉。（4）大赦既可以免除犯罪人的刑、又可以免除其罪。特赦则只能免去其刑、不能免除其罪。唯其如此，我国《刑法》第 65 条关于"赦免"之后、5 年之内再犯的可能构成累犯的规定，也只是针对我国宪法特别规制的特赦制度而言。

四 学界关于在宪法中增设大赦制度的立法建言

鉴于大赦与特赦的上述不同，因而，从对立法与司法的补救功能而言，比之于特赦，大赦显然有其适用层面更大、法律后果上更为宽缓的特征。再结合我国《刑法》第 100 条的规定，即"依法受过刑事处罚的人，在入伍、就业的时候，应当如实向有关单位报告自己曾受过刑事处罚，不得隐瞒"的规定，大赦的规定，更能解决不少刑满释放人员因其《刑法》第 100 条的前科报告制度所带来的"就业"上的困境。诚然，为了部分地解决问题，2011 年发布的我国《刑法修正案（八）》对上述规定做了若干限制性修订，规定"犯罪的时候不满 18 周岁被判处 5 年有期徒刑以下刑罚的人，免除前款规定的报告义务。"如此一来，现行刑法对于部分犯罪较轻的未成年人而言，的确有其人身标签化方面的进步的一面。但这当中，其一，即便是未成年人也仅限于"被判处 5 年有期徒刑以下刑罚的人"，何况更多的服刑人员乃为年满 18 周岁以上的成年人。其二，就是立法也是针对一般的社会公正而言；司法则属将其一般公正落实到针对行为人和受害人双方的个别公正。但人无完人，司法也一样，当其司法不公时，更多的社会补救手段将是防止诸此司法不公的最好渠道。唯其如此，我国不少学人提出了在我国宪法中增设大赦制度的立法建言。例如，中国社会科学院法学研究所的陈云生教授为此专门论证了"重建我国大赦制度的现实基础"问题，刘仁文教授则系统论证了"我国赦免制度的完善"问题，北京师范大学的阴建峰教授还出版了题为《赦免制度论衡》的专著等。此外，不少学者还专门论证了我国应增设针对死刑犯的赦免制度等议题，值得学界高度重视，宜在进一步的探究与讨论的基础上，形成较为系统的学理观点，以促进我国关于赦免制度的完善立法与司法。

本章小结

本章首先阐释了刑罚权消灭的事由，包括刑罚消灭的法定事由及其事实事由等。接下来本章阐释了时效制度。时效可以分为追诉时效与行刑时效，但我国仅有追诉时效规定。追诉时效在本质上是经过一定期限、并成就一定条件时，国家刑罚权即便宣告自动丧失其追诉权力的规定。学界因而向有多种不同理论依据性观点，包括刑罚同一说、证据湮没说、社会秩序维持说、效益说、法律矛盾调和说，等等。

本书认为，从刑罚的目的论出发，上述五说中，除第五说可谓在事实上偷换了论证主题、难以自圆其说之外，其他几说均符合刑罚目的论之主旨，因而，综合上述第一到第四说，可谓全面支持时效制度之正义性的较为圆满的理论。本章还逐一分析了赦免制度中的大赦与特赦的主要特征，同时分析了二者的主要区别。此外，本章还概括性地综述了学界关于在我国宪法中增设大赦制度的基本主张，并借此表达了总体支持的本书立场。

思 考 题

一　名词解释

求刑权　行刑　亲告罪　追诉时效　赦免

二　简答题

1. 简述刑罚权消灭的法定事由与事实事由。
2. 简述时效的基本概念及其分类。
3. 简述时效中断与时效延长的区别。
4. 简述大赦制度与特赦制度的区别。

三 论述题

1. 试述学界关于追诉时效可予消灭的理论分歧并述你之赞同或主张的基本理论见解。

2. 试述学界关于完善我国赦免制度的基本主张及你之学理观点。

阅读参考文献

高铭暄、赵秉志、阴建峰:《新中国成立 60 周年之际实行特赦的时代价值与构想》,载《法学》2009 年第 5 期。

赵秉志:《当代中国刑罚制度改革论纲》,载《中国法学》2008 年第 3 期。

刘守芬、叶慧娟:《网络犯罪追诉时效问题探析》,载《法学杂志》2005 年第 4 期。

徐国栋:《论〈惩治通奸的优流斯法〉秉承的追诉时效制度及其近现代流变》,载《法学家》2013 年第 2 期。

陈云生:《古制大赦宪政化再造的现实基础》,载《政法论丛》2010 年第 1 期。

刘仁文:《论我国赦免制度的完善》,载屈学武主编《刑法改革的进路》,中国政法大学出版社 2012 年版。

谢望原:《略论赦免的刑事政策意义》,载《人民司法》2003 年第 9 期。

阴建峰:《现代赦免制度论衡》,中国人民公安大学出版社 2006 年版。

崔康锡、刘仁文:《韩国赦免制度及其改革方案》,载《亚洲法论坛》第一卷,中国人民公安大学出版社 2006 年版。

赖早兴:《美国行政赦免制度及其对死刑执行的限制》,载《河北法学》2006 年第 5 期。